Studium Jura

Herausgegeben von
Dr. Kay Windthorst
Wissenschaftlicher Assistent an der
Heinrich-Heine Universität Düsseldorf

Verfassungsrecht II
Grundrechte

von

Dr. Frank Kimms
Rechtsanwalt

und

Irene Schlünder

C.H. Beck'sche Verlagsbuchhandlung
München 1998

Die Deutsche Bibliothek – CIP-Einheitsaufnahme

Verfassungsrecht. – München : Beck
   (Studium Jura)
   2. Grundrechte: / von Frank Kimms und Irene Schlünder. – 1998
   ISBN 3 406 38969 4

ISBN 3 406 38969 4

Satz und Graphik: Herbert Kloos, München
Umschlaggestaltung: Adolf Bachmann, Reischach
Druck und Bindung: C.H. Beck'sche Buchdruckerei, Nördlingen
Gedruckt auf säurefreiem, alterungsbeständigem Papier
(hergestellt aus chlorfrei gebleichtem Zellstoff)

Vorwort

Der vorliegende Band „Verfassungsrecht II: Grundrechte" ist in unserer gemeinsamen Zeit als wissenschaftliche Mitarbeiter am Lehrstuhl für Staats-, Völker- und Europarecht der Universität Potsdam entstanden. Unser Dank gilt zunächst Herrn Professor Dr. Eckart Klein für die Zeit, die er uns zur Fertigstellung des Manuskripts gewährt hat, sowie für viele hilfreiche Anregungen und Denkanstöße. Ferner möchten wir uns bei Herrn Dr. Robert Uerpmann von der Freien Universität Berlin bedanken, der uns viele kritische und wertvolle Hinweise gegeben hat. Nicht zuletzt schulden wir vor allem Dank den Potsdamer Studentinnen und Studenten, die uns in zahlreichen Lehrveranstaltungen und Arbeitsgemeinschaften durch ihre interessierten Fragen immer wieder gezwungen haben, den Dingen auf den Grund zu gehen. Daher gehört es zur Konzeption des Buches, daß zahlreiche Beispiele und Beispielsfälle aus der Rechtsprechung verwendet und häufig ausführlich erläutert werden. Wir hoffen, daß dies der Verständlichkeit und Anschaulichkeit des Werkes zugute gekommen ist. Dem Wunsch der Studentinnen und Studenten entspricht es auch, die internationalen Zusammenhänge miteinzubeziehen.

Selbstverständlich freuen wir uns immer über Anregungen und Kritik unserer Leserinnen und Leser.

Berlin, im August 1998
Dr. Frank Kimms
Irene Schlünder

Inhaltsverzeichnis

Kapitel 4. Wahlrecht und Chancengleichheit der Parteien

Kapitel 5. Die Justizgrundrechte

Kapitel 6. Petitions- und Widerstandsrecht

Abkürzungsverzeichnis

a. A.	andere(r) Ansicht
a. a. O.	am angegebenen Ort
a. F.	alte Fassung
AbfG	Abfallgesetz
ABl. EG	Amtsblatt der Europäischen Gemeinschaften
Abs.	Absatz
abw. M.	abweichende Meinung
AEMR	Allgemeine Erklärung der Menschenrechte vom 10.12.1948
AFG	Arbeitsförderungsgesetz
AG	Amtsgericht
Alt.	Alternative
Anm.	Anmerkung(en)
AO	Abgabenordnung
AöR	Archiv des öffentlichen Rechts
Art.	Artikel
ASOG Bln	Allgemeines Gesetz zum Schutz der öffentlichen Sicherheit und Ordnung in Berlin
AsylVfG	Asylverfahrensgesetz
AtG	Gesetz über die friedliche Verwendung der Kernenergie und den Schutz gegen ihre Gefahren (Atomgesetz)
Aufl.	Auflage
AuslG	Gesetz über die Einreise und den Aufenthalt von Ausländern im Bundesgebiet
BAG	Bundesarbeitsgericht
BAGE	Entscheidungen des Bundesarbeitsgerichts herausgegeben von den Mitgliedern des Gerichtshofes
BayObLG	Bayerisches Oberstes Landesgericht
BayVBl	Bayerische Verwaltungsblätter
BayVerfGH	Bayerischer Verfassungsgerichtshof
BBG	Bundesbeamtengesetz
BbgPolG	Gesetz über die Aufgaben und Befugnisse der Polzei im Land Brandenburg (Brandenburgisches Polizeigesetz)
BbgVerf	Verfassung des Landes Brandenburg
Bd.	Band
BerlVerfGH	Berliner Verfassungsgerichtshof
BFH	Bundesfinanzhof
BGB	Bürgerliches Gesetzbuch
BGBl	Bundesgesetzblatt
BGH	Bundesgerichtshof
BGHSt	Entscheidungen des Bundesgerichtshofes in Strafsachen herausgegeben von den Mitgliedern des Bundesgerichtshofes und der Bundesanwaltschaft
BGHZ	Entscheidungen des Bundesgerichtshofes in Zivilsachen herausgegeben von den Mitgliedern des Bundesgerichtshofes und der Bundesanwaltschaft

BImSchG . . . . . .   Gesetz zum Schutz vor schädlichen Umwelteinwirkungen durch
                      Luftverunreinigungen, Geräusche, Erschütterungen und ähnliche
                      Vorgänge (Bundes-Immissionsschutzgesetz)
BNatSchG . . . . .   Gesetz über Naturschutz und Landschaftspflege (Bundesnaturschutz-
                      gesetz)
BNotO . . . .   Bundesnotarordnung
BRAK-Mitt. . . .   BRAK-Mitteilungen, Bundesrechtsanwaltskammer (Hrsg.)
BRAO . . . .   Bundesrechtsanwaltsordnung
BremVerf . . . . .   Landesverfassung der Freien Hansestadt Bremen
BRRG . . . .   Rahmengesetz zur Vereinheitlichung des Beamtenrechts (Beamtenrechts-
                      rahmengesetz)
BSeuchG . . . . . .   Gesetz zur Verhütung und Bekämpfung übertragbarer Krankheiten beim
                      Menschen (Bundes-Seuchengesetz)
BSHG . . . .   Bundessozialhilfegesetz
BT-Dr. . . . .   Bundestagsdrucksache
BV . . . .   Verfassung des Freistaates Bayern
BVerfG . . . .   Bundesverfassungsgericht
BVerfGE . . . . . .   Entscheidungen des Bundesverfassungsgerichts herausgegeben von den
                      Mitgliedern des Bundesverfassungsgerichts
BVerfGG . . . . . .   Gesetz über das Bundesverfassungsgericht
BVerwG . . . . . .   Bundesverwaltungsgericht
BVerwG, Buchh.   Buchholz, Karl (Begründer): Sammel- und Nachschlagewerk der Recht-
                      sprechung des Bundesverwaltungsgerichts
BVerwGE . . . . .   Entscheidungen des Bundesverwaltungsgerichts herausgegeben von den
                      Mitgliedern des Gerichts
BW . . . .   Baden-Württemberg
BWahlG . . . . . .   Bundeswahlgesetz
BWaldG . . . . . .   Gesetz zur Erhaltung des Waldes und zur Förderung der Forstwirtschaft
                      (Bundeswaldgesetz)
BWVBl . . . .   Baden-Württembergische Verwaltungsblätter
bzw. . . . .   beziehungsweise

ca. . . . .   circa
CDU . . . .   Christlich-Demokratische Union Deutschlands

d. h. . . . .   das heißt
d. i. . . . .   das ist
DDR . . . .   Deutsche Demokratische Republik
ders. . . . .   derselbe
DÖV . . . .   Die Öffentliche Verwaltung
DRiG . . . .   Deutsches Richtergesetz
DV . . . .   Deutsche Verwaltung
DVBl . . . .   Deutsches Verwaltungsblatt

ebda. . . . .   ebenda
EG . . . .   Europäische Gemeinschaft
EGGVG . . . . . .   Einführungsgesetz zum Gerichtsverfassungsgesetz
EGMR . . . .   Europäischer Gerichtshof für Menschenrechte
EGV . . . .   Vertrag zur Gründung der Europäischen Gemeinschaft vom 25.3.1957
EGV n. F. . . . . .   Vertrag zur Gründung der Europäischen Gemeinschaft in der Fassung
                      vom 2.10.1997 (Amsterdamer Vertrag)
EMRK . . . .   Konvention zum Schutz der Menschenrechte und Grundfreiheiten
                      vom 4.11.1950 („Europäische Menschenrechtskonvention")

EP	Europäisches Parlament
ESVGH	Entscheidungssammlung des Hessischen Verwaltungsgerichtshofs und des Verwaltungsgerichtshofs Baden-Württemberg mit Entscheidungen der Staatsgerichtshöfe beider Länder
etc.	et cetera
EU	Europäische Union
EuGH	Gerichtshof der Europäischen Gemeinschaften
EuGH Slg.	Gerichtshof der Europäischen Gemeinschaften: Sammlung der Rechtsprechung des Gerichtshofs und des Gerichts erster Instanz
EuGRZ	Europäische Grundrechte-Zeitschrift
EURATOM	Vertrag zur Gründung der Europäischen Atomgemeinschaft vom 25.3.1957
EUV	Vertrag über die Europäische Union vom 7.2.1992
EUV n. F.	Vertrag über die Europäischen Union in der Fassung vom 2.10.1997 (Amsterdamer Vertrag)
f.	folgende
FAG	Gesetz über Fernmeldeanlagen
FAMRZ	Zeitschrift für das gesamte Familienrecht
FDP	Freie Demokratische Partei Deutschlands
ff.	folgende
FGG	Gesetz über die Angelegenheiten der freiwilligen Gerichtsbarkeit
FGO	Finanzgerichtsordnung
Fn	Fußnote
FS	Festschrift für
GA	Goldtammer's Archiv für Strafrecht
GaststättenG	Gaststättengesetz
GewO	Gewerbeordnung
GFK	Abkommen über die Rechtsstellung der Flüchtlinge vom 28.7.1951 (Genfer Flüchtlingskonvention)
GG	Grundgesetz für die Bundesrepublik Deutschland
GO	Geschäftsordnung
GOEP	Geschäftsordnung des Europäischen Parlaments
GS	Gedächtnisschrift für
GüKG	Güterkraftverkehrsgesetz
GVG	Gerichtsverfassungsgesetz
h. M.	herrschende Meinung
HandwO	Gesetz zur Ordnung des Handwerks (Handwerksordnung)
Hrsg.	Herausgeber
hrsg.	herausgegeben
Hs.	Halbsatz
HSOG	Hessisches Gesetz über die öffentliche Sicherheit und Ordnung
HV	Verfassung des Landes Hessen
i. d. F.	in der Fassung
i. d. R.	in der Regel
i. S.	im Sinne
i. S. d.	im Sinne des (der)
i. S. v.	im Sinne von
i. V.	in Verbindung
i. V. m.	in Verbindung mit

insb. . . . .   insbesondere
IPbürgR . . . . . .   Internationaler Pakt über bürgerliche und politische Rechte
                         vom 19.12.1966
IPwirtR . . . .   Internationaler Pakt über wirtschaftliche, soziale und kulturelle Rechte
                         vom 19.12.1966

JA . . . .   Juristische Arbeitsblätter
JGG . . . .   Jugendgerichtsgesetz
JöR . . . .   Jahrbuch des öffentlichen Rechts der Gegenwart
JÖSchG . . . . . .   Gesetz zum Schutze der Jugend in der Öffentlichkeit
                         (Jugendschutzgesetz)
JR . . . .   Juristische Rundschau
Jura . . . .   Juristische Ausbildung
JuS . . . .   Juristische Schulung
JZ . . . .   Juristenzeitung

KO . . . .   Konkursordnung
KPD . . . .   Kommunistische Partei Deutschlands
krit. . . . .   kritisch
KSchG . . . .   Kündigungsschutzgesetz

LadschlG . . . . . .   Gesetz über den Ladenschluß
LAG . . . .   Landesarbeitsgericht
LBMG . . . .   Gesetz über den Verkehr mit Lebensmitteln, Tabakerzeugnissen,
                         kosmetischen Mitteln und sonstigen Bedarfsgegenständen (Lebens-
                         mittel- und Bedarfsgegenständegesetz)
LG . . . .   Landgericht
Lit. . . . .   Literatur
lit. . . . .   litera
LKV . . . .   Landes- und Kommunalverwaltung
LVerfBW . . . . . .   Verfassung des Landes Baden-Württemberg

m. w. N. . . . . . .   mit weiteren Nachweisen
MDR . . . .   Monatsschrift für deutsches Recht

n. F . . . .   neue Folge
Nachw. . . . .   Nachweise
NJ . . . .   Neue Justiz
NJW . . . .   Neue Juristische Wochenschrift
NJW-RR . . . . . .   NJW-Rechtsprechungs-Report Zivilrecht
Nr. . . . .   Nummer
NS . . . .   Nationalsozialismus, nationalsozialistisch
NStZ . . . .   Neue Zeitschrift für Strafrecht
NVwZ . . . .   Neue Zeitschrift für Verwaltungsrecht
NVwZ-RR . . . .   NVwZ-Rechtsprechungs-Report Verwaltungsrecht
NWVBl . . . .   Nordrhein-Westfälische Verwaltungsblätter
NZA . . . .   Neue Zeitschrift für Arbeits- und Sozialrecht

o. . . . .   oben
OLG . . . .   Oberlandesgericht
OVG . . . .   Oberverwaltungsgericht
OVGE . . . .   Entscheidungen der Oberverwaltungsgerichte für das Land Nordrhein-

	Westfalen in Münster sowie für die Länder Niedersachsen und Schleswig-Holstein in Lüneburg
OWiG	Gesetz über Ordnungswidrigkeiten
PAGBay	Gesetz über die Aufgaben und Befugnisse der Bayerischen Staatlichen Polizei
PAGTh	Thüringer Gesetz über die Aufgaben und Befugnisse der Polizei (Polizeiaufgabengesetz)
ParteiG	Gesetz über die politischen Parteien (Parteiengesetz)
PBefG	Personenbeförderungsgesetz
PDS	Partei des Demokratischen Sozialismus
POGBbg	Gesetz über die Organisation und die Zuständigkeit der Polizei im Land Brandenburg (Polizeiorganisationsgesetz)
POGRhPf	Polizei- und Ordnungsbehördengesetz des Landes Rheinland-Pfalz
PolGBW	Polizeigesetz des Landes Baden-Württemberg
PolGNW	Polizeigesetz des Landes Nordrhein-Westfalen
PostG	Gesetz über das Postwesen
RGSt	Entscheidungen des Reichgerichts in Strafsachen
RL	Richtlinie
Rn.	Randnummer(n)
RNPG	Gesetz zur Prüfung von Rechtsanwaltszulasssungen, Notarbestellungen und Berufungen ehemaliger Richter
Rs	Rechtssache
Rspr.	Rechtsprechung
RuStAG	Reichs- und Staatsangehörigkeitsgesetz
S.	Satz, Sätze; Seite(n)
s.	siehe
s. o.	siehe oben
s. u.	siehe unten
SächsVerf	Verfassung des Freistaates Sachsen
Sat. I	Sartorius, Carl (Begründer), Textausgabe, Band I, Verfassungs- und Verwaltunggesetze der Bundesrepublik Deutschland
Sat. II	Sartorius, Carl (Begründer), Textausgabe, Band 2, Internationale Verträge-Europarecht
SGB V	Sozialgesetzbuch, 5. Buch
sog.	sogenannte(r)
SPD	Sozialdemokratische Partei Deutschlands
st. Rspr.	ständige Rechtsprechung
StA	Staatsanwaltschaft
Staat	Der Staat
StB	Der Steuerberater
StGB	Strafgesetzbuch
StPO	Strafprozeßordnung
str.	streitig
StV	Strafverteidiger
StVG	Straßenverkehrsgesetz
StVO	Straßenverkehrs-Ordnung
StVollzG	Gesetz über den Vollzug der Freiheitsstrafe und der freiheitsentziehenden Maßregeln der Besserung und Sicherung (Strafvollzugsgesetz)
StVZO	Straßenverkehrs-Zulassungs-Ordnung

TierSchG	Tierschutzgesetz
TierSG	Tierseuchengesetz
u.	unten
u. a.	unter anderem
u. U.	unter Umständen
umstr.	umstritten
UNHCR	United Nations High Commissioner for Refugees
usw.	und so weiter
UWG	Gesetz gegen den unlauteren Wettbewerb
verb. Rs.	verbundene Rechtssache
VerfLSA	Verfassung des Landes Sachsen Anhalt
VerfM-V	Verfassung des Landes Mecklenburg-Vorpommern
VerfRhPf	Verfassung für Rheinland-Pfalz
VerfSaar	Verfassung des Saarlandes
VerfThür	Verfassung des Freistaats Thüringen
VersammlungsG	Gesetz über Versammlungen und Aufzüge (Versammlungsgesetz)
VerwArch	Verwaltungsarchiv
VG	Verwaltungsgericht
VGH	Verwaltungsgerichtshof
vgl.	vergleiche
VO	Verordnung
VvB	Verfassung von Berlin
VVDStRL	Veröffentlichungen der Vereinigung der Deutschen Staatsrechtslehrer
VwGO	Verwaltungsgerichtsordnung
VwVfG	Verwaltungsverfahrensgesetz
WBeauftrG	Gesetz über den Wehrbeauftragten des Deutschen Bundestages
WHG	Gesetz zur Ordnung des Wasserhaushalts (Wasserhaushaltsgesetz)
WHO	World Health Organisation (Welt-Gesundheits-Organisation)
WRV	Die Verfassung des Deutschen Reiches vom 11.8.1919 (Weimarer Reichsverfassung)
z. B.	zum Beispiel
ZaöRV	Zeitschrift für ausländisches öffentliches Recht und Völkerrecht
ZAR	Zeitschrift für Ausländerrecht und Ausländerpolitik
ZG	Zeitschrift für Gesetzgebung
zit.	zitiert
ZollG	Zollgesetz
ZP EMRK	Zusatzprotokoll zur EMRK (s. dort)
ZPO	Zivilprozeßordnung
ZRP	Zeitschrift für Rechtspolitik

Verzeichnis der abgekürzt zitierten Literatur

AK, GG I	Wassermann, Rudolf (Gesamthrsg.): Kommentar zum Grundgesetz für die Bundesrepublik Deutschland, Band 1, Art. 1 – 37, 2. Aufl., Neuwied, 1989.
BK, GG I bis V und VIII	Dolzer, Rudolf (Gesamthrsg.): Bonner Kommentar zum Grundgesetz, Bände 1 bis 5 und 8, Heidelberg, Loseblatt-sammlung.
Dreier, GG	Dreier, Horst (Hrsg.): Grundgesetz, Kommentar, Band I, Art. 1 – 19, Tübingen, 1996.
HdbStR II	Isensee, Josef/Kirchhof, Paul (Hrsg.): Handbuch des Staatsrechts der Bundesrepublik Deutschland, Band II, Demokratische Willensbildung-Staatsorgane des Bundes, Heidelberg, 1987.
HdbStR V	Isensee, Josef/Kirchhof, Paul (Hrsg.): Handbuch des Staatsrechts der Bundesrepublik Deutschland, Band V, Allgemeine Grundrechtslehren, Heidelberg, 1992.
HdbStR VI	Isensee, Josef/Kirchhof, Paul (Hrsg.): Handbuch des Staatsrechts der Bundesrepublik Deutschland, Band VI, Freiheitsrechte, Heidelberg, 1987.
HdbVerfR	Benda, Ernst/Maihofer, Werner/Vogel, Hans-Jochen (Hrsg.): Handbuch des Verfassungsrechts der Bundesrepublik Deutschland, 2. Aufl., Berlin, New York, 1994.
Hesse, VerfR	Hesse, Konrad: Grundzüge des Verfassungsrechts der Bundesrepublik Deutschland, 20. Aufl., Heidelberg, 1995.
Ipsen, StaatsR II	Ipsen, Jörn: Staatsrecht II, Grundrechte, Neuwied, 1997.
J/P, GG	Jarass, Hans/Pieroth, Bodo: Grundgesetz für die Bundesrepublik Deutschland, Kommentar, 4. Aufl., München, 1997.
Katz, StaatsR	Katz, Alfred: Staatsrecht: Grundkurs im öffentlichen Recht, 13. Aufl., Heidelberg, 1996
Lenz, EG-Vertrag	Lenz, Carl Otto (Hrsg.): EG-Vertrag: Kommentar zu dem Vertrag zur Gründung der Europäischen Gemeinschaften, 1. Aufl., Köln, 1994.
M/D, GG I bis IV	Maunz, Theodor/Dürig, Günter/Herzog, Roman/Scholz, Rupert u.a.: Grundgesetz, Kommentar, Bände I bis IV, Loseblatt-sammlung, München.
v.Münch/Kunig, GG I	Kunig, Philip (Hrsg., begründet von v.Münch, Ingo): Grundgesetz-Kommentar, Band 1, (Präambel bis Art. 20), 4. Aufl., München, 1992.
v.Münch/Kunig, GG II	Kunig, Philip (Hrsg., begründet von v.Münch, Ingo): Grundgesetz-Kommentar, Band 2 (Art. 21 bis Art. 69), 3. Aufl., München, 1995.
v.Münch/Kunig, GG III	Kunig, Philip (Hrsg., begründet von v.Münch, Ingo): Grundgesetz-Kommentar, Band 3 (Art. 70 bis Art. 146), 3. Aufl., München, 1996.

P/S, StaatsR II   Pieroth, Bodo/Schlink, Bernhard: Grundrechte – Staatsrecht II,
                           12. Aufl., Heidelberg, 1996.

Sachs, GG   Sachs, Michael (Hrsg.): Grundgesetz, Kommentar, München,
                           1996.

Schmalz, Grundrechte   Schmalz, Dieter: Grundrechte, 3. Aufl., Baden-Baden, 1997.

Stern, StaatsR III/1   Stern, Klaus (unter Mitwirkung von Sachs, Michael): Das
                           Staatsrecht der Bundesrepublik Deutschland, Band III/1, Allge-
                           meine Lehren der Grundrechte, München, 1988.

Stern, StaatsR III/2   Stern, Klaus (unter Mitwirkung von Sachs, Michael): Das
                           Staatsrecht der Bundesrepublik Deutschland, Band III/2, Allge-
                           meine Lehren der Grundrechte, München, 1994.

Windthorst, VerR I   Windthorst, Kay: Verfassunsgrecht I, Grundlagen, München,
                           1994.

Windthorst/Sproll,   Windthorst, Kay/Sproll, Hans-Dieter: Staatshaftungsrecht,
Staatshaftungsrecht   München, 1994.

Einführung

A. Zum Arbeiten mit diesem Buch

Der vorliegende Band aus der Reihe „Studium Jura" befaßt sich mit den einzelnen Grundrechten. Die Einteilung und die allgemeinen Lehren der Grundrechte werden im Band *Windthorst, K.*, Verfassungsrecht I, München 1994, zusammenhängend behandelt. Im vorliegenden Band werden ebenfalls Ausführungen zu allgemeinen Grundrechtslehren gemacht, soweit dies zum Verständnis der einzelnen Grundrechte und des Prüfungsaufbaus erforderlich ist. Es werden alle Grundrechte umfassend dargestellt. Im Hinblick auf die Eigentumsgarantie des Art. 14 GG wird darüber hinaus an den entsprechenden Stellen auf die ausführliche Behandlung im Band *Windthorst/Sproll*, Staatshaftungsrecht, München, 1994, verwiesen. 1

Besonderer Wert gelegt wird auf klausurorientierte Darstellung. Diese soll erreicht werden durch zahlreiche Beispiele bzw. Beipielsfälle, die den entsprechenden Klausurschritten zugeordnet sind. Bei der Auswahl dieser Fälle liegt der Schwerpunkt auf der aktuellen und klassischen Rechtsprechung des BVerfG; daneben werden eine Vielzahl von Entscheidungen der anderen Bundesgerichte berücksichigt sowie Entscheidungen unterer Gerichte. Auf häufige Fehlerquellen in der Fallbearbeitung wird durch mit „Beachte" oder „Klausurhinweis" gekennzeichnete Absätze hingewiesen. Ferner sind Definitionen und andere wichtige Grundaussagen durch Merksätze hervorgehoben. 2

Die im Vorspann eines jeden Paragraphen aufgeführte Literatur enthält ausschließlich Zeitschriftenbeiträge und Monographien, wobei die Aufzählung unterteilt ist in Beiträge, die sich zur Einführung in ein Grundrecht eignen, und andere, die der Vertiefung einzelner Problemkreise dienen. Dadurch soll das Auffinden aktueller und grundlegender Schriften erleichtert werden. Kommentare, Hand- und Lehrbücher wurden dort nicht aufgenommen, gleichwohl aber in der Darstellung selbstverständlich verwendet; sie finden sich im Überblick unter der Überschrift „Abgekürzt zitierte Literatur" auf S. XXXI f. Durch die dortige Zusammenstellung kann sogleich ein Überblick über die wichtigste Standardliteratur gewonnen werden. Ferner wird an einschlägigen Stellen, insbesondere auch im Anschluß an Beispielsfälle, auf spezielle weiterführende Literatur hingewiesen. Die im Vorspann ebenfalls aufgeführten Leitentscheidungen sind nicht als erschöpfende Zusammenfassung der Rechtsprechung zum jeweiligen Paragraphen zu verstehen, sondern sie sollen dem Leser helfen, sich ein gewisses Fallrepertoire anzueignen, zu denen „Klassiker" wie etwa die „*Lüth-Entscheidung*", das „*Apothekenurteil*", „*Mephisto*", „*Naßauskiesung*", „*Kruzifix*" und 3

„*Mauerschützen*" gehören. Soweit vorhanden wurden die bereits üblichen Bezeichnungen beibehalten, im übrigen möglichst kennzeichnende Namen gewählt. Bei der Auswahl der Leitentscheidungen ist es Ziel, die wichtigsten Fragen des jeweiligen Kapitels abzudecken. Der letzte Abschnitt eines jeden Paragraphen enthält Kontrollfragen und deren Lösungen. Diese konzentrieren sich auf das Verständnis und die Grundaussagen des davor behandelten Stoffes; sie wiederholen diesen nicht erschöpfend.

4   Der vorliegende Band stellt nicht nur die Grundrechte in den Artikeln 1 bis 19 GG dar, sondern alle Rechte, die gemäß Art. 93 I Nr. 4 a GG mit der Verfassungsbeschwerde geltend gemacht werden können. Die Darstellung folgt einer gewissen Einteilung dieser Rechte, die allerdings keine exakte Systematisierung sein kann. Denn es gibt zahlreiche Überschneidungen, so daß eine starre Einteilung dem Verständnis nicht dienlich wäre. Der vorliegende Band wurde daher zunächst in sechs Kapitel eingeteilt, die einen lockeren sachlichen Zusammenhang kennzeichnen und den Überblick erleichtern sollen; demselben Zweck dient die Abschnittsgliederung innerhalb der Freiheitsrechte des Kapitel 2. Kapitel 1 behandelt die Menschenwürde als Grundlage aller übrigen Grundrechte, Kapitel 2 die Freiheitsrechte, Kapitel 3 die Gleichheitsrechte und Kapitel 4 die Wahlgrundsätze und die Chancengleichheit der Parteien, Kapitel 5 die Justizgrundrechte und Kapitel 6 die übrigen, also das Petitionsrecht und das Widerstandsrecht.

5   Die Darstellung richtet sich an Studenten aller Semester und soll sowohl zur ersten Einarbeitung in das Gebiet als auch zur Wiederholung und Examensvorbereitung für das Erste und Zweite Staatsexamen dienen. Allerdings wird man als Anfänger anders mit dem Stoff umzugehen haben denn als Examenskandidat (zu Lerntechniken allgemein s. etwa *Hilligardt/Lange*, Jurastudium erfolgreich. Planung, Lernstrategie, Zeitmanagement, 2. Aufl., Köln u.a., 1998, S. 130 ff.). Studienanfängern wird empfohlen, viel Zeit darauf zu verwenden, sich einen Überblick über den Stoff zu verschaffen, indem sie sich anhand des Inhaltsverzeichnisses informieren, welche Grundrechte es gibt. Gründliche Erarbeitung wird sodann bezüglich des § 1 des 2. Kapitels empfohlen, der die Prüfungsstruktur für Freiheitsrechte darstellt. Bei der Einarbeitung in ein Grundrecht ist es sodann empfehlenswert, sich die Bedeutung und die Struktur des jeweiligen Grundrechts, die in jedem Paragraphen als eigener Gliederungspunkt behandelt werden, besonders zu verdeutlichen und erst dann in die Details von Schutzbereich, Eingriff und verfassungsrechtlicher Rechtfertigung einzusteigen. Fortgeschrittene Studenten oder Referendare, die den Band zur Wiederholung oder zur Examensvorbereitung verwenden, können ihn entweder systematisch von vorne durcharbeiten oder sich einzelne Problempunkte zur Vertiefung heraussuchen.

B. Die Grundrechtsprüfung

Es gibt Grundrechte ganz unterschiedlicher Struktur, so daß ein einheitliches 6
Prüfungsschema, das für alle Klausurlösungen maßgeblich wäre, nicht angeboten werden kann. So sind etwa Freiheitsrechte anders zu prüfen als Gleichheitsrechte, und wiederum einem anderen Aufbau folgen Leistungsrechte. Dementsprechend finden sich in den §§ 1, 18 und 22 Hinweise zum Prüfungsaufbau.

C. Internationale Bezüge

Im Hinblick auf die zunehmende Internationalisierung des Rechts auch auf dem 7
Gebiet der Grund- und Menschenrechte kann sich die Darstellung der Grundrechte des GG nicht mehr ausschließlich auf die Rechtsentwicklung in der Bundesrepublik Deutschland beschränken. Auch in diesem Band werden daher zahlreiche Hinweise auf inhaltsgleiche oder -ähnliche Verbürgungen in völkerrechtlichen Verträgen und Erklärungen gegeben.

Dabei wird in erster Linie auf die Europäische Konvention zum Schutze der 8
Menschenrechte und Grundfreiheiten (EMRK) vom 4.11.1950 (Sat. II Nr. 130), die im Range eines Bundesgesetzes steht (BVerfGE 74, 358 [370] m. w. N.), Bezug genommen. Aber auch auf den Grundrechtsschutz der Vereinten Nationen, wie etwa der Allgemeinen Erklärung der Menschenrechte (AEMR) vom 10.12.1948 (Sat. II Nr. 19), dem Internationalen Pakt über bürgerliche und politische Rechte (IPbürgR) vom 19.12.1966 (Sat. II Nr. 20), dem Internationalen Pakt über wirtschaftliche, soziale und kulturelle Rechte (IPwirtR) vom 19.12.1966 (Sat. II Nr. 21), wird verwiesen. So werden im Rahmen einzelner Bearbeitungen die entsprechenden internationalen Grundrechtsverbürgungen genannt und teilweise auch näher erläutert. Zwar kann eine Verletzung insbesondere der EMRK mit der Verfassungsbeschwerde nicht gerügt werden (BVerfGE 41, 126 [149] m. w. N.), andererseits betont das BVerfG in ständiger Rechtsprechung, daß bei der Auslegung vor allem der Grundrechte die Bestimmungen internationaler Menschenrechtspakte zu berücksichtigen sind (BVerfGE 74, 358 [370]; 82, 106 [115]). Auch wird teilweise auf die Rechtsprechung des EGMR hingewiesen, die ebenfalls als Auslegungshilfe für die Grundrechte des Grundgesetzes dient (BVerfGE 74, 358 [370]) und daher bei der Bearbeitung einzelner Grundrechte an entsprechender Stelle berücksichtigt wird.

Darüber hinaus gibt das Buch Hinweise auf den gemeinschaftsrechtlichen 9
Grundrechtsschutz, der im Zuge des fortschreitenden Prozesses der europäischen Integration immer mehr an Bedeutung gewinnt. Durch die sich immer mehr ausweitenden Kompetenzen der Europäischen Gemeinschaften und deren Inanspruchnahme durch die Gemeinschaftsorgane, verlagert sich der Grundrechts-

schutz in zunehmender Weise von der innerstaatlichen auf die Gemeinschaftsebene. Der EG-Vertrag selbst enthält allerdings keinen geschriebenen Grundrechtekatalog, lediglich einige Aspekte bestimmter Grundrechte sind im EG-Vertrag angesprochen, wie etwa das Diskriminierungsverbot nach der Staatsangehörigkeit in Art. 6 EGV (Art. 12 EGV n. F.) und der Grundsatz der Lohngleichheit von Mann und Frau in Art. 119 EGV (Art. 141 EGV n. F.). Der Grundrechtsschutz im Rahmen des Gemeinschaftsrechts ist vielmehr durch den EuGH im Wege wertender Rechtsvergleichung herausgebildet worden, wobei der Gerichtshof, wie in Art. F II EUV (Art. 6 II EUV n. F.) nunmehr festgehalten, auf die gemeinsamen Verfassungsüberlieferungen der Mitgliedstaaten sowie der „Europäischen Menschenrechtskonvention" (EMRK) zurückgegriffen hat. Im Laufe der Jahre hat der EuGH den Grundrechtsschutz in der Gemeinschaftsrechtsordnung fortentwickelt und einzelne Grundrechte näher konkretisiert (s. dazu ausführlich *Rengeling, H.-W.*, Grundrechtschutz in der Europäischen Gemeinschaft, München, 1992). Das Buch trägt diesem Umstand nun dadurch Rechnung, daß im Rahmen einzelner Grundrechtsbearbeitungen Hinweise auf entsprechende Entscheidungen des EuGH gegeben werden.

Kapitel 1. Die Menschenwürde, Art. 1 I GG

Literatur: Zur Einführung: *Hoerster, N.*, Zur Bedeutung des Prinzips der Menschenwürde, Jus 1983, 93 ff.; *Höfling, W.*, Die Unantastbarkeit der Menschenwürde – Annäherungen an einen schwierigen Verfassungsrechtssatz, Jus 1995, 857 ff.; *Rädler, P.*, Die Unverfügbarkeit der Menschenwürde in Deutschland und Frankreich, DÖV 1997, 109 ff.; *Graf Vitzthum, W.*, Die Menschenwürde als Verfassungsbegriff, JZ 1985, 201 ff. **Zur Vertiefung:** *Dreier, H.*, Menschenwürdegarantie und Schwangerschaftsabbruch, DÖV 1995, 1036 ff.; *Enders, C.*, Die Menschenwürde in der Verfassungordnung. Zur Dogmatik des Art. 1 GG, 1997; *ders.*, Die Menschenwürde und ihr Schutz vor gentechnologischer Gefährdung, EuGRZ 1986, 241 ff; *Höfling, W./Gern, A.*, Menschenwürde und gute Sitten, NJW 1983, 1582 ff.; *Hofmann, H.*, Die versprochene Menschenwürde, AöR 118 (1993), 353 ff.; *Koriath, H.*, Ist das DNA-Fingerprinting ein legitimes Mittel?, JA 1993, 270 ff.; *Neumann, V.*, Menschenrechte und Existenzminimum, NVwZ 1995, 426 ff.; *Stern, K.*, Die Bedeutung der Unantastbarkeitsgarantie des Art. 79 III GG für die Grundrechte, Jus 1985, 329 ff.; *Vogler, T.*, Auslieferung bei drohender Todesstrafe – ein Dauerthema, NJW 1994, 1433 ff.

Leitentscheidungen: BVerfGE 30, 1 ff. – „*Abhörurteil*"; 30, 173 ff. – „*Mephisto*"; 39, 1 ff.- „*Schwangerschaftsabbruch I*"; 45, 187 ff. – „*Lebenslange Freiheitsstrafe*"; 88, 203 ff. – „*Schwangerschaftsabbruch II*"; BVerfG, NJW 1998, 519 ff. – „*Fehlgeschlagene Sterilisation*"; BerlVerfGH, NJW 1993, 515 ff. – „*Honecker*"; VG Neustadt, NVwZ 1993, 98 ff. – „*Zwergenweitwurf*".

A. Einführung

Art. 1 I GG erklärt die Würde des Menschen für unantastbar und verpflichtet **1** alle staatliche Gewalt, sie zu schützen und zu achten. Damit wurde eine für das gesamte Grundrechts- und Staatsverhältnis elementare Grundentscheidung getroffen. Gerade dieser fundamentalen Bedeutung und generellen Anwendbarkeit wegen ist die Menschenwürde jedoch in der gerichtlichen Konkretisierung immer schwer handhabbar geblieben. Da sie Grundlage und damit Kern aller anderen Grundrechte ist, finden sich gerichtliche Entscheidungen, die sich allein mit Art. 1 I GG als fallentscheidendem Grundrecht auseinandersetzen, sehr selten. Öfter wird die Menschenwürde als richtungsweisende Wertentscheidung für die Auslegung des übrigen Verfassungsrechts herangezogen.

Auch auf internationaler Ebene finden sich Bestimmungen zum Schutz der Men- **2** schenwürde, wie dies vor allem Art. 1 AEMR sowie die Präambeln des IPbürgR und des IPwirtR verdeutlichen. Im Rahmen der Rspr. des EuGH hat das Recht der Menschenwürde bisher keine ausdrückliche Erwähnung gefunden; lediglich im Zusammenhang mit Teilhaberechten ist es genannt worden (vgl. EuGH, Rs. 9/74, Slg. 1974, 773 [778 f.] – *Casagrande*).

B. Rechtsnatur

I. Grundrecht

3   Inwieweit Art. 1 I GG ein Grundrecht enthält, ist umstritten. Das BVerfG geht vom Grundrechtscharakter aus, ohne dies allerdings gesondert zu begründen (vgl. BVerfGE 1, 332 [333]; 13, 132 [152]; 61, 126 [137]; dafür auch *Kunig*, in: v.Münch/Kunig, GG I, Art. 1 Rn. 3 m. w. N.; a. A.: *Dürig*, in: M/D, GG I, Art. 1 I Rn. 13). Für die Einordnung des Art. 1 I GG als ein Grundrecht spricht etwa seine Entstehungsgeschichte und seine systematische Stellung (vgl. die Überschrift von Abschnitt I des Grundgesetzes). Dem stehen der Normtext des Art. 1 III GG, der von „nachfolgenden Grundrechten" spricht und sein proklamatorischer Charakter nicht entgegen. Proklamatorischen Charakter besitzen auch andere Grundrechte, was sich z. B. bei Art. 6 I GG zeigt. Da die in Art. 1 I GG garantierte Würde des Menschen das grundrechtliche Wertsystem beherrscht, mit der Folge, daß ein Betroffener jeden Verstoß gegen die Menschenwürdegarantie geltend machen kann, auch wenn Art. 1 I GG kein Grundrecht enthält, ist es praktisch überflüssig, den Rechtscharakter des Art. 1 I GG als eigenständiges Grundrecht gesondert zu begründen (*Jarass*, in: J/P, GG, Art. 1 Rn. 2 a).

II. Staatszielbestimmung

4   Art. 1 I GG enthält daneben eine objektive Wertentscheidung, an der sich alles hoheitliche Handeln auszurichten hat. Die Vorschrift fungiert insoweit als materielle Strukturnorm, die neben die organisationsrechtliche Strukturnorm des Art. 20 I – III GG tritt (vgl. *Kunig*, in: v.Münch/Kunig, GG I, Art. 1 Rn. 29).

C. Bedeutung

I. Oberste Wertentscheidung

5   Die Würde des Menschen stellt den **obersten Wert** innerhalb der verfassungsmäßigen Ordnung dar und gehört zu den **tragenden Konstitutionsprinzipen** (BVerfG, NJW 1998, 519 [521] – *„Fehlgeschlagene Sterilisation"* m. w. N.). Die im Grundgesetz verankerte Menschenwürde wirkt aber auch auf den Inhalt der Landesverfassungen ein und wird so, soweit diese kein entsprechendes Grundrecht enthalten, zu einem konstitutiven Element der verfassungsmäßigen Ordnung in den Ländern (BerlVerfGH, NJW 1993, 515 [516] – *„Honecker"*).

6   Aufgrund der (historischen) Erfahrungen während der NS-Zeit hat der Verfassungsgeber den Schutz der Menschenwürde an den Anfang des Grundgesetzes gestellt. Er setzt sich damit deutlich von der WRV ab, die mit den Worten „Das Deutsche Reich ist eine Republik" begann. Im **Mittelpunkt** des Grundgesetzes steht der einzelne, erst dann kommt der Staat. Staatliche Ziele haben daher kei-

nen Eigenwert, sondern ziehen ihre Berechtigung allein daraus, daß sie dem Menschen konkret dienen. Dies kehrt den nationalsozialistischen Leitsatz um, wonach der einzelne nichts und die Gemeinschaft alles ist (*Jarass*, in: J/P, GG, Art. 1 Rn. 1).

Die Menschenwürde ist **stets**, d. h. in Abwehr der jeweiligen sich wandelnden Gefahren, zu schützen und zu achten. Ihr kommt damit eine **Abwehr- und Schutzfunktion** zu (dazu u. Rn. 31 ff.). Angesichts der wachsenden Bedrohungen durch wissenschaftliche, technische und gesellschaftliche Entwicklungen wird dies von elementarer Bedeutung sein (vgl. *Kunig*, in: v.Münch/Kunig, GG I, Art. 1 Rn. 7).

Beispiel: Ein Klonen von Menschen würde gegen die Menschenwürde verstoßen. Der Gesetzgeber ist seiner aus Art. 1 I GG abgeleiteten Schutzpflicht durch Erlaß des Gentechnikgesetzes nachgekommen. Dieses verbietet das Klonen (BGBl 1993 I, 2066; zur gesamten Problematik, vgl. *Dreier*, in: Dreier, GG, Art. 1 I Rn. 56 ff.).

II. Unantastbare Wertentscheidung

Die besondere Bedeutung der Menschenwürde zeigt sich auch an Art. 79 III GG. Die sog. **Ewigkeitsklausel** verbietet eine Änderung des Grundgesetzes, soweit die in Art. 1 GG niedergelegten Grundsätze berührt werden. Die Menschenwürde wird damit als einziges Grundrecht in den Rang der **Unantastbarkeit** erhoben. Dies wirkt sich nicht nur auf den Inhalt des Art. 1 I GG aus, sondern beeinflußt auch die anderen Grundrechte, soweit diesen in bestimmten Gefährdungsbereichen die Menschenwürdegarantie zugrundeliegt. Ihr Schutzbereich deckt sich dann teilweise mit dem des Art. 1 I GG. Im Umfang dieser Kongruenz wird ihr sog. Menschenwürdegehalt von Art. 79 III GG erfaßt. Dies hat zur Folge, daß sie insoweit ebenfalls unabänderbar sind (dazu eingehend *Stern*, Jus 1985, 329 [336 ff.]).

Beispiele:
– Der Art. 10 GG kann unter bestimmten Voraussetzungen eingeschränkt werden (s. dazu § 6 Rn. 21 ff.); einer völligen Abschaffung dieses Grundrechts steht aber Art. 79 III GG entgegen, weil dadurch der in Art. 10 GG enthaltene Menschenwürdekern verletzt würde.
– Zu einem gleichen Ergebnis würde man bei der Wiedereinführung der Todesstrafe kommen, da die Hinrichtung von Menschen mit der Menschenwürdegarantie unvereinbar ist (vgl. *Kunig*, in: v.Münch/Kunig, GG I, Art. 102 Rn. 16).
– Dagegen hat neuerdings das BVerfG festgestellt, daß der Verfassungsgesetzgeber nicht gehindert sei, das in Art. 16 a GG gewährleistete Asylrecht als Ganzes abzuschaffen, weil dieses nicht Teil des Gewährleistungsinhalts von Art. 1 I GG sei (BVerfGE 94, 49 [103 f.] – *„sichere Drittstaaten"*; s. dazu im einzelnen § 16 Rn. 6).

Beachte: Der Menschenwürdegehalt der Grundrechte deckt sich weitgehend mit der Wesensgehaltsgarantie des Art. 19 II GG (vgl. BVerwGE 47, 331, [357]).

D. Systematische Stellung

I. Verhältnis zu anderen Grundrechten

9   Art. 1 I GG steht in einem ambivalenten Verhältnis zu den anderen Grundrechten. Dieses ist durch zwei Merkmale gekennzeichnet, die sich auf den ersten Blick widersprechen:

„Vorrang" und „Subsidiarität".

1. Wertungsvorrang

10 Die Rechtsordnung kennt zwar eine Hierarchie der Rechtsquellen; eine solche Rangordnung ist ihr aber auf der Ebene des Verfassungsrechts grundsätzlich fremd. Art. 1 I GG nimmt gleichwohl aufgrund der in ihm verkörperten (obersten) Wertentscheidung eine Vorrangstellung gegenüber den anderen Grundrechten ein. Diese äußert sich in
–   der restriktiven Formulierung des Art. 1 I GG,
–   seiner systematischen Stellung und
–   seiner Unabänderbarkeit (Art. 79 III GG).

11 Der **Vorrang der Menschenwürde** verdrängt aber nicht die anderen Grundrechte, sondern verstärkt ihre Schutzgewährleistungen, wobei der (sachliche) Umfang ihres Schutzbereichs unberührt bleibt.

Beispiele:
–   Das allgemeine Persönlichkeitsrecht ist auf der Grundlage von Art. 2 I GG i. V. mit Art. 1 I GG entwickelt worden (s. dazu ausführlich § 17 Rn. 39, 42). Die Grenzen seines Schutzbereichs ergeben sich aus Art. 2 I GG. Zur Bestimmung von Inhalt und Reichweite dieses Grundrechts ist auf Art. 1 I GG abzustellen. Dies beeinflußt insb. den Umfang des sog. Intimbereichs, der einen uneinschränkbaren Wesenskern dieses Rechts bildet (vgl. BVerfGE 75, 369 [380]).
–   Aber auch andere Grundrechte erhalten durch Art. 1 I GG eine besondere Aussagekraft, wie etwa die Informationsfreiheit des Art. 5 I 1 GG, die eine individualrechtliche, insbesondere aus Art. 1 I GG hergeleitete Komponente aufweist (BVerfGE 27, 71 [81] – *Leipziger Volkszeitung"*).

2. Prüfungsnachrang

a) Konkretisierung

12 Die Menschenwürde wird als verfassungsrechtliche Grundentscheidung durch die (anderen) Grundrechte in verschiedenen Gefährdungsbereichen konkretisiert und aktualisiert. Soweit der Schutzbereich dieser speziellen Grundrechte berührt ist, sind sie vor Art. 1 I GG zu prüfen. Die Garantie der Menschenwürde tritt daher in der Fallbearbeitung i. d. R. zurück, auch wenn sie in vielen Fällen zu passen scheint und einen starken emotionalen Beiklang aufweist. Dadurch wird verhindert, daß der Schutz der Menschenwürde durch extensive Inanspruchnahme vorschnell zur „kleinen Münze" verkommt (vgl. *Dürig*, in: M/D, *GG* I, Art. 1

I Rn. 16). Den Betroffenen entsteht dadurch kein Nachteil, weil die Wertentscheidung des Art. 1 I GG bei der Prüfung der speziellen Grundrechte zu berücksichtigen ist.

Beispiel: Art. 2 II 1 GG schützt die körperliche Integrität des einzelnen, die ihrerseits Ausfluß der Menschenwürde ist. Auf Art. 1 I GG kann daher nicht unmittelbar abgestellt werden. Er beeinflußt aber Inhalt und Ausmaß der Schutzgewährleistung.

> **Merke:** Auf das Recht aus Art. 1 I GG ist erst dann zurückzugreifen, wenn kein spezielles Grundrecht einschlägig ist (vgl. BVerfGE 51, 97 [105]; 53, 275 [300]; 56, 363 [393]).

b) Unmittelbarer Zugriff

Ein unmittelbarer Zugriff auf Art. 1 I GG ist nur dann erforderlich, wenn die   13
Menschenwürde in einem bestimmten Lebensbereich nicht durch ein spezielles Grundrecht ausgeformt und geschützt ist. Dieser Ausnahmefall kommt teilweise bei der Konkretisierung von unbestimmten Rechtsbegriffen vor, wie etwa dem der „guten Sitten". Allerdings ist in diesem Zusammenhang zu berücksichtigen, daß das BVerfG auch auf andere Grundrechtsnormen zurückgreift (zur Auslegung zivilrechtlicher Generalklauseln, vor allem der §§ 138 und 242 BGB, vgl. insb. BVerfGE 89, 214 [229 ff.] m. w. N.; ferner eingehend *Höfling/Gern*, NJW 1983, 1582 ff.).

Beispiele:
- Veranstaltungen, in denen kleinwüchsige Menschen wie Sportgeräte von Personen aus dem Publikum geworfen werden, verletzen die Menschenwürde der Darsteller. Die Erteilung der nach § 33 a GewO erforderlichen Erlaubnis für den Betrieb einer solchen Veranstaltung, die als „Zwergenweitwurf" bezeichnet wird, hängt im wesentlichen davon ab, ob die beabsichtigte Veranstaltung den guten Sitten zuwiderläuft. Dieses Tatbestandsmerkmal ist auf der Grundlage der in Art. 1 I GG enthaltenen Wertentscheidung auszulegen. Der Verstoß gegen die Menschenwürde führt daher zu Sittenwidrigkeit der Veranstaltung und zur Versagung der Erlaubnis (VG Neustadt, NVwZ 1993, 98 ff. – „Zwergenweitwurf").
- Auch der Vertrieb von Likörflaschen mit Etikettierungen, auf denen die Bezeichnungen „Busengrapscher" bzw. „Schlüpferstürmer" mit sexuell anzüglichen Bilddarstellungen von Frauen verbunden sind, verstößt gegen den Begriff der guten Sitten in § 1 UWG. Der BGH hat dies damit begründet, weil dadurch der – diskriminierende und die Menschenwürde verletzende – Eindruck der sexuellen Verfügbarkeit der Frau als mögliche Folge des Genusses des angepriesenen alkoholischen Getränkes vermittelt wird (BGH, NJW 1997, 2486 [2488]).
- Die Zurschaustellung von Frauen in einem Nachtclub, die sich dort in einem Käfig an Gitterstäbe klammern und somit den Eindruck erwecken, „alles zu tun", um frei zu kommen, verstößt auf der Grundlage der in Art. 1 I GG enthaltenen Wertentscheidung ebenfalls gegen die guten Sitten (VGH München, NVwZ 1992, 76; zur Problematik des Betriebes sog. Peep-Shows, vgl. BVerwGE 64, 274 [277]; 84, 314 [317]; dazu eingehend *Discher*, JuS 1991, 642; *Rädler*, DÖV 1997, 112 ff.).

Klausurhinweis: Die Menschenwürde und die (sonstigen) Grundrechte unterliegen unterschiedlichen verfassungsrechtlichen Gewährleistungen (Art. 79 III GG) und Beschränkungsmöglichkeiten. In der Fallbearbeitung ist daher klarzustellen, ob unmittelbar auf den Grundrechtsschutz des Art. 1 I GG abgestellt wird oder ob seine Wertentscheidung lediglich bei der Prüfung eines speziellen Grundrechts (mit-) berücksichtigt wird.

II. Verhältnis zu den Verfassungsgrundsätzen (Art. 20 I – III GG)

14   Art. 1 I GG steht im engen Zusammenhang zu den Verfassungsprinzipien der Art. 20 I – III GG. Dies kommt beispielsweise in Art. 79 III GG zum Ausdruck, der beide Vorschriften für unabänderbar erklärt. Die in ihnen enthaltenen Wertentscheidungen **beeinflussen sich wechselseitig.** Dabei stellt Art. 1 I GG stärker auf die Person des einzelnen Grundrechtsträgers ab, während Art. 20 I – III GG vorrangig den Staat als Ganzes im Blick hat.

Beispiel: Der in Not geratene Einzelne hat aufgrund Art. 2 I, Art. 1 I GG i. V. mit dem Sozialstaatsprinzip einen Anspruch gegen den Staat auf Sicherung des Existenzminimums (s. auch u. Rn. 32)

E. Grundrechtsträger

15   Die Frage der Grundrechtsträgerschaft bei Art. 1 I GG deckt sich mit dem Problem, ob der sachliche Schutzbereich dieses Grundrechts eröffnet ist (vgl. dazu u. F.). Dabei fallen zwei Fragenkreise ins Auge:

„Wer ist in seiner Menschenwürde geschützt?" – und –

„Wann beginnt und wann endet der Schutz?"

I. Geschützter Personenkreis

1. Natürliche Personen

16   Die Würde des, also **jedes Menschen**, ist geschützt, ohne Rücksicht auf seine Eigenschaften, seine Leistungen und seinen sozialen Status; sie kommt jedem Menschen als Gattungswesen zu (BVerfGE 87, 209 [228]). Abstammung, Rasse, Glauben, Lebensalter, intellektuelle Reife, politische Vorstellungen und Kommunikationsfähigkeit sind also unerheblich; nicht einmal Wahrnehmungsfähigkeit ist erforderlich (BVerfGE 64, 261 [284]; *Kunig*, in: v.Münch/Kunig, GG I, Art. 1 Rn. 11). Die von Anfang an im menschlichen Sein angelegten potentiellen Fähigkeiten genügen, um den Schutz der Menschenwürde zu begründen. Dabei ist nicht entscheidend, ob der Grundrechtsträger sich dieser Würde bewußt ist und sie (selbst) zu wahren weiß; sie ist auch dem eigen, der aufgrund seines körperlichen oder geistigen Zustandes nicht sinnhaft handeln kann. Selbst durch „un-

würdiges" Verhalten geht sie nicht verloren (BVerfGE 39, 1 [39 ff.] – *„Schwangerschaftsabbruch I"*; 87, 209 [228]; zu Straftätern s. BVerfGE 72, 105 [115]).

Tiere haben keine Menschenwürde und kommen daher nicht in den Genuß des   **17**
verfassungsrechtlichen Würdeschutzes (dazu eingehend *Kunig*, in: v.Münch/Kunig, GG I, Art. 1 Rn. 16).

2. Personengruppen

Zuordnungsobjekt der Menschenwürde ist der **einzelne Mensch.** Die Menschheit   **18**
insgesamt oder eine bestimmte Bevölkerungsgruppe ist grundsätzlich nicht geschützt (vgl. *Kunig*, in: v.Münch/Kunig, GG I, Art.1 Rn. 17). Nicht die Menschengruppe als solche kann in ihrer Menschenwürde verletzt werden, sondern nur das einzelne Gruppenmitglied, auch wenn der Anstoß für die Verletzung aus der Gruppenzugehörigkeit entspringt.

Beispiel: Die Bezeichnung von Soldaten als „potentielle Mörder" kann nicht die Menschenwürde dieser Berufsgruppe insgesamt verletzen, sondern nur die Würde des einzelnen Soldaten (vgl. *Kunig*, in: v.Münch/Kunig, GG I, Art. 1 Rn. 17 m. w. N.).

Eine **Ausnahme** von diesem Grundsatz besteht aufgrund der historischen Erfah-   **19**
rungen nur hinsichtlich des jüdischen Bevölkerungsanteils in Deutschland. Diese Personengruppe wird durch abwertende Äußerungen oder durch Leugnung historischer Tatsachen **kollektiv** in ihrer Menschenwürde verletzt.

Beispiel: Leugnung, daß im Konzentrationslager Auschwitz Juden ermordet worden sind (BGH, EuGRZ 1994, 444 [446]; vgl. hierzu auch BVerfGE 90, 241 ff. – *„Auschwitzlüge"*).

3. Juristische Personen

Juristische Personen können sich **nicht** auf den Schutz der Menschenwürde beru-   **20**
fen, weil dieses Grundrecht an das „Menschsein" anknüpft. Es kann daher seinem Wesen nach auch nur Menschen zustehen. Der Ausschluß der Grundrechtsfähigkeit gilt in diesem Bereich für juristische Personen des Privatrechts und des öffentlichen Rechts gleichermaßen.

II. Beginn und Ende des Würdeschutzes

1. Beginn

Der Schutz der Menschenwürde setzt mit Beginn des **menschlichen Lebens** ein.   **21**
Art. 1 I GG ist insoweit untrennbar mit dem in Art. 2 II 1 GG verankerten Lebensschutz verbunden (s. dazu § 2 Rn. 2). Menschliches Leben und Würdeschutz entstehen nach der Rechtsprechung des BVerfG am 14. Tag nach der Empfängnis. Dem steht nicht entgegen, daß das geschützte werdende Leben, der sog. nasciturus, sich dieses Schutzes nicht bewußt ist und ihn auch nicht (selbst) in Anspruch nehmen kann. Vielmehr sind insbesondere der Staat, aber auch die Eltern verpflichtet, diese Schutzpflicht zu übernehmen (BVerfGE 39, 1 [37] –

„Schwangerschaftsabbruch I"; BVerfGE 88, 203 [251] – *„Schwangerschaftsabbruch II"*; s. auch *Kunig*, in: v.Münch/Kunig, GG I, Art. 1 Rn. 14 m. w. N.).

Beispiel: Gemäß § 7 Nr. 2 Embryonenschutzgesetz wird bestraft, wer es unternimmt, einen menschlichen Embryo auf ein Tier zu übertragen (BGBl 1990 I, 2748).

2. Ende

22 Der Schutz der Menschenwürde erlischt nicht mit dem Tod (BVerfGE 30, 173 [194]- *„Mephisto"*). Der Persönlichkeitsbereich des Verstorbenen ist auch nach diesem Zeitpunkt für einen gewissen Zeitraum geschützt. Dies gilt insbesondere bei Eingriffen durch ehrverletzende Äußerungen. Die Schutzgewährleistungen ergeben sich aus dem in Art. 1 I GG verbürgten Gebot der Unverletzlichkeit der Menschenwürde. Dieser sog. **postmortale Würdeschutz** rechtfertigt sich aus dem sozialen Anspruch und der sozialen Rolle, die einer Person über ihren Tod hinaus zukommt. Diese sozialen Anschauungen markieren zugleich die zeitliche Grenze dieses nachwirkenden Grundrechtsschutzes. Sie lassen sich nicht generell festlegen, sondern hängen von den Umständen des Einzelfalls ab (BVerfGE 30, 173, [195] – *„Mephisto"*).

Beispiele: Die in dem von Klaus Mann verfaßten Buch „Mephisto – Roman einer Karriere" enthaltenen, auf Gustav Gründgens zugeschnittenen herabsetzenden Äußerungen berühren seinen aus der Menschenwürde abgeleiteten Achtungsanspruch, der nicht mit dem Tod endet (BVerfGE 30, 173 [194] – *„Mephisto"*). Dagegen wird die Leichenöffnung zur Klärung der Todesursache nicht als Verletzung der Menschenwürde des Verstorbenen angesehen (BVerfG, NJW 1994, 783).

23 Der postmortale Würdeschutz nimmt aber mit Zeitablauf ab und verflüchtigt sich (*Kunig,* in: v.Münch/Kunig, GG I, Art.1 Rn. 15).

Beispiel: Die im Ötztal gefundenen Reste eines Mannes aus der Bronzezeit (von der Presse liebevoll „Ötzi" genannt) wurden als wissenschaftliche Sensation öffentlich zur Schau gestellt. Dies verletzt nicht die Menschenwürde von „Ötzi", da sich diese angesichts der verstrichenen Zeit verflüchtigt hat.

F. Inhalt

24 Die Menschenwürde ist ein **Rechtsbegriff**. Dies folgt aus Wortlaut, systematischer Stellung und Entstehungsgeschichte des Art. 1 I GG. Der Umstand, daß diese Vorschrift in hohem Maße unbestimmt ist, steht ihrer Einordnung als (Grund-) Rechtsnorm nicht entgegen (*Kunig*, in: v.Münch/Kunig, GG I, Art. 1 Rn. 18). Die inhaltliche Unbestimmtheit macht aber eine umfangreiche Auslegung erforderlich, um den Gewährleistungsgehalt der Menschenwürde zu konkretisieren. Dies begegnet folgenden Schwierigkeiten:
   - Die Menschenwürde ist ein stark geistesgeschichtlich geprägter Begriff, auf dem 2.500 Jahre Philosophiegeschichte „lasten" (*P/S*, StaatsR II, Rn. 383).

Dies (ver-) führt zu einer Verquickung ethisch-philosophischer und rechtlicher Fragen.

- Inhalt und Umfang der Menschenwürde sind – abgesehen von einem unverrückbaren Begriffskern – zeit- und situationsabhängig (BVerGE 45, 187 [229] – *„Lebenslange Freiheitsstrafe"*; OVG Berlin, NJW 1980, 2484 [2485]).

- Die Bestimmung der Menschenwürde kann von verschiedenen Richtungen aus erfolgen. Entweder man stellt den Eigenwert und die Eigenständigkeit des Menschen, d. h. sein Wesen, in den Mittelpunkt, oder man knüpft an seine Fähigkeit zu eigenem selbstbestimmten Verhalten an. Je nachdem, von welcher Seite man sich der Menschenwürde nähert, verändert sich ihr Inhalt.

I. Allgemeines

Die vom BVerfG vertretene sog. **Objektsformel** vereint die beiden oben genannten   25
Aspekte. Danach ist der Mensch als geistlich-sittliches Wesen der oberste Wert. Er darf nicht zum Objekt der Staatsgewalt herabgewürdigt oder einer Handlung ausgesetzt werden, die seine Subjektsqualität prinzipiell in Frage stellt. Der soziale Wert- und Achtungsanspruch ist jedem Menschen eigen ohne Rücksicht auf seine Eigenschaften, seine Leistungen und seinen sozialen Status (BVerfG, NJW 1998, 519 [521] – *„Fehlgeschlagene Sterilisation"* m. w. N.). Die Objektsformel legt den Inhalt der Menschenwürde aber nicht abschließend fest. Das Urteil darüber, was der Würde des Menschen entspricht, kann nur auf dem jetzigen Stande der Erkenntnis beruhen und keinen Anspruch auf zeitlose Gültigkeit erheben; auch kann es von den jeweiligen gesellschaftlichen Verhältnissen nicht völlig losgelöst werden (BVerfGE 45, 187 [229] – *„Lebenslange Freiheitsstrafe"*; BVerfG, NJW 1998, 519 [521] – *„Fehlgeschlagene Sterilisation"*). Begriffsbestimmungen können nur die Richtung andeuten, in der Fälle der Verletzung der Menschenwürde gefunden werden können (BVerfGE 30, 1 [25] – *„Abhörurteil"*). Die Würde des Menschen ist somit kein absoluter, feststehender Begriff, sondern kann nur im Einzelfall **nach** bestimmten **Gefährdungsbereichen konkretisiert** werden. Entscheidend ist nicht – in abstracto – die Würde des Menschen, sondern die Bewertung eines Vorgangs als Verletzung der Menschenwürde (vgl. auch *Kunig*, in: v.Münch/Kunig, GG I, Art. 1 Rn. 22).

> **Merke:** Der Inhalt der Menschenwürde ist eingriffsbezogen zu ermitteln. Dabei ist wertend festzustellen, welche Akte der öffentlichen Gewalt die Menschenwürde verletzen.

II. Ausprägungen

26 Aufgrund der Konkretisierung des Art. 1 I GG entfaltet sich der Schutz der Menschenwürde in folgenden Fallgruppen:

– Das Verbot grausamer, unmenschlicher und erniedrigender Strafen (BVerfGE 45, 187 [228] – „*Lebenslange Freiheitsstrafe*"; zum Problem des lebenslangen Freiheitsentzugs, vgl. BVerfGE 45, 187 [229] – „*Lebenslange Freiheitsstrafe*"; 50, 5 [9]; 54, 100 [108 f.]; BVerfG, NJW 1995, 3244 [3245]; zur Problematik der Auslieferung ausländischer Straftäter, vgl. BVerfGE 75, 1 [16]; insgesamt zu dieser Problematik *Vogler*, NJW 1994, 1433 ff.).

– Das Verbot, den Menschen zu demütigen, bloßzustellen oder zum bloßen Objekt herabzuwürdigen (vgl. etwa BVerwG, NJW 1970, 1338 [1340] zur Zulässigkeit von Disziplinarstrafen zum Zwecke der Allgemeinabschreckung; BayObLG, MDR 1972, [871] zur Anordnung zwangsweiser Untersuchungen von Menschen auf ihren Geisteszustand; BVerfGE 34, 369 [382 f.] zur grundlosen Bekanntgabe des Aufenthaltsortes eines Menschen, der in Untersuchungshaft sitzt).

– Das Verbot, den Menschen zum bloßen Gegenstand eines Verfahrens zu machen (BVerfGE 63, 332 [337] m. w. N.). So z. B. auch, einen Menschen, der von schwerer, unheilbarer Krankheit und von Todesnähe gezeichnet ist, weiter in Haft zu halten. Die Durchführung eines Strafverfahrens gegen ihn hat unter diesen Umständen seinen Sinn verloren und macht ihn zum Objekt staatlicher Maßnahmen. Dies ist mit dem Gebot der Achtung der Menschenwürde unvereinbar (BerlVerfGH, NJW 1993, 515 – „*Honecker*").

– Das Verbot, einen Menschen zur Durchsetzung staatlicher Ziele zu mißbrauchen.

– Das Verbot der Vernichtung von sog. „unwerten Leben".

– Der Anspruch auf Sicherung des Existenzminimums (dazu u. Rn. 32).

G. Verletzung

27 „Eine Verletzung des Achtungsanspruchs kann nicht nur in der Erniedrigung, Brandmarkung, Verfolgung oder Ächtung von Personen, sondern auch in der Kommerzialisierung menschlichen Daseins liegen" (BVerfG, NJW 1998, 519 [521] – „*Fehlgeschlagene Sterilisation*" m. w. N.; s. ferner BayVerfGH, BayVBl 1982, 47 [50]). Dies darf nicht zu der Annahme verleiten, daß ein Eingriff in Art. 1 I GG nur vorliegt, wenn die Beeinträchtigung der Menschenwürde beabsichtigt ist. Eine **Herabsetzungsabsicht** begründet für sich allein keinen Eingriff. Sie kann aber den entwürdigenden Charakter der Beeinträchtigung verstärken und dadurch zu einem Eingriff führen (vgl. *Jarass*, in: J/P, GG, Art. 1 Rn. 6).

Beispiel: Das Abtasten von Personen an Flughäfen zur Sicherheitskontrolle im Flugverkehr greift grundsätzlich mangels Beeinträchtigungsintensität nicht in die Menschenwürde ein. Etwas anderes gilt dann, wenn besondere, herabwürdigende Umstände, wie z. B. eine sexuelle Belästigung, hinzutreten.

Klausurhinweis: Wegen der eingriffsbezogenen Ermittlung des Inhalts der Menschenwürde steht die Eingriffsqualität einer Handlung/Unterlassung i. d. R. bereits dann fest, wenn der Schutzbereich betroffen ist.

H. Absoluter Schutz

Die Würde des Menschen ist unantastbar. Art. 1 I GG unterliegt **keiner Beschränkungsmöglichkeit** in Form eines Gesetzesvorbehalts oder einer Grundrechtsschranke. Dies gilt auch für die sog. grundrechtsimmanenten Schranken, die bei allen anderen Grundrechten bestehen. Ein Eingriff in den Schutzbereich der Menschenwürde kann daher auch nicht durch höchstrangige Verfassungsgüter legitimiert werden, sondern ist stets verfassungswidrig (BVerfGE 75, 369 [380]). Die Starrheit dieser Aussage führt erneut die Notwendigkeit vor Augen, den Schutzbereich des Art. 1 I GG im vorgenannten Sinn eng auszulegen.

28

Beispiel: A und B haben den schwer herzkranken E entführt, um ein Lösegeld zu erpressen. Selbst wenn die Forderung der Entführer erfüllt würde, käme die erforderliche medikamentöse Hilfe für E zu spät, weil die Übergabe des Lösegeldes zu lange dauern würde. Die Polizei hat aber den Entführer B in ihre Gewalt gebracht. B weiß, wo E versteckt gehalten wird, gibt dies aber nicht preis. Trotz der äußersten Lebensgefahr für E darf der Staat B nicht mit Gewalt zum Sprechen bringen, weil Art. 1 I GG entgegensteht (für den Bereich der Wahrheitsfindung in der Strafjustiz durch psychologischen Zwang, vgl. BVerfGE 1, 97 [105], insb. zur Anwendung chemischer oder psychotechnischer Mittel, vgl. BGHSt 5, 332 ff.; zur Verwendung des Lügendetektors, vgl. BVerfG, NJW 1982, 375).

> **Merke:** Jede Beeinträchtigung der Menschenwürde führt automatisch zur Verletzung dieses Grundrechts.

J. Verzicht

Im Umfeld der Menschenwürde stellt sich häufig die Frage, ob der Grundrechtsträger wirksam auf den Schutz des Art. 1 I GG verzichten kann.

29

Beispielsfall *„Zwergenweitwurf"* (nach VG Neustadt, NVwZ 1993, 98 ff., s. dazu o. Rn. 13): Eine Veranstaltung, in der kleinwüchsige Menschen wie Sportgeräte durch die Luft geworfen werden, entwürdigt die auftretenden Personen, weil ihnen eine erniedrigende, objekthafte Rolle zugewiesen wird. Kann die damit verbundene Verletzung der Menschenwürde dadurch ausgeräumt und gerechtfertigt werden, daß diese Menschen freiwillig auftreten und damit konkludent auf den Schutz des Art. 1 I GG verzichten? Diese Frage ist zu verneinen, weil der **Verzicht** im vorliegenden Fall **unwirksam** ist. Die Verletzung der Menschenwürde entfällt daher nicht. Die Würde des Menschen ist ein objektiver, unverfügbarer Wert, auf dessen Beachtung der einzelne nicht wirksam verzichten kann (vgl. BVerwGE 64, 274 [279]; BGHZ 67, 119 [125]; VG Neustadt NVwZ 1993, 98 [99] – *„Zwergenweitwurf“*; *Dürig*, in: M/D, GG I, Art. 1 Abs.1 Rn. 22; insgesamt zum Grundrechtsverzicht *Robbers*, Der Grundrechtsverzicht, Jus 1985, 925 ff.). Etwas anderes gilt nur dann, wenn die Verletzung der Menschenwürde gerade und nur durch das Fehlen der Einwilligung des Betroffenen in die in Rede stehende Handlung oder Unterlassung begründet wird. Dieser Ausnahmetatbestand greift vorliegend nicht ein. Die Würde der auftretenden Menschen muß ggf. auch gegen ihren Willen geschützt werden, weil ihr eine über den einzelnen hinausgehende Bedeutung zukommt (VG Neustadt, NVwZ 1993, 98 [99] – *„Zwergenweitwurf“*).

K. Funktionen

30   Art. 1 I 2 GG verpflichtet alle staatliche Gewalt dazu, die Würde des Menschen zu achten und zu schützen. Der Adressat und die Funktionen dieses Grundrechts werden dadurch – anders als bei den meisten anderen Grundrechten – in einem eigenen Satz ausdrücklich festgelegt.

I. Abwehrrecht des einzelnen

31   Der Begriff „achten" bedeutet, daß in die Menschenwürde nicht eingegriffen werden darf. Der Betroffene hat aufgrund Art. 1 I GG ein subjektiv – rechtliches Abwehrrecht bei hoheitlichen Beeinträchtigungen. Dieses kann er mittels eines Unterlassungs- oder Folgenbeseitigungsanspruchs durchsetzen.

Beispiel: Der Bürger hat einen öffentlich-rechtlichen Unterlassunganspruch gegen hoheitliche Äußerungen, die ihn in seiner Menschenwürde verletzen.

II. Schutzpflicht des Staates

32   Aus dem Begriff „schützen" ergibt sich eine Schutzpflicht der staatlichen Gewalt, der einem Schutzanspruch des einzelnen entspricht. Primär ist damit nicht Schutz vor materieller Not gemeint, sondern vielmehr die Pflicht zur Abwehr von Würdebeeinträchtigungen (BVerfGE 1, 97 [104]; *Kunig*, in: v.Münch/Kunig, GG I, Art. 1 Rn. 30). Daher ist die Menschenwürde nicht ohne weiteres beeinträchtigt, wenn jemand in Not gerät; sie ist aber dann verletzt, wenn der einzelne unter Lebensbedingungen lebt, die ein **menschenwürdiges Dasein** nicht mehr gewährleisten. Der Staat hat dann die dafür erforderlichen **Mindestvoraussetzungen** zu sichern (BVerfGE 82, 60 [85]; BVerfG, NJW 1994, 991). Dem einzelnen kommt insoweit ein aus Art. 2 I, Art. 1 I GG i. V. mit dem Sozialstaatsprinzip abgeleiteter Schutzanspruch auf Gewährleistung des **Existenzminimums** zu.

Beispiele:

– So muß der Staat dem Steuerpflichtigen das von ihm erzielte Einkommen insoweit steuerfrei belassen, als es zur Schaffung der Mindestvoraussetzungen für ein menschenwürdiges Dasein benötigt wird (BVerfGE 82, 60 [85]).
– Kann sich der Bürger aus von ihm nicht zu vertretenden Gründen nicht selbst erhalten, ist der Staat zur Hilfe, z. B. in Form von Sozialhilfe, verpflichtet (BVerfGE 40, 121 [133]; vgl. auch BVerwGE 82, 364 [368]).
– Auch eine menschenwürdige Unterbringung bedürftiger Personen, wie etwa Obdachlose, dürfte zu den erforderlichen Mindestvoraussetzungen zählen (s. dazu OVG Münster, NVwZ 1993, 202 [203]).

Eine Schutzpflicht des Staates entsteht vor allem bei Beeinträchtigungen der Menschenwürde durch **Private** (vgl. VG Neustadt, NVwZ 1993, 98 [99] – *„Zwergenweitwurf"*; zum Schutz vor exhibitionistischen Handlungen, vgl. BVerwG, NVwZ-RR 1991, 379 [380]). 33

Welche Mittel der Staat zur Umsetzung seiner Verpflichtung ergreift, ist seinem Ermessen überantwortet (vgl. *Kunig*, in: v.Münch/Kunig, GG I, Art. 1 Rn. 32). Ihm steht dabei ein weiter Spielraum zu. Dies gilt insb. in den Fällen, in denen er die Würde des einzelnen durch den Erlaß von entsprechenden Gesetzen schützen will. 34

Beispiel: Schutz des ungeborenen Lebens durch wirksame, ggf. sanktionsbewährte (formell-) gesetzliche Regelung des Schwangerschaftsabbruchs (BVerfGE 88, 203 [261 ff.] – *„Schwangerschaftsabbruch II"*).

L. Adressaten

I. Staatliche Gewalt

Art. 1 I 2 GG verpflichtet die gesamte Staatsgewalt zur Umsetzung der Gewährleistungen dieses Grundrechts. Dies gilt nicht nur für Bund und Länder in ihren jeweiligen Funktionen (Gesetzgebung, Rechtsprechung und Verwaltung), sondern auch für alle sonstigen Hoheitsträger. Einbezogen sind daher auch die Träger mittelbarer Staatsverwaltung, wie z. B. Gemeinden, andere Körperschaften des öffentlichen Rechts, öffentlich – rechtliche Anstalten und Stiftungen, Beliehene (*Kunig*, in: v.Münch/Kunig, GG I, Art. 1 Rn. 35). 35

II. Privatpersonen

Es ist umstritten, ob die Menschenwürde auch Privatpersonen unmittelbar bindet. 36

1. Unmittelbare Drittwirkung

Die wohl h. M. geht davon aus, daß Art. 1 I GG ebenso wie Art. 9 III GG eine **unmittelbare Drittwirkung** besitzt (*Kunig*, in: v.Münch/Kunig, GG I, Art. 1 Rn. 27 m. w. N.). Dies wird damit begründet, daß Art. 1 I GG auch Schutzwirkungen bei Eingriffen durch Private entfaltet. Dadurch wird die Geltungsebene 37 dieses Grundrechts erweitert und es „de facto" mit einer unmittelbaren Drittwirkung ausgestattet.

2. Mittelbare Drittwirkung

38 Aber auch bei Annahme einer nur mittelbaren Drittwirkung gelangt man zum gleichen Ergebnis, weil die Menschenwürde über §§ 823, 1004 BGB auch im Verhältnis zwischen Privatpersonen geschützt ist.

M. Wiederholung

I. Kontrollfragen

1. Ist Art. 1 I GG ein eigenständiges Grundrecht?

2. Entfaltet das in Art. 1 I GG verbürgte Gebot der Unverletzlichkeit der Würde auch nach dem Tod seine Schutzfunktion?

3. Welche Fallgruppen konkretisieren das Recht auf Menschenwürde?

4. A betreibt ein kommerzielles Vermittlungsbüro für Säuglings- und Kinderadoption. Auf Flugblättern und Anzeigen in der Tageszeitung weist er auf seine Dienste hin. Das kinderlose Ehepaar B schloß daraufhin mit A einen Vermittlungsvertrag und zahlte das vereinbarte Vermittlungshonorar (Fall nach VG Frankfurt, NJW 1988, 3032 ff.).
   Inwieweit ist das Recht auf Unverletzlichkeit der Menschenwürde zu berücksichtigen?

II. Lösungen

1. Diese Frage ist umstritten. Der Wortlaut des Art. 1 III GG („Die nachfolgenden Grundrechte . . .") scheint gegen eine Interpretation des Art. 1 I GG als eigenständiges Grundrecht zu sprechen. Gleichwohl bejaht das BVerfG und ein überwiegender Teil der Literatur den Grundrechtsschutz der Menschenwürde (s. dazu Rn. 3).

2. Nach der *„Mephisto- Entscheidung"* des BVerfG erlischt der Schutz der Menschenwürde nicht mit dem Tod; dieser bleibt auch nach diesem Zeitpunkt für einen gewissen Zeitraum bestehen (s. dazu Rn. 22 f.).

3. S. dazu Rn. 26.

4. Der verfassungsrechtliche Menschenwürdegehalt kann zum einen bei der Frage der Sittenwidrigkeit des Vermittlungsvertrages von Belang sein (s. dazu auch Rn. 13); andererseits kann er aber auch für eine ordnungsrechtliche Verbotsverfügung hinsichtlich des Betreibens eines kommerziellen Adoptionsvermittlungsbüros Auswirkungen haben (dazu VG Frankfurt, NJW 1988, 3032).

Kapitel 2. Die Freiheitsrechte

§ 1. Die Prüfungsstruktur für Freiheitsrechte

A. Klassische Funktion der Freiheitsrechte

Freiheitsrechte sind ihrer Grundfunktion nach **Abwehrrechte gegen staatliche Maßnahmen.** Anders als die Menschenwürdegarantie entfalten sie als solche jedoch keinen absoluten Schutz gegen staatliche Eingriffe. Sie schaffen also keine Freiräume, die jeglichem staatlichen Zugriff entzogen wären. Freiheitsrechte gewähren vielmehr sogenannten prima-facie-Schutz, d. h. der vom Grundrecht erfaßte Lebensbereich ist „auf den ersten Blick" geschützt. Das bedeutet, daß der staatliche Zugriff auf die grundrechtlich geschützten Lebensbereiche erhöhten Anforderungen unterliegt, die von der Verfassung selbst festgelegt sind. Eine Grundrechtsverletzung liegt damit vor, wenn
– eine Freiheit des Bürgers, die grundrechtlich geschützt ist,
– durch einen staatlichen Eingriff beeinträchtigt wird,
– ohne daß dieser Eingriff verfassungsrechtlich gerechtfertigt ist.

Daraus folgt also ein **dreistufiger Prüfungsaufbau:** die Frage, ob die geltend gemachte Freiheit in den Schutzbereich des betreffenden Grundrechts fällt (gängige Kurzform: Betroffenheit des Schutzbereichs); die Feststellung, ob der Staat in diesen Schutzbereich eingegriffen hat; die Frage nach einer verfassungsrechtlichen Rechtfertigung des Eingriffs.

Da das in Frage kommende Grundrecht nicht abstrakt erörtert werden soll, sondern im Hinblick auf eine **konkrete** im vorgegeben Sachverhalt behauptete Verletzung zu überprüfen ist, empfiehlt es sich dringend, vor Beginn der Prüfung die Fallfrage klar herauszuarbeiten und als Einleitungssatz der Prüfung voranzustellen. Gleich im Anschluß sollte das in Frage kommende Grundrecht benannt werden.

Beispiel: Laut Sachverhalt hat der Gesetzgeber beschlossen, den Verkauf von Alkohol unter Strafe zu stellen; Weinhändler A möchte wissen, ob dies gegen seine Grundrechte verstößt. Der Einleitungssatz könnte dann etwa lauten: „A könnte durch das gesetzliche Verbot des Alkoholverkaufs in seiner gemäß Art. 12 I GG garantierten Berufsfreiheit verletzt sein".

B. Die drei Prüfungsschritte im einzelnen

I. Betroffenheit des Schutzbereichs

1. Persönlicher Schutzbereich

3   Der persönliche Schutzbereich betrifft die Frage, „wessen" mögliches Verhalten geschützt ist. So kann sich etwa ein Ausländer nicht auf sogenannte Deutschengrundrechte berufen.

Beispiel: Der türkische Reisebürobetreiber mag zwar mit seiner Tätigkeit seinen Lebensunterhalt verdienen, seine berufliche Aktivität ist aber dennoch nicht von Art. 12 I GG geschützt (freilich auch nicht verboten!). Einschlägig kann daher nur die allgemeine Handlungsfreiheit nach Art. 2 I GG sein.

2. Sachlicher Schutzbereich

4   Mit dem sachlichen Schutzbereich wird bezeichnet, „was" ein Grundrecht schützt. In der Regel ist dies ein bestimmtes menschliches Verhalten, z. B. das Äußern einer Meinung bei Art. 5 I 1, 1. Alt. GG oder die berufliche Tätigkeit bei Art. 12 I GG. Es kann sich aber auch um eine bestimmte menschliche Eigenschaft oder Situation handeln, wie etwa das Leben, die Gesundheit (Art. 2 II GG) oder das Wohnen (Art. 13 GG).

Beachte: Rechte regeln die Beziehung zwischen Menschen, nicht zwischen Dingen oder zwischen Mensch und Ding. Grundrechte regeln die Beziehung zwischen dem einzelnen Bürger und dem Staat. Deshalb schützen auch Grundrechte, in denen von Dingen die Rede ist, etwa bei Art. 13 GG von „Wohnung", nicht etwa die Wohnung als Sache, sondern den Bürger als Inhaber einer Wohnung, der berechtigt ist, Fremden den Zutritt zu verwehren. Art. 14 GG schützt nicht etwa ein Haus, an dem jemand Eigentum hat, sondern die Befugnis des Eigentümers, mit seinem Haus zu verfahren, wie er möchte. Mißverständlich ist es daher, von „Schutzgegenstand" eines Grundrechts zu sprechen, denn Gegenstand grundrechtlichen Schutzes ist nicht etwas „Gegenständliches", sondern etwas „Menschliches", eben ein menschliches Verhalten oder eine menschliche Situation. Auch der Begriff „Schutzbereich" ist in diesem Sinne zu verstehen und nicht etwa als örtlich abgegrenzter Bereich.

5   Wie nun wird geprüft, ob der Schutzbereich eines bestimmten Grundrechts betroffen ist?

(1) Zunächst ist festzustellen, „was" das betreffende Grundrecht schützt, zu fragen ist also: welches mögliche Verhalten oder welche denkbare Situatuion unterliegt dem grundrechtlichen Schutz?

(2) Im nächsten Schritt ist zu prüfen, ob das im Fall geltend gemachte Verhalten zu den vom Grundrecht geschützten gehört.

Beispiel: (Fortsetzung von Rn. 2):

(1) Die Berufsfreiheit gemäß Art. 12 I GG schützt jedes Verhalten, das der Schaffung oder Erhaltung der Lebensgrundlage dient, das also den Berufsausübenden ernährt (s.u. § 11 Rn. 13).

(2) Weinhändler A verdient mit seinem Weinverkauf Geld und finanziert damit zumindest teilweise seinen Lebensunterhalt. Seine Tätigkeit als Weinhändler ist daher von der Berufsfreiheit geschützt.

Bei der Ermittlung des sachlichen Schutzbereichs sind die normalen Auslegungs- **6** methoden anzuwenden, also Auslegung nach Wortlaut, nach Gesetzessystematik, teologische Auslegung und historische Auslegung (hierzu ausführlich *Sachs*, in: Sachs, GG, Einf. Rn. 37 ff.). Allerdings soll keine Kommentierung erstellt werden, in der jegliche Streitfrage zur Reichweite eines bestimmten Grundrechts erörtert würde; die Breite der Auslegung hat sich vielmehr am Fall zu orientieren.

Beispiel: Wird jemand vom Gericht wegen Beleidigung verurteilt, weil er einen Skifahrer als „Pistensau" bezeichnet hat, so darf und muß bei der Erörterung, ob diese Äußerung von Meinungsfreiheit gemäß Art. 5 I 1, 1. Alt. GG geschützt ist, die Streitfrage, ob unwahre Tatsachenbehauptungen in den Schutzbereich der Meinungsfreiheit fallen (s. dazu § 7 Rn. 8 ff.), unerwähnt bleiben, weil es sich hier offensichtlich um ein Werturteil handelt und Werturteile unstreitig von Art. 5 I GG geschützt sind.

II. Eingriff

Ein Eingriff liegt vor, wenn der einzelne in seinem grundrechtlich geschützten **7** Verhalten durch die staatliche Gewalt behindert wird. Voraussetzungen des Eingriff sind also:

(1) ein Handeln der Staatsgewalt durch Gesetzgebung, Rechtsprechung oder Exekutive,

(2) eine Behinderung des grundrechtlich geschützten Verhaltens,

(3) Kausalität zwischen dem Handeln der Staatsgewalt und der Beeinträchtigung.

Da als Eingriffe nur Handlungen der öffenltichen Gewalt in Frage kommen, **8** scheidet eine Grundrechtsverletzung aus, wenn die angegriffene Handlung durch eine Privatperson vorgenommen wurde. Allerdings kann eine solche private Handlung durch die öffentliche Gewalt sanktioniert sein, etwa durch ein Gerichtsurteil. Dann ist es die staatliche Gewalt, die der privaten Handlung zur tatsächlichen Durchsetzung verhilft, so daß eine Grundrechtsverletzung der öffentlichen Gewalt nicht von vornherein ausgeschlossen erscheint. Hiermit ist das Problem der sogenannten Drittwirkung der Grundrechte angesprochen (hierzu ausführlich *Windthorst*, VerfR I, § 5 Rn. 41 ff.).

III. Verfassungsrechtliche Rechtfertigung

9 Die Beeinträchtigung einer grundrechtlich geschützten Freiheit ist nur dann eine Grundrechtsverletzung, wenn sie nicht durch die Verfassung selbst gerechtfertigt ist. Als Rechtfertigungsgrundlagen kommen (ausschließlich!) folgende Regelungen in Frage:

(1) Ein **Gesetzesvorbehalt**, das ist eine Regelung, die den Grundrechtseingriff durch oder aufgrund eines Gesetzes ausdrücklich zuläßt. Man unterscheidet einfache und qualifizierte Gesetzesvorbehalte (dazu ausführlich *Sachs, M.*, Die Gesetzesvorbhalte der Grundrechte des Grundgesetzes, JuS 1995, 693 ff.). Letztere erlauben den Grundrechtseingriff nur unter besonderen ausdrücklich genannten Anforderungen, z. B. Art. 13 II GG.

(2) **Kollidierendes Verfassungrecht**, insbesondere Grundrechte anderer, z. B.: die Religionsfreiheit findet dort ihre Grenze, wo sie das Leben anderer gefährdet; die religiös motivierte Körperverletzung darf daher bestraft werden.

10 Sodann muß der konkrete Eingriff in jeder Hinsicht der verfassungsrechtlichen Erlaubnis entsprechen. Das bedeutet:

(1) Die besonderen Anforderungen eines qualifizierten Vorbehaltes müssen eingehalten worden sein.

(2) Die allgemeinen Anforderungen, denen jeder Grundrechtseingriff unterliegt, müssen erfüllt sein. Diese sind:

– Formelle Verfassungsmäßigkeit (z. B. Zuständigkeit des Gesetzgebers, ordnungsgemäßes Gesetzgebungsverfahren …),

– Materielle Verfassungsmäßigkeit:

  – Aus dem Rechtsstaatprinzip ergibt sich der Grundsatz der Verhältnismäßigkeit: die Maßnahme muß zur Erreichung des mit ihr verfolgten Zwecks geeignet, erforderlich und angemessen sein.

  – Weitere Anforderungen des Rechtsstaatsprinzips sind das Bestimmtheitsgebot und das Rückwirkungsverbot.

  – Schließlich sind die Bestimmungen des Art. 19 GG zu beachten (Wesensgehaltsgarntie, Zitiergebot, Verbot der Einzelfallregelung).

11 Die **Elemente des Verhältnismäßigkeitsgrundsatzes** Geeignetheit, Erforderlichkeit und Angemessenheit beziehen sich immer auf das vom Staat gesetzte Ziel der zu überprüfenden Maßnahme. Die Frage nach der Geeignetheit eines Gesetzes kann also nicht abstrakt beantwortet werden etwa in dem Sinne, daß danach gefragt wird, ob ein Gesetz politisch opportun oder allgemein sinvoll erscheint. Denn die Überprüfung eines Gesetzes anhand solcher Maßstäbe durch das BVerfG wäre mit dem Prinzip der Gewaltenteilung und den Aufgaben der Legislative unvereinbar. Ob ein Gesetz politisch Sinn macht, hat in der Demokratie allein das Parlament zu entscheiden. Der Bundestag setzt damit das politische Ziel eines Gesetzes. Die verfassungsgerichtliche Kontrolle muß sich dann darauf beschränken, das Gesetz im Hinblick auf dieses Ziel zu überprüfen, sofern das Ziel nicht an sich schon verfassungswidrig ist, etwa weil es die Diskriminierung von Anhängern bestimmter Bekenntnisse zum Inhalt hat. Bei der Prüfung der Verhältnismäßigkeit muß daher zunächst das Ziel der Maßnahme identifiziert werden. Dieses kann, muß aber im Sachverhalt nicht ausdrücklich genannt sein; oftmals liegt es sehr nahe.

Beispiel: Das Verkaufsverbot für Alkohol soll sicherlich der wachsenden Alkoholsucht entgegenwirken. Ähnliches dürfte für das Werbeverbot für Tabak gelten.

Wenn der Zweck der Maßnahme identifiziert ist, kann gefragt werden, ob das **12** gewählte Mittel, das die Grundrechtsbeeinträchtigung mit sich bringt, geeignet, erforderlich und angemessen im Hinblick auf dieses Ziel ist.

Beispiel: Ist das Alkoholverkaufsverbot geeignet, die Alkoholsucht zu bekämpfen?

(1) **Geeignet** zur Erreichung eines bestimmten Zwecks ist eine Maßnahme dann, **13** wenn sie den Zweck fördert (BVerfGE 67, 157 [173] – *„Überwachung"* m. w. N.). Sie muß also nicht etwa sicher und hundertprozentig zum Erfolg führen. Würde man dies verlangen, so wäre Politik nicht möglich. Ungeeignetheit liegt also nur dann vor, wenn die Maßnahme zur Erreichung des Zieles offenkundig nicht dienlich ist.

(2) **Erforderlich** ist eine Maßnahme, wenn es kein schonenderes oder milderes, **14** gleich wirksames Mittel zur Erreichung des gesetzten Zweckes gibt (BVerfGE 95, 173 [186] – *„Tabakkennzeichnungs-VO"*). Milder ist ein Mittel allerdings dann nicht, wenn es zwar nicht dieselben, dafür aber andere freiheitsbeeinträchtigende Folgen hat, also entweder eine andere Personengruppe erheblich belastet oder ein anderes Grundrecht verletzt.

(3) **Angemessen** ist eine Maßnahme, wenn es zwar kein gleich geeignetes und **15** milderes Mittel gibt, der Zweck also auf eine andere als die gewählte Weise nicht erreicht werden kann, gleichwohl aber die gewählte Maßnahme eine so schwere Grundrechtsbeeinträchtigung darstellt, daß sie im Vergleich zum gesetzten Zweck außer Verhältnis steht und daher unzumutbar ist (BVerfGE 95, 173 [183] – *„Tabakkennzeichnungs-VO"* m. w. N.).

Beispiel: Durch die totale Überwachung eines jeden einzelnen auch in seinen eigenen vier Wänden könnte die Kriminalitätsrate mit großer Wahrscheinlichkeit auf ein Minimum gesenkt werden. Es wird sich auch kaum ein milderes Mittel mit gleicher Wirksamkeit finden lassen. Gleichwohl wird man das videoüberwachte Schlafzimmer nicht als angemessenes Mittel empfinden und demgegenüber lieber eine gewisse Verbrechensrate als unvermeidlich in Kauf nehmen.

C. Sonstige Grundrechtsgehalte

Abschließend sei noch angemerkt, daß Freiheitsrechten vom BVerfG und der **16** ganz überwiegenden Lehre Gehalte entnommen werden, die sich mit dem beschriebenen Prüfungsaufbau nicht erfassen lassen, weil es sich nicht um Abwehrrechte des einzelnen handelt, sondern um sogenannte **objektiv-rechtliche Gehalte** von Grundrechten, die insofern auch als objektive Grundsatznormen oder Wertentscheidungen verstanden werden (s. hierzu etwa *Böckenförde*, Der Staat 29 [1990], 1 ff.). Aus dieser Grundrechtsfunktion werden verschiedene Wirkungen abgeleitet:

– die sogenannte mittelbare Drittwirkung der Grundrechte (s. hierzu Windthorst, VerfR I, § 5 Rn. 47 ff.),
– Rechte des einzelnen, die über die Abwehr staatlicher Beeinträchtigungen
  hinausgehen, nämlich Schutzpflichten, Teilhaberechte, Rechte auf eine gewisse Verfahrensgestaltung und Leistungsrechte.

17 Abgesehen davon, daß diese Lehre nicht unbestritten geblieben ist, ist sie in ihrer
    Allgemeinheit für Klausuren und Hausarbeiten ihrer Unschärfe wegen nur von
    untergeordneter Bedeutung. Lediglich dort, wo sich einzelne Grundrechtsdimen-
    sionen über die abwehrrechtliche hinaus konkret herausgebildet haben, ist sie für
    die Fallösung bedeutungsvoll.

    Beispiele:
    – die Schutzpflicht zugunsten des menschlichen Lebens bei Art. 2 II 1 GG (s. § 2 Rn. 26 ff.),
    – das Teilhaberecht an den vom Staat zur Verfügung gestellten Studienplätzen (s. § 11 Rn. 87),
    – Verfahrensrechte bei der Durchführung von berufsqualifizierenden Prüfungen (s. § 11
      Rn. 90 ff.),
    – die Garantie des Existenzminimums (s. Kap. 1 Rn. 32).

1. Abschnitt. Schutz von Leib und Leben sowie eines Freiraums persönlicher Lebensgestaltung

§ 2. Recht auf Leben und körperliche Unversehrtheit, Art. 2 II 1 GG

Literatur: Zur Einführung: *Kunig, P.*, Grundrechtlicher Schutz des Lebens, Jura, 1991, 415 ff.; *Steiner, U.*, Der Schutz des Lebens durch das Grundgesetz, 1992. **Zur Vertiefung:** *Doehring, K.*, Zum „Recht auf Leben" aus nationaler und internationaler Sicht, FS Mosler, 1983, 145 ff.; *Geiger, J./v.Lampe, C.*, Das zweite Urteil des Bundesverfassungsgerichts zum Schwangerschaftsabbruch: – BVerfG, Urteil vom 28. Mai 1993 – 2 BvF 2/90, 4/92, 5/92 – Ein Schritt vorwärts, zwei Schritte zurück, Jura 1994, 20 ff.; *Heun, W.*, Der Hirntod als Kriterium des Todes des Menschen – Verfassungsrechtliche Grundlagen und Konsequenzen, JZ 1996, 213 ff.; *v. Hippel, E.*, Das „Recht auf Leben" der menschlichen Leibesfrucht – Rechtswirklichkeit oder Verfassungslyrik ?, Jus 1995, 192 ff.; *Klein, H.H.*, Die grundrechtliche Schutzpflicht, DVBl 1994, 489 ff.; *Schmidt-Aßmann, E.*, Anwendungsprobleme des Art. 2 Abs. 2 GG im Immissionsschutzrecht, AöR 106 (1981), 205 ff.; *Steinberg, R.*, Verfassungsrechtlicher Umweltschutz durch Grundrechte und Staatszielbestimmung, NJW 1995, 1985 ff.; *Uhle, A.*, Das Staatsziel „Umweltschutz" und das Sozialstaatsprinzip im verfassungsrechtlichen Vergleich, Jus 1996, 96 ff.; *Zippelius, R.*, An den Grenzen des Rechts auf Leben, Jus 1983, 659 ff.

Leitentscheidungen: BVerfGE 39, 1 ff. – *„Schwangerschaftsabbruch I"*; 46, 160 ff. – *„Schleyer"*; 49, 89 ff. – *„Kalkar I"*; 53, 30 ff. – *„Mülheim-Kärlich"*; 56, 54 ff. – *„Flugplatz"*; 77, 170 ff. – *„C-Waffen-Lagerung"*; 77, 381 ff. – *„Gorleben"*; 79, 174 ff. – *„Straßenlärm"*; BVerfG, NJW 1996, 651 ff. – *„Geschwindigkeitsbegrenzung"*; BVerfG, NJW 1997, 2509 ff. – *„Trafo-Station"*.

A. Bedeutung

Art. 2 II 1 GG enthält **zwei Grundrechte**, die allerdings gleichgelagerte Strukturen **1** aufweisen. Zum einen ist dies das Grundrecht auf Leben (1. Alt.), zum anderen das ihm thematisch eng verbundene Grundrecht auf körperliche Unversehrtheit (2. Alt.). Die Aufnahme der beiden Freiheitsrechte in den Grundrechtskatalog resultiert daraus, daß während der nationalsozialistischen Herrschaft „willkürlich und massenhaft" das Leben von einzelnen systematisch vernichtet wurde (BVerfGE 39, 1 [36] – *„Schwangerschaftsabbruch I"*; *Kunig*, in: v.Münch/Kunig, GG I, Art. 2 Rn. 44). Daher stellt insbesondere das Recht auf Leben **einen Höchstwert** innerhalb der grundgesetzlichen Ordnung dar (BVerfGE 49, 24 [53]), das auch auf **internationaler Ebene** seinen Niederschlag gefunden hat. Dies verdeutlichen etwa Art. 3 AEMR, Art. 6 IPbürgR sowie Art. 2 EMRK. Nach der

Rspr. des EuGH wird ein Schutz gegen Körperverletzungen etwa durch das in Art. 6 EGV (Art. 12 EGV n. F.) normierte Diskriminierungsgebot gewährt (s. dazu EuGH, Rs. 186/87, Slg. 1989, 195 [221] – *Cowan*). Gesundheitsschützende Normen finden sich auch in Art. 36 EGV (Art. 30 EGV n. F.), der sogar als Grundrecht des Verbrauchers auf Gesundheit und Sicherheit gedeutet wird sowie vor allem im Euratom-Vertrag.

2   Das Grundrecht auf Leben findet insbesondere in Art. 102 GG eine Ergänzung, da die Abschaffung der Todesstrafe ebenfalls „ein Bekenntnis zum grundsätzlichen Wert des Menschenlebens" ist. Darüber hinaus weist Art. 2 II 1 GG auch einen engen Bezug zur Menschenwürdegarantie des Art. 1 I GG auf, da das Recht auf Leben existentielle Voraussetzung, „vitale Basis der Menschenwürde" ist (BVerfGE 39, 1 [36, 42] – *„Schwangerschaftsabbruch I"*).

3   Art. 2 II 1 GG enthält nicht nur ein **subjektives Abwehrrecht** gegen staatliche Eingriffe, sondern auch eine **umfassende Schutzpflicht** (dazu E.).

Beispiele: So bestehen staatliche Schutzpflichten insbesondere auf den Gebieten der Gewaltkriminalität, des Gesundheitswesens und des Umweltschutzes.

B. Schutzbereich

I. Persönlicher Schutzbereich

1. Natürliche Personen

4   Art. 2 II 1 GG schützt jede **lebende** natürliche Person. Träger dieses Grundrechts ist unbestritten derjenige, dessen **Geburt** i. S. d. § 1 BGB vollendet ist. Ob auch der sog. nasciturus, das werdende Leben, Grundrechtsträger ist, ist umstritten; zumindest wird er von den objektiven Normen der Verfassung in seinem Recht auf Leben geschützt (BVerfGE 39 1, [41] – *„Schwangerschaftsabbruch I"*; vgl. zum Meinungsstand *Kunig*, in: v.Münch/Kunig, GG I, Art. 2 Rn. 47 ff.). Tote werden dagegen nicht geschützt; der postmortale Persönlichkeitsschutz wird von Art. 1 I GG gewährt (dazu *Lorenz*, HdbStR VI, § 128 Rn. 15; s. auch Kap. 1 Rn. 22 f.).

Beachte: Der Todeszeitpunkt wird mit dem **sog. Hirntod,** dem Erlöschen der Gehirnströme, festgelegt (vgl. dazu ausführlich *Heun*, JZ 1996, 213]214 ff.]; *Stern*, StaatsR III/1, § 70 IV 5).

5   Art. 2 II 1 GG schützt als ein Menschenrecht **jedermann** ohne Ansehung der Staatsangehörigkeit, so daß auch Ausländer und Staatenlose geschützt sind (*Kunig*, in: v.Münch/Kunig, GG I, Art. 2 Rn. 44).

2. Juristische Personen

Juristische Personen bzw. Personenmehrheiten, wie Verbände und Vereine werden **nicht** geschützt (BVerwGE 54, 211 [220]; BVerwG, NJW 1981, 362 [363]). Art. 2 II 1 GG ist ein Individualgrundrecht, das nur denjenigen schützt, der auch selbst lebt.

Beachte: Eine Gefährdung der Schutzgüter des Art. 2 II 1 GG kann daher nur von den einzelnen Mitgliedern von Vereinen selbst geltend gemacht werden (dazu BVerwG, NJW 1981, 362 [363]). Dies hat auch Auswirkungen auf die Klagebefugnis des § 42 II VwGO, die etwa für einen Umweltschutzverein im Hinblick auf Art. 2 II 1 GG zu verneinen wäre.

II. Sachlicher Schutzbereich

1. Recht auf Leben

Der Begriff des Lebens wird ausschließlich als naturwissenschaftlicher Begriff verstanden. Das Recht auf Leben schützt die **biologisch – physische menschliche Existenz** (*Dürig*, in: M/D, GG I, Art. 2 Rn. 8), die als ein einheitliches, unteilbares Rechtsgut anzusehen ist. Eine Abstufung des menschlichen Lebens nach der sozialen Wertigkeit, der Nützlichkeit, dem körperlichen Zustand oder der geistigen Verfassung ist ausgeschlossen. Ansonsten würden gewisse Lebensbereiche bereits auf definitorischem Wege dem Schutz des Art. 2 II 1 1. Alt. GG entzogen (*Lorenz*, HdbStR VI, § 128 Rn. 8). Ein sog. "lebensunwertes Leben" kennt das Grundgesetz nämlich nicht.

> **Merksatz:** Das Recht auf Leben schützt das körperliche Dasein eines jeden Menschen.

Eine individuelle Dispositionsbefugnis **über das Leben** wird von Art. 2 II 1 1. Alt. GG **nicht** gewährt; ein Recht des einzelnen auf Selbsttötung mit dem Inhalt, daß weder Dritte noch der Staat den Selbstmord verhindern dürften, wird daher überwiegend abgelehnt (*Kunig*, in: v.Münch/Kunig, GG I, Art. 2 Rn. 50 m. w. N.; a. A.: *Murswiek*, in: Sachs, GG, Art. 2 Rn. 211); vielmehr besteht sogar eine durch § 323 c StGB strafrechtlich sanktionierte Pflicht zur Verhinderung des Selbstmordes (BGHSt 6, 147).

Beachte: Die Selbsttötung soll auch nicht von der allgemeinen Handlungsfreiheit des Art. 2 I GG erfaßt werden (VG Karlsruhe, NJW 1988, 1536 [1537]; *Lorenz*, HdbStR VI, § 128 Rn. 62 m. w. N.), dagegen aber selbstgefährdende Tätigkeiten (dazu § 17 Rn. 18).

Anerkannt ist allerdings ein **Recht auf menschenwürdiges Sterben**. Dies wird damit begründet, daß es keinen legitimen Grund gibt, der es rechtfertigen könnte, den einzelnen gegen seinen Willen durch medizinische Maßnahmen am Leben zu halten; die staatliche Schutzpflicht greift in diesem Zusammenhang nicht. Umstritten ist allerdings die Herleitung dieses Rechts, teilweise wird auf Art. 1 I GG abgestellt (*P/S*, StaatsR II, Rn. 429), andere wiederum verweisen auf Art. 2 II 1 1. Alt. GG (*Lorenz*, HdbStR VI, § 128 Rn. 66; zum Problem der Sterbehilfe, vgl. *Schulze-Fielitz*, in: Dreier, GG, Art. 2 II Rn. 43; *Kunig*, in: v.Münch/Kunig, GG I, Art. 1 Rn. 36 m. w. N.).

2. Recht auf körperliche Unversehrtheit

10 Das Grundrecht auf körperliche Unversehrtheit gewährleistet die Integrität des Körpers als vorgegebene Daseinsform des Menschen. Geschützt wird die Integrität der Körpersphäre, wobei in erster Linie auf die menschliche Gesundheit im **biologisch-physiologischen Sinne** abgestellt wird (BVerfGE 56, 54 [74] – „*Flugplatz*"; *Jarass*, in: J/P, GG, Art. 2 Rn. 45; *Murswiek*, in: Sachs, GG, Art. 2 Rn. 148).

11 Die **psychische Gesundheit** ist durch Art. 2 II 1 2. Alt. GG nur geschützt, wenn die Einwirkungen ihrer Wirkung nach körperlichen Schmerzen gleichzusetzen sind, wie das beispielsweise bei einer Überreizung der Sinnesorgane insbesondere durch übermäßige Lärmeinwirkung der Fall sein kann (BVerfGE 56, 54 [75 ff.] – „*Flugplatz*"; BVerwGE 51, 15 [28]; *Kunig*, in: v.Münch/Kunig, GG I, Art. 2 Rn. 63 m. w. N.).

Beachte: Das soziale Wohlbefinden steht nicht unter dem Schutz des Art. 2 II 1 2. Alt. GG (*Schmidt-Aßmann*, AöR 106 (1981), 205 [210]; vgl. aber andererseits die weite Begriffsbestimmung der Satzung der WHO, wonach „der Zustand des vollständigen körperlichen, geistigen und sozialen Wohlbefindens" erfaßt wird).

C. Eingriff

I. Eingriffe in das Recht auf Leben

12 Als Abwehrrecht schützt das Recht auf Leben vor jeder Maßnahme der öffentlichen Gewalt. Gemeint sind damit nicht nur zielgerichtete Eingriffe, sondern auch nichtfinale, faktische und mittelbare Beeinträchtigungen (*Lorenz*, HdbStR VI, § 128 Rn. 24; *Murswiek*, in: Sachs, Art. 2 Rn. 151). Damit wird durch jede gewollte oder auch ungewollte Tötung eines Menschen in das Recht auf Leben eingegriffen.

Beispiele:
– So sind der zum Tode führende gezielte Schuß eines Polizisten (sog. finaler Todesschuß; dazu *Kunig*, in: v.Münch/Kunig, GG I, Art. 2 Rn. 85 m. w. N.), die Verhängung und Vollstreckung der Todesstrafe sowie die fahrlässige Tötung als Eingriffe in den Schutzbereich des Art. 2 II 1 1. Alt. GG zu werten (zur Auslieferung von Ausländern, denen in ihrem Heimatland die Todesstrafe droht, vgl. *Murswiek*, in: Sachs, GG, Art. 2 Rn. 183 m. w. N.).
– Auch die Pflicht zum bewußten Lebenseinsatz in den öffentlich-rechtlichen Dienstverhält-

nissen der Polizei, der Feuerwehr, des Katastrophenschutzes und des Sanitätsdienstes stellt einen Eingriff in das Leben dar (*P/S*, StaatsR II, Rn. 431 m. w. N.).

– Eine Heranziehung zum Kriegsdienst wird dagegen **nicht** als Grundrechtsbeeinträchtigung angesehen (BVerfGE 77, 170 [171 – Ls. 3 b] – „*C-Waffen-Lagerung*"; *Lorenz*, HdbStR VI, § 128 Rn. 33 m. w. N.).

Eine **Einwilligung** des Betroffenen schließt den Eingriff in das Recht auf Leben **13** **nicht** aus (*Jarass*, in: J/P, GG, Art. 2 Rn. 47; zum Grundrechtsverzicht von Wehrpflichtigen, die sich freiwillig zu einem konkreten Einsatz unter Kommando der UNO melden, vgl. *Baldus, M.*, Wehrpflichtige bei Auslandseinsätzen der Bundeswehr?, NJW 1995, 1134 ff.).

Eine Grundrechtsbeeinträchtigung kann auch in einer **Gefährdung** des Lebens **14** liegen. Dies ist dann der Fall, wenn eine Verletzung des Lebens oder scherwiegende Schäden an der Gesundheit ernsthaft zu befürchten sind (BVerfGE 51, 324 [346 f.]; 66, 39 [58]).

Beispiel: So stellt etwa die Zwangsvollstreckung aus einem Räumungsurteil gegenüber einem hochbetagten oder psychisch kranken Mieter einen Eingriff in Art. 2 II 1 GG dar, wenn aufgrund der Räumungsvollstreckung Suizidgefahr besteht oder lebensgefährliche Schäden zu erwarten sind (BVerfGE 52, 214 [221]; BVerfG, NJW 1998, 295 f.).

II. Eingriffe in das Recht auf körperliche Unversehrtheit

Auch das Recht auf körperliche Unversehrtheit schützt als Abwehrrecht umfas- **15** send vor jeder staatlichen Maßnahme, die Einwirkungen auf den Körper entfalten (vgl. *Murswiek*, in: Sachs, GG, Art. 2 Rn. 154 m. w. N.). Bei der Vielzahl von Beeinträchtigungstatbeständen ist es aber praktisch unmöglich, einen abschließenden Überblick zu verschaffen. Teilweise wird jedoch versucht, eine Gruppenunterteilung vorzunehmen. Danach wird zwischen Eingriffen unterschieden, die

– die Freiheit vor Unfruchtbarmachung;
– die Freiheit der körperlichen Gesundheit;
– die Freiheit vor Schmerzen und
– die Freiheit vor Verunstaltungen

betreffen (dazu im einzelnen *Dürig*, in: M/D, GG I, Art. 2 Rn. 30 ff.).

Im folgenden sollen vor allem die in der Rechtsprechung wichtigsten Eingriffstat- **16** bestände erwähnt werden:

– Zwangssterilisation und -kastration sowie Menschenversuche jeglicher Art, sog. „Zwangsexperimente" (BVerfGE 79, 174 [201] – „*Straßenlärm*");
– körperliche Strafen und Züchtigungsrecht (BGHSt, 6, 263 [264]; 11, 241 [243]);
– strafprozessuale Eingriffe, wie etwa die Blutentnahme (offengelassen in BVerfGE 5, 13 [15]), die zwangsweise Veränderung der Haar- und Barttracht (BVerfGE 47, 239 [248 f.]), die Entnahme von Gehirn- und Rückenmarkflüs-

sigkeit mit einer langen Hohlnadel (BVerfGE 16, 194 [198]) sowie die Hirn-
kammerluftfüllung (BVerfGE 17, 108 [115]);

– Impfzwang (BVerwGE 9, 78 [79]) bzw. die Pflicht zur Röntgenuntersuchung;

– psychische Folterungen und seelische Quälereien (BVerfGE 56, 54 [75] –
   „*Flugplatz*“);

– Beeinträchtigungen durch Lärm (dazu o. Rn. 11) bzw. durch Umweltschad-
   stoffe;

– Infizierung mit Krankenheiten;

– Zuführung von Stoffen, beispielsweise bei Injektionen, Schluckimpfung, Nar-
   kotisierung, Zwangsernährung (vgl. dazu *Lorenz*, HdbStR VI, § 128 Rn. 17
   m. w. N.);

– Gesundheitsgefährdungen, wie etwa durch elektromagnetische Felder (dazu
   BVerfG, NJW 1997, 2509 – „*Trafo-Station*“).

17   Auch **indirekte Eingriffe** können eine Beeinträchtigung darstellen. Dies ist etwa
     dann der Fall, wenn bei Verweigerung der Einwilligung in die Vornahme von
     Eingriffen dem Betroffenen Nachteile erwachsen (dazu *Lorenz*, HdbStR VI,
     § 128 Rn. 24 m. w. N.).

     Beispiele: B erhält keine Sozialleistungen mehr, da er sich weigerte, in eine Heilbehandlung
     einzuwilligen. Student S wird die Immatrikulation versagt, weil er sich nicht röntgenologisch
     hat untersuchen lassen.

18   Unwesentliche Beeinträchtigungen der körperlichen Unversehrtheit sollen dage-
     gen keine Eingriffe darstellen. Derartige **Bagatelleingriffe,** wie etwa eine hirnelek-
     trische Untersuchung, werden als „nur geringfügig und damit zumutbar“ ange-
     sehen (BVerfGE 17, 108 [115]; ferner BVerwGE 46, 1 [7]; 54, 211 [223]). Damit
     fehlt für diese Fälle bereits das Eingriffsmerkmal (a. A.: *P/S*, StaatsR II, Rn. 435,
     der die Frage der Intensität des Eingriffs im Rahmen der verfassungsrechtlichen
     Rechtfertigung berücksichtigt).

D. Verfassungsrechtliche Rechtfertigung

I. Gesetzesvorbehalt

19   Art. 2 II 1 GG steht unter dem **Gesetzesvorbehalt** des Art. 2 II 3 GG. Danach sind
     Eingriffe in die Grundrechte auf Leben und körperliche Unversehrtheit nur „auf-
     grund eines Gesetzes“ zulässig. Es stellt sich nun die Frage, welche Anforderun-
     gen an den Gesetzesbegriff zu stellen sind. Zum einen könnten Gesetze im for-
     mellen Sinn, also vom Parlament erlassene Gesetze, gemeint sein, zum anderen
     aber auch solche im lediglichen materiellen Sinne, also Rechtsverordnungen und
     Satzungen. Nach allgemeiner Meinung wird als Eingriffsgrundlage ein **förmliches
     Gesetz** gefordert (BVerfG, NJW 1996, 771 [772] – „*DNA-Analyse*“; BVerfGE
     22, 180 [219]; VGH Mannheim, DÖV 1979, 339; *Lorenz*, HdbStR VI, § 128
     Rn. 36 m. w. N.; zur gesamten Problematik *Kunig*, in: v.Münch/Kunig, GG I,

Art. 2 Rn. 80 ff.). Damit kann eine Grundrechtsbeschränkung unmittelbar durch förmliches Gesetz oder auf Grund eines solchen durch untergesetzliche Normen oder Verwaltungsakte erfolgen.

Beispiele: So dürfen aufgrund Parlamentsgesetzes körperliche Eingriffe zu Untersuchungszwecken im Strafprozeß (vgl. § 81 a StPO) bzw. Impfungen zur Bekämpfung von Seuchen (vgl. § 14 BSeuchenG) vorgenommen werden.

Eine Heranziehung von Gewohnheitsrecht als Legitimierung eines Grund-   **20** rechtseingriffs wird abgelehnt; das gleiche gilt für bestimmte Zielsetzungen eines Dienst- oder Anstaltsverhältnisses (*Lorenz*, HdbStR VI, § 128 Rn. 36 m. w. N.).

Beispiele:
- So kann aus der bloßen gesetzlichen Regelung der Unterbringung psychisch Kranker nicht auf die Befugnis zur Zwangsbehandlung während der Unterbringung geschlossen werden; diese bedarf ebenfalls einer gesetzlichen Grundlage.
- Auch für die Begründung eines Züchtigungsrechts in Schule und Erziehungsheimen dürfte eine gesetzliche Regelung erforderlich sein (dazu *Kunig*, in: v.Münch/Kunig, GG I, Art. 2 Rn. 83 m. w. N.).

Das einschränkende Gesetz hat jeweils das Verbot der Einzelfallgesetzgebung   **21** (Art. 19 I 1 GG), das Zitiergebot (Art. 19 I 2 GG) sowie insbesondere die Wesensgehaltsgarantie des Art. 19 II GG zu wahren (dazu ausführlich *Windthorst*, VerfR I, § 10 Rn. 25 ff.). Fraglich ist daher, ob die polizeiliche Generalklausel der Landesgesetze oder die dort enthaltenen Vorschriften über den polizeilichen Schußwaffengebrauch als ausreichende Ermächtigungsgrundlage für den sog. finalen Rettungsschuß angesehen werden können; dies wird teilweise verneint, andere wiederum greifen sogar auf die strafrechtlichen Notwehrvorschriften zurück (dazu umfassend *Kunig*, in: v.Münch/Kunig, GG I, Art. 2 Rn. 85 ff.).

II. Verhältnismäßigkeit des Eingriffs

Aufgrund des hohen Ranges, das insbesondere dem menschlichen Leben, aber   **22** auch der körperlichen Unversehrtheit in der Verfassung zukommt, ist ein Eingriff in diese beiden Schutzgüter stets einer strengen Prüfung am **Grundsatz der Verhältnismäßigkeit** zu unterziehen (BVerfGE 16, 194 [201 f.]; 17, 108 [117]). Erforderlich ist dabei eine **Abwägung** zwischen dem mit dem Eingriff verfolgten Zweck und den Folgen des Eingriffs, insbesondere unter Berücksichtigung seiner Intensität (BVerfGE 51, 324 [346]; 52, 214 [220]).

Vor allem **Eingriffe in das Recht auf Leben** können nur dann als zulässig erachtet   **23** werden, „wenn sie zur Erhaltung eines überragend wichtigen, dem Leben des Betroffenen in der konkreten Situation gegenüber schutzwürdigeren Rechtsguts zwingend erforderlich sind" (*Lorenz*, HdbStR VI, § 128 Rn. 38). Dabei dürfte es sich wohl in erster Linie um den Schutz des Lebens anderer bzw. den Schutz vor schwersten gesundheitlichen Schädigungen Dritter, wie etwa Folter oder Vergewaltigung, handeln (*Kunig*, in: v.Münch/Kunig, GG I, Art. 2 Rn. 85).

24 Auch **Eingriffe in die körperliche Unversehrtheit** lassen sich nur ausnahmsweise rechtfertigen, wenn dies zur Verwirklichung übergeordneter Zwecke notwendig ist (*Murswiek*, in: Sachs, GG, Art. 2 Rn. 174). Dies ist insb. bei Eingriffen im Zuge der Strafverfolgung der Fall, wo aufgrund des § 81 a StPO strafprozessuale Eingriffe zulässig sind. Im Rahmen der Verhältnismäßigkeit ist aber zu prüfen, ob die Maßnahme unerläßlich ist und inwieweit sie in angemessener Relation zur Schwere der Tat steht, wobei die Stärke des Tatverdachts nicht außer acht gelassen werden darf (BVerfGE 17, 108 [117]).

III. „Absolute Eingriffsgrenzen"

25 Eingriffe auf die in Art. 2 II 1 GG geschützten Rechtsgüter finden jedoch dort ihre absoluten Grenzen, wo der unantastbare Kernbereich dieses Grundrechts verletzt ist. Dieser dürfte dort betroffen sein, wo der einzelne in bezug auf sein Recht auf Leben und körperliche Unversehrtheit als **Objekt staatlichen Handelns** herabgewürdigt wird, d. h., die absolute Grenze des Art. 2 II 1 GG ist dort erreicht, wo auf den menschlichen Körper derart gezielt eingewirkt wird, daß dieser in einer die Personalität beeinträchtigenden Weise zum bloßen Instrument gemacht wird (*Lorenz*, HdbStR VI, § 128 Rn. 40).

Beispiele:
– Als einer mit Art. 1 I GG nicht zu vereinbarenden Instrumentalisierung des höchstrangigen Grundrechts auf Leben ist das Verbot der Todesstrafe (vgl. Art. 102 GG) zu den tragenden Verfassungsprinzipien nach Art. 79 III GG zu zählen. Eine Aufhebung des Verbots nach Art. 102 GG mit der Folge der Wiedereinführbarkeit ist daher unzulässig (s. auch Kap. 1 Rn. 8).
– Ebenso schlechthin unzulässig sind grausame, unmenschliche und erniedrigende Körperstrafen, wie es auch in Art. 3 EMRK festgehalten ist. Aber auch zwangsweise medizinische Experimente, die etwa eine Veränderung der Erbanlagen oder eine Beeinträchtigung der menschlichen Persönlichkeit herbeiführen, würdigen den einzelnen zum bloßen Objekt herab und greifen daher in den absolut geschützen Kern des Art. 2 II 1 GG ein. Dagegen wird der einzelne durch den sog. polizeilichen Todesschuß **nicht** zum bloßen Objekt herabgewürdigt; dieser Eingriff knüpft vielmehr an das jeweilige Verhalten des Betroffenen an (*Lorenz*, HdbStR VI, § 128 Rn. 42).

Klausurhinweis: In der Fallbearbeitung ist daher stets zu prüfen, ob dieser absolute Kernbereich betroffen ist. Sollte dies der Fall sein, ist stets eine verfassungsrechtliche Rechtfertigung zu verneinen. Derartige Eingriffe können durch keine denkbaren Zielsetzungen legitimiert sein.

E. Art. 2 II 1 GG als grundrechtliche Schutznorm

I. Allgemein

Das Grundrecht auf Leben und körperliche Unversehrtheit verbürgt nicht nur ein   **26**
subjektives Abwehrrecht (darauf noch beschränkend BVerfGE 1, 97 [104]), sondern stellt zugleich eine objektiv-rechtliche Wertentscheidung der Verfassung dar.
Daraus folgt die Pflicht der staatlichen Organe, sich **schützend und fördernd** vor
die in Art. 2 II 1 GG genannten Rechtsgüter zu stellen. Die Schutzpflicht bezieht
sich dabei auf jede beliebige Verletzung oder Gefährdung von Leib und Leben,
wobei insbesondere vor rechtswidrigen Eingriffen von seiten anderer zu schützen
ist (vgl. insb. BVerfGE 53, 30 [57] – *„Mülheim -Kärlich"*; ferner BVerfGE 39, 1
[42] – *„Schwangerschaftsabbruch I"*; 46, 160 [164] – *„Schleyer"*; 56, 54 [73] –
„Flughafen"; 77, 170 [214] – *„C-Waffen-Lagerung"*; 77, 381 [402 f.] – *„Gorleben"*; 79, 174 [201 f.] – *„Straßenlärm"*; 90, 145 [195] – *„Cannabis"*; st. Rspr.).

Beachte: Bei der körperlichen Unversehrtheit kann aber die Intensität der Schutzpflicht geringer sein als beim Leben, da das menschliche Leben nun einmal den
Höchstwert innerhalb der grundgesetzlichen Ordnung darstellt (BVerfGE 49, 24
[53]; *P/S*, StaatsR II, Rn. 446; *Murswiek*, in: Sachs, GG, Art. 2 Rn. 189).

II. Ausgestaltung

Bei der Erfüllung der Schutzpflichten kommt den staatlichen Organen ein **weiter**   **27**
Einschätzungs-, Wertungs- und Gestaltungsbereich zu. Dabei können konkurrie-
rende öffentliche und private Interessen berücksichtigt werden (BVerfG, NJW
1997, 2509 – *„Trafo-Station"* m. w. N.). Nur in ganz besonderen Fällen kann
dieser Spielraum eingeschränkt sein, wenn die Schutzpflicht allein durch das
Ergreifen einer bestimmten Maßnahme erfüllt werden kann (BVerfGE 77, 170
[215] – *„C-Waffen-Lagerung"*). Dies wird meistens dann der Fall sein, „wenn ein
effektiver Lebensschutz anders nicht zu erreichen ist" (BVerfGE 46, 160 [165] –
„Schleyer").

Beispiele:
- So kann bei Geiselnahmen der polizeiliche Todesschuß die einzige Möglichkeit sein, um eine
  gegenwärtige Gefahr für das Leben der Geiseln abzuwenden.
- Dagegen sind die staatlichen Organe nicht verpflichtet, zur Rettung von Menschenleben
  terroristischen Forderungen, wie etwa die Freilassung von Straftätern, nachzugeben, selbst
  wenn die Weigerung den Tod eines Menschen zur Folge haben könnte (BVerfGE 46, 160
  [165] – *„Schleyer"*).
- Auch die Einführung einer Reihenuntersuchungs- und Meldepflicht für HIV-Infizierte ist
  nicht zwingend geboten (BVerfG, NJW 1987, 2287).

Eine Verletzung der staatlichen Schutzpflicht ist dann zu bejahen, „wenn die   **28**
öffentliche Gewalt Schutzvorkehrungen entweder überhaupt nicht getroffen hat
oder offensichtlich die getroffenen Regelungen und Maßnahmen gänzlich unge-
eignet oder völlig unzulänglich sind, das Schutzziel zu erreichen" (BVerfG, NJW

1997, 2509 – „*Trafo-Station*"; s. ferner BVerfG, NJW 1997, 3085). Darüber hinaus kann eine Schutzpflichtverletzung auch dann gegeben sein, wenn schon Regelungen bestanden haben, diese aber wegen zwischenzeitlicher Änderung der Verhältnisse verfassungsrechtlich untragbar geworden sind. Es besteht dann **eine Pflicht zur Nachbesserung** der ursprünglich verfassungsmäßigen Regelungen (BVerfG, NJW 1996, 651 [652] – „*Geschwindigkeitsbegrenzung*").

29 **Beispielsfall:** Geschwindigkeitsbegrenzung (nach BVerfG, NJW 1996, 651 f.): A, der ein begeisterter Wanderer und Fahrradfahrer ist, sieht sich durch die in der StVO festgelegten Höchstgeschwindigkeiten für Kraftfahrzeuge (§ 3 III StVO) in seinem Grundrecht aus Art. 2 II 1 GG verletzt. Aufgrund des zunehmenden Verkehrs und der immer schneller werdenden Kraftfahrzeuge gewährleisten die geltenden Geschwindigkeitsbegrenzungen den Verkehrsteilnehmern, insbesondere Fußgängern und Radfahrern, keinen hinreichenden Schutz mehr, sondern gefährden diese vielmehr in ihrer körperlichen Integrität. A verlangt daher eine Reduzierung der zulässigen Höchstgeschwindigkeiten. Eine Nachbesserungspflicht der straßenverkehrsrechtlichen Vorschriften besteht für den Gesetz- und Verordnungsgeber nicht. Die bestehenden Regelungen über die zulässige Höchstgeschwindigkeit sind nicht evident unzulänglich. Vielmehr ist in § 3 I StVO verbindlich vorgeschrieben, daß stets nur mit einer der Situation insbesondere den Straßen-, Verkehrs-, Sicht- und Wetterverhältnissen angepaßten Geschwindigkeit gefahren werden darf. Ferner muß gemäß § 4 I StVO der Abstand zum vorausfahrenden Fahrzeug so bemessen sein, daß auch bei plötzlichem Bremsen gehalten werden kann. Die Einhaltung dieser Vorschriften wird durch die Straßenverkehrspolizei überwacht und durch das Ordnungswidrigkeiten- und Strafrecht sanktioniert (BVerfG, NJW 1996, 651 [652] – „*Geschwindigkeitsbegrenzung*").

30 Staatliche Schutzmaßnahmen können auch durch objektive Verhältnisse erforderlich werden, was vor allem für Gefahren aus der Umwelt gilt. Ein „**Grundrecht auf Umweltschutz**" gewährt Art. 2 II 1 GG aber **nicht** (BVerwGE 54, 211 [219]), allerdings beeinhaltet das Grundrecht auf Leben und körperliche Unversehrtheit wichtige Maßgaben für die Ausgestaltung des Umweltschutzrechts (*Kunig*, in: v.Münch/Kunig, GG I, Art. 2 Rn. 71; *Uhle*, Jus 1996, 100).

Beispiele: So können radioaktive Strahlen, Luft-, Boden- und Wasserverunreinigungen oder gesundheitsschädliche Lärmeinwirkungen Risiken für Leben und Gesundheit darstellen. Der Staat ist daher verpflichtet, derartigen Gefahren vorzubeugen, er hat also eine gewisse **Risikovorsorge** zu treffen (zur Schutzpflicht des Staates bei erhöhten Ozonkonzentrationen, vgl. BVerfG, NJW 1996, 651 – „*Geschwindigkeitsbegrenzung*"). Eine staatliche Schutzpflicht vor Naturkatastrophen soll es dagegen nicht geben (*Murswiek*, in: Sachs, GG, Art. 2 Rn. 213 m. w. N.). Eine Verstärkung der staatlichen Schutzpflicht im Umweltbereich kann aber aus der umweltrechtlichen Staatszielbestimmung des Art. 20 a GG resultieren (dazu *Kloepfer*, M., Umweltschutz als Verfassungsrecht: Zum neuen Art. 20 a GG, DVBl 1996, 73 ff.).

III. Mittel

Seiner Schutzpflicht kommt der Staat primär durch den Erlaß von **Rechtsnormen** 31
nach, welche die Verletzung und Gefährdung der in Art. 2 II 1 GG genannten
Rechtsgüter verbieten und entsprechende, gerichtlich durchsetzbare Unterlassungsansprüche begründen. Dies zeigt sich vor allem beim **zivilrechtlichen Schutz**,
wonach der Schutz des Lebens und der körperlichen Unversehrtheit durch deren
Anerkennung als absolut geschützte Rechtsgüter (§ 823 I BGB) gewährt wird
und bei Verletzung Schadensersatzansprüche eröffnet (zu den Ersatzansprüchen
bei Tötung, vgl. §§ 844, 845 BGB). Daneben finden sich auch im Arbeitsrecht
zahlreiche Regelungen, die im Verhältnis zwischen Privaten einen Gesundheitsschutz insbesondere für die Arbeitnehmer statuieren.

Beispiele: So wird u. a. durch technische Sicherheitsvorschriften, Beschäftigungsverbote, Betriebsbeschränkungen, wie etwa dem Nachtbackverbot (dazu BVerfGE 41, 360 [370]) und den
Arbeitszeitbegrenzungen (dazu BVerfGE 22, 1 [20]), ein umfassender Gesundheitsshutz im
Arbeitsrecht gewährleistet.

Besonders deutlich wird der Einsatz von Rechtsnormen als Mittel des Grund 32
rechtsschutzes im Bereich des **Strafrechts**. So hat der Staat vor allem ein hinreichendes Maß an Sicherheit gegenüber Gewalttätern zu gewährleisten. Er ist im
Einzelfall verpflichtet, alle ihm zu Gebote stehenden Mittel zu ergreifen, um die
Verletzung von Leib und Leben anderer abzuwehren. Dies kann durch strafrechtliche Sanktionen, aber auch durch Vorschriften erfolgen, die ein polizeiliches
Einschreiten rechtfertigen (zum Erlaß von Strafrechtsnormen beim Schwangerschaftsabbruch, vgl. *Lorenz*, HdbStR VI, § 128 Rn. 59 m. w. N.; *P/S*, StaatsR II,
Rn. 449).

Neben dem Erlaß materiellrechtlicher Vorschriften, hat der Gesetzgeber seiner 33
Schutzpflicht auch durch den Erlaß **verfahrensrechtlicher Regelungen** i. S. v. Verwaltungs- und Genehmigungsverfahren nachzukommen, soweit dies für einen effektiven Grundrechtsschutz von Bedeutung ist. Dies ist insbesondere dann der
Fall, wenn durch hochkomplexe technische Anlagen, wie etwa Atomkraftwerke,
Chemieanlagen oder andere Industrieanlagen, Auswirkungen auf die in Art. 2 II
1 GG genannten Schutzgüter zu befürchten sind (insb. BVerfGE 53, 30 [65] –
„*Mühlheim-Kärlich*" m. w. N.; ferner BVerfGE 49, 89 [140 f.] – „*Kalkar I*"). So
bezweckt etwa das Atomgesetz einen Schutz des Lebens und der Gesundheit vor
den Gefahren der Kernenergie (§ 1 Nr. 2 AtG). Eine Genehmigung nach § 7 II AtG
darf nur dann erteilt werden, wenn u. a. die nach dem Stand von Wissenschaft und
Technik erforderliche Vorsorge gegen Schäden durch die Errichtung und den Betrieb der Anlage getroffen ist (vgl. ferner §§ 4 ff. BImSchG; §§ 30 ff. GewO). Das
Recht auf Leben und Gesundheit beeinflußt auch die Anwendung der verfahrensrechtlichen Vorschriften. So ist Art. 2 II 1 GG verletzt, wenn die Genehmigungsbehörde solche Verfahrensvorschriften außer acht läßt, die der Gesetzgeber in Erfüllung seiner Pflicht zum Schutz des Rechts auf Leben und körperliche Unversehrtheit erlassen hat (BVerfGE 53, 30 [65 f.] – „*Mühlheim-Kärlich*").

Beispiel: Im Fall des Atomkraftwerks Mühlheim-Kärlich gab die Genehmigungsbehörde den Bau einzelner Teile des Atomkraftwerks frei, obwohl diese vom zuvor im förmlichen Genehmigungsverfahren nach dem AtG festgelegten Plänen abwichen. Ein Bürger, der 7 km von der Baustelle entfernt wohnte, konnte daher mit der Verfassungsbeschwerde gestützt auf Art. 2 II 1 GG überprüfen lassen, ob dies einen Verstoß gegen die Verfahrensvorschriften aus dem AtG darstellte.

IV. Verweigerung von Leistungen

34   Art. 2 II 1 GG ist in der Regel kein Anspruch auf staatliche Leistungen zu entnehmen. Ein derartiger Anspruch ist ausnahmsweise dann zu bejahen, wenn es um Leistungen der zum Leben unerläßlichen Güter geht, auf die der einzelne angewiesen ist (*Murswiek*, in: Sachs, GG, Art. 2 Rn. 224; zur Sicherung des Existenzminimums s. auch Kap. 1 Rn. 32). Art. 2 II 1 GG verdichtet sich in diesem Zusammenhang unter Berücksichtigung des Sozialstaatsprinzips (Art. 20 I GG) zu einem individuellen Anspruch im Sinne eines sozialen Grundrechts (vgl. *Lorenz*, HdbStR VI, § 128 Rn. 52). Einen Anspruch auf medizinische Mindestversorgung oder einen Anspruch auf Bereitstellung spezieller Gesundheitsleistungen, die der Heilung von Krankheiten dienen, gewährt Art. 2 II 1 GG dagegen nicht (BVerfG, NJW 1997, 3085). Allerdings leitet er als objektive Wertentscheidung i. V. m. Sozialstaatsprinzip dazu an, ein leistungs- und funktionsfähiges Gesundheitssystem zu errichten sowie auch für ein ökologisches Existenzminimum zu sorgen (BVerfGE 57, 70 [99]; *Kunig*, in: v.Münch/Kunig, GG I, Art. 2 Rn. 60; *Murswiek*, in: Sachs, Art. 2 Rn. 227).

F. Verhältnis zu anderen Grundrechten

35   Im Verhältnis des Art. 2 II 1 GG zu anderen Grundrechten des Grundgesetzes bestehen keine Besonderheiten. Die Grundrechte auf Leben und körperliche Unversehrtheit bleiben selbständig neben den anderen Grundrechten stehen. Eine Grundrechtskollision kann allerdings mit der Eigentums- oder Berufsfreiheit, beispielsweise von Anlagebetreibern, auftreten (*Kunig,* in: v.Münch/Kunig, GG I, Art. 2 Rn. 92).

G. Wiederholung

I. Kontrollfragen

1. Wer kann Träger des Grundrechts aus Art. 2 II 1 GG sein?

2. Wird vom Schutzbereich des Art. 2 II 1 GG auch das psychische Wohlbefinden erfaßt?

3. Inwieweit besteht für den Staat eine Pflicht, die in Art. 2 II 1 GG genannten Rechtsgüter zu schützen?

4. Während einer Drogenrazzia auf dem Hauptbahnhof der Stadt B wurde der afrikanische Staatsbürger C verhaftet. Im Moment seiner Festnahme bemerkte der Polizeibeamte A, daß C etwas verschluckte. Im Polizeigewahrsam wurde dem C daraufhin von einer Ärztin des polizeiärztlichen Dienstes ein medikamentöses Brechmittel injiziert, das bei diesem zu schwerwiegenden Kreislaufstörungen und sonstigen Gesundheitsstörungen führte (Fall nach OLG Frankfurt, NJW 1997, 1647 ff.).

   Wie ist die staatliche Maßnahme zu beurteilen?

II. Lösungen

1. S. dazu Rn. 4 ff.

2. Ja, wenn die Einwirkungen ihrer Wirkung nach körperlichen Schmerzen gleichzusetzen sind (s. dazu Rn. 11).

3. S. dazu Rn. 26 ff.

4. Zunächst stellt die zwangsweise Verabreichung des Brechmittels einen Eingriff in das Recht auf körperliche Unversehrtheit dar. Diese Zwangsmaßnahme ist auch nicht von der StPO gedeckt, etwa durch § 81 a StPO. Zudem ist darauf hinzuweisen, daß derartige zwangsweise Beeinträchtigungen den einzelnen zum bloßen Objekt des Strafverfahrens machen und somit deren Menschenwürde verletzen (OLG Frankfurt, NJW 1997, 1648).

§ 3. Die Freiheit der Person, Art. 2 II 2 GG, Art. 104 GG

Literatur: Zur Einführung: *Gusy, C.,* Freiheitsentziehung und Grundgesetz, NJW 1992, 457 ff.; *Hantel, P.,* Das Grundrecht der Freiheit der Person nach Art. 2 II 2, 104 GG, Jus 1990, 865 ff. **Zur Vertiefung:** Lehnguth, G./Maaßen, H.-G., Freiheitsentziehung durch die Unterbringung von nicht einreiseberechtigten Ausländern im Transitbereich von Flughäfen?, DÖV 1997, 316 ff.; *Riedel, E.,* Die Habeas-Corpus-Akte, EuGRZ 1980, 192 ff.; *Tiemann, A.,* Der Schutzbereich des Art. 2 II 2 GG. Zum Grundrecht auf Bewegungsfreiheit im Asylverfahrensrecht, NVwZ 1987, 10 ff.; *Trechsel, S.,* Die Garantie der persönlichen Freiheit (Art. 5 EMRK) in der Straßburger Rechtsprechung, EuGRZ 1980, 514 ff.

Leitentscheidungen: BVerfGE 10, 302 ff. – *„Unterbringung I“*; 58, 208 ff. – *„Unterbringung II“*; 70, 297 ff. – *„Unterbringung III“* ; BVerfG, NJW 1995 1077 ff. – *„Entziehungsanstalt“*; BVerfG, NJW 1995, 3047 ff. –*„Psychiatrisches Krankenhaus“*; BVerfGE 94, 166 ff. – *„Flughafenverfahren“*; EGMR, NVwZ 1997, 1102 ff. – *„Amuur/Frankreich“*.

A. Bedeutung

1 Das Recht auf Freiheit der Person ist Ausfluß des zunächst in der englischen Verfassungsgeschichte entwickelten Instituts des sog. **habeas corpus** (vgl. bereits Art. 39 der Magna Charta Libertatum von 1215 sowie die vom englischen Parlament durchgesetzte Habeas – Corpus – Akte von 1679). Danach wurden von Rechts wegen und nicht als Gnade bestimmte Verfassungsgarantien bei Verhaftungen gewährt, die vor allem durch den Richter zu berücksichtigen waren. Insbesondere die Habeas – Corpus – Akte von 1679 (dazu ausführlich *Riedel,* EuGRZ 1980, 192 ff.) wurde zum entscheidenden Vorbild für alle folgenden gesetzlichen Regelungen zum Schutz der persönlichen Freiheit. Auch unter den grundrechtlich verbürgten Rechten nimmt die Freiheit der Person einen hohen Rang ein und gehört zu den fundamentalen Freiheitsrechten, die nur aus besonders wichtigem Grund angetastet werden darf. Geschützt wird die Freiheit der Person zunächst in **Art. 2 II 2 GG,** der nicht nur ein subjektives Abwehrrecht, sondern auch eine objektive Wertentscheidung enthält, die für alle Bereiche des Rechts gilt (BVerfGE 10, 302 [322] – *„Unterbringung I“*; BVerfG, NJW 1998, 1774 [1775] m. w. N.). Dem Schutz der Freiheit der Person dient auch **Art. 104 GG,** der besondere Voraussetzungen für die Einschränkung der in Art. 2 II 2 GG garantierten Freiheit aufstellt (dazu u. Rn. 12 ff.).

B. Verhältnis des Art. 2 II 2 GG zu Art. 104 GG

2 Das Verhältnis beider Vorschriften ist dadurch gekennzeichnet, daß die formellen Gewährleistungen der Freiheit in Art. 104 GG mit der materiellen Freiheitsga-

rantie des Art. 2 II 2 GG in einem „unlösbarem Zusammenhang" stehen (BVerf-GE 10, 302 [322] – „*Unterbringung I*"; BVerfG, NJW 1995, 3047 – „*Psychiatrisches Krankenhaus*"). Während Art. 2 II 2 GG die Freiheit der Person schlechthin nur unter dem Vorbehalt gesetzlicher Eingriffe gewährleistet (vgl. Art. 2 II 3 GG), nimmt Art. 104 I GG diesen Vorbehalt auf und verhärtet ihn, in dem er neben der Forderung nach einem „förmlichen" freiheitsbeschränkenden Gesetz die Pflicht, dessen Formvorschriften zu beachten, **zum Verfassungsrang erhebt** (BVerfGE 10, 302 [323] – „*Unterbringung I*"; 58, 208 [220] – „*Unterbringung II*"). Für den schwersten Eingriff, die Entziehung der Freiheit, hingegen schränkt Art. 104 II GG den Vorbehalt des Gesetzes, dem das Grundrecht auf Unverletzlichkeit der Person in Art. 2 II 3 GG unterworfen ist, durch den weiteren verfahrensrechtlichen Vorbehalt richterlicher Entscheidung ein, der nicht zur Verfügung des Gesetzgebers steht. Aus dieser Verküpfung folgt, daß die Verfahrensordnung des Art. 104 II 1 GG an der allgemeinen, wertentscheidenden Funktion des Art. 2 II 2 GG teilhat. Eine Nichtbeachtung der verfahrensmäßigen Voraussetzungen des Art. 104 GG stellt daher auch zugleich eine Verletzung des Art. 2 II 2 GG dar (BVerfGE 10, 302 [322] – „*Unterbringung I*").

Klausurhinweis: Für die Fallbearbeitung bedeutet dies, daß Verstöße gegen die Zuständigkeits- und Verfahrensvorschriften des Art. 104 GG mit der Verfassungsbeschwerde angreifbar sind (BVerfGE 58, 208 [220] – „*Unterbringung II*"; 65, 317 [322]). Art. 104 wird in diesem Zusammenhang als **sog. grundrechtsgleiches Recht** angesehen (*Jarass*, in: J/P, GG, Art. 104 Rn. 1; *Degenhart*, in: Sachs, GG, Art. 104 Rn. 3), teilweise wird aber auch vom Grundrecht aus Art. 2 II 2 i. V. m. Art. 104 gesprochen (BVerfG, NJW 1995, 3047 – „*Psychiatrisches Krankenhaus*"; vgl. ferner BVerfGE 58, 208 [220] – „*Unterbringung II*"; 83, 24 [30]).

C. Schutzbereich

I. Persönlicher Schutzbereich

Art. 2 II 2 GG schützt ebenso wie Art. 104 GG jede **lebende natürliche Person.** **3** Geschützt ist daher auch der Geschäftsunfähige (BVerfGE 10, 302 [309] – „*Unterbringung I*"; 58, 208 [224] – „*Unterbringung II*"), so daß neben Kindern und Minderjährigen auch der Geisteskranke Grundrechtsträger ist. Als **allgemeines Menschenrecht** steht Art. 2 II 2 GG auch Ausländern zu. Auf juristische Personen und andere Personenvereinigungen findet das Grundrecht dagegen keine Anwendung; das gleiche gilt für das ungeborene menschliche Leben (*Grabitz*, HbdStR VI, § 130 Rn. 31).

II. Sachlicher Schutzbereich

4   Schutzgut des Art. 2 II 2 – und damit auch zumindest des Art. 104 I 1 GG – ist
ausschließlich die im Rahmen der geltenden allgemeinen Rechtsordnung gegebene **tatsächliche körperliche Bewegungsfreiheit**. Diese umfaßt aber nicht die Befugnis, jeden beliebigen Ort aufzusuchen und sich dort aufzuhalten; geschützt ist
vielmehr nur das Recht, einen Ort oder Raum aufzusuchen oder sich dort aufzuhalten, der dem Betreffenden an sich tatsächlich und rechtlich zugänglich ist
(BVerfGE 94, 166 [198] – *„Flughafenverfahren“*; s. auch BVerfG, EuGRZ 1997,
427 [430]).

Beispiele:

– So ist etwa der zwangsweise Aufenthalt von Asylsuchenden im Flughafentransitbereich
  nicht an Art. 2 II 2 GG zu messen. Das BVerfG begründet dies damit, daß jeder Staat
  berechtigt sei, den freien Zutritt zu seinem Gebiet zu begrenzen und für Ausländer Kriterien
  festzulegen, die zum Zutritt auf das Staatsgebiet berechtigen. Das Gebiet der Bundesrepublik Deutschland sei Ausländern allerdings nur bei Vorliegen der Einreisevoraussetzungen
  zugänglich. Der Gewährleistungsinhalt der durch Art. 2 II 2 GG geschützten körperlichen
  Bewegungsfreiheit werde deshalb nicht dadurch berührt, daß Ausländern, die die Einreisevoraussetzungen nicht erfüllen, die Einreise nicht gestattet wird. Denn diese könnten sich
  außerhalb Deutschlands frei bewegen (BVerfGE 94, 166 [198 f.] – *„Flughafenverfahren“*;
  anders aber EGMR, NVwZ 1997, 1102 [1103 f.] – *„Amuur/Frankreich“* zu der entsprechenden Verbürgung in Art. 5 EMRK; hierzu insgesamt *Lehnguth/Maaßen*, DÖV 1997, 316
  [320 ff.]; zu Art. 5 EMRK allgemein *Trechsel*, EuGRZ 1980, 514 ff.).
– Auch die Asylantragstellern auferlegten räumlichen Beschränkungen ihrer Aufenthaltsge-
  stattung betreffen nicht die körperliche Bewegungsfreiheit i. S. des Art. 2 II 2 GG; diese sind
  allein am Prüfungsmaßstab des Grundrechts auf freie Entfaltung der Persönlichkeit nach
  Art. 2 I GG zu messen (BVerfG, EuGRZ 1997, 427 [430]).

Klausurhinweis: Für die Fallbearbeitung bedeutet diese Rspr., daß bereits bei der
Bestimmung des Schutzbereichs die rechtlichen und tatsächlichen Hindernisse zu
berücksichtigen sind, soweit sie den Zugang zu bestimmten Orten verhindern
(krit. dazu *Jarass*, in: J/P, GG, Art. 2 Rn. 59).

5   Nicht von Art. 2 II 2 GG erfaßt sollen auch solche Maßnahmen sein, die lediglich
das Erscheinen oder das Bleiben einer Person an einen bestimmten Ort gebieten
(*Grabitz*, HdbStR VI, § 130 Rn. 6). Dies ist allerdings dann abzulehnen, wenn
zur Erscheinungs- oder Bleibepflicht eine **Zwangsanwendung** hinzutritt (*Kunig*,
in: v.Münch/Kunig, GG I, Art. 2 Rn. 76; *Jarass*, in: J/P, GG, Art. 2 Rn. 61; weitergehend *P/S*, StaatsR II, Rn. 54 f., die den Schutzbereich auch noch dann als
betroffen ansehen, wenn sich die staatliche Pflicht zum Erscheinen oder Bleiben
auf einen bestimmten Zeitpunk bezieht).

Beispiel: So stellt etwa die Vorladung eines Zeugen (BVerwG, DÖV 1958, 632) oder die
Verpflichtung zur Teilnahme an einem Verkehrsunterricht keinen Eingriff in den Schutzbereich
des Art. 2 II 2 GG dar. Erst die zwangsweise Vorführung wegen Nichtbeachtung der Vorladung
würde einen Eingriff in das Grundrecht nach Art. 2 II 2 GG darstellen (BVerfGE 22, 21 [26];
BVerwGE 6, 354 [355]).

Klausurhinweis: Ob in derartigen Fällen bereits schon der Schutzbereich des Art. 2 II 2 GG abzulehnen oder aber erst die Eingriffsqualität zu verneinen ist, ist umstritten. Überwiegend wird vom letzteren Fall ausgegangen (dazu *Kunig*, in: v.Münch/Kunig, GG I, Art. 2 Rn. 76 m. w. N.).

D. Eingriff

Bei Eingriffen in die Freiheit der Person ist zwischen der **Freiheitsbeschränkung** und der **Freiheitsenziehung** als der stärksten Form der Freiheitsbeschränkung zu unterscheiden, weil beide Maßnahmen unterschiedlichen Zulässigkeitsvoraussetzungen unterliegen (vgl. Art. 104 II – IV GG; dazu u. Rn. 12 ff.). Maßgebend für die Abgrenzung soll § 2 FreihEntzG (Freiheitsentziehungsgesetz) sein (BGHZ 82, 261 [265 ff.]; BVerwGE 62, 325 [327 f.]; aber str., vgl. dazu *Hantel*, Jus 1990, 865 [869 f.]). Demach ist eine Freiheitsentziehung immer dann zu bejahen, wenn eine Person ohne oder gegen ihren Willen in einem besonderen, abgeschlossenen oder eng umgrenzten Raum bzw. Gebäude festgehalten wird; hinzutreten muß allerdings eine **gewisse Mindestintensität** (BVerwGE 62, 325 [327]; EGMR, NVwZ 1997, 1102 [1103] – *„Amuur/Frankreich"*; *Jarass*, in: J/P, GG, Art. 104 Rn. 8 m. w. N.). Wie der *Flughafenverfahrens-Entscheidung* zu entnehmen ist, kommt für das BVerfG eine Freiheitsentziehung i. S. des Art. 104 II GG in Betracht, „wenn die – tatsächlich und rechtlich an sich gegebene – körperliche Bewegungsfreiheit durch staatliche Maßnahmen nach jeder Richtung hin aufgehoben wird" (BVerfGE 94, 166 [198] – *„Flughafenverfahren"*); eine nähere Spezifizierung erfährt dieser Begriff aber nicht.   6

Beispiele: Als Freiheitsentziehungen werden jedenfalls neben allen Formen der **Haft**, wie z. B. Untersuchungshaft, Zwangshaft, Abschiebehaft, Auslieferungshaft und Strafhaft im Vollzug von Freiheitsstrafen (*Grabitz*, HdbStR IV, § 130 Rn. 34 ff. m. w. N.), auch die **Unterbringung** in geschlossenen Heil- und Pflegeanstalten (BVerfGE 58, 208 [220f.] – *„Unterbringung II"*; s. auch BVerfG, NJW 1998, 1774 ff.), die **Sicherungsverwahrung** (BVerfGE 2, 118 [119]), der **Polizeigewahrsam** (*Grabitz*, HdbStR IV, § 130 Rn. 49 ff.) sowie der **Strafarrest** (BVerfGE 22, 302 [322]) angesehen.

Alle anderen Eingriffe sind hingegen als Freiheitsbeschränkungen zu werten. Hierunter fallen in erster Linie alle Maßnahmen, die nur von **kurzfristiger Dauer** sind (*Jarass*, in: J/P, GG, Art. 104 Rn. 8).   7

Beispiele: Dazu zählen etwa die Mitnahme zur Dienststelle, die Verbringung zur Blutentnahme, aufenthaltsbeschränkende und führungsaufsichtliche Maßnahmen oder etwa die zwangsweise Vorführung (zu den Maßnahmen, die das Erscheinen oder Bleiben anordnen s. bereits o. Rn. 5).

Dagegen stellen Verkehrskontrollen und die damit verbundene Personalienfeststellung durch die Polizei wegen Geringfügigkeit der Beeinträchtigung überhaupt **keinen Eingriff** dar. Weder Freiheitsbeschränkung noch Freiheitsentziehung sind ferner die Schulpflicht, die Einberufung zum Wehrdienst, die Verpflichtung an der Unfallstelle zu bleiben oder Hilfe zu leisten (*Murswiek*, in: Sachs, GG, Art. 2   8

Rn. 239). Das gleiche gilt für das Nachsitzen in der Schule, da sein Zweck lediglich als besondere pädagogische Maßnahme zu bewerten ist (VGH BW, NVwZ 1984, 808 f.).

E. Verfassungsrechtliche Rechtfertigung

I. Anforderungen an alle freiheitsbeschränkenden Maßnahmen

1. Vorbehalt des förmlichen Gesetzes

9 Das Recht auf Freiheit der Person steht unter dem Gesetzesvorbehalt des Art. 2 II 3 GG (dazu bereits § 2 Rn. 19 ff.), der durch Art. 104 I 1 GG überlagert wird. Danach ist jede Form der Freiheitsbeschränkung nur aufgrund eines **förmlichen Gesetzes** zulässig, das vor allem hinreichend bestimmt sein muß (BVerfGE 78, 374 [383, 387 f.] m. w. N.; BVerfG, NJW 1998, 1774). Der Gesetzgeber muß die materiellen Voraussetzungen „mit hinreichender Deutlichkeit selbst bestimmen" und die möglichen Rechtsfolgen der Freiheitsbeschränkung festlegen; eine Delegation auf den Verordnungsgeber ist diesbezüglich nicht zulässig. Im Rahmen einer Rechtsverordnung dürfen lediglich gewisse Spezifizierungen der Eingriffsvoraussetzungen geregelt werden (BVerfGE 14, 174 [187]; 75, 329 [342] m. w. N.).

Beachte: Die Verwendung unbestimmter Rechtsbegriffe, wie etwa die polizeilichen Generalklauseln, sind durch das Bestimmtheitsgebot nicht ausgeschlossen (*Grabitz*, HdbStR IV, § 130 Rn. 49 m. w. N.).

10 Ferner wird davon ausgegangen, daß der Gesetzgeber verpflichtet ist, zumindest ein Minimum geeigneter **Formerfordernisse**, wie etwa Antragserfordernisse oder Anhörungsrechte, aufzustellen (*Degenhart*, in: Sachs, GG, Art. 104 Rn. 14 f. m. w. N.).

2. Beachtung der gesetzlichen Verfahrensvorschriften

11 Alle im förmlichen Gesetz vorgesehenen Verfahrensregelungen müssen gemäß Art. 104 I 1 2. Hs. GG bei jeder freiheitsbeschränkenden Maßnahme beachtet werden. Dies bedeutet, daß ihre Nichteinhaltung als Verfassungsverstöße zu werten sind und somit mit der Verfassungsbeschwerde gerügt werden können (*Kunig*, in: v.Münch/Kunig, GG III, Rn. 11 m. w. N.)

II. Zusätzliche Anforderungen bei Freiheitsentziehungen

12 Sollte es sich bei dem Eingriff um eine Freiheitsentziehung handeln (zum Begriff s. o. Rn. 6), sind zusätzlich die besonderen Verfahrensgarantien von Art. 104 II – IV GG zu beachten. Art. 104 II 1 GG stellt dabei den maßgebenden Grundsatz auf, daß Freiheitsentziehungen grundsätzlich nur vorgenommen werden dürfen, wenn ein Richter sie vorher angeordnet hat, d. h., die gesetzliche Grund-

lage, auf die die Freiheitsentziehung gestützt wird, muß eine Entscheidung durch den Richter vorsehen. Ausnahmen von diesem Grundsatz sehen die Art. 104 II 2 u. 3 GG, Art. 104 III GG vor; aber auch hier bedarf der Eingriff einer ausdrücklichen Ermächtigungsgrundlage in einem förmlichen Gesetz (vgl. etwa § 163 b StPO; § 30 ASOG Bln; § 17 BbgPolG; § 32 HSOG; § 28 I PolGBW).

1. Richterliche Entscheidung

Freiheitsentziehungen unterliegen gemäß Art. 104 II 1 GG grundsätzlich der Entscheidung eines Richters. Dieser muß sachlich und persönlich unabhängig sowie gesetzlich zur Entscheidung berufen sein (BVerfGE 14, 156 [161 f.]), d. h., die Richter müssen den Anforderungen der Art. 97 I, 101 GG entsprechen.   **13**

Beispiel: Die Mitwirkung eines nicht hauptamtlich und planmäßig angestellten Richters verstößt daher nicht nur gegen Art. 101 I 2 GG (dazu § 24 Rn. 4), sondern auch gegen Art. 104 II 1 GG (BVerfGE 14, 156 [162]).

Die richterliche Entscheidung muß sich auf die Zulässigkeit und Fortdauer der freiheitsentziehenden Maßnahme beziehen. Hierbei muß der Richter eine ausreichende Sachaufklärung vornehmen (BVerfG, NJW 1995, 3047 – *"Psychiatrisches Krankenhaus"*; BVerfG, NJW 1998, 1774 [1775]). Insbesondere muß er selbst die Freiheitsentziehung rechfertigenden Tatsachen feststellen, auch in Eilfällen (BVerfGE 83, 24 [33 f.]); eine Beschränkung auf die Plausibilitätskontrolle einer vorherigen Exekutiventscheidung, etwa der Polizeibehörde, reicht demnach nicht aus.   **14**

Für jede richterlichliche Entscheidung über Anordnung oder Fortdauer einer Freiheitsentziehung gilt darüber hinaus die in Art. 104 IV GG normierte **Benachrichtigungspflicht**, die ein subjektives Recht des Festgenommenen enthält (BVerfGE 16, 119 [122]). Dieser hat danach das Recht, eine Person seiner Wahl zu benachrichtigen.   **15**

Beispiele: So kann der Festgenommene neben seinen Angehörigen (vgl. § 52 I StPO) und nichtehelichen Lebenspartnern, auch sog. Vertrauenspersonen, wozu auch der Pflichtverteidiger zählt, benachrichtigen (BVerfGE 16, 119 [124]; *Kunig*, in: v.Münch/Kunig, GG III, Art. 104 Rn. 35).

Die Benachrichtigung erfolgt dabei von Amts wegen (*Grabitz*, HdbStR VI, § 130 Rn. 29), wobei diese sowohl von dem Richter als auch von einer beteiligten Behörde, wie etwa der Staatsanwaltschaft (s. dazu BVerfGE 38, 26 [34]), vorgenommen werden kann. Ob ein Verzicht auf die Benachrichtigung möglich ist, ist umstritten (dazu *Hantel*, Jus 1990, 865 [871 f.]).   **16**

2. Vorläufige Freiheitsentziehung durch die Exekutive

Ausnahmsweise ist nach Art. 104 II 2 u. 3 GG sowie Art. 104 III GG eine Freiheitsentziehung ohne vorherige richterliche Entscheidung möglich. Eine solche ist nur vorgesehen, wenn der mit der Freiheitsentziehung verfolgte verfassungsrechtlich zulässige Zweck anders nicht erreicht werden kann (BVerfGE 22, 311, [317 f.]; *Jarass*, in: J/P, GG, Art. 104 Rn. 13 m. w. N.).   **17**

Beispiel: Nach § 30 I Nr. 2 ASOG Bln kann die Polizei eine Person in Gewahrsam nehmen, wenn dies unerläßlich ist, um eine Straftat zu verhindern.

18 Ein solches Gesetz kann aber die endgültige Entscheidung des Richters nicht ausschließen. Vielmehr ist bei vorläufiger Festnahme gemäß Art. 104 II 2 GG **unverzüglich** eine richterliche Entscheidung herbeizuführen. Diese ist vom Zeitpunkt der Freiheitsentziehung an gerechnet innerhalb von zwei bis drei Stunden einzuholen (OVG Münster, DVBl 1979, 733). Sollten aber zwingende sachliche Gründe die Einholung der gerichtlichen Entscheidung verzögern, kann diese Frist überschritten werden.

Beispiel: Kann die Polizei während einer etwa zweistündigen Verwahrung des A deswegen keine gerichtliche Entscheidung über die Zulässigkeit der Maßnahme herbeiführen, weil das zuständige Amtsgericht außerhalb der allgemeinen Dienststunden keinen richterlichen Bereitschaftsdienst eingerichtet hat, so ist in diesem Fall keine Verletzung des Gebots der Unverzüglichkeit gegeben (BVerwGE 45, 51 [63 f.]).

19 Für Freiheitsentziehungen durch die Polizeibehörde, wozu sämtliche Ordnungsbehörden gehören sollen (so *Jarass*, in: J/P, GG, Art. 104 Rn. 16 m. w. N.; a. A.: *Hantel*, Jus 1990, 865 [870], der lediglich die Vollzugspolizei dazu zählt), ist das Gebot des Art. 104 II 3 GG als **absolute Grenze** zu beachten. Danach darf die Behörde „aus eigener Machtvollkommenheit" jemanden längstens bis zum Ende des Tages (24 Uhr) des Ergreifens in eigenem Gewahrsam halten. Nach Zeitablauf ist der Betroffene unverzüglich zu entlassen. Wird die Freiheitsentziehung trotzdem aufrechterhalten, so ist diese rechtswidrig und erfüllt den Tatbestand der Freiheitsberaubung (*Degenhart*, in: Sachs, GG, Art. 104 Rn. 37 m. w. N.).

20 Für Personen, die wegen des Verdachts einer **strafbaren Handlung** festgenommen werden, gilt die absolute Grenze des Art. 104 III GG, der gegenüber dem Art. 104 II 3 GG lex specialis ist (*Kunig*, in: v.Münch/Kunig, GG III, Art. 104 Rn. 29). Danach ist der Festgenommene spätestens am Tag nach der Festnahme dem Richter vorzuführen. Auch in einem solchen Fall muß die richtliche Entscheidung unverzüglich erfolgen; allerdings nicht notwendig am Tag nach der Festnahme (*Jarass*, in: J/P, GG, Art. 140 Rn. 17).

Beachte: Ist der Grund für die Freiheitsentziehung weggefallen, bevor es möglich war, eine richterliche Entscheidung herbeizuführen, entfällt die Pflicht aus Art. 104 II, III GG (*Gusy*, NJW 1992, 462; *Hantel*, Jus 1990, 865 [870 f.]). Dies entspricht auch der Rechtslage nach den Polizeigesetzen der Länder (vgl. etwa Art. 18 I 2 BayPAG, § 31 I 2 ASOG Bln, § 18 I 2 BbgPolG, § 33 I 2 HSOG). Für eine solche nachträgliche Rechtskontrolle ist Art. 19 IV 1 GG die einschlägige Rechtsnorm (s. dazu § 23 Rn. 14).

III. Verhältnismäßigkeitsgrundsatz

21 Für jede freiheitsbeschränkende Maßnahme ist der **Verhältnismäßigkeitsgrundsatz** zu beachten. Daraus folgt, daß sowohl der Richter als auch die Exekutive in

jedem einzelnen Fall zu überprüfen haben, ob die Freiheitsbeschränkung verhältnismäßig ist.

Beispiele:
– Ordnet der Richter die Untersuchungshaft an (vgl. § 112 StPO), so hat er unter Berücksichtigung des rechtsstaatlichen Prinzips der Unschuldsvermutung zu prüfen, ob die U-Haft zur Klärung von Schuld oder Unschuld des Tatverdächtigen bzw. zur Sicherung der Durchführung des Strafverfahrens geeignet, erforderlich und angemessen ist (BVerfGE 19, 342 [347 f.]).
– Auch die Polizei muß, bevor sie einen Schutzgewahrsam anordnet, eine sorgfältige Gefahrenprognose vornehmen (*Degenhart*, in: Sachs, GG, Art. 104 Rn. 32).

IV. Mißhandlungsverbot

Für jede Freiheitsbeschränkung, ob richterlich oder von der Exekutive angeordnet, gilt ausnahmslos das nicht unter Gesetzesvorbehalt stehende Mißhandlungsverbot in Art. 104 I 2 GG. Es handelt sich dabei nicht um ein weiteres Freiheitsgrundrecht innerhalb des Art. 104 GG; dieses Verbot ist vielmehr als eine weitere Schranke in dem Sinne zu verstehen, als es zusätzliche Anforderungen zur Art und Weise jeder Freiheitsbeschränkung („Wie") enthält: festgehaltene Personen dürfen weder seelisch noch körperlich mißhandelt werden. Ziel des Art. 104 I 2 GG ist also die Verhinderung eines **unmenschlichen Freiheitsvollzugs** (BVerfGE 2, 118 [119]). **22**

Als **körperliche Mißhandlung** ist entsprechend dem gleichlautenden Begriff des § 223 StGB (s. dazu BGHSt 14, 269) jede üble und unangemessene Behandlung, die das körperliche Wohlbefinden oder die körperliche Unversehrtheit nicht nur unerheblich beeinträchtigt, zu verstehen (*Kunig*, in: v.Münch/Kunig, GG III, Art. 104 Rn. 14). **23**

Beispiele: Dazu zählt jede Form der Folter, aber auch das Einschließen in zu enge oder feuchte Zellen, unzureichende hygienische Verhältnisse oder eine mangelhafte Verpflegung. Dagegen wird eine Zwangsernährung wohl **nicht** als Mißhandlung angesehen (*Jarass*, in: J/P, GG, Art. 104 Rn. 7 m. w. N.).

Seelische Mißhandlungen sind in jeder entehrenden und entwürdigenden Behandlung der festgehaltenen Person zu sehen (*Kunig*, in: v.Münch/Kunig, GG III, Art. 104 Rn. 15). **24**

Beispiele: Hierzu zählen vor allem Beleidigungen und Bloßstellungen, aber auch das Zuführen von Wahrheitsdrogen oder narcoanalytischen Mitteln, sofern diese nicht schon bereits eine körperliche Mißhandlung darstellen. Eine zeitlich begrenzte Kontaktsperre stellt dagegen **keine** seelische Mißhandlung dar (BVerfGE 49, 24 [64]).

F. Verhältnis zu anderen Grundrechten

Im Verhältnis zu anderen Grundrechten stellen sich bei Art. 2 II 2, Art. 104 GG folgende Besonderheiten: Die in **Art. 8 GG** gewährte Versammlungsfreiheit ist die speziellere Vorschrift, da sie die Bewegungsfreiheit zu einem bestimmten Zweck **25** gewährleistet. Werden Teilnehmer nach einer Auflösung der Versammlung von Polizeiketten eingeschlossen, stehen beide Grundrechtspositionen in Idealkonkurrenz (vgl. VG Hamburg, NVwZ 1987 829 [833]); teilweise wird auch ein Vorrang der Art. 2 II 2, Art. 104 GG angenommen (*Höfling*, in: Sachs, GG, Art. 8 Rn. 76). Zum Verhältnis gegenüber **Art. 11 GG** s. § 4 Rn. 17, 31. Mit **Art. 101 GG** stehen die Art. 2 II 2, Art. 104 GG dann in Idealkonkurrenz, wenn bei der Entscheidung über eine Freiheitsentziehung ein sachlich unzuständiger Richter tätig ist (s. auch o. Rn. 13).

G. Wiederholung

I. Kontrollfragen

1. Definieren Sie den sachlichen Schutzbereich des Art. 2 II 2 GG.

2. Welche Besonderheiten sind bei einem Eingriff zu berücksichtigen, der eine Freiheitsentziehung darstellt?

3. Wegen wiederholter Verstöße gegen die Schulordnung verhängte der Klassenlehrer gegen einen 15–jährigen Schüler einen Arrest, wobei er den Schüler in einen hierzu bestimmten Raum einsperrte, sog. „Karzer". Welche Anforderungen sind an einen derartigen Eingriff zu stellen? (Fall nach VG Freiburg, NVwZ 1984, 131 ff.)

II. Lösungen

1. S. dazu Rn. 4 f.

2. Für Freiheitsentziehungen, d. h. der intensivsten Form der Freiheitsbeschränkung enthalten die Absätze II – IV des Art. 104 GG noch weiterreichende Anforderungen, die zu beachten sind (s. dazu Rn. 12 ff.).

3. Da es sich bei der Einschließung um eine Maßnahme handelt, die in die tatsächliche körperliche Bewegungsfreiheit des Schülers erheblich eingreift, bedarf es für deren Rechtfertigung einer förmlichen gesetzlichen Ermächtigung. Die in den landesrechtlichen Schulgesetzen getroffenen Regelungen, wonach die Schule berechtigt ist, die zur Aufrechterhaltung der Ordnung des Schulbetriebs und zur Erfüllung der ihr übertragenen unterrichtlichen und erzieherischen Aufgaben erforderlichen Maßnahmen zu treffen, reichen hierfür nicht aus; etwas anderes gilt für die Anordnung des schulischen Nachsitzens (VG Freiburg, NVwZ 1984, 131 f.; s. auch Rn. 8).

§ 4. Die Freizügigkeit, Art. 11 GG

Literatur: Zur Einführung: *Kunig, P.*, Das Grundrecht auf Freizügigkeit, Jura 1990, 306 ff.; *Pieroth, B.*, Das Grundrecht der Freizügigkeit (Art. 11 GG), Jus 1985, 81 ff. **Zur Vertiefung:** *Baer, S.*, Zum „Recht auf Heimat" – Art. 11 GG und Umsiedlungen zugunsten des Braunkohletageabbaus, NVwZ 1997, 27 ff.; *Tomuschat, C.*, Freizügigkeit nach deutschem Recht und Völkerrecht, DÖV 1974, 757 ff.
Leitentscheidungen: BVerfGE 2, 266 – „*Notaufnahme*"; 6, 32 – „*Elfes*".

A. Entstehung und Bedeutung

Obwohl dem Recht auf Freizügigkeit eine lange geschichtliche Tradition zu- **1** kommt, hat es im verfassungsrechtlichen System der Bundesrepublik D. kaum Bedeutung erlangt. Verdeutlicht wird dies vor allem dadurch, daß es bisher an einer näheren Entfaltung dieses Grundrechts insb. in der Rspr. des BVerfG fehlt.

Rechtlich erstmals verankert wurde das Recht auf Freizügigkeit in den Art. 41, **2** 42 der Magna Charta Libertatum von 1215. Vor dem Hintergrund der Kleinstaaterei und Glaubensspaltung in Europa war das Freizügigkeitsrecht zunächst eng mit der Glaubens- und Gewissensfreiheit verknüpft (*Pernice*, in: Dreier, GG, Art. 11 Rn. 1; *Kunig*, in: v.Münch/Kunig, GG I, Art. 11 Rn. 1). **Auf deutschem Boden** fanden sich die Freizügigkeit betreffenden Regelungen zunächst in § 133 der Frankfurter Paulskirchen-Verfassung und später dann in Art. 111 WRV. Das Recht auf Freizügigkeit stand hier in engem Zusammenhang mit der Berufs- und Gewerbefreiheit und dem Recht auf Grunderwerb (vgl. *Krüger*, in: Sachs, GG, Art. 11 Rn. 2). Vor dem Hintergrund der durch den Zusammenbruch des Dritten Reiches zu bewältigenden Probleme der Flüchtlinge aus den Ostgebieten und die durch die allgemeine Wohnungsnot notwendige Zwangsbewirtschaftung von Wohnraum, fanden dann die Beratungen über die Regelung der Freizügigkeit im Grundgesetz statt. Durch § 1 Nr. 3 des verfassungsändernden Gesetzes vom 24.6.1968 (BGBl 1968 I, 709) hat Art. 11 GG seine endgültige Fassung erhalten. Nunmehr kann die Freizügigkeit auch „aufgrund eines Gesetzes" eingeschränkt werden (s. dazu u. Rn. 24).

B. Schutzfunktion

Art. 11 GG enthält ein **Abwehrrecht**, das dem einzelnen gegen jeden unmittelbar **3** wirkenden staatlichen Eingriff einen Freiheitsraum personaler Lebensgestaltung sichern soll; eine wirtschaftliche Niederlassungsfreiheit wird davon nicht erfaßt (s. dazu u. Rn. 19 ff.). Auch kann dem Art. 11 GG **keine leistungsrechtliche Di-**

mension entnommen werden (*Pieroth*, Jus 1985, 81 [85]), d. h. Art. 11 GG gibt keinen Anspruch auf Leistungen, die das Verbleiben an einem Ort oder den Ortswechsel praktisch ermöglichen.

Beispiele:

– So gewährt Art. 11 GG einem Obdachlosen keinen Anspruch auf Unterbringung an einem bestimmten Ort (VGH Kassel, NVwZ 1986, 860 [861]).
– Generell ist dem Recht auf Freizügigkeit kein Anspruch auf Bereitstellung einer Wohnung oder etwa einer Beschäftigung zu entnehmen (VGH Kassel, NVwZ 1986, 860 [861] m. w. N.).

4   Dagegen wirkt Art. 11 GG mit seinem objektiv-rechtlichen Gehalt, also als **objektive Wertentscheidung**, auf die Rechtsanwendung ein (*Pieroth*, Jus 1985, 81 [82] m. w. N.).

Beispiele:

– So ist etwa ein vertraglich vereinbartes Wohnsitzverbot zwischen geschiedenen Eheleuten an § 138 BGB i. V. m. Art. 11 GG zu messen (BGH, NJW 1972, 1414).
– Andererseits kann die Verfolgung des Ziels, Menschen zur Freizügigkeit zu verhelfen, einen ansonsten sittenwidrigen Vertrag, wie etwa einen „Fluchthilfevertrag", vor der Nichtigkeit gemäß § 138 BGB bewahren (BGHZ 69, 295 [297 ff.]).

C. Ausprägungen auf internationaler Ebene

5   Neben der grundgesetzlichen Verbürgung findet sich auch auf **internationaler Ebene** eine Absicherung des Freizügigkeitsrechts. Hier kann die Gewährleistung der Freizügigkeit als fester Bestandteil des völkerrechtlichen Menschenrechtsschutzes angesehen werden. So garantieren Art. 13 AEMR, Art. 12 IPbürgR und Art. 2 des 4. ZP zur EMRK ein Recht auf Freizügigkeit. Eine freie Einreise in fremde Länder wird mit diesen Rechten aber nicht gewährt; diese bestimmt sich weiterhin nach den einzelnen innerstaatlichen Normen (s. etwa § 1 I AuslG). Gewährleistet wird nur das Recht, in das eigene Land einzureisen sowie das Recht, das staatliche Territorium zu verlassen (speziell zur Ausreisefreiheit s. *Tomuschat*, DÖV 1974, 757 [758 ff.]).

6   Von anderer Bedeutung sind dagegen die im **Europäischen Gemeinschaftsrecht** geregelten Freizügigkeitsrechte. Nach den Art. 48 ff., Art. 52 ff. und Art. 59 ff. EGV (Art. 39 ff., Art. 43 ff. und Art. 49 ff. EGV n. F.) wird den Bürgern eines Mitgliedstaates der Europäischen Gemeinschaft das Recht auf Einreise und Aufenthalt in einem anderen Mitgliedstaat gewährt. Allerdings knüpfen diese Rechte an die Ausübung einer Erwerbstätigkeit i.w. Sinne an. Dabei ist es unbeachtlich, ob es sich um eine unselbständige (Arbeitnehmer) oder selbständige Tätigkeit (Niederlassung/Dienstleistung) handelt. Näher ausgestaltet sind die einzelnen Freizügigkeitsrechte durch das sekundäre Gemeinschaftsrecht, wie etwa durch Richtlinien und Verordnungen (dazu ausführlich *Emmert*, Europarecht, 1996, §§ 31 ff.).

Beachte: Ein allgemeines Aufenthaltsrecht, das unabhängig von der Ausübung einer Erwerbstätigkeit ist, wird durch den EG-Vertrag bisher noch nicht statuiert.

Etwas anderes ergibt sich auch nicht durch den neu eingeführten Art. 8 a EGV (Art. 18 EGV n. F.; s. auch *Zacker*, Kompendium Europarecht, 1997, S. 99; *Kaufmann-Bühler*, in: Lenz, EG-Vertrag, Art. 8a Rn. 1). Denn das dort geregelte Freizügigkeits- und Aufenthaltsrecht wird nur vorbehaltlich der im EGV und nach Maßgabe der sekundärrechtlichen Regelungen gewährt (s. in diesem Zusammenhang aber RL 90/364/EWG v. 28.6.1990, die unter bestimmten Voraussetzungen ein Aufenthaltsrecht für alle EG-Bürger statuiert, selbst wenn diese keine Erwerbstätigkeit nachgehen, Sat. II Nr. 180 f).

D. Schutzbereich

I. Persönlicher Schutzbereich

Art. 11 GG ist als sog. **Deutschenrecht** konzipiert. Träger des Grundrechts der   7
Freizügigkeit sind alle Deutschen i. S. v. Art. 116 I GG. Begünstigt waren daher bis zur Wiederherstellung der deutschen Einheit auch die Bewohner der ehemaligen DDR. Minderjährige genießen ebenfalls den Schutz aus Art. 11 GG. Allerdings besteht hier die Besonderheit, daß dieser grundrechtliche Schutz durch die von den §§ 1631 ff. BGB geschaffenen und durch die Elternrechte des Art. 6 II GG legitimierten Beschränkungen (s. dazu § 13 Rn. 17 ff.) überlagert wird.

Beachte: Die elternrechtlichen Einwirkungsbefugnisse stellen keine zusätzlichen Schranken i. S. v. Art. 11 II GG dar; sie begrenzen von vornherein den Gewährleistungsgehalt von Art. 11 I GG unter der Kategorie der Grundrechtsträgerschaft (*Kunig*, in: v.Münch/Kunig, GG I, Art. 11 Rn. 7).

Ausgenommen vom Grundrechtsschutz des Art. 11 GG sind **Ausländer** und **Staatenlose** (BVerfGE 76, 1 [47]; BVerwGE 56, 254 [258]); diesen wird das Recht auf   8
Freizügigkeit durch Art. 2 I GG mit den für dieses Grundrecht vorgesehenen Einschränkungsmöglichkeiten gewährt (BVerfGE 35, 382 [399]; s. auch § 17 Rn. 18). Mit Deutschen verheiratete Ausländer werden über Art. 6 GG von der Reflexwirkung des Grundrechts der Ehegatten erfaßt (BVerwGE 42, 141 [142]; zur Rechtstellung der Unionsbürger s. bereits o. Rn. 6).

Beachte: Die in einigen Länderverfassungen vorherrschenden Regelungen, die das Recht auf Freizügigkeit auch auf Ausländer erstrecken (vgl. z. B. Art. 109 BV; Art. 11 BerlVerf; Art. 18 BremVerf; Art. 6 HV), haben wegen des Art. 31 GG keine praktische Bedeutung. Denn der Bund hat in zulässiger Weise auf der Grundlage des Art. 73 Nr. 3 GG die Freizügigkeit der Ausländer im AuslG eingeschränkt.

Auch Aussiedler aus Ost- und Südeuropa, die **deutsche Volkszugehörige** sind,   9
können sich vor ihrer Aufnahme in Deutschland nicht auf Art. 11 GG berufen, da sie die Rechtstellung als Deutsche i. S. d. Art. 116 I GG erst mit ihrer Aufnahme in das Bundesgebiet erhalten (BGHZ 121, 305 [314] m. w. N.).

10 Was die **inländischen juristischen Personen** anbelangt, so ist nach allgemeiner Ansicht Art. 11 GG „seinem Wesen nach" auch auf diese anwendbar (*Hailbronner*, HdbStR VI, § 131 Rn. 44 m. w. N.).

II. Sachlicher Schutzbereich

1. Bestimmung des Freizügigkeitsbegriffs

11 Das Grundgesetz definiert den Begriff der Freizügigkeit des Art. 11 GG nicht. Nach der Rspr. des BVerfG wird hierunter das Recht verstanden, „unbehindert durch die deutsche Staatsgewalt an jedem Ort innerhalb des Bundesgebietes **Aufenthalt und Wohnsitz** zu nehmen, auch in das Bundesgebiet einzureisen" (BVerfGE 2, 266 [273] – „*Notaufnahme*"; 47, 203 [211]; 80, 137 [150]; zur Einreisefreiheit s. u. Rn. 22).

a) Wohnsitznahme

12 Gewährleistet wird zunächst die Wohnsitznahme. In Anlehnung an § 7 I BGB wird hierunter die ständige Niederlassung an einem Orte verstanden, d. h., die Aufenthaltsaufnahme geschieht mit dem Willen, nicht nur vorübergehend zu bleiben, sondern den Ort zum Mittelpunkt seiner Lebensverhältnisse zu machen (*Pieroth*, Jus 1985, 81 [83]). Unbeachtlich ist dabei, ob ein oder mehrere Wohnsitze begründet werden; auch die Begründung eines sog. Zweitwohnsitzes fällt in den Schutzbereich.

b) Aufenthalt

13 In Abgrenzung zur Wohnsitznahme bedeutet Aufenthalt ein vorübergehendes Verweilen an einem Ort. Hier stellt sich nun die Frage, wann ein hinreichendes Verweilen i. S. des Art. 11 GG anzunehmen ist (s. auch *P/S*, StaatsR II, Rn. 855). Teilweise wird in der Literatur auf die Dauer des Verweilens als Abgrenzungskriterium abgestellt (so *Jarass*, in: J/P, GG, Art. 11 Rn. 2, der mindestens eine Übernachtung für erforderlich hält). Eine zeitliche Abgrenzung dürfte aber abzulehnen sein, zumal sich zeitliche Grenzen in absoluten Zahlen nicht errichten lassen (s. auch *Pernice*, in: Dreier, GG, Art. 11 Rn. 13 m. w. N.; *Kunig*, Jura 1990, 306 [308]). Zudem kann auch ein kurzer Besuch von nur geringer Zeitdauer für die persönliche Entfaltung des einzelnen von elementarer Bedeutung sein.

Beispiel: So kann nicht nur der mehrtägige Verwandtenbesuch bei Eltern, Kindern oder Bekannten von Art. 11 GG geschützt sein, sondern auch der nur einige Stunden in Anspruch nehmende Aufenthalt für die Überreichung einer wichtigen Auszeichnung.

14 Auch kann es nicht darauf ankommen, ob eine Person aus beruflichen, wirtschaftlichen, politischen oder persönlichen Gründen einen Ortswechsel vornimmt; denn Art. 11 GG ist nach h. M. **zweckneutral.**

Beispiel: So genießen auch Touristen, Müßiggänger, Vaganten und Landstreicher den Schutz des Freizügigkeitsrechts (*Pieroth*, Jus 1985, 81 [83]; *Kunig*, Jura 1990, 306 [308]; einschränkend BVerwGE 3, 308 [312], das von einem finalen Grundrecht spricht, dessen immanenter

Zweck nicht das „Umherziehen" als solches, sondern das Bestreben ist, zu einem dauernden Lebensmittelpunkt zu gelangen).

Entscheidendes Merkmal der Freiheitsbetätigung i. S. des Art. 11 GG ist die **Fort-** **15** **bewegung zwecks Ortswechsels**, die die Möglichkeit umfaßt, den Weg zwischen altem und neuem Aufenthaltsort zurückzulegen (*Pieroth*, Jus 1985, 81 [83]; *P/S*, StaatsR II, Rn. 856). Der Begriff des Ortswechsels ist dabei weit zu verstehen (s. auch *Pernice*, in: Dreier, GG, Art. 11 Rn. 14). Die Fortbewegung selbst wird vom Schutzbereich des Art. 11 GG nur insoweit erfaßt, als von ihr das Erreichen eines Zieles abhängig ist.

Beispiel: So sind die Fahrt zur Arbeitsstätte, die Einkaufsfahrt oder der Gang ins Sportstadium ebenso von Art. 11 GG geschützt wie etwa der Umzug oder eine längerfristige Urlaubsreise.

Ein bestimmter Weg oder die Benutzung eines bestimmten Fortbewegungsmittels **16** zum Erreichen des gewünschten Aufenthaltsortes werden grundsätzlich nicht erfaßt, sondern von der allgemeinen Handlungsfreiheit des Art. 2 I GG geschützt (BVerfGE 80, 137 [150] – „*Reiten im Walde*"; *Pieroth*, Jus 1985, 81 [83]).

Beispiele:
– So sind Behinderungen der Fortbewegung durch Verkehrskontrollen oder durch Verkehrs- zeichen, wie Parkverbote, Parkuhren oder Anweisungen von Verkehrspolizisten, vom Schutzbereich des Art. 11 GG ausgenommen (VGH Kassel, NJW 1964, 564 [566 f.]; OLG Frankfurt, NJW 1955, 1768 [1769]).
– Dagegen ist eine Verkehrssperre, die den Zugang zu einem bestimmten Ort überhaupt un- terbindet, an Art. 11 GG zu messen.

Im Hinblick auf die Abgrenzung zu **Art. 2 II 2 GG**, der die körperliche Bewe- **17** gungsfreiheit schützt, ist folgendes zu sagen: Da sich dieses Grundrecht gegen physischen Zwang, gegen Haft und Gefangennahme richtet, also einen anderen, spezielleren sachlichen Bezug aufweist, verdrängen Freiheitsentziehungen und -beschränkungen (s. dazu § 3 Rn. 6 ff.) den in diesem Fall allgemeineren Art. 11 GG, selbst wenn sie (zwangsläufig) die räumliche Bewegungsfreiheit beschrän- ken (s. auch *Pernice*, in: Dreier, GG, Art. 11 Rn. 14 m. w. N.).

> **Merke:** Maßnahmen, welche die Bewegungsfreiheit behindern, nicht aber das Erreichen eines Zieles verhindern (Art. 11 I GG) und nicht physischen Zwang verkörpern (Art. 2 II 2 GG), unterfallen dem Auffanggrundrecht des Art. 2 I GG (z. B. Fahrzeugkontrollen, das Gebot, an einer Verkehrs- ampel zu halten).

c) Negative Freizügigkeit

Neben der Wohnsitzbegründung und der Aufenthaltsnahme, die zwangsläufig **18** das Zu- oder Wegziehen, also die Umzugsfreiheit i. S. eines Ortswechsels mitum- faßt, schützt Art. 11 GG auch die sog. negative Freizügigkeit, d. h. die Möglich- keit, einen Ortswechel nicht vorzunehmen. Art. 11 GG garantiert also auch das Bleibendürfen am gewählten Ort (BGH, NJW 1980, 2414 f.).

Klausurhinweis: Für die Fallbearbeitung bedeutet dies, daß Zwangsumsiedlungen von Deutschen an Art. 11 GG zu messen sind (*Kunig*, in: v.Münch/Kunig, GG I, Art. 11 Rn. 18 m. w. N.; s. hierzu *Baer*, NVwZ 1997, 27 ff.). Dagegen stellt Art. 16 II GG die speziellere Vorschrift dar, wenn es um die Auslieferung, d. h. die Entfernung deutscher Staatsbürger aus dem Hoheitsbereich der Bundesrepublik D. auf Ersuchen eines ausländischen Staates geht (zum Begriff der Auslieferung s. § 15 Rn. 9).

d) Vermögensmitnahmefreiheit

19   Von der Freiheit, einen Ortswechsel vorzunehmen, sei es zur Wohnsitzbegründung oder sei es lediglich für einen kurzen Aufenthalt, wird auch das Recht erfaßt, sein Eigentum und sein Vermögen mitzunehmen (*Krüger*, in: Sachs, GG, Art. 11 Rn. 19 m. w. N.). Eine allgemeine Vermögensmitnahmefreiheit wird damit aber nicht gewährt; vielmehr ist zu differenzieren:

20   (1) Geht es um eigentums- oder vermögensrechtliche Positionen, die in Anknüpfung an den Umstand des Zu- oder Wegzuges Beschränkungen unterworfen werden, bleibt Art. 11 GG weiter anwendbar. Dabei ist es dann unbeachtlich, ob es sich um die Mitnahme von betriebs- oder berufsbezogenen beweglichen Vermögenswerten handelt oder lediglich um die „persönliche Habe" (s. *Kunig*, in: v.Münch/Kunig, GG I, Art. 11 Rn. 17; *Krüger*, in: Sachs, GG, Art. 11 Rn. 19; a.A: *P/S*, StaatsR II, Rn. 864, der den Schutz auf die Mitnahme der „persönlichen Habe" beschränkt.).

21   (2) Geht es aber ausschließlich um die eigentums- oder vermögensrechtliche Position, etwa um den Erwerb einer Immobilie am neuen Ort, findet Art. 11 GG keine Anwendung. Denn das Freizügigkeitsrecht gewährleistet nicht eine bestimmte Art und Weise der Wohnsitz- oder Aufenthaltsnahme (BVerwGE 92, 56 [63 f.], sog. „Weilheimer Modell"); vielmehr greift Art. 14 GG ein. Auch die berufliche und geschäfliche Niederlassung als solche wird von Art. 11 GG nicht erfaßt. Fragen der Zulässigkeit der Berufs- und Betriebsaufnahme sind an Art. 12 GG zu messen.

Klausurhinweis: In der Fallbearbeitung wird dies eher ein Problem der Eingiffsebene sein. Zu prüfen gilt es nämlich, welche Zweckrichtung der jeweilige staatliche Eingriff verfolgt.

2. Geographische Grenzen des Freizügigkeitsrechts

22   Nach dem Wortlaut des Art. 11 GG wird die „Freizügigkeit im ganzen Bundesgebiet" gewährt. Gemeint ist damit der Geltungsbereich des Grundgesetzes (BVerfG, EuGRZ 1992, 306 [307]). Der Grundrechtsträger kann also seinen Ortswechsel zwischen Bundesländern, Gemeinden oder innerhalb einer Gemeinde vornehmen (BVerfGE 8, 95 [97]; *P/S*, StaatsR II, Rn. 857). Vom Freizügigkeitsrecht wird auch die **Einreisefreiheit** geschützt (BVerfGE 2, 266 [273] – *„Notaufnahme"*; 43, 203 [211]). Art. 11 GG verbürgt damit für die deutschen

Staatsangehörigen auch das Recht auf Zugang zum Bundesgebiet. Auswirkungen hat dies für die nicht im Bundesgebiet befindlichen Deutschen, wie etwa für die Bürger der früheren DDR. Die **Ausreisefreiheit** fällt dagegen **nicht** in den Schutzbereich des Art. 11 GG; vielmehr ist sie nach Art. 2 I GG zu beurteilen (BVerfGE 6, 32 [34 f.] – *„Elfes"*; s. auch § 17 Rn. 18).

E. Eingriff

Die Freizügigkeit kann in vielfacher Weise tangiert sein. Als Eingriff in den Schutzbereich kommt aber nur solches staatliche Handeln in Betracht, daß die Freizügigkeit **unmittelbar beeinträchtigt**, also auf deren Einschränkung zielt. Mittelbare und faktische Belastungen werden dagegen nicht erfaßt.

23

Beispiele:
– So stellt jede Maßnahme, die den Zuzug von einem Wohnungs-, Unterkunfts- oder Tätigkeitsnachweis abhängig macht, einen Eingriff i. S. des Art. 11 GG dar (*Pieroth*, Jus 1985, 81 [85] m. w. N.).
– Auch Sozialhilferegelungen, die etwa den Aufenthalt Nichtseßhafter an einem bestimmten Ort zu verhindern suchen, sind Eingriffe (VGH Kassel, NVwZ 1986, 860 [861]).
– Dagegen stellen mit dem Wohnsitz oder der Aufenthaltsnahme verbundene Abgaben, wie etwa baurechtliche Abgaben (BVerwGE 44, 202 [211] oder die Erhebung einer Kurabgabe (BVerwG, Buchh. 401.63 Nr. 5; VGH Kassel, DÖV 1986, 884) regelmäßig keine Beeinträchtigungen dar. Etwas anderes gilt nur dann, wenn die Möglichkeit des Zuzuges faktisch versperrt wird.
– Berufsrechtliche Regelungen, wie etwa die Residenzpflichten für Rechtsanwälte, Notare und Beamte (vgl. §§ 27 ff. BRAO; § 10 BNotO; §§ 74 ff. BBG) sind ebenfalls keine zielgerichteten Eingriffe in Art. 11 GG; diese sind wegen ihrer berufsregelnden Tendenz vielmehr an Art. 12 GG oder Art. 33 V GG zu messen.

Beachte: Bei der Frage, welche Maßnahmen freizügigkeitsbeschränkend sind, ist ausschließlich auf den objektiven Sinn, der einer Maßnahme zukommt, abzustellen (*Kunig*, in: v.Münch/Kunig, GG I, Art. 11 Rn. 19).

F. Verfassungsrechtliche Rechtfertigung

I. Der Gesetzesvorbehalt

Die Rechtfertigung von Eingriffen in das Recht auf Freizügigkeit ergibt sich neben Art. 17 a II GG vor allem aus Art. 11 II GG, der einen **qualifizierten Gesetsezvorbehalt** enthält. Danach darf das Freizügigkeitsrecht nur durch Gesetz oder aufgrund eines Gesetzes beschränkt werden. Gemeint ist damit ein Gesetz im formellen Sinn (BVerwGE 11, 113 [114]), d. h. die Grundrechtsbeschränkung ist nur durch ein Parlamentsgesetz zulässig. Die Einschränkung kann aber auch „aufgrund" eines (förmlichen) Gesetzes, also durch den Erlaß einer Rechtsverordnung erfolgen, so-

24

weit der ermächtigende Parlamentsgeber dabei die Anforderungen des Art. 80 I 2 GG erfüllt (*Kunig*, in: v.Münch/Kunig, GG I, Art. 11 Rn. 21).

Beachte: Trotz der in Art. 73 Nr. 3 GG bestehenden ausschließlichen Gesetzgebungszuständigkeit des Bundes für die Rechtsmaterie der Freizügigkeit können auch durch **die Polizeigesetze der Länder** Einschränkungen aufgrund von Art. 11 II GG erfolgen (BayVerfGH, NVwZ 1991, 664 [666]; *Kunig*, Jura 1990, 311).

II. Die einzelnen Einschränkungsmöglichkeiten

25   Art. 11 II GG enthält eine erschöpfende Aufzählung der Voraussetzungen für eine Einschränkung des Rechts auf Freizügigkeit (BVerwGE 3, 308 [310]). Die dort genannten **fünf Einschränkungen** sind **eng auszulegen** (BVerfGE 2, 266 [280] – „*Notaufnahme*") und von unterschiedlicher praktischer Bedeutung.

Beachte: Der Begriff der Einschränkung erfaßt neben einer teilweisen auch eine volle Beschränkung des Freizügigkeitsrechts (BVerfGE 2, 266 [280] – „*Notaufnahme*").

1. Ausreichende Lebensgrundlage

26   Der Vorbehalt der ausreichenden Lebensgrundlage ist durch die Aktualisierung des Sozialstaatsgebots – insb. durch das Bundessozialhilfegesetz – praktisch obsolet geworden. Bedeutung dürfte er nur noch in Zeiten umfangreicher Flüchtlings- und Aussiedlerströme erlangen (s. auch *Krüger*, in: Sachs, GG, Art. 11 Rn. 24 m. w. N.). Zur Begriffsklärung sei nur dies bemerkt: Das Fehlen einer ausreichenden Lebensgrundlage ist immer dann anzunehmen, wenn nach Beruf, Alter und Gesundheit zu erwarten ist, daß jemand seinen Lebensunterhalt nicht selbst verdienen kann; das Vorhandensein von Wohnraum oder Unterkunft ist kein wesentliches Merkmal der Lebensgrundlage i. S. von Art. 11 II GG (BVerwGE 3, 135 [138 ff.]).

2. Innerer Notstand

27   Die zweite Fallgruppe, die durch § 1 Nr. 3 des verfassungsändernden Gesetzes vom 24.6.1968 (s. o. Rn. 2) eingeführt wurde, hat bisher keine praktische Bedeutung erlangt. Der sog. **Notstandsvorbehalt** bezieht sich ausschließlich auf den inneren Notstand (*Kunig*, in: v.Münch/Kunig, GG I, Art. 11 Rn. 23). Der Begriff Bestand ist dabei gleichbedeutend wie der in den Art. 10 II, 21 II, 73 Nr. 10 b, 87 a IV 1, 91 I GG. Demnach könnten freiheitsbeschränkende Schutzmaßnahmen ergriffen werden, wenn eine Gefahr, die im polizeirechtlichen Sinn zu verstehen ist, für die staatliche Existenz, also für die Bevölkerung, für die territoriale Integrität und für die staatliche Handlungsfähigkeit, bestehen würde (*Kunig*, Jura 1990, 306 [311]; *Pieroth*, Jus 1985, 81 [86]; zum Begriff der freiheitlich-demokratischen Grundordnung s. § 27 Rn. 5).

Beispiele: Als freiheitsbeschränkende Maßnahmen könnten etwa Evakuierungsmaßnahmen oder Ausgangssperren in Betracht kommen.

3. Seuchen- und Katastrophenvorbehalt

Auch der Seuchen- und Katastrophenvorbehalt spielte bisher keine gewichtige   28
Rolle. Was die „Seuchengefahr", d. h. die Gefahr der Ausbreitung übertragener
Krankheiten anbelangt, finden sich in den §§ 34 ff. BSeuchG und dem § 19 II
TierSG freiheitsbeschränkende Regelungen. Während „Naturkatastrophen"
durch Naturgewalten hervorgerufene Ereignisse von großem Schadensausmaß
sind, wie z. B. Flutkatastrophen, Erdbeben oder schwere Stürme, sind unter den
„besonders schweren Unglücksfällen" Katastrophen technischen Ursprungs zu
verstehen (*Pieroth*, Jus 1985, 81 [86]).

Beispiel: So würden von diesem Vorbehalt etwa Zwangsevakuierungsmaßnahmen wegen eines
schweren Kernkraftwerkunfalls oder eines schweren Eisenbahn- oder Flugzeugunglücks gedeckt sein.

4. Jugendschutzvorbehalt

Mit dem sog. Jugendschutzvorbehalt sind Beschränkungsmöglichkeiten des Frei-   29
zügigkeitsrechts für Kinder und Jugendliche geschaffen worden. Anwendungsfälle dieses Vorbehalts finden sich beispielsweise in § 1 2 Nr. 1 JÖschG .

Beachte: Freiheitsbeschränkende Maßnahmen, die sich aus §§ 1631 ff. BGB ergeben, sind Teil des Personensorgerechts als Konkretisierung des Art. 6 II GG
und unterfallen nicht diesem Vorbehalt (s. auch o. Rn. 7).

5. Kriminalvorbehalt

Der sog. Kriminalvorbehalt betrifft ausschließlich vorbeugende Maßnahmen zur   30
Verhinderung strafbarer Handlungen (*Kunig*, in: v.Münch/Kunig, GG I, Art. 11
Rn. 27). Als Anwendungsfälle dieses Vorbehalts sind etwa die Führungsaufsicht
(§§ 68 ff. StGB) und Weisungen (§ 56 c II StGB) im Falle der Strafaussetzung zur
Bewährung (§§ 56, 57 II StGB) zu nennen.

Beachte: Fragen betreffend die Untersuchungshaft, die Freiheitsstrafen und die
freiheitsentziehenden Maßregeln gemäß §§ 62 ff. StGB sind an Art. 2 II GG
i. V.m. Art. 104 GG zu messen (s. dazu § 3 Rn. 6 ff.).

G. Verhältnis zu anderen Grundrechten

Wie auch alle anderen speziellen Freiheitsrechte ist Art. 11 GG gegenüber **Art. 2**   31
I GG lex specialis. Allerdings erfüllt Art. 2 I GG auch hier die Funktion des Auf-
fanggrundrechts für Bereiche, die vom Schutzbereich des Art. 11 GG nicht erfaßt
werden (s. dazu o. Rn. 16 f.). Im Verhältnis zu **Art. 2 II 2 GG i. V. m. Art. 104 GG**
findet Art. 11 GG dann keine Anwendung, wenn die Beschränkung des Ortswechsels mit einer Freiheitsentziehung oder -beschränkung verbunden ist (s.
auch o. Rn. 17). Was das Verhältnis zu **Art. 12 I GG** anbelangt, ist zu differenzieren: Betreffen berufs- und ausbildungsrechtliche Maßnahmen die Bewegungs-

freiheit hinsichtlich des Zu- oder Wegzuges, ist Art. 11 GG neben Art. 12 GG heranzuziehen; anderenfalls ist Art. 12 I GG das speziellere Recht. Das Gleiche gilt im Verhältnis zu **Art. 14 GG**. Die Auslieferung wird von **Art. 16 II GG** erfaßt und ist insoweit lex specialis (s. dazu o. Rn. 18).

H. Wiederholung

I. Kontrollfragen

1. Wie ist der Begriff Freizügigkeit i. S. d. Art. 11 GG zu verstehen?

2. Auf dem Weg in das Sportstadium muß der A mehrere Verkehrskontrollen passieren. Er wird dabei angehalten und nach seinen Fahrzeugpapieren gefragt; teilweise wird er auch auf einen anderen Anfahrtsweg verwiesen. Welche Grundrechte sind betroffen?

3. Der Landtag des Landes B beschließt mit großer Mehrheit ein sog. „Anti-AIDS-Gesetz" (AAG). Danach ist es deutschen Staatsangehörigen mit Wohnsitz oder Aufenthalt im Land B untersagt, in die in einem Anhang aufgeführten Staaten wegen des hohen Ansteckungsrisikos mit der Immunschwächekrankheit AIDS zu reisen. C, der in B lebt, stellt nach dem Inkrafttreten des AAG fest, daß sein nächstes Urlaubsziel vom Reiseverbot erfaßt ist. Ist C in seinem Grundrecht aus Art. 11 GG verletzt?

II. Lösungen

1. S. dazu Rn. 11 ff.

2. Der Schutzbereich des Art. 11 GG ist nicht betroffen; ein bestimmter Weg zum Erreichen des gewünschten Aufenthaltsortes wird grundsätzlich nicht erfaßt. Behinderungen der Fortbewegung durch Verkehrskontrollen greifen nur dann in den Schutzbereich des Art. 11 GG ein, wenn sie den Zugang zu einem bestimmten Ort gänzlich unterbinden (s. auch Rn. 16). Auch eine Verletzung des Art. 2 II 2 GG, Art. 104 GG ist zu verneinen, da Verkehrskontrollen und die damit verbundene Personalienfeststellung wegen Geringfügigkeit keinen Eingriff darstellen (s. auch § 3 Rn. 8). Eine Grundrechtsverletzung käme allenfalls unter dem Gesichtspunkt des Art. 2 I GG in Betracht.

3. Nein, da die Ausreisefreiheit von Art. 11 GG nicht geschützt wird. In der Fallbearbeitung wäre allerdings zu prüfen, ob das Reiseverbot gegen Art. 2 I GG verstößt (s. dazu auch Rn. 22).

§ 5. Die Unverletzlichkeit der Wohnung, Art. 13 GG

Literatur: Zur Einführung: *Dagtoglou, P.,* Das Grundrecht der Unverletzlichkeit der Wohnung, Jus 1975, 753 ff.; *Kunig, P.,* Grundrechtlicher Schutz der Wohnung, Jura 1992, 476 ff.; *Ruthig, J.,* Die Unverletzlichkeit der Wohnung (Art. 13 GG n. F.), JuS 1998, 506 ff. **Zur Vertiefung:** *Battis, U.,* Schutz der Gewerberäume durch Art. 13 GG, Jus 1973, 25 ff.; *Dittmann, A.,* Grundrechtlicher Wohnungsschutz und Vollstreckungseffizienz. Bemerkungen zum Richtervorbehalt des Art. 13 Abs. 2 GG in der neuen Sicht des Bundesverfassungsgerichts, DV 1983, 17 ff.; *Frister, H.,* Zur Frage der Vereinbarkeit verdeckter Ermittlungen in Privatwohnungen mit Art. 13 GG, StV 1993, 151 ff.; *Guttenberg, U.,* Die heimliche Überwachung von Wohnungen, NJW 1993, 567 ff.; *Jankowski, K.,* Der Ortstermin im Zivilprozeß und der Eingriff in die Unverletzlichkeit der Wohnung, NJW 1997, 3347 ff.; *Lübbe-Wolff, G.,* Satzungsrechtliche Betretungsbefugnisse und Art. 13 GG, DVBl 1993, 762 ff.; *Meyer, J./Hetzer, W.,* Neue Gesetze gegen die Organisierte Kriminalität, NJW 1998, 1017 ff.; *Raum, B./Palm, F.,* Zur verfassungsrechtlichen Problematik des „Großen Lauschangriffs", JZ 1994, 447 ff.; *Sachs, M.,* Behördliche Nachschaubefugnisse und richterliche Durchsuchungsanordnung nach Art. 13 GG, NVwZ 1987, 560 ff.; *Schwabe, J.,* Die polizeiliche Datenerhebung in oder aus Wohnungen mit Hilfe technischer Mittel, JZ 1993, 867 ff.; *Schwan, E.,* Art. 13 GG und die gefahrabwehrenden Eingriffe in die Wohnungsfreiheit, DÖV 1975, 661 ff.; *Voßkuhle, A.,* Behördliche Betretungs- und Nachschaurechte, DVBl 1994, 611 ff.

Leitentscheidungen: BVerfGE 32, 54 ff. – „*Schnellreinigung*"; 42, 212 ff. – „*Quick*"; 51, 97 ff. – „*Zwangsvollstreckung I*"; 75, 318 ff. – „*Sachverständiger*"; 76, 83 ff. – „*Zwangsvollstreckung II*"; 89, 1 ff. – „*Räumung*"; BVerfG, NJW 1997, 2165 ff. – „*Durchsuchung*"; EGMR, NJW 1993, 718 – „*Niemitz/Deutschland*"; EuGH, Rs. 46/87 u. 227/88, Slg. 1989, 2859 – „*Hoechst*"; EuGH, verb. Rs. 97 bis 99/87, Slg. 1989, 3165 – „*Dow Chemical Ibérica*".

A. Bedeutung

Die Beachtung einer räumlichen Privatsphäre hat nicht nur eine lange geschicht- **1**
liche Tradition, sondern sie nimmt auch in den unterschiedlichen verfassungsrechtlichen Ausprägungen einen hohen Stellenwert ein. Das englische Sprichwort „my home is my castle" verdeutlicht dies in besonderer Weise. Bereits in der Magna Charta (1215) und in der Declaration of Rights (1776) wurde der Anspruch auf Schutz der räumlichen Privatsphäre festgeschrieben. Im Grundgesetz findet dieser Schutz seinen Niederschlag in Art. 13 GG. Mit dem Grundrecht auf Unverletzlichkeit der Wohnung soll dem einzelnen im Hinblick auf seine Menschenwürde und im Interesse seiner freien Entfaltung ein **„elementarer Lebensraum"** gewährleistet werden (BVerfGE 42, 212 [219] – „*Quick*"; 51, 97 [110] – „*Zwangsvollstreckung I*"). Es steht in engem Zusammenhang mit dem verfassungsrechtlichen Gebot unbedingter Achtung der Privatsphäre des Bürgers (BVerfGE 75, 318 [328] m. w. N. – „*Sachverständiger*"), wobei dem einzelnen das Recht gesichert werden soll, in seinen Wohnräumen „in Ruhe gelassen zu

werden" (BVerfGE 51, 97 [107] m. w. N. – *„Zwangsvollstreckung I"*). Schutzgut
ist die **räumliche Sphäre, in der sich das Privatleben entfaltet** (BVerfGE 32, 54 [72] –
„Schnellreinigung"; 65, 1 [40] – *„Volkszählung"*; 89, 1 [12] – *„Räumung"*).
Auch im Bereich des internationalen Rechts hat der Wohnungsschutz seine Ausprägungen gefunden, der auch hier in den Kontext des Schutzes der Privatheit
gestellt wird.

Beispiele:

– So hat etwa nach Art. 8 I EMRK jedermann Anspruch auf Achtung seines Privat- und
  Familienlebens, seiner Wohnung und seines Briefverkehrs (dazu EGMR, NJW 1993,
  718 f. – *„Niemitz/Deutschland"*).
– Nach der Rspr. des EuGH gehört zumindest der Schutz der Privatwohnung zum gemeinsamen grundrechtlichen Mindeststandard der Mitgliedstaaten der Europäischen Gemeinschaft und ist Element ungeschriebenen Gemeinschaftsverfassungsrechts (vgl. EuGH, Rs.
  46/87 u. 227/88, Slg. 1989, 2859 [2929] – *„Hoechst"*; EuGH, verb. Rs. 97 bis 99/87, Slg.
  1989, 3165 [3185] – *„Dow Chemical Ibéria"*).

B. Grundgesetzänderung

2   Die seit längerem geführte Diskussion zur Einführung des **großen Lauschangriffs**,
    der die Bekämpfung der organisierten Kriminalität erleichtern soll, hat zu einer
    Grundrechtsänderung des Art. 13 GG geführt. Nach langwierigen politischen
    Auseinandersetzungen haben der Deutsche Bundestag und Bundesrat mit der er-
    forderlichen Zwei-Drittel-Mehrheit der Neufassung des Art. 13 GG zugestimmt.
    Gemäß Art. 2 GGÄndG sind die Änderungen des Art. 13 GG am 1.4.1998 in Kraft
    getreten (BGBl 1998 I, 610). Der Schutzbereich ist ebenso wie die Anforderungen
    an die Durchsuchung (Art. 13 II GG) und die der sonstigen Eingriffe (Art. 13 VII
    [III a. F.] GG) unverändert geblieben, allerdings wurden die Rechtfertigungs-
    möglichkeiten für Eingriffe durch die neu eingeführten Absätze 3 bis 6 erweitert
    (s. dazu u. Rn. 24 ff.). Hiernach ist es nunmehr möglich, Wohnungen akustisch zu
    überwachen, wenn dies zur Verfolgung besonders schwerer Straftaten (Abs. 3)
    oder zur Verhinderung dringender Gefahren für die öffentliche Sicherheit, insbe-
    sondere einer gemeinen Gefahr oder einer Lebensgefahr, notwendig ist (Abs. 4).
    Allerdings ist grundsätzlich die Anordnung durch drei Richter erforderlich.
    Art. 13 VI GG enthält zudem die Pflicht der Bundesregierung, den Bundestag jähr-
    lich über den Einsatz der technischen Wohnraumüberwachungsmaßnahmen zu
    unterrichten; Entsprechendes gilt für auf Landesebene getroffene Maßnahmen
    (insgesamt dazu *Meyer/Hetzer*, NJW 1998, 1017 [1025]).

C. Schutzfunktionen

Als „sog. negatorisches Grundrecht" (BVerfGE 7, 230 [238]), sprich als Abwehr-   3
recht, schützt Art. 13 GG denjenigen, der eine Wohnung innehat, vor Verletzungen durch die öffentliche Gewalt; die Bestimmung schützt nicht vor Verletzung
der Wohnung durch Private.

Beispiel: So kann sich der berechtigte Wohnungseigentümer im Falle einer Hausbesetzung nicht
auf Art. 13 GG berufen. In diesem Verhältnis gelten allein die einfachgesetzlichen Vorschriften,
insbesondere des Strafrechts (vgl. §§ 123 f StGB) und des Zivilrechts (vgl. §§ 854 ff, 823 BGB).
Eine andere Frage ist dagegen, ob sich die Hausbesetzer auf Art. 13 GG berufen können (vgl.
dazu u. Rn. 7).

Auch enthält Art. 13 GG keine leistungsrechtliche Dimension, d. h. dieses   4
Grundrecht gibt keinen Anspruch auf Wohnraum, auf Abbau von Wohnungsnot
oder gar auf Förderung des Wohnungsbaues (*Kunig*, in: v.Münch/Kunig, GG I,
Art. 13 Rn. 1).

Beispiel: Daß einem Obdachlosen zu helfen ist, folgt also nicht aus Art. 13 GG. Diese staatliche
Schutzpflicht zur Sicherung des Existenzminimums entspringt vielmehr dem Art. 1 I GG i. V. m.
dem Sozialstaatsprinzip (s. dazu Kap. 1 Rn. 32).

Art. 13 GG entfaltet aber, wie grundsätzlich alle Grundrechte, eine **sog. mittelba-**   5
re Drittwirkung. Diese äußert sich nicht nur darin, daß Art. 13 GG bei der Auslegung und Anwendung der einschlägigen zivil- und prozeßrechtlichen Bestimun-
gen des einfachen Rechts (dazu eingehend *Jankowski*, NJW 1997, 3347 ff.),
sondern darüber hinaus auch bei der inhaltlichen Kontrolle bestehender Miet-
verträge zu beachten ist (BVerfGE 89, 1 [12 f.] – „*Räumung*").

Beispiel: So würde eine Abrede zwischen den Mietparteien, die dem Vermieter ein unbegrenztes
und jederzeitiges Betretungsrecht einräumt, vor § 138 BGB keinen Bestand haben (vgl. BVerf-
GE 89, 1 [13] – „*Räumung*").

D. Schutzbereich

I. Persönlicher Schutzbereich

1. Allgemein

Art. 13 GG gilt ungeachtet der Staatsangehörigkeit für alle **natürlichen Personen,**   6
also auch für Ausländer und Staatenlose (anders noch Art. 115 1 WRV, der den
Grundrechtsschutz nur auf Deutsche beschränkt hat). Wer nun im einzelnen
Grundrechtsträger ist, ist bis heute nicht eindeutig geklärt. Auf die Eigentums-
verhältnisse jedenfalls kann es dabei nicht ankommen, da sich ansonsten der
Mieter nicht auf Art. 13 GG berufen könnte. Nach dem BVerfG wird von
Art. 13 GG auch nicht das Besitzrecht an einer Wohnung geschützt, sondern
lediglich deren Privatheit (BVerfGE 89, 1 [12] – „*Räumung*"). Allerdings lassen

sich aus der besitzrechtlichen Zuordnung Anhaltspunkte herleiten, die einen Bereich beschreiben, in der sich das Privatleben entfaltet. Unstreitig geschützt ist jedenfalls, „wer mit erkennbarem Wohnwillen Räume unmittelbar besitzt" (*Kühne*, in: Sachs, GG, Art. 13 Rn. 17). Fremdbesitz, Teilbesitz und Mitbesitz sind dabei ausreichend; auch der Besitzdiener i. S. d. § 855 BGB wird geschützt, soweit der betreffende Raum als seine persönliche Privatsphäre eingestuft werden kann; nicht aber der mittelbare Besitzer, wie etwa der Vermieter und der Verpächter (*Kunig*, in: v.Münch/Kunig, GG I, Art. 13 Rn. 13 u. Rn. 15 m. w. N.). Bei einer **Familie** steht das Grundrecht aus Art. 13 GG allen Familienmitgliedern einschließlich des Personals zu (VGH München, NVwZ 1991, 688 [689]); auch die minderjährigen Kinder werden erfaßt; allerdings wird deren Schutz von dem elterlichen Sorgerecht überlagert (*Kunig*, in: v.Münch/Kunig, GG I, Art. 13 Rn. 7). Bei Geschäftsräumen ist Grundrechtsträger lediglich der Geschäftsinhaber, nicht jeder Beschäftigte.

Beachte: Personen, die sich nur kurzzeitig und ohne erkennbaren Wohnwillen in Räumen aufhalten, wie etwa die stundenweise Putzhilfe, der reparierende Handwerker oder der Postbote, sind nicht Grundrechtsträger.

2. Der rechtmäßige Besitzer

7   Fraglich ist, ob lediglich der **rechtmäßige Besitzer** von Art. 13 GG geschützt ist. Die wohl überwiegende Meinung bejaht dies (*Jarass*, in: J/P, GG, Art. 13 Rn. 3 m. w. N.; a. A.: *Dagtoglou*, Jus 1975, 753 [755]). Dieser Ansicht ist auch der Vorzug zu geben, da ansonsten derjenige, der durch Rechtsbruch unmittelbaren Besitz an der Wohnung erlangt und somit in einem schwerwiegenden Widerspruch zur bestehenden Rechtsordnung steht, den Grundrechtsschutz aus Art. 13 GG genießen würde.

Beispiele:
– So kann sich etwa der in eine Wohnung einschleichende Dieb oder der Hausbesetzer nicht auf Art. 13 GG berufen (*Schmitt-Glaeser*, HdbStR VI, § 129 Rn. 53). Für den **Hausbesetzer** soll allerdings die Besonderheit gelten, daß dieser im Falle der Duldung oder Hinnahme durch den Hauseigentümer vom Schutzbereich des Art. 13 GG erfaßt wird (dazu *Jaeschke, D.*, Durchsuchung besetzter Häuser nach der Strafprozeßordnung, NJW 1983, 434 m. w. N.; ferner *Kunig*, Jura 1992, 476 [479]).
– Einen besonderen Ausnahmefall bildet der bereits **gekündigte Mieter**, der sich trotz Wegfalls der Berechtigung zum Besitz der Wohnung gegenüber einer Zwangsvollstreckung durch den Gerichtsvollzieher auf Art. 13 GG berufen kann (BVerfGE 89, 1 [12] – „Räumung").

3. Juristische Personen

8   Grundrechtsträger sind neben juristischen Personen des Privatrechts auch sonstige Personengesamtheiten, wie nicht-rechtsfähige Vereinigungen und nicht rechtsfähige Vereine (BVerfGE 32, 54 [72] – „*Schnellreinigung*"; 42, 212 [219] – „*Quick*"; 76, 83 [88] – „*Zwangsvollstreckung II*"). Dagegen scheiden juristische

Personen des öffentlichen Rechts als Träger des Grundrechts aus. Gleiches gilt für ausländische juristische Personen; diese können sich allerdings auf Art. 8 EMRK berufen.

II. Sachlicher Schutzbereich

1. Begriff der Wohnung

Der Begriff der Wohnung wird **extensiv** ausgelegt (BVerfGE 32, 54 [69 ff.] –   9 *„Schnellreinigung"*; BVerfG, NJW 1998, 1627 [1631] – *„Kurzberichterstattung"* m. w. N.). Er umfaßt alle Räume, die der Berechtigte zur Stätte seines privaten Lebens und Wirkens bestimmt und der allgemeinen Zugänglichkeit entzogen hat (vgl. *Dagtoglou*, Jus 1975, 753; *Jarass*, in: J/P, GG, Art. 13 Rn. 2), wobei es eines äußeren Zeichens der Nichtzugänglichkeit bedarf.

Beispiele:
- Geschützt sind in erster Linie Wohnhäuser nebst Treppenhaus, Keller, Dachboden und Garage, Mietwohnungen, Zimmer in Studentenwohnheimen, Untermieträume, Hotelzimmer, Ferienwohnungen, Wochenendhäuser, aber auch Wohnmobile, Hausboote und Zelte. Nicht erfaßt werden dagegen bereits im Hinblick auf das Abgeschlossenheitskriterium Autos, Strandkörbe, Telefonzellen, Parkbänke und Liegeplätze an Badeseen oder in U-Bahnhöfen (*Kühne*, in: Sachs, GG, Art. 13 Rn. 2 m. w. N.; ferner *Ruthig*, Jus 1998, 506 [511 f.]).
- Auch unbebaute Zubehörflächen, wie etwa der Hof, die Veranda oder ein umzäunter bzw. eingezäunter Garten eines Wohnhauses (BGH, NJW 1997, 2189) werden von Art. 13 GG erfaßt, nicht aber Felder, Weiden, Äcker, Gärten, da sie außerhalb erkennbarer Wohnzusammenhänge stehen (*Kühne*, in: Sachs, GG, Art. 13 Rn. 3 u. 5 m. w. N.).
- Vom Schutzbereich gänzlich ausgenommen sind Gefängniszellen und Räumlichkeiten in Krankenhäusern; unklar sind die Fälle der Gemeinschaftsunterkünfte, wie etwa die von Soldaten, Polizeibeamten, Internatszöglingen oder die in Altersheimen und Studentenwohnheimen (für Gefängniszellen s. BVerfG, NJW 1996, 2643; zum Ganzen s. *Kunig*, in: v.Münch/Kunig, GG I, Art. 13 Rn. 15 m. w. N.; *Ruthig*, Jus 1998, 506 [512]).

Beachte: In Zweifelsfällen ist darauf abzustellen, daß Art. 13 GG lediglich die „räumliche Privatsphäre" schützen will (s. dazu o. Rn. 1).

2. Arbeits-, Betriebs- und Geschäftsräume

Die lange Zeit umstrittene Frage, ob der Begriff der Wohnung auch geschäftlich   10 oder gewerblich genutzte Räume umfaßt, ist durch BVerfGE 32, 54 [69 ff.] – *„Schnellreinigung"* geklärt. Danach schützt Art. 13 GG auch **Arbeits-, Betriebs- und Geschäftsräume** (vgl. auch BVerfGE 42, 212 [219] – *„Quick"*; 76, 83 [88] – *„Zwangsvollstreckung II"*; BVerfG, NJW 1997, 2165 – *„Durchsuchung"*; ferner EGMR, NJW 1993, 718 f. – *„Niemitz/Deutschland"*, für Art. 8 I EMRK). Teilweise wird allerdings angenommen, daß dieser Schutz nur für die der Öffentlichkeit nicht zugänglichen Betriebs- und Geschäftsräume gilt (*P/S*, StaatsR II, Rn. 941; *Jarass*, in: J/P, GG, Art. 13 Rn. 2). Nach der Rspr. des BVerfG unterfallen auch diejenigen Teile der Betriebsräume oder des umfriedeten Besitztums dem Schutzbereich des Art. 13 GG, „die der Veranstalter aus eigenem Entschluß der

Öffentlichkeit zugänglich gemacht hat" (BVerfG, NJW 1998, 1627 [1631] –
„Kurzberichterstattung").

Beispiel: Demnach werden vom Schutzbereich des Art. 13 GG auch reine Geschäftsräume, wie
Ladenlokale, Warenhäuser, Ausstellungsräume oder Gaststätten, die dem Zutritt für jedermann offenstehen, erfaßt (*Schmitt Glaesner*, HdbStR VI, § 129 Rn. 50; *Kunig*, in:
v.Münch/Kunig, GG I, Art. 13 Rn. 11; *Ruthig*, Jus 1998, 506 [509]).

Beachte: Allerdings wird den reinen Geschäftsräumen nur ein vermindertes
Schutzbedürfnis zuerkannt, da diese Räumlichkeiten nach ihrer Zweckbestimmung einen stärkeren sozialen Bezug aufweisen, ihnen in gewisser Weise das
Element der „räumlichen Privatssphäre" fehlt. „Je größer (also) ihre Offenheit
nach außen ist und je mehr sie zur Aufnahme sozialer Kontakte für Dritte bestimmt sind, desto schwächer wird der grundrechtliche Schutz" (BVerfGE 32, 54
[75 f.] – *„Schnellreinigung"*; BVerfG, NJW 1998, 1627 [1631] – *„Kurzberichterstattung"*). Dies hat vor allem Auswirkungen für die Frage der anzuwendenden
Schranken (dazu u. Rn. 31)

E. Eingriff

11 Als Eingriff in den Schutzbereich des Art. 13 GG ist jede staatliche Maßnahme
zu werten, durch die die Privatheit der Wohnung ganz oder teilweise aufgehoben
wird (BVerfG, NJW 1995, 2839 m. w. N.).

I. Durchsuchung

12 Die stärkste Form des Eingriffs stellt die **Durchsuchung** dar, die ausschließlich der
Schranke des Art. 13 II GG unterliegt (dazu u. Rn. 20 ff.). Für den Begriff der
Durchsuchung ist nach der Defintion des BVerfG „das ziel- und zweckgerichtete
Suchen staatlicher Organe nach Personen oder Sachen oder zur Ermittlung eines
Sachverhalts" kennzeichnend; es soll etwas aufgespürt werden, „was der Inhaber
der Wohnung von sich aus nicht offenlegen oder herausgeben will". Zum verfassungsrechtlichen Begriff der Durchsuchung gehört also das körperliche Eindringen in die Wohnung zwecks Auffinden von Personen oder Gegenständen, die der
Wohnungsinhaber geheimhalten möchte (BVerfGE 51, 97 [106 f.] – *„Zwangsvollstreckung I"*; 75, 318 [327] – *„Sachverständiger"*; 76, 83 [89] – *„Zwangsvollstreckung II"*).

Beispiele:
– Werden beim Betreten einer Wohnung Handlungen vorgenommen, um Verborgenes zutage
  zu fördern, wie etwa durch das Öffnen von Schränken und Schubladen, ist der Tatbestand
  der Durchsuchung verwirklicht (OVG Hamburg, NJW 1997, 2193 [2194]; BFH, NJW
  1989, 855).
– Dagegen liegt eine Durchsuchung noch nicht vor, wenn bei der Besichtigung einer Wohnung
  Gegenstände wahrgenommen werden, die offen in den Wohnräumen zutage liegen (*Herdegen*, in: BK, GG II, Art. 13 Rn. 51).

– Auch die sog. behördlichen Nachschaubefugnisse (dazu u. Rn. 18, 31) werden jedenfalls nach der verfassungs- und verwaltungsgerichtlichen Rspr. nicht als Durchsuchung angesehen (BVerfGE 32, 54 [73] – *„Schnellreinigung"*; 75, 318 [327] – *„Sachverständiger"*; BVerwGE 78, 251 [254]; VGH München, NVwZ 1991, 688 [689]; krit. dazu *Voßkuhle*, DVBl 1994, 611 [615 f.] m. w. N.).

Unerheblich ist die Zweckrichtung der Durchsuchung, d. h. von Art. 13 GG werden nicht nur strafprozessuale (vgl. § 103 StPO), polizeiliche und verwaltungsbehördliche Durchsuchungen erfaßt (ausführlich dazu BVerwGE 28, 285 [286 ff.]), sondern auch Durchsuchungen im Rahmen der zivilprozessualen (vgl. § 758 ZPO) oder steuerrechtlichen Vollstreckung (BVerfGE 51, 97 [105 ff.] – *„Zwangsvollstreckung I"*; 57, 346 [354 ff.]) **13**

II. Akustische Überwachung

Nicht nur das Betreten fremder Räumlichkeiten durch verdeckte Ermittler, die akustische Aufzeichnungsgeräte mit sich führen (sog. kleiner Lauschangriff), stellen einen Eingriff dar, sondern auch das akustische Eindringen von außen, wie etwa durch das Anbringen von Abhörgeräten an Außenwänden, durch Richtfunk, Interferenzträger oder andere technische Mittel (sog. großer Lauschangriff), bei dem die Wohnung nicht betreten werden muß. Allerdings hat sich eine Unterscheidung zwischen kleinem und großen Lauschangriff nach der Grundgesetzänderung (s. dazu o. Rn. 2) erledigt, weil es sich in beiden Fällen um den Einsatz technischer Mittel zur akustischen Überwachung handelt und daher beide Vorgehensweisen gleichermaßen unter die Absätze 3 bis 6 fallen (s. auch *Ruthig*, Jus 1998, 506 [512 Fn. 76]). **14**

Keine akustische Überwachungsmaßnahme i. S. d. Absätze 3 bis 6 liegt dagegen in der Aufzeichnung von Gesprächen, die von außen für jedermann wahrnehmbar sind, wie z. B. eine laute Unterhaltung am offenen Fenster. Denn derart nach außen dringende Informationen verlassen die Privatsphäre ohne staatliches Zutun (s. auch *Ruthig*, Jus 1998, 506 [512]). **15**

III. Optische Überwachung

Neben der akustischen Wohnraumüberwachung hat auch die optische Überwachung mittels technischer Hilfsgeräte durch die Grundgesetzänderung in Art. 13 IV GG eine Sonderregelung erfahren. Denn anders als Absatz 3 spricht Absatz 4 nicht von „technischen Mitteln zur akustischen Überwachung", sondern von „technischen Mitteln zur Überwachung", worunter auch optische Überwachungsmaßnahmen fallen. Hiermit können aber nur solche optischen Maßnahmen gemeint sein, die es ermöglichen, Vorgänge innerhalb des umfriedeten Besitztums zu überwachen, die also in die räumliche Sphäre eingreifen, in der sich das Privatleben entfaltet, wie z. B. die Videoüberwachung mittels Teleobjektiv durch ein Wohnungsfenster. Dagegen dürfte eine gezielte Beobachtung des Woh- **16** nungs- oder Hauseingangs allenfalls als sonstiger Eingriff zu qualifizieren sein (s. dazu u. Rn. 17).

Beachte: Da optische Überwachungsmaßnahmen von Art. 13 III GG ausdrücklich ausgenommen sind und lediglich von Art. 13 IV GG erfaßt werden, können diese auch nur zu präventiven Zwecken zulässig sein (s. auch *Meyer/Hetzer*, NJW 1998, 1017 [1024]; *Ruthig*, Jus 1998, 506 [513]).

IV. Sonstige Eingriffe

17   Aber auch jede sonstige Beeinträchtigung der Wohnung, d. h. jedes Betreten, Verweilen, Besichtigen zu anderen Zwecken als dem der Durchsuchung, stellt einen Eingriff i. S. d. Art. 13 GG dar; diese unterliegen dann der Schranke des Art. 13 VII (III a. F.) GG (dazu u. Rn. 30 f.).

Beispiele:
– Dazu gehört etwa das gesetzliche Zutrittsrecht von Journalisten zu Sportveranstaltungen (s. dazu BVerfG, NJW 1998, 1627 [1631]).
– Die gezielte Beobachtung des Wohnungsumfeldes stellt jedenfalls dann einen Eingriff dar, wenn dadurch Informtionen über das Geschehen in der Wohnung gewonnen werden (vgl. *Schmitt Glaeser*, HbdStR VI, § 129 Rn. 54; zur Videoüberwachung einer Wohnungstür, vgl. BGH, NJW 1991, 2561 f.).
– **Nicht** als Eingriffe zu werten sind dagegen staatliche Erhebungen und Einholungen von Auskünften, die ohne Eindringen oder Verweilen in der Wohnung vorgenommen werden (BVerfGE 65, 1 [40] – *„Volkszählung"*). Auch den Wohnwert stark beeinträchtigende, aber die Privatheit der Wohnung nicht tangierende Immissionen, wie etwa die Zufuhr von Gasen, Dämpfen, Geräuschen oder Erschütterungen der Bausubstanz, sind keine Eingriffe i. S. d. Art. 13 GG (*Dagtoglou*, Jus 1972, 753 [754]); diese sind vielmehr an Art. 14 GG zu messen.

18   Einen Sonderfall stellen die **sog. Nachschaubefugnisse** dar; dabei handelt es sich um Besichtigungs-, Betretungs- und Kontrollbefugnisse von Ordnungsbehörden. Allerdings bestehen hier im Hinblick auf die Grundrechtsschranke des Art. 13 VII (III a. F.) GG gewisse Besonderheiten, wenn es sich um das Betreten von Arbeits-, Betriebs- und Geschäftsräumen handelt (dazu u. Rn. 31).

Beachte: Die freiwillige Zustimmung des Berechtigten nimmt den genannten Maßnahmen die Eingriffsqualität (VG Berlin, DVBl 1984, 1186 [1188]). Bei Divergenz zwischen mehreren Inhabern einer Wohnung reicht es aus, wenn nur ein Mitbewohner die Zustimmung zum Betreten erteilt (str.; dazu *Kühne*, in: Sachs, GG, Art. 13 Rn. 23 f. m. w. N.).

F. Verfassungsrechtliche Rechtfertigung

19   Das Grundgesetz unterscheidet bei Art. 13 GG zwischen Einschränkungen in Form von Durchsuchungen, die den Anforderungen des Art. 13 II GG entsprechen müssen, den Überwachungen mittels technischer Hilfsgeräte, die den Recht-

fertigungsanforderungen der Absätze 3 bis 6 unterliegen und den sonstigen Eingriffen, die unter den Voraussetzungen des Art. 13 VII (III a.F.) GG verfassungsrechtlich zulässig sind. Art. 13 II – VI GG sind gegenüber Art. 13 VII (III a.F.) GG als lex specialis anzusehen, d. h., daß Art. 13 VII (III a.F.) GG nur dann Anwendung findet, wenn keine Durchsuchung oder technische Überwachung vorliegt. Im Rahmen dieser Schrankensystematik bestehen **gewisse Besonderheiten**: Während die Schranke des Art. 13 II GG für alle dem Schutzbereich des Art. 13 GG unterfallenen Räumlichkeiten (s. dazu o. Rn. 9 f.) gilt, hat das BVerfG für die sonstigen Eingriffe i. S. d. Art. 13 VII (III a.F.) GG bei Arbeits-, Betriebs- und Geschäftsräumen selbständige Anforderungen formuliert (s. dazu u. Rn. 31). Im Hinblick auf die Absätze 3 bis 6 ist eine umfassende Einordnung mangels entsprechender Entscheidungen durch das BVerfG noch nicht möglich.

Beachte: Eine weitere Beschränkungsmöglichkeit findet sich in Art. 17 a II GG, wonach „Gesetze, die der Verteidigung einschließlich des Schutzes der Zivilbevölkerung dienen" das Grundrecht aus Art. 13 GG einschränken können.

I. Durchsuchung, Art. 13 II GG

Die Durchsuchung (zum Begriff o. Rn. 12) ist grds. nur nach erfolgter **richterlicher Anordnung** möglich. Der Richtervorbehalt meint den Richter i. S. von Art. 97 GG, nicht also den Rechtspfleger, auch wenn ihm weiten Umfangs richterliche Befugnisse anderer Art übertragen werden können (*Kunig*, Jura 1992, 481). Die richterliche Prüfung erstreckt sich ausschließlich auf die formellen und materiellen Voraussetzungen der Durchsuchung, die sich in erster Linie aus den gesetzlichen Bestimmungen ergeben; den Inhalt der vollstreckbaren Entscheidung, hat der Richter nicht nachzuprüfen (BVerfGE 57, 346 [355 f.]). **20**

Unter besonderen Voraussetzungen dürfen auch andere – d. h. nichtrichterliche – Organe, wie etwa die Staatsanwaltschaft oder die Polizei, Durchsuchungen anordnen. In einem solchen Fall muß aber **Gefahr im Verzug** vorliegen, d. h. die vorherige Einholung der richterlichen Anordnung würde den Erfolg der Durchsuchung gefährden (BVerfGE 51, 97 [111] – „*Zwangsvollstreckung I*"; BVerwGE 28, 285 [291]). Im Unterschied zu Art. 104 II 2 GG (s. dazu § 3 Rn. 18) bedarf die nichtrichterliche Anordnung einer Durchsuchung keiner nachträglichen Bestätigung (*Kunig*, Jura 1992, 476 [482]). **21**

Beide Arten von Durchsuchungsanordnungen bedürfen einer gesetzlichen Ermächtigung in Form eines **Parlamentsgesetzes**, die vor allem dem Bestimmtheitsgrundsatz genügen muß. Ob daher die polizeiliche Generalklausel eine ausreichende Rechtsgrundlage darstellt, ist umstritten (so aber BVerwGE 47, 31 [38 f.]; a. A.: *P/S*, StaatsR II, Rn. 949 m. w. N.). Dieser Streit ist allerdings nur theoretischer Natur, da die polizei- und ordnungsrechtlichen Gesetze im Rahmen ihrer Standardmaßnahmen entsprechende Ermächtigungen aufweisen (vgl. z. B. §§ 36, 37 ASOG Bln; §§ 23, 24 Bbg PolG; §§ 38, 39 HSOG; § 31 PolG BW). **22**

Beachte: Sieht das Gesetz, das zur Durchsuchung ermächtigt, keine richterliche Anordnung vor, wie dies beispielsweise bei § 758 ZPO der Fall ist, ist dieses **nicht** etwa verfassungswidrig; der Richtervorbehalt folgt dann unmittelbar aus Art. 13 II GG (BVerfGE 51, 97 [114 f.] – *„Zwangsvollstreckung I"*).

23 Die richterliche und behördliche Durchsuchungsanordnung müssen zudem dem **Verhältnismäßigkeitsgrundsatz** entsprechen. Für die strafprossezuale Durchsuchung (vgl. §§ 102 ff. StPO) bedeutet dies, daß der jeweilige Eingriff in angemessenem Verhältnis zur Schwere der Straftat und der Stärke des bestehenden Tatverdachts stehen muß, zur Ermittlung und Verfolgung der Straftat erforderlich ist und den Erfolg verspricht, geeignete Beweismittel zu erbringen (zu den entsprechenden Anforderungen, vgl. insb. BVerfG, NJW 1997, 2165 [2166] – *„Durchsuchung"*; BVerfG, NJW 1994, 3281 [3282] m. w. N.).

II. Überwachungen mittels technischer Hilfsgeräte, Art. 13 III – VI GG

24 Die Rechtfertigungsanforderungen an akustische und optische Überwachungen von Wohnungen sind durch die Verfassungsänderung nunmehr umfassend geregelt worden; die neu eingefügten Schranken der Absätze 3 bis 6 erlauben unter gewissen Voraussetzungen die akustische Überwachung von Wohnungen sowohl zu repressiven als auch zu präventiven Zwecken; die optische Überwachung ist dagegen nur zu präventiven Zwecken zulässig. Allen Überwachungsmaßnahmen ist allerdings gemein, daß sie dem Verhältnismäßigkeitsgrundsatz entsprechen müssen.

Beachte: Früher bestanden bereits nach nahezu allen Polizeigesetzen der Länder Ermächtigungsgrundlagen, die einen verdeckten Einsatz technischer Mittel zum Abhören und Aufzeichnen des gesprochenen Wortes in oder aus der Wohnung zuließen, soweit diese präventiven Zwecken, also der Gefahrenabwehr dienten; deren verfassungsrechtliche Zulässigkeit im einzelnen war aber umstritten (s. z. B. § 23 PolG BW, Art. 34 PAG Bay, § 26 IV ASOG Bln, § 37 II PAG Bbg, § 15 IV Hess SOG, § 18 II PolG NW, § 25 b I POG RhPf, § 35 I PAG Th; dazu *Raum/Palme*, JZ 1994, 447 [450]; *Hermes*, in: Dreier, GG I, Art. 13 Rn. 51 m. w. N.). Die Streitfragen sind durch die Verfassungsänderung überholt, die polizeigesetzlichen Bestimmungen an den neu eingefügten Schranken des Art. 13 GG zu messen.

1. Maßnahmen zur Strafverfolgung, Art. 13 III GG

25 Die akustische Überwachung von Wohnungen zu repressiven Zwecken ist grundsätzlich nur im Falle der Verfolgung einer „besonders schweren Straftat" und „wenn die Erforschung des Sachverhalts auf andere Weise unverhältnismäßig erschwert oder aussichtslos wäre", möglich. Als besonders schwere Straftaten sind in § 100 c I Nr. 3 StPO explizit aufgeführt: Mord, Totschlag, Völkermord, gewerbsmäßige Hehlerei, Geldwäsche u. a. Akustische Abhörmaßnahmen zu repressiven Zwecken sind daher nur als „ultima ratio" der Strafverfolgung zu se-

hen (*Ruthig*, Jus 1998, 506 [513]; *Meyer/Hetzer*, NJW 1998, 1017 [1024]). Außerdem bedarf es einer Entscheidung durch drei Richter, wobei diese zu befristen ist. Bei Gefahr im Verzuge kann die Anordnung durch einen einzelnen Richter getroffen werden.

Beachte: Anders als im Fall der Durchsuchung und der präventiven Abhörmaßnahme ist die repressive Überwachung ohne richterliche Anordnung ausnahmslos unzulässig.

Die akustische Überwachung von Gesprächen mit zeugnisverweigerungsberech- **26** tigen Personen gemäß § 53 StPO, wie etwa mit Rechtsanwälten und Verteidigern, Ärzten, Geistlichen und Journalisten, ist unzulässig (s. § 100 d 1 III StPO; dazu *Meyer/Hetzer*, NJW 1998, 1017 [1026 f.]). Erfaßt werden davon jedenfalls sämtliche Gespräche, die in den Wohn- oder Geschäftsräumen der zeugnisverweigerungsberechtigten Personen geführt werden. Unklar ist allerdings, ob und inwieweit Gespräche unter das Beweiserhebungsverbot fallen, die etwa in der überwachten Wohnung des Verdächtigen geführt werden (s. hierzu *Ruthig*, Jus 1998, 506 [514 f.]).

2. Maßnahmen zur Prävention, Art. 13 IV GG

Technische Mittel zur Überwachung von Wohnungen zu präventiven Zwecken **27** sind ausschließlich „zur Abwehr dringender Gefahren für die öffentliche Sicherheit, insbesondere einer gemeinen Gefahr oder einer Lebensgefahr" zulässig. Vorausgesetzt werden hochrangige Rechtsgüter (*Meyer/Hetzer*, NJW 1998, 1017 [1025]). Auch derartige Mittel können grundsätzlich nur aufgrund richterlicher Anordnung eingesetzt werden, wobei die Entscheidung von einem einzelnen Richter ausreichend ist. Bei Gefahr im Verzuge kann die Maßnahme aber auch durch eine andere gesetzlich bestimmte Stelle angeordnet werden; allerdings ist eine richterliche Entscheidung unverzüglich nachzuholen.

3. Schutz am Einsatz beteiligter Personen

Ohne richterliche Anordnungen können sowohl akustische als auch optische **28** Überwachungsmaßnahmen vorgenommen werden, wenn dies ausschließlich dem Schutz der bei einem Einsatz in Wohnungen tätigen Personen dient.

Beispiel: Wird ein verdeckter Ermittler eingesetzt, um ein fingiertes Rauschgiftgeschäft abzuschließen, so kann ohne eine richterliche Anordnung der Ermittler durch Videokameras beobachtet werden, damit im Falle der Entdeckung oder sonstiger lebensbedrohender Situationen ein schneller Zugriff gesichert ist.

Bei Weiterverwertung der hierdurch erlangten Informationen bedarf es einer **29** richterlichen Feststellung der Rechtmäßigkeit der Maßnahme (s. hierzu *Meyer/Hetzer*, NJW 1998, 1017 [1025]).

III. Sonstige Eingriffsermächtigungen, Art. 13 VII (III a.F.) GG

1. Qualifizierter Gesetzesvorbehalt

30 Alle sonstigen Eingriffe und Beschränkungen (zum Begriff o. Rn. 17) unterliegen, abgesehen von dem Sonderfall einer Gemein- oder Lebensgefahr (dazu u. Rn. 32), einem qualifizierten Gesetzesvorbehalt, d. h. die gesetzliche Rechtsgrundlage bedarf eines Parlamentsgesetzes oder einer Rechtsnorm, die aufgrund eines hinreichend bestimmten Parlamentsgesetzes erlassen wurde (*Jarass*, in: J/P, GG, Art. 13 Rn. 12 m. w. N.); bloßes Gewohnheits- oder Richterrecht genügt dagegen nicht (BVerfGE 32, 54 [75]). In materieller Hinsicht muß die Beeinträchtigung der Abwehr einer dringenden Gefahr für die öffentliche Sicherheit und Ordnung dienen, wobei die Begriffe i. S. des Polizeirechts zu verstehen sind (s. *Kunig*, Jura 1992, 483 m. w. N.). Damit erfaßt Art. 13 VII (III a.F.) GG lediglich Eingriffe mit einer präventiven Zielrichtung (*Raum/Palm*, JZ 1994, 447 [450]; *Frister*, StV 1993, 151 [154] m.w.N.). Die in diesem Zusammenhang von Art. 13 VII GG genannten Beispiele sind allerdings nicht abschließend, da Art. 13 VII (III a.F.) GG sie als Regelbeispiele („insbesondere") anführt.

Beispiel: So sind etwa Eingriffe in Wohnungen zur Bekämpfung von Seuchengefahr in § 10 BSeuchenG oder § 41 LBMG vorgesehen.

2. Arbeits-, Betriebs- und Geschäftsräume

31 Geht es um Eingriffe und Beschränkungen bei Arbeits-, Betriebs- und Geschäftsräumen gelten die genannten Anforderungen nicht. Nach der Rspr. des BVerfG sind Besichtigungs- und Betretungsbefugnisse, wie sie insbesondere das Recht der Wirtschaftsaufsicht, des Arbeitsschutzes, der Gefahrenabwehr und des Umweltschutzes kennen (vgl. z. B. § 11 IV AbfG; § 52 II BImSchG, § 22 II GaststättenG; § 139 b GewO; § 21 WHG), bei derartigen Räumen bereits dann zulässig, wenn

(1) eine besondere gesetzliche Vorschrift zum Betreten der Räume ermächtigt;

(2) das Betreten der Räume und die Vornahme der Besichtigungen und Prüfungen einem erlaubten Zweck dienen und für dessen Erreichung erforderlich sind;

(3) das Gesetz den Zweck des Betretens, den Gegenstand und den Umfang der zugelassenen Besichtigung und Prüfung deutlich erkennen läßt;

(4) das Betreten der Räume und die Vornahme der Besichtigung nur in den jeweiligen Zeiten stattfindet, in denen die Räume normalerweise für die jeweilige geschäftliche oder betriebliche Nutzung zur Verfügung stehen (BVerfGE 32, 54 [76] – *„Schnellreinigung"*; BVerfG, NJW 1998, 1627 [1631] – *„Kurzberichterstattung"*).

(5) Zudem verlangt das BVerwG, daß der betretende und besichtigende Beamte den Inhaber des Hausrechts zuvor informiert (BVerwGE 78, 251 [255 f.]).

Klausurhinweis: Nicht ganz geklärt war bisher, ob den Besichtigungs- und Betretungsbefugnissen unter den gegebenen Umständen bereits die Eingriffsqualität fehlte (so jedenfalls BVerfGE 32, 54 [75 f.] – *„Schnellreinigung"*; krit. dazu *Voßkuhle*, DVBl 1994, 613 ff.). Für die Fallbearbeitung bedeutete dies, daß die von der Rechtsprechung entwickelten Kriterien, obwohl es sich hier um die verfahrensrechtlichen und materiellen Anforderungen an die Zulässigkeit dieser Befugnisse handelt, bereits im Rahmen des Eingriffs zu prüfen waren. Nach dem Urteil des BVerfG vom 17.2.1998 zur Kurzberichterstattung, werden diese Anforderungen nunmehr im Rahmen der verfassungsrechtlichen Rechtfertigung geprüft (BVerfG, NJW 1998, 1627 [1631] – *„Kurzberichterstattung"*).

3. Gemeine Gefahr/Lebensgefahr

Auch für die beiden in Art. 13 VII (III a.F.) 1. Alt GG genannten Sonderfälle   **32** bedürfen Eingriffe einer gesetzlichen Ermächtigung, wobei an diese jedoch, vor allem im Hinblick auf das Bestimmtheitsgebot, geringere Anforderungen zu stellen sind (s. *Jarass*, in: J/P, GG, Art. 13 Rn. 11; *Hermes*, in: Dreier, GG I, Art. 13 Rn. 46); allerdings ist der Verhältnismäßigkeitsgrundsatz zu wahren. **Gemeine Gefahr** ist i. S. von lebensbedrohender Gefahr für die Allgemeinheit zu verstehen, wie etwa Lawinenunglücke, Überschwemmungen, Erdbeben, Feuer- und Einsturzgefahr, Explosionsgefahr (s. *Kunig*, in: v.Münch/Kunig, GG I, Art. 13 Rn. 40). **Lebensgefahr** bedeutet dagegen Schutz des Lebens einer Person.

Beispiel: So darf etwa eine durch einen Unfall schwerverletzte Person gegen den Willen des Wohnungsinhabers in dessen Wohnung (zeitweise) untergebracht und versorgt werden (vgl. *Berkemann*, in: AK, GG I, Art. 13 Rn. 68).

G. Verhältnis zu anderen Grundrechten

Gegenüber dem Grundrecht aus **Art. 2 I GG i.V.m. Art. 1 I GG**, das ein Recht auf   **33** informationelle Selbstbestimmung gewährt (s. dazu § 17 Rn. 47), ist Art. 13 GG jedenfalls dann als **lex specialis** anzusehen, wenn es um die Erhebung von Informationen in oder aus der Wohnungen geht (BVerfGE 51, 97 [105] – *„Vollstreckung I"*). Im Verhältnis zu den Art. 4, 5, 8 und 12 GG besteht **Grundrechtskonkurrenz** (dazu *Kunig*, in: v.Münch/Kunig, GG I, Art. 13 Rn. 51; für den Fall der Durchsuchung von Presseräumen s. BVerfGE 20, 162 [186f., 223 ff.]). Allerdings stellt **Art. 5 I GG** dann die **speziellere Norm** dar, wenn aus der Wohnung heraus Meinungsäußerungen vorgenommen werden, wie etwa das Anbringen eines Wahlpropagandaplakates an der Außenwand des Hauses (BVerfGE 7, 230 [238]). Zum Verhältnis des Art. 13 GG zu **Art. 10 GG** vgl. § 6 Rn. 2. Im Verhältnis zu **Art. 14 GG** gibt es keine Überschneidungen, da das Eigentumsrecht die Nutzung und Verfügungsbefugnis zum Inhalt hat (s. *Hermes*, in: Dreier, GG I, Art. 13 Rn. 57 m. w. N.).

H. Wiederholung

I. Kontrollfragen

1. Die StA leitete gegen den B, einen Arzt, ein Ermittlungsverfahren wegen des Verdachts des Abrechnungsbetruges ein. Aufgrund des vom Amtsgericht erlassenen Durchsuchungsbeschlusses drangen die Ermittlungsbeamten in die Praxisräume des B ein, durchsuchten diese und beschlagnahmten mehrere Buchhaltungsakten. Kann B einen Verstoß gegen Art. 13 GG rügen?

2. Der A verbüßt eine mehrjährige Freiheitsstrafe in einer Haftanstalt der Sicherheitsstufe I. Dort ist es üblich, daß Vollzugsbedienstete die Haftäume ohne vorheriges Anklopfen betreten. A fühlt sich dadurch in seinem Grundrecht aus Art. 13 GG verletzt. Zu Recht?

3. Bestehen bei Eingriffen in privat genutzte Räumlichkeiten und in Arbeits-, Betriebs- und Geschäftsräume Unterschiede, was die verfassungsrechtlichen Anforderungen anbelangt?

II. Lösungen

1. Für die Eröffnung des Schutzbereichs müßten die Praxisräume des B als „Wohnung" anzusehen sein. Den Wohnungsbegriff legt das BVerfG extensiv aus und zählt dementsprechend auch beruflich genutzte Räume wie Arztpraxen dazu (BVerfG, NJW 1997, 2165 – „*Durchsuchung*"; s. auch Rn. 10). Das Eindringen der Ermittlungsbeamten in die Praxisräume beeinträchtigt die Unverletzlichkeit der Wohnung des B und stellt folglich einen Grundrechtseingriff dar.
Dagegen wird durch die Beschlagnahme der geschützte Lebensraum Wohnung nicht verletzt. Denn den Schutzbereich des Art. 13 I GG berühren nur solche Eingriffe, durch die die Privatheit der Wohnung ganz oder teilweise aufgehoben wird. Die Beschlagnahme aber erschöpft sich darin, die sichergestellten Gegenstände der Sachherrschaft des B zu entziehen und den Ermittlungsbehörden den Zugang zu den darin verkörperten Informationen zu eröffnen. Daß zum Zweck der Beschlagnahme in Ausführung der richterlichen Durchsuchungsanordnung in die Räume des B eingedrungen wurde, stellt einen von der Beschlagnahme unabhängigen Grundrechtseingriff dar. Durch die Beschlagnahme der Buchhaltungsakten ist der B vielmehr in seiner durch Art. 2 I GG grundrechtlich geschützten Befugnis, über seine Geschäftspapiere zu verfügen, betroffen (BVerfG, NJW 1995, 2839 f.).

2. Nein; da der Schutzbereich des Art. 13 GG nicht Haftäume einer Justizvollzugsanstalt umfaßt. A könnte sich lediglich auf sein allgemeines Persönlichkeitsrecht aus Art. 2 I GG i. V. m. Art. 1 I GG berufen (BVerfG, NJW 1996, 2643).

3. Die verfassungsrechtlichen Anforderungen an die Rechtfertigung eines Eingriffs in Art. 13 GG richten sich nach der Art des Eingriffs. Für Durchsuchungen i.S.d Art. 13 II GG gibt es keine unterschiedlichen Anforderungen. Die Schranke des Art. 13 II GG gilt für alle dem Schutzbereich des Art. 13 GG unterfallenen Räumlichkeiten (s. Rn. 19). Unterschiede gelten allerdings für die sonstigen Eingriffe und Beschränkungen, für die Art. 13 VII (III a.F.) GG einschlägig ist. Hierbei hat das BVerfG für Arbeits-, Betriebs- und Geschäftsräume, wenn es um Betretungs- und Besichtigungsbefugnisse von Ordnungsbehörden geht, bestimmte Zulässigkeitsanforderungen entwickelt (s. Rn. 31).

§ 6. Das Brief-, Post- und Fernmeldegeheimnis, Art. 10 GG

Literatur: Zur Einführung: *Gusy, C.*, Das Grundrecht des Post- und Fernmeldegeheimnisses, Jus 1986, 89 ff. **Zur Vertiefung:** *Arndt, C.*, Grundrechtsschutz bei der Fernmeldeüberwachung, DÖV 1996, 459 ff.; *Hassemer, W.*, Telefonüberwachung und Gefahrenabwehr, ZRP 1991, 121; *Müller-Dehn, C.*, Das Postgeheimnis nach § 5 PostG und die Postreform, DÖV 1996, 863 ff.; *Riegel, R.*, Die Kontrolle von Überwachungsmaßnahmen nach dem Gesetz zu Art. 10 GG, DÖV 1985, 314 ff.; *Schatzschneider, W.*, Fernmeldegeheimnis und Telefonbeschattung, NJW 1981, 268 ff.; *Schlink, B.*, Die dritte Abhörentscheidung des BVerfG, NJW 1989, 11 ff.; *Sternberg-Lieben, D.*, Die „Hörfalle" – Eine Falle für die rechtsstaatliche Strafverfolgung?, Jura 1995, 299 ff.; *Welp, J.*, Nachrichtendienstliche und strafprozessuale Eingriffe in das Post- und Fernmeldegeheimnis, DÖV 1970, 267 ff.

Leitentscheidungen: BVerfGE 30, 1 ff. – „*Abhörurteil*"; 33, 1 ff. – „*Strafgefangenenbeschluß*"; 67, 157 ff. – „*Überwachung*"; 85, 386 ff. – „*Fangschaltung*".

A. Bedeutung

Art. 10 I GG ist als ein **Grundrecht auf Privatheit im Bereich der Kommunikation** 1 anzusehen. Er schützt wie das allgemeine Persönlichkeitsrecht, Art. 6 GG und Art. 13 GG wesentliche Lebens- und Sozialbereiche der Privatsphäre (BVerfGE 85, 386 [395 f.] – „*Fangschaltung*"). Mit dem Briefgeheimnis, dem Postgeheimnis und dem Fernmeldegeheimnis enthält Art. 10 GG drei Grundrechtsgarantien, denen ein hoher verfassungsrechtlicher Rang zukommt (BVerfGE 67, 157 [171] – „*Überwachung*"). Dies resultiert in erster Linie daraus, daß Fahndungs- und Ermittlungsinteressen seitens der Polizei- bzw. Strafverfolgungsbehörden oder der Nachrichtendienste den Schutz der postalischen Kommunikation gefährden.

Klausurhinweis: In der Fallbearbeitung ist Art. 10 GG im Verhältnis zum allge- 2 meinen Persönlichkeitsrecht vorrangig zu prüfen (BGHSt 34, 39 [50]; s. auch

§ 17 Rn. 59). Auch gegenüber dem Kommunikationsgrundrecht des Art. 5 I GG ist Art. 10 GG als Schutznorm eines speziellen Kommunikationsvorgangs lex specialis (*Dürig*, in: M/D, GG I, Art. 10 Rn. 29). Werden im Rahmen sog. Lauschangriffe (dazu § 5 Rn. 14), bei denen nicht Fernmeldeanlagen angezapft werden, sondern sog. Wanzen installiert oder Richtmikrophone benutzt, Gespräche in der Wohnung belauscht, so ist Art. 13 GG einschlägig (s. auch *P/S*, StaatsR II Rn. 844); etwas anderes gilt dann, wenn Telefongespräche abgehört werden.

Auf **internationaler Ebene** finden sich Gewährleistungen, die die Vertraulichkeit individueller Kommunikation betreffen, beispielsweise in Art. 12 AEMR und Art. 17 IPbürgR, vor allem aber in Art. 8 EMRK. Danach hat jedermann Anspruch auf Achtung seines Privatlebens und seines Briefverkehrs. Geschützt wird dabei nicht nur die briefliche, sondern auch die fernmeldetechnisch vermittelte Kommunikation privater und beruflicher Art (dazu ausführlich *Hermes*, in: Dreier, GG, Art. 10 Rn. 6 m.w.N). Eine Präzisierung des gemeinschaftsrechtlichen Grundrechtsschutzes des Brief-, Post- und Fernmeldegeheimnisses ist durch den EuGH bisher noch nicht erfolgt.

B. Schutzfunktion

3   Art. 10 I GG gewährleistet „die freie Entfaltung der Persönlichkeit durch einen privaten, vor den Augen der Öffentlichkeit verborgenen Austausch von Nachrichten, Gedanken und Meinungen (Informationen) und wahrt damit die Würde des denkenden und freiheitlich handelnden Menschen" (BVerfGE 67, 157 [171] – „*Überwachung*").

Beachte: Ist der Inhalt einer Nachricht aber von der Art ihrer Übermittlung her für die **Öffentlichkeit** bestimmt, wie beispielsweise durch Fernsehen oder Rundfunk, scheidet Art. 10 GG bereits schon von vornherein als mögliche verletzte Grundrechtsnorm aus (vgl. *Schmitt Glaeser*, HdbStR VI, § 129 Rn. 61).

4   Das Brief-, Post- und Fernmeldegeheimnis sind in erster Linie **subjektive Abwehrrechte**, die ausschließlich gegen den Staat gerichtet sind und keine unmittelbare Drittwirkung für die rechtlichen Beziehungen Privater untereinander besitzen (BAGE 52, 97 f.; BayObLG, DVBl 1974, 598; *Dürig*, in: M/D, GG I, Art. 10 Rn. 27). Als wertentscheidende Grundsatznorm ist Art. 10 GG jedoch in der gesamten Rechtsordnung zu beachten (BVerfGE 67, 157 [185] – „*Überwachung*"), d. h. er ist bei der Auslegung allen einfachen Rechts zu berücksichtigen.

Beachte: Eine leistungsrechtliche Dimension enthält Art. 10 I GG allerdings nicht, d. h. der einzelne hat keinen Anspruch auf Postbeförderung oder Anschluß an das Telefonnetz (vgl. *Löwer*, in: v.Münch/Kunig, GG I, Art. 10 Rn. 4 m. w. N.).

C. Schutzbereich

I. Persönlicher Schutzbereich

1. Grundrechtsträger

Träger der Grundrechte aus Art. 10 I GG ist jede **lebende natürliche Person**. Ge- 5
schützt ist daher nicht nur der Deutsche, sondern auch der Ausländer und der
Staatenlose (*Krüger*, in: Sachs, GG, Art. 10 Rn. 11). Auch Minderjährige und
Geisteskranke werden geschützt; ein Abstellen etwa auf die „geistige Reife" wird
abgelehnt (dazu *Löwer*, in: v.Münch/Kunig, GG, Art. 10 Rn. 5 m. w. N.). **Inländische juristische Personen und Personenvereinigungen des Privatrechts** (vgl. Art. 19
III GG) fallen ebenfalls in den persönlichen Schutzbereich des Art. 10 I GG, nicht
aber juristische Personen des öffentlichen Rechts.

Beachte: Als sog. mittelbarer Grundrechtsträger wurde bisher die **Post** angesehen, die somit den eigentlichen Grundrechtsträger vor Eingriffen anderer staatlicher Stellen schützen kann (BVerfGE 67, 157 [172] – *„Überwachung"*; 85, 386
[396] – *„Fangschaltung"*; *Krüger*, in: Sachs, GG, Art. 10 Rn. 11; a. A.: *Hermes*,
in: Dreier, GG, Art. 10 Rn. 25).

2. Grundrechtsadressat

Adressat des Brief- und Fernmeldegeheimnisses ist lediglich die **öffentliche Gewalt** 6
(vgl. Art. 1 III GG); dazu zählt auch der parlamentarische Untersuchungsausschuß
(LG Kiel, NJW 1996, 1976 m. w. N.). Art. 10 GG schützt also nur vor Eingriffen
der öffentlichen Gewalt und nicht vor solchen durch Private. Zu den Verpflichte-
ten des Postgeheimnisses zählte in erster Linie die Deutsche Bundespost. Aber auch
postfremde Staatsorgane können Grundrechtsadressaten des Art. 10 GG sein
(BVerfGE 67, 157 [171 f.] – *„Überwachung"*); hierzu zählen aber nicht Dienststel-
len des Staatssicherheitsdienstes der ehemaligen DDR, da diese nicht Träger inlän-
discher öffentlicher Gewalt waren (LG Kiel, NJW 1996, 1976).

Beachte: Ob auch nach der Umwandlung der Deutschen Bundespost in die **Deutsche Post AG** diese weiterhin Adressatin des Art. 10 GG bleibt, ist umstritten. Solange jedenfalls die materielle Privatisierung der Deutschen Bundespost nicht abgeschlossen ist – nach Art. 143 b II 2 GG wird der Bund verpflichtet, die Kapital-
mehrheit an dem Nachfolgeunternehmen für eine Mindestzeit von fünf Jahren zu
halten –, ist auch die Deutsche Post AG zur Wahrung des verfassungsrechtlichen
Postgeheimnisses verpflichtet (*Müller-Dehn*, DÖV 1996, 863 [864 f.] m. w. N.;
a. A.: *Hermes*, in: Dreier, GG, Art. 10 Rn. 43).

II. Sachlicher Schutzbereich

1. Briefgeheimnis

7   Das Briefgeheimnis schützt den brieflichen Verkehr **konkreter einzelner Individuen** untereinander gegen eine Kenntnisnahme der öffentlichen Gewalt von dem Inhalt des Briefes (BVerfGE 33, 1 [11] – *„Strafgefangenenbeschluß"*; 67, 157 [171] – *„Überwachung"*). Dabei werden nicht nur das Geheimnis des **Briefinhalts**, sondern auch die **äußeren Umstände des Briefverkehrs** gewährleistet (*Schmitt Glaeser*, HdbStR VI, § 128 Rn. 62).

Beispiel: So stellt die gezielte Beobachtung oder Registrierung im Hinblick darauf, wer wann und wie oft Briefe von wem bekommt oder an wen sendet, einen Eingriff in den Schutzbereich des Briefgeheimnisses dar (*Krüger*, in: Sachs, GG, Art. 11 Rn. 12 m. w. N.).

8   Als Brief i. S. d. Art. 10 GG wird jede den mündlichen Verkehr ersetzende schriftliche Mitteilung in beliebiger Schrift- und Vervielfältigungsart angesehen (*Dürig*, in: M/D, GG I, Art. 10 Rn. 13 m. w. N.). Dazu zählen nach der wohl h. M. auch alle unverschlossenen Briefe bzw. Inhalte, so daß unter das Briefgeheimnis auch Postkarten, Telegramme und Drucksachen fallen (*Krüger*, in: Sachs, GG, Art. 11 Rn. 12 m. w. N.; a. A.: BVerwGE 6, 290 [300]; 76, 153 f.). **Nicht** unter diesen Begriff fallen Pakete und Päckchen, Zeitungs- und Büchersendungen sowie Schriftstücke, die an einen unbestimmten Personenkreis gerichtet sind, wie z. B. Postwurfsendungen (*P/S*, StaatsR II, Rn. 831; *Jarass*, in: J/P, GG, Art. 10 Rn. 3).

Beachte: Das Briefgeheimnis erfaßt ausschließlich den **außerpostalischen Briefverkehr**, d. h. Briefe, die sich im Wirkungsbereich der Post befinden, unterliegen dem Postgeheimnis (*Krüger*, in: Sachs, GG, Art. 10 Rn. 12).

2. Postgeheimnis

9   Dem Postgeheimnis unterliegt jede dem über die Post vermittelte körperliche Nachrichtenübermittlung (BVerfGE 67, 157 [172] – *„Überwachung"*).

Beispiele: Dazu zählen Briefe, Pakete, Päckchen, Geschäftspapiere, Warenproben, Telegramme, Nachnahmen etc. Streitig ist, ob von Art. 10 GG auch die Postbankdienste erfaßt werden (dazu *Jarass*, in: J/P, GG, Art. 10 Rn. 4 m. w. N.).

10   Inhaltlich erstreckt sich das Postgeheimnis sowohl auf den **konkreten Inhalt** der übermittelten Sendung als auch auf alle **Umstände**, die mit der Postbenutzung zusammenhängen (BVerfGE 67, 157 [172] – *„Überwachung"*; BVerwGE 6, 299 [300 f.]).

Beispiele: Erfaßt sind daher jedwede Ausforschungen über den Sendungsinhalt, Mitteilungen über Sendungen an Dritte, Aufzeichnungen über Sendungen nach Personen, Ort, Zeit, Art und Weise und Häufigkeit der Postbenutzung, Sendungen an Dritte zu überlassen sowie Dritten Sendungen unmittelbar oder durch Information über die Sendung mittelbar zugänglich zu machen (*Löwer*, in: v.Münch/Kunig, GG I, Art. 10 Rn. 11 m. w. N.).

11   Das Postgeheimnis wirkt **so lange,** wie sich die Postsendung im Gewahrsam der Post befindet, d. h. also von der Einlieferung bei der Post bis zur Ablieferung

beim Empfänger. Bei Sendungen **im Postfach** endet das Gewahrsamsverhältnis erst mit Abholung durch den Empfänger (*Löwer*, in: v.Münch/Kunig, GG I, Art. 10 Rn. 11). Ist also die gegenständliche Herrschaftssphäre der Post verlassen, der postalische Vermittlungsvorgang demnach beendet, scheidet der Kommunikationsinhalt aus dem Anwendungsbereich des in Art. 10 I GG gewährten Postgeheimnisses aus. In Frage kommt dann eine Verletzung des Briefgeheimnisses.

3. Fernmeldegeheimnis

Das Fernmeldegeheimnis schützt den privaten und den geschäftlichen Fernmelde-   **12** verkehr vor Eingriffen der öffentlichen Gewalt. Es umfaßt **die Vertraulichkeit aller mit Mitteln des Fernmeldeverkehrs übertragenen Mitteilungen** (BVerfGE 67, 157 [172] – *„Überwachung"*; *Krüger*, in: Sachs, GG, Art. 10 Rn. 14). Unerheblich ist, ob der Fernmeldeverkehr von der Post oder Privaten abgewickelt wird (*Krüger*, in: Sachs, GG, Art. 10 Rn. 15 m. w. N.; a. A.: *Schmitt Glaeser*, HdbStR VI, § 129 Rn. 64, wonach der durch die Post betriebene Fernmeldeverkehr dem Schutzbereich des Postgeheimnisses unterfallen soll.).

Beispiele: Dazu zählt neben dem Telegramm-, Ferngesprächs-, Fernschreib- und Funkverkehr auch die Datenübertragung über Standleitungen zwischen Computern u. a., wie z. B. Telefax, Teletext und Bildschirmtext (*Jarass*, in: J/P, GG, Art. 10 Rn. 5 m. w. N.). Nicht erfaßt werden Aufzeichnungen von Unterhaltungen, die ohne Inanspruchnahme einer Fernmeldeeinrichtung vorgenommen werden (dazu BGH, NJW 1983, 1569).

Wie das Postgeheimnis bezieht sich auch das Fernmeldegeheimnis nicht nur auf   **13** den Inhalt der Fernmeldekommunikation, sondern auch auf sämtliche Umstände des Fernmeldeverhältnisses, wie z. B. auf Art, Zeitpunkt und Dauer der Kommunikation (BVerfGE 67, 157 [172] – *„Überwachung"*; 87, 386 [396]; OVG Münster, NJW 1975, 1335).

D. Eingriff

I. Eingriff in das Briefgeheimnis

Ein Eingriff in das Briefgeheimnis ist immer dann gegeben, wenn staatliche Stel-   **14** len auf irgendeine Weise Kenntnis vom Inhalt des Briefes erlangen (BVerfGE 33, 1 [11] – *„Strafgefangenenbeschluß"*). Dies kann durch bloßes Öffnen des Verschlusses geschehen, wobei es unerheblich ist, ob der Kenntnisnehmende den Briefverschluß selbst öffnet oder eine bereits geschaffene Situation, wie z. B. durch Öffnen eines anderen oder durch zufällige Beschädigung des Briefverschlusses, ausnützt. Auch eine Kenntnisnahme ohne Beschädigung des Briefverschlusses, z. B. mittels Durchleuchtung, stellt einen Eingriff dar (*Dürig*, in: M/D, GG I, Art. 10 Rn. 14).

Beachte: Eingriffe durch Private, wie z. B. Briefkontrolle durch den Arbeitgeber oder den Vermieter, werden von Art. 10 GG nicht erfaßt (s. o. Rn. 6). Der Verstoß gegen strafrechtliche Vorschiften (vgl. § 202 StGB) bleibt davon aber unberührt.

II. Eingriff in das Postgeheimnis

15   Ein Eingriff in das Postgeheimnis ist immer dann zu bejahen, wenn die Post oder eine andere staatliche Stelle vom Inhalt einer Postsendung Kenntnis nimmt, den Inhalt aufzeichnet oder in irgendeiner Weise verwertet (BVerfGE 85, 386 [398] – *„Fangschaltung“*). Dazu zählt auch die Weitergabe der durch die erlangte Kenntnis erfaßten Daten an Dritte (BVerfGE 30, 1 [22] – *„Abhör-Urteil“*). Eine Beeinträchtigung liegt des weiteren vor, wenn Daten, die den Kommunikationsvorgang betreffen, fixiert werden.

16   Auch **jede betriebsbedingte Maßnahme**, wie etwa die Öffnung verschlossener, unzustellbarer Sendungen zur Feststellung des Absenders, die Zustellung an Ersatzempfänger oder der Schutz vor ordnungswidriger Benutzung, stellt einen Eingriff in das Postgeheimnis dar, die den Rechtfertigungsanforderungen des Art. 10 II 1 GG entsprechen muß (BVerfGE 85, 386 [396 f.] – *„Fangschaltung“*; a.A: *BVerwG*, NJW 1984, 2112; *Dürig*, in: M/D, GG I, Art. 10 Rn. 66, die bereits deren Eingriffsqualität verneinen und folglich nicht nach Art. 10 II 1 GG rechtfertigungsbedürftig sind; zum gesamten Meinungsstand, vgl. *Löwer*, in: v.Münch/Kunig, GG I, Art. 10 Rn. 15).

Klausurhinweis: In der Fallbearbeitung sollten die betriebsbedingten Maßnahmen zunächst als Eingriffe qualifiziert werden, um sie dann unter dem Prüfungspunkt der „verfassungsrechtlichen Rechtfertigung" anhand der Schrankenregelung des Art. 10 II 1 GG auf ihre Zulässigkeit zu überprüfen (vgl. dazu u. Rn. 21 ff.).

17   Kein Eingriff liegt in der bloßen Verhinderung der Kommunikation, wie beispielsweise in der Nichtweiterleitung von Postsendungen (*Dürig*, in: M/D, GG I, Art. 10 Rn. 17 m. w. N.); maßgebend sind hierbei vielmehr die Art. 2 I GG bzw. Art. 5 I GG.

Beachte: Auch in das Postgeheimnis kann nicht durch Private eingegriffen werden (vgl. o. Rn. 6). Daher ist auch der **Postbedienstete**, der außerhalb seiner amtlichen Eigenschaft tätig wird, kein Adressat des Art. 10 GG und kann somit auch **nicht** den Schutzbereich beeinträchtigen (BVerwGE 76, 152 [153] m. w. N.); in diesem Zusammenhang wird vielmehr die Frage von Verstößen gegen einfachgesetzliche Regelungen zu erörtern sein (vgl. etwa § 5 PostG; §§ 10, 11 FAG; § 354 StGB).

III. Eingriff in das Fernmeldegeheimnis

18   Wie beim Postgeheimnis stellt auch beim Fernmeldegeheimnis jede Kenntnisnahme, Aufzeichnung und Verwertung von kommunikativen Daten durch die Post oder andere staatlichen Stellen ein Grundrechtseingriff dar. Unerheblich ist auch hier, ob sich die Maßnahme auf den Kommunikationsinhalt oder – vorgang erstreckt; maßgeblich ist aber, daß der Fernmeldeverkehr betroffen ist.

Beispiele:

– So ist die Kenntnisnahme und Verwertung von Stasi-Protokollen über abgehörte Telefongespräche durch den parlamentarischen Untersuchungsausschuß bzw. durch seinen Vorsitzenden als Eingriff in Art. 10 I GG zu werten (vgl. LG Kiel, NJW 1996, 1976).

– Auch der heimliche, d. h. nicht durch eine körperliche Beschlagnahme des Speichermediums (Diskette oder Festplatte eines Computers) vorgenommene Zugriff auf den Datenbestand einer Mailbox erfolgt – wie auch sonst bei der Telefonüberwachung – ausschließlich über die Fernmeldeanlage von außen, so daß dies als ein Eingriff in den Schutzbereich des Art. 10 I GG anzusehen ist (BGH, NJW 1997, 1934 [1935]).

Im Hinblick auf die Eingriffsqualität betriebsbedingter Maßnahmen kann auf **19** das unter Rn. 16 Gesagte verwiesen werden. So stellt etwa eine Fangschaltung zur Identifizierung eines anonymen Anrufers einen Eingriff in Art. 10 GG dar (BVerfGE 85, 386 [398 f.] – *„Fangschaltung"*).

Beachte: Beeinträchtigungen durch Privatpersonen werden vom Fernmeldegeheimnis ebenfalls nicht erfaßt (vgl. dazu o. Rn. 6). Art. 10 GG schützt also nicht vor dem Abhören in Firmen durch Mithöreinrichtungen bzw. vor dem Anzapfen von Telefonleitungen durch Private. Prüfungsmaßstab kann aber unter Umständen das durch Art. 2 I GG i. V. m. Art. 1 I GG verfassungsrechtlich gewährleistete Persönlichkeitsrecht sein (vgl. hierzu auch BVerfG, NJW 1992, 815 f.; s. ferner § 17 Rn. 46).

IV. Eingriffsausschluß

Ein Eingriffsausschluß liegt immer dann vor, wenn die Beteiligten selber den **20** Kommunikationsvorgang offenlegen oder in dessen Erfassung bzw. Verwendung durch die staatlichen Stellen eingewilligt haben; der Verzicht eines Telefonpartners genügt allerdings nicht (BVerfGE 85, 386 [398 f.] – *„Fangschaltung"*; s. hierzu auch *Sternberg-Lieben*, Jura 1995, 299 [300 f.]).

E. Verfassungsrechtliche Rechfertigung

Nach Art. 10 II GG stehen die Grundrechte des Brief,- Post- und Fernmeldege- **21** heimnisses unter Gesetzesvorbehalt; zudem können sie gemäß Art. 18 GG verwirken, wer sie zum Kampf gegen die freiheitliche demokratische Grundordnung mißbraucht.

I. Gesetzesvorbehalt des Art. 10 II 1 GG

1. Allgemein

Eingriffe in das Brief-, Post- und Fernmeldegeheimnis sind nach Art. 10 II 1 GG **22** nur zulässig, wenn sie **aufgrund eines Gesetzes** erfolgen. Dies bedeutet, daß grundrechtsbeschränkende Maßnahmen nicht nur durch förmliche Bundes- oder Landesgesetze erfolgen müssen, sondern daß die Eingriffsermächtigung auch in einer

Rechtsverordnung enthalten sein kann, sofern sie auf einer den Erfordernissen des Art. 80 I GG genügenden gesetzlichen Ermächtigung beruht (*Jarass*, in: J/P, GG, Art. 10 Rn. 10).

Beispiele: Neben den post- und fernmelderechtlichen Eingriffsermächtigungen, wie etwa § 5 II PostG, § 12 FAG, sind vor allem gesetzliche Beschränkungen in der StPO (vgl. §§ 99, 100 a, b), KO (vgl. § 121 I 1), AO (vgl. § 399), im StrafVollzG (vgl. § 29 III), ZollG (vgl. §§ 6 VII, 16), zu finden.

23   Wie bei jedem Gesetzesvorbehalt sind auch im Rahmen des Art. 10 II 1 GG das Verbot des Einzelfallgesetzes des Art. 19 1 GG, das Zitiergebot des Art. 19 2 GG, die Wesengehaltsgarantie des Art. 19 II GG, aber vor allem der Grundsatz der Verhältnismäßigkeit zu beachten. Wird dagegen verstoßen, hat dies nicht nur die Verfassungswidrigkeit des einschränkenden Gesetzes zur Folge, sondern beispielsweise auch ein Verwertungsverbot der erlangten Informationen in einem Strafprozeß (*Katz*, StaatsR, Rn. 782).

2. Sonderfälle

24   Auch in dem Bereich der sog. „besonderen Gewaltverhältnisse" bedarf es spätestens seit der **Strafvollzugsentscheidung** des BVerfG vom 14.3.1972 für Beschränkungen innerhalb dieser besonderen Pflichtverhältnisse einer ausdrücklichen gesetzlichen Grundlage (BVerfGE 33, 1 [11 f.] – „*Strafgefangenenbeschluß*"; 57, 358 [367]).

Beispiele:
– Die Überwachung des Schriftwechsels von **Strafgefangenen** wurde bis zum Erlaß des Strafvollzugsgesetzes vom 16.3.1976 (vgl. § 29 StVollzG) unter Hinweis auf die Dienst- und Vollzugsordnung angehalten. Dabei handelt es sich aber um eine Vereinbarung der Justizminister der Länder, die lediglich den Charakter einer Verwaltungsanordnung hat und somit nicht den Anforderungen des Art. 10 II 1 GG entspricht. Das BVerfG hat allerdings darauf hingewiesen, daß der Eingriff trotz einer fehlenden gesetzlichen Grundlage für eine gewisse Übergangszeit hingenommen werden müsse (BVerfGE 33, 1 [13] – „*Strafgefangenenbeschluß*"); diese Grundsätze wurden auch auf den Bereich der betriebsbedingten Beeinträchtigungen übertragen (für den Fall der Einrichtung einer sog. Fangschaltung, vgl. BVerfGE 85, 386 [400 f.] – „*Fangschaltung*"; zur Problematik der Registrierung von Dienstgesprächen zu Abrechnungszwecken, vgl. *Krüger*, in: Sachs, GG, Art. 10 Rn. 30 ff.).
– Für die Überwachung des Schriftwechsels von **Untersuchungsgefangenen** wird auf die Vorschrift des § 119 III StPO zurückgegriffen. Danach kann ein Brief geöffnet werden, wenn der Zweck der U-Haft oder die Ordnung in der Vollzugsanstalt dies erfordern. Der Grundrechtseingriff beruht also auf einer Ermächtigung in Form einer Generalklausel, die nach st. Rspr. des BVerfG eine verfassungsrechtlich ausreichende gesetzliche Grundlage für die Briefkontrolle darstellt (BVerfGE 35, 311 [316]; 57, 170 [177]; a. A.: abw. M. BVerfGE 57, 182 ff.; *Löwer*, in: v.Münch/Kunig, GG I, Art. 10 Rn. 27 die das Bestimmtheitserfordernis als nicht gewahrt ansehen.). Eine allgemeine Briefkontrolle dürfte unter Berücksichtigung des Verhältnismäßigkeitsgrundsatzes aber abzulehnen sein, vielmehr kann eine Überwachung des Schriftverkehrs nur dann erfolgen, wenn konkrete Anhaltspunkte für eine Störung der Anstaltsordnung vorliegen (*P/S*, StaatsR III, Rn. 847).

II. Staatsschutzklausel des Art. 10 II 2 GG

Einen besonders intensiven Eingriff in die Grundrechtsgewährleistungen des 25
Art. 10 I GG gestattet Art. 10 II 2 GG (i.V.m. Art. 19 IV 3 GG). Hierin wird
bestimmt, daß Beeinträchtigungen des Brief-, Post- und Fernmeldegeheimnisses
den Betroffenen gegenüber geheimgehalten werden können und statt gerichtlichen Schutzes lediglich eine Überprüfung durch ein spezielles Kontrollorgan erfolgen kann. Voraussetzung dafür ist allerdings, daß der „Schutz der freiheitlichen demokratischen Grundordnung" oder der Bestand bzw. Sicherung des
Bundes oder eines Bundeslandes zu gewährleisten ist.

Gebrauch gemacht wurde von dieser Staatsschutzklausel durch das Gesetz zur 26
Beschränkung des Brief-, Post- und Fernmeldegeheimnisses vom 13.8.1969 (**sog.**
G 10, Sat. I Nr. 7). Das BVerfG hat diese Regelung im *sog. Abhör – Urteil* mit
dem Grundgesetz für vereinbar erklärt (BVerfGE 30, 1 ff. [Stimmenverhältnis
5:3]; ferner BVerfGE 67, 157 [173 ff.] – „*Überwachung*"; zur gesamten Problematik und zur Kritik der Literatur, vgl. *Löwer*, in: v.Münch/Kunig, GG I, Art. 10
Rn. 36 ff.; *Arndt*, DÖV 1996, 459 ff.). Ermächtigt werden durch das G 10 aber
nur der Verfassungsschutz, der militärische Abschirmdienst und der Bundes-
nachrichtendienst, **nicht** dagegen die Polizei (vgl. Art. 1 § 4). Die von diesen
Behörden im Rahmen des G 10 vorgenommenen Überwachungsmaßnahmen
sind, wie alle anderen Eingriffe auch, am Verhältnismäßigkeitsgrundsatz zu messen (BVerfGE 67, 157 [173 ff.] – „*Überwachung*"; zur Problematik von sog.
Zufallsfunden, vgl. *Löwer*, in: v.Münch/Kunig, GG I, Art. 10 Rn. 42 m. w. N.).

Beachte: Der Rechtsweg zur Überprüfung der Rechtmäßigkeit von Überwachungsmaßnahmen nach dem G 10 ist bis zu ihrer Einstellung ausgeschlossen
(vgl. Art. 1 § 9 VI). Danach kann der Betroffene im Wege einer Fortsetzungsfest-
stellungsklage nach § 113 I 4 VwGO allerdings die Rechtswidrigkeit der angeordneten Maßnahme überprüfen lassen (BVerwGE 87, 23 [25 ff.]).

F. Wiederholung

I. Kontrollfragen

1. Wer ist Grundrechtsadressat des Art. 10 GG?

2. Stellt die Öffnung einer verschlossenen unzustellbaren Sendung zur Feststellung des Absenders einen Eingriff in die durch Art. 10 GG gewährleisteten
   Grundrechtsgarantien dar?

3. Rechtsanwalt M ist mit der Verteidigung des B betraut, der zum Kreis einer
   terroristischen Gruppe gehört, die für eine Reihe von Anschlägen und sonstigen Gewaltakten verantwortlich ist. Nachdem dem Bundesamt für Verfassungsschutz (BfV) Materialen zugespielt wurden, die den Verdacht begründen lassen, daß auch Rechtsanwalt M die terroristische Vereinigung bei der

Vorbereitung eines hochverrätischen Unternehmens unterstützt, wird auf
Antrag des Präsidenten des BfV beim Bundesminister des Inneren (BMI) mit
sofortiger Wirkung die unbeschränkte Überwachung aller den Anschriften
des M zugeordneten Postsendungen und Telegramme angeordnet. Zu Recht?

II. Lösungen

1. Grundrechtsadressat des Art. 10 GG ist ausschließlich die öffentliche Gewalt; ob und inwieweit die Deutsche Bundespost auch noch nach ihrer Umwandlung in die Deutsche Post AG zu diesem Kreis zu zählen ist, ist umstritten (s. dazu Rn. 6).

2. Ob eine solche betriebsbedingte Maßnahme einen Eingriff in Art. 10 I GG
   darstellt, ist umstritten. Während die verwaltungsgerichtliche Spruchpraxis
   für derartige Maßnahmen eine Eingriffsqualifikation ablehnt, wird dies vom
   BVerfG und einem Teil des Schrifttums bejaht (s. dazu Rn. 16). Auch die
   betriebsbedingten Maßnahmen müssen sich daher an der Schrankenregelung
   des Art. 10 GG messen lassen. So sieht etwa § 5 II PostG für die Postbeförderung auch Ausnahmen vom Postgeheimnis vor, wenn sie zur betriebsbedingten Abwicklung des Postdienstes erforderlich sind.

3. Materielle Grundlage für diese Anordnung ist das G 10. Nach Art. 1 § 1 I G
   10 kann der BfV zur Abwehr von Gefahren u. a. für die freiheitliche demokratische Grundordnung dem Brief-, Post- und Fernmeldegeheimnis unterlie-
   gende Sendungen öffnen und einsehen. Beschränkungen nach Art. 1 § 1 G
   10 dürfen gem. Art. 2 § 2 G 10 aber nur dann angeordnet werden, wenn
   tatsächliche Anhaltspunkte für den Verdacht bestehen, daß jemand eine der
   dort genannten Straftaten plant, begeht und begangen hat. Zu prüfen ist also,
   unter Berücksichtigung des Verhältnismäßigkeitsgrundsatzes, ob im Hinblick auf den M konkrete Anhaltspunkte für einen Verdacht der Beteiligung
   des M an der Vorbereitung eines hochverrätischen Unternehmens (§ 83
   StGB) bestanden haben. Wird dies bejaht, ist von der Rechtmäßigkeit der
   Anordnung auszugehen (dazu BVerwG, NJW 1991, 581 ff.).

2. Abschnitt. Freiheiten der Kundgabe und gemeinsamer Betätigung

§ 7. Die Kommunikationsfreiheiten, die Freiheit von Kunst und Wissenschaft, Art. 5 I – III GG

Literatur: Zur Meinungsäußerungsfreiheit: zur Einführung: *Erichsen, H.-U.,* Das Grundrecht auf Meinungsfreiheit, Jura 1996, 84 ff.; **zur Vertiefung:** *Grigoleit, K. / Kersten, J.,* Grundrechtlicher Schutz und grundrechtliche Schranken kommerzieller Kommunikation, DVBl 1996, 596 ff.; *Grimm, D.,* Die Meinungsfreiheit in der Rechtsprechung des Bundesverfassungsgerichts, NJW 1995, 1697 ff.; *Hoppe, B.,* Die „allgemeinen Gesetze" als Schranke der Meinungsfreiheit, JuS 1991, 734 ff.; *Huster, S.,* Das Verbot der „Ausschwitzlüge", die Meinungsfreiheit und das Bundesverfassungsgericht, NJW 1996, 487 ff.; *Mager, U.,* Meinungsfreiheit und Ehrenschutz von Soldaten, Jura 1996, 405 ff.; *Möllers, T.,* Zur Zulässigkeit des Verbraucherboykotts – Brent Spar und Mururoa, NJW 1996, 1374 ff.; *Schmitt Glaeser, W.,* Meinungsfreiheit, Ehrenschutz und Toleranzgebot, NJW 1996, 873 ff.; *Stark, R.,* Die Rechtsprechung des BVerfG zum Spannungsverhältnis von Meinungsfreiheit und Ehrenschutz, JuS 1995, 689 ff.; *Stürner, R.,* Die verlorene Ehre des Bundesbürgers – bessere Spielregeln für die öffentliche Meinungsbildung?, JZ 1994, 865 ff.; *Tettinger, P. J.,* Das Recht der persönlichen Ehre in der Wertordnung des Grundgesetzes, JuS 1997, 769 ff.; *Zacker, C.,* Die Meinungsfreiheit zwischen den Mühlsteinen der Ehrabschneider und der Menschenwürde, DÖV 1997, 238 ff.; **zur Informationsfreiheit:** *Lerche, P.,* Aktuelle Grundfragen der Informationsfreiheit, Jura 1995, 561 ff.; **zur Pressefreiheit:** *Kunig, P.,* Die Pressefreiheit, Jura 1995, 589 ff.; **zur Rundfunkfreiheit:** *Bethge, H.,* Der Grundrechtsstatus privater Rundfunkveranstalter, NJW 1997, 2 ff.; *Bullinger, M.,* Ordnung oder Freiheit für Multimediadienste, JZ 1996, 385 ff.; *Gersdorf, H.,* Die dienende Funktion der Telekommunikationsfreiheiten: Zum Verhältnis von Telekommunikations- und Rundfunkordnung, AfP 1997, 424 ff.; *Hager, J.,* Persönlichkeitsschutz gegenüber Medien, Jura 1995, 566 ff.; *Hesse, A.,* Staatsfreiheit des Rundfunks und SWR-Staatsvertrag, JZ 1997, 1083 ff.; *Hoffmann-Riem, W.,* Der Rundfunkbegriff in der Differenzierung der kommunikativen Dienste, AfP 1996, 9 ff.; *Holznagel, B.,* Probleme der Rundfunkregulierung im Multimedia-Zeitalter, ZUM 1996, 16 ff.; *Ossenbühl, F.,* Medien zwischen Macht und Recht, JZ 1995, 633 ff.; *Stock, M.,* Meinungsvielfalt und Meinungsmacht. Das duale Rundfunksystem nach der staatsvertraglichen Neuregelung (1996), JZ 1997, 583 ff.; **zur Filmfreiheit:** *Reupert, C.,* Die Filmfreiheit, NVwZ 1994, 1155 ff.; **zur Kunstfreiheit:** *Henschel, J. F.,* Die Kunstfreiheit in der Rechtsprechung des BVerfG, NJW 1990, 1937 ff.; *Koenig, C. / Zeiss, C.,* Baukunst und Kunst am Bau im Spannungsfeld zwischen Bauplanungsrecht und Kunstfreiheit, Jura 1997, 225 ff.; *Würkner, J.,* Das Bundesverfassungsgericht und die Freiheit der Kunst, 1994; **zur Wissenschaftsfreiheit:** *Frankenberg, G.,* Tierschutz oder Wissenschaftsfreiheit ?, KJ 1994, 421 ff.; *Lorenz, D.,* Wissenschaft darf nicht alles! Zur Bedeutung der Rechte anderer als Grenze grundrechtlicher Gewährleistung, in: FS Lerche, 1993, S. 267 ff.; *Waechter, K.,* Forschungsfreiheit und Fortschrittsvertrauen, Der Staat 30 (1991), 19 ff.

Leitentscheidungen: zur Meinungsäußerungsfreiheit: BVerfGE 7, 198 ff. – *„Lüth"*; 25, 256 ff. – *„Blinkfüer"*; 54, 208 ff. – *„Böll"*; 61, 1 ff. – *„NPD Europas"*; 82, 272 ff. – *„Zwangsdemokrat"*; 86, 122 ff. – *„Berufsschüler"*; 90, 241 ff. – *„Auschwitzlüge"*; 93, 266 ff. – *„Soldaten sind Mörder"*; **zur Informationsfreiheit:** BVerfGE 27, 71 ff. – *„Leipziger Volkszeitung"*; 90, 27 ff. – *„Parabolantenne"*; **zur Pressefreiheit:** BVerfGE 20, 162 ff. – *„Spiegel"*; 21, 271 ff. – *„Südkurier"*; 52, 283 ff. – *„Tendenzschutz"*; 64, 108 ff. – *„Chiffreanzeige"*; 66, 116 ff. – *„Wallraff"*; 77, 346 ff. – *„Presse-Grossist"*; 80, 124 ff. – *„Postzeitungsvertrieb"*; 85, 1 ff. – *„kritische Bayeraktionäre"*; 95, 28 f. – *„Werkszeitung"*; BVerfG, NJW 1998, 1381 ff. – *„Titelseite"*; **zur Rundfunkfreiheit:** BVerfGE 35, 202 ff. – *„Lebach"*; 83, 238 ff. – *„WDR, 6. Rundfunkurteil"*; 90, 60 ff. – *„Rundfunkgebühren"*; 91, 125 ff. – *„Gerichtssaal"*; 95, 220 ff. – *„Radio Dreyeckland"*; **zur Filmfreiheit:** BVerfGE 87, 209 ff. – *„Videokassette"*; **zur Kunstfreiheit:** BVerGE 30, 173 ff. – *„Mephisto"*; 67, 213 ff. – *„Anachronistischer Zug"*; BVerfG, NJW 1984, 1293 f. – *„Sprayer von Zürich"*; BVerfGE 75, 369 ff. – *„Strauß-Karikatur"*; 77, 240 ff. – *„Herrnburger Bericht"*; 81, 278 ff. – *„Bundesflagge"*; 83, 130 ff. – *„Mutzenbacher"*; **zur Wissenschaftsfreiheit:** BVerfGE 35, 79 ff. – *„Gruppenuniversität"*; 90, 1 ff. – *„Wahrheit für Deutschland"*.

A. Überblick

1   Art. 5 GG enthält in Abs. 1 fünf Grundrechte, die man zusammengefaßt als **Kommunikationsgrundrechte** bezeichnet; diese sind: die Meinungsäußerungsfreiheit (S. 1, 1. Hs.), die Informationsfreiheit (S. 1, 2. Hs.), die Pressefreiheit (S. 2, 1. Alt.) sowie die Freiheit von Rundfunk (S. 2, 2. Alt.) und Film (S. 2, 3. Alt.). Diesen Kommunkationsgrundrechten ist in Abs. 2 ein qualifizierter Gesetzesvorbehalt sowie die Schranke des Rechts der persönlichen Ehre angefügt. Im Rahmen der Rechtfertigung von Eingriffen ist die Wendung des S. 3 „Eine Zensur findet nicht statt." als Schranken-Schranke zu berücksichtigen.

2   In Abs. 3 ist die **Kunstfreiheit** sowie die **Wissenschaftsfreiheit**, d. h. die Freiheit von Forschung und Lehre, garantiert.

Klausurhinweis: Die Freiheiten von Kunst und Wissenschaft sind gegenüber den Kommunikationsgrundrechten spezielle Regelungen, in der Fallbearbeitung ist daher Art. 5 III GG – soweit einschlägig – vor Art. 5 I GG zu prüfen. Innerhalb der Kommunikationsgrundrechte des Art. 5 I GG ist S. 2 gegenüber der Meinungsäußerungsfreiheit in S. 1 speziell, also vorrangig zu prüfen; die Abgrenzung ist jedoch nicht immer einfach (s. hierzu u. Rn. 59, 64). Die Informationsfreiheit des Art. 5 I 1, 2. Alt. GG, die stets nur den Empfänger der Kommunikation schützt, steht neben den übrigen Kommunikationsfreiheiten.

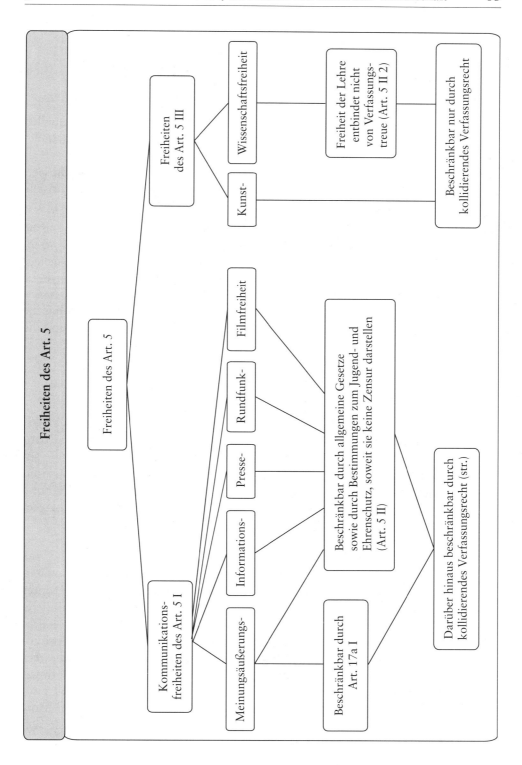

B. Die Kommunikationsgrundrechte, Art. 5 I, II GG

I. Die Freiheit der Meinungsäußerung, Art. 5 I 1, 1. Hs. GG

1. Bedeutung

3 Das BVerfG hat unter Berufung auf französische und amerikanische Quellen schon früh festgestellt, daß der Freiheit der Meinungsäußerung eine doppelte Bedeutung zukommt. Einerseits dient sie der Sicherung einer **staatsfreien Privatsphäre**, in der der einzelne frei kommunizieren kann, andererseits ist sie Voraussetzung einer **demokratischen Ordnung**, ja sogar für die freiheitlich-demokratische Staatsordnung „schlechthin konstituierend" (BVerfGE 7, 198 [207] – *„Lüth"*).

4 Die grundlegende Bedeutung der Meinungsfreiheit zeigt sich auch darin, daß sie in verschiedenen internationalen Menschenrechtspakten geschützt ist, so in Art. 19 IPbürgR und Art. 10 EMRK. Letzterer wird vom EGMR weit ausgelegt und umfaßt über seinen Wortlaut hinaus auch die übrigen Kommunikationsfreiheiten, vor allem Presse- und Rundfunkfreiheit (EGMR, EuGRZ 1979, 386 – *„Sunday Times"*; NJW 1991, 620 [621] – *„Autronic"*). Auch der EuGH hat die Kommunikationsgrundrechte in zahlreichen Entscheidungen entwickelt und die Medienvielfalt als Grundlage demokratischer Ordnung in der EU betont (EuGH Rs. C-368/95, Slg. 1997 I, 3689 [3717] – *„Familiapress"* m. w. N.).

2. Schutzbereich

a) Persönlicher Schutzbereich

5 Träger der Meinungsäußerungsfreiheit ist jede natürliche Person sowie juristische Personen gem. Art. 19 III GG (zur Grundrechtsfähigkeit juristischer Personen s. *Windthorst*, VerfR I, § 6 Rn. 16 ff.). Die Abgabe von Stellungnahmen und Empfehlungen von Hoheitsträgern in ihrer öffentlichen Funktion, z. B. Warnung der Bundesregierung vor Jugendsekten, richtet sich dagegen allein nach entsprechenden Kompetenznormen (BVerfG, NJW 1984, 2591).

b) Sachlicher Schutzbereich

6 **aa) Meinung.** Über den Begriff der „Meinung" besteht im Kern Einhelligkeit, in den Randbereichen jedoch seit langem Streit. Jedenfalls fallen darunter jegliche **Werturteile**; auf ein bestimmtes Niveau bezüglich der Vernünftigkeit oder Sachlichkeit kommt es nicht an, geschützt ist auch die inhaltliche Gestaltung der Äußerung etwa durch rhetorische Fragen oder provozierende oder polemische Ausdrucksweise. Grundrechtsschutz „besteht deswegen unabhängig davon, ob die Äußerung rational oder emotional ist und ob sie von anderen für nützlich oder schädlich, wertvoll oder wertlos gehalten wird" (BVerfGE 93, 266 [289] – *„Soldaten sind Mörder"*). Ebensowenig ist auf den Gegenstand abzustellen, auf den sie sich bezieht. Erfaßt werden sowohl private als auch politische Äußerungen.

Die kommerzielle Wirtschaftswerbung ist jedenfalls dann geschützt, wenn sie der Meinungsbildung dient (BVerfGE 71, 162 [175]; zu dieser Frage anläßlich der Benetton-Werbekampagne *Grigoleit/Kersten*, DVBl 1996, 596 ff. m. Nachw. zur BGH-Rspr.; zur entsprechenden Bestimmung der EMRK s. *Callies*, EuGRZ 1996, 293 ff.). Auch Aufrufe stellen Meinungsäußerungen dar. Boykottaufrufe gegenüber bestimmten Wirtschaftsunternehmen sind dann geschützt, wenn ihnen nicht lediglich eine private Auseinandersetzung oder ein Konkurrenzverhältnis zugrunde liegt, sondern die Sorge um politische, wirtschaftliche, soziale oder kulturelle Belange der Allgemeinheit.

Beispiel: Der Leiter der Staatlichen Pressestelle der Freien Hansestadt Hamburg Erich Lüth hielt als Privatperson im Jahre 1950 eine Ansprache vor Filmverleihern und Filmproduzenten, in der er diese zum Boykott von Filmen aufrief, die vom Regisseur Veit Harlan gedreht worden waren. Der Grund des Aufrufes lag darin, daß Harlan einer der führenden Propagandafilmregisseure der NS-Zeit gewesen war und u. a. bei dem Film „Jud Süß" Regie geführt hatte. Das BVerfG hob das Urteil des Landgerichts Hamburg auf, das den Beschwerdeführer Erich Lüth gemäß § 826 BGB zur Unterlassung des Aufrufs verurteilt hatte (BVerfGE 7, 198 [217 ff.] – *„Lüth"*).

Auch dem wirtschaftlich Stärkeren kann nicht verwehrt werden, am Meinungskampf teilzunehmen; allerdings geht die Anwendung wirtschaftlichen Drucks, der die Adressaten des Aufrufs ihrer freien Entscheidung beraubt, über die Meinungsäußerung hinaus, weil Druck nicht zu argumentativer Auseinandersetzung gehört, sondern diese behindert.   **7**

Beispiel: Nach dem Bau der Berliner Mauer riefen die Verlage Springer und Die Welt Zeitungshändler auf, Zeitschriften, die DDR-Fernsehprogramme abdruckten, nicht mehr anzubieten; andernfalls müsse man die Geschäftsbeziehungen zu den Händlern überprüfen. Die Zeitschrift Blinkfüer, die erhebliche Umsatzeinbußen erlitt, hatte Anspruch auf Schadensersatz (BVerfGE 25, 256 [265] – *„Blinkfüer"*; zum Problem der Drittwirkung der Grundrechte s. *Erichsen*, Jura 1996, 527 ff.; zusammenfassend zu Boykottaufrufen *Möllers*, NJW 1996, 1374 ff.).

Kontovers ist die Frage, ob und inwieweit auch **Tatsachenbehauptungen**   **8** in den Schutzbereich der Meinungsäußerungsfreiheit fallen. Für die Ausklammerung von Tatsachenbehauptungen aus dem Schutzbereich wird angeführt, die Unterscheidung zwischen Meinung und Tatsachenbehauptung entspreche einer langen juristischen Tradition und werde etwa auch in §§ 186 ff., 263 StGB vorgenommen (*P/S*, StaatsR II, Rn. 605). Dagegen spricht, daß im Rahmen der Pressefreiheit zweifelsohne die reine Berichterstattung geschützt ist, so daß derjenige, der nicht über Zugang zur Presse verfügt, benachteiligt wäre. Ferner bereitet es Schwierigkeiten, Werturteile von Tatsachenbehauptungen abzugrenzen (gegen jede Ausklammerung von Tatsachenbehauptungen daher *Schulze-Fielitz*, in: Dreier, GG, Art. 5 I, II Rn. 47). Nach BVerfG ist eine Meinung geprägt durch „das Element der Stellungnahme, des Dafürhaltens, des Meinens im Rahmen einer geistigen Auseinandersetzung" (BVerfGE 61, 1 [8] – „NPD Europas") sowie die „wertende Betrachtungsweise". Kennzeichnend für die Meinung ist der subjektive Bezug des Äußernden zum Gegenstand seiner Äußerung, seine persönliche Stellungnahme (BVerfGE 93, 266 [289] – „Soldaten sind Mörder"). Diese Elemente vermischen sich allerdings häufig mit Faktendarstellungen und lassen sich von diesen nur schwer trennen. Tatsachenbehauptungen, die für die Meinungsbildung relevant sind, werden daher vom Begriff der Meinung umfaßt (BVerfGE 61, 1 [8] – „NPD Europas"); ebenso Tatsachenbehauptungen, die sich nicht ohne Sinnverfälschung von der Beurteilung trennen lassen (BVerfGE 85, 1 [15 f.] – „kritische Bayeraktionäre").

9   Nicht geschützt sind jedoch **schlichte Auskünfte**, soweit sie in keiner Weise Ausdruck der persönlichen Haltung des Auskunfterteilenden sind, so etwa Angaben zur Erstellung statistischer Erhebungen (BVerfGE 65, 1 [41] – „Volkszählung"), im Rahmen gewerblicher und anderer Meldepflichten sowie Produkthinweispflichten.

10   Ferner sollen solche Tatsachenbehauptungen aus dem Schutzbereich herausfallen, die **erwiesen oder bewußt unwahr** sind; denn die falsche Information sei kein schützenswertes Gut (BVerfGE 54, 208 [219] – „Böll"; 85, 1 [15] – „kritische Bayeraktionäre"; 90, 241 [247] – „Auschwitzlüge"; 94, 1 [8]). Diese Aussage ist in ihrer Pauschalität jedoch nicht richtig; vielmehr sind Differenzierungen angebracht, weil ansonsten ein Qualitätsmaßstab in den Schutzbereich der Meinungsäußerungsfreiheit eingeführt würde, der diesen empfindlich begrenzt, ohne daß Wortlaut oder Zweck der Meinungsäußerungsfreiheit dies verlangte.

11   Denn zum einen kann in der Behauptung einer Tatsache, die als **erwiesen unwahr** gilt, die persönliche Meinung des Äußernden liegen, daß der Schein der Beweise trüge und eben doch das Gegenteil zutreffe. Die Möglichkeit zu zweifeln und scheinbar Erwiesenes einer kritischen Prüfung zu unterziehen, ist für die lebendige geistige Auseinandersetzung unverzichtbar. Art. 5 I GG soll eben gerade verhindern, daß „Wahrheiten" staatlicherseits verordnet werden. Wahrheit oder Unwahrheit stellt sich häufig erst im Prozeß der Kommunikation heraus, auch das BVerfG betont die Bedeutung von Rede und Gegenrede (BVerfGE 54, 129 [139]; 85, 23 [31]). Dies bedeutet im Ergebnis keineswegs, daß jegliches Bestreiten von als erwiesen geltenden Fakten uneingeschränkt zulässig wäre. Eine Lösung etwa von Konflikten mit den Rechten anderer ist jedoch auf Rechtfertigungsebene zu suchen; bei der Abwägung spielt dann durchaus die Erweisbarkeit einer Behauptung eine Rolle (s.u. Rn. 35).

12   Es bleiben die Fälle **bewußt unwahrer** Behauptungen. Zunächst kann eine bewußt unrichtige Behauptung ähnlich einer rhetorischen Frage als Mittel zur Provokation und nicht als falsche Information gemeint sein. Sol-

che Äußerungen fallen dann unter die Kategorie von Werturteilen, weil sie die persönliche Auffassung des Äußernden durch das Stilmittel einer formal bewußt unrichtigen und damit provokativen Behauptung enthalten.

Beispiele:

– „Die CSU ist die NPD Europas" ist wörtlich genommen eine absurde Behauptung und daher ein pauschales Urteil, das in den Schutzbereich des Art. 5 I 1 GG fällt (BVerfGE 61, 1 [9] – *NPD Europas*").

– Der Satz „Soldaten sind Mörder" muß nicht bedeuten, daß Soldaten sich einer Straftat nach § 211 StGB schuldig machen (BVerfGE 93, 266 [297 ff.] – *Soldaten sind Mörder*").

Nur die gezielte Falschinformation, die dazu dient, die Empfänger über tatsächliche Umstände zu täuschen, ist von der Freiheit der Meinungsäußerung nicht geschützt. Wann dies der Fall ist, wird jedoch nicht immer einfach zu entscheiden sein. **13**

Beispiel: Die Behauptung, im Dritten Reich habe es keine Judenverfolgung gegeben, wurde vom BVerfG lediglich als erwiesen und nicht als bewußt unwahr eingestuft; darüber hinaus nahm das Gericht eine Abwägung auf Rechtfertigungsebene vor (BVerfGE 90, 241 [247 ff.] – *Auschwitzlüge*"; vgl. in diesem Zusammenhang auch BVerfGE 90, 1 ff. – *Wahrheit für Deutschland*"; zur Verfassungsmäßigkeit des § 130 StGB *Huster*, NJW 1996, 487 ff.).

Beachte: Auch bei der Überprüfung von fachgerichtlichen Urteilen, bei der das BVerfG ansonsten einen eingeschränkten Prüfungsmaßstab zugrunde legt, ist die inhaltliche Deutung der Äußerung Gegenstand verfassungsgerichtlicher Überprüfung. „Urteile, die den Sinn der umstrittenen Äußerung erkennbar verfehlen und darauf ihre rechtliche Würdigung stützen, verstoßen gegen das Grundrecht der Meinungsfreiheit. Dasselbe gilt, wenn ein Gericht bei mehrdeutigen Äußerungen die zur Verurteilung führende Bedeutung zugrundelegt, ohne vorher die anderen möglichen Deutungen mit schlüssigen Gründen ausgeschlossen zu haben…" (BVerfGE 93, 266 [293 f.] – *Soldaten sind Mörder*"; vgl. auch BVerfGE 94, 1 [9 ff.]). „Ziel der Deutung ist die Ermittlung des objektiven Sinns der Äußerung…. Dabei ist stets vom Wortlaut auszugehen. Dieser legt ihren Sinn aber nicht abschließend fest. Er wird vielmehr auch vom sprachlichen Kontext, in dem die umstrittene Äußerung steht, und den Begleitumständen, unter denen sie fällt, bestimmt, soweit diese für die Rezipienten erkennbar waren." (BVerfG ebda.; ähnlich BVerfGE 86, 122 [130 f.]-*Berufsschüler*"; s. auch *Grimm*, NJW 1995, 1697 [1700 f.]; krit. BVerfGE 93, 266 [313 ff.] – *Soldaten sind Mörder*", abw. M.; *Stark*, JuS 1995, 689 [691]). **14**

bb) **Äußern und Verbreiten.** Äußern und Verbreiten bedeutet Kundgabe. Umfaßt ist also nicht nur das schlichte Entäußern einer Meinung, sondern auch die Möglichkeit des Empfangenwerdens. Geschützt ist aber ledig- **15** lich der Äußernde, während die potentiellen Empfänger sich lediglich auf die Informationsfreiheit des Art. 5 I 1, 2. Hs. GG berufen können.

16   cc) **In Wort, Schrift und Bild.** Die Kundgabemodalitäten Wort, Schrift und Bild sind lediglich Beispiele. Geschützt ist jede Form der Kundgabe, auch solche durch Aktionen wie etwa Unterschriftensammlung oder Mahnwache. In der Klausurlösung erübrigt sich daher eine Abgrenzung der Begriffe untereinander.

17   dd) **Negative Meinungsäußerungsfreiheit.** Wie bei allen Grundrechten ist auch die negative Freiheit, d. h. das Nichtäußern einer eigenen Meinung bzw. einer fremden Meinung als eigene geschützt. Die reine Wiedergabe einer fremden Meinung als fremde, d. h. unter Kennzeichnung des Urhebers, fällt dagegen nicht unter die negative Meinungsäußerungsfreiheit (*P/S*, StaatsR II, Rn. 613).

> **Beispiel:** Die Verpflichtung zum Aufdruck auf Zigarettenschachteln: „Rauchen gefährdet die Gesundheit. Die EG-Gesundheitsminister" (BVerfGE 95, 173 [182 f.] – „Tabak-KennzeichnungsVO"; s. dazu auch § 11 Rn. 80).

18   Auch hier muß jedoch im Einzelfall gefragt werden, inwieweit Zitate als Kundgabe einer eigenen Auffassung dem Äußernden vom Publikum zugerechnet werden.

3. Eingriff

19   Eingriffe sind jedenfalls das Verbot, eine bestimmte Äußerung zu tun oder zu wiederholen, sowie das Gebot, sie zu widerrufen oder eine bestimmte Äußerung zu tun. Aber auch ein Verbot, das sich lediglich auf eine bestimmte Form oder Art und Weise wie etwa Zeit, Ort oder Umstände einer Äußerung erstreckt, stellt einen Eingriff dar.

> **Beispiele:**
> – Die disziplinarische Ahndung der Unterschriftensammlung eines Soldaten gegen Kernkraftwerke auf dem Kasernenhof bedurfte der Rechtfertigungsgrundlage des Art. 17 a I GG (BVerfGE 44, 197); anders aber BVerfGE 57, 29 (35) zum Verbot für Soldaten, an politischen Veranstaltungen in Uniform teilzunehmen.
> – Der Besuch eines Häftlings in Auslieferungshaft durch einen Journalisten zwecks Interview darf nicht mit dem Hinweis versagt werden, der Häftling könne seine Geschichte aufschreiben und der Presse zur Verfügung stellen (BVerfG, NJW 1996, 983 f.).
> – Auch das Verbot bzw. die Genehmigungspflicht, öffentliche Straßen, Plätze, Parks etc. für Flugblattaktionen zu nutzen, greift in die Meinungsäußerungsfreiheit ein. Diese gebietet, das Verteilen von Flugblättern auf öffentlichen Straßen nicht als erlaubnispflichtige Sondernutzung zu qualifizieren (BVerfG, NVwZ 1992, 53; BVerfG, EuGRZ 1979, 298).

20   Faktische Beeinträchtigungen durch die öffentliche Gewalt stellen ebenfalls einen Eingriff dar.

> **Beispiel:** Entfernen von Plakaten (weitere Beispiele bei *Schmidt-Jortzig*, HdbStR VI, § 141 Rn. 126).

Schließlich kann die zivilrechtliche Verpflichtung zum Schadensersatz einen Ein- **21**
griff darstellen (vgl. etwa BVerfGE 34, 269 [279 f.] – „*Soraya*"); zum Problem
der mittelbaren Drittwirkung der Grundrechte im Privatrechtsverhältnis s.
Erichsen, Jura 1996, 527 [528 ff.]).

4. Verfassungsrechtliche Rechtfertigung

a) Rechtfertigungsgrundlagen

Qualifizierte Beschränkungsvorbehalte enthalten Art. 5 II GG sowie Art. 17a **22**
I GG. Für Eingriffe, die den qualifizierenden Anforderungen nicht genügen,
kommt ferner kollidierendes Verfassungsrecht als Rechtfertigungsgrundlage in
Betracht (*Sachs,* in: Stern, StaatsR III/2, S. 522 ff.).

> **aa) Art. 5 II GG.** Art. 5 II GG enthält zwei Gesetzesvorbehalte, die durch die **23**
> Merkmale „allgemein" und „zum Schutz der Jugend" qualifiziert sind,
> sowie die Schranke des Rechts der persönlichen Ehre.
>
> > **(1) Allgemeine Gesetze.** Als **Gesetze** im Sinne des Art. 5 II GG gelten **24**
> > nicht nur formelle, sondern auch sog. materielle Gesetze, also
> > Rechtsverordnungen und Satzungen; selbst durch richterliche
> > Rechtsfortbildung entstandenes Gewohnheitsrecht wurde vom
> > BVerfG als ausreichend erachtet (BVerfGE 34, 269 [292]). Es gilt
> > jedoch auch hier der Parlamentsvorbehalt, d. h. alles Wesentliche
> > muß in der gesetzlichen Grundlage geregelt sein.
> >
> > **Allgemein** im Sinne des Art. 5 II GG ist ein Gesetz nicht etwa schon **25**
> > dann, wenn es kein Einzelfallgesetz ist, denn ein solches ist bereits
> > nach Art. 19 I 1 GG unzulässig. Ebensowenig kann personelle Allge-
> > meinheit gemeint sein, d. h. die Unzulässigkeit, ein Äußerungsverbot
> > nur an bestimmte Personenkreise zu richten. Nach st. Rspr. des
> > BVerfG sind allgemeine Gesetze solche, „die nicht eine Meinung als
> > solche verbieten, die sich nicht gegen die Äußerung der Meinung als
> > solche richten, die vielmehr dem Schutze eines schlechthin, ohne
> > Rücksicht auf eine bestimmte Meinung, zu schützenden Rechtsgutes
> > dienen, dem Schutze eines Gemeinschaftswerts, der gegenüber der
> > Betätigung der Meinungsfreiheit den Vorrang hat" (BVerfGE 7, 198
> > [209 f.] – „*Lüth*"). Diese Formulierung geht zurück auf die entspre-
> > chende Streitfrage aus der Zeit der Weimarer Reichsverfassung, als
> > zum gleichlautenden Art. 118 I WRV im Wesentlichen zwei Auffas-
> > sungen vertreten wurden: die **Sonderrechtslehre** und die **Abwägungs-
> > lehre** (näher *P/S,* StaatsR II, Rn. 648 ff.). Die erstere faßte den Begriff
> > „allgemein" formal, indem sie darauf abstellte, ob eine Äußerung
> > gerade wegen ihrer geistigen Zielrichtung verboten war, der Eingriff
> > sich also gegen Inhalt und Wirkung der Äußerung als solche richtete.
> > Die Abwägungslehre stellte dagegen auf materiale Gesichtspunkte

ab, nämlich auf die Wichtigkeit des durch den Eingriff geschützten Rechtsgutes, die gegen die Freiheit der Meinungsäußerung abgewogen werden sollte. Das BVerfG folgt mit seinem Ansatz in erster Linie der Sonderrechtslehre, fügt aber die Abwägungslehre quasi als Korrektiv an. Da letztere nach heutiger Grundrechtsdogmatik Teil der Verhältnismäßigkeitsprüfung ist, erscheint es sinnvoll, der Sonderrechtslehre zu folgen (ähnlich *Schulze-Fielitz*, in: Dreier, GG, Art. 5 I, II Rn. 113; wohl jetzt auch BVerfG, NJW 1998, 1381 [1382] – *„Titelseite"*), wenngleich auch diese in der Praxis keine große Bedeutung erlangt hat, weil Regelungen, die von vornherein bestimmte Äußerungsinhalte zu unterdrücken suchen, selten sind. Das BVerfG hat – soweit ersichtlich – bisher lediglich die Genehmigungspflicht der Veröffentlichung von Stellenangeboten für Arbeitsplätze im Ausland mangels Allgemeinheit für verfassungswidrig erklärt (BVerfGE 21, 271 [280] – *„Südkurier"*). Neuerdings ist die Allgemeinheit des 1994 in das StGB eingefügten § 130 III fragwürdig (hierzu *Huster*, NJW 1996, 487 [488 f.]).

26   (2) **Gesetze zum Schutze der Jugend.** Nach BVerfG enthält diese Vorschrift „eine Wertung des Grundgesetzes…, wonach der Schutz der Jugend ein Ziel von bedeutendem Rang und ein wichtiges Gemeinschaftsanliegen ist" (BVerfGE 30, 336 [348], 77, 346 [356] – *„Presse-Grossist"*). Die Bedeutung der Wendung als eigenständige Rechtfertigungsgrundlage ist gleichwohl gering, weil es sich in aller Regel um allgemeine Gesetze handeln wird, die lediglich eine bestimmte Form der Äußerung bzw. Darstellung verbieten (krit. hierzu *Tettinger*, JuS 1997, 769 [773 f.]). Sie ist jedoch im Rahmen der Verhältnismäßigkeit eines Eingriffs zu berücksichtigen.

27   (3) **Das Recht der persönlichen Ehre.** Da das BVerfG auch für Einschränkungen der Meinungsäußerungsfreiheit zum Schutze der persönlichen Ehre anderer eine gesetzliche Grundlage verlangt (BVerfGE 33, 1 [16 f.]), kommt dieser Rechtfertigungsgrundlage ebenfalls kaum eigenständige Bedeutung zu. Teilweise wird sie dazu verwendet, den besonderen verfassungsrechtlichen Rang des Ehrenschutzes gegenüber der Meinungsäußerungsfreiheit zu betonen; dieses Argument läßt sich ebenso auf den verfassungsrechtlichen Schutz des allgemeinen Persönlichkeitsrechts durch Art. 2 I i.V.m. Art 1 I GG stützen (s. hierzu § 17 Rn. 46). In Betracht kommt jedoch, solche Gesetze aufgrund des Ehrenschutzes zu rechtfertigen, die nicht „allgemein" sind und daher Sonderrecht darstellen.

28   **bb) Art. 17a I GG.** Ebenso kann Sonderrecht aufgrund von Art. 17a I GG gerechtfertigt werden. Diese Bestimmung erlaubt Einschränkungen der Meinungsäußerungsfreiheit für Angehörige der Streitkräfte und des Er-

satzdienstes durch Gesetz, ohne daß dieses ein allgemeines Gesetz sein muß.

cc) **Kollidierendes Verfassungsrecht.** Schließlich kommt eine Rechtfertigung   29
von Sonderrecht aufgrund von kollidierendem Verfassungsrecht in Frage,
insbesondere aufgrund entgegenstehender Grundrechte anderer. In Betracht kommt auch hier hauptsächlich das allgemeine Persönlichkeitsrecht. In der Praxis ist dies jedoch zumeist durch allgemeine Gesetze
geschützt, etwa durch die Beleidigungsstraftatbestände, so daß das allgemeine Persönlichkeitsrecht nicht als eigenständige Rechtfertigungsgrundlage, wohl aber im Rahmen der Verhältnismäßigkeitsprüfung eine Rolle
spielt.

b) **Schranken-Schranken**

aa) **Zensurverbot.** Unter Zensur ist nur die **Vorzensur** zu verstehen. Als sol-   30
che gelten Maßnahmen vor der Herstellung oder Verbreitung eines Gei-
steswerkes, insbesondere die behördliche Genehmigungspflicht (BVerf-
GE 33, 52 [71 f.]; 87, 209 [230] – „*Videokassette*"]). Bloße Anzeige-
oder Vorlegepflichten stellen dagegen keine Zensur dar, sofern von ihnen
die Zulässigkeit der Veröffentlichung nicht abhängig gemacht wird. Da
schon die Existenz eines solchen Genehmigungsverfahrens das Geistesle-
ben lähmt, ist das Zensurverbot dogmatisch als Schranken-Schranke einzuordnen, unterliegt damit selbst nicht dem Vorbehalt des allgemeinen
Gesetzes, sondern begrenzt diesen.

bb) **Besonderheiten bei der Verhältnismäßigkeitsprüfung**   31

(1) **Die Wechselwirkungslehre.** Die Wechselwirkungslehre ist seit BVerf-
GE 7, 198 ff. – „*Lüth*" beständiger Bestandteil der Rspr. des BVerfG
zur Meinungsfreiheit. Sie ist im Grunde nichts anderes als ein speziell
auf die Kommunikationsgrundrechte zugeschnittener **Grundsatz der
verfassungskonformen Auslegung** (ebenso *Schulze-Fielitz*, in: Dreier,
GG, Art. 5 I, II Rn. 127; allgemein hierzu *Windthorst*, VerfR I,
Rn. 50 f.). Die besondere Bedeutung im Rahmen des Art. 5 I GG
liegt praktisch darin, daß sich die Frage der Verfassungsmäßigkeit
nur sehr selten bezüglich eines Gesetzes stellt, sondern in den aller-
meisten Fällen im Hinblick auf die konkrete Auslegung und Anwendung desselben durch die Fachgerichte. Häufigste prozessuale Form
ist daher die Urteilsverfassungsbeschwerde, bei der der Schwerpunkt
der Prüfung auf der Frage liegt, ob das Gericht das einfache Gesetz,
oftmals handelt es sich um § 185 StGB oder §§ 823, 826 BGB, in
grundrechtskonformer Weise ausgelegt und angewendet hat. Konkret bedeutet die Wechselwirkungslehre: Die allgemeinen Gesetze
müssen in ihrer grundrechtbeschränkenden Wirkung ihrerseits im
Lichte der Bedeutung dieses Grundrechts ausgelegt werden. Der

Richter muß daher bei der Auslegung und Anwendung des einfachen Rechts eine Güterabwägung vornehmen: „Das Recht zur Meinungsäußerung muß zurücktreten, wenn schutzwürdige Interessen eines anderen von höherem Rang durch die Betätigung der Meinungsfreiheit verletzt würden. Ob solche überwiegenden Interessen anderer vorliegen, ist aufgrund der Umstände des Einzelfalles zu ermitteln" (BVerfGE 7, 198 [209 f.] – „*Lüth*").

32   **(2) Vermutung für die Meinungsfreiheit.** Das BVerfG hat wiederholt betont, es spreche eine Vermutung für die Freiheit der Rede, wenn es sich um eine **Auseinandersetzung in einer die Öffentlichkeit wesentlich berührenden Frage** handelt und nicht nur um eine private Auseinandersetzung mit rein persönlicher oder wirtschaftlicher Zielsetzung. Nach *Grimm* hat diese Vermutungsregel ihren Grund darin, daß „im Fall öffentlicher Rede nicht nur zwei entgegengesetzte Individualinteressen im Spiel sind, zwischen denen im Rahmen der gesetzlich getroffenen Konfliktlösung abgewogen werden muß, sondern das überindividuelle Interesse an einer offenen Kommunikation hinzutritt, ohne die der demokratische Prozeß undenkbar ist." Ferner habe die Sanktionierung öffentlicher Äußerungen eine generell einschüchternde Wirkung, die dazu führen könne, daß aus Unsicherheit auch Äußerungen unterlassen würden, die den Meinungsbildungsprozeß fördern (NJW 1995, 1697 [1703 f.]). Da jedoch Einigkeit darüber besteht, daß die Meinungsäußerungsfreiheit kein Grundrecht von höherem Rang ist als etwa das allgemeine Persönlichkeitsrecht (zur mangelnden Wertrangordnung zwischen den einzelnen Grundrechten generell *Sachs*, in: Stern, StaatsR III/2, S. 828 ff.; *E. Klein*, in: FS Benda, 1995, S. 135 ff.), wirkt die Vermutungsregel nicht im Sinne eines regelmäßigen Vorrangs der Redefreiheit, sondern bedeutet lediglich, daß deren Verbot erhöhten Begründungsanforderungen unterliegt.

33   **(3) Abwägungsrichtlinien insbesondere gegenüber dem Persönlichkeitsschutz.** Die Fälle, in denen die Freiheit der Meinungsäußerung in einen verhältnismäßigen Ausgleich gegenüber der Persönlichkeit, insbesondere der Ehre, des von der Äußerung Betroffenen gebracht werden muß, sind die in der Praxis bei weitem am häufigsten. In der Rechtsprechung des BVerfG haben sich im Laufe der Zeit gewisse Grundsätze herausgebildet, welchem Recht in welcher Fallkonstallation in der Regel der Vorrang gebührt.

34   Die bereits für die Bestimmung des Schutzbereichs vorgenommene **Unterscheidung zwischen Tatsachenbehauptung und Werturteil** (s.o. Rn. 8) wird im Rahmen der Verhältnismäßigkeit eines Eingriffs abermals bedeutsam. Denn Tatsachenbehauptungen enthalten regelmäßig nicht nur die persönliche Auffassung des Äußernden, sondern

darüber hinaus den Anspruch objektiver Richtigkeit, so daß die kritische Distanz des Publikums erschwert wird; sie stellen daher eine größere Gefährdung anderer Rechtsgüter dar.

Wahre Tatsachenbehauptungen haben gewöhnlich den Vorrang. 35
Ausnahmen sind jedoch denkbar, wenn die Intimsphäre Dritter betroffen ist oder ein besonders hochrangiges Gut schwerwiegend beeinträchtigt würde.

Beispiel: Der öffentliche Bericht über eine Straftat am Tage der Entlassung des Straftäters war unzulässig (BVerfGE 35, 202 – „*Lebach*").

Bei rechtswidrig erworbenen Informationen kommt es darauf an, ob 36
die Weiterverbreitung von erheblichem öffentlichen Interesse für die Meinungsbildung ist.

Beispiel: Die Veröffentlichung erschlichener Redaktionsgeheimnisse hat keinen Vorrang, wenn sie sich nicht auf erhebliche Mißstände einschließlich rechtswidriger Vorgehensweisen bezieht (BVerfGE 66, 116 [139] – „*Wallraff*").

Unwahre Tatsachenbehauptungen treten in der Regel hinter anderen 37
Rechtspositionen zurück; dasselbe gilt für Tatsachenbehauptungen, deren Wahrheit der Äußernde nicht beweisen kann (vgl. BVerfGE 94, 1 [11]). Allerdings muß berücksichtigt werden, ob der Äußernde berechtigter Weise von der Wahrheit seiner Aussage ausgegangen ist. Dabei ist auf den Zeitpunkt der Äußerung abzustellen, und es dürfen keine überzogenen Anforderungen an Genauigkeit und Sorgfalt bei der Ermittlung gestellt werden. Unwidersprochene Presseberichte sind als Grundlage ausreichend (BVerfGE 85, 1 [21 f.] – „*kritische Bayeraktionäre*"). Unrichtige Zitate genügen diesen Anforderungen in der Regel aber nicht (BVerfGE 54, 208 [219 ff.] – „*Böll*"), ebensowenig erfundene Interviews der Sensationspresse (BVerfGE 34, 269 [283 f.] – „*Soraya*"; BGH, NJW 1996, 1128 – „*Caroline v. Monaco*"). Andererseits kann der Presse nicht verwehrt werden, nach sorgfältiger Recherche auch über Vorgänge zu berichten, deren Wahrheit im Zeitpunkt der Veröffentlichung nicht mit Sicherheit feststeht. Eine solche Veröffentlichung kann aber eine Pflicht zur Gegendarstellung des Betroffenen nach sich ziehen (BVerfG, NJW 1998, 1381 [1383] – „*Titelseite*").

Bei **Werturteilen** ist der Schutz der Persönlichkeit dann vorrangig, 38
wenn die Menschenwürde angetastet wird. Ferner tritt die Meinungsäußerungsfreiheit bei der sogenannten Formalbeleidigung oder bei Schmähkritik regelmäßig zurück. Eine Schmähung liegt vor, wenn statt der sachlichen Auseinandersetzung ausschließlich die persönliche Diffamierung intendiert ist.

Beispiel: Die Bezeichnung des Schriftstellers Heinrich Böll als einen der verlogensten, ja korruptesten Autoren und seiner Schriften als widerwärtigen Dreck

(BVerfG, NJW 1993, 1462; vgl. aber dagegen BVerfGE 54, 129 [137 ff.] – *Römerberg-Gespräche*"; 82, 272 [283 ff.] – *„Zwangsdemokrat"*).

39 In allen anderen Fällen ist eine Abwägung im Einzelfall erforderlich (hierzu etwa BVerfG, NJW 1998, 1386 [1387 f.] – *„Münzen-Erna"*).

40 **(4) Besonderheiten im Beamtenverhältnis.** Beamte unterliegen in ihrer Grundrechtsausübung grundsätzlich keinen besonderen Beschränkungen, d. h. sie können sich wie alle Bürger auf die Meinungsfreiheit berufen. Beamtenrechtliche Mäßigungs- und Zurückhaltungspflichten sind jedoch im Hinblick auf den Rang der Neutralität des öffentlichen Amtes, der in Art. 33 V GG verfassungsrechtlich verankert ist, zulässig.

Beispiele:
– Untersagung des Tragens von politischen Plaketten für Lehrer während des Unterrichts wegen Indoktrinierungsgefahr (BVerwGE 84, 292 [296 ff.]).
– Ahndung der öffentlichen Äußerung: „35 Richter und Staatsanwälte des Landgerichtsbezirks Lübeck gegen die Raketenstationierung" wegen des Ansscheins amtlicher Verlautbarung (BVerwG, DVBl 1988, 351).

Beachte: Das **Zitiergebot** des Art. 19 I 2 GG gilt nicht für die allgemeinen Gesetze im Sinne des Art. 5 II GG, denn es verfolgt den Zweck einer Warnfunktion für den Gesetzgeber. Ein allgemeines Gesetz enthält aber gerade keine gezielte Einschränkung.

5. Verhältnis zu anderen Grundrechten

41 Die anderen Grundrechte des Art. 5 I und III GG sind gegenüber der Meinungsäußerungsfreiheit spezielle Regelungen, die Abgrenzung zur Presse-, Rundfunk- sowie zur Kunstfreiheit ist jedoch nicht immer einfach (s.u. Rn. 59, 64, 87). Die Glaubensfreiheit aus Art. 4 GG ist lex specialis zur Meinungsfreiheit (BVerfGE 32, 98 [107]). Zum Verhältnis zu Art. 8 s. § 9 Rn. 32.

II. Die Informationsfreiheit, Art. 5 I 1, 2. Hs. GG

1. Bedeutung

42 Die Informationsfreiheit wurde als Reaktion auf die nationalsozialistischen Informationsbeschränkungen, insbesondere das Verbot, ausländische Sender zu hören, in das GG aufgenommen (BVerfGE 27, 71 [80] – *„Leipziger Volkszeitung"*). Ebenso wie die Meinungsfreiheit hat sie eine doppelte Bedeutung: die Sicherung der persönlichen Entfaltung sowie des demokratischen Prinzips. Im Gegensatz zu den übrigen Kommunikationsfreiheiten schützt die Informationsfreiheit nicht den Äußernden, sondern den Empfänger einer Äußerung, den Leser und den Zuschauer.

2. Schutzbereich

Informationsquellen sind zunächst alle denkbaren Träger von Informationen wie   43
etwa Schriftstücke und Abbildungen jeder Art, Hörfunk- und Fernsehen, sonstige elektronische Medien sowie jegliche auskunftbereite Personen. Ferner ist auch
der Gegenstand der Information selbst deren Quelle, z. B. der Verkehrsunfall, die
Gerichtsverhandlung.

Allgemein zugänglich ist jede Informationsquelle, die technisch geeignet und be-   44
stimmt ist, der Allgemeinheit, d. h. einem individuell nicht bestimmbaren Personenkreis, Informationen zu verschaffen (BVerfGE 27, 71 [83] – *„Leipziger Volkszeitung"*; 33, 52 [65]; 90, 27 [32] – *„Parabolantenne"*). Technisch geeignet
bedeutet tatsächlich, nicht rechtlich, geeignet. Wer die Bestimmung zur Informa-
tionsverschaffung setzt, hat das BVerfG bisher nicht geklärt. In Frage kommt
aber nur der Informationsträger (ebenso *Lerche,* Jura 1995, 561 [563 ff.]). Nicht
allgemein zugänglich sind somit private Aufzeichnungen sowie Behördenakten,
es sei denn sie befinden sich in öffentlichen Archiven. Die Informationsfreiheit
begründet daher keinen Anspruch auf Akteneinsicht (BVerfG, NJW 1983,
2954).

Beachte: Auch und gerade ausländische Informationsquellen fallen in den
Schutzbereich der Informationsfreiheit (BVerfGE 27, 71 [83] – *„Leipziger Volkszeitung"*; 90, 27 [32] – *„Parabolantenne"*).

Sich unterrichten umfaßt sowohl das schlichte Entgegennehmen als auch das   45
aktive Beschaffen von Informationen, z. B. durch das Aufstellen einer Parabolantenne (BVerfGE 90, 27 [36 f.] – *„Parabolantenne"*).

3. Eingriff

Eingriff ist jedes Verbot und jede tatsächliche Behinderung durch die öffentliche   46
Gewalt.

Beispiele:
– Das Verbot der Aufstellung von Antennen auf dem Dach zum Zwecke der Erhaltung des
   historischen Stadtbildes durch Gemeindeverordnung (BayVGH 38, 134).
– Verzögerung der postalischen Zustellung einer Zeitung wegen vorheriger Überprüfung auf
   verfassungsfeindliche Inhalte (BVerfGE 27, 88 (98 f.) – *„Der Demokrat"*).

Der Staat ist jedoch grundsätzlich nicht verpflichtet, dem Bürger bestimmte In-   47
formationen zu beschaffen oder allgemein zugängliche Quellen einzurichten
(BVerwG, DÖV 1979, 102; VGH München, NJW 1992, 929 [930]).

Aufgrund der mittelbaren Drittwirkung der Grundrechte (hierzu *Erichsen,* Jura   48
1996, 527 ff.) ist im Rahmen der zivilrechtlichen Auslegung eines Mietvertrages
das Informationsinteresse zu beachten.

Beispiel: Bei der Auslegung des Rechts des ausländischen Mieters gegenüber seinem Vermieter
hat das Zivilgericht die Informationsfreiheit zu berücksichtigen, wenn der Mieter eine Parabo-

lantenne anbringen will, um Fernsehprogramme aus seiner Heimat empfangen zu können (BVerfGE 90, 27 [33 f.] – „*Parabolantenne*").

4. Verfassungsrechtliche Rechtfertigung

49 Für die Informationsfreiheit gelten grundsätzlich dieselben Schranken wie für die Meinungsäußerungfreiheit (s. o. Rn. 22 ff.). Es wird jedoch im allgemeinen nicht zu den gleichen Abwägungsproblemen zwischen Ehrenschutz und Informationsfreiheit kommen.

III. Die Pressefreiheit, Art. 5 I 2, 1. Alt. GG

1. Bedeutung

50 „Eine freie, nicht von der öffentlichen Gewalt gelenkte, keiner Zensur unterworfene Presse ist Wesenselement des freiheitlichen Staates und für die moderne Demokratie unentbehrlich" (BVerfGE 20, 162 [174] – „*Spiegel*"). „Ihre Aufgabe ist es, umfassende Information zu ermöglichen, die Vielfalt der bestehenden Meinungen wiederzugeben und selbst Meinungen zu bilden und zu vertreten" (BVerfGE 52, 283 [296] – „*Tendenzschutz*"). In ihrer ebenfalls bestehenden doppelten Bedeutung – als Sicherung persönlicher Entfaltung sowie demokratischer Ordnung – weist die Pressefreiheit gegenüber der Meinungsäußerungs- und der Informationsfreiheit eine deutliche Akzentverschiebung in Richtung auf die Sicherung einer freiheitlichen Staatsordnung auf, weil die Presse wichtiges Medium freier öffentlicher Meinungsbildung ist. Das BVerfG sieht daher als Schutzgegenstand der Pressefreiheit nicht nur das einzelne Presseerzeugnis, sondern „die Institution einer freien Presse überhaupt" (BVerfGE 85, 1 [12] – „*kritische Bayeraktionäre*"; 86, 122 [128] – „*Berufsschüler*").

2. Schutzbereich

a) Persönlicher Schutzbereich

51 Geschützt sind sowohl natürliche Personen wie etwa Redakteure und Journalisten als auch juristische Personen des Privatrechts, soweit sie im Pressewesen tätig sind (BVerfGE 20, 162 [175] – „*Spiegel*"), also etwa das Verlags- und das Presseunternehmen, aber auch andere nicht hauptsächlich im Pressewesen tätige Unternehmen, sofern sie eine Zeitung herausgeben (BVerfGE 95, 28 [34 f.] – „*Werkszeitung*"). Dies kann zu Fragen der sogenannten **inneren Pressefreiheit** führen, wenn sich nämlich der einzelne Journalist gegenüber dem Verlag gegen inhaltliche Bindungen in seinem Arbeits- oder Mitarbeitervertrag wenden will. Nach BVerfGE 52, 283 (295 ff.) – „*Tendenzschutz*" hat der Gesetzgeber keine unbegrenzte Gestaltungsbefugnis im Hinblick auf die presserechtliche Binnenstruktur, vielmehr muß demjenigen das Recht auf Bestimmung der inhaltlichen Richtlinien zustehen, der das wirtschaftliche Risiko trägt (s. näher *Lerche*, Verfassungsrechtliche Aspekte der inneren Pressefreiheit, 1974).

b) Sachlicher Schutzbereich

Presse ist der herkömmliche Begriff für alle **Druckerzeugnisse**, die als Medium des   52
öffentlichen Kommunikationsprozesses dienen (BVerfGE 95, 28 [34 f.] –
„Werkszeitung"). Hierunter fallen nicht nur Zeitungen, Zeitschriften und Bü-
cher, sondern auch Flugblätter, Aufkleber und Plakate, wohl auch Schallplatten
(*Jarass*, in: J/P, GG, Art. 5 Rn. 20; *Bethge*, in: Sachs, GG, Art. 5 Rn. 68).

Anders als bei der Meinungsäußerungsfreiheit unterfällt die Verbreitung reiner   53
Nachrichten ohne eigene Stellungnahme unstreitig der Pressefreiheit (BVerfGE
21, 271 [279] – *„Südkurier"*). Ferner garantiert die Pressefreiheit die freie Gestaltung von Presseerzeugnissen sowohl in inhaltlicher als auch in formaler Hinsicht. Art. 5 I 2 GG gewährleistet daher die freie Bestimmung, welche Themen
behandelt werden und wo bzw. in welcher Aufmachung die einzelnen Beiträge
erscheinen.

Beispiel: Wird eine Zeitschrift verpflichtet, eine Gegendarstellung nicht irgendwo, sondern auf
der Titelseite abzudrucken, so stellt dies einen Eingriff in die Pressefreiheit dar (BVerfG, NJW
1998, 1381 [1382] – *„Titelseite"*).

Die von der Pressefreiheit geschützten Handlungen reichen **„von der Beschaffung**   54
der Information bis zur Verbreitung" (BVerfGE 20, 162 [176] – *„Spiegel"*; 91, 125
[134] – *„Gerichtssaal"*), wobei der publizistischen Vorbereitungstätigkeit, zu der
die Informationsbeschaffung gehört, besonderes Gewicht zukommt (BVerfGE
50, 234 [240]; 91, 125 [134] – *„Gerichtssaal"*). Sie garantiert auch die Respek-
tierung eines gewissen Vertrauensverhältnisses zwischen den Journalisten und
ihren Informanten (BVerfGE 95, 28 [36] – *„Werkszeitung"*) sowie das Redakti-
onsgeheimnis (BVerfGE 66, 116 [133] – *„Wallraff"*). In die geschützte Vertrau-
enssphäre der Presse fällt auch der Anzeigenteil einer Zeitung, denn Anzeigen
dienen zum einen der Erhaltung der wirtschaftlichen Grundlagen der Zeitung
und damit ihrer wirtschaftlichen Unabhängigkeit, zum anderen gehört die Veröffentlichung von Anzeigen zu den typischen Kommunikationsaufgaben der
Presse (BVerfGE 64, 108 [114 f.] – *„Chiffreanzeige"*). Auch **technische Tätigkei-**
ten unterfallen der Pressefreiheit, etwa die Buchhaltung (BVerfGE 25, 296 [304])
und die Anzeigenabteilung (BVerfGE 64, 108 [114 f.]- *„Chiffreanzeige"*).

Beispiele:
– Ob ein Verlag den Auftraggeber einer Chiffreanzeige im strafrechtlichen Ermittlungsverfahren preisgeben muß oder sich auf ein Zeugnisverweigerungsrecht berufen kann, ist an Art. 5
  I 2 GG zu messen (BVerfGE 64, 108 [114 f.] – *„Chiffreanzeige"*).
– Der Verkauf jugendgefährdender Schriften durch den Presse-Grossisten fällt in den Schutzbereich der Pressefreiheit, weil die Tätigkeit des Presse-Grossisten einen engen organisatorischen und funktionalen Pressebezug aufweist und Auswirkungen auf die Meinungsverbrei-
  tung hat (BVerfGE 77, 346 [354 f.] – *„Presse-Grossist"*).

3. Eingriff

55 Jede rechtliche oder tatsächliche Behinderung durch die öffentliche Gewalt stellt einen Eingriff dar.

Beispiel: Nach § 4 GjS ist es verboten, jugendgefährdende Schriften über den Versandhandel zu vertreiben (BVerfGE 30, 336 [347]).

56 Häufig liegt der Eingriff in einem zivilgerichtlichen Urteil auf Unterlassung, Widerruf oder Veröffentlichung einer Gegendarstellung durch eine Zeitung oder auf Schadensersatz (hierzu vor allem BVerfG, NJW 1998, 1381 ff. – *„Titelseite"*; zu den einzelnen Ansprüchen gegen Presseunternehmen *Hager*, Jura 1995, 566 [570 ff.].

57 Auch die Subvention an einen Konkurrenten greift in die Pressefreiheit ein und bedarf einer detaillierten gesetzlichen Grundlage, in der die Vergabekriterien genau festgelegt sind (BVerfGE 80, 124 [135 f.] – *„Postzeitungsvertrieb"*; s. auch OVG Berlin, NJW 1975, 1938).

Beachte: Einen Informationsanspruch der Presse gegenüber staatlichen Stellen gewährt Art. 5 I 2 GG grundsätzlich nicht. Streitig ist, ob die Presse einen Anspruch auf Minimalinformationen bzw. ermessensfehlerfreie Entscheidung über die Informationsweitergabe hat. Dagegen spricht jedoch, daß praktisch jeder ein potentieller Herausgeber von Presseerzeugnissen ist (*Wendt*, in: v.Münch/Kunig, GG I, Art. 5 Rn. 35). Dies schließt natürlich nicht aus, daß das einfache Recht einen Informationsanspruch gewährt, wie dies die Landespressegesetze tun.

4. Verfassungsrechtliche Rechtfertigung

58 Es gelten dieselben Rechtfertigungsgrundlagen wie für die Meinungsäußerungsfreiheit sowie das dazu Gesagte (s. o. Rn. 22 ff.; als Beispiel s. etwa BVerfG, NJW 1998, 1381 [1382 ff.] – *„Titelseite"*). Lediglich aufgrund der besonderen Bedeutung der Presse als Wesenselement einer freiheitlichen und demokratischen Staatsordnung können sich Akzentverschiebungen in der Argumentation ergeben.

5. Verhältnis zu anderen Grundrechten

59 Unklar ist, ob auch der **Inhalt** von Presseerzeugnissen an der Pressefreiheit zu messen ist, sofern es sich um Meinungsäußerungen handelt. Das BVerfG hat hier häufig lediglich die Meinungsäußerungsfreiheit als Maßstab herangezogen (BVerfGE 43, 130 [137]; 71, 162 [179 ff.]; 86, 122 [127 ff.] – *„Berufsschüler"*) und betont neuerdings, daß die Schaffung einer eigenen Garantie der Pressefreiheit nicht den Sinn haben sollte, gedruckte Äußerungen aus dem Schutzbereich der Meinungsfreiheit auszuschließen; bei der besonderen Garantie der Pressefreiheit gehe es um die die einzelne Meinungsäußerung übersteigende Bedeutung der Presse für die freie individuelle und öffentliche Meinungsbildung (BVerfGE 85, 1 [12] – *„kritische Bayeraktionäre"*; krit. *Heselhaus*, NVwZ 1992, 740 ff.; s.

auch *Kunig*, Jura 1995, 589 [591]). Dies kann zu unterschiedlichen Maßstäben bezüglich ein und desselben Druckwerkes führen, denn für die Pressefreiheit können andere Abwägungsgrundsätze gelten als für die Meinungsfreiheit (s. o. Rn. 58); ferner ist Art. 17a GG nur auf die Meinungsfreiheit anwendbar.

Beispiel: Ein ehrenrühriger Leserbrief wäre bzgl. des Urhebers an der Meinungsäußerungsfreiheit, bzgl. des Verlages an der Pressefreiheit zu messen.

IV. Die Rundfunkfreiheit, Art. 5 I 2, 2. Alt. GG

1. Bedeutung

Mehr noch als die Pressefreiheit faßt das BVerfG die Rundfunkfreiheit als dienende Freiheit auf, die die freie individuelle und öffentliche Meinungsbildung sichern soll. „Unter den Medien kommt dem Rundfunk wegen seiner Breitenwirkung, Aktualität und Suggestivkraft besondere Bedeutung zu. Freie Meinungsbildung wird daher nur in dem Maß gelingen, wie der Rundfunk seinerseits frei, umfassend und wahrheitsgemäß informiert" (BVerfGE 90, 60 [87] – „*Rundfunkgebühren*"). Aus diesem Grunde wird die Rundfunkfreiheit nicht nur als bloßes Abwehrrecht gedeutet, sondern darüber hinaus, wenn nicht gar in erster Linie, als Garant einer positiven Ordnung, die durch materielle, organisatorische und prozedurale Regelungen ausgestaltet wird. Denn nicht nur vor Indienstnahme durch den Staat soll die Rundfunkfreiheit schützen, sondern auch vor Auslieferung an übermächtige gesellschaftliche Interessen und Mächte (BVerfGE 90, 60 [87 f.] – „*Rundfunkgebühren*"). Vor diesem Hintergrund war der Rundfunk bis vor nicht allzu langer Zeit ausschließlich öffentlich-rechtlich organisiert, und noch heute haben die Rundfunkanstalten des öffentlichen Rechts in der sogenannten dualen Rundfunkordnung, in der auch private Sender zugelassen sind, eine Sonderstellung inne, weil sie zum überwiegenden Teil über Rundfunkgebühren, also eine öffentlich-rechtliche Abgabe, finanziert werden. Dafür haben die Rundfunkanstalten die Grundversorgung der Bevölkerung sicherzustellen, sind also in ihrer Programmgestaltung nicht völlig frei, insbesondere was die Ausstrahlung von Werbesendungen betrifft. Das Regelungsziel des Art. 5 I 2, 2. Alt. GG, nämlich das der Medienpluralität, wird nach diesem Konzept durch die paritätische Besetzung der Aufsichtsgremien der einzelnen Anstalten, sprich der Rundfunkbeiräte, mit allen gesellschaftlich relevanten Gruppen gewährleistet.

2. Schutzbereich

a) Persönlicher Schutzbereich

Bei der Rundfunkfreiheit stellt sich das Problem, ob die **Rundfunkanstalten** als **juristische Personen des öffentlichen Rechts** grundrechtsfähig sind (hierzu allgemein *Windthorst*, VerfR I, § 6 Rn. 35 ff.). Das BVerfG hat früh entschieden und seither oft bekräftigt, daß die Rundfunkanstalten unmittelbar dem durch das

Grundrecht geschützten Lebensbereich zuzuordnen sind (BVerfGE 31, 314 [322]; 59, 231 [254]; 64, 256; 74 297 [317 f.]; 77, 65 [72]; 78, 101; 81, 12; 87, 181; 87, 334). Sie sollen in der Lage sein, die politische Indienstnahme durch die öffentliche Gewalt im übrigen abzuwehren, und befinden sich daher in einer grundrechtstypischen Gefährdungslage. Auf der andere Seite bleiben sie ein Teil der öffentlichen Gewalt und als solche grundrechtsverpflichtet; sie haben deshalb z. B. die Chancengleichheit der Parteien bei der Vergabe von Sendezeiten zu beachten (BVerfGE 7, 99 [103 f.]; 14, 121 [133]; zur Wahlwerbung aus Sicht der Rundfunkfreiheit *Wieland*, ZUM 1994, 447 ff.). Mehr noch als bei der Pressefreiheit stellt sich das Problem der sogenannten inneren Rundfunkfreiheit, die Frage also, inwieweit sich der einzelne Rundfunkjournalist gegenüber der Rundfunkanstalt auf die Rundfunkfreiheit berufen kann (im einzelnen s. *Herrmann*, Rundfunkrecht. Fernsehen und Hörfunk mit neuen Medien, 1994, § 7 Rn. 44 m. w. N.). Neuerdings berufen sich auch die **Landesmedienanstalten** auf die Rundfunkfreiheit (s. hierzu BayVerfGH, NVwZ-RR 1995, 671 f.; BVerfGE 95, 163 ff.; *Bethge*, NJW 1995, 557 ff.; *Bumke*, ZUM 1995, 360 [363 mit Fn. 36]). Landesmedienanstalten sind rechtsfähige Anstalten des öffentlichen Rechts, die ihre Tätigkeit innerhalb der gesetzlichen Bestimmungen unabhängig und in eigener Verantwortung ausüben (Übersicht bei *Herrmann*, a. a. O., § 17 Rn. 39 ff.). Sie entscheiden über die Zulassung privater Sender, verteilen die verfügbaren Sendefrequenzen, führen die laufende Aufsicht sowie die Konzentrationskontrolle durch. Hierbei handelt es sich um hoheitliche Aufgaben (ebenso *Bethge*, in: Sachs, GG, Art. 5 Rn. 113), so daß nicht recht ersichtlich ist, inwiefern die Landesmedienanstalten dem grundrechtlich geschützten Lebensbereich zuzuordnen sein sollen. Sie sind vielmehr ausschließlich Grundrechtsverpflichtete (vgl. hierzu BVerfGE 95, 220 [234 ff.] – „*Radio Dreyeckland*").

62 **Natürliche Personen** sowie **juristische Personen des Privatrechts**, sprich **Medienunternehmen**, sind Grundrechtsträger. Daher fallen auch private Rundfunkveranstalter in den Schutzbereich der Rundfunkfreiheit (BVerfGE 95, 220 [234] – „*Radio-Dreyeckland*"; BVerfG, NJW 1998, 2659 [2660] m. Hinw. zum Begriff des Rundfunkveranstalters; *Bethge*, NJW 1997, 2 ff.). Wieweit ihnen ein Anspruch auf Betreiben eines Senders bzw. auf die Veranstaltung von einzelnen Rundfunksendungen zusteht, ist damit nicht entschieden, sondern eine Frage des Gewährleistungsumfangs (in diesem Sinne auch *Bethge*, in: Sachs, GG, Art. 5 Rn. 110 ff., s. dazu u. 66). Der einzelne Rundfunkteilnehmer ist nicht Träger der Rundfunkfreiheit (BVerfG, NJW 1990, 311), ihm steht lediglich die Informationsfreiheit nach Art. 5 I 1, 2. Alt. GG zu.

b) Sachlicher Schutzbereich

63   **aa) Rundfunkbegriff.** Rundfunk ist jede an die Allgemeinheit, sprich an eine unbestimmte Zahl von Empfängern, gerichtete Fernübermittlung von Daten, sei es drahtlos oder per Leitung. Erfaßt ist also nicht nur der Hörfunk, sondern auch das Fernsehen. Schwierigkeiten bereitet die Ein-

ordnung der sogenannten **neuen Medien**, also Bildschirmtext, Videotext, Pay-TV (gegen Entgelt abrufbare Fernsehsendungen), Spartenprogramme sowie der über Computervernetzung hergestellte Informationszugang und -austausch, also Internet bzw. e-mail (ausführlich dazu *Degenhart*, BK, GG I, Art. 5 Rn. 517; *Hoffmann-Riem*, AfP 1996, 9; *Bullinger*, JZ 1996, 385 [386 ff.]). Bei der Verbreitung von reinen Texten (z. B. Btx, Videotext) liegt es nahe, die Pressefreiheit für sachnäher zu erachten, weil es an der für den Rundfunk typischen Suggestivwirkung des gesprochenen Wortes oder des bewegten Bildes fehlt. Da die Presse in privater Hand ist und grundsätzlich dem freien Markt überlassen bleibt, während der Rundfunk auch nach Zulassung privater Anbieter umfassender öffentlich-rechtlicher Aufsicht unterworfen bleibt, hat die Zuordnung erhebliche Bedeutung. Beim herkömmlichen Telefonat ebenso wie bei der e-mail-Nachricht fehlt es an der unbestimmten Zahl von Empfängern, während bei Abrufprogrammen (z. B. Pay-TV) die Sendung für jeden Zahlungswilligen empfangbar ist (zur unterschiedlichen Behandlung von Abrufdiensten in den einzelnen Mediengesetzen der Länder s. *Bullinger*, JZ 1996, 385 [386 m. Fn. 9, 11]).

bb) Gewährleistungsumfang. Die Rundfunkfreiheit erfaßt alle Vorbereitungshandlungen, reicht also von der Beschaffung der Information bis zur Verbreitung. Die Zulässigkeit von Fernsehaufnahmen im Gerichtssaal während der Verhandlung ist daher an der Rundfunkfreiheit zu messen (BVerfGE 91, 125 ff. – „Gerichtssaal"; BVerfG, NJW 1996, 581; *Schwarz*, AfP 1995, 353 ff.; *Huff*, NJW 1996, 571 ff.). Wie bei der Pressefreiheit ist auch die Vertraulichkeit der Redaktionsarbeit geschützt. Ferner schützt Art. 5 I 2, 2.Alt. GG die sogenannte **Programmautonomie**, gewährleistet also „Auswahl, Inhalt und Ausgestaltung der Programme" sowie das Recht „frei von fremdem, insbesondere staatlichem Einfluß über Auswahl, Einstellung und Beschäftigung der Rundfunkmitarbeiter zu bestimmen", die an der inhaltlichen Gestaltung des Programms mitwirken (BVerfGE 59, 231 [260]; zu den inhaltlichen Programmbindungen *Degenhart*, BK, GG I, Art. 5 Rn. 617 ff.). Ob allerdings der konkrete Inhalt einer Sendung von der Rundfunkfreiheit geschützt wird oder an der Meinungsfreiheit zu messen ist, ist noch nicht abschließend geklärt (*Heselhaus*, NVwZ 1992, 740 [741]; s. hierzu bereits zur Pressefreiheit, Rn. 59). Jedenfalls umfaßt die Rundfunkfreiheit gleich der Meinungs- und der Pressefreiheit nicht nur die reine Berichterstattung, sondern jede Form von Sendungen (BVerfGE 35, 202 [222] – „Lebach"; 60, 64; 73, 152), gleich welchen Inhalts und welcher Qualität (ebenso *Kreile/Detjen*, ZUM 1994, 78).

Die Rundfunkfreiheit hat nicht nur als Abwehrrecht gegen die politische Indienstnahme Bedeutung, sondern begründet gewisse Ansprüche auf eine **positive Rundfunkordnung**, die die Meinungsvielfalt innerhalb des gesamten Rundfunks gewährleistet sowie sicher stellt, daß „der klassische Auftrag des Rundfunks erfüllt wird, der neben seiner Rolle für die Meinungs- und Willensbildung, neben Unterhaltung und Information seine kulturelle Verantwortung umfaßt" (BVerfGE 90, 60 [90] – *„Rundfunkgebühren"*). Die Rundfunkanstalten haben daher Anspruch auf eine Finanzierung, die sie in die Lage versetzt, die ihnen zukommende Funktion im dualen Rundfunksystem, nämlich die der Grundversorgung der Bevölkerung, zu erfüllen; die angemessene Art ist die der Finanzierung durch Gebühren (BVerfGE ebda.; zur Problematik im Hinblick auf die Wettbewerbschancen der privaten Veranstalter *Oppermann*, JZ 1994, 499 [500 f.]).

66   Umstritten ist, ob die Rundfunkfreiheit einen **Anspruch für private Veranstalter auf Zugang** zum Rundfunkmarkt gewährt (ausführlich *Degenhart*, BK, GG I, Art. 5 Rn. 656 ff.; ferner *Goerlich/Radeck*, NJW 1990, 203 ff.; *Bethge,* ZUM 1994, 1 [5]). Soweit die Zahl der Sendefrequenzen technisch begrenzt ist, kommt zu dieser Frage noch das Verteilungsproblem hinzu, denn Zugang zu knappen Sendefrequenzen kann nur unter Ausschluß eines anderen Bewerbers gewährt werden (zur Chancengleichheit beim Zugang BVerfGE 73, 118 [152 f.]; *Degenhart*, BK, GG I, Art. 5 Rn. 436 ff.; *Schlink/Wieland*, Jura 1985, 570 [574]). Die Probleme des Verhältnisses von Rundfunkfreiheit und Frequenzverteilung im dualen Rundfunksystem bezeichnet das BVerfG selbst als „noch nicht abschließend geklärt" (BVerfGE 88, 25 [35]; vgl. auch BVerfG, NJW 1998, 2659 [2660 f.]).

3. Eingriff

67   Jede rechtliche oder faktische Beeinträchtigung der journalistischen Tätigkeit durch die öffentliche Gewalt stellt einen Eingriff dar.

Beispiel: Die Beschlagnahme von Filmaufnahmen einer Demonstration durch die Staatsanwaltschaft ist ein Eingriff in die Rundfunkfreiheit des ZDF (BVerfGE 77, 65 [72 ff.]).

68   Da es sich bei der Rundfunkfreiheit nicht um ein reines Abwehrrecht handelt, sondern nach BVerfG Anspruch auf eine gewisse positive Ordnung besteht (s. o. Rn. 65), ist darüber hinaus jede Mißachtung des Gewährleistungsumfanges durch den Landesgesetzgeber eine Beeinträchtigung. Die Landesmediengesetze, die neben einem Zulassungsverfahren eine nicht unerhebliche Programm- und Konzentrationskontrolle vorsehen sowie organisatorische Vorschriften für ihre Rundfunkanstalten enthalten, müssen sich daher als grundrechtsausgestaltende Gesetze in vollem Umfang an der Rundfunkfreiheit messen lassen (zur Überprüfung der Regelung in NRW s. etwa BVerfGE 83, 238 ff. – *„WDR, 6. Rundfunkurteil"*). Dasselbe gilt grundsätzlich für die Entscheidungen der Landesmedienanstalten.

69 Inzwischen dürfte der politische Schwerpunkt der Diskussion um die Rundfunkregulierung auf der Frage liegen, wie die Programmvielfalt trotz marktbeherr-
schender Medienunternehmer gesichert werden kann und ob es einer strafferen
Kontrolle der Medienkonzentration bedarf, um dem Postulat des BVerfG gerecht
zu werden, daß die Rundfunkfreiheit nicht gesellschaftlichen oder wirtschaftlichen Mächten ausgeliefert werden dürfe (s. o. Rn. 60; zur tatsächlichen Chancengleichheit zwischen den Rundfunkveranstaltern auch *Bullinger*, HdbStR VI,
§ 142 Rn. 149 ff.).

4. Verfassungsrechtliche Rechtfertigung

Grundsätzlich gelten die Schranken des Art. 5 II GG, wie sie für die Mei-   70
nungsäußerungsfreiheit und die Pressefreiheit dargelegt wurden (oben Rn. 22 ff.,
58).

Die Konstruktion der Rundfunkfreiheit als Garantie gewisser Grundsätze einer   71
positiven Rundfunkordnung macht es jedoch oftmals schwierig, einen Eingriff in
den Schutzbereich von der Rechtfertigungsebene zu trennen. Die Rundfunkfreiheit ausgestaltende gesetzliche Regelungen prüft das BVerfG bisher auf einer rein
objektivrechtlichen Ebene, bei der sich die einzelnen Prüfungsschritte nicht mehr
unterscheiden lassen, weil nur dann ein Eingriff vorliegt, wenn eine Regelung
dem von Art. 5 I 2, 2. Alt. GG vorgegebenen Normziel nicht entspricht, dieser
wiederum dann nicht mehr rechtfertigbar ist. Diese Vorgehensweise wird vor
dem Hintergrund der dualen Rundfunkordnung zunehmend problematisch, weil
für private Sender die gesetzlichen Regelungen bislang überwiegend nicht als
ausgestaltende Rahmenbedingungen, sondern als Zugangsbeschränkungen wirken (krit. auch *Gersdorf*, ZUM 1995, 841 ff.).

V. Die Filmfreiheit, Art. 5 I 2, 3. Alt. GG

Die Freiheit des Films hat neben der Rundfunkfreiheit sowie der Kunstfreiheit   72
(zur Abgrenzung von Film- und Kunstfreiheit *Reupert*, NVwZ 1994, 1155
[1157 ff.]) kaum eigenständige Bedeutung erlangt.

Unter den Begriff Film fallen nach h. M. auch Videokassetten (*Jarass*, in: J/P, GG,   73
Art. 5 Rn. 41, wohl auch BVerfGE 87, 209 [230 ff.] – „*Videokassette*"). Die
Filmfreiheit schützt wie Presse- und Rundfunkfreiheit alle mit dem Film zusam-
menhängenden Tätigkeiten von der Vorbereitung bis zur Verbreitung, also auch
Filmverleih, Kinos und Videotheken. Die Filmfreiheit schützt nicht nur die Berichterstattung, also Wochenschauen, Dokumentarfilme o. ä., sondern auch
Spielfilme (*Bullinger*, HdbStR VI, § 142 Rn. 83; a. A. *Reupert*, NVwZ 1994,
1155 ff.). Letztere fallen jedoch meist auch unter die Kunstfreiheit, die nicht wie
die Filmfreiheit den Schranken des Art. 5 II GG unterliegt.

C. Die Freiheit von Kunst und Wissenschaft, Art. 5 III GG

I. Die Kunstfreiheit, Art. 5 III 1, 1. Alt. GG

1. Bedeutung

74   Art. 5 III GG wurde fast wortgetreu aus der Weimarer Reichsverfassung übernommen. In Abkehr von der Indienstnahme der Kunst im Dritten Reich soll die
Garantie der Kunstfreiheit die Staatsfreiheit künstlerischen Schaffens sicherstellen und dazu dienen, „die auf der Eigengesetzlichkeit der Kunst beruhenden, von
ästhetischen Rückschlüssen bestimmten Prozesse, Verhaltensweisen und Entscheidungen von jeglicher Ingerenz öffentlicher Gewalt freizuhalten" (BVerfGE
30, 173 [190] – „*Mephisto*"; zur Geschichte der Kunstfreiheit s. auch *Würkner*,
Das Bundesverfassungsgericht und die Freiheit der Kunst, 1994, S. 16 ff.).

2. Schutzbereich

a) Kunstbegriff

75   Seit jeher umstritten ist der Begriff der Kunst. Die Schwierigkeit liegt darin, daß es
unmöglich ist, Kunst generell zu definieren und die Definition von Kunst durch
Gerichte, sprich öffentliche Gewalt, ihrem eigentlichen Wesen widerspricht, ande-
rerseits eine Abgrenzung zur Rechtsanwendung aber praktisch unausweichlich ist
(BVerfGE 67, 213 [224 f.] – „*Anachronistischer Zug*"; 75, 369 [377] – „*Strauß-
Karikatur*"; 83, 130 [138] – „*Mutzenbacher*"; hierzu und zum daraus abgeleiteten
Definitionsverbot auch *Denninger*, HdbStR VI, § 146 Rn. 1 ff.; *Pernice*, in: Dreier,
GG, Art. 5 III Rn. 17 ff.). Dementsprechend vielgestaltig sind die vom BVerfG und
der Literatur bislang angestrengten Versuche, dem Wesen der Kunst gerecht zu
werden. Im Wesentlichen kann man drei Ansätze unterscheiden:

– Das BVerfG verwendet hauptsächlich den sogenannten **materialen oder wertbezogenen**
   Kunstbegriff: Wesentlich für die künstlerische Betätigung ist „die freie schöpferische Gestaltung, in der Eindrücke und Erfahrungen, Erlebnisse des Künstlers durch das Medium einer
   bestimmten Formensprache zu unmittelbarer Anschauung gebracht werden. Alle künstlerische Tätigkeit ist ein Ineinander von bewußten und unbewußten Vorgängen, die rational
   nicht aufzulösen sind. Beim künstlerischen Schaffen wirken Intuition, Phantasie und Kunst-
   verstand zusammen; es ist primär nicht Mitteilung, sondern Ausdruck und zwar unmittel-
   barster Ausdruck der individuellen Persönlichkeit des Künstlers." (BVerfGE 30, 173 [189] –
   „*Mephisto*"; im Anschluß daran BVerfGE 67, 213 [226] – „*Anachronistischer Zug*"; 75,
   369 [377] – „*Strauß-Karikatur*"; 83, 130 [138] – „*Mutzenbacher*").
– Daneben wendet das BVerfG aber auch den **formalen** Kunstbegriff an, der erfordert, daß
   ein Kunstwerk einem bestimmten Werktyp zuzuordnen ist. Entscheidend ist demnach, daß
   die Gattungsanforderungen des Malens, Bildhauens, Dichtens u. a. erfüllt sind (BVerfGE 67,
   213 [227] – „*Anachronistischer Zug*", m.Nachw. zur Lit.; 81, 278 [291] – „*Bundesflagge*";
   s. ferner Überblick bei *Höfling*, Offene Grundrechtsinterpretation, 1987, S. 137 ff.). Dieser
   Begriff der Kunst knüpft an die Tradition an und läßt daher wenig Raum für neue Kunst-
   formen. Es dürfte jedoch kaum zweifelhaft sein, daß auch Happenings und Ereigniskunst in
   den Schutzbereich des Art. 5 III GG fallen (ebenso *P/S*, StaatsR II, Rn. 674). Auch wenn das

BVerfG dem formalen Kunstbegriff keine ausdrückliche Absage erteilt hat, so hat es doch die Anwendung von Art. 5 III GG bislang nicht an diesem Erfordernis scheitern lassen.

– Zunehmend vertreten wird der sogenannte **offene** Kunstbegriff, der an das von Umberto Eco bereits 1967 postulierte „offene Kunstwerk" anknüpft. Demnach besteht das kennzeichnende Merkmal einer künstlerischen Äußerung darin, „daß es wegen der Mannigfaltigkeit ihres Aussagegehalts möglich ist, der Darstellung im Wege einer fortgesetzten Interpretation immer weiterreichende Bedeutung zu entnehmen, so daß sich eine praktisch unerschöpfliche, vielstufige Informationsvermittlung ergibt" (BVerfGE 67, 213 [227] – „*Anachronistischer Zug*"; vgl. auch *Höfling*, Offene Grundrechtsinterpretation, 1987, S. 127 ff.). Diese Definition rückt die Kunstfreiheit in die Nähe der Kommunikationsfreiheiten, indem sie den Schwerpunkt vom persönlichen Ausdruck des Künstlers hin zur Aussage an ein interpretierendes Publikum verschiebt (in diese Richtung auch BVerfGE 77, 240 [251] – „*Herrnburger Bericht*"; zum kommunikativen Aspekt der Kunstfreiheit *Denninger*, HdbStR VI, § 146 Rn. 11 ff. [16]; *Würkner*, Das Bundesverfassungsgericht und die Freiheit der Kunst, 1994, S. 125 ff.; *Mahrenholz*, HdbVerfR, § 26, Rn. 36 ff.).

Nicht abschließend geklärt ist, auf welchen Publikumshorizont bei der Bestimmung abzustellen ist, auf den Kunstsachverständigen (*Wendt*, in: v.Münch/Kunig, GG I, Art. 5 Rn. 92) oder auf den „besonnenen Passanten" (vgl. BVerfGE 67, 213 [230] – „*Anachronistischer Zug*").   76

Klausurhinweis: Oftmals wird ein Werk unter alle genannten Definitionen zu subsumieren sein (s. BVerfGE 67, 213 [226 f.]), so daß eine breite Erörterung in der Fallösung nicht angezeigt ist. Der Schwerpunkt der Prüfung liegt in den meisten Fällen nicht auf der Frage, ob es sich um Kunst handelt, sondern welche Grenzen dem Künstler gezogen sind (*Henschel*, NJW 1990, 1937 [1940]). Eine Erörterung der unterschiedlichen Kunstbegriffe sollte lediglich dann erfolgen, wenn sie zu unterschiedlichen Ergebnissen führen.   77

Unerheblich ist in jedem Fall, welches Niveau ein Kunstwerk hat, auch satirische und pornographische Inhalte oder Darstellungsformen schließen das Vorliegen eines Kunstwerkes nicht aus (BVerfGE 83, 130 [139] – „*Mutzenbacher*").   78

Beispiel: "Frustzwerge": Gartenzwerge mit herausgestreckter Zunge und erhobenem Mittelfinger sowie mit heruntergelassenen Hosen oder solche als Scharfrichter verkleidet verkörpern den Gestaltungswillen ihres Schöpfer und sind Kunst im Sinne des Art. 5 III GG (AG Grünstadt, NJW 1994, 889; dazu *Hufen*, JuS 1995, 1029 f.; s. aber auch BVerfG, NJW 1998, 1386 [1387] – „*Münzen-Erna*").

b) Schutzumfang

aa) Die Kunstfreiheit schützt **Werk- und Wirkbereich** (BVerfGE 30, 173 [191] – „*Mephisto*"). Während ersteres das Schaffen eines Werkes einschließlich aller Vorbereitungshandlungen umfaßt, bezeichnet der Wirkbereich die öffentliche Darbietung, also den Druck und Verkauf eines Buches, die Ausstellung von Bildnissen oder Skulpturen etc. Geschützt ist deshalb auch die Mittlerfunktion zwischen Künstler und Publikum.   79

Beispiele:

– Der Verleger eines Romans kann sich auf die Kunstfreiheit berufen (BVerfGE 30, 173 [191] – *„Mephisto"*; vgl. auch BVerfGE 81, 278 [292] – *„Bundesflagge"*).

– Die Werbung für die Aufführung eines Chorwerkes durch Plakate, auf denen das Emblem einer verfassungswidrigen Organisation verwendet wird, unterfällt der Kunstfreiheit (BVerfGE 77, 240 [251] – *„Herrnburger Bericht"*).

80   **bb)** Umstritten ist, ob eine **Begrenzung des Schutzbereichs bei der Kollision mit den Rechten anderer** angezeigt ist. Die Frage rührt daher, daß Art. 5 III 1 GG vorbehaltlos gewährleistet ist (s.u. Rn. 83) und daher das Bestreben nahe liegt, die sich daraus ergebenden Schwierigkeiten bei der Rechtfertigung von Eingriffen bereits auf der Ebene der Schutzbereichsbestimmung zu umgehen.

Beispiel: Der „Fall Nägeli" oder der „Sprayer von Zürich": Das Besprühen von Häuserwänden mit Farbspraydosen ist nach BVerfG, NJW 1984, 1293 (1294) nicht durch Art. 5 III GG geschützt, denn die Reichweite der Kunstfreiheit erstrecke sich von vornherein nicht auf die eigenmächtige Inanspruchnahme fremden Eigentums (zust. *Henschel*, NJW 1990, 1937 [1942]; *Isensee*, AfP 1993, 619 [625 f.]).

81   Die Begründung, Kunst könne sich auch ohne Beschädigung fremden Eigentums entfalten (BVerfG, NJW 1984, 1293 [1294]) vermag nicht zu überzeugen, weil die Wahl der Mittel zur künstlerischen Betätigung gehört. Auch das Argument, der Zugriff auf fremdes Eigentum sei die Inanspruchnahme eines status positivus (*Henschel*, NJW 1990, 1937 [1942]), trägt nicht, denn dasselbe müßte auch für die Inanspruchnahme fremden Persönlichkeitsrechts und jeder anderen Kollision mit Verfassungsgütern gelten, die das BVerfG ansonsten im Wege der Abwägung löst. Schließlich trägt auch die Begründung nicht, Art. 5 III GG wolle nicht künstlerische Tätigkeiten gegenüber allgemein Verbotenem privilegieren, sondern beschränke sich auf den Schutz der spezifisch künstlerischen Anstößigkeit oder Provokation (vgl. etwa *P/S*, StaatsR II, Rn. 677; für eine enge Fassung des Schutzbereichs grundsätzlich auch *Vesting*, NJW 1996, 1111 ff.; zur parallelen Argumentation im Rahmen der Berufsfreiheit s. § 11 Rn. 14 ff.). Denn bei der sogenannten engagierten Kunst liegt gerade in der Inanspruchnahme fremder Rechte die spezifisch künstlerische Provokation. Anders als die Abwägung auf Rechtfertigungsebene läßt die restriktive Auslegung des Schutzbereichs keine Möglichkeiten zu differenzieren, etwa ob es sich um öffentliches Eigentum oder privates handelt (zur höheren Grundrechtspflichtigkeit öffentlichen Eigentums vgl. etwa BVerwGE 91, 135 [140] – *„Bonner Hofgartenwiese"*) oder ob eine strafrechtliche Ahndung im Gegensatz zum zivilrechtlichen Schadensersatz unverhältnismäßig ist (in diesem Sinne für den Fall Nägeli auch *Mahrenholz*, HdbVerfR, § 26 Rn. 72 f. mit Hinweis auf das merkwürdige Ergebnis, ein Spraywerk des Künstlers unter Denkmalschutz zu stellen, ihn aber dennoch der Strafhaft in der Schweiz wegen Erstellung solcher Werke auszuliefern).

3. Eingriff

Eingriff ist jede rechtliche oder faktische Beeinträchtigung künstlerischer Betäti-   82
gung oder deren Darbietung durch die öffentliche Gewalt.

Beispiele:
- Zivilgerichtliche Untersagung des Vertriebs eines Romans (BVerfGE 30, 173 [188 ff.] – *„Mephisto"*).
- Baurechtliche Untersagung der Aufstellung von zwei Monumentalfiguren auf einem privaten Grundstück (BVerwG, NJW 1995, 2648; hierzu ausführlich *Koenig/Zeiss*, Jura 1997, 225 ff. m.w.N.).
- Die Verurteilung nach § 90a StGB wegen Verunglimpfung des Staates und seiner Symbole durch eine Collage als Buchrückseite, auf der auf die Bundesflagge uriniert wird (BVerfGE 81, 278 [289 ff.] – *„Bundesflagge"*).

4. Verfassungsrechtliche Rechtfertigung

a) Rechtfertigungsgrundlagen   83

Die Freiheit der Kunst unterliegt keinem Gesetzesvorbehalt. Es hat daher immer wieder Bemühungen gegeben, eine Anwendung von Art. 5 II GG oder der Schrankentrias von Art. 2 I GG auf die Kunstfreiheit zu begründen (zusammenfassend *Henschel*, NJW 1990, 1937 [1940 f.]). Seit der *Mephisto*-Entscheidung geht das BVerfG jedoch in ständiger Rechtsprechung davon aus, daß wegen des eindeutigen Wortlauts der Verfassung die Heranziehung von Schrankenregelungen anderer Grundrechte nicht in Betracht kommt (BVerfGE 30, 173 [193] – *„Mephisto"*). Rechtfertigungsgrundlagen können sich damit nur aus der Verfassung selbst ergeben (zu den sogenannten immanenten Grundrechtsschranken s. *Sachs*, in: Stern, StaatsR III/2, S. 551 ff.). Dazu müssen die konkret verfassungsrechtlich geschützten Rechtsgüter herausgearbeitet werden, die bei realistischer Einschätzung der Tatumstände der Wahrnehmung der Kunstfreiheit widerstreiten; die formelhafte Bezugnahme auf den „Schutz der Verfassung" oder „die Funktionstüchtigkeit der Rechtspflege" genügt nicht (BVerfGE 77, 240 [255] – *„Herrnburger Bericht"*). In erster Linie kommen hier die Grundrechte Dritter in Betracht, am häufigsten sind Kollisionen mit dem Persönlichkeitsrecht (zur Kollision mit Art. 140 GG i. V. m. Art. 139 WRV s. BVerwG NJW 1994, 1975 – *„Starlight Express"*; mit dem elterlichen Erziehungsrecht des Art. 6 II 1 GG s. BVerfGE 83, 130 [139] – *„Mutzenbacher"*; 91, 223 [224]). Zweifelhaft bleibt jedoch die verfassungsrechtliche Verankerung des strafrechtlichen Schutzes von Bundesflagge und Nationalhymne (BVerfGE 81, 278 [293 ff.] – *„Bundesflagge"*; 81, 298 [307 ff.]), ebenso wie des § 35 III BauGB Spiegelstrich 6 und 7 (Verbot von Verunstaltung und wesensfremder Bebauung) in Art. 2 II 1 und Art. 20a GG (BVerwG, NJW 1995, 2648; krit. *Vesting*, NJW 1996, 1111 [1112 ff.]).

b) Abwägungsgrundsätze   84

Das BVerfG geht davon aus, daß der Wirkbereich in Bezug auf das künstlerische Schaffen als solches nur dienende Funktion habe und daher einem geringeren

Schutz unterliege als der Werkbereich (BVerfGE 77, 240 [253, 255] – *„Herrnburger Bericht"*). Es spricht somit eine Vermutung dafür, daß die Kunstfreiheit im Werkbereich eher Vorrang genießt als im Wirkbereich (*Henschel*, NJW 1990, 1937 [1942 f.]; weitergehend im Sinne einer Stufentheorie *Starck*, in: v. Mangoldt-Klein, GG I, Art. 5 III Rn. 207 f.). Dies liegt ganz auf der Linie des materialen Kunstbegriffs, der auf den persönlichen Ausdruck des Künstlers abstellt (krit. etwa *Würkner*, Das Bundesverfassungsgericht und die Freiheit der Kunst, 1994, S. 86 f., 96 ff.). Das BVerfG unterscheidet bei Satiren und Karikaturen zuweilen zwischen Aussagekern und Einkleidung, wobei die Maßstäbe für die Beurteilung der Einkleidung im Regelfall weniger streng seien (BVerfGE 75, 369 [377 f.] – *„Strauß-Karikatur"*; 81, 278 [294] – *„Bundesflagge"*; 81, 298 [306 f.]; krit. *P/S*, StaatsR II, Rn. 678). Der Schutz des Persönlichkeitsrechts überwiegt regelmäßig, wenn der durch Art. 1 I GG geschützte Kern menschlicher Ehre berührt ist.

Beispiel: Karikaturistische Darstellung von Franz Josef Strauß als kopulierendes Schwein (BVerfGE 75, 369 [380] – *„Strauß-Karikatur"*).

85 **Beachte:** Ähnlich wie bei der Meinungsäußerungsfreiheit nimmt das BVerfG eine weitgehende Überprüfungskompetenz fachgerichtlicher Urteile in Anspruch und stellt eigene Erwägungen zur Interpretation von Kunstwerken an. Ein unverzichtbares Element dieser Interpretation sei die Gesamtschau des Werks unter Berücksichtigung des Gesamtkonzepts; einzelne Teile könnten nicht herausgelöst und gesondert untersucht werden (BVerfGE 67, 213 [228 f.] – *„Anachronistischer Zug"*). Unter mehreren möglichen Interpretationen darf nicht allein auf die strafrechtlich relevante abgestellt werden (BVerfGE 67, 213 [230] – *„Anachronistischer Zug"*; 81, 278 [294] – *„Bundesflagge"*; 81, 298 [307]). Zur Kontrolldichte s. auch *Henschel*, NJW 1990, 1937 [1943 f.]).

Beispiel: Die satirische Nachdichtung der deutschen Nationalhymne darf nicht wegen eines Sammelsuriums negativer und ehrverletzender Begriffe nach § 90 a StGB verurteilt werden, wenn die Absicht des Künstlers erkennbar ist, Widersprüche zwischen Anspruch und Wirklichkeit hinsichtlich der Lebensverhältnisse in der Bundesrepublik aufzuzeigen (BVerfGE 81, 298 [306 f.]).

5. Verhältnis zu anderen Grundrechten

86 Soweit es um die urheberrechtliche Verwertung eines Kunstwerkes geht und allein das wirtschaftliche Interesse und nicht die Verbreitung des Werks als solche im Vordergrund steht, hält das BVerfG ausschließlich Art. 14 I GG für einschlägig (BVerfGE 31, 229 [238 ff.]).

87 Schwieriger ist die Abgrenzung zur Meinungsfreiheit, weil das BVerfG auch die „engagierte" Kunst, die eine politische Aussage enthält, in den Schutzbereich des Art. 5 III GG einbezieht.

Beispiel: Ein Artikel in der Zeitschrift Titanic ist nicht allein aufgrund seiner satirischen Elemente ein Kunstwerk. „Satire kann Kunst sein; nicht jede Satire ist jedoch Kunst. Das ihr eigene Wesensmerkmal, mit Verfremdungen, Verzerrungen und Übertreibungen zu arbeiten, kann ohne weiteres auch ein Mittel der einfachen Meinungsäußerung oder der durch Massenmedien sein" (BVerfGE 86, 1 [9]; BVerfG, NJW 1998, 1386 [1387] – *„Münzen-Erna"*; vgl. demgegenüber aber BVerfGE 67, 213 ff. – *„Anachronistischer Zug"* und BVerfGE 75, 369 ff. – *„Strauß-Karikatur"*).

Während das BVerfG zunächst Art. 5 III 1 GG als lex specialis zu Art. 5 I GG **88** ansah (BVerfGE 30, 173 [190 f.] – *„Mephisto"*, hat es später eine Zuordnung ausdrücklich offen gelassen mit dem Hinweis, daß das Ergebnis dasselbe sei (BVerfGE 35, 202 [244] – *„Lebach"*; 68, 226 [233]; 86, 1 [9]). In der Klausurlösung ist dies jedoch nicht empfehlenswert, weil die Kunstfreiheit anderen Anforderungen an die Rechtfertigung unterliegt als die Meinungsfreiheit.

II. Die Wissenschaftsfreiheit, Art. 5 III 1, 2. Alt. GG

1. Bedeutung

Die Wissenschaftsfreiheit hat eine Doppelfunktion: Zum einen ist sie individuel- **89** les Freiheitsrecht, das einen „von staatlicher Fremdbestimmung freien Bereich persönlicher und autonomer Verantwortung des einzelnen Wissenschaftlers" garantiert (BVerfGE 35, 79 [113] – *„Gruppenuniversität"*; 47, 327 [367]), zum anderen enthält sie eine objektive Wertentscheidung und ein „Einstehen des Staates, der sich als Kulturstaat versteht, für die Idee einer freien Wissenschaft und seine Mitwirkung an ihrer Verwirklichung" sowie eine Verpflichtung, staatliches Handeln „positiv danach einzurichten, d. h. schützend und fördernd einer Aushöhlung dieser Freiheitsgarantie vorzubeugen" (BVerfGE 35, 79 [114] – *„Gruppenuniversität"*).

2. Schutzbereich

a) Persönlicher Schutzbereich

Art. 5 III GG gilt für alle natürlichen Personen. Daneben sind privat- sowie öffent- **90** lich-rechtliche Wissenschaftseinrichtungen und Hochschulen Grundrechtsträger (*P/S*, StaatsR II, Rn. 683).

b) Sachlicher Schutzbereich

Wissenschaft ist nach h. M. der Obergriff zu Lehre und Forschung (BVerfGE 35, **91** 79 [113] – *„Gruppenuniversität"*; *Schulze-Fielitz*, HdbVerfR, § 27 Rn. 2). Die Bestimmung des **Begriffs der Wissenschaft** unterliegt ähnlichen Schwierigkeiten wie der der Kunst, denn wissenschaftliche Erkenntnisse werden nach Wilhelm von Humboldt verstanden als „etwas noch nicht ganz Gefundenes und nie ganz Aufzufindendes" (BVerfGE 35, 79 [113] – *„Gruppenuniversität"*). Es gehört zum Wesen moderner Wissenschaft, daß sie eine Mehrzahl von Wahrheiten und Methoden einschließt (*Schulze-Fielitz*, HdbVerfR, § 27 Rn. 2). Es wird daher überwiegend von einem offenen Wissenschaftsbegriff ausgegangen (ausführlich *Dickert*, Naturwissenschaften und Forschungsfreiheit, 1991, S. 118 ff., 212 ff.). Insbesondere schützt Art. 5 III GG nicht nur eine bestimmte Auffassung von

Wissenschaft oder eine bestimmte Wissenschaftstheorie, weil dies mit der prinzipiellen Unvollständigkeit und Unabgeschlossenheit von Wissenschaft unvereinbar wäre; ebensowenig hängt der Grundrechtsschutz von der Richtigkeit der Methoden und Ergebnisse ab noch von der Stichhaltigkeit der Argumentation und Beweisführung oder der Vollständigkeit der Gesichtspunkte und Belege (BVerfGE 35, 79 [113] – „*Gruppenuniversität*"; 90, 1 [12] – „*Wahrheit für Deutschland*"). Die Formel, die Wissenschaftsfreiheit erstrecke sich „auf alles, was nach Inhalt und Form als ernsthafter planmäßiger Versuch zur Ermittlung der Wahrheit anzusehen ist" (BVerfGE ebda.), ist jedoch zu unpräzise, weil sie die Bestimmung von Inhalt und Form vermissen läßt, die die Wahrheitsermittlung als wissenschaftliche kennzeichnen; ist auch der recherchierende Journalist Wissenschaftler? Auch die vorgeschlagenen zusätzlichen Kriterien wie methodisch geordnetes Vorgehen oder kritisch reflektierendes Denken (*P/S*, StaatsR II, Rn. 682 m. w. N.) ließen sich jedenfalls auf die journalistische Recherche gleichfalls anwenden. Hilfreich dürfte es sein, die Offenlegung der verwendeten Methoden und Quellen zu verlangen (*Classen*, Wissenschaftsfreiheit außerhalb der Hochschule, 1994, S. 86). Trotz allem bleibt der Wissenschaftsbegriff vage (vgl. auch *Pernice*, in: Dreier, GG, Art. 5 III Rn. 22 ff.). Der Wahrheitsbezug ist jedoch für die Wissenschaft im Sinne des Art. 5 III GG konstitutiv (BVerfGE 90, 1 [12] – „*Wahrheit für Deutschland*"). Bewußte Falschdarstellungen sind deshalb von der Wissenschaftsfreiheit nicht geschützt. Dasselbe gilt für ein Werk, das systematisch Fakten, Quellen, Ansichten und Ergebnisse, die die Ansicht des Autors in Frage stellen, ausblendet, um eine bestimmte historisch-politische Auffassung zu propagieren (BVerfGE 90, 1 [13 f.] – „*Wahrheit für Deutschland*").

Beachte: Geschützt ist von Art. 5 III GG nicht nur der Berufswissenschaftler an öffentlichen oder privaten Hochschulen oder Forschungseinrichtungen, sondern auch der Privatgelehrte bzw. jeder, soweit er wissenschaftlich tätig ist.

92   Soweit die Schutz- und Förderpflicht des Staates angesprochen ist, umfaßt die Gewährleistung des Art. 5 III 1, 2. Alt. GG die Bereitstellung von personellen, finanziellen und organisatorischen Mitteln, sprich die Zurverfügungstellung einer funktionsfähigen Institution (BVerfGE 35, 79 [114 f.] – „*Gruppenuniversität*"). Diese Aufgabe nehmen im wesentlichen die Hochschulen wahr, so daß nach dieser Rechtsprechung den Hochschulen eine Bestands- und Ausstattungsgarantie aus Art. 5 III GG erwächst (zu den Wurzeln des „Grundrechts der deutschen Universität" aus Weimarar Zeit s. *Oppermann*, HdbStR VI, § 145 Rn. 6). Innerhalb dieser Institutionen hat der Staat durch geeignete Maßnahmen dafür zu sorgen, daß das Individualrecht aus Art. 5 III GG durch den Eintritt in die Hochschule nicht verändert wird und sich der Wissenschaftler schöpferisch entfalten kann. Daraus folgt ein Anspruch auf Teilhabe an den öffentlichen Mitteln und auf organisatorische Maßnahmen zur Sicherstellung des wissenschaftlichen Freiraums (BVerfGE 35, 79 [115 f.] – „*Gruppenuniversität*").

93 Ebenso wie bei der Kunstfreiheit (s. o. Rn. 80 f.) wird diskutiert, ob die eigenmächtige Inanspruchnahme fremder Rechte den Schutzbereich der Wissenschaftsfreiheit begrenzt (*Lorenz*, FS Lerche, 1993, S. 267 [274]; *P/S*, StaatsR II, Rn. 684 ff.; dagegen etwa *Pernice*, in: Dreier, GG, Art. 5 III Rn. 25) oder der Schutzbereich von vornherein nur auf das geistige, nicht aber das handhabende Schaffen beschränkt werden sollte, so daß etwa Tierversuche nicht geschützt wären (*Waechter*, Der Staat 30 [1991], 19 [44 ff.] m. w. N.).

3. Eingriff

Eingriffe in die Wissenschaftsfreiheit können sich ergeben aus gesetzlichen Rege- 94
lungen, die die Einrichtung und Ausstattung von Hochschulen betreffen. Auch reine Organisationsnormen die Universität betreffend können einen Eingriff in die Wissenschaftsfreiheit des einzelnen Hochschullehrers darstellen (BVerfGE 35, 79 [107 f.] – „*Gruppenuniversität*"); die Auflösung einer Hochschule oder sonstigen wissenschaftlichen Einrichtung ist dagegen kein Eingriff (BVerfGE 85, 360 [382] – „*Akademie der Wissenschaften*"). Daneben spielen Regelungen eine Rolle, die die Kontrollierbarkeit schwer beherrschbarer Technologien sicherstellen wollen. Ein Eingriff in die negative Wissenschaftsfreiheit liegt z. B. in der Pflicht, über Forschungsergebnisse zu informieren, die bei verantwortungsloser Verwendung eine erhebliche Gefahr darstellen (BVerfGE 47, 327 [366 ff.]). In neuerer Zeit ist die Problematik der Kontrolle der **Gentechnik** aktuell geworden (*Ruderich*, ZRP 1992, 260 ff.; *Vitzthum*, ZG 1992, 243 ff.). Und schließlich wird diskutiert, inwieweit Verbote oder Einschränkungen von **Tierexperimenten** (§§ 7 III, 10 TierSchG) die Wissenschaftsfreiheit beeinträchtigen (zur Diskussion um die Aufnahme des Tierschutzes als Verfassungsziel in das GG s. *Tödtmann/Zillmann*, ZRP 1993, 324 ff.; *Huster*, ZRP 1993, 326 ff.; s. ferner u. Rn. 97).

4. Verfassungsrechtliche Rechtfertigung

Soweit es um die Wissenschaftsfreiheit als Garant für das Bestehen und eine gewis- 95
se Autonomie der Hochschulen geht, lassen sich, ähnlich wie bei der Rundfunkfreiheit (s. o. Rn. 71), Eingriffs- und Rechtfertigungsebene nur schwer trennen; eine Regelung, die gegen die Ausgestaltungsvorgaben des Art. 5 III 1, 2. Alt. GG verstößt, ist als Eingriff nicht rechtfertigbar; das BVerfG argumentiert bei der Beurteilung der Universitätsorganisation aus objektivrechtlicher Perspektive (vgl. BVerfGE 35, 79 [116 ff.] – „*Gruppenuniversität*"). Soweit dagegen in die Wissenschaftsfreiheit einzelner Wissenschaftler oder Personen außerhalb der Hochschulen eingegriffen wird, stellt sich die Frage der Rechtfertigungsgrundlage.

Art. 5 III 2 GG bezieht sich lediglich auf die Freiheit der Lehre und hat kaum 96
Bedeutung erlangt. Die **Treue zur Verfassung** verlangt nicht jegliches Enthalten staatskritischer Äußerungen, sondern soll nur die diffamierende und verunglimpfende Kathederpolitik verhindern (*P/S*, StaatsR II, Rn. 684).

97   Die Wissenschaftsfreiheit ist – abgesehen von Art. 5 III 2 GG – vorbehaltlos ga-
     rantiert. Da sich Rechtfertigungsgrundlagen nur aus der Verfassung selbst erge-
     ben können (zur Frage der sogenannten immanenten Grundrechtsschranken
     Sachs, in: Stern, StaatsR III/2, S. 551 ff.), ist die Rechtfertigungsfähigkeit der
     Beschränkung etwa von Tierexperimenten problematisch (vgl. BVerfG, NVwZ
     1994, 896 ff.; VGH Kassel, NJW 1994, 1608; *Hufen*, JuS 1995, 641 f.; *Kluge*,
     NVwZ 1994, 869 ff.). Versuche, den Tierschutz in Art. 1 I GG zu verankern (s.
     hierzu Kap. 1 Rn. 17; *Kunig*, in: v. Münch/Kunig, GG I, Art. 1 Rn. 16 m. w. N.),
     scheitern am möglichen Wortsinn der Verfassung, die Grundrechte eben nur als
     Menschenrechte kennt (*Frankenberg*, KJ 1994, 421 [432 ff.]; etwas anderes gilt
     dementsprechend für die Beschränkung von Gentechnologie). Auch ein Rück-
     griff auf die Kompetenzbestimmungen des GG (so etwa BVerwGE 77, 214
     [216 ff.]; *Frankenberg*, KJ 1994, 412 [436 f.]; *Kluge*, NVwZ 1994, 869 [872])
     kann nicht überzeugen (*Hufen*, JuS 1995, 641; *Sachs*, in: Stern, StaatsR III/2,
     S. 582 ff.). In Betracht kommt u. U. aber nunmehr Art. 20a GG (*Murswiek*, in:
     Sachs, GG, Art. 20a Rn. 72; *Pernice*, in: Dreier, GG, Art. 5 III Rn. 34). Art. 5 III
     GG kann mit der Gewissensfreiheit aus Art. 4 I GG in Konflikt geraten (s. § 8
     Rn. 39).

     Beispiel: Studenten dürfen sich unter gewissen Umständen weigern, während Praktika an
     Tierversuchen teilzunehmen (VG Frankfurt, NJW 1991, 768 ff.; dazu *v. Loeper*, ZRP 1991,
     224 ff.).

D. Wiederholung

I. Kontrollfragen

1. Welche Grundrechte gehören zu den sogenannten Kommunikationsgrund-
    rechten?

2. Welche Grundrechte unterliegen höheren Anforderungen bei der Rechtferti-
    gung von Eingriffen, die Grundrechte des Art. 5 I oder die des Art. 5 III GG?

3. Welches ist das kennzeichnende Element des Begriffs der „Meinung" i. S. d.
    Art. 5 I 1, 1. Alt. GG und welche Äußerungen fallen nach h. M. jedenfalls
    nicht darunter?

4. Fallen erwiesen unwahre Behauptungen aus dem Schutzbereich der Mei-
    nungsfreiheit heraus?

5. Was bedeutet „allgemein" i. S. d. Art. 5 II GG?

6. Mit welchem allgemeinen Grundsatz hängt die sogenannte Wechselwir-
    kungslehre zusammen ?

7. Mit welchem ebenfalls verfassungsrechtlich geschützten Rechtsgut kollidie-
    ren die Kommunikationsfreiheiten häufig, so daß die Rspr. gewisse Ab-
    wägungsgrundsätze entwickelt hat?

8. Gibt es bei der Verhältnismäßigkeitsprüfung eine Vermutung für die Meinungsfreiheit?

9. Was fällt Ihnen zum Zitiergebot im Rahmen der Beschränkung der Meinungsfreiheit ein?

10. Gewährt die Informationsfreiheit ein Recht auf Einsicht in Behördenakten?

11. In welchem Verhältnis stehen Presse- und Meinungsfreiheit?

12. Ist die Weigerung eines Verlages, den Auftraggeber einer Chiffre-Anzeige dem Staatsanwalt preiszugeben, von der Pressefreiheit geschützt?

13. Aus welchem Umstand ergeben sich grundlegende Besonderheiten bei der Rundfunkfreiheit?

14. Sind Landesmedienanstalten Träger der Rundfunkfreiheit?

15. Welche neuen Medien unterfallen der Rundfunkfreiheit?

16. Haben private Rundfunkveranstalter einen Anspruch auf Zugang zum Rundfunkmarkt?

17. Welche Begriffe von „Kunst" werden im Rahmen des Art. 5 III GG vertreten?

18. Welche Problematik warf der „Sprayer von Zürich" auf?

19. Gibt es bei der Abwägung zwischen der Kunstfreiheit und dem allgemeinen Persönlichkeitsrecht gewisse Grundsätze?

20. Welche Parallele weist die Wissenschaftsfreiheit zur Rundfunkfreiheit auf?

II. Lösungen

1. Die Grundrechte des Art. 5 I GG.

2. Die des Art. 5 III GG, weil sie keinem Gesetzesvorbehalt unterliegen, Eingriffe ihre Rechtfertigungsgrundlage daher nur in kollidierendem Verfassungsrecht finden können.

3. Das Element des persönlichen Dafürhaltnes bzw. der Stellungnahme (s. o. Rn. 8); schlichte Auskünfte (s. o. Rn. 9).

4. Nicht in jedem Fall (s. o. Rn. 10 f.). Nicht geschützt sind lediglich bewußt unwahre Behauptungen (s. o. Rn. 12).

5. S. o. Rn. 25.

6. Mit dem Grundsatz der verfassungskonformen Auslegung (s. o. Rn. 31).

7. Mit dem Ehrenschutz, der sowohl in Art. 5 II GG als auch durch das allgemeine Persönlichkeitsrecht geschützt ist (s. o. Rn. 33 ff.).

8. Nicht grundsätzlich, wohl aber bei Meinungsäußerungen, die im Rahmen der Auseinandersetzung in einer die Öffentlichkeit wesentlich berührenden Frage gemacht wird (s. o. Rn. 32).

9. Das Zitiergebot des Art. 19 I S. 2 GG gilt nicht für Beschränkungen durch allgemeine Gesetze (s. o. Rn. 40).

10. Nein, denn diese sind nicht allgemein zugänglich (s. o. Rn. 44).

11. S. o. Rn. 59.

12. Ja, denn ein Verlag unterliegt mit seiner Tätigkeit dem Schutz der Pressefreiheit (s. o. Rn. 51), und die Anzeigenabteilung gehört zur Pressearbeit (s. o. Rn. 54).

13. Aus dem Umstand, daß heute zwar nicht mehr der gesamte, aber immer noch ein Teil des Rundfunks öffentlich-rechtlich organisiert ist und durch öffentlich-rechtliche Anstalten wahrgenommen wird (duale Rundfunkordnung, s. o. Rn. 60).

14. Dies ist sehr umstritten (s. o. Rn. 61).

15. S.o. Rn. 63.

16. S.o. Rn. 66.

17. Der materiale, der formale und der offene Kunstbegriff (s. o. Rn. 75 ff.).

18. Die Frage, ob die Inanspruchnahme fremden Eigentums zur Herstellung von Kunstwerken von Art. 5 III GG erfaßt ist (s. o. Rn. 80).

19. Das BVerfG geht davon aus, daß der Werkbereich einem höheren Schutz unterliegt als der Wirkbereich (s. o. Rn. 84).

20. Beide haben insofern eine Parallele, als sie zu einem erheblichen Teil von Anstalten bzw. Körperschaften des öffentlichen Rechts ausgeübt werden und ihnen nicht nur eine abwehrrechtliche Dimension entnommen wird, sondern auch gewisse Ansprüche gegenüber dem Staat (s. o. Rn. 89, 92).

§ 8. Die Glaubens- und Gewissensfreiheit sowie das Kriegsdienstverweigerungsrecht, Art. 4 GG

Literatur: Zu Abs. I u. II: Zur Einführung: *Kahl, W.,* Der praktische Fall – Öffentliches Recht: Koran und Schulsport, Jus 1995, 904 ff.; *Kluth, W.,* Die Grundrechte des Art. 4 GG, Jura 1993, 137 ff.; *Müller-Vollbehr, J.,* Das Grundrecht der Religionsfreiheit und seine Schranken, DÖV 1995, 301 ff.; *Steiner, U.,* Der Grundrechtsschutz der Glaubens- und Gewissensfreiheit (Art. 4 I, II GG), Jus 1982, 157 ff. **Zur Vertiefung:** *Alberts, H.,* Der Schutzbereich des Art. 4 I GG, dargestellt am Beispiel der Warnung vor sog. Jugendsekten, NVwZ 1994, 1150 ff.; *Fehlau, M.,* Die Schranken der freien Religionsausübung, Jus 1993, 441 ff.; *v. Heinegg, H./Schäfer, O.,* Der Grundrechtsschutz (neuer) Religionsgemeinschaften und die Grenzen staatlichen Handelns, DVBl 1991, 1341 ff.; *Herdegen, M.,* Gewissensfreiheit und Strafrecht, GA 1986, 97 ff.; *Laubinger, H.-W.,* Nachbarschutz gegen kirchliches Glockengeläut, VerwArch 83 (1992), 623 ff.; *Muckel, S.,* Muslimische Gemeinschaften als Körperschaften des öffentlichen Rechts, DÖV 1995, 311 ff.; *Müller-Vollbehr, J.,* Rechtstreue und Staatsloyalität: Voraussetzungen für die Verleihung des Körperschaftsstatus an Religions- und Weltanschauungsgemeinschaften?, NJW 1997, 3358 ff.; *Renck, L.,* Staatliche Religionsneutralität und Toleranz – BVerfGE 35, 366 und 52, 233, Jus 1989, 451 ff.; *Rupp, H.,* Verfassungsprobleme der Gewissensfreiheit, NVwZ 1991, 1033 ff.; *Scholz, R.,* Neue Jugendreligionen und Grundrechtsschutz nach Art. 4, NVwZ 1992, 1152 ff.; *Starosta, T.,* Religionsgemeinschaften und wirtschaftliche Betätigung, 1986; *Steiner, U.,* Der Grundrechtsschutz der Glaubens- und Gewissensfreiheit (Art. 4 I, II GG), Jus 1982, 157 ff.; *ders.,* Staatliche und kirchliche Gerichtsbarkeit, NVwZ 1989, 410 ff.; *Trute, H.-H.,* Das Schächten von Tieren im Spannungsfeld von Tierschutz und Religionsausübungsfreiheit, Jura 1996, 462 ff.; *Weber, H.,* Die Religionsgemeinschaften als Körperschaften des öffentlichen Rechts, 1966. – **Zu Abs. III:** *Berg, W.,* Das Grundrecht der Kriegsdienstverweigerung in der Rechtsprechung des Bundesverfassungsgerichts, AöR 107 (1982), 585 ff.; *Daleki, W.,* Das Kriegsdienstverweigerungsrecht im Spannungsfall, DÖV 1988, 370 ff.; *Pitschas, R.,* Mittelbare Wehrdienstverweigerung und Arbeitsförderungsrecht, NJW 1984, 889 ff.; *Peter, C./Ludwig, R.,* Das Grundrecht auf Kriegsdienstverweigerung, MDR 1991, 1105 ff.

Leitentscheidungen: Zu Abs. I u. II: BVerfGE 12, 1 ff. – *„Tabak für Kirchenaustritt“;* 24, 236 ff. – *„Aktion Rumpelkammer“;* 32, 98 ff. – *„Gesundbeter“;* 41, 29 ff. – *„christl. Gemeinschaftsschule“;* 52, 223 ff. – *„Schulgebet“;* 83, 341 ff. – *„Bahá'í“;* 93, 1 ff. – *„Kruzifix“;* BVerwGE 90, 112 ff. – *„Bhagwan“;* 94, 82 ff. – *„Koran im Schulsport“;* BVerwG, NVwZ 1996, 61 ff. – *„Schächten“;* BVerwG, NJW 1997, 2396 ff. – *„Zeugen Jehovas I“;* BAG, JZ 1995, 951 ff. – *„Scientology“* mit Anm. *Goerlich.* – **Zu Abs. III:** BVerfGE 12, 45 ff. – *„Wehrpflichtgesetz/Kriegsdienstverweigerung“;* 48, 127 ff. – *„Wehrpflicht- und Zivildienst-Änderungsgesetz“;* 69, 1 ff. – *„Kriegsdienstverweigerung“;* 78, 364 ff. – *„verspäteter Kriegsdienstverweigerer“;* BVerwG, NVwZ 1986, 691 ff. – *„Zeugen Jehovas II“.*

A. Überblick

I. Bedeutung

1 Nach seinem Wortlaut enthält Art. 4 GG in seinen drei Absätzen mehrere Einzelgewährleistungen. Die h. M. sieht in der Glaubensfreiheit (Abs. 1), der Freiheit des religiösen und weltanschaulichen Bekentnisses (Abs. 1) sowie in der Freiheit der Religionsausübung (Abs. 2) ein **einheitliches Grundrecht** (BVerfGE 24, 236 [245 f.] – *„Aktion Rumpelkammer"*, *Jarass*, in: J/P, GG, Art. 4 Rn. 1 m. w. N.; *Morlok*, in: Dreier, GG, Art. 4 Rn. 31; a. A.: *Herzog*, in: M/D, GG I, Art. 4 Rn. 63 ff.), das zusammengefaßt als **Glaubensfreiheit** bezeichnet werden kann (dazu u. Rn. 13 ff.). Im Verhältnis dazu stellt die in Abs. 1 gewährleistete **Gewissensfreiheit** (dazu u. Rn. 36 ff.) ein selbständiges, sachlich unabhängiges Grundrecht dar (*Jarass*, in: J/P, GG, Art. 4 Rn. 40 m. w. N.). Das gleiche gilt für das in Abs. 3 gewährte **Recht der Kriegsdienstverweigerung** (dazu u. Rn. 46 ff.), das einen Sonderfall der Gewissensfreiheit bildet.

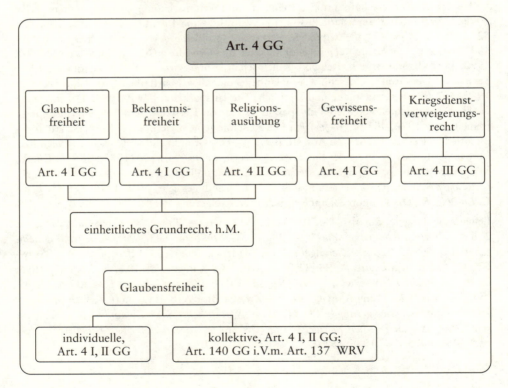

Klausurhinweis: Die Glaubens- und Gewissensfreiheit stehen als jeweils eigenständige Grundrechte selbständig nebeneinander; im Überschneidungsfalle wird der Glaubensfreiheit dann als **lex specialis** der Vorrang eingeräumt (*Jarass*, in: J/P, GG, Art. 4 Rn. 40). Im Verhältnis zu Art. 4 III GG sind die Glaubens- und Gewissensfreiheit **lex generalis**, da das Grundrecht der Kriegsdienstverweigerung für die Gewissensentscheidung im Bereich der Wehrpflicht eine abschließende Regelung darstellt.

Die Glaubens- und die Gewissensfreiheit haben im Gegensatz zum Grundrecht   2
des Art. 4 III GG eine lange geistes- und verfassungsgeschichtliche Entwicklung aufzuweisen. Sie gehören etwa seit Ende des 18. Jahrhunderts zum menschenrechtlichen Grundbestand verschiedener Grundrechtserklärungen (hierzu ausführlich *Morlok*, in: Dreier, GG, Art. 4 Rn. 1 ff.). Die Glaubens- und die Gewissensfreiheit zählen zu den fundamentalen Grundrechten. Ihnen wird im Grundgesetz ein **hoher Verfassungsrang** beigemessen (BVerfGE 24, 236 [246] – *„Aktion Rumpelkammer"*). Als spezifischer Ausdruck der in Art. 1 I GG garantierten Menschenwürde sind die Grundlagen ihrer Gewährleistungen dem Zugriff des verfassungsändernden Gesetzgebers entzogen (vgl. Art. 79 III GG). Sie unterliegen keinerlei einschränkendem Gesetzesvorbehalt.

Auf internationaler Ebene finden sich Verbürgungen zum Schutz der Glaubens-   3
und Gewissensfreiheit in Art. 18 AEMR, Art. 9 EMRK sowie Art. 18 IPbürgR. Dagegen finden sich keine Regelungen hinsichtlich eines speziellen Rechts auf Kriegsdienstverweigerung. Eine Konkretisierung des Glaubens- und Gewissensschutzes auf EG-Ebene findet sich in der Entscheidung des EuGH vom 27.10.1976. Dort stellte er fest, daß religiöse Gebote, etwa bei der Festsetzung von Prüfungsterminen, zu berücksichtigen seien (EuGH, Rs. 130/75, Slg. 1976, 1589 [1598] – *Prais*).

II. Schutzfunktionen

1. Subjektives Abwehrrecht

Wie alle Freiheitsgrundrechte, so gewährt auch Art. 4 GG subjektiv öffentliche   4
Rechte, die in erster Linie **Abwehrrechte** des einzelnen gegen die staatliche Gewalt gewährleisten (BVerfGE 30, 415 [423]); dies gilt auch für das Grundrecht aus Art. 4 III GG (*v.Münch*, in: v.Münch/Kunig, GG I, Art. 4 Rn. 67 m. w. N.).

Beispiel: So kann etwa ein Strafgefangener islamischen Glaubens verlangen, daß er sich bei einer körperlichen Durchsuchung vor Dritten nicht vollständig auszuziehen muß, wenn dies in Widerspruch zu den für ihn bestehenden religiösen Bekleidungsvorschriften steht (OLG Koblenz, NStZ 1986, 238 f.).

2. Leistungsrecht

Darüber hinaus kann der Glaubens- und der Gewissensfreiheit ausnahmsweise   5
auch die Funktion als **Leistungsgrundrecht** zukommen. Insoweit erlegen Art. 4 I und II GG dem Staat die Pflicht auf, Raum für die aktive Betätigung der Glaubensüberzeugung und die Verwirklichung der autonomen Persönlichkeit auf weltanschaulich-religiösem Gebiet zu sichern (BVerfGE 41, 29 [49] – *„christl. Gemeinschaftsschule"* ; 93, 1 [16] – *„Kruzifix"*). Ein solcher grundrechtlicher

Anspruch wird vor allem in den sog. besonderen Gewaltverhältnissen, wie etwa dem Soldatenverhältnis oder dem Gefangenenverhältnis, anerkannt (dazu *Steiner*, Jus 1982, 163 f. m. w. N.). Einen Anspruch auf finanzielle Mittel zur Ausübung der Glaubens- und der Gewissensfreiheit gewährt Art. 4 GG dagegen **nicht** (BVerwGE 65, 52 [57]), wie etwa für die Bereitstellung eines Kirchengebäudes (BVerwGE 87, 115 [133]), für die Mehrkosten der Sozialhilfe in einem bestimmten weltanschaulich geprägten Altersheim (BVerwG, NJW 1983, 2586 [2587]).

3. Objektiv-rechtliche Gewährleistungen

6   Anerkannt ist die Bedeutung der Glaubens- und der Gewissensfreiheit auch als „**Element objektiver Ordnung**", die als verfassungsrechtliche Grundentscheidung für alle Bereiche des Rechts Geltung hat (BVerfGE 23, 127 [134] m.w.N; 73, 261 [269]). Demnach sind die objektiv-rechtlichen Grundrechtsgehalte des Art. 4 I, II GG bei der Auslegung und Anwendung **staatlich geregelter Bereiche** zu berücksichtigen.

Beispiele:
– Eine türkische Asylbewerberin stellte für sich und ihre beiden Kinder bei der zuständigen Behörde Asylanträge. Sie ist Kurdin und gehört der Glaubensgemeinschaft der Yeziden an, die ihre Religion nur in Gruppen von mindestens neun Erwachsenen ausüben können. Für die Dauer des Asylverfahrens wurde sie dem Land B zugewiesen, obwohl sie dort keine Möglichkeit zur gemeinschaftlichen Glaubensausübung hatte. Bei der gemäß § 22 AsylVfG im Ermessen der Asylbehörde stehenden Zuweisungsentscheidung hätte aber dieser Umstand berücksichtigt werden müssen (s. dazu VG Berlin, NVwZ 1992, 91 f.).
– Ferner ist das Grundrecht auf Glaubensfreiheit bei Abwägungsprozessen, etwa im öffentlichen Baunachbarrecht, wenn es um die Erteilung einer Baugenehmigung zur Errichtung einer kirchenlichen Anlage geht, zu berücksichtigen (BVerwG, NVwZ 1992, 1101 f.; zum Nachbarschutz gegen kirchliches Glockengeläut, vgl. BVerwGE 68, 62 ff.; 90, 163 ff.; *Laubinger*, VerwArch 83 (1992), 623 ff.; zum Anspruch einer Religionsgemeinschaft auf eine Sondernutzungserlaubnis, im öffentlichen Straßenraum Passanten werbend anzusprechen, BVerwG, NJW 1997, 406 ff.).

7   Vor allem ist die Ausstrahlungswirkung der Glaubens- und Gewissensfreiheit bei der Auslegung und Anwendung **strafrechtlicher Normen** zu beachten (dazu ausführlich *Herdegen*, GA 1986, 97 ff.). Handlungen und Verhaltensweisen, die aus einer bestimmten Glaubensüberzeugung fließen, dürfen nicht ohne weiteres strafrechtlichen Sanktionen unterworfen werden, die der Staat für ein solches Verhalten vorsieht (BVerfGE 32, 98 [108] – *„Gesundbeter"*; 69, 1 [34] – *„Kriegsdienstverweigerung"*).

8   Die Ausstrahlungswirkung der Glaubens- und Gewissensfreiheit erstreckt sich aber auch auf die gesellschaftliche, vorwiegend privatautonom geregelte Gesamtordnung (*Stern*, StaatsR, III/1, § 69 III). Von großer praktischer Bedeutung sind in diesem Zusammenhang die Wirkungen, die von Art. 4 GG auf das **Privatrecht**, insbesondere das Arbeitsrecht mit seinen auslegungsbedürftigen Begriffen, wie

etwa in § 1 II KSchG – „sozial gerechtfertigt" oder in § 626 I BGB – „wichtiger Grund", ausgehen.

Beispiele:

– Wegen eines mehrtägigen islamischen Religionsfestes bleibt ein türkischer Gastarbeiter seiner Arbeit fern, um sich ganz den religiösen Feierlichkeiten zu widmen. Die daraufhin ausgesprochene fristlose Kündigung ist selbst unter Berücksichtigung des Art. 4 GG zulässig (LAG Düsseldorf, JZ 1964, 258).

– Zulässig sind auch Kündigungen von kirchlichen Mitarbeitern durch die Kirchen oder kirchlichen Institutionen, soweit diese bei der Verkündigung ihre gegenüber der Kirche bestehende Loyalitätspflicht verletzen, wie beispielsweise die Äußerung des Leiters eines katholischen Krankenhauses zum Schwangerschaftsabbruch (BVerfGE 70, 138 [147]); die standesamtliche Heirat der Leiterin eines katholischen Kindergartens mit einem geschiedenen Mann (BAG, NJW 1978, 21 16; ferner BAG, NJW 1985, 1855).

– Andererseits darf einem Arbeitnehmer keine Arbeit zugewiesen werden, die ihn in einen vermeidbaren Gewissenskonflikt bringt (BAGE 47, 363 [376 ff.]; 62, 59 [67]); allerdings ist dabei zu berücksichtigen, ob dieser Konflikt bereits bei Eingehung des Arbeitsverhältnisses vorhersehbar und infolgedessen durch ein Absehen der Bewerbung vermeidbar war (BVerwGE 89, 260 [264 f.]).

Beachte: Das Grundrecht der Kriegsdienstverweigerung ist seiner Natur nach nur gegen den Staat als Träger der Wehrhoheit gerichtet, so daß Art. 4 III GG keine Ausstrahlungswirkung auf die Privatrechtsordnung zukommt (*v.Münch*, in: v.Münch/Kunig, GG I, Art. 4 Rn. 68).

III. Staatskirchenrechtliche Bezüge des Art. 4 GG

In engstem Zusammenhang mit dem Grundrecht der Glaubensfreiheit steht **Art. 140 GG**, der auf die Bestimmungen der Art. 136, 137, 138, 139 und 141 der **Weimarer Reichsverfassung** (WRV) Bezug nimmt. Diese inkorporierten Kirchenartikel stellen vollgültiges Verfassungsrecht der Bundesrepublik Deutschland dar „und stehen gegenüber den anderen Artikeln des Grundgesetzes nicht etwa auf einer Stufe minderen Ranges" (BVerfGE 19, 206 [219]).   **9**

Klausurhinweis: Art. 140 GG enthält aber kein Grundrecht oder grundrechtsgleiches Recht. In der Fallbearbeitung kann daher eine Verletzung dieses Artikels **nicht** unmittelbar mit der Verfassungsbeschwerde gerügt werden (BVerfGE 19, 119 [135]).

Inhaltlich regeln die Kirchenartikel das Grundverhältnis zwischen Staat und Kirche (BVerfGE 42, 312 [322]), aber auch Fragen der individuellen Glaubensfreiheit (Art. 136 WRV). Damit kommt es teilweise zu einer Überschneidung mit dem Grundrecht auf Glaubensfreiheit, das neben der individuellen auch die kollektive Glaubensfreiheit umfaßt (dazu u. Rn. 26 ff.). Die durch Art. 140 GG inkorporierten Art. 136 ff. WRV sind zusammen mit Art. 4 I, II GG aber als ein organisches Ganzes zu sehen (BVerfGE 53, 366 [400] m. w. N.), in dem Art. 4 I, II GG einerseits für die Auslegung der Kirchenartikel als Interpretationsmaxime   **10** wirkt, die Art. 136 ff. WRV andererseits aber auch Auswirkungen auf den Schutzbereich des Art. 4 I, II GG entfalten (*Steiner*, Jus 1982, 165 m. w. N.).

Beispiel: So läßt sich etwa die Frage, welche staatsbürgerlichen Pflichten i. S. des Art. 136 I WRV gegenüber dem Freiheitsrecht des Art. 4 I, II GG mit staatlichem Zwang durchgesetzt werden dürfen, nur nach Maßgabe der in Art. 4 I, II GG getroffenen Wertentscheidung beantworten (BVerfGE 33, 23 [31]).

11   In Zusammenspiel mit Art. 3 III 1, Art. 33 III GG und Art. 136 I, IV und Art. 137 I WRV i. V. m. Art. 140 GG ist Art. 4 I, II GG Ausdruck des Grundsatzes **der religiösen und weltanschaulichen Neutralität des Staates** (BVerfGE 19, 206 [216]; ferner BVerfGE 93, 1 [16] – *„Kruzifix"*; BVerwGE 90, 320 [328]). Damit wird dem Staat zunächst einmal die Einführung staatskirchlicher Rechtsformen verboten; aber auch die Privilegierung bestimmter Bekenntnisse wird ihm untersagt, d. h., der Staat hat den unterschiedlichen oder gar gegensätzlichen Religionen und Weltanschauungen grundsätzlich neutral gegenüberzustehen (BVerfGE 93, 1 [16 f.] – *„Kruzifix"* m. w. N.). Dies bedeutet aber nicht, daß alle Religionsgesellschaften durch den Staat schematisch gleichbehandelt werden müssen; vielmehr sind durchaus Differenzierungen zulässig, die durch tatsächliche Verschiedenheiten der einzelnen Religionsgesellschaften bedingt sind (BVerfGE 9, 1 [8]; s. auch u. Rn. 35).

Beispiel: So darf der Staat etwa seine steuerrechtlichen Normen so ausgestalten, daß Religionsgesellschaften, die Körperschaften des öffentlichen Rechts sind, begünstigt werden, wenn dies von der Sache her gerechtfertigt ist (BVerfGE 19, 129 [134]).

12   Eine weitere Ausnahme vom Prinzip der grundsätzlichen Trennung von Staat und Kirche ist Art. 7 III 1 GG, wonach den Religionsgemeinschaften garantiert wird, daß eine staatliche Einrichtung, nämlich die öffentliche Schule, Religionsunterricht erteilt (s. dazu § 14 Rn. 2).

B. Die Glaubensfreiheit

13   Das Grundrecht auf Glaubensfreiheit umfaßt in einem **einheitlichen Schutzbereich** neben der Freiheit des Glaubens und des Bekenntnisses auch die in Art. 4 II GG gewährte freie Religionsausübung. Die Religionsausübung ist also als Bestandteil der Glaubensfreiheit zu sehen, damit wird dem Art. 4 II GG nur deklaratorische Bedeutung beigemessen (BVerfGE 24, 236 [245] – *„Aktion Rumpelkammer"*; *Fehlau*, Jus 1993, 441 f. m. w. N.).

Klausurhinweis: In der Fallbearbeitung kann es daher als ausreichend erachtet werden, lediglich von dem Grundrecht auf Glaubensfreiheit zu sprechen (s. auch o. Rn. 1).

14   Das Grundrecht auf Glaubensfreiheit weist **zwei Schutzkomponenten** auf (so auch *Jarass*, in: J/P, GG, Art. 4 Rn. 3; *Steiner*, Jus 1982, 157 [159]). Das ist zum einen die individuelle Glaubensfreiheit (dazu u. Rn. 15 ff.), zum anderen die kollektive

Glaubensfreiheit (dazu u. Rn. 26 ff.). Obwohl die beiden Aspekte Teile eines einheitlichen Grundrechts sind, enthalten sie doch unterschiedliche Ausprägungen. Sie werden daher im folgenden getrennt dargestellt.

I. Individuelle Glaubensfreiheit

1. Persönlicher Schutzbereich

Das Grundrecht auf Glaubensfreiheit gewährleistet ein **jedermann zustehendes** **15** **Menschenrecht** (*v.Münch,* in: v.Münch/Kunig, GG I, Art. 4 Rn. 6 m. w. N.), so daß auch Ausländer und Staatenlose geschützt werden. Träger des Grundrechts auf Glaubensfreiheit können auch **Kinder** sein; hierbei ist allerdings zu beachten, daß sie bis zu ihrer Religionsmündigkeit durch ihre Eltern vertreten werden (dazu BVerfGE 30, 415 [424]; s. auch § 14 Rn. 7).

2. Sachlicher Schutzbereich

a) Begriffsbestimmung

Das Grundrecht der Glaubensfreiheit ist wegen seines hohen verfassungsrechtli- **16** chen Ranges **extensiv** auszulegen (BVerfGE 35, 366 [376] m. w. N.). Eine exakte Bestimmung dieses Begriffs ist ähnlich schwierig, wie die Definition der Begriffe Kunst und Wissenschaft (vgl. dazu § 7 Rn. 75, 91). Die Glaubensfreiheit kann als ein Rechtsraum angesehen werden, in dem sich der einzelne die Lebensform zu geben vermag, „die seiner Überzeugung entspricht, mag es sich dabei um ein **religiöses Bekenntnis** oder eine irreligiöse – religionsfeindliche oder religionsfreie – **Weltanschauung** handeln" (BVerfGE 12, 1 [3 f.] – *„Tabak für Kirchenaustritt"*). Die Glaubensfreiheit betrifft also nicht nur Religionen, sondern auch Weltanschauungen. Wegen der im Grundgesetz deutlich zum Ausdruck gebrachten Gleichwertigkeit beider Begriffe kann die Abgrenzung im einzelnen auf sich beruhen (BVerwGE 90, 1 [4]; *Jarass,* in: J/P, GG, Art. 4 Rn. 6 m. w. N.).

Beachte: Religion und Weltanschauung zusammengenommen sind aber gegen andere Erscheinungsformen, wie beispielsweise Psychagogie oder Meditation, abzugrenzen.

Religion und Weltanschauung liegt eine **Gesamtsicht der Welt** zugrunde; beiden **17** Begriffen geht es dabei um eine mit der Person des Menschen verbundene Gewißheit über bestimmte Aussagen zum Weltganzen, die Herkunft und das Ziel des menschlichen Lebens (BVerwGE 90, 112 [115] – *„Bhagwan"*). Unbeachtlich ist dabei, ob sich die religiösen bzw. weltanschaulichen Prinzipien erst auf dem Boden übereinstimmender sittlicher Grundanschauungen im Laufe der geschichtlichen Entwicklung herausgebildet haben (BVerfGE 41, 29 [50] – *„christl. Gemeinschaftsschule"*; anders noch BVerfGE 12, 1 [4] – *„Tabak für Kirchenaustritt"*) oder dem christlichen Glauben entsprechen. So genießen auch Religionen und Weltanschauungen, die unserem Kulturkreis fremd sind oder die von den offiziellen Lehren der Kirchen und Religionsgemeinschaften abgelehnt werden, den Schutz des Art. 4 I, II GG (BVerfGE 24, 236 [246] – „*Aktion Rumpel-kammer*"); auch auf die zahlenmäßige Stärke und soziale Relevanz einer religiö-sen Vereinigung kommt es nicht an (BVerfGE 32, 98 [106] – „*Gesundbeter*").

Beispiele:

– So genießen die Glaubensüberzeugungen der Anhänger der sog. Osho-Bewegung (früher: „Bhagwan") den Schutz des Grundrechts aus Art. 4 I GG, da diese Lehre über die „Erleuch-tung" das Ziel des Menschen angibt und eine umfassende Erklärung zur Sinnfrage enthält (BVerwGE 90, 112 [115] – „*Bhagwan*"; ferner *v. Heinegg/Schäfer*, DVBl 1991, 1341 ff.; zur Problematik der Scientology-Sekte u. Rn. 32).

– Dagegen ist die Vermittlung und Ausübung einer geistigen Technik ohne bestimmte gedank-liche Inhalte oder die Gewährung bloßer Lebenshilfe weder eine Religion noch eine Weltan-schauung (BVerwGE 82, 76 [78]).

b) Positive Religions- und Weltanschauungsfreiheit

18 Das Grundrecht auf Glaubensfreiheit gewährleistet zunächst den geamten Be-reich der positiven Religions- und Weltanschauungsfreiheit. Dieser umfaßt so-wohl die innere Freiheit, religiöse bzw. weltanschauliche Überzeugungen zu ha-ben, sog. **forum internum**, als auch die äußere Freiheit, diese Überzeugungen zu manifestieren, zu bekennen und zu verbreiten, sog. **forum externum**, (BVerfGE 32, 98 [106] – „*Gesundbeter*"; 41, 29 [49] – „*christl. Gemeinschaftsschule*"). Dazu gehören nicht nur kultische Handlungen und Ausübung sowie Beachtung religiöser Gebräuche, wie Gebete, Gottesdienste, Sammlung kirchlicher Kollekte, Zelebrieren der Sakramente, Prozessionen, Zeigen von Kirchenfahnen, Riten, Symbole, Glockengeläut usw. (BVerfGE 24, 236 [246] – „*Aktion Rumpelkam-mer*"), sondern auch das Werben für den eigenen Glauben oder das Abwerben von einem fremden Glauben, soweit dies nicht unter Anwendung von Gewalt, List bzw. Drohung oder eines Abhängigkeitsverhältnisses geschieht (BVerfGE 12, 1 [4 f.] – „*Tabak für Kirchenaustritt*"; BVerwGE 15, 134 [136]).

19 Geschützt werden neben freireligiösen und atheistischen Feiern sowie anderen Äußerungen des religiösen und weltanschaulichen Lebens, wie beispielsweise aus religiös-karitativen Motiven veranstaltete Sammlungen von Sachspenden, auch die **religöse Erziehung** (BVerfGE 24, 236 [246] – „*Aktion Rumpelkammer*"), so daß die Eltern ihrem Kind die von ihnen für richtig gehaltene religiöse oder weltanschauliche Erziehung vermitteln können (BVerfGE 52, 223 [236] – „*Schulgebet*"). Damit umfaßt der Begriff der Glaubensfreiheit auch den Bereich der in Art. 4 II GG besonders gewährten ungestörten Religionsausübung (BVerf-GE 24, 236 [245]- „*Aktion Rumpelkammer*").

20 Zur Glaubensfreiheit gehört aber auch das Recht des einzelnen, **sein gesamtes Verhalten** an den Lehren seines Glaubens auszurichten und seiner inneren Glau-bensüberzeugung gemäß zu handeln (BVerfGE 32, 98 [106]), also nach den ei-genen Glaubensüberzeugungen zu leben (BVerfGE 93, 1 [15] – „*Kruzifix*"). Al-lerdings kann dem Verhalten nicht ohne weiteres eine Zuordnung zur Lebensgestaltung nach Maßgabe der Glaubensüberzeugungen entnommen wer-

den. Für die Zuordnung kann auch nicht allein auf die Behauptung und das Selbstverständnis des Gläubigen oder der Religions- bzw. Weltanschauungsgemeinschaft abgestellt werden; vielmehr muß es sich auch tatsächlich, nach **geistigem Gehalt** und **äußerem Erscheinungsbild**, um ein religiös bzw. weltanschaulich motiviertes Verhalten handeln (BVerfGE 83, 341 [353] – „*Bahá 'í*"). Das von den Gläubigen offenbarte Verhalten muß nach objektiven Kriterien in den Sinnzusammenhang des entsprechenden Glaubenssystems eingeordnet werden können.

Beispiele:
– Nach BVerwGE 94, 82 ff. – „*Koran im Schulsport*": T, Tochter türkischer Eltern, wie diese auch islamischen Glaubens, ist Schülerin eines deutschen Gymnasiums. Die Eltern der T beantragen, ihre Tochter von einem koedukativ (gemeinsam für Jungen und Mädchen) erteilten Sportunterricht zu befreien. Da die Teilnahme an dieser Unterrichtsveranstaltung in Widerspruch zu den Bekleidungsvorschriften des Korans steht, die sie als für sie verbindlich ansehen und die einen wesentlichen Bestandteil der Lebensführung ihrer islamischen Religionsgemeinschaft ausmachen, sie also Ausdruck religiös fundierter Überzeugungen sind, genießt die Beachtung dieser Vorschriften grundrechtlichen Schutz (BVerwGE 94, 82 [87] – „*Koran im Schulsport*"; dazu *Kahl*, Jus 1995, 904 ff. m. w. N.).
– Auch das sog. Schächten von Tieren, d. h. das betäubungslose Ausblutenlassen von Tieren, wird als religiös motiviertes Verhalten angesehen, da Vorschriften bestimmter Religionsgemeinschaften das Schächten zwingend vorschreiben bzw. den Genuß von Fleisch nicht geschächteter Tiere untersagen. Diesen religiösen Vorgaben wurde durch § 4 a II Nr. 2 TierschG Rechnung getragen (vgl. in diesem Zusammenhang BVerwG, NVwZ 1996, 61 ff. – „*Schächten*"; dazu *Trute*, Jura 1996, 462 ff.).

Verhaltensweisen, die nur im **äußeren Zusammenhang** mit religiösen oder weltanschaulichen Handlungen stattfinden, wie beispielsweise der Verkauf von Speisen und Getränken bei einem religiösen Treffen oder die Vermietung von Unterkünften, sind nicht selbst Gegenstand der religiös motivierten Handlung und fallen daher auch nicht unter Art. 4 I, II GG (BVerfGE 19, 129 [133]).   21

c) Negative Religions- und Weltanschauungsfreiheit

Von der Glaubensfreiheit erfaßt wird, wie etwa die Art. 136 III 1, IV WRV und Art. 141 WRV i. V. m. Art. 140 GG verdeutlichen, auch die **negative Religions- und Weltanschauungsfreiheit**. Zum Schutzbereich gehört daher auch die Freiheit, nicht zu glauben, sich nicht zu einem Glauben oder einer Weltanschauung zu bekennen, also zu verschweigen sowie religiös oder weltanschaulich motivierte Handlungen zu unterlassen bzw. abzulehnen oder diesen fernzubleiben (BVerfGE 41, 29 [49] – „*christl. Gemeinschaftsschule*"; 52, 223 [241] – „*Schulgebet*" 93, 1 [15] – „*Kruzifix*").   22

Beispiele:
– So können Schüler, die das Schulgebet einer bestimmten Glaubensrichtung ablehnen, von dieser Unterrichtsveranstaltung fernbleiben (BVerfGE 52, 223 [241] – „*Schulgebet*").
– Ein Prozeßbeteiligter, der sich aufgrund seiner Glaubensüberzeugung zur Leistung eines religiösen Eides außerstande sieht, ist von dieser Eidespflicht freizustellen (BVerfGE 33, 23 [28 f.] m. w. N.; 79, 69 [76]).
– Auch können sich Prozeßbeteiligte weigern, eine mündliche Verhandlung in einem mit ei-

nem Kreuz ausgestatteten Gerichtssaal durchzuführen, wenn sie aufgrund ihrer religiösen oder weltanschaulichen Überzeugung das christliche Symbol des Kreuzes ablehnen (BVerf-GE 35, 366 [373 f.]).

3. Eingriff

23 Eine Beeinträchtigung der individuellen Glaubensfreiheit liegt immer dann vor, wenn der Staat die Bildung und den Bestand der religiösen und weltanschaulichen Überzeugung beeinflußt bzw. die Manifestation, das Bekennen und das Verbreiten dieser Überzeugung regelt oder faktisch in erheblicher Weise behindert (*Jarass*, in: J/P, GG, Art. 4 Rn. 11). Darüber hinaus stellt jede hoheitliche Maßnahme, die dem einzelnen die Ausübung seines Rechts, sein Verhalten an den eigenen Glaubensüberzeugungen auszurichten, unmöglich macht oder erschwert, einen Eingriff in die individuelle Glaubensfreiheit dar.

Beispiele:

– So stellt im Fall *„Koran im Schulsport"* (dazu o. Rn. 20) der Zwang zur Teilnahme am koedukativen Sportunterricht einen Eingriff in die Glaubenfreiheit der T dar. Denn sie muß stets befürchten, daß auch bei weit geschnittener Kleidung die Konturen ihres Körpers zu zeigen oder ihr Kopftuch zu verlieren. Außerdem sind dadurch ihr verbotene körperliche Berührungen mit Jungen nicht ausgeschlossen, und schließlich ist sie gezwungen, den mit entsprechend eng anliegender Sportwäsche bekleideten Jungen bei ihren Übungen zuzusehen, was ebenfalls nach den Vorschriften des Korans verboten ist (BVerwGE 94, 82 [89 f.] – *„Koran im Schulsport"*).

– Nach BVerfGE 93, 1 ff. – *„Kruzifix"*: In bayrischen Volksschulen wird nach § 13 I Volksschulordnung die Anbringung von Kreuzen in sämtlichen Klassenzimmern vorgeschrieben. Dies ist als Eingriff in die Glaubensfreiheit zu werten, da das Kreuz aufgrund seines appellativen Charakters und seiner symbolisierten Glaubensinhalte vor allem gegenüber Jugendlichen, die Kritikvermögen und eigene Standpunkte erst erlernen sollen, eine mentale Beeinflussung erzeugen kann (BVerfGE 93, 1 [19 f.] – *„Kruzifix"*; krit. dazu *Kokott*, in: Sachs, GG, Art. 4 Rn. 30 a ff.). Auch die Durchführung einer Gerichtsverhandlung unter einem Kruzifix stellt einen Eingriff dar (s. auch o. Rn. 22).

– A ist Mitglied des evangelischen Brüdervereins, der seinen Angehörigen Bluttransfusionen verbietet. A kann nicht etwa deswegen nach § 323 c StGB bestraft werden, weil er es unterlassen hat, seine ebenfalls religiös motivierte Ehefrau zur Aufgabe ihrer gemeinsamen Glaubensüberzeugung zu überreden und somit eine möglicherweise lebensrettende Bluttransfusion in einem Krankenhaus vornehmen zu lassen (BVerfGE 32, 98 [109 f.] – *„Gesundbeter"*). Eine entsprechende Verurteilung würde daher einen Eingriff in die Glaubensfreiheit darstellen. Etwas anderes dürfte allerdings gelten, wenn A und seine Ehefrau aufgrund ihrer Glaubensüberzeugung notwendige medizinische Maßnahmen zugunsten ihrer minderjährigen Kinder nicht veranlassen (dazu OLG Hamm, NJW 1968, 212 f.; ferner *Kokott*, in: Sachs, GG, Art. 4 Rn. 37).

24 Auch die **Diskriminierung** einer Person wegen ihres Glaubens stellt einen Eingriff in die Glaubensfreiheit dar, da der Staat wegen seiner Neutralität in Glaubensfragen auf eine am Gleichheitssatz orientierte Behandlung der verschiedenen Religions- und Weltanschauungsarten zu achten hat (BVerfGE 93, 1 [17] m. w. N. – *„Kruzifix"*).

Beachte: Öffentlich – rechtliche Pflichten speziell für **Mitglieder** einer religiösen oder weltanschaulichen Vereinigung i. S. d. Art. 137 V WRV stellen keinen Grundrechtseingriff dar, wenn und soweit der Betroffene in sie eingewilligt hat.

Da Art. 4 I, II GG als objektive Norm seinen Rechtsgehalt auch im Privatrecht   25 entfaltet, kommt seine Austrahlungswirkung auch gegenüber **Dritten** zum Tragen, die in die Glaubensfreiheit eines anderen eingreifen. Die Grundrechtsausübung ist also auch vor Angriffen oder Behinderungen durch Dritte, wie beispielsweise von Anhängern anderer Glaubensrichtungen oder konkurrierender Religionsgruppen, zu schützen (BVerfGE 93, 1 [16] – „*Kruzifix*").

II. Kollektive Glaubensfreiheit

Obwohl die kollektive Religions- und Weltanschauungsfreiheit in Art. 4 I, II GG   26 nicht ausdrücklich erwähnt ist, wird aufgrund des umfassenden Charakters der Glaubensfreiheit die **Vereinigungsfreiheit** religiöser- oder weltanschaulicher Gemeinschaften bereits von Art. 4 I, II GG erfaßt, der im Kontext zu den Vorschriften der Art. 137 II WRV i. V. m. Art. 140 GG, die die Freiheit der Vereinigung zu religiösen und weltanschaulichen Gemeinschaften gewährleisten, zu interpretieren ist. Es ist nämlich davon auszugehen, daß Art. 4 I, II GG „sich für die Gewährleistung der religiösen und weltanschaulichen Vereinigungsfreiheit auf Art. 137 II WRV i. V. m. Art. 140 GG bezieht und sie in dessen normativen Gehalt mitumfaßt" (BVerfGE 83, 341 [354 f.] – „*Bahá'í*").

Klausurhinweis: Die Grundrechtsberechtigung für die religiösen und weltanschaulichen Gemeinschaften bzw. -vereinigungen folgt damit unmittelbar aus Art. 4 GG; Art. 19 III GG hat insoweit nur noch deklaratorische Bedeutung (BVerfGE 19, 129 [132]; 53, 366 [386 f.]).

1. Grundrechtsträger

Träger der kollektiven Glaubensfreiheit sind neben den **juristische Personen** auch   27 sonstige Vereinigungen, deren Zweck die Pflege oder Förderung eines religiösen oder weltanschaulichen Bekenntnisses oder die Verkündung des Glaubens ihrer Mitglieder ist (BVerfGE 19, 129 [132]; 24, 236 [246 f.]; 70, 138 [160 f.]). Art. 137 WRV spricht in diesem Zusammenhang von Religionsgesellschaften bzw. weltanschaulichen Vereinigungen. Dazu zählen u. a. die großen christlichen Kirchen, wie die katholische oder evangelische Kirche (BVerwGE 37, 344 [363]). Darüber hinaus sind aber auch alle die der Kirche in bestimmter Weise – **ohne Rücksicht auf ihre Rechtsform** – zugeordneten Einrichtungen geschützt, „wenn sie nach kirchlichem Selbstverständnis ihrem Zweck oder ihrer Aufgabe entsprechend berufen sind, ein Stück des Auftrags der Kirche wahrzunehmen und zu erfüllen" (BVerfGE 70, 138 [162] m. w. N.).

Beispiele: Dazu zählen etwa rechtsfähige Stiftungen des Privatrechts, wie etwa konfessionelle Krankenhäuser (BVerfGE 46, 73 [85 ff.]; 53, 366 [391 f.]), als Körperschaften des öffentlichen Rechts verfaßte Erziehungseinrichtungen (BVerfGE 70, 38 [160 ff.]; BVerwGE 72, 135

[138 ff.]) oder aber auch nicht rechtsfähige Vereine, wie z. B. die katholische Landjugendbewegung Deutschlands (BVerfGE 24, 236 [247] – *„Aktion Rumpelkammer"*).

28   Auch die großen christlichen Kirchen können, obwohl sie als **Körperschaften des öffentlichen Rechts** organisiert sind, sich dem Staat gegenüber auf die kollektive Glaubensfreiheit berufen und diese mit der Verfassungsbeschwerde geltend machen (vgl. BVerfGE 19, 1 [5]; 42, 312 [322]; dies gilt aber dann nicht, soweit es um **staatlich deligierte Hoheitsbefugnisse** geht, wie etwa dem Besteuerungsrecht, da hier die Religionsgemeinschaft selbst öffentliche Gewalt ausübt (*v.Münch*, in: v.Münch/Kunig, GG I, Art. 4 Rn. 16 m. w. N.).

29   Neben den traditionellen Religionsgesellschaften mit ihren Untergliederungen und ihren rechtlich selbständigen Einrichtungen werden auch **andere Vereinigungen** als Grundrechtsträger angesehen. Darunter fallen nicht nur religiöse und weltanschauliche Minderheitengemeinschaften, sondern auch sog. Meditationsvereine, die, wie etwa die sog. Osho-Bewegung (früher: „Bhagwan"), bestimmte religiöse oder weltanschauliche Lehren verbreiten (vgl. dazu o. Rn. 17).

2. Sachlicher Schutzbereich

30   Der Gewährleistungsinhalt der religiösen und weltanschaulichen **Vereinigungsfreiheit** umfaßt die Freiheit, aus gemeinsamem Glauben oder gemeinsamer Weltanschauung sich zu einer Religions- oder Weltanschauungsgesellschaft zusammenzuschließen und zu organisieren (BVerfGE 83, 341 [355] – *Bahá 'i*). Ob von Art. 4 I, II GG damit auch das **Selbstbestimmungsrecht** der Religions- oder Weltanschauungsgesellschaften über Organisation, Normsetzung und Verwaltung geschützt ist oder dieses lediglich von Art. 137 III WRV i. V. m. Art. 140 GG erfaßt wird, ist nicht eindeutig geklärt (vgl. auch *P/S*, StaatsR II, Rn. 572 m. w. N.). Wenn aber das Selbstbestimmungsrecht zur Wahrnehmung der religiösen und weltanschaulichen Aufgaben unerläßlich ist (BVerfGE 72, 278 [289] m. w. N.), ist davon auszugehen, daß dieses Recht auch vom umfassenden Schutzbereich der Glaubensfreiheit erfaßt wird.

Beispiele:
– So gehört die gesamte Gestaltung arbeits- und dienstrechtlicher Verhältnisse, wie auch die Ausbildung zum kirchlichen Verwaltungsdienst zum Bereich der kircheneigenen Angelegenheiten. Die Kirche kann etwa für einen kirchlichen Arbeitnehmer Loyalitätspflichten in einem Arbeitsvertrag festlegen, der ihm eine bestimmte kirchliche Lebensführung auferlegt (BVerfGE 70, 138 [165]; 72, 278 [290]).
– Zu den innerkirchlichen Angelegenheiten zählt ferner die Beitrags- und Gebührenerhebung. Hiervon zu unterscheiden ist die Kirchensteuererhebung. Dieses als vom Staat verliehenes Hoheitsrecht gehört zu den gemeinsamen Angelegenheiten von Staat und Kirche, die auch der Rechtskontrolle durch die staatlichen Gerichte unterliegt (BVerfGE 19, 206 [217 f.]; BVerwGE 7, 189 [190 f.]).
– Auch die Gestaltung einer eigenen, den staatlichen Rechtsschutz verdrängenden kirchlichen Gerichtsbarkeit gehört zu dem Bereich des Selbstverwaltungs- und Selbstbestimmungsrecht der Kirche (BVerfG, NVwZ 1989, 452; *Steiner*, NVwZ 1989, 410 ff.). So kann die Kirche aufgrund bestehender kirchlicher Verwaltungsvorschriften einem Rechtsanwalt die Zulas-

sung in einem Verfahren vor dem kirchlichen Verwaltungsgericht zum Prozeßbevollmächtigten verweigern, weil dieser der Kirche nicht angehört (BVerwG, NJW 1981, 1972 f.
m. w. N.).

Neben der Vereinigungsfreiheit und dem Selbsbestimmungsrecht wird auch die   31
Betätigung der religiösen und weltanschaulichen Gemeinschaften bzw. -vereini-
gungen geschützt, wobei vor allem auf deren Selbstverständnis abzustellen ist.
Allerdings ist auch hier zu beachten, daß es sich bei den Tätigkeiten um ein
religiös bzw. weltanschaulich motiviertes Verhalten handeln muß.

Beispiele:
– Neben den kultischen Handlungen (dazu bereits o. Rn. 18) gehört die vor allem von der
  Kirche getragene schulische Erziehung, gerade in religiöser und sittlicher Hinsicht, zu den
  der Kirche eigentümlichen Angelegenheiten (BAGE 47, 144 [149]).
– Nicht nur die kirchlich getragene Krankenpflege, sondern allgemein die an den religiösen
  Grundanforderungen ausgerichtete Fürsorge für hilfsbedürftige Menschen einschließlich ih-
  rer Erziehung und Ausbildung zählt zu den Tätigkeiten, die von den christlichen Kirchen als
  Grundfunktion verstanden werden (BVerfGE 70, 138 [163] m. w. N.).
– Das Sammeln von Gaben, sei es finanzieller oder anderer Art, für karitative Zwecke gehört
  ebenfalls zu den legitimen Tätigkeiten der Kirchen (BVerfGE 24, 236 [247 f.] – *„Aktion
  Rumpelkammer“*).

Tätigkeiten, in denen von den Religions- und Weltanschauungsgesellschaften   32
bzw. – vereinigungen rein **wirtschaftliche Interessen** verfolgt werden, fallen nicht
in den Schutzbereich des Art. 4 GG (*v. Campenhausen*, HdbStR VI, § 136
Rn. 72 f. m. w. N.; restriktiv BVerwGE 90, 112 [116 ff.] – *„Bhagwan“*; ferner
BAG, JZ 1995, 951 ff. – *„Scientology“*).

Beispiel: Mitglieder der sog. „Scientology Kirche“ betreiben u. a. zu Zwecken der Mitgliederwerbung verschiedene Arten wirtschaftlicher Unternehmen, darunter Restaurants und Disko-
theken. Handelt die „Scientology Kirche“ hierbei lediglich aus reiner Gewinnerzielungsabsicht
ohne dadurch eine religiöse oder weltanschauliche Überzeugung fördern zu wollen, ist ein Berufen auf Art. 4 GG nicht möglich. Das bedeutet aber nicht, daß die „Scientology Kirche“ nicht
durch andere Grundrechte, wie etwa Art. 12 GG oder Art. 2 I GG, geschützt ist. Das BVerwG
stellt dagegen nicht auf die Tätigkeit selbst ab, sondern prüft, ob die Vereinigung von ihrem
strukturellen Aufbau her ausschließlich wirtschaftliche Interessen verfolgt, d. h. dienen die religiösen oder weltanschaulichen Lehren nur als Vorwand für die Verfolgung wirtschaftlicher Ziele. Ist dies der Fall, kann von einer Religions- oder Weltanschauungsgemeinschaft nicht mehr
gesprochen werden (BVerwGE 90, 112 [118] – *„Bhagwan“*). Ausgehend von dieser Rechtsprechung sieht das BAG die „Scientology Kirche“ als ein kommerzielles Unternehmen an, das sich
nicht auf die Glaubensfreiheit berufen kann (BAG, JZ 1995, 951 ff. – *„Scientology“*).

3. Eingriff

Wie schon bei der individuellen Glaubensfreiheit wird auch in den Bereich der   33
kollektiven Freiheit dann eingegriffen, wenn der Staat aufgrund hoheitlicher
Maßnahmen das den religiösen bzw. weltanschaulichen Gemeinschaften gewährte Recht auf Vereinigung, Selbsbestimmung und Ausübung ihrer religiösen
oder weltanschaulichen Tätigkeiten unmöglich macht oder erschwert.

34 **Beispiel:** Der wachsende Einfluß sog. Jugendreligionen oder Jugendsekten gibt nach Auffassung der Bundesregierung Anlaß zur Sorge. Insbesondere Jugendliche in labiler psychischer Situation hätten sich den Sekten anvertraut mit der Folge, daß bei ihnen später schwere seelische Störungen aufgetreten seien. Darüber hinaus seien auch Fälle sexueller Abhängigkeit bekanntgeworden. Die Bundesregierung fühlt sich daher zu nachhaltigen Warnungen veranlaßt und klärt dabei vor allem über den sog. Totalitätsanspruch der Sekten auf. Die Äußerungen betreffen auch einen Religionsverein, der sich „Weg zur Erlösung" nennt. Fraglich ist, ob durch das Verhalten der Bundesregierung nun ein Eingriff in Art. 4 I, II GG vorliegt. Daran könnte man zweifeln, da sich bei **Äußerungen bzw. Warnungen** (schlichtes Verwaltungshandeln) regelmäßig nur mittelbar-faktische Auswirkungen für die betroffenen Bürger ergeben. Dagegen ist jedoch einzuwenden, daß der Grundrechtsschutz prinzipiell unabhängig von der Qualität des hoheitlichen Eingriffs wirkt. Gerade die **Warnung vor Jugendsekten** berührt mit Art. 4 I, II GG ein besonders empfindliches Grundrecht, dessen entsprechend weit ausgedehnter Schutzbereich mittelbare Eingriffe erfaßt (dazu eingehend *Alberts*, NVwZ 1994, 1150 ff.; zur Frage der Eingriffsqualität einer schriftlichen Äußerung der Landesregierung auf eine Landtagsanfrage zur Problematik staatlicher Kunstförderung bei Auftritten offen bekennender scientologischer Künstler, vgl. VGH Mannheim, NJW 1997, 754 [755 f.]). Der Staat muß sich vor allem vor dem Hintergrund des Prinzips der religiösen und weltanschaulichen Neutralität des Staates (vgl. dazu o. Rn. 11) grundsätzlich jeder Bewertung einer Religion oder Weltanschauung enthalten (BVerwGE 82, 76 [79]; ferner OVG Münster, NVwZ 1991, 174).

35 Auch jede **Ungleichbehandlung** der verschiedenen Religions- oder Weltanschauungsgemeinschaften stellt eine Beeinträchtigung der kollektiven Glaubensfreiheit dar (*Jarass*, in: J/P, GG, Art. 4 Rn. 31). Dies bedeutet aber nicht, daß der Staat alle Religions- oder Weltanschauungsgesellschaften schematisch gleich behandeln muß; vielmehr können aufgrund sachlicher Gesichtspunkte Differenzierungen zulässig sein. Zu den zulässigen Differenzierungskriterien, beispielsweise bei der Gewährung staatlicher Vergünstigungen, zählen die äußere Größe und Verbreitung einer Religions- oder Weltanschauungsgesellschaft, der Grad ihrer öffentlichen Wirksamkeit, aber auch ihre kultur- und sozialpolitische Stellung in der Gesellschaft (BVerfGE 19, 1 [8, 10]; ferner BVerwGE 61, 152 [163]; 87, 115 [127 f.]).

Beachte: Nach Art. 137 V WRV i. V. m. Art. 140 GG besteht die Möglichkeit der Anerkennung einer Religionsgemeinschaft als Körperschaft des öffentlichen Rechts. Mit der Einräumung des Körperschaftsstatus werden der Religionsgemeinschaft nicht unerhebliche Privilegien zuerkannt, die insb. mit zahlreichen öffentlich-rechtlichen Befugnissen verbunden sind. Dazu zählt nicht nur das Recht zur Steuererhebung (vgl. Art. 137 VI WRV), sondern auch eine Vielzahl weiterer Vergünstigungen, wie etwa die Befreiung von Steuern, Kosten und Gebühren, das Recht zur Beteiligung an staatlichen Planungsverfahren. Eine Ungleichbehandlung gegenüber den anderen Vereinigungen, die diesen Status nicht erhalten, kann darin aber nicht gesehen werden, solange die gewährten Vorteile mit der Organisationsform der öffentlich-rechtlichen Körperschaft verbunden sind (*Jarass*, in: J/P, GG, Art. 140 -Art.137 WRV- Rn. 9; zu den Kriterien der Anerkennung des Körperschaftsstatus, vgl. insb. BVerwG, NJW 1997, 2396 ff. –

„Zeugen Jehovas I"; dazu eingehend *Müller-Vorbehr*, NJW 1997, 3358 ff.; ferner *Muckel*, DÖV 1995, 311 ff.).

C. Die Gewissensfreiheit

I. Persönlicher Schutzbereich

Träger der Gewissensfreiheit ist wie bei der Glaubensfreiheit **jede natürliche Person**. Berechtigte sind daher nicht nur Deutsche, sondern auch Ausländer und Kinder (vgl. auch o. Rn. 15). Personenvereinigungen, insbesondere juristischen Personen, steht die Gewissensfreiheit dagegen nicht zu (BVerfG, NJW 1990, 241; *Bethge*, HdbStR IV, § 137 Rn. 5). **36**

II. Sachlicher Schutzbereich

1. Begriffsbestimmung

Der Begriff des Gewissens ist, ähnlich wie der Begriff des Glaubens, schwer definierbar. Allerdings hat sich auch hier das BVerfG um eine juristische tragfähige Definition bemüht. Gewissen wird danach als ein (wie immer begründbares, jedenfalls aber) real erfahrenes seelisches Phänomen verstanden, „dessen Forderungen, Mahnungen und Warnungen für den Menschen umittelbar evidente Gebote unbedingten Sollens sind." Als **Gewissensentscheidung** wird jede ernste sittliche, d. h. an den Kategorien von „Gut" und „Böse" orientierte Entscheidung angesehen, „die der Einzelne in einer bestimmten Lage als für sich bindend und unbedingt verpflichtend innerlich erfährt, so daß er gegen sie nicht ohne ernste Gewissensentscheidung handeln könnte" (BVerfGE 12, 45 [54 f.] – *„Wehrpflichtgesetz/Kriegsdienstverweigerer"*; 48, 127 [173] – *„Wehrpflicht- und Zivildienst – Änderungsgesetz"*). Unbeachtlich ist dabei, worauf die Motivationen dieser Entscheidung beruhen. Sie können aus religiösen oder ethischen Vorstellungen kommen, sie können aber auch in gefühlsmäßigen Erwägungen, in weltanschaulichen Grundsätzen oder politischen Überzeugungen wurzeln (BVerwGE 7, 242 [246]). Gewissensrelevant ist also jedes Verhalten, das die Integrität und Identität der Persönlichkeit existentiell betrifft (*Bethge*, HdbStR IV, §137 Rn. 11). **37**

Beachte: Nicht jede innere Belastung des Betroffenen reicht für die Anerkennung als Gewissensentscheidung aus; vielmehr muß der Gewissenszwang des Betroffenen ein **erhebliches Gewicht** haben. Bloße Skrupel und Bedenken erreichen daher noch nicht die Stufe eines von der Unbedingtheit und existentiellen Identitätskrise geprägten Gewissenskonflikts (*Bethge*, HdbStR IV, § 137 Rn. 12).

Die eigenen Gewissensentscheidungen können aber **nicht** zum Maßstab der Gültigkeit genereller Rechtsnormen oder ihrer Anwendung gemacht werden (BVerfGE 67, 26 [37]). **38**

Beispiele:

– So können Angehörige der katholischen Kirche, die Mitglieder einer gesetzlichen Pflicht-
krankenkasse sind und in Abtreibungen Menschenrechtsverletzungen sehen, die sie mit ihrem Gewissen für unvereinbar halten, nicht anteilig Krankenkassenbeiträge einbehalten,
weil die Krankenkasse Abtreibungen als Kassenleistung anbietet (BVerfGE 67, 26 ff.).
– Auch Quäker können etwa die Zahlung von Steuern nicht aus Gewissensgründen ablehnen,
weil sie die Anwendung jeglicher kriegerischer Gewalt ablehnen und es deshalb mit ihrem
Gewissen nicht vereinbaren können, mit ihren persönlichen Steuern zur militärischen Rü-
stung beizutragen (BFH, NJW 1991, 1407 f.).

2. Schutzumfang

39   Der grundrechtliche Schutz der Gewissensfreiheit bezieht sich, wie auch der bei
der Glaubensfreiheit (dazu o. Rn. 18), nicht nur auf das **forum internum**, d. h. auf
die Freiheit ein Gewissen zu haben, sondern auch auf das **forum externum**, also
auf das in die soziale Welt eintretende menschliche Verhalten. Geschützt wird
demnach nicht nur die innere Freiheit des Gewissens, sondern auch das gewis-
sensgebotene äußere Handeln (BVerfGE 78, 391 [395]; *Jarass*, in: J/P, GG, Art. 4
Rn. 42 m. w. N.).

Beispiel: So stellt etwa die Weigerung von Studenten der Humanmedizin, an mit der ihrer
Meinung nach zumindest überflüssigen Tötung von Tieren verbundenen Übungen teilzunehmen, eine ernsthafte Gewissensentscheidung dar und wird von der Gewissensfreiheit nach
Art. 4 I GG geschützt (VG Frankfurt, NJW 1991, 768 [769 f.]; dazu auch *Brandhuber*, NJW
1991, 725 ff.). Die Studenten haben sogar nach Art. 4 I GG i. V. m. Art. 1 I GG einen Anspruch
auf eine tierversuchsfreie Gestaltung des Studienganges (VG Frankfurt, NJW 1991, 768 [770]).

Beachte: Die ernsthafte Gewissensentscheidung muß aber plausibel sein, d. h. sie
muß durch gewisse konkrete objektive Anhaltspunkte dargetan und erwiesen
sein (BVerwGE 41 261 [268]). Indiz hierfür könnte sein, daß der Betroffene
bereit ist, um seines Gewissens willen Nachteile in Kauf zu nehmen (*Kokott*, in:
Sachs, GG, Art. 4 Rn. 54 m. w. N.). Demgegenüber ist die Gewissensentscheidung des Abgeordneten i. S. von Art. 38 I 2 GG nicht zu begründen (*Jarass*, in:
J/P, GG, Art. 38 Rn. 26 m. w. N.).

III. Eingriff

40   Wie schon bei der individuellen Glaubensfreiheit (dazu o. Rn. 23) ist auch bei
der Gewissensfreiheit jede hoheitliche Maßnahme ein Eingriff, die die Freiheit
der Gewissensentscheidung und -betätigung unmöglich macht oder erschwert.
So verbietet die Gewissensfreiheit im Bereich des forum internum den staatlichen
Zugriff durch Gehirnwäsche, Hypnose, Narkoanalyse oder Drogen (*Bethge*,
HdbStR VI, § 137 Rn. 13).

D. Verfassungsrechtliche Rechtfertigung

Art. 4 I, II GG enthalten **keinen Gesetzesvorbehalt**. Auch sind die Glaubens- und **41**
Gewissensfreiheit nicht den Schranken des Art. 2 I GG oder des Art. 5 II GG
unterworfen (BVerfGE 52, 223 [246] – „*Schulgebet*"). Spezielle Rechtfertigungsgrundlagen sind enthalten in Art. 136, Art. 137 WRV i. V. m. Art. 140 GG. Darüber hinaus können Eingriffe nur noch auf kollidierendes Verfassungsrecht gestützt werden.

I. Art. 136, Art. 137 WRV i. V. m. Art. 140 GG als Schrankenregelungen?

Fraglich ist, inwieweit die Schrankenregelungen der über Art. 140 GG inkorpor- **42**
ierten Artikel der Weimarer Reichsverfassung auf die Glaubens- und Gewissensfreiheit Anwendung finden. Der in **Art. 136 I WRV** enthaltene Vorbehalt der
bürgerlichen und staatsbürgerlichen Pflichten wird nach der Rspr. des BVerfG
von Art. 4 I, II GG „überlagert", so daß er für die Einschränkung der Glaubens-
und Gewissensfreiheit bedeutungslos ist (BVerfGE 33, 23 [30 f.]; *Kokott*, in:
Sachs, GG, Art. 4 Rn. 84; a. A.: *Jarass*, in: J/P, GG, Art. 4 Rn. 17 m. w. N.).
Dagegen können durch die Schrankenregelung des **Art. 136 III 2 WRV** unter
bestimmten Voraussetzungen Eingriffe in die negative Religions- und Weltanschauungsfreiheit gerechtfertigt sein (BVerfGE 65, 1 [39]).

Beispiele: So kann der Staat etwa im Zusammenhang mit Volksbefragungen (BVerfGE 65, 1
[38]) oder der Ausfüllung von Lohnsteuerkarten (BVerfGE 49, 375 f.) Fragen im Hinblick auf
die Religionszugehörigkeit stellen.

In **Art. 137 III WRV** findet sich eine weitere Schrankenregelung, die die kollektive **43**
Glaubensfreiheit betrifft. Danach findet das Selbstbestimmungsrecht der Religi-
ons- und Weltanschauungsgemeinschaften (dazu o. Rn. 26 ff.) ihre Grenzen in
den für alle geltenden Gesetzen. Dies bedeutet aber nicht, daß jedes allgemeine
staatliche Gesetz ohne weiteres in den Kirchen und Weltanschauungsgemeinschaften zustehenden Autonomiebereich eingreifen darf (BVerfGE 53, 366
[404]). Die rein innerkirchlichen Angelegenheiten bzw. die inneren Angelegenheiten einer weltanschaulichen Vereinigung unterliegen keinem Gesetzesvorbehalt (BVerfGE 72, 278 [289] m.w.N.; *Jarass*, in: J/P, GG, Art. 4 Rn. 34). Lediglich
die im Außenbereich angesiedelten Angelegenheiten, d. h. diejenigen, die Auswirkungen über den Bereich der Kirchen und Weltanschauungsgemeinschaften hinaus haben, also den staatlichen Rechtskreis berühren, unterliegen den Schranken
der staatlichen Gesetze (BVerwG, NJW 1980, 2079 [2080]; *Jarass*, in: J/P, GG,
Art. 4 Rn. 35).

Beispiel: So ist etwa das kirchliche Glockengeläut nicht als eine rein innerkirchliche Angelegenheit zu qualifizieren, da durch den widmungsmäßigen Gebrauch der Kirchenglocke eine Nach-
barstörung erfolgt und somit das Außenverhältnis zum Bürger betroffen ist. Demnach kann
eine Begrenzung des Glockengeläuts aufgrund immissionsschutzrechtlicher Vorschriften erfolgen (BVerwGE 68, 62 [66 ff.]).

Klausurhinweis: In der Fallbearbeitung ist somit stets zu prüfen, ob die religions- bzw. weltanschauliche Maßnahme weltliche Wirkungen entfaltet. Sollte dies nicht der Fall sein, so kann eine Beschränkung nur noch aufgrund kollidierenden Verfassungsrechts gerechtfertigt sein (so auch *Ehlers*, in: Sachs, GG, Art. 140 -Art. 137 WRV- Rn. 11.)

44 Die Begrenzung der kollektiven Glaubensfreiheit muß zudem **verhältnismäßig** sein, wobei vor allem eine Güterabwägung zwischen kollektiver Glaubensfreiheit und Schrankenzweck geboten ist (BVerfGE 53, 366 [404 f.]; 70, 138 [167]).

II. Kollidierendes Verfassungsrecht

45 Mit Rücksicht auf die Einheit der Verfassung und die von ihr geschützte gesamte Werteordnung können die Grundrechte aus Art. 4 I, II GG durch **kollidierendes Verfassungsrecht** beschränkt werden (BVerfGE 52, 223 [246 f.] m. w. N.] – *„Schulgebet"*). Sind also die die Glaubens- und Gewissensfreiheit einschränkenden Maßnahmen auf andere verfassungsrechtlich geschützte Rechtsgüter gestützt, wie z. B. das Recht auf Leben, die Würde und die Freiheit des Menschen, die Strafrechtspflege, den Bestand des freiheitlichen Staates, den staatlichen Erziehungsauftrag oder auch die positive Religions- und Weltanschauungsfreiheit auf der einen bzw. die negative auf der anderen Seite, dann können diese Rechtfertigungsgrundlagen für Eingriffe sein (*Kokott,* in: Sachs, GG, Art. 4 Rn. 88).

Beachte: Die Eingriffsrechtfertigung durch kollidierendes Verfassungsrecht darf aber nur durch Gesetz erfolgen (BVerwGE 90, 112 [122 f.] – *„Bhagwan"*).

Klausurhinweis: Ist dieser Verfassungsbezug hergestellt, so ist in der Fallbearbeitung zwischen der Glaubens- bzw. Gewissensfreiheit und den anderen Verfassungsrechtsgütern eine **Abwägung** vorzunehmen, wobei zu prüfen ist, ob die zum Schutze des anderen Verfassungsrechtsguts eingesetzten Mittel geeignet, erforderlich und angemessen sind.

Beispiele:
– Dazu insbesondere der bereits erwähnte Fall *„Koran im Schulsport"* (dazu o. Rn. 20): Die Weigerung der Schulbehörde, die T vom Sportunterricht zu befreien, nötigt diese dazu, den Bekleidungsvorschriften ihres Glaubens zuwiderzuhandeln, bedeutet mithin einen Eingriff. Dieser Eingriff ist nur gerechtfertigt, wenn die Glaubensfreiheit durch kollidierende Grundrechte Dritter oder andere mit Verfassungsrang ausgestatteten Rechtswerten begrenzt werden kann. Als kollidierender Wert von Verfassungsrang ist die in Art. 7 I GG verankerte Aufsicht des Staates über das gesamte Schulwesen zu beachten. Die im jeweiligen landesrechtlichen Schulgesetz und in der jeweiligen landesrechtlichen Schulordnung geregelte Schulpflicht ist Ausdruck und Konkretisierung dieses verfassungsrechtlichen Bildungsauftrags. In der Fallbearbeitung ist nun zu prüfen, ob die Entscheidung der Schulbehörde, die T am Sportunterricht zu verpflichten, geeignet, erforderlich und angemessen ist, die Schulpflicht durchzusetzen (dazu BVerwGE 94, 82 [88 ff.] – *„Koran im Schulsport"*).
– Zu ähnlichen Abwägungen kommt es in Bereichen, wo Spannungsverhältnisse zwischen negativer und positiver Glaubens- und Weltanschauungsfreiheit auftreten. Hierbei wird nun versucht, die kollidierenden Verfassungspositionen zu einem schonenden Ausgleich zu

bringen (sog. Gebot der praktischen Konkordanz). So wird etwa im Fall des Schulgebets ein Ausgleich dadurch erreicht, daß Eltern und Schüler, die das Schulgebet aus Glaubensüberzeugungen ablehnen, von dieser Unterrichtsveranstaltung fernbleiben können. Im „Kruzifix-Fall" (dazu o. Rn. 23) hat das BVerfG dagegen bei der Abwägung zugunsten der negativen Glaubens- und Weltanschauungsfreiheit entschieden, da es bei der Anbringung von Kreuzen in Klassenzimmern für die Andersdenkenden keine zumutbare und nicht diskriminierende Ausweichmöglichkeit gebe (BVerfGE 93, 1 [24] – „Kruzifix"; ferner BVerwG, NVwZ 1988, 937 f. zum Fall eines Lehrers, der im Dienst bhagwan-typische Kleidung trägt).

E. Das Recht auf Kriegsdienstverweigerung

Art. 4 III GG, der das Recht der Kriegsdienstverweigerung aus Gewissensgründen gewährt, „enthält ein **unmittelbar wirkendes Grundrecht**, das nicht erst der Aktualisierung durch ein Gesetz bedarf" (BVerfGE 32, 40 [45] m. w. N.). Im Verhältnis zu den in Art. 4 I GG gewährleisteten Freiheiten des Glaubens und des Gewissens wird Art. 4 III GG als lex specialis angesehen, der die Wirkungen der Gewissensfreiheit im Bereich der Wehrpflicht **abschließend** regelt (BVerfGE 23, 127 [132]).   46

I. Persönlicher Schutzbereich

Als ein selbständiges, unabhängiges, grundgesetzlich festgelegtes allgemeines **Menschenrecht** (BVerwGE 7, 242 [250]); abw. M. BVerfGE 48, 185 [188], *v. Münch*, in: v. Münch/Kunig, GG I, Art. 4 Rn. 62 m. w. N.) ist der personelle Geltungsbereich des Art. 4 III GG nicht nur auf Deutsche beschränkt, sondern erfaßt **jede Person**, die zum Kriegsdienst mit der Waffe herangezogen werden kann, theoretisch auch der Ausländer und Staatenlose (*v. Münch*, in: v. Münch/Kunig, GG I, Art. 4 Rn. 62 m. w. N.). Der bereits eingezogene Soldat kann sich ebenfalls auf Art. 4 III GG berufen und eine entsprechende Gewissensentscheidung treffen (*Herzog*, in: M/D, GG I, Art. 4 Rn. 189).   47

Beachte: Juristische Personen und Personenvereinigungen können nicht Träger des Grundrechts aus Art. 4 III GG sein (BVerwGE 64, 196 [198]).

II. Sachlicher Schutzbereich

1. Kriegsdienst mit der Waffe

Art. 4 III GG schützt den Kriegsdienst mit der Waffe. Der Zweck dieses Grundrechts besteht nun darin, „den Kriegsdienstverweigerer vor dem Zwang zu bewahren, in einer Kriegshandlung einen anderen töten zu müssen, wenn ihm sein Gewissen eine Tötung grundsätzlich und ausnahmslos zwingend verbietet"; dies zu verweigern, ist der **Kerngehalt des Grundrechts** aus Art. 4 III GG (BVerfGE 48, 127 [164] m. w. N. – „Wehrpflicht- und Zivildienst- Änderungsgesetz"). Aus   48 dem Zusammenhang mit Art. 12 a GG ergibt sich ferner, daß Art. 4 III GG auch in Friedenszeiten gilt (BVerfGE 12, 45 [56] – *„Wehrpflichtgesetz/Kriegsdienstverweigerer"*; 80, 354 [358] m. w. N.). Damit wird vom Kriegsdienstverweigerungsrecht nicht nur der Dienst mit der Waffe im Krieg, sondern auch der Wehrdienst im Frieden, d. h. die Ausbildung an der Waffe, erfaßt. Dieses Recht bezieht sich auf solche Tätigkeiten, die in einem nach dem Stand der jeweiligen Waffentechnik unmittelbaren Zusammenhang mit dem Einsatz von Kriegswaffen stehen (BVerfGE 69, 1 [56] m. w. N. – *„Kriegsdienstverweigerung"*), wobei der Begriff der „Unmittelbarkeit" zum Zwecke des Gewissensschutzes weit auszulegen ist. Geschützt wird also nicht nur der Zwang zu sinnlich erfahrbaren Tötungshandlungen, sondern auch die gezielte Tötung durch technisch organisierte und weitreichende Waffensysteme werden erfaßt.

Beispiele:

– So werden die Bedienung von Raketeneinrichtungen, atomaren Waffensystemen oder Peil- und Steuerungsgeräten zur Flugabwehr, der Transport bzw. die Reparatur von Waffen sowie Beobachtungstätigkeiten zugunsten der Artillerie vom Schutzbereich des Art. 4 III GG erfaßt (*Herzog*, in: M/D, GG I, Art. 4 Rn. 181).

– Helferdienste im Zivil- bzw. Katastrophenschutz (BVerwGE 61, 246 [250]) und in der Rüstungswirtschaft (BSGE 54, 7 [9]), der Einsatz in der Militärverwaltung oder im Sanitätsdienst, soweit diese Tätigkeit nicht mit der Verpflichtung zum Tragen einer Waffe verbunden ist, werden dagegen von Art. 4 III GG **nicht** geschützt (*Herzog*, in: M/D, GG I, Art. 4 Rn. 182).

2. Gewissensentscheidung

49   Der Kriegsdienstverweigerung muß eine Gewissensentscheidung zugrundeliegen, die die Tötung anderer Menschen verbietet. Der Begriff des „Gewissens" (dazu bereits o. Rn. 37) ist mit dem in Art. 4 I GG identisch (*P/S*, StaatsR II, Rn. 575), d. h., nur aus einer, an den Kategorien von „Gut" und „Böse" orientierten Entscheidung kann die als verbindliches und unbedingt verpflichtendes inneres Gebot verstandene Vorstellung erwachsen, den Kriegsdienst mit der Waffe zu verweigern, da dieser seinem Wesen nach auf das Töten von Menschen gerichtet ist. Dabei wird aber nur die **prinzipielle Gewissensentscheidung** des einzelnen, der für sich den Dienst mit der Waffe schlechthin und allgemein ablehnt, geschützt; es muß sich insoweit um eine generelle, „absolute" Entscheidung handeln. Nicht erfaßt wird hingegen die sog. situationsbedingte Gewissensentscheidung, die sich nur gegen die Teilnahme an einem bestimmten Krieg, an einer bestimmten Art von Krieg oder der Führung bestimmter Waffen richtet (BVerfGE 12, 45 [56 f.] – *„Wehrpflichtgesetz/Kriegsdienstverweigerer"*; 69, 1 [23] – *„Kriegsdienstverweigerung"* ; BVerwGE 83, 358 [371]; a. A.: P/S, StaatsR II, Rn. 579 m. w. N.). Ferner muß mit hinreichender Sicherheit feststehen, daß die Weigerung auf einer nach Art. 4 III GG relevanten Gewissensentscheidung beruht (BVerfGE 69, 1 [21] – *„Kriegsdienstverweigerung"*; zur Beweislast und zum Prüfungsverfahren *Kokott*, in: Sachs, GG, Art. 4 Rn. 63 ff.).

Beispiel: (nach BVerwG, NVwZ 1986, 691 ff.- *„Zeugen Jehovas" II*): So kann bei einem

Wehrpflichtigen, der den Kriegsdienst mit der Waffe unter Berufung auf seine Mitgliedschaft in der Glaubensgemeinschaft der Zeugen Jehovas sowie auf die Gebote und Verbote dieser Glaubenslehre einschließlich eines für alle denkbaren Situationen geltenden absoluten Tötungsverbots verweigert, bereits regelmäßig schon aus seiner überzeugten und vorbehaltlosen Mitgliedschaft in dieser Glaubensgemeinschaft darauf geschlossen werden, daß er i. S. von Art. 4 III GG aus Gewissensgründen außerstande ist, im Kriege mit der Waffe zu töten (zur Anerkennung eines Anhängers der Glaubenslehre des Buddhismus als Kriegsdienstverweigerer, vgl. BVerwG, NVwZ 1986, 694 ff.).

Beachte: Wer aus Gewissensgründen den Kriegsdienst mit der Waffe verweigert, kann zum Ersatzdienst herangezogen werden. Durch die Vorschrift des **Art. 12 a GG** wird dies klargestellt. Da Art. 4 III GG im Bereich der Wehrpflicht die Reichweite der freien Gewissensentscheidung abschließend konkretisiert und beschränkt, kann sich ein Wehrpflichtiger gegenüber der Einberufung zum Ersatzdienst nicht auf Art. 4 I GG berufen (BVerfGE 19, 135 [138]; 23, 127 [132]). Eine Verweigerung des Ersatzdienstes wird also nicht von der Gewissensfreiheit geschützt (BVerfGE 69, 1 [34] – *„Kriegsdienstverweigerung"*; a. A.: *Jarass*, in: J/P, GG, Art. 12 a Rn. 5 m. w. N.).

III. Eingriff

Ein Eingriff in das Grundrecht aus Art. 4 III GG ist immer dann gegeben, wenn   50
durch staatliche Maßnahmen **Zwang** ausgeübt wird, Kriegsdienst mit der Waffe auszuüben (BVerfGE 28, 264 [275 f.]; 32, 40 [48 ff.]; *Jarass*, in: J/P, GG, Art. 4 Rn. 53).

IV. Verfassungsrechtliche Rechtfertigung

Art. 4 III GG enthält eine **vorbehaltlose Garantie.** Auch sein Satz 2, wonach ein   51
Bundesgesetz das Nähere regelt, ist kein Gesetzesvorbehalt, sondern ist lediglich als Ermächtigung zur Ausgestaltung des Rechts der Kriegsdienstverweigerung, namentlich des Verfahrens zur Feststellung von Gewissensgründen zu verstehen. In diesem Sinne steht das Grundrecht aus Art. 4 III GG unter einem Verfahrensvorbehalt (BVerfGE 69, 1 [25] – *„Kriegsdienstverweigerung"*). Der Gesetzgeber darf dabei aber das Recht zur Kriegsdienstverweigerung aus Gewissensgründen **nicht** in seinem sachlichen Gehalt einschränken, „sondern nur die Grenzen offenlegen, die in den Begriffen des Art. 4 III 1 GG schon enthalten sind" (BVerfGE 48, 127 [163] m. w. N. – *„Wehrpflicht- und Zivildienst – Änderungsgesetz"*). Art. 4 III GG kann aber wie schon die Glaubens- und Gewissensfreiheit durch kollidierendes Verfassungsrecht eingeschränkt werden (dazu o. Rn. 45 ff.). Fraglich ist in diesem Zusammenhang, ob der Verfassung ein solches mit Art. 4 III GG kollidierendes Rechtsgut zu entnehmen ist. Das BVerfG sieht dies jedenfalls in einer funktionsfähigen Landesverteidigung, die gegenüber dem Art. 4 III GG vorrangig ist (BVerfGE 69, 1 [21] – *„Kriegsdienstverweigerung"*; krit. dazu *Kokott*, in: Sachs, GG, Art. 4 Rn. 97 ff.).

F. Verhältnis zu anderen Grundrechten

52   Gegenüber **Art. 2 I GG** geht **Art. 4 I, II GG** als Spezialgrundrecht vor; ist eine
hoheitliche Maßnahme mit Art. 4 GG vereinbar, so ist kein Raum mehr für eine
Prüfung am Maßstab des Art. 2 I GG (BVerfGE 52, 223 [246] m. w. N. – *„Schul-*
gebet"). Das gleiche gilt für das Grundrecht aus Art. 4 III GG (BVerfGE 28, 243
[263] m. w. N.). Auch gegenüber dem Grundrecht der Meinungsfreiheit in **Art. 5**
I GG ist die Glaubens- und Gewissensfreiheit das spezielle und vorrangig zu
prüfende Grundrecht (BVerfGE 32, 98 [107] – *„Gesundbeter"*). Dagegen gehen
die in **Art. 7 II, III 2** und **III 3 GG** enthaltenen Grundrechte dem Art. 4 I, II GG
als Spezialregelungen vor (*Pieroth*, in: J/P, GG, Art. 7 Rn. 8 ff.). Im Verhältnis zu
Art. 8 GG greift wiederum der Grundsatz der Spezialität zugunsten der Glaubens – und Gewissensfreiheit (*Kokott*, in: Sachs, GG, Art. 4 Rn. 106 m. w. N.).
Zum Verhältnis der Art. 4 I, II GG und Art. 140 GG i. V. m. Art. 137 II WRV
mit der Vereinigungsfreiheit nach **Art. 9 I GG** s. § 10 Rn. 38.

G. Wiederholung

I. Kontrollfragen

1. Definieren Sie die Begriffe Religion und Weltanschauung? Ist eine Abgren-
    zung beider Begriffe voneinander notwendig?

2. Die Kinder des A besuchen im Land B eine staatliche Schule, in der – von den
    landesrechtlichen Vorschriften zugelassen – vor dem Schulunterricht ein
    überkonfessionelles christliches Gebet gesprochen wird. Die Teilnahme an
    diesem Gebet wird den Schülern allerdings freigestellt. A sieht in dieser Praxis
    einen Eingriff in die Glaubensfreiheit des Art. 4 GG. Zu Recht?

3. Schützt Art. 4 I, II GG auch die religiöse Vereinigungsfreiheit?

4. Definieren Sie den Begriff Gewissen?

5. Welchen Schranken unterliegen Glaubens- und Gewissensfreiheit?

6. B ist Mitglied der Zeugen Jehovas. Aufgrund seiner Zugehörigkeit zu dieser
    Glaubensgemeinschaft wurde er als Kriegsdienstverweigerer anerkannt und
    darauf zum Ersatzdienst einberufen, welchen er allerdings nicht antrat. Zur
    Begründung führt er aus, daß sein Gewissen ihm auch diesen Dienst verbiete.
    Kann sich B auf die Gewissensfreiheit berufen?

II. Lösungen

1. S. dazu Rn. 16 f.

2. Nein. Zwar wird von Art. 4 GG auch die negative Religions- und Weltan-
    schauungsfreiheit geschützt (s. Rn. 22); allerdings wurde durch die Garantie

der Freiwilligkeit der Teilnahme am Schulgebet, dieser Freiheit ausreichend Rechnung getragen; etwas anderes würde sich dann ergeben, wenn ein Teilnahmezwang zu dem Gebet bestanden hätte (BVerfGE 52, 233 [241] – *„Schulgebet"*).

3. S. dazu Rn. 26.

4. S. dazu Rn. 37.

5. Art. 4 I, II GG enthält keinen Schrankenvorbehalt, ist dennoch aber kein schrankenlos gewährleistetes Grundrecht (s. Rn. 41 ff.). Als Schranken kommen die sog. verfassungsunmittelbaren Schranken in Betracht, d. h. durch kollidierende Grundrechte Dritter sowie durch andere mit Verfassungsrang ausgestatteten Rechtsgüter kann Art. 4 I, II GG begrenzt werden. Konflikte zwischen Grundrechtspositionen und anderen verfassungsrechtlich geschützten Gütern sind dabei nach dem Grundsatz der praktischen Konkordanz zu lösen, wobei mittels Abwägung nach einem schonenden Ausgleich zu suchen ist (BVerfGE 93, 1 [21 ff.] – *„Kruzifix"*). Für bestimmte Bereiche der Glaubensfreiheit werden Art. 136 III 2 WRV, Art. 137 III WRV i.V.m. Art. 140 GG als Schrankenregelungen anerkannt(s. dazu Rn. 42 f.).

6. Nein. Denn Art. 4 III GG regelt die Wirkungen der Gewissensfreiheit im Bereich der Wehrpflicht abschließend, so daß nicht auch die als Alternative durch Art. 12 a II GG eingeführte Pflicht zum Ersatzdienst aus Gewissensgründen verweigert werden kann (s. dazu Rn. 49).

§ 9. Die Versammlungsfreiheit, Art. 8 GG

Literatur: Zur Einführung: *Gusy, C.*, Einführung in das Versammlungsrecht, JA 1993, 321 ff.
Zur Vertiefung: *Burgi, M.* , Art. 8 GG und die Gewährleistung des Versammlungsorts, DÖV
1993, 633 ff.; *Deger, J.*, Sind Chaos-Tage und Techno-Paraden Versammlungen?, NJW 1997,
923 ff.; *Geis, M.-E.*, Die „Eilversammlung" als Bewährungsprobe verfassungskonformer Auslegung, NVwZ 1992, 1025 ff.; *Höllein, H.-J.*, Das Verbot rechtsextremistischer Veranstaltungen, NVwZ 1994, 635 ff.; *Kniesel, M.*, Die Versammlungs- und Demonstrationsfreiheit – Verfassungsrechtliche Grundlagen und versammlungsgesetzliche Konkretisierung, NJW 1992,
857 ff.; *Rühl, U.*, Versammlungsrechtliche Maßnahmen gegen rechtsradikale Demonstratio-
nen und Aufzüge, NJW 1995, 561 ff.

Leitentscheidungen: BVerfGE 69, 315 ff. – *„Brokdorf"*; 73, 206 ff. – *„Sitzblockade I (Mutlan-
gen)"*; 84, 203 ff. – *„Republikaner"*; 85, 69 ff. – *„Eilversammlung"*; 87, 399 ff. – *„Versammlungsauflösung"*; BVerfGE 92, 1 ff – *„Sitzblockade II"* (Korrektur zu BVerfGE 73, 206 ff., auch
wenn Art. 8 GG nicht ausdrücklich genannt wird).

A. Vorbemerkung

I. Bedeutung

1 Die Versammlungsfreiheit ist ein klassisches politisches Grundrecht. „Das Recht,
sich ungehindert und ohne besondere Erlaubnis mit anderen zu versammeln, galt
seit jeher als Zeichen der Freiheit, Unabhängigkeit und Mündigkeit des selbstbe-
wußten Bürgers" (BVerfGE 69, 315 [343] – *„Brokdorf"*). Die Versammlungsfreiheit ist daher auch in einer Vielzahl internationaler Menschenrechtspakte und
-dokumente enthalten (vgl. Art. 11 EMRK, Art. 20 I AEMR, Art. 21 IPBürgR).
Art. 8 GG dient nicht nur der freien Entfaltung der Persönlichkeit, sondern ist
Ausdruck der Volkssouveränität und demokratisches Bürgerrecht zur aktiven
Teilnahme am politischen Prozeß. Insofern ist die Versammlungsfreiheit die Freiheit zur kollektiven Meinungskundgabe, durch die die Teilnehmer einer Versammlung durch ihre Anwesenheit, die Art ihres Auftretens oder die Wahl des
Ortes Stellung nehmen (BVerfG, ebda. [345]). Insbesondere in der repräsentati-
ven Demokratie mit geringen Mitwirkungsrechten der Bürger außerhalb der
Wahlen gewinnt die Versammlungsfreiheit eine wichtige Funktion als politisches
Frühwarnsystem, das Integrationsdefizite aufzeigt und Kurskorrekturen der offiziellen Politik ermöglicht (BVerfG, ebda. [347]).

2 Die Versammlungsfreiheit erschöpft sich jedoch nicht in ihrer demokratischen
Funktion, sondern sie kann auch zur gesellschaftlichen Integration und Konflikt-
verarbeitung beitragen (*Schulze-Fielitz*, in: Dreier, GG, Art. 8 Rn. 12).
Schließlich schützt die Versammlungsfreiheit gegen menschliche Isolation auch

jenseits politischer Aktion, also die Persönlichkeitsentfaltung in Gruppenform (*Herzog*, in: M/D, GG I, Art. 8 Rn. 13)

II. Struktur

Die Versammlungsfreiheit ist ein klassisches Freiheitsrecht, das der Abwehr 3 staatlicher Beeinträchtigungen dient. Die hoheitliche Be- oder Verhinderung von menschlichen Zusammenkünften, die in den Schutzbereich von Art. 8 GG fallen, ist daher verfassungsrechtlich nur zulässig, wenn der Eingriff durch die Verfassung selbst erlaubt ist. Als Rechtfertigungsgrundlage aus dem GG kommt vor allem der Gesetzesvorbehalt des Art. 8 II GG in Betracht.

B. Schutzbereich

I. Persönlicher Schutzbereich

Art. 8 GG gewährt die Versammlungsfreiheit nicht „jedermann", sondern „allen 4 Deutschen"; sie ist daher unter dem GG kein Menschenrecht, sondern ein **Deutschengrundrecht**. Zwar gilt die Versammlungsfreiheit nach Maßgabe des einfachen Rechts gemäß § 1 VersammlG auch für Ausländer, auf Art. 8 GG können diese sich jedoch nicht berufen (zur Sonderstellung für EU-Ausländer *Schulze-Fielitz*, in: Dreier, GG, Art. 8 Rn. 5 f.).

Auch **juristische Personen** können sich gemäß Art. 19 III GG auf die Versamm- 5 lungsfreiheit berufen (s. hierzu allgemein Windthorst, VerfR I, § 6 Rn. 16 ff.). Sie kommen insbesondere als Veranstalter oder Organisatoren einer Versammlung in Betracht. Auch nichtrechtsfähige Vereinigungen können als Veranstalter auftreten und sich auf Art. 8 GG berufen, sofern sie nach ihrer Struktur und Organisation auf eine gewisse Dauer angelegt sind (*Schulze-Fielitz*, in: Dreier, GG, Art. 8 Rn. 31).

II. Sachlicher Schutzbereich

Der sachliche Schutzbereich des Art. 8 GG wird beschrieben durch die Merkma- 6 le „Versammlung" sowie „friedlich und ohne Waffen". Ob eine friedliche Versammlung allerdings in jeglichem Tun grundrechtlichem Schutz unterfällt, ist eine Frage des Gewährleistungsumfangs.

1. Versammlungsbegriff

Versammlung ist eine aus mindestens zwei Personen bestehende Gruppe, die 7 nicht nur zufällig beieinander steht, sondern einem gemeinsamen Anliegen folgt, das sie in gewissem Umfang innerlich verbindet (zum Teil wird auch eine Mindestzahl von drei erwogen, s. *Hölscheidt*, DVBl 1987, 667). Keine Versammlung im Sinne des Art. 8 GG ist daher die bloße Menschenansammlung etwa von

Schaulustigen bei einem Verkehrsunfall oder vor einem Informationsstand. Denn obwohl alle denselben Zweck verfolgen, will dies jeder für sich, ohne daß es ihm auf die Anwesenheit anderer Personen ankommt (*Kniesel*, NJW 1992, 857 f.; *Gusy*, JA 1993, 321 [322]). Essenziell für die Versammlung ist aber der gemeinsame Wille, beieinander zu sein (*Herzog*, in: M/D, GG I, Art. 8 Rn. 49).

Beispiel: Die Teilnehmer einer Konzert- oder Theateraufführung oder einer Sportveranstaltung sind in der Regel nicht daran interessiert, sich mit anderen zu versammeln, sondern sie konsumieren lediglich jeder für sich die dargebotene Unterhaltung. Erst wenn der Teilnahme ein gemeinsames Anliegen zugrunde liegt wie etwa bei Jubiläums- oder Benefizkonzerten stellt das Publikum samt Darbietenden eine Versammlung dar. Ähnliches gilt für Zuschauer einer Sportveranstaltung, die zur gemeinsamen Unterstützung eines Sportlers oder Vereins gekommen sind.

8   Auch eine zufällige Menschenansammlung kann jedoch zur Versammlung werden, wenn sich nachträglich ein gemeinsames Anliegen einstellt (*Schulze-Fielitz*, in: Dreier, GG, Art. 8 Rn. 14).

Beispiel: Anläßlich eines Vortrags bildet sich eine Spontandemonstration.

9   Entgegen einer früher vertretenen Ansicht (*v. Mangoldt/Klein*, GG, 2. Aufl. 1957, Art. 8 Anm. III 2), die den Zweck einer von Art. 8 GG geschützten Versammlung auf die Erörterung öffentlicher Angelegenheiten beschränken wollte, ist der Inhalt des gemeinsam verfolgten Zwecks nach h. M. unerheblich, er kann politisch oder sozial, aber auch wirtschaftlich oder kulturell motiviert sein. Ferner muß die Versammlung nicht für jedermann zugänglich sein.

Beispiele: Geschützt sind etwa auch Gesellschafterversammlungen, das Treffen des Fanclubs eines Fußballvereins oder die alljährliche Zusammenkunft der Nobelpreisträger.

10 Geschützt sind jedenfalls auch Versammlungen, die nicht der verbalen Erörterung oder Kundgabe einer Auffassung dienen, sondern deren Kundgabecharakter sich aus einer gemeinsamen Handlung ergibt (zur Entsprechung bei Art. 5 I GG, s. § 7 Rn. 16).

Beispiele: Aufzüge, Schweigemärsche, Mahnwachen, Sitzblockaden.

11 Umstritten ist, ob die Versammlung überhaupt der Meinungsbildung oder -kundgabe dienen muß (*v. Münch*, in: v.Münch/Kunig, GG I, Art. 8 Rn. 14). Fraglich ist die Versammlungsqualität einer Zusammenkunft daher bei Veranstaltungen, deren gemeinsames Anliegen sich in der Auslebung eines Vergnügungsinteresses oder eines gemeinsamen Lebensgefühls erschöpft.

Beispiele: Straßenfeste, Hannoversche Chaos-Tage, Berliner Love-Parade (ausführlich hierzu *Deger*, NJW 1997, 923 ff.).

12 Für einen Ausschluß geselliger Zusammenkünfte aus dem Schutzbereich der Versammlungsfreiheit wird vor allem vorgebracht, daß Art. 8 GG einen engen Zusammenhang zur Meinungsfreiheit des Art. 5 I GG aufweise (*Kloepfer*, HdbStR VI, § 143 Rn. 19) und daß eine Erstreckung des Schutzbereichs auf solche Veranstaltungen das hohe Schutzniveau des Art. 8 I GG verwässere (*Deger*, NJW 1997, 923 [924]). Beide Argumente sind jedoch wenig aussagekräftig und finden

weder eine Stütze im Wortlaut des Art. 8 I GG noch in seiner systematischen Stellung (so auch *P/S*, StaatsR II, Rn. 758). Das BVerfG hat die Frage bislang nicht ausdrücklich entschieden, aber neben der Deutung der Versammlungsfreiheit als Freiheit kollektiver Meinungsäußerung auch den Aspekt der Persönlichkeitsentfaltung durch Kommunikation betont (BVerfGE 69, 315 [342 f.] – „*Brokdorf*"; in diese Richtung vor allem auch *Herzog*, in: M/D, GG I, Art. 8 Rn. 13 ff.). Die triftigeren Gründe sprechen daher für den weiten Versammlungsbegriff, der gesellige Zusammenkünfte in den Schutzbereich einbezieht (*Kniesel*, NJW 1992, 857 [858]; *Höfling*, in: Sachs, GG, Art. 8 Rn. 16; *Schulze-Fielitz*, in: Dreier, GG, Art. 8 Rn. 15); dies zumal sich im Einzelfall nur schwer abgrenzen läßt, ob die Teilnehmer lediglich die gemeinsame Aktion oder auch die Demonstration ihrer Lebensauffassung beabsichtigen.

2. Friedlich und ohne Waffen

Versammlungen sind von Art. 8 I GG nur geschützt, wenn sie **friedlich**, d. h. nicht **13** gewalttätig oder aufrührerisch verlaufen (vgl. §§ 5 Nr. 3, 13 I Nr. 2 VersammlG). Unfriedlich ist eine Versammlung nicht bereits dann, wenn sie gegen einfache Gesetze verstößt, denn ansonsten würde der Gesetzesvorbehalt des Art. 8 II GG leerlaufen. Auch der Zusammenhang mit dem Begriff „Waffen" macht deutlich, daß Voraussetzung vielmehr eine gewisse Aggressivität ist, also „Handlungen von einiger Gefährlichkeit wie etwa Gewalttätigkeiten oder aggressive Ausschreitungen gegen Personen oder Sachen"; schlichte Behinderungen Dritter genügen nicht (BVerfGE 73, 206 [248] – „*Sitzblockade I*"; 87, 399 [406] – „*Versammlungsauflösung*"). Die Grenze verläuft dort, wo es nicht nur zu einer Behinderung kommt, sondern ein bestimmtes Verhalten Dritter verhindert oder erzwungen werden soll; Druck auf Entscheidungsträger ist etwas anderes als Selbstvollziehung (*Kniesel*, NJW 1992, 857 [859]).

Beispiel: Das Abfangen von Kunden vor Pelzgeschäften mit dem Zweck, sie in eine Diskussion über Tierschutz zu verwickeln, ist zwar eine gewisse physische Behinderung der Kunden mit etwaigen negativen Folgen für den Umsatz des Geschäfts, macht eine Versammlung aber nicht unfriedlich (a. A. *Grooterhorst/Schmidt*, DÖV 1996, 355 [356]); anders die über Tage andauernde Blockade des Zugangs zum Geschäft, das Zerschmeißen von Fensterscheiben oder die ernsthafte Androhung von Gewalttätigkeiten gegenüber Kunden oder Angestellten.

Auch die Strafbarkeit der Handlungen der Versammlungsteilnehmer genügt als **14** solche noch nicht, um die Friedlichkeit der Versammlung auszuschließen (*Höfling*, in: Sachs, GG, Art. 8 Rn. 30; a. A. *Kloepfer*, HdbStR VI, § 143 Rn. 45).

Beispiel: Sitzblockaden von öffentlichen Straßen- oder Schienenwegen genießen den Schutz der Versammlungsfreiheit unabhängig davon, ob sie „Gewalt" im Sinne des § 240 StGB darstellen und damit den Tatbestand der Nötigung erfüllen (BVerfGE 73, 206 [248] – „*Sitzblockade I*"; 87, 399 [406] – „*Versammlungsauflösung*"), ob sie ordnungs- oder strafrechtlich verboten werden können, ist eine Frage der Verhältnismäßigkeit (s.u.Rn. 30).

Eine Versammlung mit an sich friedlicher Zielsetzung wird nicht bereits dadurch **15** unfriedlich, daß ein Teil der Teilnehmer zu gewalttätigen Ausschreitungen übergeht, denn das Grundrecht aus Art. 8 I GG steht jedem einzelnen friedlichen Versammlungsteilnehmer zu und kann nicht durch andere unfriedliche Teilnehmer vereitelt werden (BVerfGE 69, 315 [361] – *„Brokdorf"*; *Herzog*, in: M/D, GG I, Art. 8 Rn. 73). Umso mehr gilt dies, wenn eine Versammlung durch Dritte, etwa Gegendemonstranten, gewaltsam gesprengt werden soll. Aus dem Schutzbereich von Art. 8 I GG ausgeschlossen sind daher nur die unfriedlichen und nicht alle Teilnehmer (*Schulze-Fielitz*, in: Dreier, GG, Art. 8 Rn. 27; vgl. auch *Höllein*, NVwZ 1994, 635 [638 f.]). Allerdings sind auch solche Teilnehmer von Art. 8 I GG geschützt, die der in der Versammlung zum Ausdruck gebrachten Meinung kritisch gegenüberstehen und dies in der Versammlung zum Ausdruck bringen wollen. Erst der Versuch der Verhinderung der Meinungskundgabe in einer Versammlung macht die Gegendemonstration unfriedlich (BVerfGE 84, 203 [209 f.] – *„Republikaner"*).

16 Es genügt die Gefahr von gewalttätigen Ausschreitungen, um eine Versammlung als unfriedlich zu qualifizieren, sofern sie hinreichend konkret ist.

Beispiel: Eine Versammlung, die dem Aufruf folgt, am 1. Mai in Berlin-Friedrichshain Straßensperren durch das Umstürzen parkender Autos zu errichten, ist von vornherein unfriedlich.

17 **Waffen** im Sinne von Art. 8 I GG sind jedenfalls alle technischen Waffen, die bereits zur Verletzung von Menschen hergestellt werden und daher offensichtlich gewalttätigen Zwecken dienen, wie z. B. Schußwaffen, Schleudern, Schlagringe, Benzinbomben. Andere Gegenstände, die objektiv geeignet sind, erhebliche Verletzungen hervorzurufen, wie etwa Baseball-Schläger, Stuhlbeine oder abgebrochene Flaschen, sind dann Waffen, die zur Versagung des Grundrechtsschutzes führen, wenn sie in aggressiver Absicht mitgeführt werden.

Beispiel: Eine Demonstration von Golfspielern gegen die Schließung des Golfplatzes fällt nicht allein deshalb aus dem Schutzbereich des Art. 8 I GG, weil die Demonstranten in Golfausrüstung einschließlich Schlägern teilnehmen.

18 Schutzgegenstände wie Helme, Gasmasken o. ä. sind keine Waffen im Sinne des Art. 8 I GG (*Schulze-Fielitz*, in: Dreier, GG, Art. 8 Rn. 26). Das Mitführen solcher Gegenstände kann aber im Einzelfall die konkrete Gefahr der Unfriedlichkeit einer Versammlung begründen, wenn davon auszugehen ist, daß die Teilnehmer diese Gegenstände mitführen, um für eine Schlacht gegen die Ordnungsbeamten gerüstet zu sein. Dasselbe gilt für Gesichtsmasken, die der Vermummung dienen (*Herzog*, in: M/D, GG I, Art. 8 Rn. 68, 75). Man wird jedoch das Vorliegen weiterer Indizien verlangen müssen.

3. Gewährleistungsumfang

19 Die Versammlungsfreiheit schützt die Wahl von Zeit, Ort und Art und Weise der Durchführung. Vor allem die Wahl des Ortes kann allerdings zu Konflikten führen, wenn den Teilnehmern kein Nutzungsrecht im Hinblick auf die entsprechenden Grundstücke zusteht. Jedenfalls von Art. 8 I GG umfaßt ist das Recht, auf der Straße zu demonstrieren; eine Versammlung auf öffentlicher Straße ist daher

keine Sondernutzung und bedarf keiner straßenrechtlichen Sondernutzungserlaubnis (*Burgi*, DÖV 1993, 633 [638 f.]). Schwieriger ist die Abgrenzung bei
Grundstücken, die zwar dem Publikumsverkehr geöffnet, aber einem bestimmten Zweck gewidmet sind.

Beispiele:
– Die „Bonner Hofgartenwiese" steht im Eigentum der Universität und dient als Erholungs-
  raum, sprich Spiel- und Liegewiese. Das BVerwG hat es abgelehnt, aus Art. 8 I GG einen
  generellen Anspruch auf Nutzung der Wiese für Großkundgebungen herzuleiten, verlangt
  aber die Beachtung der Versammlungsfreiheit bei der Entscheidung über den Antrag auf
  Sondernutzungserlaubnis (BVerwGE 91, 135 [140]).
– Soll auf der Autobahn eine Fahrraddemonstration für eine Geschwindigkeitsbegrenzung
  stattfinden, so ist diese nicht dem Schutzbereich des Art. 8 I GG entzogen (vgl. *Deger*,
  BWVBl 1995, 303 [304]).

Auch die Inanspruchnahme privaten Eigentums fällt nicht von vornherein aus   **20**
dem Schutzbereich des Art. 8 I GG, sondern die Abwägung zwischen zwei kollidierenden Grundrechten hat auf Rechtfertigungsebene zu erfolgen (str., zur parallelen Problematik bei der Kunstfreiheit s. § 7 Rn. 80 f.).

Beispiel: Blockieren Teilnehmer einer Demonstration gegen die Errichtung eines Gewerbeparks
den Einsatz der Baumaschinen, so sind die Versammlungsfreiheit der Demonstranten und das
Eigentumsrecht des Bauunternehmers gegeneinander abzuwägen. Die Demonstranten sind nur
dann zum Ersatz des durch die Arbeitsverzögerung entstandenen Schadens verpflichtet, wenn
die Behinderung der Bauarbeiten nicht nur unbeabsichtigte Nebenfolge der Demonstration
war, sondern das Ziel der Blockade und diese über zwei Tage andauerte (BGH, NJW 1998,
377 ff.).

Umfaßt von der Versammlungsfreiheit sind auch Vorbereitungshandlungen wie   **21**
Werbung und Einladungen sowie An- und Abreise. Ob allerdings auch sonstige
Begleiterscheinungen in den Schutzbereich fallen, ist fraglich.

Beispiel: Die Aufstellung von Imbißbuden am Straßenrand zur Versorgung von Demonstrati-
onsteilnehmern ist jedenfalls dann nicht von Art. 8 I GG geschützt, wenn die Verpflegung
aufgrund der kurzen Dauer der Veranstaltung nicht notwendig ist (VGH BW, DÖV 1994,
568 f).

C. Eingriff

Klassische Eingriffe sind **gezielte Rechtsvorschriften**, die gerade die Regelung des   **22**
Versammelns bezwecken wie etwa generelle Verbote oder Strafbarkeitsandro-
hungen, Auflagen oder das Verbot bestimmter Verhaltensweisen während einer
Versammlung, z. B. das Vermummungsverbot gemäß § 17 a II VersammlG.
Auch die Pflicht zur Bestellung eines Leiters nach § 7 I VersammlG stellt einen
Eingriff dar. Die Anmeldungspflicht, wie sie in § 14 VersammlG für öffentliche
Versammlungen unter freiem Himmel statuiert ist, ist schon deshalb ein Eingriff,
weil Art. 8 I GG gerade die anmeldungs- und erlaubnisfreie Versammlung garan-
tiert; es ist daher nicht völlig zweifelsfrei, ob solche Pflichten sich aufgrund des

Gesetzesvorbehalts des Art. 8 II GG rechtfertigen lassen (hierzu *Geis*, NVwZ 1992, 1025 [1027 f.]). Schließlich sind Bannmeilengesetze von Bund und Ländern klassische Eingriffe.

23 Daneben sind auch **mittelbare rechtliche Eingriffe** denkbar etwa durch Vorschriften des Straßenrechts, des Straßenverkehrsrechts oder des Immissionschutzgesetzes, deren Regelungen nicht speziell für Versammlungen vorgesehen sind, aber für die Durchführung einer solchen Bedeutung erlangen können. Allerdings kann deren Anwendung im Einzelfall bereits durch die spezielle und insoweit abschließende Regelung des Versammlungsgesetzes ausgeschlossen sein (ausführlich *Deger*, BWVBl 1995, 303 [304] f.). Ferner kommen auch Straftatbestände wie etwa die Nötigung nach § 240 StGB oder die Volksverhetzung nach § 130 StGB als Eingriffe in Betracht.

Beachte: Die polizeiliche Generalklausel der Landespolizeigesetze genügt in der Regel nicht als Rechtfertigungsgrundlage für Eingriffe in die Versammlungsfreiheit, und zwar weder für Versammlungen unter freiem Himmel noch für Versammlungen in geschlossenen Räumen. Das VersammlG ist vielmehr als Spezialregelung abschließend (sogenannte Polizeifestigkeit des Versammlungsrechts, s. ausführlich *Dietel/Gintzel/Kniesel*, Kommentar zum Versammlungsgesetz, 11. Aufl., 1994, § 1 Rn. 170).

24 Ein Eingriff kann auch in der Auferlegung des haftungsrechtlichen Risikos auf alle Versammlungsteilnehmer für die Schäden bei gewalttätigen Ausschreitungen während einer Großdemonstration liegen (BGHZ 89, 383 [395]).

25 Es genügen ferner **faktische Beeinträchtigungen** wie etwa die Auflösung einer Versammlung, Zufahrtsbehinderungen zum Versammlungsort, die auch in Verkehrskontrollen bestehen können, die absichtlich verschleppt werden, um Menschen, die sich auf dem Weg zur Versammlung befinden, aufzuhalten (vgl. BVerfGE 69, 315 [349] – „*Brokdorf*"). Auch im übrigen können Maßnahmen, die an sich rechtmäßig sind, auf Menschen, die an einer Versammlung teilnehmen möchten, abschreckend wirken und zur Folge haben, daß einige auf die Teilnahme verzichten. Sie stellen eine Beeinträchtigung und daher einen Eingriff dar, und zwar unabhängig davon, ob die Sorge der fernbleibenden Bürger objektiv berechtigt war.

Beispiele:
– Notiert die Polizei sich alle Autonummern der Wagen, die zu einem Versammlungsort fahren oder observiert sie exzessiv und macht wahllos Fotoaufnahmen, so werden Bürger, die an der entsprechenden Veranstaltung teilnehmen wollen, unter Umständen aus Sorge davor von der Teilnahme abgehalten, daß die Information über ihre Teilnahme weitergegeben wird und negative Auswirkungen etwa auf ihre berufliche Karriere o. ä. haben kann oder strafrechtliche Sanktionen nach sich zieht (vgl. zur freiheitshemmenden Wirkung ungehinderter staatlicher Datenspeicherung auch BVerfGE 65, 1 [43] – „*Volkszählung*" und § 17 Rn. 47).
– Im Einzelfall kann auch das Umsäumen eines Demonstrationszuges durch mit Schlagstöcken bewaffnete Polizisten eine solche abschreckende Wirkung entfalten (OVG Bremen, NVwZ 1990, 1188 [1189]).

Allerdings wird man Überwachungsmaßnahmen, die sich gezielt gegen mut- **26** maßliche Straftäter richten, nicht als Eingriff in die Versammlungsfreiheit werten können.

Beispiel: Droht eine Gruppe namentlich bekannter mutmaßlicher Gewalttäter schon im Vorfeld einer Demonstration mit Ausschreitungen, so ist die Überwachung dieser Gruppe kein Eingriff in die Versammlungsfreiheit, weil sie die friedliche Versammlung gerade schützt und nicht behindert.

D. Verfassungsrechtliche Rechtfertigung

Die Freiheit der Versammlung unter freiem Himmel unterliegt dem Gesetzesvor- **27** behalt des Art. 8 II GG, während die Versammlungsfreiheit im übrigen vorbehalt- los gewährleistet ist. Der Grund der gesetzlichen Beschränkbarkeit von Versamm- lungen unter freiem Himmel liegt darin, daß von solchen Versammlungen, zu de- nen jeder freien Zutritt hat und die daher schwerer kontrollierbar sind, leichter Ge- fahren ausgehen können (*Schulze-Fielitz*, in: Dreier, GG, Art. 8 Rn. 36).

Das grundlegende Gesetz zur Regelung von Versammlungen ist das Versamm- **28** lungsgesetz. Sein Anwendungsbereich erstreckt sich auf öffentliche Versammlun- gen, und zwar unabhängig davon, ob sie unter freiem Himmel stattfinden. Aller- dings enthält das VersammlG für öffentliche Versammlungen in geschlossenen Räumen und für solche unter freiem Himmel unterschiedliche Regelungen, weil erstere nicht auf den Gesetzesvorbehalt des Art. 8 II GG, sondern nur auf son- stige, verfassungsimmanente Schranken gestützt werden können (s.u. Rn. 31).

I. Art. 8 II GG

1. Unter freiem Himmel

Der Begriff „unter freiem Himmel" ist eine sehr ungenaue Umschreibung für die **29** nach Art. 8 II GG intendierte Bestimmung. Denn es kommt weniger darauf an, ob die Versammlungsteilnehmer ein Dach über dem Kopf haben, sondern viel- mehr darauf, ob die Versammlung nach den Seiten hin begrenzt ist, so daß sich der Zutritt und die Einwirkung auf Außenstehende zumindest potentiell kontrol- lieren lassen (*Schulze-Fielitz*, in: Dreier, GG, Art. 8 Rn. 37). Neben den Ver- sammlungen in geschlossenen Räumen fallen daher auch solche in Innenhöfen und Stadien (*v.Münch*, in: v.Münch/Kunig, GG I, Art. 8 Rn. 29; a. A. bzgl. Sta- dien *Herzog*, in: M/D, GG I, Art. 8 Rn. 21), die Versammlung auf dem mit einer Plane überdachten Marktplatz findet demgegenüber „unter freiem Himmel" statt.

2. Einzelfragen der Verhältnismäßigkeit

Art. 8 II GG enthält einen einfachen Gesetzesvorbehalt, der seine Grenze im **30** Grundsatz der Verhältnismäßigkeit findet. Das BVerfG hat soweit ersichtlich bislang kein Gesetz, das die Versammlungsfreiheit auf Grund von Art. 8 II GG einschränkte, für insgesamt unverhältnismäßig gehalten und kassiert. Der Schwerpunkt der Rechtsprechung liegt vielmehr auf der verfassungskonformen Auslegung gesetzlicher Grundlagen und der Überprüfung von behördlichen bzw. fachgerichtlichen Entscheidungen. Es verwendet hierbei eine Formel, die der sogenannten Wechselwirkungslehre bei der Meinungsfreiheit entspricht (s. o. § 7 Rn. 31): Die staatlichen Organe haben „die grundrechtsbeschränkenden Gesetze stets im Lichte der grundlegenden Bedeutung dieses Grundrechts im freiheitlichen demokratischen Staat auszulegen und sich bei ihren Maßnahmen auf das zu beschränken, was zum Schutz gleichwertiger Rechtsgüter notwendig ist" (BVerfGE 69, 315 [349] – „*Brokdorf*"; 92, 191 [202]). Eine Schwierigkeit verfassungskonformer Auslegung von Gesetzen besteht allerdings darin, daß manchmal Auslegungsergebnisse gefunden werden, die im Wortlaut der ausgelegten Bestimmung keine Stütze finden. Das BVerfG hat dies bislang im Hinblick auf das Bestimmtheitsgebot des Art. 103 II GG immer dann für unbedenklich gehalten, wenn strafbewehrte Verbote eingeschränkt und nicht ausgeweitet wurden (BVerfGE 85, 69 [76] – „*Eilversammlung*"; a. A. das Sondervotum BVerfGE 85, 69 [77 ff.]; *Geis*, NVwZ 1992, 1025 [1029 ff.]).

Beispiele:
– Die **Anmeldepflicht** einer Versammlung unter freiem Himmel gemäß § 14 VersammlG ist einschränkend dahin auszulegen, daß sowohl Spontan- als auch Eilversammlungen möglich bleiben. Eine **Spontanversammlung**, die sich aus gegebenem Anlaß ohne vorherige Organisation und ohne Veranstalter entwickelt, bedarf daher keiner Anmeldung und auch keiner Bestellung eines Leiters (BVerfGE 69, 315 [350] – „*Brokdorf*"); die **Eilversammlung**, die zwar organisiert, aber in engem zeitlichen Zusammenhang mit einem bestimmten Geschehen stattfindet, muß zwar angemeldet werden, jedoch ist die Anmeldefrist entsprechend zu verkürzen (BVerfGE 85, 69 [75] – „*Eilversammlung*").
– Die **Auflösung** einer Versammlung ist als intensivster Eingriff in die Versammlungsfreiheit nicht bereits wegen fehlender Anmeldung oder aufgrund bloßer Verdachtsmomente zulässig (BVerfGE 69, 315 [351] – „*Brokdorf*"; 87, 399 [409] – „*Versammlungsauflösung*"; zu den Voraussetzungen eines präventiven Versammlungsverbots *Höllein*, NVwZ 1994, 635 [640 f.]). Ein Demonstrant, der sich trotz Auflösungsverfügung nicht vom Versammlungsort entfernt, kann nach § 29 I Nr. 2, II VersammlG nur belangt werden, wenn die Auflösung materiell rechtmäßig war (BVerfG 87, 399 [407 ff.] – „*Versammlungsauflösung*").
– Die Bestrafung von **Sitzblockaden** als Nötigung gemäß § 240 I StGB wurde zunächst vom BVerfG für mit Art. 8 I GG vereinbar gehalten (BVerfGE 73, 206 [248 ff.] – „*Sitzblockade I*"), später jedoch als Verstoß gegen Art. 103 II GG gewertet (BVerfGE 92, 1 [14 ff.] – „*Sitzblockade II*"; zum Zusammenhang der späteren Entscheidung mit Art. 8 I GG s. *Gusy*, JZ 1995, 782 [783]).
– Die **Schutzwaffen- und Vermummungsverbote** des § 17 a VersammlG sind nur bei restriktiver Anwendung unter Berücksichtigung legitimer Interessen, z. B. des Vermummungsinteresses AIDS-Kranker bei einer Demonstration gegen die Registrierungspflicht, verhältnismäßig (*Höfling*, in: Sachs, GG, Art. 8 Rn. 60).

II. Kollidierendes Verfassungsrecht

Die Regelungen des VersammlG für öffentliche Versammlungen in geschlossenen   31
Räumen können nicht auf den Gesetzesvorbehalt des Art. 8 II GG gestützt werden. Sofern sie nicht lediglich die Grenzen des Schutzbereichs „friedlich und ohne
Waffen" konkretisieren, kommt als Rechtfertigungsgrundlage lediglich kollidierendes Verfassungsrecht, insbesondere Grundrechte Dritter, in Frage.

Beispiele:

– Nach § 13 I Nr. 2, 2. Alt. VersammlG kann eine Versammlung in geschlossenen Räumen
  aufgelöst werden, wenn unmittelbare Gefahr für Leib und Leben von Anwesenden droht,
  etwa durch einen Brand im Versammlungsgebäude. Denn hier kollidiert Art. 8 I GG mit dem
  Recht auf Leben aus Art. 2 II GG.
– Die Pflicht aus § 7 I VersammlG, einen Versammlungsleiter zu bestellen, läßt sich hingegen
  nicht auf Verfassungsrecht stützen und ist daher verfassungswidrig (Höfling, in: Sachs,
  Art. 8 Rn. 76; a. A. Herzog, in: M/D, GG I, Art. 8 Rn. 137).

Beachte: Für Wehr- und Ersatzdienstleistende enthält Art. 17 a I GG einen Gesetzesvorbehalt für Versammlungen, auch soweit sie in geschlossenen Räumen
stattfinden.

E. Verhältnis zu anderen Grundrechten

Bei Versammlungen mit Kundgabecharakter kommt neben Art. 8 GG grund-   32
sätzlich auch eine Verletzung der **Meinungsfreiheit aus Art. 5 I GG** in Betracht.
Die Abgrenzung ist nicht immer leicht zu treffen. Grundsätzlich kommen alle
Grundrechte zur Anwendung, deren Schutzbereich berührt ist. Für Meinungskundgaben in Versammlungsform sind daher sowohl die Meinungsfreiheit als
auch die Versammlungsfreiheit mit ihren jeweiligen Beschränkungsanforde-
rungen anwendbar (Schulze-Fielitz, in: Dreier, GG, Art. 8 Rn. 74). Dies führt
bei Versammlungen unter freiem Himmel zu einem erhöhten Grundrechtsschutz
durch die Meinungsfreiheit, weil Art. 8 II GG hierfür einen einfachen Gesetzesvorbehalt vorsieht, während der Gesetzesvorbehalt in Art. 5 II GG durch
das Merkmal „allgemein" qualifiziert ist. Umgekehrt garantiert Art. 8 GG für
Versammlungen in geschlossenen Räumen ein höheres Schutzniveau, weil die
Versammlungsfreiheit insoweit vorbehaltlos gewährleistet ist. Das BVerfG zeigt
die Tendenz, Meinungskundgaben, auch wenn sie im Rahmen einer Veranstaltung stattfinden, in erster Linie an Art. 5 I GG zu messen und nur am Rande
darauf hinzuweisen, daß sich aus Art. 8 I keine anderen Erwägungen ergeben
(BVerfGE 90, 241 [254]). Dies kann jedoch wegen der unterschiedlichen Schrankenregelungen nur insoweit gelten, als die Beschränkung – wie im zitierten Fall –
auf einer Kollision mit den Grundrechten anderer etwa aus Art. 2 I i. V. m. 1
I GG (allgemeines Persönlichkeitsrecht) beruht. Dies muß nicht immer der Fall
sein.

Beispiel: Wenn Gregor Gysi sich in der Außenstelle des Bundesinnenministeriums an ein Heizungsrohr kettet, um gegen einen Steuerbescheid gegen die PDS bzgl. des Parteivermögens zu protestieren, dann ist die Frage, ob er wegen Hausfriedensbruchs bestraft werden kann, zweifellos allein an der Meinungsfreiheit zu messen, weil es sich nicht um eine Versammlung, sondern nur um eine einzige Person handelt. Müßte sich der Maßstab ändern, wenn sich ihm weitere Parteigenossen anschließen? (Fall nach AG Tiergarten 238 Cs 229/96).

Klausurhinweis: In der Fallbearbeitung sind in solchen Fällen beide Grundrechte nebeneinander zu prüfen. Es empfiehlt sich, mit dem Grundrecht zu beginnen, das sachnäher ist. Geht es lediglich um eine Äußerung eines einzelnen, die auf einer Versammlung getan wird, so ist die Meinungsfreiheit das zunächst einschlägige. Im Fall der PDS-Demonstration mittels Anketten dagegen wäre sinvollerweise mit der Versammlungsfreiheit zu beginnen, weil der Problemschwerpunkt offensichtlich auf der Frage liegt, ob „sit ins" in fremden Büroräumen vom Gewährleistungsumfang der Versammlungsfreiheit gedeckt sind (s. o. Rn. 19). Ist dies der Fall, so bietet Art. 8 GG gegenüber der Meinungsfreiheit das höhere Schutzniveau, wenn man von einer Versammlung in geschlossenen Räumen ausgeht, die keinem Gesetzesvorbehalt unterliegt.

33 Zum Verhältnis gegenüber Art. 2 II 2, 104 GG s. § 3 Rn. 25. Soweit es um Versammlungen zum Zwecke der Religionausübung geht, ist Art. 4 I, II GG lex specialis gegenüber Art. 8 GG (s. § 8 Rn. 52).

F. Wiederholung

I. Kontrollfragen

1. Was ist beim persönlichen Schutzbereich des Art. 8 I GG zu beachten?

2. Stellen die Zuschauer einer Sportveranstaltung eine Versammlung im Sinne des Art. 8 I GG dar?

3. Ist die Berliner Loveparade eine Versammlung im Sinne des Art. 8 I GG?

4. Hängt der Schutz von Sitzblockaden durch Art. 8 I GG davob ab, ob sie den Tatbestand der Nötigung nach § 240 StGB erfüllen?

5. Findet eine Versammlung in einem Sportstadion „unter freiem Himmel" im Sinne des Art. 8 II GG statt?

II. Lösungen

1. Er erstreckt sich nur auf Deutsche.

2. S. o. Rn. 7.

3. S. o. Rn. 11 f.

4. Nein, s. o. Rn. 14.

5. Nein (s. o. Rn. 29).

§ 10. Die Vereinigungs- und Koalitionsfreiheit, Art. 9 GG

Literatur: Zur Einführung: *Murswiek, D.,* Grundfälle zur Vereinigungsfreiheit – Art. 9 I, II GG; JuS 1992, 116 ff. **Zur Vertiefung:** *Kunig, P.,* Vereinsverbot, Parteiverbot, Jura 1995, 384 ff.; *Nolte, N. / Planker, M.,* Vereinigungsfreiheit und Vereinsbetätigung, Jura 1993, 635 ff., *Sachs, M.,* Sozietät zwischen Anwaltsnotaren und Wirtschaftsprüfern, MDR 1996, 1197 ff.

Leitentscheidungen: Zur Vereinigungsfreiheit: BVerfGE 30, 227 ff. – „*Namensführung*"; 38, 281 ff. – „*Zwangsmitgliedschaft*"; 50, 290 ff. – „*Mitbestimmung*"; 80, 244 ff. – „*Vereinsverbot*"; 84, 372 ff. – „*Lohnsteuerhilfeverein*". **Zur Koalitionsfreiheit:** BVerfGE 18, 18 ff. – „*Hausgehilfinnenverband*"; 28, 295 ff.– „*Mitgliederwerbung I*"; 58, 233 ff. – „*Tariffähigkeit*"; 84, 212 ff. – „*Aussperrung*"; 92, 26 ff. – „*Zweitregister*"; 93, 352 ff. – „*Mitgliederwerbung II*"; 94, 268 ff. – „*Tarifautonomie*".

A. Überblick und Bedeutung

Art. 9 GG enthält **zwei Grundrechte** mit recht unterschiedlicher Zielrichtung: die Vereinigungsfreiheit in Art. 9 I GG und die Koalitionsfreiheit in Art. 9 III GG, wobei die Koalitionsfreiheit die spezielle Regelung gegenüber der Vereinigungsfreiheit ist. In der Fallbearbeitung ist daher – soweit einschlägig – Art. 9 III GG vorrangig zu prüfen. **1**

Während die Vereinigungsfreiheit einen gewissen staatsfreien Raum menschlichen Handelns garantiert (vgl. BVerfGE 38, 281 [303] – „*Zwangsmitgliedschaft*"), dient **Art. 9 III GG** dem Zweck, eine sinnvolle Ordnung des Arbeitslebens zu errichten und zur Wahrung und Förderung der Arbeits- und Wirtschaftsbedingungen beizutragen (BVerfGE 58, 233 [246 f.] – „*Tariffähigkeit*"); die Begrenzung staatlicher Einflußnahme durch die grundrechtliche Verbürgung ist diesem Zweck untergeordnet. Letzteres zeigt sich ganz deutlich daran, daß die Koalitionsfreiheit insoweit eine Ausnahme im Grundrechtsgefüge darstellt, als sie nicht nur den Staat, sondern auch Privatpersonen bindet, also unmittelbare Drittwirkung entfaltet. **2**

Demgegenüber gehört die Vereinigungsfreiheit nach **Art. 9 I GG** zu den klassischen Abwehrrechten. Das in der Vereinigungsfreiheit zum Ausdruck gebrachte „Prinzip freier sozialer Gruppenbildung grenzt die freiheitliche Ordnung von einem System ab, in dem das Volk von oben her in ständisch-kooperative Gruppen gegliedert und nur noch in dieser von vornherein durch obrigkeitliche Lenkung 'kanalisierten' Form an der öffentlichen Meinungs- und Entscheidungsbildung beteiligt wird." (BVerfGE 38, 281 [303] – „*Zwangsmitgliedschaft*"). Art. 9 I GG stellt daher eine Absage sowohl an traditionelle ständische als auch an moderne totalitäre Systeme dar: Der gemeinschaftsbezogenen Person ist ein Freiraum für die Entfaltung vielfältiger zwischenmenschlicher Bezüge gewährleistet **3**

(BVerfGE 50, 290 [354] – „*Mitbestimmung*"). Insofern kommt der negativen Seite der Grundrechte bei der Vereinigungsfreiheit besondere Bedeutung zu: Art. 9 I GG schützt nicht nur vor der Verhinderung freier Personenzusammenschlüsse, sondern auch vor Zwangskollektivierung.

4　Sowohl die positive und die negative Vereinigungsfreiheit als auch die Koalitionsfreiheit ist auf internationaler Ebene verbürgt, wobei jedoch die Koalitionsfreiheit nicht in demselben Umfang gewährleistet ist (s. etwa Art. 11 EMRK, Art. 20 und 23 Nr. 4 AEMR, Art. 22 IPbürgR).

B. Die Vereinigungsfreiheit, Art. 9 I, II GG

I. Schutzbereich

1. Persönlicher Schutzbereich

5　Ebenso wie die Versammlungsfreiheit ist die Vereinigungsfreiheit ein **Deutschengrundrecht**, gilt also nicht für Ausländer (zur Geltung für EU-Bürger s. *Bauer*, in: Dreier, GG, Art. 9 Rn. 15).

6　Gemäß den Vorgaben aus Art. 19 III GG steht die Vereinigungsfreiheit auch **juristischen Personen** zu, etwa wenn es sich um den Zusammenschluß mehrerer Vereinigungen zu einem Dachverband handelt (BVerfGE 84, 372 8] – „*Lohnsteuerhilfeverein*"). Nach BVerfG steht neben den Vereinigungsmitgliedern der Vereinigung selbst das Grundrecht aus Art. 9 I GG zu, das insofern eine **Doppelfunktion sowohl als Individual- wie auch als kollektives Grundrecht** habe (BVerfGE 30, 227 [241] – „*Namensführung*"; 50, 290 [353 f.] – „*Mitbestimmung*"). Dies hat zur Folge, daß eine Vereinigung, die in ihrer Tätigkeit beeinträchtigt wird, im eigenen Namen das Grundrecht aus Art. 9 I GG vor dem BVerfG geltend machen kann (ausführlich *Scholz*, in: M/D, GG I, Art. 9 Rn. 43 ff.).

2. Sachlicher Schutzbereich

a) Vereinigungsbegriff

7　Die Begriffe „Vereine und Gesellschaften" zielen nicht auf präzise Abgrenzung im Sinne der zivilrechtlichen Regelung, sondern sind nur eine vage beipielhafte Umschreibung eines umfassenden Freiheitsschutzes für alle sozialen Gruppen mit einer gewissen organisatorischen Struktur. Geschützt ist daher „grundsätzlich das gesamte Spektrum des Assoziationswesens von der lose gefügten Bürgerinitiative bis zum hochaggregierten Spitzenverband" (*Rinken*, in: AK, GG I, Art. 9 I Rn. 46). Die Rechtsform der Vereinigung ist unerheblich, auch der nichtrechtsfähige Verein fällt in den Schutzbereich. In Anlehnung an die Definition eines Vereins in § 2 I VereinsG, die ihrerseits auf ältere Begriffsbestimmungen zurückgeht, muß eine Vereinigung im Sinne des Art. 9 I GG **vier Merkmale** aufweisen (*Bauer*, in: Dreier, GG, Art. 9 Rn. 33):

- Zusammenschluß von mindestens zwei Personen,
- Freiwilligkeit,
- gemeinsamer Zweck,
- ein gewisses Maß an zeitlicher und organisatorischer Stabilität.

Nicht geschützt sind somit die Ein-Mann-GmbH und die Stiftung, weil sie nicht   **8**
auf einem Personenzusammenschluß beruhen. Dagegen fallen mehr oder weniger
lose Verbindungen unter Art. 9 I GG, auch wenn sie einen nur vorübergehenden
Zweck verfolgen, wie z. B. eine Bürgerinitiative zur Verhinderung eines Autobahnbaus. Unerheblich ist ferner, welcher Zweck verfolgt wird; er kann politischer, kultureller, wirtschaftlicher oder rein privater Natur sein (*Bauer*, in: Dreier,
GG, Art. 9 Rn. 37).

Auch Kapitalgesellschaften wie die GmbH, soweit sie mehr als einen Gesellschaf-   **9**
ter hat, oder die Aktiengesellschaft sind grundsätzlich von Art. 9 I GG geschützt.
Allerdings hat das BVerfG Zweifel im Hinblick auf größere Kapitalgesellschaften
angemeldet, die Frage aber offengelassen: „Im Unterschied zu dem Typus der
Vereinigungen, den das Grundrecht der Vereinigungsfreiheit seiner Geschichte
und seiner heutigen Geltung nach primär schützen will, tritt bei diesen das personale Element bis zur Bedeutungslosigkeit zurück" (BVerfGE 50, 290 [355] –
„*Mitbestimmung*").

b) Gewährleistungsumfang

Art. 9 I GG umfaßt zunächst die Freiheit, eine Vereinigung zu gründen, ihr bei-   **10**
zutreten, aus ihr auszutreten oder ihr fernzubleiben (BVerfGE 50, 290 [354] –
„*Mitbestimmung*"). Ferner schließt die Vereinigungsfreiheit die Selbstbestimmung über die Organisation der Vereinigung, das Verfahren ihrer Willensbildung
und die Führung ihrer Geschäfte mit ein (BVerfG, ebda.).

Beispiele: Regelungen zur Aufnahme von Mitgliedern oder zur Wahl eines Vorstandes.

Umstritten ist, inwieweit die Tätigkeit des Vereins nach außen dem Schutzbereich   **11**
des Art. 9 I GG unterfällt (zusammenfassend *Nolte/Planker*, Jura 1993, 635 ff.).
Nach BVerfG ist jedenfalls der Kernbereich der Vereinstätigkeit geschützt (BVerf-
GE 30, 227 [241] – „*Namensführung*"), allerdings sei Vereinen nur das erlaubt,
was natürlichen Personen innerhalb der Grenzen des Art. 2 I GG gestattet sei
(BVerfGE ebda., 243). Dies bedeutet konkret, daß der Außenkontakt einer Vereinigung insoweit von Art. 9 I GG geschützt ist, als er zur Funktionsfähigkeit als
solcher notwendig ist; erfaßt sind daher die Mitgliederwerbung und die Selbstdarstellung nach außen (*Höfling*, in: Sachs, GG, Art. 9 Rn. 19).

Beispiele:
- Zum Kernbereich geschützter Vereinstätigkeit gehört die Benutzung eines bestimmten Na-
  mens des Vereins (BVerfGE 30, 227 [241 f.] – „*Namensführung*").
- Geschützt ist auch die Werbung eines Lohnsteuerhilfevereins mit dem Argument, einem großen
  Interessenverband anzugehören (BVerfGE 84, 372 [378] – „*Lohnsteuerhilfeverein*").

Die Erfüllung der von der Vereinigung frei gewählten satzungsgemäßen Aufga-   **12** ben wurde vom BVerfG (E 30, 227 [242] – „*Namensführung*") zunächst zwar ebenfalls als geschützt angesehen jedoch unter Begrenzungsvorbehalt gestellt. In einer späteren Entscheidung stellte das BVerfG demgegenüber fest, daß Art. 9 I GG nicht maßgebend sei für Fälle, in denen die Vereinigung „wie jedermann im Rechtsverkehr tätig" sei (BVerfGE 70, 1 [25]). Demnach garantiert die Vereinigungsfreiheit nur das gemeinsame Handeln als solches und schützt nicht gegen Beeinträchtigungen, die den einzelnen in gleichem Maße treffen wie die Vereinigung (*Scholz*, in: M/D, GG I, Art. 9 Rn. 86).

c) Negative Vereinigungsfreiheit

13 Die negative Seite der Grundrechte, ein geschütztes Verhalten auch zu unterlassen, gewinnt bei der Vereinigungsfreiheit, die gerade auch gegen Zwangskollektivierung schützt (s. o.Rn. 3), besondere Bedeutung. In den Schutzbereich des Art. 9 I GG fällt daher die Freiheit, einer Vereinigung nicht beizutreten. Dies gilt unbestritten für privatrechtliche Vereinigungen (*Höfling*, in: Sachs, GG, Art. 9 Rn. 21; vgl. auch BGH, NJW 1995, 2981 ff.). Die Zwangsmitgliedschaft in öffentlich-rechtlichen Verbänden wie Berufskammern u. ä. ist dagegen nach BVerfG nicht an Art. 9 I GG, sondern lediglich an Art. 2 I GG zu messen, denn Art. 9 I GG umfasse lediglich die Freiheit, privatrechtlichen Vereinigungen beizutreten oder ihnen fernzubleiben (BVerfGE 10, 89 [102]; 38, 281 [297 f.]; BVerfG, NJW 1995, 514 [515]). Da die Vereinigungsfreiheit nicht die Freiheit gewähre, öffentlich-rechtliche Vereinigungen zu gründen, könne die negative Seite auch nicht das Fernbleiben von solchen Vereinigungen garantieren. Dieses Argument ist jedoch nicht zwingend, denn während die Gründung einer öffentlich-rechtlichen Vereinigung bereits an der Unmöglichkeit der Inanspruchnahme öffentlich-rechtlicher Handlungsformen durch Private scheitert, ist das reine Unterlassen einer solchen Inanspruchnahme völlig unproblematisch (*Höfling*, in: Sachs, GG, Art. 9 Rn. 22). Der Schutz eines solchen Unterlassens liegt auch gerade in der Zielrichtung des Art. 9 I GG, vor Zwangskollektivierung zu schützen, wobei es praktisch unerheblich sein dürfte, ob eine Zwangsvereinigung öffentlich-rechtlich oder privatrechtlich organisiert ist (*P/S*, Staats II, Rn. 795; vgl. auch EGMR, EuGRZ 1998, 559 ff. zur Zwangsmitgliedschaft der Gewerkschaften in England).

II. Ausgestaltung des Schutzbereichs

14 Art. 9 I GG ist ähnlich wie Art. 14 GG (s. hierzu § 12 Rn. 11) ein normgeprägtes Grundrecht. Kein an Art. 9 II GG zu messender Eingriff ist daher die gesetzliche Ausgestaltung, die das Handeln von Vereinigungen innerhalb der Rechtsordnung erst möglich macht (*Höfling*, in: Sachs, GG, Art. 9 Rn. 30). Das BVerfG hat dementsprechend ausgeführt, daß nicht „jede staatliche Regelung der Organisation und Willensbildung von Vereinigungen durch Art. 9 Abs. 1 GG ausgeschlossen ist. Vereinigungsfreiheit ist in mehr oder minder großem Umfang auf Regelungen angewiesen, welche die freien Zusammenschlüsse und ihr Leben in die

allgemeine Rechtsordnung einfügen, die Sicherheit des Rechtsverkehrs gewährleisten, Rechte der Mitglieder sichern und den schutzbedürftigen Belangen Dritter oder auch öffentlichen Interessen Rechnung tragen. Demgemäß ist mit der verfassungsrechtlichen Garantie der Vereinigungsfreiheit seit jeher die Notwendigkeit einer gesetzlichen Ausgestaltung dieser Freiheit verbunden, ohne die sie praktische Wirksamkeit nicht gewinnen könnte. Diese Notwendigkeit gehört von vornherein zum Inhalt des Art. 9 Abs. 1 GG,..." (BVerfGE 50, 290 [354] – *„Mitbestimmung"*; ähnlich 84, 372 [378 f.] – *„Lohnsteuerhilfeverein"*). Dies bedeutet allerdings nicht, daß der Gesetzgeber bei der Ausgestaltung völlig frei wäre, er hat sich vielmehr am Schutzgut des Art. 9 I GG zu orientieren. Er muß einen Ausgleich zwischen der Selbstbestimmung der Vereinigungen, der Notwendigkeit eines geordneten Vereinslebens und sonstigen schutzwürdigen Belangen herstellen und hat daher eine hinreichende Vielfalt von Rechtsformen zur Verfügung zu stellen, deren Wahl für den jeweiligen Vereinigungstyp angemessen ist (BVerfGE 50, 290 [355] – *„Mitbestimmung"*). Der Typenzwang für rechtsfähige Vereinigungen, d.i. der abschließende Katalog der gesetzlich vorgesehenen Gestaltungsformen wie Verein, Gesellschaft des bürgerlichen Rechts, GmbH und andere, ist daher grundsätzlich nicht zu beanstanden, auch wenn die entsprechenden Vorschriften notwendig zu einer gewissen Einschränkung der organisatorischen Gestaltungsmöglichkeiten führen. Es muß aber für jede nicht nach 9 II GG verbotene Vereinigung möglich sein, eine Rechtsform zu finden, die ihrem Zweck entspricht. Als Frage der Grenzen zulässiger Ausgestaltung hat das BVerfG etwa das Problem der Mitbestimmung vereinigungsfremder Organe im Bereich der Kapitalgesellschaften bewertet.

Beispiel: Seit 1976 ist gesetzlich vorgesehen, daß im Aufsichtsrat einer Aktiengesellschaft Arbeitnehmervertreter Mitbestimmungsrecht haben, ohne daß die Gesellschafter diese dazu ermächtigen. Damit wird den Mitgliedern der Vereinigung, nämlich den Gesellschaftern ein Mitbestimmungsrecht von Nichtmitgliedern aufgezwungen. Da jedoch hierdurch weder die Gründungs- und Beitrittsfreiheit noch die Funktionsfähigkeit der Gesellschaft gefährdet ist, hält sich die Regelung im Rahmen der durch den Gesetzgeber zugänglichen Ausgestaltung (BVerfGE 50, 290 [256 f.] – *„Mitbestimmung"*). Denn bei größeren Kapitalgesellschaften trete das personale Element gegenüber der Ansammlung und Nutzung von Kapital zurück, während das Wirken der Gesellschaften in höherem maße als dasjenige anderer Vereinigungen des Ausgleichs mit anderen schutzbedürftigen Belangen bedürfe (BVerfG ebda.; s. auch *Scholz*, in: M/D, GG I, Art. 9 Rn. 70 ff.).

Die kartellrechtliche Fusionskontrolle ist dagegen ein Eingriff und als solcher rechtfertigungsbedürftig (s.u. Rn. 23). **15**

III. Eingriff

Ein Eingriff ist jede rechtliche oder faktische Beeinträchtigung, etwa das Vereinsverbot, der behördliche Genehmigungsvorbehalt für die Vereinssatzung, das Knüpfen negativer Folgen an eine Vereinsmitgliedschaft, der Einzug des Vereinsvermögens, das Verbot der Mitgliederwerbung. **16**

17 Ein Eingriff in die negative Vereinigungsfreiheit liegt etwa in der gesetzlichen Voraussetzung, Mitglied in einem privatrechtlichen Verband zu sein, die konstitutiv für die Wahl einer bestimmten Vereinigungsform ist.

Beispiel: Nach § 54 GenG entsteht eine eingetragene Genossenschaft nur, wenn sie Mitglied in einem mit Prüfungsrecht ausgestatteten Verband ist (hierzu BGH, NJW 1995, 2981 ff.; *Gehrlein*, WM 1995, 1781 ff.; *Beuthien*, WM 1995, 1788 ff.).

IV. Verfassungsrechtliche Rechtfertigung

1. Art. 9 II GG

18 Art. 9 II GG ist mißverständlich formuliert: es handelt sich nach einhelliger Auffassung nicht, wie der Wortlaut nahe zu legen scheint, um eine Schutzbereichsbegrenzung, sondern um eine Schrankenklausel, die Rechtfertigungsgrundlage für Eingriffe sein kann (*Bauer*, in: Dreier, GG, Art. 9 Rn. 49; *Höfling*, in: Sachs, Art. 9 Rn. 38). Dementsprechend sind die in Art. 9 II GG umschriebenen Vereinigungen nicht bereits von Verfassungs wegen verboten, sondern die Verbotswirkung tritt erst mit einer entsprechenden Verfügung der zuständigen Stelle ein (vgl. § 3 I VereinsG; zum Verfahren s. *Scholz*, in: M/D, GG I, Art. 9 Rn. 132 ff.). Die Verbotsgründe in Art. 9 II GG sind abschließend, ein Verbot aus anderen Gründen daher aufgrund von Art. 9 II GG nicht möglich.

a) Verstoß gegen Strafgesetze

19 Mit Strafgesetzen sind nur die allgemeinen Strafgesetze gemeint, die für jeden gelten unabhängig davon, ob er in einer Vereinigung handelt oder als Einzelperson. Nicht zu den Einschränkungsmöglichkeiten nach Art. 9 II GG können dagegen solche Strafnormen gehören, die sich gerade gegen das Tätigwerden in einer Vereinigung richten, denn ansonsten stünde es im Belieben des Gesetzgebers, das von Art. 9 I GG geschützte Zusammenschließen zu einer Vereinigung unter Strafe zu stellen.

b) Sich gegen die verfassungsmäßige Ordnung oder die Völkerverständigung richten

20   **aa)** Die **verfassungsmäßige Ordnung** entspricht nicht demselben Terminus in Art. 2 I GG, sondern ist inhaltlich gleichzusetzen mit dem Begriff der „freiheitlich demokratischen Grundordnung" in Art. 18 I GG (*Bauer*, in: Dreier, GG, Art. 9 Rn. 52; s. aber auch *Scholz*, in: M/D, GG I, Art. 9 Rn. 127, zum Begriff s. auch § 27 Rn. 5).

21   **bb)** Der **Gedanke der Völkerverständigung** ist nicht bereits berührt durch die Kritik an der Politik eines fremden Staates, auch nicht, wenn sie mit der Forderung nach Abbruch der Beziehungen Deutschlands zu diesem Staat verbunden wird (*Bauer*, in Dreier, GG, Art. 9 Rn. 53). Es ist vielmehr in Anknüpfung an Art. 26 I GG die friedensfeindliche Zielsetzung, die eine

Vereinigung unter diese Bestimmung fallen läßt (*Höfling*, in: Sachs, GG, Art. 9 Rn. 46).

cc) **Sich richten** gegen die verfassungsmäßige Ordnung oder den Gedanken   22
der Völkerverständigung ist mehr als bloßes Ablehnen; es setzt eine aggressiv-kämpferische Haltung voraus (*Höfling*, in: Sachs, GG, Art. 9 Rn. 46).

2. Verfassungsimmanente Schranken

Da die Vereinigungsfreiheit keinen weiteren ausdrücklichen Einschränkungsvor-   23
behalten unterliegt, kommen als Rechtfertigungsgrundlage für Eingriffe lediglich die Grundrechte anderer bzw. andere mit Verfassungsrang ausgestatteten Rechtsgüter in Betracht. Die kartellrechtliche Kontrolle von Unternehmen, die als Gesellschaften organisiert sind, ist daher nicht unproblematisch. Als Rechfertigungsgrundlage hierfür wird von der ganz h. M. die Wettbewerbsfreiheit angegeben, die in Art. 12 I, 14 I und 74 I Nr. 16 GG als vefassungsrechtlich garantiert angesehen wird (*Scholz*, in: M/D, GG I, Art. 9 Rn. 151 ff.). Ebenso problematisch ist die Rechtfertigung des Verbots der Sozietät zwischen Anwaltsnotaren und Wirtschaftsprüfern (BVerfG, NJW 1998, 2269 ff.; s. hierzu ausführlich *Sachs*, MDR 1996, 1197 [1200 ff.]; s. auch § 11 Rn. 57).

C. Die Koalitionsfreiheit, Art. 9 III GG

I. Schutzbereich

1. Persönlicher Schutzbereich

Anders als die Vereinigungsfreiheit ist die Koalitionsfreiheit kein Deutschen-   24
grundrecht, sondern steht auch Ausländern und Staatenlosen zu. Die Koalitionsfreiheit ist auch Arbeitnehmern im öffentlichen Dienst gewährleistet, und zwar unabhängig davon, ob sie hoheitliche Aufgaben wahrnehmen (BVerfGE 88, 103 [114]).

2. Sachlicher Schutzbereich

a) Begriff der Koalition

Art. 9 III GG spricht nicht von Koalition, sondern von Vereinigungen zur Wah-   25
rung und Förderung der Arbeits- und Wirtschaftsbedingungen. Es muß sich also zunächst um eine **Vereinigung** handeln, d. h. um einen freiwilligen Personenzusammenschluß mit gewisser zeitlicher und organisatorischer Stabilität zu einem bestimmten Zweck (s. o. Rn. 7).

Die Vereinigung nach Art. 9 III GG unterscheidet sich von der in Art. 9 I GG   26
aber durch den in der Verfassung festgelegten **besonderen Zweck** der Wahrung und Förderung der Arbeits- und Wirtschaftsbedingungen, wobei Arbeitsbedin-

gungen z. B. das Lohnniveau, die Arbeitszeit und die Sicherheit am Arbeitsplatz
betreffen, Wirtschaftsbedingungen etwa die Verringerung der Arbeitslosigkeit
(*Bauer*, in: Dreier, GG, Art. 9 Rn. 70). Bei unbefangener Betrachtung könnte
man der Auffassung sein, daß jegliche Vereinigungen gemeint seien, die in irgendeiner Weise die Arbeits- und Wirtschaftsförderung zum Ziel haben wie z. B. Ver-
braucherverbände, Wirtschaftsdienste oder Berufsgenossenschaften. Aus dem
Zusammenhang mit Art. 9 III 2 und 3 GG, insbesondere der Erwähnung des
Begriffs „Arbeitskampf", läßt sich jedoch entnehmen, daß nur solche Vereinigungen von Art. 9 II GG erfaßt sind, die an einem Arbeitskampf beteiligt sein können, die also entweder die Arbeitnehmer- oder die Arbeitgeberseite vertreten;
klassischerweise sind dies Gewerkschaften und Arbeitgeberverbände. Solche Ar-
beitnehmer- und Arbeitgebervereinigungen, die die Arbeits- und Wirtschaftsbedingungen untereinander aushandeln, nennt man gemeinhin Koalitionen (*Höfling*, in: Sachs, GG, Art. 9 Rn. 53). Zum Begriff der Koalition gehört daher die
Gegnerfreiheit und die **Gegnerunabhängigkeit**, d. h. eine nach Art. 9 II GG geschützte Vereinigung darf nur entweder aus Arbeitnehmern oder aus Arbeitgebern bestehen, und sie muß vom jeweiligen Gegner wirtschaftlich unabhängig
sein (BVerfGE 58, 233 [247] – „*Tariffähigkeit*"; *Bauer*, in: Dreier, GG, Art. 9
Rn. 72). Aus der Gegnerunabhängigkeit ergibt sich ferner das Erfordernis der
Überbetrieblichkeit, d. h. eine Koalition muß grundsätzlich aus Mitgliedern mehrerer Unternehmen bestehen, weil etwa ein Werksverein, der sich ausschließlich
aus Arbeitnehmern eines einzigen Betriebes zusammensetzt, von diesem Betrieb
in aller Regel wirtschaftlich abhängt und daher seine Mitglieder nicht wirksam
gegenüber dem Arbeitgeber vertreten kann. Ausnahmen sind jedoch denkbar
(*Bauer*, in: Dreier, GG, Art. 9 Rn. 73). Nicht zum Begriff der Koalition gehören
dagegen nach h. M. Tariffähigkeit oder Kampfbereitschaft (BVerfGE 18, 18
[33 f.] – „*Hausgehilfinnenverband*"; *Bauer*, in: Dreier, GG, Art. 9 Rn. 75).

b) Gewährleistungsumfang

27   **aa) Individuelle Freiheit.** Art. 9 III schützt zunächst die Freiheit des einzel-
        nen, Koalitionen zu gründen, ihnen beizutreten und ihnen fernzubleiben
        (BVerfGE 93, 352 [357] – „*Mitgliederwerbung II*"). Ferner ist die Betä-
        tigung innerhalb der Koalition geschützt (*Scholz*, in: M/D, GG I, Art. 9
        Rn. 222).

28   **bb) Kollektive Freiheit.** Nach ständiger Rspr. des BVerfG garantiert Art. 9
        III GG über das Recht des einzelnen hinaus ein Freiheitsrecht der Koali-
        tionen selbst. „Es schützt sie in ihrem Bestand und garantiert ihnen die
        Bestimmung über ihre Organisation, das Verfahren ihrer Willensbildung
        und die Führung ihrer Geschäfte. Den Schutz von Art. 9 Abs. 3 GG ge-
        nießen ferner Betätigungen der Koalitionen, soweit sie den dort genann-
        ten Zwecken dienen" (BVerfGE 94, 268 [282 f.] – „*Tarifautonomie*").
        Die Haupttätigkeit von Koalitionen besteht in der Aushandlung von Ta-
        rifverträgen, und zwar auch unter Einsetzung von sogenannten Arbeits-

kampfmaßnahmen wie Streik oder Betriebsbesetzung auf Gewerkschafts- und Aussperrung auf Arbeitgeberseite, jedenfalls soweit sie lediglich suspendierende Wirkung hat (BVerfGE 84, 212 [225] – *„Ausgestaltung"*; näher *Bauer*, in: Dreier, GG, Art. 9 Rn. 79 m. w. N.); Art. 9 III GG gewährt hier das Recht, staatliche Einflußnahme abzuwehren. An die Stelle gesetzlicher Regelungen sollen frei vereinbarte Tarifbestimmungen treten. Es ist aber nicht immer einfach zu sagen, welche Regelungsbereiche Gegenstand von tariflichen und welche gesetzlichen Regelungen zugänglich sind; entscheidend sollen nach BVerfG „Herkommen und Üblichkeit" sein (BVerfGE 94, 268 [283]- *„Tarifautonomie"*).

Beispiel: Arbeits- und Urlaubszeiten, Arbeitsentgelt und Befristung von Arbeitsverhältnissen gehören zu den klassischen Regelungsbereichen von Tarifverträgen (BVerfGE 94, 268 [283] – *„Tarifautonomie"*).

Neben der Aushandlung von Tarifverträgen fallen alle Tätigkeiten in den **29** Schutzbereich von Art. 9 III GG, die dessen Zweck dienen. „Der Schutz ist auch nicht von vornherein auf einen Kernbereich koalitionsmäßiger Bestätigung beschränkt. Er erstreckt sich vielmehr auf alle Verhaltensweisen, die koalitionsspezifisch sind" (BVerfGE 94, 268 [283] – *„Tarifautonomie"*; 93, 352 [358] – *„Mitgliederwerbung II"*; vgl. dagegen BVerfGE 28, 295, [305 ff.] – *„Mitgliederwerbung I"*).

Beispiel: Die Werbung von Mitgliedern im Betrieb gehört zu den zweckspezifischen Tätigkeiten einer Gewerkschaft und deren Mitgliedern. Sie ist daher in vollem Umfange von Art. 9 III GG geschützt, und nicht etwa nur soweit die Werbung von Mitgliedern für die Gewerkschaft überlebensnotwendig ist (BVerfGE 93, 352 [357 ff.] – *„Mitgliederwerbung II"*).

3. Grundrechtsverpflichtete

Aus Art. 9 III GG ist nicht nur die öffentliche Gewalt verpflichtet, vielmehr **30** schützt die Koalitionsfreiheit gemäß Art. 9 III S. 2 GG auch gegen privatrechtliche „Abreden", wirkt also gegenüber **Privatrechtssubjekten**. Es handelt sich um einen verfassungsrechtlich ausdrücklich angeordneten Fall der unmittelbaren Drittwirkung, der im Grundrechtsgefüge die Ausnahme darstellt. Bei der Überprüfung von arbeitsgerichtlichen Urteilen, die in Zusammenhang mit koalitionsspezifischen Tätigkeiten stehen, bedarf es daher keinerlei Ausführungen zu den verschiedenen Theorien der Drittwirkung der Grundrechte.

Beispiel: Soweit sich aus Art. 9 III GG ein Recht des Arbeitnehmers zur Werbung von Mitgliedern für die Gewerkschaft am Arbeitsplatz ergibt, ist auch der Arbeitgeber von Verfassungs wegen hieran gebunden; das Arbeitsgericht hat das Grundrecht bei der Ermittlung der vertraglichen Pflichten des Arbeitnehmers unmittelbar zu berücksichtigen (vgl. BVerfGE 93, 268 [357 ff.] – *„Mitgliederwerbung II"*).

II. Ausgestaltung des Schutzbereichs

31   Die Koalitionsfreiheit ist ein normgeprägtes Grundrecht, d. h. die Möglichkeit
     von ihr Gebrauch zu machen, hängt von einem gewissen rechtlichen Rahmen ab,
     den der Gesetzgeber bereit zu stellen hat. Regelungen, die diesen Rahmen schaf-
     fen, sind daher keine Eingriffe in die Freiheit, sondern grundrechtsausgestaltende
     Normen. Insbesondere bedarf die Koalitionsfreiheit der Ausgestaltung durch die
     Rechtsordnung, soweit das Verhältnis der Tarifvertragsparteien zueinander be-
     rührt wird, die beide den Schutz des Art. 9 III GG genießen (BVerfGE 84, 212
     [228] – *„Ausgestaltung"*). Hierzu gehören auch Maßnahmen, die ein Verhand-
     lungsübergewicht einer Partei verhindern sollen.

     Beispiel: Die Anforderung, daß eine Aussperrung verhältnismäßig sein muß und daher bei
     4.300 Streikenden nicht 130.000 Arbeitnehmer ausgesperrt werden dürfen, dient dem
     Gleichgwicht der Tarifvertragsparteien und liegt innerhalb der Bandbreite eines zulässigen
     Ordnungsrahmens (BVerfGE 84, 212 [230 ff.] – *„Ausgestaltung"*).

32   Bei Regelungen, die der internationalen Wirtschaftsverflechtung und der Tatsa-
     che Rechnung tragen, daß die deutsche Rechtsordnung internationale Sachver-
     halte nicht allein zu regeln vermag, ist der Gestaltungsspielraum des Gesetzge-
     bers größer als bei Regelungen mit inländischem Schwerpunkt.

     Beispiel: Das BVerfG hatte über die sogenannte „Zweitregisterregelung" zu entscheiden, wo-
     nach für Handelsschiffe unter deutscher Flagge ein Zweitregister geführt wird für diejenigen
     Schiffe, die im internationalen Verkehr fahren, mit der Folge, daß das deutsche Arbeits- und
     Tarifvertragsrecht nicht mehr für alle Matrosen anwendbar ist. Das BVerfG hielt die Regelung
     im wesentlichen für verfassungsgemäß, weil sie sich im Rahmen zulässiger Ausgestaltung halte.
     Zwar werde das Recht der deutschen Gewerkschaften, die Arbeitsbedingungen auf deutschen
     Handelsschiffen auszuhandeln, eingeschränkt, aber dafür werde der Trend verhindert, daß
     immer mehr Schiffe unter fremder Flagge fahren und so der deutschen Rechtsordnung komplett
     ausweichen. Vor die Alternative gestellt, den deutschen Grundrechtsstandard entweder unge-
     schmälert zu wahren, ihm damit aber im Bereich der Hochseeschiffahrt praktisch das Anwen-
     dungsfeld zu entziehen, oder ihm ein Anwendungsfeld zu erhalten, dann aber eine Minderung
     des Grundrechtsstandards in Kauf zu nehmen, sei es dem Gesetzgeber nicht verwehrt, den
     zweiten Weg zu wählen (BVerfGE 92, 26 [41 f.] – *„Zweitregister"*).

33   Die Ausgestaltungsbefugnis endet dort, wo das Ziel einer Regelung nicht mehr
     in der Sache selbst, d. h. darin liegt, den Koalitionen die Erfüllung ihrer Aufgabe
     der Ordnung und Befriedung des Arbeitslebens zu ermöglichen (BVerfGE 58,
     233 [248] – *„Tariffähigkeit"*), sondern die Begrenzung der freien Koalitionsbe-
     tätigung auf außerhalb liegende Gründe gestützt wird. Im Zweitregisterfall (s. o.
     Rn. 32) trägt daher allein die Begründung, daß mit der Eintragung in das Zweit-
     register zumindest ein Restbestand an Einflußmöglichkeiten für deutsche Koali-
     tionen verbleibe. Die darüber hinaus angeführten Gesichtspunkte, wie etwa die
     Erhaltung einer schlagkräftigen deutschen Handelsflotte für Krisenzeiten oder
     die Sicherheit des Schiffsverkehrs (BVerfGE 92, 26 [43] – *„Zweitregister"*) mö-
     gen demgegenüber legitime Anliegen sein, lassen sich aber allenfalls im Rahmen
     der Rechtfertigung eines Eingriffs anwenden (*Erbguth*, JuS 1996, 18 [20]).

III. Eingriff

Ein Eingriff liegt nicht nur in der Behinderung der Gründung oder des Beitritts   34
zu einer Koalition, sondern in jeder Beeinträchtigung koalitionsspezifischer Tätigkeit. Dazu bedarf es nicht unbedingt der Verhinderung oder Erschwerung der
Tätigkeit als solcher, es genügt vielmehr die Beeinträchtigung der Wirksamkeit
der Maßnahmen einer Koalition im Arbeitskampf.

Beispiel: Der Einsatz von Beamten auf bestreikten Arbeitsplätzen der vormaligen Bundespost
stellt einen Eingriff in die Koalitionsfreiheit der Gewerkschaft dar, weil hier staatlicherseits mit
Mitteln auf die Parität Einfluß genommen wird, die privaten Arbeitgebern nicht zu Gebote
stehen (BVerfGE 88, 103 [114 ff.]).

IV. Verfassungsrechtliche Rechtfertigung

Die Koalitionsfreiheit ist vorbehaltlos gewährleistet. Eingriffe können daher le-   35
diglich aufgrund kollidierenden Verfassungsrechts gerechtfertigt sein.

Beispiel: Die Befristung von Arbeitsverträgen des wissenschaftlichen Personals an Hochschulen
ist von der Wissenschaftsfreiheit gedeckt, auch wenn in bestehende Tarifverträge eingegriffen
wird. Denn durch die Befristung soll die Leistungs- und Funktionsfähigkeit der Hochschulen
erhalten und verbessert und außerdem der wissenschaftliche Nachwuchs gefördert werden
(BVerfGE 94, 268 [284 ff.] – „*Tarifautonomie*").

D. Verhältnis zu anderen Grundrechten

Die Koalitionsfreiheit ist eine besondere Ausprägung der Vereinigungsfreiheit   36
und dieser gegenüber die spezielle Regelung (*Bauer*, in: Dreier, GG, Art. 9
Rn. 24).

Für politische Parteien ist Art. 21 GG speziell gegenüber Art. 9 I GG; insbeson-   37
dere das Verbot einer Partei ist in Art. 21 GG abschließend geregelt, so daß
Art. 9 II GG keine Anwendung findet. Art. 9 I GG bleibt jedoch anwendbar für
sogenannte „Rathausparteien", also Wählervereinigungen, die nur auf kommu-
naler Ebene zur Wahl antreten (*Bauer*, in: Dreier, GG, Art. 9 Rn. 38; *Scholz*, in:
M/D, GG I, Art. 9 Rn. 75).

Nicht abschließend geklärt ist das Verhältnis zwischen der allgemeinen Vereini-   38
gungsfreiheit gemäß Art. 9 I GG und der sogenannten religiösen Vereinigungsfreiheit, die das BVerfG aus Art. 4 I und II GG sowie Art. 140 GG i. V. m. den
Art. 135 ff. WRV ableitet (BVerfGE 83, 341 [354]; näher dazu § 8 Rn. 26). Es
ist wohl zu unterscheiden zwischen Vereinigungen, die alle Angehörigen eines
Bekenntnisses unter dem Anspruch der Ausschließlichkeit zusammenfassen, also
im herkömmlichen Sinne Religionsgemeinschaften sind, und Vereinen mit reli-
giösem Hintergrund, die für bestimmte religiöse Fragen bzw. Aufgaben gegründet werden; nur letzte fallen in den Schutzbereich des Art. 9 I GG, während der

Zusammenschluß zu Religionsgemeinschaften von der religiösen Vereinigungsfreiheit als Spezialregelung geschützt sind (*Merten*, HdbStR VI, § 144 Rn. 67 f.).

Beispiel: Die islamisch-schiitische Religionsgemeinschaft der Baha'i ist hierarchisch aufgebaut
und vom „Universalen Haus der Gerechtigkeit" in Haifa geleitet. Ihnen unterstehen die vor Ort
gewählten örtlichen Geistigen Räte. Der „Geistige Rat der Baha'i" in Tübingen beantragte die
Eintragung in das Vereinsregister. Das Amtsgericht Tübingen lehnte dies unter Berufung auf die
BGB-Vorschriften über Vereine ab, weil die Vereinssatzung gegen § 37 BGB sowie den Grundsatz der Vereinsautonomie verstoße, denn nicht der Tübinger Geistige Rat, sondern überörtli-
che Organe der Religionsgemeinschaft und damit Nichtvereinsmitglieder hätten über Sat-
zungsänderungen und Vereinsausschlüsse zu befinden. Da jedoch der eingetragene Verein die
einzige in Frage kommende Rechtsform für die Tübinger Baha'i war, legte das BVerfG die
Vereinsvorschriften des BGB verfassungskonform dahingehend aus, daß die Vereinsautonomie
auch in der Weise ausgeübt werden könne, daß das Selbstverwaltungsrecht des Vereins sat-
zungsgemäß beschränkt werde, damit der Verein sich als Teilgliederung in eine Religionsgemeinschaft einfüge (BVerfGE 83, 341 [357 ff.] – *„Baha'i"*). Den Maßstab für diese Entscheidung entnimmt das BVerfG nicht Art. 9 I GG, sondern der religiösen Vereinigungsfreiheit.

E. Wiederholung

I. Kontrollfragen

1. Was ist beim persönlichen Schutzbereich der Vereinigungsfreiheit zu beachten?

2. Garantiert die Vereinigungsfreiheit das Recht, sich zu einer Bürgerinitiative
   zusammenzuschließen, die den Zweck verfolgt, einen Autobahnbau zu verhindern?

3. Welches sind die Begriffsmerkmale einer Vereinigung im Sinne des Art. 9 I
   GG?

4. Die Bürgerinitiative zur Verhinderung des Autobahnbaus besetzt die Baustelle, um einen Weiterbau zu verhindern. Fällt diese Handlung in den Schutzbereich des Art. 9 I GG?

5. Schützt die Vereinigungsfreiheit gegen Zwangsmitgliedschaft in der Rechts-
   anwaltskammer?

6. Stellt der Typenzwang des BGB einen Eingriff in die Vereinigungsfreiheit dar?

7. Welche Bedeutung hat Art. 9 II GG?

8. Wie nennt man die Vereinigungen im Sinne des Art. 9 III GG?

9. Was ist die Besonderheit bei Art. 9 III?

10. Was haben Art. 9 I und III GG gemeinsam, worin unterscheiden sie sich und
    in welchem Verhältnis stehen sie zueinander?

II. Lösungen

1. Die Vereinigungsfreiheit ist ein Deutschengrundrecht.

2. Ja. Eine Vereinigung im Sinne des Art. 9 I GG muß weder rechtsfähig sein noch „auf ewig" gegründet werden (s. o. Rn. 7 f.).

3. S. o. Rn. 7.

4. Nein (s. o. Rn. 12). Die Sitzblockade fällt aber in den Schutzbereich des Art. 8 I GG.

5. Nach BVerfG nein (s. o. Rn. 13).

6. Nein, es handelt sich um eine Ausgestaltung des Schutzbereichs (s. o. Rn. 14).

7. Art. 9 II enthält eine Rechtfertigungsgrundlage für Eingriffe in die Vereinigungsfreiheit (s. o. Rn. 18).

8. Koalitionen.

9. Die Koalitionsfreiheit entfaltet ausdrücklich unmittelbare Drittwirkung (s. o. Rn. 30).

10. Beide haben einen ausgestaltungsbedürftigen Schutzbereich; Art. 9 III GG enthält nicht wie Art. 9 I GG ein Deutschengrundrecht, sondern gilt auch für Ausländer; die Koalitionsfreiheit ist gegenüber der Vereinigungsfreiheit die spezielle Regelung.

3. Abschnitt. Die Wirtschaftsgrundrechte

§ 11. Die Berufsfreiheit, Art. 12 GG

Literatur: Zu Abs. I: Zur Einführung: *Erichsen, H.-U.*, Das Grundrecht der Berufsfreiheit, Jura 1980, 551 ff.; *Friauf, K.H.*, Die Freiheit des Berufes nach Art. 12 Abs. 1 GG, JA 1984, 537 ff.; *Gusy, C.*, Die Freiheit von Berufswahl und Berufsausübung, JA 1992, 257 ff.; *Meessen, K.M.*, Das Grundrecht der Berufsfreiheit, Jus 1982, 397 ff. **Zur Vertiefung:** *Bryde, B.-O.*, Artikel 12 Grundgesetz – Freiheit des Berufs und Grundrecht der Arbeit, NJW 1984, 2177 ff.; *Hufen, F.*, Berufsfreiheit – Erinnerung an ein Grundrecht, NJW 1994, 2913 ff.; *Ipsen, J.*, „Stufentheorie" und Übermaßverbot – Zur Dogmatik des Artikels 12 GG, Jus 1990, 634 ff.; *Langer, S.*, Strukturfragen der Berufsfreiheit, Jus 1993, 203 ff.; *Lücke, J.*, Die Berufsfreiheit, 1994; *Papier, H.J.*, Art. 12 GG – Freiheit des Berufs und Grundrechte der Arbeit, DVBl 1984, 801 ff.; *Pietzcker, J.*, Art. 12 GG – Freiheit des Berufs und Grundrecht der Arbeit, NVwZ 1984, 550 ff.; *Ring, G.*, Berufsbild und Werbemöglichkeiten der Apotheker nach der zweiten Apothekenentscheidung des Bundesverfassungsgerichts, NJW 1997, 768 ff.; *Sachs, M.*, Sozietät zwischen Anwaltsnotaren und Wirtschaftsprüfern, MDR 1996, 1197 ff.; *Schenke, W.-R.*, Verfassunsgrechtliche Probleme einer öffentlichrechtlichen Monopolisierung der ethischen Beratung bei klinischen Versuchen am Menschen, NJW 1996, 745 ff.; *Schmidt, H.J.*, Freie Wahl der Ausbildungsstätte und Numerus clausus, Jus 1970, 60 ff.; *Schwabe, J.*, Die „Stufentheorie" des Bundesverfassungsgerichts zu Art. 12 GG, JA 1981, 318 ff.; *Tettinger, P.J.*, Das Grundrecht der Berufsfreiheit in der Rechtsprechung des Bundesverfassungsgerichts, AöR 108 (1983), 92 ff.; *Uerpmann, R.*, Rechtsfragen der Erhebung von Prüfungsgebühren für die juristischen Staatsprüfungen, Jura 1997, 297 ff. **– Zu Abs. II, III:** *Gusy, C.*, Arbeitszwang, Zwangsarbeit, Strafvollzug, Jus 1989, 710 ff.

Leitentscheidungen: Zu Abs. I: BVerfGE 7, 377 ff. – *„Apothekenurteil I"*; 11, 30 ff. – *„Kassenarzt"*; 13, 97 ff. – *„Handwerksordnung"*; 30, 292 ff. – *„Erdölbevorratung"*; 33, 125 ff. – *„Facharzt"*; 33, 303 ff. – *„Numerus clausus"*; 50, 290 ff. – *„Mitbestimmung"*; 63, 266 ff. – *„Rechtsanwaltszulassung I"*; 76, 171 ff. – *„Standesrecht"*; 78, 179 ff. – *„Heilpraktiker"*; 84, 34 ff. – *„Prüfungskontrolle"*; 84, 133 ff. – *„Warteschleife"*; 92, 140 ff. – *„Kündigung"*; 93, 213 ff. – *„Rechtsanwaltszulassung II"*; 94, 372 ff. – *„Apothekenurteil II"*; BVerfGE 95, 173 ff. – *„Tabak-KennzeichnungsVO"*; BVerfG, NJW 1993, 1575 ff. – *„Altersgrenze I"*; BVerfG, NJW 1998, 1475 ff. – *„Kleinbetriebsklausel"*; BVerfG, NJW 1998, 1627 ff. – *„Kurzberichterstattung"*; BVerfG, NJW 1998, 1776 ff. – *„Altersgrenze II"*; BVerfG, NJW 1998, 2341 ff. – *„Verpackungssteuer"*. **– Zu Abs. II, III:** BVerfGE 74, 102 ff. – *„Hilfsdienst"* ; 83, 119 ff. – *„Gemeinnützige Leistungen"*.

A. Entstehung und Entwicklung

Eine erste verfassungsrechtliche Absicherung des Rechts der freien Wahl von 1
Beruf, Arbeit und Ausbildungsstätte findet sich in Art. 17 Déclaration des Droits
de l'Homme et du Citoyen de la Républic Francaise vom 24.6.1793. **Auf deutschem Boden** waren erste Ansätze einer verfassungsrechtlichen Verankerung von
Berufs- und Gewerbefreiheit im Königreich Württemberg und dem Groß-
herzogtum Hessen zu finden (s. dazu *Wieland*, in: Dreier, GG Art. 12 Rn. 3). Die
§§ 133, 158 Paulskirchenverfassung enthielten die erste gesamtdeutsche Gewährleistung der Berufs- und Ausbildungsfreiheit. Eng verknüpft war diese Gewährleistung mit dem Recht auf Freizügigkeit (s. auch § 4 Rn. 2 m. w. N.). Der
Paulskirchenverfassung im wesentlichen folgend, wurden die berufsrechtlich relevanten Gewährleistungen auch in der Weimarer Reichsverfassung ausgestaltet,
die ihren Niederschlag in den Vorschriften der Art. 111, 151 III WRV gefunden
hatten (s. dazu *Breuer*, HdbStR VI, § 147 Rn. 4 ff.; *Tettinger*, in: Sachs, GG
Art. 12 Rn. 3). Nach dem Ende des Zweiten Weltkrieges fanden sich zunächst in
einigen Landesverfassungen berufsrechtliche Garantien, wie dies Art. 58 Rhein-
land-Pfälzische Verfassung von 1947 und Art. 8 II Bremische Verfassung von
1947 verdeutlichen. Heute sind in nahezu jeder Landesverfassung Hinweise auf
berufsbezogene Gewährleistungen zu finden.

Beispiele: Hier sind etwa Art. 166 BayVerf, Art. 48 BbgVerf, Art. 28 HV, Art. 45 VerfSaar,
Art. 28 SächsVerf, Art. 39 Verf LSA, Art. 17 Verf M-V, Art. 36 Verf Thür, Art. 18 VvB zu
nennen.

Hinsichtlich der verfassungsrechtlichen Verbürgung im **Grundgesetz** hat Art. 12 2
GG seine endgültige Fassung durch das Änderungsgesetz vom 24.6.1968 erhalten (BGBl 1968 I, 709). Während der ursprüngliche Wortlaut des Art. 12 GG
einen Regelungsvorbehalt zunächst nur „durch Gesetz" vorsah, kann das Grundrecht nun auch „aufgrund eines Gesetzes" eingeschränkt werden (zur Entstehung
und Veränderung des Art. 12 GG, vgl. insb. *Wieland*, in: Dreier, GG, Art. 12
Rn. 10 ff.).

B. Bedeutung

I. Allgemein

Die Berufsfreiheit des Art. 12 I GG gewährt ein **subjektives Grundrecht** und 3
nicht – wie etwa Art. 151 III WRV – die bloße Proklamierung der Gewerbefreiheit als ein objektives Prinzip der Gesellschafts- und Wirtschaftsordnung (BVerf-
GE 50, 290 [362] – „*Mitbestimmung*"). Art. 12 I GG sichert dem einzelnen das
Recht, „jede Tätigkeit, für die er sich geeignet glaubt, als Beruf zu ergreifen, d. h.
zur Grundlage seiner Lebensführung zu machen" (BVerfGE 7, 377 [397] – „*Apothekenurteil I*"). Die Berufsfreiheit ist also in erster Linie persönlichkeitsbezogen.

Sie konkretisiert das Grundrecht auf freie Entfaltung der Persönlichkeit im Bereich der individuellen Leistung und Existenzerhaltung (BVerfGE 30, 292 [334] – *„Erdölbevorratung"*). Wegen dieses engen Zusammenhangs wird dem Grundrecht der Berufsfreiheit ein **hoher Rang** beigemessen (BVerfGE 63, 266 [286] – *„Rechtsanwaltszulassung I"*; 71, 183 [201] m. w. N.).

4   Anders als etwa das Freizügigkeitsgrundrecht des Art. 11 GG (s. dazu § 4 Rn. 1) sind die rechtlichen Konturen der Berufsfreiheit in einer umfangreichen Rspr. des BVerfG nachgezogen und konkretisiert worden. Den Ausgangspunkt dieser Rspr. bildet das bedeutsame *Apotheken-Urteil* vom 11.6.1958, in dem das BVerfG richtungsweisend vor allem zu den Schranken der Berufsfreiheit und der Geltung des rechtsstaatlichen Verhältnismäßigkeitsprinzips bei ihrer Anwendung Stellung genommen hat. In diesem Zusammenhang hat das BVerfG ein differenzierendes System abgestufter Gewährleistungsdichte der Berufsfreiheit entwickelt, das seinen Niederschlag in der **sog. Stufentheorie** gefunden hat. Danach wird zwischen Berufsausübungsregelungen und den Beschränkungen der Berufswahl durch subjektive sowie objektive Zulassungsvoraussetzungen bei sich steigernden Legitimationsanforderungen unterschieden (dazu u. Rn. 65 ff.).

II. Art. 12 I GG als einheitliches Grundrecht der Berufsfreiheit

5   Obwohl der Wortlaut des Art. 12 I GG die freie Wahl des Berufes und seine freie Ausübung in zwei selbständigen Sätzen voneinander unterscheidet, gehören beide Bereiche sachlich untrennbar zusammen. Seit dem *Apotheken-Urteil* ist in Rspr. und Schrifttum anerkannt, daß Art. 12 I GG ein **einheitliches Grundrecht** der Berufsfreiheit schützt, das auch die Vorstufe der Berufsausbildung umfaßt. Ausbildung, Berufswahl und Berufsausübung werden als integrierende Bestandteile eines zusammengehörenden Lebensvorganges angesehen; eine klare Grenzziehung zwischen diesen einzelnen Garantien ist kaum möglich (BVerfGE 7, 377 [401] – *„Apothekenurteil I"*; 33, 303 [329 f.] – *„Numerus clausus"*; 92, 140 [151] – *„Kündigung"*; *Jarass*, in: J/P, GG, Art. 12 Rn. 2 m. w. N.).

6   Als ausschlaggebende Konsequenz dieser Einheitskonzeption der Berufsfreiheit ergibt sich, daß der Gesetzesvorbehalt des Art. 12 I GG entgegen seinem Wortlaut nicht nur die Berufsausübung, sondern die gesamte Berufsfreiheit, also auch den Bereich der Berufswahl, betrifft. Allerdings wirkt die Grundrechtsbegrenzung des Art. 12 I 2 GG mit unterschiedlicher Intensität. Je stärker in den Wahlaspekt eingegriffen wird, desto höhere Anforderungen sind an die verfassungsrechtliche Rechtfertigung des Eingriffs zu stellen (BVerfGE 92, 140 [151] – *„Kündigung"*; dazu näher u. Rn. 65 ff.).

Klausurhinweis: Für die Fallbearbeitung bedeutet dies zunächst, daß eine Abgrenzung zwischen den beiden Teilaspekten der Berufsfreiheit – Wahl und Ausübung – jedenfalls für die Bestimmung des Schutzbereichs nicht notwendig ist; eine Unterscheidung ist erst im Rahmen der Eingriffsbestimmung von Bedeutung (dazu u. Rn. 29 ff.).

C. Ausprägungen auf internationaler Ebene

Was die Ausprägungen auf **internationaler Ebene** anbelangt, so finden sich berufs-   7
rechtliche Garantien vor allem in Art. 23 Nr. 1 AEMR und den Art. 6, 7 IPwirtR.
Die EMRK kennt dagegen, abgesehen von dem in Art. 4 normierten Verbot von
Zwangs- oder Pflichtarbeit, keine berufsrechtlichen Garantien. Auch im Gemeinschaftsrecht findet sich kein ausdrückliches Grundrecht auf Berufsfreiheit, das die
Gemeinschaftsorgane bindet. Allerdings hat der EuGH in seiner Rspr. auf eine
große Zahl verschiedener Grundrechte Bezug genommen, wobei er auch das Recht
auf freie Berufswahl und -ausübung anerkannt hat (EuGH, Rs. 4/73, Slg. 1974,
491 [507 f.] – *Nold*; Rs. 234/85, Slg. 1986, 2897 [2912] – *Keller*).

Beachte: Berufsbezogene Freiheitsgewährleistungen finden sich aber in den
Art. 48 – 51 EGV (Art. 39 – 42 EGV n. F.) und zahlreichen sekundärrechtlichen
Akten (s. Sat. II, Nr. 180 ff.), welche die **Freizügigkeit der Arbeitnehmer** garantieren. Danach sind alle Arbeitnehmer der EG-Mitgliedstaaten in bezug auf Beschäftigung, Entlohnung und sonstige Arbeitsbedingungen gleich zu behandeln;
insoweit verbürgt Art. 48 II EGV (Art. 39 II EGV n. F.) ein Gleichbehandlungsgebot. Ferner wird der Zugang zur Beschäftigung sowie ein Einreise- und Aufent-
haltsrecht zum Zwecke der Arbeitsaufnahme garantiert. Ergänzend tritt ein Ver-
bleiberecht nach Beendigung einer Beschäftigung hinzu (vgl. Art. 48 III EGV,
[Art. 39 III EGV n. F.]). **Selbständige Berufstätige** genießen nach Maßgabe der
Art. 52 – 58 EGV (Art. 43 – 48 EGV n. F.) und Art. 59 – 66 EGV (Art. 49 – 55
EGV n. F.) im Bereich des Niederlassungsrechts und des Dienstleistungsverkehrs
Freiheiten (im einzelnen dazu *Emmert*, Europarecht, 1996, §§ 36 ff.; *Zacker*,
Kompendium Europarecht, 1997, S. 101 ff.)

D. Schutzbereich

I. Persönlicher Schutzbereich

Anders als bei Art. 12 II, III GG sind Grundrechtsträger der Berufsfreiheit des   8
Art. 12 I GG **alle Deutschen** i. S. des Art. 116 GG (BVerfGE 78, 179 [196] –
„*Heilpraktiker*"); auch Minderjährige können sich vorbehaltlich der Erziehungs-
rechte aus Art. 6 II GG auf Art. 12 I GG berufen. Allerdings kann bei ihnen
während der Dauer der – verfassungsrechtlich begründeten – Schulpflicht nur
die Wahl der Ausbildungsstätte als Grundrecht aktualisiert sein (s. auch *Ipsen*,
StaatsR II, Rn. 592).

Ausländer und Staatenlose werden vom Schutzbereich des Art. 12 I GG **nicht**   9
erfaßt; diese sind hinsichtlich ihrer beruflichen Betätigung durch Art. 2 I GG
geschützt (BVerfGE 78, 179 [196 f.] – „*Heilpraktiker*"; s. auch § 17 Rn. 9).
Auch EG-Ausländer können sich nicht auf Art. 12 I GG berufen (str., s. dazu

Tettinger, in: Sachs, GG, Art. 12 Rn. 18 ff.); diese genießen ihre Rechtsstellung vielmehr nach Maßgabe des Gemeinschaftsrechts (s. dazu o. Rn. 7).

Beachte: Der Schutz der Berufsfreiheit für Nichtdeutsche über Art. 2 I GG gewährt einen weniger intensiven Schutz als es bei Art. 12 I GG der Fall ist, da das allgemeine Freiheitsrecht nur insoweit anwendbar ist, als es im Rahmen der in ihm geregelten Schranken die Handlungsfreiheit gewährleistet (BVerfGE 78, 179 [197] – *„Heilpraktiker“*).

10 Trotz seiner individualrechtlich-personalen Prägung ist Art. 12 I GG gemäß Art. 19 III GG insoweit auf inländische **juristische Personen des Privatrechts** anwendbar, als eine bestimmte Erwerbstätigkeit „ihrem Wesen und ihrer Art nach in gleicher Weise von einer juristischen wie von einer natürlichen Person ausgeübt werden kann" (BVerfGE 74, 129 [148 f.] m. w. N.; s. ferner BVerfG, NJW 1998, 1627 f. – *„Kurzberichterstattung“*). Art. 12 I GG schützt somit auch die **„Unternehmerfreiheit“** i. S. freier Gründung und Führung von Unternehmen. Dabei ist es gleichgültig, ob es sich um einen Klein- oder Mittelbetrieb handelt, bei denen der persönliche Einsatz noch stark im Vordergrund steht oder um die Tätigkeit von Großunternehmen und Konzernen (BVerfGE 50, 290 [363 f.] – *„Mitbestimmung“*).

Beachte: Juristische Personen des öffentlichen Rechts werden dagegen von Art. 12 I GG grundsätzlich nicht geschützt, selbst wenn sie erwerbswirtschaftlich tätig sind (*Tettinger*, in: Sachs, GG, Art. 12 Rn. 24 ff.).

II. Sachlicher Schutzbereich

11 Trotz seines einheitlichen Schutzbereiches (dazu o. Rn. 5 f.) läßt es sich nicht vermeiden, auf die einzelnen Tatbestände des Art. 12 I GG einzugehen. Denn die Begriffe Beruf, Ausbildungsstätte und Arbeitsplatz bleiben als besondere Aspekte der Gesamtgarantie der Berufsfreiheit relevant und werden daher im folgenden als solche behandelt.

1. Der Berufsbegriff

a) Allgemein

12 Das zentrale Tatbestandsmerkmal „Beruf" ist als ein **weit** auszulegender, prinzipiell offener Begriff zu verstehen (BVerfGE 7, 377 [397] – *„Apothekenurteil I“*; BVerfG, NJW 1998, 1627 – *„Kurzberichterstattung“*; *Gubelt*, in: v.Münch/Kunig, GG I, Art. 12 Rn. 8 m. w. N.). Zwar haben sich im Laufe der Jahre bestimmte traditionelle Berufsbilder entwickelt, der Berufsbegriff in Art. 12 I GG ist auf diese Berufsbereiche aber nicht beschränkt (zur Fixierung von Berufsbildern durch den Gesetzgeber u. Rn. 51). Vielmehr werden auch neu entstandene Berufsbilder und vom einzelnen frei gewählte untypische Betätigungen, aus denen sich dann wieder neue feste Berufsbilder ergeben können, vom Berufsbegriff erfaßt (BVerfGE 7, 377 [397] – *„Apothekenurteil I“*). Dementsprechend breit ist das

Spektrum derjenigen Tätigkeiten, die von der Rspr. als eigenständiger Beruf anerkannt worden sind.

Beispiele: So zählt etwa das Handeln mit loser Milch (BVerfGE 9, 39 [48]), das gewerbsmäßige Aufstellen und Betreiben von Warenautomaten oder Gewinnspielgeräten (BVerfGE 14, 19 [22]; 31, 8 [27 f.]), der Betrieb einer Schuhbar (BVerwGE 25, 66 [67 ff.]), das Heilmagnetisieren (BVerwGE 94, 269 [277]) oder der Betrieb einer Deckhengststation (BVerfG, NJW-RR 1994, 663 [664]) zu den von Art. 12 I GG geschützten Betätigungen.

Dies bedeutet aber nicht, daß jede Betätigung als Beruf zu qualifizieren ist. Für die Einordnung einer Tätigkeit als Beruf i. S. des Art. 12 I GG bedarf es vielmehr der Erfüllung bestimmter Kriterien. Seit dem *Apotheken-Urteil* des BVerfG wird für die Begriffsbestimmung allgemein folgende Formel verwendet: **13**

> **Definition:** Beruf ist jede erlaubte, in selbständiger oder unselbständiger Stellung ausgeübte Tätigkeit, die auf Dauer berechnet ist und der Schaffung und Erhaltung einer Lebensgrundlage dient (BVerfGE 7, 377 [397 f.] – „*Apothekenurteil I*"; s. auch BVerfGE 50, 290 [362] – „*Mitbestimmung*"; BVerfG, NJW 1998, 1627 – „*Kurzberichterstattung*" m. w. N.; BVerwG, NJW-RR 1994, 663 [664] m. w. N.).

b) Begriffsmerkmale

aa) Der Begriff des Berufes i. S. des Art. 12 I GG ist demnach auf **erlaubte** **14**
Tätigkeitsformen begrenzt (krit. dazu *Jarass*, in: J/P, GG, Art. 12 Rn. 6 m. w. N., der auf das Merkmal der Erlaubtheit als Bestandteil des Berufsbegriffs verzichtet). Dieses Erfordernis ist nun dahingehend zu verstehen, daß nur solche Betätigungen aus dem Schutzbereich des Art. 12 I GG fallen, die verboten sind (BVerwG, NJW-RR 1994, 663 [664]; *P/S*, StaatsR II, Rn. 876). Diese Auslegung ist gelegentlich auf Kritik gestoßen. Teilweise wird hiergegen vorgebracht, daß die entsprechenden gesetzlichen Verbote nicht mehr an den eingriffslegitimierten Voraussetzungen des Art. 12 I GG gemessen zu werden brauchen, da verbotene Berufstätigkeiten bereits von vornherein aus dem Grundrechtstatbestand herausdefiniert werden (*Breuer*, HbdStR VI, § 147 Rn. 44). Dem ist zuzugeben, daß nur solche Tätigkeiten von vornherein aus dem Schutzbereich des Art. 12 I GG herausgenommen werden können, die traditionell strafrechtlich verboten sind.

Beispiele: Vom Berufsbegriff ausgenommen sind daher professionelle Killer, Rauschgifthändler, Zuhälter, Autoschieber, Geldeintreiber, Schmuggler, Räuber, Hehler, Taschendiebe und andere Arten der Berufskriminalität.

Andere wiederum ersetzen das Merkmal des Verbotenseins mit dem Begriff der sozialen Unwertigkeit. Aber auch diese Vertreter kommen teilweise zu dem gleichen Ergebnis, da sich der Begriff der sozialen Unwertigkeit danach richten soll, „ob die Tätigkeit als solche – wegen der **15**

Beeinträchtigung der Rechtsgüter anderer – unter Strafe gestellt ist" (so *Ipsen*, StaatsR II, Rn. 598, a. A.: *Gubelt*, in: v.Münch/Kunig, GG I, Art. 12 Rn. 9).

Beispiele: Daher sind Tätigkeiten wie Prostitution, Traumdeuterei oder das Betreiben von Spielhallen als Berufe i. S. des Art. 12 I GG anzusehen; mögen diese Tätigkeitsbereiche zwar moralisch anrüchig sein, schlechthin verboten sind sie allerdings nicht.

16   Stellt der Gesetzgeber eine bislang erlaubte Tätigkeit unter strafbewehrtes Verbot, so ist dieses Verbotsgesetz seinerseits an den Bestimmungen der Verfassung und folglich, soweit die Berufsfreiheit beeinträchtigt wird, auch an Art. 12 I GG zu messen ist (BVerwG, NJW-RR 1994, 663 [664] m. w. N.).

Beispiel: Stellt der Gesetzgeber den Verkauf von alkoholische Getränken unter Strafe, so ist der Weinhändler in seiner Berufsfreiheit betroffen und das Gesetz an Art. 12 I GG zu mesen.

17   **bb)** Die Tätigkeit muß ferner der **Schaffung und Erhaltung der Lebensgrundlage** dienen. An dieses Kriterium werden keine strengen Anforderungen gestellt. Dies ist bereits dann anzunehmen, wenn die konkrete Tätigkeit ihrem Wesen nach geeignet ist, dem einzelnen eine entsprechende Lebensgrundlage zu schaffen oder zu erhalten, unerheblich ist es hingegen, ob die betroffene Tätigkeit tatsächlich als Lebensgrundlage dient (*Scholz*, in: M/D, GG I, Art. 12 Rn. 21).

Beispiele: So übt ein Pianist, Kunstmaler oder Dichter auch dann einen Beruf aus, wenn er nicht von dieser Betätigung, sondern von den Einkünften der Firma seiner Ehefrau lebt. Dagegen erfüllen private Hobbies oder Liebhabereien dieses Kriterium nicht. Auch sog. Nebentätigkeiten dienen nicht der Lebensgrundlage und werden daher nur von Art. 2 I GG erfaßt (str., s. dazu *Jarass*, in: J/P, GG, Art. 12 Rn. 4 a m. w. N.; zu Zweit- und Nebenberufen u. Rn. 22).

18   **cc)** Auch an das Begriffsmerkmal der **auf Dauer berechneten Tätigkeit** sind keine zu hohen Anforderungen zu stellen. Hier reicht es aus, wenn der Berufstätige die Absicht hat, die Erwerbstätigkeit länger auszuüben, und die betreffende Tätigkeit ihrem Wesen nach auch auf Dauer angelegt ist, wobei diese Beurteilung nach objektiven Kriterien zu erfolgen hat (*Scholz*, in: MD, GG I, Art. 12 Rn. 20). Zeitliche Grenzen kennt dieses Begriffsmerkmal nicht. Der Schutzbereich des Art. 12 I GG erfaßt dabei den Beginn, die Fortsetzung und die Beendigung der beruflichen Tätigkeit (BVerwG, DVBl 1995, 47 [48]). Allerdings ist eine Beschäftigung, die sich in einem einmaligen Erwerbsakt erschöpft, nicht als Beruf zu qualifizieren (BVerfG, NJW 1998, 1627 – *„Kurzberichterstattung"*).

Beispiele:
– So unterfallen auch Teilzeit- und Gelegenheitsbeschäftigungen, Ferienjobs, wie etwa die Betätigung eines Studenten als Kellner oder Taxifahrer, dem Berufsbegriff des Art. 12 I GG; auch Beschäftigungsverhältnisse auf Probe werden geschützt (*Gusy*, JA 1992, 257 [258]; *P/S*, StaatsR II, Rn. 878).

– Die einmalige Vermittlung einer Wohnung gegen einen Maklerlohn oder das Erstatten eines einzelnen Gutachtens gegen Entgelt ist dagegen vom Berufsbegriff ausgeschlossen (*Schmalz*, Grundrechte, Rn. 711).

dd) Teilweise wird in der Rspr. des BVerfG auf das Erfordernis des **wirtschaftlichen Sinns** einer Tätigkeit abgestellt (zuletzt BVerfGE 68, 272 [281]). Allerdings läßt sich die Frage, welche Tätigkeit „wirtschaftlich sinnvoll" ist, kaum objektiv beantworten, und da dem Staat kein entsprechendes Definitionsrecht zusteht, dürfte sich eine solche Qualifikation prinzipiell auch der rechtlichen Entscheidung entziehen. Diese Entscheidung muß vielmehr der jeweiligen Person überlassen bleiben, die eine Tätigkeit ergreifen will (*Scholz*, in: M/D, GG I, Art. 12 Rn. 23; *Tettinger*, in: Sachs, GG, Art. 12 Rn. 34). **19**

Klausurhinweis: In der Fallbearbeitung sollte daher auf eine Prüfung dieses Kriteriums verzichtet werden, was im übrigen auch das BVerwG in ständiger Rspr. macht (vgl. BVerwGE 1, 269 [279]; 71, 183 [189]).

c) Einschränkungen

Trotz dieser Begriffsmerkmale wird häufig die Frage auftreten, ob eine bestimmte Tätigkeit überhaupt als ein selbständiger Beruf anzusehen ist oder ob sie nur ein Bestandteil eines umfassenderen oder Erweiterung eines anderen Berufes ist (BVerfGE 68, 272 [281]). **20**

Beachte: Eine derartige Unterscheidung ist vor allem deshalb notwendig, weil sonst in zahlreichen Fällen eine Berufswahlbeschränkung angenommen werden müßte, obwohl in Wirklichkeit nur ein Eingriff in die Berufsausübung vorliegt (dazu u. Rn. 49).

Die Einordnung einer bestimmten Tätigkeit als eigenständiger Beruf oder nur als Erscheinungsform eines übergreifenden Berufes wird nicht immer ganz einfach sein. Sie soll durch eine Bewertung der rechtlichen und tatsächlichen Gegebenheiten, insbesondere der sozialen und wirtschaftlichen Belange erfolgen, wobei es wesentlich auf die allgemeine Verkehrsauffassung und eine natürliche Betrachtung ankommt (BVerfGE 16, 147 [163 f.]; *Gubelt*, in: v.Münch/Kunig, GG I, Art. 12 Rn. 12). Häufig wird auch darauf abgestellt, ob die Tätigkeit den Betroffenen in besonderer Weise aus dem Kreis der Angehörigen des Berufes heraushebt. Die folgenden **Beispiele** sollen diese Problematik verdeutlichen: **21**

– So ist etwa die Tätigkeit als Kassenarzt oder als Kassenzahnarzt nicht ein eigener Beruf, sondern nur eine besondere Ausübungsform des allgemeinen Berufs des frei praktizierenden Arztes (BVerfGE 11, 30 [41] – „*Kassenarzt*") bzw. Zahnarztes (BVerfGE 12, 144 [147]).

– Auch der Werkfernverkehr ist nur eine Modalität und damit eine Ausübungsform, in der der „eigentliche" Beruf, etwa des Brauers, des Möbelfabrikanten, ausgeübt wird (BVerfGE 16, 147 [163 f.]).

– Der Steuerberater, der eine Steuerberatungsgesellschaft gründet und deren

Leitung übernimmt, wählt ebenfalls keinen neuen Beruf, sondern nur eine Ausübungsform seines Berufes (BVerfGE 21, 227 [232]).

Beachte: In diesem Zusammenhang ist darauf hinzuweisen, daß der Gesetzgeber die Befugnis hat, das Bild bestimmter Berufe rechtlich zu fixieren, was dazu führen kann, daß der einzelne auf die freie Wahl des so geprägten Berufes beschränkt wird, während ihm die Möglichkeit zu untypischer Betätigung in diesem Bereich verschlossen bleibt. Regelungen hinsichtlich der Fixierung von Berufsbildern stellen aber Eingriffe in den Schutzbereich des Art. 12 I GG dar und sind daher auch an dieser Stelle zu prüfen (dazu u. Rn. 51 ff.).

d) Zweit- und Nebenberufe

22 Auch Zweit- und Nebenberufe stehen grundsätzlich unter dem Schutz des Art. 12 I GG, d. h., die Berufsfreiheit umfaßt das Recht, mehrere Berufe zu wählen und nebeneinander auszuüben (BVerfGE 21, 173 [179]; 87, 287 [316]). Der Grundrechtsträger kann also erst den einen und dann – zusätzlich – den anderen Beruf ergreifen oder von vornherein gleichzeitig mehrere Berufe ausüben (zur Einschränkung bestimmter beruflicher Kombinationen u. Rn. 52 ff.).

Beispiele: So kann etwa der Rechtsanwalt gleichzeitig den Beruf des Notars (BVerfGE 47, 246 [276]), aber auch den des Pianisten ausüben, der Syndicus als Dozent tätig sein oder der Konditor Kaffeehaus-Inhaber sein (BVerwGE 1, 48 [53]).

e) Staatliche und staatlich gebundene Berufe

23 Der Schutz des Art. 12 I GG gilt auch für solche „Berufe, die Tätigkeiten zum Inhalt haben, welche nach heutigen Vorstellungen der organisierten Gemeinschaft, in erster Linie dem Staat, vorbehalten bleiben müssen" (BVerfGE 7, 377 [397] – *„Apothekenurteil I"*; 73, 301 [315]). Art. 12 I GG erfaßt auch Berufe im **öffentlichen Dienst**, wie beispielsweise Beamte, Richter, Soldaten. Allerdings erfährt die Berufsfreiheit hier Einschränkungen aus Art. 33 GG, der die Garantie der Berufsfreiheit überlagert und modifiziert. Diese Norm ermöglicht für alle Berufe, die „öffentlicher Dienst" sind, weiterhin Sonderregelungen, die sich aus der Natur der Sache, insbesondere aus der Zahl der zur Verfügung stehenden Arbeitsplätze ergeben. Demnach ist für diese Berufe folgendes zu beachten:

– Die Garantie der freien Wahl des Berufes gewährleistet keinen freien Zugang zu den Berufen im öffentlichen Dienst (BVerfGE 16, 6 [21]; 39, 334 [369]).
– Die Freiheit der Berufswahl besteht nur nach Maßgabe der vom Staat zur Verfügung gestellten Ämter (BVerfGE 73, 280 [292]).
– Den Bewerbern steht aber nach Maßgabe des Art. 33 II GG (Eignung, Befähigung und fachliche Leistung) das Recht des gleichen Zugangs zu den öffentlichen Ämtern zu (BVerfGE 92, 140 [151] – *„Kündigung"*; s. auch BVerfG, NJW 1997, 2307 [2308]).

Klausurhinweis: Die Rechtswirkungen des Art. 33 GG werden als spezifische Grundrechtsschranken des Art. 12 GG angesehen (s. auch *Jarass,* in: J/P, GG,

Art. 12 Rn. 43 a) und sind daher in der Fallbearbeitung auch im Rahmen der Schrankensystematik zu prüfen (vgl. etwa BVerfG, NJW 1997, 2305 ff.; s. auch u. Rn. 68).

Neben dem öffentlichen Dienst sind auch die sog. **staatlich gebundenen Berufe** als   24
Schutzgegenstand der Berufsfreiheit erfaßt. Darunter fallen solche Berufsgruppen, denen die Wahrnehmung öffentlicher Aufgaben übertragen worden sind und die daher Funktionen ausüben, die der Gesetzgeber auch dem eigenen Verwaltungsapparat hätte vorbehalten können (BVerfGE 73, 301 [315 f.]).

Beispiele: Als staatlich gebundene Berufe wurden bisher Notare (BVerfGE 73, 280 [292] m. w. N.), Bezirksschornsteinfegermeister (BVerwGE 38, 244 [247] m. w. N.), Prüfingenieure für Baustatistik (BVerfGE 64, 72 [82 f.]), öffentlich bestellte Vermessungsingenieure (BVerfGE 73, 301 [316]) qualifiziert.

Aber auch bei diesen Berufen ist die staatliche Organisationsgewalt zu berück-   25
sichtigen. Die Rechtfertigung dafür liegt in der sachlichen Nähe zum öffentlichen Dienst. In Anlehnung an Art. 33 GG kann die Berufsfreiheit auch hier durch Sonderregelungen **bestimmten Einschränkungen** unterliegen. Dies gilt aber dann nicht, wenn sich die berufliche Tätigkeit deutlich von derjenigen in einem öffentlich-rechtlichen Dienstverhältnis unterscheidet (BVerfGE 69, 373 [378]). Nach der Rspr. des BVerfG gilt sich für die staatlich gebundenen Berufe folgende Regel zu merken (vgl. insb. BVerfGE 73, 301 [315] m. w. N.):
– Je näher ein staatlich gebundener Beruf dem öffentlichen Dienst steht, um so stärker können Sonderregelungen in Anlehnung an Art. 33 GG die Wirkung des Grundrechts der Berufsfreiheit zurückdrängen.
– Je mehr die Eigenschaften des freien Berufes hervortreten, desto stärker entfaltet Art. 12 I GG seine Wirksamkeit.

Beachte: Allerdings kann der Gesetzgeber nicht beliebig Tätigkeiten, an deren Wahrnehmung irgendein öffentliches Interesse besteht, formal staatlichen Bindungen unterwerfen und dadurch in ihrem Bereich die Tragweite der Berufsfreiheit zurückdrängen. Vielmehr bedarf es für die Qualifizierung als „staatlich gebundener Beruf" einer spezifischen verfassungsrechtlichen Rechtfertigung, in deren Rahmen der Freiheitsgehalt des Art. 12 I GG gebührend berücksichtigt ist (so vor allem *Friauf*, JA 1984, 537 [540]).

2. Arbeitsplatz

Einen Bestandteil des in Art. 12 I GG garantierten einheitlichen Grundrechts der   26
Berufsfreiheit bildet auch das Recht zur freien Wahl des Arbeitsplatzes, das sich auf den Ort und das Umfeld der beruflichen Betätigung bezieht. Geschützt wird dabei zunächst die Entscheidung, an welcher Stelle der einzelne eine konkrete Beschäftigungsmöglichkeit in dem von ihm gewählten Beruf nachgehen möchte. Dazu zählt bei abhängigen Beschäftigten auch die Wahl des Vertragspartners einschließlich den dazu notwendigen Voraussetzungen, insbesondere der Zutritt zum Arbeitsmarkt. Ebenso geschützt wird aber auch die Entscheidung darüber,

ob der einzelne den Arbeitsplatz beibehalten, aufgeben oder wechseln möchte (BVerfGE 84, 133 [146 f.] – „*Warteschleife*"; 92, 140 [150] – „*Kündigung*"; BVerfG, NJW 1998, 1475 – „*Kleinbetriebsklausel*" m. w. N.). Dieser Gewährleistungsumfang erstreckt sich nach überwiegender Ansicht im Schrifttum aber nicht nur auf unselbständige Tätigkeiten, wie etwa auf Arbeitnehmer oder Angestellte, auch Selbständige, namentlich Freiberuflicher, werden erfaßt. Bei diesen wirkt die Freiheit der Arbeitsplatzwahl als Freiheit der Berufsniederlassung (*Tettinger*, in: Sachs, GG, Art. 12 Rn. 64 m. w. N.).

3. Ausbildungsstätte

27 In seiner dritten Variante garantiert Art. 12 I 1 GG die freie Wahl der Ausbildungsstätte. Gemeint ist damit der Schutz des einzelnen vor Freiheitsbeschränkungen im Ausbildungswesen (BVerfGE 33, 303 [329] – „*Numerus clausus*"). So wird nicht nur der freie Zugang zu den Ausbildungseinrichtungen geschützt (s. dazu u. Rn. 87), sondern auch die im Rahmen der Ausbildung notwendigen Tätigkeiten, wie etwa die Teilnahme am Unterricht sowie die Möglichkeit, die Ausbildung durch eine Prüfung abzuschließen (*Jarass*, in: J/P, GG, Art. 12 Rn. 44 b); ein verfassungsrechtlicher Anspruch auf Schaffung neuer Prüfungen, wie etwa die Einführung von Externen-Prüfungen an einer Universität, besteht aber nicht (BVerwG, NJW 1974, 573). Durch Art. 12 I GG i. V. m. Art. 3 I GG wird lediglich ein Zulassungsrecht geschützt, „das auf ein volles Studium mit berufsqualifizierten Abschluß gerichtet ist", wobei dieses auch in Teilschritten realisiert werden kann (BVerfGE 59, 172 [205 f.]).

Beachte: Der Zulassungsanspruch eines Studienbewerbers wird aber durch den Abschluß eines Erststudiums nicht verbraucht, so daß für diesen weiterhin die Möglichkeit besteht, ein Zweitstudium zu ergreifen (BVerwG, NVwZ 1984, 443). Allerdings gilt dieser Anspruch nicht schrankenlos; die Ergreifung eines Zweitstudiums kann an bestimmte Zulassungskriterien geknüpft sein.

28 Der **Begriff der Ausbildungsstätte** wird unterschiedlich definiert. Während das Schrifttum diesen Begriff weit auslegt, mit der Konsequenz, daß unter einer Ausbildungsstätte jede Einrichtung verstanden wird, die über die allgemeine Schulbildung hinaus der Ausbildung für Berufe dient (*Tettinger*, in: Sachs,GG, Art. 12, Rn. 67 m. w. N.; *Wieland*, in: Dreier, GG, Art. 12 Rn. 55 m. w. N.), geht das BVerwG in st. Rspr. von einer engen Begriffsinterpretation aus, weil es auf die berufsbezogene Prüfung abstellt. Danach umfaßt die Ausbildungsstätte i. S. des Art. 12 I GG nur solche Einrichtungen, „die ein Bewerber durchlaufen haben muß, um nach Ablegung der nur über diese Einrichtung erreichbaren Prüfung Berufe ergreifen oder öffentliche Ämter bekleiden zu können, welche die durch die Prüfung erlangte Qualifikation voraussetzen" (BVerwGE 16, 241 [243]; 47, 330 [332]; 91, 24 [32]). Allerdings wird diese Umschreibung im Schrifttum – wohl auch zu Recht – häufig kritisiert, da Ausbildungsstätten auch ohne förmliche Prüfungen auf Berufe vorbereiten können (*Rittstieg*, in: AK, GG I, Art. 12

Rn. 121; *Gubelt*, in: v.Münch/Kunig, GG I, Art. 12 Rn. 26). Als Ausbildungsstätten jedenfalls **anerkannt** wurden bisher

- Universitäten und Hochschulen (BVerfGE 33, 302 [329] – „*Numerus clausus*");
- pädagogische Akademien (BVerwG, NJW 1960, 1122 f.);
- staatliche Vorbereitungsdienste für Juristen (BVerfGE 39, 334 [371 ff.];
  BVerwG, NJW 1978, 2258), für das Amt des Studienrats (OVG Berlin, DVBl
  1972, 87), für Forstreferendare (BVerwGE 16, 241 [245]) oder für den zweiten Ausbildungsabschnitt der Lehrer an Grund- und Hauptschulen (BVerw-
  GE 47, 330 [332]; BVerwG, NVwZ 1983, 37);
- Einrichtungen des zweiten Bildungsweges (BVerfGE 41, 251 [260 f.]);
- Einrichtungen betrieblicher und übertrieblicher Lehrlingsausbildung (OVGE
  16, 154 [156 f.]);
- weiterführende Schulen, wie etwa die Sekundarstufe II an Gymnasien (BVerf-
  GE 58, 257 [273]; OVG Münster, NJW 1976, 725 [726]), nicht jedoch
  Grundschulen (*Scholz*, in: M/D, GG I, Art. 12 Rn. 180). Auch Haupt- und
  Realschulen sollen, da sie lediglich allgemeinbildende Schulen sind, vom Be-
  griff der Ausbildungsstätte ausgenommen sein (str., s. dazu *Ipsen*, StaatsR II,
  Rn. 608).

E. Eingriffe

Die primäre Gewährleistungsdimension des Art. 12 I GG liegt in seiner Funktion   **29**
als Abwehrrecht gegen Eingriffe des Staates in die berufliche Freiheit. Das
Grundrecht entfaltet seinen Schutz gegen alle staatlichen Maßnahmen, die diese
Freiheit einschränken (BVerfGE 92, 140 [150] – „*Kündigung*"; s. auch BVerfGE
84, 133 [146] – „*Warteschleife*").

Die Prüfung von Eingriffen in das Grundrecht der Berufsfreiheit stellt sich, was   **30**
jedenfalls den Aufbau in der Fallbearbeitung anbelangt, aber nicht ganz pro-
blemlos dar. Mit der Stufentheorie hat das BVerfG bestimmte Anforderungen für
die Beurteilung der Vereinbarkeit von berufsbezogenen Regelungen mit dem
Grundrecht aus Art. 12 I GG entwickelt. Auf drei Stufen wird zwischen berufsbezogenen Regelungen unterschiedlichster Eingriffsintensität unterschieden, für
die entsprechend auch verschieden hohe Rechtfertigungsanforderungen gelten.
Wird dabei in den Wahlaspekt eingegriffen, so gelten grundsätzlich höhere Anforderungen an die verfassungsrechtliche Rechtfertigung des Eingriffs als etwa
bei einem Eingriff, der lediglich den Ausübungaspekt betrifft. Für die **Fallbearbeitung** sollte sich hinsichtlich des Prüfungsaufbaus berufsregelnder Eingriffe folgendes gemerkt werden:

(1) Zunächst einmal ist der Frage nachzugehen, ob die staatliche Regelung oder   **31**
Maßnahme überhaupt eine sog. **berufsregelnde Tendenz** aufweist, da dies für die
Bejahung eines Eingriffs i. S. des Art. 12 GG unabdingbar ist (dazu u. Rn. 33 ff.);

32   (2) Anschließend sollte eine **Eingriffsqualifizierung** vorgenommen werden, d. h., es sollte danach gefragt werden, welcher Regelungsstufe die entsprechende staatliche Regelung oder Maßnahme zugeordnet werden kann. Maßgeblich für die Beantwortung dieser Frage ist die Feststellung der Wirkungsintensität des Eingriffs, d. h., handelt es sich bei dem berufsregelnden Eingriff um eine objektive oder subjektive Zulassungsregelung oder lediglich um eine Berufsausübungsregelung. **Beachte:** Allerdings gibt es Fälle, wonach Regelungsstufe und Wirkungsintensität des Eingriffs divergieren können (dazu u. Rn. 50). Mit der Zuordnung eines Eingriffs zu einer Regelungsstufe ist also nicht immer notwendig eine bestimmte Einwirkungsintensität verbunden (so insb. *Ipsen*, StaatsR II, Rn. 630 m. w. N.). Auswirkungen hat dies aber erst für die Prüfungsanforderungen des Eingriffs hinsichtlich seiner verfassungsrechtlichen Rechtfertigung (dazu u. Rn. 76).

Klausurhinweis: Systematisch zwingend ist der vorgenannte Prüfungspunkt (2) für die Fallbearbeitung allerdings nicht, da das BVerfG zur Problematik der Stufentheorie erst im Rahmen der verfassungsrechtlichen Rechtfertigung Stellung nimmt (dazu u. Rn. 65 ff.). In der Klausur ist es daher ebenfalls zulässig, eine Eingriffsqualifizierung erst im Rahmen der Verhältnismäßigkeitsprüfung vorzunehmen.

I. Berufsregelnde Tendenz

33   Die Möglichkeiten von Eingriffen in den Bereich der Berufsfreiheit können sehr vielfältig sein, zumal der Berufsbegriff weit zu verstehen ist. Nicht aber schon jede nur entfernte durch eine staatliche Beeinträchtigung bedingte Folge für die berufliche Tätigkeit kann als Eingriff in den Schutzbereich des Art. 12 I GG gewertet werden; vielmehr sind gewisse Anforderungen an die Eingriffe zu stellen. Nach der Rspr. des BVerfG liegt ein Eingriff in den Schutzbereich des Art. 12 I GG jedenfalls dann vor, wenn eine staatliche Regelung , auf die die Maßnahme gestützt ist, objektiv **berufsregelnde Tendenz** hat (BVerfGE 95, 267 [302] – *„Altschuldenregelung"* m. w. N.; BVerfG, NJW 1998, 1627 [1628] – *„Kurzberichterstattung"*; BVerfG, NJW 1998, 2341 – *„Verpackungssteuer"*; st. Rspr.). Damit zählen zu den berufsbedingten Eingriffsregelungen/-maßnahmen nicht nur solche Beeinträchtigungen, die gezielt bzw. unmittelbar auf die berufliche Betätigung abstellen, wie etwa bestimmte Zulassungserfordernisse, Lokalisations- oder Arbeitszeitregelungen, sondern auch solche, die geeignet sind, infolge ihrer spürbaren tatsächlichen Auswirkungen den Schutzbereich des Art. 12 GG mittelbar erheblich zu beeinträchtigen (*Tettinger*, in: Sachs, GG, Art. 12 Rn. 72 m. w. N.).

Beispiele:

34   – Zu den **mittelbar-faktischen Grundrechtseingriffen** zählen etwa gesetzliche Preisabschlagsregelungen (BVerfG, DVBl 1991, 205); die gesetzliche Verpflichtung von Sportveranstaltern, die unentgeltliche Kurzberichterstattung im Fernsehen zu dulden und die dafür notwendigen Voraussetzungen am Veranstaltungsort zu schaffen (BVerfG, NJW 1998, 1627 [1628] – *„Kurzberichterstattung"*); Regelungen betreffend die Nichtaufnahme einer Privatklinik in

den Krankenhausplan (BVerfGE 82, 209 [223 f.]) oder behördliche Produktwarnungen, wie etwa die Veröffentlichung von Arzneimittel-Transparenzlisten (BVerwGE 71, 183 [191 ff.]), die Veröffentlichung von Listen diethylenglykolhaltiger Weine (BVerwGE, 87, 37 [41 ff.]) oder die Veröffentlichung von sog. Warentests (BVerwG, NJW 1996, 3161). Eine Eingriffsqualität wird in diesen Fällen deshalb bejaht, weil diese Regelungen oder Maßnahmen die Betätigungsfreiheit der davon betroffenen Unternehmer nachhaltig beeinflussen können und die Erwerbszwecken dienende freie unternehmerische Betätigung vom Schutzbereich des Art. 12 I GG erfaßt ist (o. Rn. 10).

– **Steuer- oder abgabenrechtliche Regelungen** stellen immer dann einen Eingriff in Art. 12 I GG dar, „wenn die betroffenen Berufsangehörigen in aller Regel und nicht nur in Ausnahmefällen wirtschaftlich nicht mehr in der Lage sind, den gewählten Beruf ganz oder teilweise zur Grundlage ihrer Lebensführung zu machen oder – bei juristischen Personen – zur Grundlage ihrer unternehmerischen Erwerbstätigkeit zu machen" (BVerfGE 38, 61 [85 f.] m. w. N.). Dies wäre etwa der Fall, wenn der Verkauf von Mineralöl derart besteuert würde, daß er kaum noch Gewinn abwirft. Zwar würde Mineralöl von den Tankstellen noch angeboten und verkauft, tatsächlich wäre der Beruf des selbständigen Tankstelleninhabers aber erledigt. Dagegen sind Ausgleichsabgaben, wie etwa eine Weinwirtschaftsabgabe, wegen ihrer fehlenden berufsrechtlichen Tendenz von vornherein schon nicht an Art. 12 I GG zu messen (BVerfGE 37, 1 [17 f.]). Auch die Altschuldenregelung stellt keinen Eingriff in Art. 12 I GG dar (BVerfGE 95, 267 [302 f.] – „*Altschuldenregelung*"); dagegen greift die Erhebung von Verpackungssteuern und Abfallabgaben in den Schutzbereich des Art. 12 GG ein, da sie Einfluß auf die Art und Weise der Berufsausübung bzw. der unternehmerischen Tätigkeit nimmt (BVerfG, NJW 1998, 2341 – „*Verpackungssteuer*"; BVerfG, NJW 1998, 2346 [2347]). 35

– Inwieweit Wettbewerbsbeeinträchtigungen als Eingriffe i. S. des Art. 12 I GG zu werten sind, läßt sich nicht immer leicht sagen. Was jedenfalls die **Zulassung eines Konkurrenten** durch staatliche Maßnahmen angeht, wie etwa durch die Erteilung einer Erlaubnis oder durch die Vereinheitlichung von Berufen bzw. berufsqualifizierender Abschlüsse, so ist dies kein Eingriff in den Schutzbereich des Art. 12 I GG; denn Art. 12 GG gibt kein Recht auf Erhaltung eines bestimmten Geschäftsumfangs und auf Sicherung weiterer Erwerbsmöglichkeiten (BVerfGE 34, 252 [256] m. w. N.; s. auch BVerfGE 55, 261 [269]). Auswirkungen hat dies vor allem für den Bereich gewerblicher Konkurrentenklagen, die damit nicht auf eine Verletzung des Art. 12 GG gestützt werden können. Auch stellt das Hinzutreten des Staates oder von Gemeinden als Konkurrent grundsätzlich keinen Eingriff in Art. 12 I GG dar, da es sich hierbei lediglich um eine weitgehend systemimmanente Verschärfung des marktwirtschaftlichen Konkurrenzdrucks handelt (BVerwGE 71 183 [193] m. w. N.), wie dies etwa durch das Bestehen der öffentlichen Sparkassen oder durch den gebührenfinanzierten öffentlich-rechtlichen Rundfunk verdeutlicht wird (s. auch *Schmalz*, Grundrechte, Rn. 720). **Ein Eingriff** in die Berufsfreiheit des Unternehmers liegt aber dann vor, wenn der Staat einem Konkurrenten durch Zuwendung von Subventionen einen Vorteil im Wettbewerb verschafft (BVerfGE 46, 120 [137]; 82, 209 [223 f.]; BVerwGE 71, 183 [191 f.]) oder die private wirtschaftliche Betätigung unmöglich macht oder unzumutbar einschränkt oder eine unerlaubte Monopolstellung schafft (BVerwG, NJW 1995, 2938 ff.). 36

Beachte: Fehlt einer Maßnahme oder Regelung die berufsregelnde Tendenz, ist nur die allgemeine Handlungsfreiheit des Art. 2 I GG in ihrer Ausgestaltung als wirtschaftliche Betätigungsfreiheit betroffen (BVerfGE 37, 1 [18]; 55, 7 [25 ff.]; *Jarass*, in: J/P, GG, Art. 12 Rn. 14; s. auch § 17 Rn. 21).

II. Eingriffsintensität

37 Berufsfreiheit, Ausbildungsfreiheit und die freie Wahl des Arbeitsplatzes können durch staatliche Regelungen oder Maßnahmen eingeschränkt werden. Wegen der unterschiedlichen Rechtfertigungsanforderungen, die an diese Eingriffe gestellt werden (dazu u. Rn. 65 ff.), ist eine Unterscheidung dahingehend zu treffen, ob die staatliche Regelung oder Maßnahme den Wahlaspekt oder den Ausübungsaspekt betrifft. Allerdings ist auch hier eine klare Abgrenzung nicht immer möglich, da es zuweilen Regelungen oder Maßnahmen gibt, die verschiedene Eingriffselemente enthalten.

1. Eingriffe in die Berufsfreiheit

38 Die Berufsfreiheit kann in ihrem Wahlaspekt, dem „Ob" der beruflichen Tätigkeit oder in ihrem Ausübungsaspekt, dem „Wie" der beruflichen Tätigkeit, betroffen sein.

a) Eingriffe in die Berufswahl

39 Die Berufswahl wird als ein Akt der Selbstbestimmung, des freien Willensentschlusses des einzelnen, eine bestimmte Tätigkeit wahrzunehmen, bezeichnet (BVerfGE 7, 377 [403] – *„Apothekenurteil I"*; s. ferner BVerfGE 58, 358 [363 f.]). Ein Eingriff in den Wahlaspekt der Berufsfreiheit kann dabei an objektive oder subjektive Zulassungsvoraussetzungen geknüpft sein. Vor allem an den Nachweis der Notwendigkeit objektiver Zulassungsvoraussetzungen werden besonders strenge Anforderungen gestellt (dazu u. Rn. 67 ff.).

40   **aa) Objektive Zulassungsvoraussetzungen** sind Beeinträchtigungen, die am einschneidendsten in die Berufsfreiheit eingreifen. Diese liegen vor, wenn es um Bedingungen geht, die weder mit der persönlichen Qualifikation des Berufsanwärters in Verbindung stehen noch von ihm beeinflußt werden können (BVerfGE 7, 377 [406] – *„Apothekenurteil I"*; 11, 168 [183]). Wer also persönlich alle Vorbedingungen für die ordnungsgemäße Ausübung eines Berufs erfüllt und durch eine Sperrvorschrift, deren Überwindung nicht in seiner Macht liegt, an der Aufnahme des Berufs gehindert wird, wird durch eine objektive Schranke beeinträchtigt (BVerfGE 25, 1 [11]). Hierunter fallen vor allem die sog. **Bedürfnisklauseln,** d. h. Vorschriften, die ein Bedürfnis für die Berufszulassung verlangen.

      Beispiele: Bekanntestes Beispiel für eine Bedürfnisklausel fand sich hinsichtlich der Zulassung von Apotheken (dazu BVerfGE 7, 377 [413 ff.] – *„Apothekenurteil I"*). Weitere Bedürfnisklauseln finden sich etwa nach dem Personenbeförderungsgesetz für den Linienverkehr in § 13 II Nr. 2 PBefG und für den Gelegenheitsverkehr mit Taxen in § 13 IV PBefG (dazu BVerfGE 11, 168 [183 ff.]; BVerwGE 79, 208 [210]; 82, 295 [210 f.]), nach dem Güterkraftverkehrsgesetz für den gewerblichen Güterkraftverkehr in § 9 GüKG (dazu BVerfGE 40, 196 [218 ff.]) sowie in § 4 BNotO (vgl. auch §§ 101–

104 SGB V hinsichtlich der Zulassung von Vertragsärzten sowie § 157 III 2 ZPO hinsichtlich der Zulassung von Prozeßagenten).

Zu den objektiven Zulassungsschranken zählen auch solche Vorschrif- **41** ten, die den **Zugang zum Staatsdienst** und zu bestimmten staatlich gebundenen Berufen reglementieren (*P/S*, StaatsR II, Rn. 897). So bleibt selbst dem qualifiziertesten Juristen oder Lehrer dieser Zugang versperrt, wenn nämlich die verfügbaren Stellen, über deren Zahl der Staat kraft seiner Organisationsgewalt entscheidet, erschöpft sind.

Weitere Berufssperren kommen ferner in Form **staatlicher Monopole** vor. **42** Auch diese stellen eine objektive Zulassungsschranke dar (vgl. BVerfGE 21, 245 [249 f.]), da dem einzelnen der Zugang zu der monopolisierten Tätigkeit aus Gründen versperrt wird, die nicht in der individuellen Lebens- und Risikosphäre verwurzelt sind. Für den einzelnen gibt es in diesem Bereich keinen Raum mehr für einen selbständigen Beruf.

Beispiele: Derlei Monopole bestehen zur Zeit noch für das Errichten und Betreiben von Einrichtungen zur entgeltlichen Briefbeförderung (vgl. § 2 PostG), das Betreiben des Telefondienstes, was allerdings nur noch bis zum 31.12.1997 galt (vgl. § 1 IV FAG) sowie für die gewerbliche Arbeitsvermittlung (vgl. dazu BVerfGE 21, 245 [249 f.]; die entsprechende heutige Vorschrift findet sich in § 4 AFG; zum Betrieb von Spielbanken, s. BVerwG, DVBl 1995, 47 ff.).

bb) Die **subjektiven Zulassungsvoraussetzungen** entfalten ein mittleres Beein- **43** trächtigungsniveau. Diese liegen vor, wenn die Aufnahme einer Berufstätigkeit vom Besitz persönlicher Eigenschaften, Fähigkeiten oder Fertigkeiten abhängig gemacht wird (BVerfGE 9, 338 [345]); sie dürfen also nicht außerhalb der Einflußmöglichkeit des Berufsbewerbers liegen (BVerfGE 86, 28 [39]). Obwohl vom Betroffenen nicht beeinflußbar, werden nach der Rspr. vor allem Bestimmungen betreffend ein bestimmtes **Höchstzulassungsalter** als ein typisches Beispiel für eine subjektive Berufszulassungsvoraussetzung angesehen.

Beispiele: Fixierungen von Altersgrenzen finden sich etwa für Bezirksschornsteinfeger (BVerfGE 1, 264 [274 f.]), Hebammen (BVerfGE 9, 338 [345 ff.]), Prüfingenieure der Baustatistik (BVerfGE 64, 72 [82]), für Notare (BVerfG, NJW 1993, 1575 – *„Altersgrenze I"*; zur Zulässigkeit der Einführung einer Altersgrenze für Rechtsanwälte, vgl. OVG Münster, DÖV 1953, 705) oder für Vertragsärzte (BVerfG, NJW 1998, 1776 ff. – *„Altersgrenze II"*).

Der in der Praxis verbreiteste Bereich subjektiver Zulassungsvoraussetzun- **44** gen sind Bestimmungen, die auf bestimmte **Befähigungs- und Prüfungsnachweise** abstellen.

Beispiele: Aus der Rspr. ist hierbei etwa die Ablegung der Meisterprüfung nach der HandwO (vgl. BVerfGE 13, 97 [106 f.] – *„Handwerksordnung"*), die Ablegung ärztlicher (vgl. BVerfGE 80, 1 [24]) und pharmazeutischer Prüfungen (BVerwGE 68, 69 [72]), die Steuerberaterprüfung (BVerfGE 69, 209 [218]) oder die Ablegung zweier juristischer Staatsexamen (BVerfGE 84, 34 [45] m. w. N. – *„Prüfungskontrolle"*; zur

Erhebung von Prüfungsgebühren, s. *Uerpmann*, Jura 1997, 297 ff.) zu nennen. Auch das Erfordernis des Sachkundenachweises, wie beispielsweise für den Betrieb eines Lebensmitteleinzelhandels (vgl. BVerfGE 34, 71 [77 f.]) oder bestimmte Eignungsanforderungen, wie etwa für den Notarbewerber (vgl. BVerfGE 73, 280 [295]), gehören zu dieser Kategorie.

45   Ferner gibt es zahlreiche Bestimmungen, die das Ergreifen oder das Beenden eines Berufes an bestimmte **persönliche Qualifikationen** knüpfen und somit in der Einflußsphäre des jeweiligen Berufsbewerbers liegen.

Beispiele: Dazu zählen etwa Erfordernisse, wie die persönliche Zuverlässigkeit, die beispielsweise im Gewerberecht als Voraussetzung vieler selbständiger Tätigkeiten gefordert wird (vgl. § 35 GewO, § 4 I Nr. 1 GaststättenG; s. auch BVerwGE 39, 247 [251]) oder die Würdigkeit, die etwa im Rahmen der Zulassung der ärztlichen Vorprüfung (vgl. BVerwGE 94, 352 [357]) sowie bei der Zulassung zur Rechtsanwaltschaft (vgl. BVerfGE 63, 266 [286 f.] – *„Rechtsanwaltszulassung I"*; 93, 213 [236] – *„Rechtsanwaltszulassung II"*) verlangt wird. Aber auch körperliche und gesundheitliche Eigungsanforderungen (vgl. § 14 II Nr. 3 BRAO; § 50 I Nr. 6 BNotO) stellen in diesem Sinne subjektive Zulassungsvoraussetzungen dar.

46   Auch der Zugang zu Berufen **im öffentlichen Dienst** wird von subjektiven Zulassungsvoraussetzungen abhängig gemacht. Hierbei trifft Art. 33 II GG eine ergänzende Regelung, wonach die Einstellung von Bewerbern um ein öffentliches Amt an besondere Anforderungen geknüpft wird (BVerfGE 92, 140 [151] – *„Kündigung"*; s. auch § 19 Rn. 56 ff.). So werden neben der **Befähigung**, womit Eigenschaften, wie Allgemeinwissen, Lebenserfahrung sowie Begabungen gemeint sind und der **fachlichen Leistung**, vor allem die **Eignung**, also mehr oder minder die gesamte Persönlichkeit des Berufsbewerbers, berücksichtigt. Was diese persönliche Eignung anbelangt, hat das BVerfG bestimmte Kriterien aufgestellt, die der Berufsbewerber erfüllen muß. Danach muß er dem angestrebten Amt nicht nur in körperlicher, psychischer und charakterlicher Hinsicht gewachsen sein, sondern er muß auch die Fähigkeit und die innere Bereitschaft haben, „seine dienstlichen Aufgaben nach den Grundsätzen der Verfassung wahrzunehmen, insbesondere die Freiheitsrechte der Bürger zu wahren und rechtsstaatliche Regeln einzuhalten" (BVerfGE 92, 140 [151] – *„Kündigung"*; BVerfG, NJW 1997, 2305). Auch die **Gewähr für Verfassungstreue** als hergebrachter Grundsatz des Berufsbeamtentums i. S. von Art. 33 V GG zählt zu den subjektiven Zulassungserfordernissen (BVerfGE 39, 334 [370]).

Beachte: Die Prüfung dieser Zugangsvoraussetzungen hat vor allem im Rahmen der Entscheidung über die Aufrechterhaltung von übernommenen Arbeitsverhältnissen des öffentlichen Dienstes der ehemaligen DDR Bedeutung erlangt (zur Kündigung etwa eines Polizeibeamten, s. BVerfGE 92, 140 ff. – *„Kündigung"*; eines Hochschullehrers, s. BVerfG, NJW 1997, 2305 ff.; BVerfG, NJW 1997, 2310 ff. oder eines Lehrers, s. BVerfG, NJW 1997, 2307 ff.; BVerfG, NJ 1997, 479 ff.).

b) Berufsausübungsregelung

Die Berufsausübung ist dann betroffen, wenn es um die Art und Weise der beruflichen Tätigkeit geht. Nach der Definition des BVerfG in seinem *Apotheken-Urteil* ist demnach als **Berufsausübungsregelung** eine staatliche Maßnahme anzusehen, „die auf die Freiheit der Berufswahl nicht zurückwirkt, vielmehr nur bestimmt, in welcher Art und Weise die Berufsangehörigen ihre Beruftätigkeit im einzelnen zu gestalten haben" (BVerfGE 7, 377 [405 f.] – „*Apotheken-urteil I*"). Kennzeichnend für eine derartige Regelung ist mit anderen Worten, daß sie sich auf das „Wie" der beruflichen Tätigkeit beschränkt. Diese Voraussetzung erfüllen solche staatlichen Akte, welche die Modalitäten, unter denen sich die berufliche Betätigung vollzieht, festlegen (*P/S*, StaatsR II, Rn. 900). Dazu zählen Regelungen, die u. a. Form, Mittel, Umfang oder Inhalt einer beruflichen Tätigkeit erfassen, ohne daß dabei der einzelne von der Aufnahme dieser Tätigkeit abgehalten noch zu dessen Beendigung gezwungen wird (*Lücke*, S. 13); der Kern der beruflichen Tätigkeit bleibt unangetastet. Im Verhältnis zu den subjektiven und objektiven Zulassungsregelungen stellen die Berufsausübungsregelungen daher grundsätzlich auch den geringsten Eingriff in die Berufsfreiheit dar.

47

Beispiele:
- Aus der Rspr. sind hierbei u. a. zu nennen:
- Werberverbote für Apotheker (BVerfGE 94, 372 [389] – „*Apothekenurteil II*"), Ärzte (BVerfGE 85, 248 [256] m. w. N.; BVerwG, NJW 1998, 2759), Steuerberater (BVerfGE 85, 97 [106]) und Rechtsanwälte (BVerfGE 82, 18 [28] m. w. N.) bzw. Anwaltsnotare (BVerfG, NJW 1997, 2510 ff.);
- Verbote betreffend die Verwendung von Berufsbezeichnungen (BVerfGE 57, 121 [131]);
- das Verbot zur Bildung von Sozietäten zwischen Anwaltsnotar und Wirtschaftsprüfer (BVerfG, NJW 1998, 2269 [2270]; hierzu u. Rn. 57) oder von Steuerberatern mit berufsfremden, keiner Standesaufsicht unterliegenden Personen (BVerfGE 60, 215 [229 ff.]);
- das Verbot, eine Zweitapotheke zu betreiben (BVerfGE 17, 232 [241]);
- Vertriebsverbote für offensichtlich schwer jugendgefährdende Schriften (BVerfGE 30, 336 [350 f.]);
- das Verbot der Mehrfachverteidigung im Strafverfahren (BVerfGE 45, 354 [358]);
- Festsetzungen von Arbeits- und Ladenschlußzeiten (BVerfGE 13, 237 [239 f.]; 87, 363 [382]) sowie die Einführung der Polizeistunde in Gastwirtschaften (BVerwGE 20, 321 [323]);
- wirtschaftslenkende Maßnahmen, wie etwa die Einführung der Bevorratungspflicht für Erdölerzeugnisse (BVerfGE 30, 292 [313] – „*Erdölbevorratung*");
- Qualitätserfordernisse für die Herstellung von Produkten (BVerfGE 46, 246 [256 f.]); Warnhinweise, etwa für Tabakerzeugnisse (BVerfGE 95, 173 ff. – „*Tabak-KennzeichnungsVO*") oder behördliche Produktwarnungen (dazu o. Rn. 34);
- das Lokalisationsgebot für Rechtsanwälte (BVerfG, NJW 1990, 1033) und deren Verpflichtung, vor Gericht die Amtstracht (Robe) zu tragen (BVerfGE 28, 21 [28]);
- die Verpflichtung zur Ausrüstung von Droschken und Mietwagen mit kugelsicheren Trennwänden und Sicherheitsgurten (BVerfGE 21, 72 [73]);
- Beschränkungen des Schwerlastverkehrs in Ferienzeiten (BVerfGE 26, 259 [263 f.]);
- steuerrechtliche Vorschriften, die Banken zur Einbehaltung und Abführung der Kapitaler-

tragsteuer verpflichten (BVerfGE 22, 380 [383 f.]; generell zu Steuervorschriften als Eingriffe o. Rn. 35);

– die gesetzliche Pflicht des Ereignisveranstalters zur Gestattung unentgeltlicher Kurzberichterstattung (BVerfG, NJW 1998, 1627 [1628] – *„Kurzberichterstattung"*).

c) Problembereiche

48 Allerdings ist eine Abgrenzung zwischen den Regelungen der Berufswahl und der Berufsausübung trotz der zuvor genannten Kriterien nicht immer ganz einfach. Die folgenden Bereiche sollen diese Problematik näher verdeutlichen.

49 **aa)** Ob eine Zulassungsregelung als Berufswahl- oder Berufsausübungsregelung eingestuft werden kann, hängt häufig von der Beantwortung der Frage ab, ob die eingeschränkte Tätigkeit als **eigenständiger Beruf** oder nur als eine Erscheinungsform eines übergreifenden Berufes angesehen wird (zu den entsprechenden Einordnungskriterien bereits o. Rn. 21).

Beispiele:
– Der bereits erwähnte Fall des Kassen- bzw. Kassenzahnarztes verdeutlicht diese Problematik besonders. So wäre die beschränkte Zulassung als Kassen- bzw. Kassenzahnarzt etwa eine Berufswahlregelung, wenn das BVerfG im Kassen- bzw. Kassenzahnarzt nicht nur eine besondere Ausübungsform des allgemeinen Berufs des frei praktizierenden Arztes bzw. Zahnarztes sehen würde (s. auch o. Rn. 21).
– Auch der öffentlich bestellte und vereidigte Sachverständige stellt im Verhältnis zu den übrigen Sachverständigen keine eigene Berufsgruppe dar, so daß entsprechende Zulassungsvoraussetzungen lediglich als Berufsausübungsregelungen anzusehen sind. Die freiheitsbeschränkenden Berufsausübungsregelungen hat das BVerfG dann aber nach subjektiven und objektiven Merkmalen unterschieden (BVerfGE 86, 28 [38 f.]).

50 **bb)** Darüber hinaus können bei den Berufsausübungsregelungen Beeinträchtigungen auftreten, die wegen ihrer Folgen die Ausübung einer beruflichen Tätigkeit **faktisch unmöglich** machen. Derartige Regelungen oder Maßnahmen kommen, was ihre Intensität anbelangt, Eingriffen in die Freiheit der Berufswahl nahe. In derartigen Fällen qualifiziert das BVerfG den Eingriff zwar als Berufsausübungsregelung, stellt dann aber hinsichtlich der verfassungsrechtlichen Rechtfertigungsanforderungen auf die Kriterien ab, die für Berufswahlregelungen maßgebend sind (dazu näher u. Rn. 76).

Beispiele: So hat das BVerfG die Regelung der Zulassung zum Kassen- bzw. Kassenzahnarzt zwar als Berufsausübungsregelung qualifiziert, sie in ihrer Intensität aber einer objektiven Zulassungsschranke gleichgesetzt (BVerfGE 11, 30 [42 ff.] – *„Kassenarzt"*; offengelassen von BVerfG, NJW 1998, 1776 f. – *„Altersgrenze II"*). Ähnliches gilt für Vertriebsverbote für Tierpräparatoren hinsichtlich lebender oder toter Vögel besonders geschützter Arten (BVerfGE 61, 291 [311]) oder für das gesetzliche Verbot der Arbeitnehmerüberlassung in Betrieben des Baugewerbes (BVerfGE 77, 84 [106]).

51 **cc) Fixierung von Berufsbildern.** Trotz des weiten Berufsbegriffs steht es dem Gesetzgeber frei, das Bild bestimmter Berufe rechtlich zu fixieren, d. h., ihm kommt die Befugnis zu, den Inhalt der beruflichen Tätigkeit als auch die Voraussetzungen für deren Aufnahme zu normieren. Für die Berufsbewerber bedeutet eine derartige Berufsbildfixierung, daß sie

(1) die Aufgaben dieses Berufs nur noch dann wahrnehmen können, wenn sie die Voraussetzungen des jeweiligen fixierten Berufsbildes erfüllen; andere Bewerber, mögen sie noch so geeignet und leistungsfähig sein, sind ausgeschlossen (BVerfGE 21, 173 [180]);

(2) diesen Beruf nur in der rechtlichen Ausgestaltung wählen können, die ihm der Gesetzgeber gegeben hat (BVerfGE 75, 246 [265 f.] m. w. N.). Damit wird zwangsläufig das Recht der Berufswahl in diesem Lebensbereich verengt, teilweise sogar ausgeschlossen (BVerfGE 59, 302 [316] m. w. N.).

Beispiele:
– So hat etwa der Gesetzgeber die Wahl des Berufes eines Vollrechtsbeistandes sowohl im Haupt- als auch im Nebenberuf untersagt. Die von diesem bisher wahrgenommenen Tätigkeiten können damit nur noch über den Ausbildungsgang zum Volljuristen (Rechtsanwalt) ausgeübt werden. Der Gesetzgeber hat also eine Regelung auf der Stufe der Berufswahl durch Aufstellung subjektiver Zulassungsvoraussetzungen getroffen (BVerfGE 75, 246 [265, 267]).
– Dagegen hat das BVerfG unter Hinweis auf das durch die Rechtstradition geprägte Leitbild des selbständigen Apothekers, der nach § 6 I Gesetz über das Apothekenwesen (BGBl. I 1960, 697 i.d.F. der Bekanntmachung vom 15.10.1980, BGBl. I 1980, 1993) persönlich und eigenverantwortlich seine Apotheke zu führen hat, das apothekenrechtliche Verbot des Mehrbetriebs als eine Regelung der Berufsausübung qualifiziert (BVerfGE 17, 232 [241]).
– Nach dem Steuerberatungsgesetz hatte der Gesetzgeber früher die Lohnbuchhaltung dem Berufsbild der steuerberatenden Berufe zugeordnet und damit die Ausführung dieser Tätigkeit an die Erfüllung der Voraussetzungen des Zuganges zu den steuerberatenden Berufen gebunden. Das BVerfG hat die entsprechenden Vorschriften hinsichtlich ihrer Wirkung für Berufsinhaber als Berufsausübungsregelungen qualifiziert. Da durch die gesetzliche Festlegung des Berufsbildes der steuerberatenden Berufe aber auch das Recht der Berufswahl beschränkt wurde, mußten die einschlägigen Bestimmungen den Rechtfertigungsanforderungen genügen, die für Berufswahlbeschränkungen gelten (BVerfGE 59, 302 [315 f.]).

Beachte: Auch gesetzliche Berufsbildfixierungen unterliegen verfassungsrechtlichen Zulässigkeitsvoraussetzungen. Diese werden ebenfalls nach Maßgabe der Stufentheorie und des Verhältnismäßigkeitsgrundsatzes unter Berücksichtigung aller Umstände des Einzelfalles ermittelt (BVerfGE 78, 179 [193] – *„Heilpraktiker"*; ferner BVerfGE 75, 246 [266 f.]; *Tettinger*, in: Sachs, GG, Art. 12 Rn. 53). Der Gesetzgeber ist also nicht befugt, im Wege der Ausformung von Berufsbildern die Freiheitsgewährleistung des Art. 12 I GG nach Beliebigkeit einzuengen.

52   **dd)** Problematisch ist auch die Einordnung sog. **Inkompatibilitätsregelungen,**
     die vor allem im Bereich der freien Berufe eine gewichtige Rolle spielen.
     Es handelt sich dabei um Regelungen, die bestimmte berufliche Kombi-
     nationen verbieten (BVerfGE 54, 237 [246]). Hierbei treten zwei Pro-
     blembereiche in den Vordergrund:

     (1) Welche Berufskombination fällt unter das Unvereinbarkeitskriteri-
         um?

     (2) Welche Wirkung kommt der gesetzlich normierten Inkompatibilität
         zu?

53   Diese beiden Fragen lassen sich nicht immer leicht beantworten. Bei der
     Beantwortung der 1. Frage ist zu berücksichtigen, daß sich im Laufe der
     Jahre bestimmte Berufe bzw. Berufsbilder gewandelt haben oder im Um-
     bruch befinden, so daß bestimmte Unvereinbarkeitskriterien für einige
     berufliche Kombinationen nicht mehr zutreffend sind. Die Beantwortung
     der 2. Frage wird dadurch erschwert, daß die Rspr. eine einheitliche Linie
     für die Zuordnung von Inkompatibilitätsvorschriften hinsichtlich ihrer
     Intensität bzw. Wirkung nicht erkennen läßt. Teilweise werden Inkompa-
     tibilitätsregelungen bestimmten Eingriffsstufen zugeordnet; andererseits
     wird aber darauf hingewiesen, daß eine Zuordnung nicht immer möglich
     ist, weil Unvereinbarkeitsvorschriften sowohl objektive als auch subjek-
     tive Elemente enthalten können (vgl. hierzu BVerfGE 87, 287 [316 f.]).
     Die folgenden **Beispiele** sollen diese Problematik näher verdeutlichen:

54   – Neben dem Beruf des **Steuerbevollmächtigten,** der als Mittler zwischen
        dem Steuerpflichtigen und den Finanzbehörden tätig wird und somit
        eine Vertrauensstellung genießt, kann kein Gewerbebetrieb ausgeübt
        werden (BVerfGE 21, 173 [179 f.]). Diese gesetzlich normierte In-
        kompatibilität qualifiziert das BVerfG als objektive Zulassungs-
        schranke, allerdings mit der Einschränkung, daß die für diese Schran-
        ke entwickelten Rechtfertigungsanforderungen nicht in gleichem
        Maße für objektive Beschränkungen der Zuwahl eines zweiten Berufs
        gelten (BVerfGE 21, 173 [181]).

55   – Gänzlich ausgeschlossen ist zur Zeit auch eine Verbindung zwischen
        Rechtsanwälten und **Beamten** (BGHZ 71, 23 [24 f.]; 92, 1 [2 f.]). So
        ist etwa die Tätigkeit eines beamteten Universitätsprofessors wegen
        der damit verbundenen öffentlich-rechtlichen Dienst- und Treue-
        pflicht gegenüber dem Dienstherrn mit der Stellung als Rechtsanwalt,
        dessen Berufsbild besonders durch seine äußere und innere Unabhän-
        gigkeit geprägt ist, unvereinbar (BGH, BRAK-Mitt. 1995, 125 f.).
        Das gleiche gilt auch für eine in Teilzeit ausgeübte wissenschaftliche
        Mitarbeiterstelle an einer Universität, wenn im Rahmen dieser Tätig-
        keit hoheitliche Aufgaben wahrgenommen werden, wie das etwa bei
        einer Mitarbeiterin der Fall ist, die als Sachbearbeiterin dem Kanzler

der Universität zugeordnet ist. Denn hier werden aufgrund des zugeordneten Aufgabenbereichs beamtenähnliche Funktionen ausgeübt, wie etwa die Bearbeitung von Bescheiden bzw. Widerspruchsbescheiden, die Prozeßführung in Personalangelegenheiten, die mit der Stellung des Rechtsanwalts unvereinbar sind (BVerfGE 87, 287 [301 f., 324 f.]). Derartige Inkompatibilitätsregelungen sind als ein objektives Hindernis anzusehen, zu dem Beruf des Rechtsanwalts einen weiteren mit beamtenähnlichen Funktionen ausgestatteten Beruf hinzuzuwählen; insoweit wirkt die Inkompatibilität als absolute Berufssperre.

– Mit der Anwaltstätigkeit als Zweitberuf dagegen vereinbar sind solche Mitarbeiterstellen, die sich auf eine reine Lehr- und Prüfungstätigkeit beschränken, wie etwa im Betreuen von Referaten studentischer Seminarteilnehmer, im Erarbeiten von Klausuren oder im Vertreten des Lehrstuhlinhabers bei Vorlesungen (BVerfGE 87, 287 [300 f., 325 f.]; BVerfG, NJW 1995, 951 ff.); ob dies auch für eine in Vollzeit ausgeübte Mitarbeiterstelle gilt, ist bisher noch nicht entschieden worden. **56**

– Auch die **Bildung von Sozietäten** mit Angehörigen anderer Berufe wird teilweise als zulässig angesehen, zumal durch Art. 12 I GG auch die Unternehmerfreiheit i. S. freier Gründung und Führung von Unternehmen geschützt ist (dazu auch o. Rn. 10). In der höchstrichterlichen Rspr. anerkannt wurden bisher Sozietäten zwischen Rechtsanwälten, Anwaltsnotaren und Steuerberatern (BVerfGE 80, 269 [279 ff.]), (Nur-) Anwälten und Wirtschaftsprüfern (BGH, StB 1990, 126 ff.) sowie Verbindungen mehrerer Notare untereinander. Problematisch ist dagegen die Zulässigkeit einer Verbindung von **Anwaltsnotar** und **Wirtschaftsprüfer**. Das BVerfG hat die Verfassungswidrigkeit des Verbots einer derartigen Verbindung bisher immer verneint (BVerfGE 54, 237 [246 ff.]; 80, 269 [279 f.]). Dies wurde im wesentlichen damit begründet, daß die Unabhängigkeit und Unparteilichkeit des Notars, die im Interesse einer geordneten Rechtspflege liege und damit dem Allgemeinwohl diene, gefährdet sei. Vor allem aber die sachlich bedingte Nähe des Notaramtes zum öffentlichen Dienst lasse eine Assoziierung beider Berufsbilder nicht zu. Diese Inkompatibilitätsregelung hat das BVerfG als Berufsausübungsregelung qualifiziert, weil durch das Sozietätsverbot nicht der Zugang zu einem eigenständigen Beruf versperrt wird. Die Betroffenen können weiterhin den Beruf des Notars als solchen ergreifen, sie dürfen ihn nur nicht gemeinsam mit Angehörigen eines anderen freien Berufes aufnehmen (BVerfGE 80, 269 [278]). Inzwischen verlangt das BVerfG hierfür jedoch eine gesetzliche Grundlage sowie eine Gleichbehandlung von Wirtschaftsprüfern mit Steuerberatern (BVerfG, NJW 1998, 2269 [2270 ff.]; s. dazu auch *Sachs*, MDR 1996, 1197 [1198 ff.]). **57**

Beachte: Bei der Bewertung von Inkompatibilitätsregelungen stellt das BVerfG vor allem darauf ab, „welche wirtschaftlichen Folgen eine Berufssperre für die Bewerber verursacht und welchen Aufwand es kostet, die Sperre zu übersteigen" (BVerfGE 87, 287 [317]).

2. Eingriffe in die freie Wahl des Arbeitsplatzes

58 Eingriffe in die freie Wahl des Arbeitsplatzes liegen nach der Rspr. des BVerfG vor, „wenn der Staat dem einzelnen am Erwerb eines zur Verfügung stehenden Arbeitsplatzes hindert, ihn zur Annahme eines bestimmten Arbeitsplatzes zwingt oder die Aufgabe eines Arbeitsplatzes verlangt" (BVerfGE 84, 133 [146] – „Warteschleife"). Auch hier lassen sich die Eingriffe danach unterscheiden, ob sie objektive oder subjektive Voraussetzungen für die Wahl eines Arbeitsplatzes aufstellen oder lediglich gewisse Modalitäten regeln wollen.

Beispiele:
– So greifen etwa Regelungen des Einigungsvertrages, die bestehende Arbeitsverträge zum Ruhen bringen und zu ihrer Beendigung an einem bestimmten Stichtag führen, weil die entsprechenden Einrichtungen der ehemaligen DDR aufgelöst wurden, in die Freiheit der Arbeitsplatzwahl der dort Beschäftigten in einer Intensität ein, die einer objektiven Zulassungsschranke gleichkommt (BVerfGE 84, 133 [147 f., 151] – „Warteschleife").
– Dagegen sind Vereinbarungen, in denen sich ein Dienst- oder Arbeitnehmer für den Fall seines vorzeitigen Ausscheidens aus dem Beschäftigungsverhältnis zur Erstattung bestimmter, von seinem Dienstherrn oder Arbeitgeber aufgewendeter Aus- oder Vorbildungskosten verpflichtet, als Eingriffe zu verstehen, die den Ausübungsaspekt der Arbeit regeln und daher den hierfür bestehenden Anforderungen entsprechen müssen (s. auch BVerfGE 39, 128 [141 f.]; s. hierzu ferner BVerwGE 30, 65 [69 f.]; 40, 237 [239]; BAGE 42, 48 [51 f.]; zur Berücksichtigung des Art. 12 I GG bei der Auslegung und Anwendung privatrechtlicher Vorschriften insbesondere hinsichtlich vereinbarter Wettbewerbsverbote u. Rn. 89).

Klausurhinweis: Da die Arbeitsplatzwahl die beiden Teilaspekte der Berufsfreiheit – Wahl und Ausübung – konkretisiert (BVerfGE 84, 133 [146] – „Warteschleife"), ist es für die Fallbearbeitung daher ratsam, Beeinträchtigungen der Arbeitsplatzwahl bereits bei der Frage der Beeinträchtigung der Berufswahl/-ausübung zu erörtern (so auch *Jarass*, in: J/P, GG, Art. 12 Rn. 8).

3. Eingriffe in die freie Wahl des Ausbildungsplatzes

59 Auch bei den Eingriffen betreffend die Ausbildungsfreiheit kann zwischen Regelungen und Maßnahmen unterschieden werden, die an objektive oder subjektive Zulassungsvoraussetzungen und sonstigen Regelungen oder Maßnahmen des Ausbildungswesens anknüpfen.

a) Objektive Zulassungsvoraussetzung

60 Als klassisches Beispiel für eine objektive Zulassungsvoraussetzung wird der sog. **absolute Numerus clausus** angesehen, wonach einem Abiturienten nicht nur die Wahl einer bestimmten Universität, sondern auch die Aufnahme des gewünsch-

ten Studiengangs bundesweit für längere Zeit versperrt bleibt (BVerfGE 33, 303 [337 f.] – *„Numerus clausus"*; zu den Kriterien für die Verfassungsmäßigkeit u. Rn. 71). Hierbei handelt es sich vor allem um Regelungen, die an die vorhandenen Ausbildungskapazitäten der betreffenden Hochschuleinrichtung anknüpfen. Sind diese erschöpft, besteht für den einzelnen Studienbewerber nicht mehr die Möglichkeit zur Studienaufnahme. Entsprechendes dürfte auch für den Zugang zum staatlichen Vorbereitungsdienst gelten, so daß etwa für Juristen oder Lehrer der Erwerb eines zweiten Staatsexamens langfristig verschlossen bleiben würde (s. auch *P/S*, StaatsR II, Rn. 905).

b) Subjektive Zulassungsvoraussetzung

Subjektive Zulassungsvoraussetzungen statuiert der Staat durch Regelungen, die   **61**
den Zugang, aber auch den Abgang von Ausbildungsstätten von bestimmten Fähigkeiten und Kenntnissen abhängig machen (*P/S*, StaatsR II, Rn. 905). Zu derartigen Qualifikationsnachweisen zählen insbesondere solche Normen, die an das Bestehen vorheriger Prüfungen oder an die Ableistung bestimmter Pratika, aber auch an Studienzeiten anknüpfen; Entsprechendes gilt auch für den Ausschluß von der Ausbildungseinrichtung.

Beispiel: So kann ein Studierender wegen Ungeeignetheit vom weiteren Studium an der Universität ausgeschlossen werden, weil er etwa die für die Fortführung des Studiengangs erforderlichen Zeugnisse über die Teilnahme an bestimmten Praktika innerhalb einer gewissen Studienzeit nicht erworben hat (BVerwG, DVBl 1966, 701 f.).

c) Ausbildungsbezogene Regelungen

In das Ausbildungswesen kann aber auch durch ausbildungsbezogene Regelun-   **62**
gen über Arbeitszeit, Kündigungsschutz und Betriebsverfassung eingegriffen werden (s. *P/S*, StaatsR II, Rn. 905), die mit den sog. Berufsausübungsregelungen vergleichbar sind.

F. Verfassungsrechtliche Rechtfertigung

I. Regelungsvorbehalt

Nach dem Wortlaut des Art. 12 I 2 GG bedürfen nur Eingriffe in die Berufsaus-   **63**
übung einer verfassungsrechtlichen Rechtfertigung durch Gesetz oder aufgrund Gesetzes. Dies legt die Annahme nahe, daß die Berufs- und Arbeitsplatzwahl sowie die freie Wahl der Ausbildungsstätte der gesetzlichen Regelung schlechthin entzogen sind. Ausgehend von seinem Verständnis des Art. 12 I GG als eines einheitlichen Grundrechts der Berufsfreiheit (dazu bereits o. Rn. 5 f.) hat das BVerfG jedoch den Regelungvorhalt seit dem *Apotheken-Urteil* auch auf den Wahlaspekt erstreckt und ihn dabei stets als Eingriffsvorbehalt verstanden. Gesetz i. S. des Art. 12 I GG ist im **formellen Sinne** zu verstehen (BVerwGE 94, 269 [277]; *Gubelt*, in: v.Münch/Kunig, GG I, Art. 12 Rn. 73 m. w. N.); dieses Erfor-

dernis hat auch bei den Berufen des öffentlichen Dienstes sowie bei den sog. staatlich gebundenen Berufe zu gelten (BVerfGE 73, 280 [294 f.]; 80, 257 [265]). Ob es sich um ein Bundes- oder Landesgesetz handelt, ist für den Reglungsvorbehalt unbeachtlich (BVerfGE 7, 377 [443] – „*Apothekenurteil I*").

Klausurhinweis: In der Fallbearbeitung ist aber zu prüfen, ob zum Erlaß des Gesetzes der nach der bundesstaatlichen Kompetenzordnung jeweils zuständige Bundes- oder Landesgesetzgeber befugt ist.

64 Das Grundrecht der Berufsfreiheit kann nach Art. 12 I 2 GG auch aufgrund eines Gesetzes eingeschränkt werden. Damit können auch untergesetzliche Normen, wie etwa Rechtsverordnungen, Berufsregelungen enthalten, sofern diese durch eine den Erfordernissen des Art. 80 I 2 GG entsprechende formell-gesetzliche Grundlage gedeckt sind (BVerfGE 58, 283 [290 f.]; BVerfG, NJW 1998, 3241 – „*Verpackungssteuer*"). Regelungen i. S. des Art. 12 I 2 GG können sich weiterhin aus dem Satzungsrecht autonomer Berufsverbände ergeben, soweit der Gesetzgeber diese als öffentlich-rechtliche Körperschaften, wie etwa die Apotheken,- Ärzte-, Rechtsanwalts- oder Notarkammer, mit Satzungsgewalt ausgestattet hat. Allerdings ist hierbei zu berücksichtigen, daß die **sog. „statusbildenden" Bestimmungen**, insbesondere solche, die den Wahlaspekt betreffen, stets vom Gesetzgeber selbst durch förmliches Gesetz zu treffen sind. Dies bedeutet, daß der Gesetzgeber die Berufsverbände lediglich zu satzungsrechtlichen Regelungen ermächtigen kann, welche die Berufsausübung der Verbandsmitglieder betrifft (s. insb. BVerfGE 33, 125 [155 ff.] – „*Facharzt*"; 71, 162 [172] m. w. N.).

Beispiele:
– Als statusbildende Normen sind insbesondere solche Regeln anzusehen, welche die Voraussetzungen einer Berufsanerkennung bzw. das Verfahren der Anerkennung, die Gründe für die Zurücknahme der Anerkennung, die Zulassung von Berufen oder die Mindestdauer der Ausbildung betreffen (BVerfGE 33, 125 [163] – „*Facharzt*").
– Aber auch Regelungen über die Auswahl von Bewerbern für die Zulassung bestimmter Studienzweige gehören dazu, so daß der Gesetzgeber vor allem die Art der anzuwendenden Auswahlkriterien und deren Rangverhältnis untereinander selbst festlegen muß. Bloße Blankettermächtigungen i.d.S., daß der Gesetzgeber die Universität ermächtigt, in den von ihnen zu beschließenden Zulassungsordnungen auch Bestimmungen über die Auswahl und die Zahl der zuzulassenden Bewerber zu treffen, reichen nicht aus (BVerfGE 33, 303 [345 f.] – „*Numerus clausus*").

Beachte: Bloßes Richterrecht (BVerfGE 63, 266 [288 f.] – „*Rechtsanwaltszulassung I*"), allgemeine Verwaltungsvorschriften (BVerwGE 75, 109 [116 f.]) sowie Standesrichtlinien über die Regelung der Pflichten der Inhaber freier Berufe (BVerfGE 76, 171 [184 ff.] – „*Standesrecht*"; 82, 18 [26 f.]) genügen dem Gesetzesvorbehalt des Art. 12 I 2 GG nicht.

II. Materielle Anforderungen an Grundrechtsbeeinträchtigungen

Neben den zuvor genannten formellrechtlichen Anforderungen müssen Beein-   65
trächtigungen der Berufsfreiheit verhältnismäßig sein. Die Anforderungen des
Verhältnismäßigkeitsgrundsatzes werden durch die sog. „Stufentheorie" näher
konkretisiert (BVerfGE 13, 97 [104] – „*Handwerksordnung*"), die das BVerfG
in dem *Apotheken-Urteil* entwickelt und seitdem weiter fortentwickelt hat.

1. Die Stufentheorie

Das BVerfG unterscheidet berufsrechtliche Normierungen auf drei Stufen, und   66
zwar
(1) die Errichtung objektiver Zulassungsschranken,
(2) die Einführung subjektiver Zulassungsvoraussetzungen und
(3) Vorschriften, die sich auf eine bloße Regelung der Berufsausübung beschrän-
    ken,
wobei auf den beiden erstgenannten Stufen der Wahlaspekt der Berufsfreiheit
betroffen ist (zur Abgrenzung der einzelnen Reglungen o. Rn. 37 ff.). Im Rahmen
der „Stufentheorie" hat nun das BVerfG für diese einzelnen Regelungsstufen
unterschiedliche Rechtfertigungsanforderungen entwickelt. Dabei gilt folgender
Grundsatz:

> Je stärker der Wahlaspekt der Berufsfreiheit durch eine Regelung oder
> Maßnahme betroffen ist, desto höhere Rechtfertigungsanforderungen sind
> an den Eingriff zu stellen.

a) Objektive Zulassungsregelungen

Am gewichtigsten sind die Beeinträchtigungen der Berufsfreiheit durch objektive   67
Zulassungsregelungen (dazu o. Rn. 40 ff.), an deren Nachweis der Notwendigkeit
besonders strenge Anforderungen zu stellen sind. Nach der Rspr. des BVerfG
rechtfertigen objektive Zulassungsschranken auch nur dann einen Eingriff in die
Berufswahl, wenn sie der **„Abwehr nachweisbarer oder höchstwahrscheinlicher
schwerer Gefahren für ein überragend wichtiges Gemeinschaftsgut"** dienen (BVerfGE
7, 377 [408] – „*Apothekenurteil I*"; 33, 303 [338] – „*Numerus clausus*"; 84, 133
[151] – „*Warteschleife*"; s. ferner BVerfGE 40, 196 [218]; 75, 294 [296]). Schwierigkeiten bereitet hierbei die Frage, nach welchen Kriterien Gemeinschaftsgüter als
überragend wichtig einzuordnen sind. Den entsprechenden Entscheidungen des
BVerfG sind einheitliche Kriterien nicht zu entnehmen; diese Rspr. ist vielmehr als
Einzelfall-Rechtsprechung zu werten. In der Literatur sind dagegen teilweise An-
knüpfungspunkte entwickelt worden, wonach als überragend wichtige Gemeinschaftsgüter nur solche Gemeinwohlinteressen angesehen werden, die **verfassungsrechtlichen Grundentscheidungen** entsprechen (*Gubel*t, in: v.Münch/Kunig, GG I,
Art. 12 Rn. 67). Dazu zählen etwa der Schutz vorstaatlicher Rechtsgüter (wie Leben, Gesundheit und körperliche Unversehrtheit) oder sozialstaatlich fundierte

Belange, wie die Sicherung einer zuverlässigen Versorgung der Bevölkerung mit lebenswichtigen Gütern oder Leistungen (*Breuer*, HdbStR VI, § 148 Rn. 50).

68 Nach der Rspr. des BVerfG wurden bisher folgende überragend wichtige Gemeinschaftgüter anerkannt:
  – Schutz der Gesundheit der Bevölkerung (BVerfGE 7, 377 [414] – *„Apothekenurteil I"*; 78, 179 [192] – *„Heilpraktiker"* m. w. N.; 80, 1 [24]);
  – Existenz- und Funktionsfähigkeit des öffentlichen Verkehrs (BVerfGE 11, 168 [184 f.]);
  – Reduzierung der Arbeitslosigkeit vor dem Hintergrund des Bestehens des staatlichen Arbeitsvermittlungsmonopols (BVerfGE 21, 245 [251]);
  – Sicherung der Volksernährung (BVerfGE 25, 1 [16]);
  – Bestand, Funktionsfähigkeit und Wirtschaftlichkeit der ehemaligen Deutschen Bundesbahn (BVerfGE 40, 196 [218] m. w. N.);
  – Notwendigkeit des schnellen Aufbaus einer effektiven und nach rechtsstaatlichen Maßstäben arbeitenden Verwaltung in den neuen Bundesländern (BVerfGE 84, 133 [151 f.] – *„Warteschleife"*);
  – Funktionsfähigkeit der Rechtspflege (BVerfGE 93, 213 [235 f.] – *„Rechtsanwaltszulassung II"*).

69 Nach der Rspr. des BVerwG wurden darüber hinaus
  – eine menschenwürdige Umwelt (BVerwGE 62, 224 [230]);
  – der Tierschutz (BVerwGE 64, 46 [51]);
  – Schutz vor Ausnutzung der Spielleidenschaft (BVerwGE 96, 302 [311])
als rechtfertigende Gemeinschaftsgüter für objektive Zulassungsschranken anerkannt.

70 **Nicht** als überragend wichtige Gemeinschaftsgüter anerkannt wurden dagegen
  – Sorge für das soziale Prestige eines Berufs (BVerfGE 7, 377 [408] – *„Apothekenurteil I"*);
  – Gesichtspunkte der wirtschafts- und verkehrspolitischen Planung und Gestaltung (BVerfGE 11, 168 [190]);
  – Schutz bestehender Unternehmen vor Konkurrenz (BVerfGE 7, 377 [408] – *„Apothekenurteil I"*; s. ferner BVerfGE 11, 168 [188 f.]; 19, 330 [342]; zum Konkurrentenschutz o. Rn. 36);
  – Schutz berufsständischer Belange (BVerfGE 87, 287 [326] m. w. N.).

Beachte: Zwar kommt dem Gesetzgeber auch auf dieser Stufe ein gewisser Beurteilungsspielraum zu, dieser betrifft aber nicht die Auswahl der eingriffslegitimierenden Gemeinwohlbelange. Gesetzlich konstituierte Gemeinwohlbelange vermögen daher auf der Stufe objektiver Zulassungsschranken grundsätzlich nicht eingriffslegitimierend zu wirken (*Breuer*, HbdStR VI, § 148 Rn. 50 f. m. w. N.). Wie die o. g. Aufzählung allerdings zeigt, besteht dann eine Ausnahme, wenn es um den Bestand und die Funktionsfähigkeit öffentlicher Einrichtungen geht.

71 Auch der sog. **absolute Numerus clausus** für Studienanfänger (dazu o. Rn. 60)

muß einem überragend wichtigen Gemeinschaftsgut dienen. Dieses sieht das BVerfG in der Funktionsfähigkeit der Universität als Voraussetzung für die Aufrechterhaltung eines ordnungsgemäßen Studienbetriebes (BVerfGE 33, 303 [339] – „*Numerus clausus*"; ferner BVerfGE 66, 155 [179]). Für die Verfassungsmäßigkeit des absoluten Numerus clausus wird darüber hinaus verlangt, daß er

(1) „in den Grenzen des unbedingt Erforderlichen unter erschöpfender Nutzung der vorhandenen, mit öffentlichen Mitteln geschaffenen Ausbildungskapazitäten angeordnet wird" und daß

(2) „Auswahl und Verteilung nach sachgerechten Kriterien mit einer Chance für jeden an sich hochschulreifen Bewerber und unter möglichster Berücksichtigung der individuellen Wahl des Ausbildungsortes erfolgen" (BVerfGE 33, 303 [338] – „*Numerus clausus*"; ausführlich dazu *Gubelt*, in: v.Münch/Kunig, GG I, Art. 12 Rn. 33 ff.).

Dabei gehören neben der Art und Weise der Kapazitätsermittlung auch Regelungen über die Auswahl der Bewerber zum Kern des Zulassungswesens, dessen Konkretisierung durch den verantwortlichen Gesetzgeber zu erfolgen hat (BVerfGE 33, 303 [340 f.; 345 f.] – „*Numerus clausus*"; zu den entsprechenden Anforderungen solcher Regelungen o. Rn. 64). **72**

Beachte: Bewerbern, die in Fächern mit bundesweiten Zugangsbeschränkungen ein Zweit- oder Parallelstudium anstreben, können im Interesse einer gerechten Verteilung von Lebenschancen strengere Voraussetzungen zugemutet werden als einem Bewerber, der erstmals von seinem Grundrecht Gebrauch macht (BVerfGE 45, 393 [398]).

b) Subjektive Zulassungsvoraussetzungen

Für die Zulässigkeit subjektiver Zulassungsvoraussetzungen reicht es aus, wenn durch sie **wichtige Gemeinschaftsgüter** geschützt werden sollen (BVerfGE 13, 97 [107] – „*Handwerksordnung*"; 25, 236 [247]; 34, 71 [78]). Dazu zählen zunächst die „absoluten", d. h. die allgemein anerkannten und von der jeweiligen Politik des Staates unabhängigen Gemeinschaftswerte. In diesem Zusammenhang sind nach der Rspr. des BVerfG beispielsweise folgende Gemeinschaftsgüter herangezogen worden: **73**

– Sicherheit der Energieversorgung (BVerfGE 30, 292 [323 f.] – „*Erdölbevorratung*");

– geordnete Steuerrechtspflege (BVerfGE 59, 302 [317]);

– Rechtsfrieden (BVerfGE 73, 301 [316]).

Beachte: Auch die Belange, denen Art. 33 II GG mit den Anforderungen an den Zugang zum öffentlichen Dienst Rechnung trägt, zählen zu den zwingenden Gemeinschaftsgütern (BVerfGE 92, 140 [152] – „*Kündigung*"; BVerfG, NJW 1997, 2305).

Darüber hinaus können durch subjektive Zulassungsschranken aber auch solche Gemeinschaftswerte geschützt werden, die sich erst aus den besonderen wirt- **74**

schafts-, sozial- und gesellschaftspolitischen Vorstellungen und Zielen des
Gesetzgebers ergeben, die also erst durch Gesetz in den Rang wichtiger Gemein-
schaftsinteressen erhoben werden (BVerfGE 13, 97 [107] – *„Handwerksordnung"*), mit anderen Worten, subjektive Zulassungsschranken können damit –
im Gegensatz zu den objektiven – auch dem Schutz gesetzlich konstituierter Gemeinwohlbelange dienen.

Beispiel: So ist etwa der Befähigungsnachweis für das Handwerk im Interesse der Erhaltung des
Leistungsstandes und der Leistungsfähigkeit des Handwerks und der Sicherung des Nachwuch-
ses für die gesamte gewerbliche Wirtschaft als verfassungsgemäß angesehen worden (BVerfGE
13, 97 [107] – *„Handwerksordnung"*; zur Verteidigungsbereitschaft der Bundeswehr als wichtiges Gemeinschaftsgut, s. BVerwGE 35, 146 [149]).

Beachte: Die Befugnis des Gesetzgebers, wichtige Gemeinschaftsgüter definieren
zu können, findet aber dort ihre Grenze, wo die Einschätzung des Gesetzgebers
„offensichtlich fehlsam oder mit der Wertordnung des Grundgesetzes unvereinbar" ist (BVerfGE 13, 97 [107] – *„Handwerksordnung"*).

c) Anforderungen an Berufsausübungsregelungen

75 Den grundsätzlich geringsten Eingriff in die Berufsfreiheit stellen die Ausübungs-
regelungen dar (dazu bereits o. Rn. 47 ff.); dementsprechend sind auch ihre
Rechtfertigungsanforderungen ausgestaltet. Nach der Rspr. des BVerfG sind Berufsausübungsregelungen durch **vernünftige Zwecke** (BVerfGE 85, 248 [259])
bzw. ausreichende Gründe des Gemeinwohls gerechtfertigt (BVerfGE 94, 372
[390] – *„Apothekenurteil II"* m. w. N.; 95, 173 [183]- *„Tabak-Kennzeichnungs-
VO"*; BVerfG, NJW 1998, 1627 [1628] – *„Kurzberichterstattung"*). Im Unterschied zu den objektiven und subjektiven Zulassungsvoraussetzungen verfügt
der Gesetzgeber bei der Auswahl der mit einer Berufsausübungsregelung verfolgten Ziele über einen weitreichenden Gestaltungspielraum. Dies gilt vor allem bei
der Festlegung von arbeits-, sozial- und wirtschaftspolitischen Zielen; hierbei
darf der Gesetzgeber sogar Gesichtspunkte der Zweckmäßigkeit in den Vordergrund stellen (BVerfGE 81, 156 [189] m. w. N.). Die Zahl der als sachgerecht
anerkannten Gemeinwohlinteressen ist daher auch recht groß, was die folgenden
Beispiele verdeutlichen:

– Förderung einer höheren sozialen Gesamtleistung eines Berufszweiges
  (BVerfGE 7, 377 [406] – *„Apothekenurteil I"*);
– Tragen der anwaltlichen Robe zur ordnungsgemäßen Durchführung von Ge-
  richtsverhandlungen in angemessener Form (BVerfGE 28, 21 [31 f.]);
– Vermeidung von Interessenkollisionen beim Rechtsanwalt (BVerfGE 45, 354
  [358]);
– Funktionsfähigkeit des öffentlichen Fernnetzrufes (BVerfGE 46, 120 [145 f.]);
– Schutz des Verbrauchers vor Verwechselung von Lebensmitteln sowie vor
  gesundheitlichen Gefahren (BVerfGE 53, 135 [145]);
– Unabhängigkeit und Unparteilichkeit des Notaramtes im Interesse einer geordneten Rechtspflege (BVerfGE 54, 237 [249]; s. auch o. Rn. 57);

- Kostenbegrenzung der Verfahren vor Gerichten der Sozialgerichtsbarkeit (BVerfGE 83, 1 [16]);
- Gesundheitsschutz von Beschäftigten im Backgewerbe (BVerfGE 87, 363 [385 f.]);
- Vertrauen der Bevölkerung in die Integrität bestimmter Berufe, wie etwa des Apothekers (BVerfGE 94, 372 [391] – „Apothekenurteil II");
- Schutz des Verbrauchers vor den Gesundheitsgefahren des Rauchens (BVerfGE 95, 173 [184] – „Tabak-Kennzeichnungs VO");
- Gewährleistung freier Informationstätigkeit und freien Informationszugangs, etwa durch das Medium Fernsehen (BVerfG, NJW 1998, 1627 [1628] – „Kurzberichterstattung").

Beachte: Auch hier fehlt bislang eine Konturierung, wonach erkennbar ist, welche Kriterien das BVerfG für eine Einordnung als Gemeinwohlinteresse heranzieht. Teilweise werden auch für die Rechtfertigung reiner Berufsausübungsregelungen Gemeinschaftsgüter herangezogen, die selbst empfindliche Eingriffe in die Berufsfreiheit rechtfertigen können.

Für Berufsausübungsregelungen, die wegen ihrer Auswirkungen einem Eingriff in **76** die Freiheit der Berufswahl nahekommen (dazu o. Rn. 50), gelten gewisse Besonderheiten. Diese Regelungen sind hinsichtlich ihrer verfassungsrechtlichen Rechtfertigung wie Eingriffe in die Freiheit der Berufswahl, d. h. nach deren Kriterien, zu beurteilen. Für eine Rechtfertigung reichen demgemäß vernünftige oder ausreichende Gründe des Gemeinwohls nicht mehr aus; das BVerfG fragt vielmehr danach, ob ein hervorragend wichtiges Gemeinschaftsgut geschützt werden soll (BVerfGE 77, 84 [106 f.] m. w. N.). In diesem Zusammenhang hat das BVerfG u. a. folgende Gemeinschaftsgüter als Rechtfertigungsgrund herangezogen:
- Erhalt der Artenvielfalt in der Tierwelt (BVerfGE 61, 291 [312]);
- Sicherung eines geordneten Arbeitsmarktes sowie Sicherung der finanziellen Stabilität der gesetzlichen Krankenversicherung (BVerfGE 77, 84 [107]);

d) Klausurhinweis

In der Fallbearbeitung stellt sich nun die schwierige Frage nach dem Klausuraufbau. **77** Das BVerfG geht von einer dreistufigen Prüfung aus. In einem ersten Schritt identifiziert es die Stufe des Eingriffs und prüft dann in einem zweiten Schritt, welches Gemeinschaftsgut oder welche Gemeinwohlgründe den entsprechenden Eingriff rechtfertigen. Im dritten und letzten Schritt stellt sich das BVerfG die Frage, ob der Eingriff dem Grundsatz der Verhältnismäßigkeit genügt, d. h., ob er zur Erreichung des Regelungsziels geeignet und erforderlich ist und ob bei einer Gesamtabwägung zwischen der Schwere des Eingriffs und dem Gewicht der ihn zu rechtfertigenden Gründe oder Gemeinschaftsgüter die Grenze des Zumutbaren noch gewahrt ist (s. etwa BVerfGE 84, 133 [152 f.] – „Warteschleife"; 94, 372 [390] – „Apothekenurteil II"; 95, 173 [183] – „Tabak-Kennzeichnungs-VO"; BVerfG, NJW 1998, 1627 [1628 ff.] – „Kurzberichterstattung"; BVerfG,

NJW 1998, 1776 [1777] – „*Altersgrenze II*“ m. w. N.). Der hier vertretene Prüfungsaufbau knüpft an den vom BVerfG vertretenen weitgehend an, allerdings mit einer Ausnahme, daß die Eingriffsidentifizierung bereits unter „E. Eingriffe“ vorgenommen wird (dazu o. Rn. 29 ff.).

Merke: Die Stufentheorie ist allerdings nicht schematisch zu verwenden, „sondern stellt nur einen ersten Versuch dar, die letztlich entscheidende Intensität der Grundrechtsbeeinträchtigung typisierend zu erfassen und mit jeweils adäquaten Prüfungsstandards zu verbinden“ (*Sachs*, MDR 1996, 1197 [1198]).

---

2. Verhältnismäßigkeitsprüfung

78   Stehen also die den Eingriff rechtfertigenden Gemeinschaftsgüter oder Gemeinwohlgründe fest, ist der Eingriff nun am Grundsatz der Verhältnismäßigkeit zu messen.

a) Geeignetheit

79   Wie bei den Beeinträchtigungen anderer Grundrechte, wird auch im Rahmen von Eingriffen in die Berufsfreiheit darauf abgestellt, ob der Eingriff zur Erreichung des verfolgten Zweckes oder Regelungsziels geeignet ist, d. h., ob „mit seiner Hilfe der gewünschte Erfolg gefördert werden kann“ (BVerfGE 80, 1 [24 f.] m. w. N.).

Beispiel: Ein im Land B zum Schutz der Bevölkerung erlassenes Gesetz verbietet jede entgeltliche Wahrsagerei, insbesondere das Handlesen, Kartenlesen und das Stellen von Horoskopen. Damit verfolgt das Verbotsgesetz nicht nur einen legitimen Zweck, in dem es den Schutz der Bevölkerung vor materieller Ausbeutung und immateriellen Schäden durch Wahrsager zum Ziel hat, sondern schützt auch die Bevölkerung zuverlässig vor den Gefahren, die mit der Wahrsagerei verbunden sind; es ist somit als geeignet anzusehen.

b) Erforderlichkeit

80   Ferner muß der Eingriff in die Berufsfreiheit erforderlich sein, was nur dann der Fall ist, „wenn ein anderes, gleich wirksames, aber die Berufsfreiheit weniger fühlbar einschränkendes Mittel fehlt“ (BVerfGE 80, 1 [30] m. w. N.). In diesem Zusammenhang ist also danach zu fragen, ob das angestrebte Ziel nicht durch ein anderes Mittel erreicht werden kann, das den Bürger weniger belastet. Bei berufsspezifischen Beeinträchtigungen, die auf einer höheren Stufe angesiedelt sind, stellt sich daher die Frage, ob der gesetzgeberische Zweck nicht auch auf einer niedrigeren Stufe erreicht werden könnte. Da grundsätzlich Berufsausübungsregelungen weniger einschneidend als subjektive und objektive Berufswahlregelungen wirken, sind letztere nicht erforderlich, wenn erstere den gesetzgeberischen Zweck ebensogut erfüllen.

Beispiele:
– Nach der Tabak-Kennzeichnungsverordnung v. 5.7.1994 (BGBl 1994 I, 1461) müssen Zi-

garetten- und Tabakschachteln besondere Warnhinweise tragen, wie etwa „Rauchen verursacht Krebs" oder „Rauchen verursacht Herz- und Gefäßkrankheiten". Diese Warnhinweise stellen Berufsausübungsregelungen dar und sind bereits als das mildeste Mittel anzusehen, vor den vom Rauchen ausgehenden Gefahren zu schützen. Etwaige Werbeverbote für Tabakerzeugnisse oder Auflagen für den Vertrieb, wie etwa Verbote des Automatenvertriebs und des Verkaufs an Jugendliche, stellen weitaus einschneidendere Mittel dar (BVerfGE 95, 173 [186 f.] – „*Tabak-KennzeichnungsVO*").

– Aufgrund bestimmter Regelungen im Einigungsvertrag können Arbeitsverhältnisse von Beschäftigten im öffentlichen Dienst der ehemaligen DDR sofort suspendiert werden. Derartige objektive Zulassungsschranken dienen dem Aufbau einer effektiven und nach rechtsstaatlichen Maßstäben arbeitenden Verwaltung in den neuen Bundesländern und somit der Abwehr von Gefahren für ein überragend wichtiges Gemeinschaftsgut (BVerfGE 84, 133 [152] – „*Warteschleife*"). Ein milderes Mittel, dieses angestrebte Ziel gleich wirksam zu erreichen, ist nicht ersichtlich. Zwar wären einzelne Kündigungstatbestände für die im öffentlichen Dienst Beschäftigten weit weniger einschneidend gewesen, allerdings hätte dies auch zu erheblichen Zeitverlusten und einer zusätzlichen Belastung mit Personalkosten geführt, so daß eine schnelle und kostengünstige Neuordnung der Verwaltung nicht gewährleistet worden wäre (BVerfGE 84, 133 [152 f.] – „*Warteschleife*"; zu Regelungen betreffend den Widerruf der Zulassung von Rechtsanwälten, die in der ehemaligen DDR MfS-Mitarbeiter waren, vgl. BVerfGE 93, 213 [236 ff.] – „*Rechtsanwaltszulassung II*"; zu diesem Beispiel auch u. Rn. 82).

– Dagegen kann im Fall der Untersagung der Wahrsagerei der Bevölkerungsschutz auch durch eine subjektive Zulassungsbeschränkung oder eine Berufsausübungsregelung erreicht werden. Zu denken ist an eine Reglementierung der Wahrsagerei dahingehend, daß Honorargrenzen (Berufsausübungsregelung) gesetzt werden. Auf diese Weise könnte ebenfalls dem Mißbrauch der Wahrsagerei wirksam begegnet und der Bevölkerungsschutz erreicht werden. Da beide Alternativen bezüglich der Eingriffsintensität unterhalb der objektiven Zulassungsbeschränkung des Verbotsgesetzes liegen, ist dieses somit nicht erforderlich, um den Gesetzeszweck zu erreichen.

Aber auch auf ein und derselben Stufe kann es bedingt durch mehr und weniger **81** intensive Eingriffe, mildere Mittel geben.

Beispiele:

– So hat das BVerfG eine subjektive Zulassungsbeschränkung, welche die Zulassung von Angehörigen der Finanzverwaltung zur Steuerberaterprüfung von einem vorherigen Antrag auf Entlassung aus dem öffentlichen Dienst abhängig machte, als nicht erforderlich angesehen, weil der Schutz der Steuerrechtspflege vor Loyalitätskonflikten auch durch ein auf der gleichen Stufe milderes Mittel erreicht werden konnte (s. dazu BVerfGE 69, 209 [218 f.]).

– Auch ein Kennzeichnungsgebot ist anstelle eines Verkehrsverbotes für bestimmte Lebensmittel auf der Ebene der Berufsausübungsregelungen als das mildere Mittel anzusehen, um den Verbraucher vor Verwechselungen und Täuschungen zu bewahren (BVerfGE 53, 135 [145 f.]).

Beachte: Vereinzelt kann sich aber auch eine Regelung auf einer höheren Stufe milder auswirken, wenn nämlich der Eingriff auf der niedrigeren Stufe intensiver ist (s. dazu o. Rn. 76).

c) Verhältnismäßigkeit im engeren Sinne

82   Schließlich muß der Grundrechtseingriff in die Berufsfreiheit dem Gebot der Verhältnismäßigkeit im engeren Sinne (Angemessenheit) entsprechen; häufig verwendet das BVerfG in diesem Zusammenhang den Begriff der „Zumutbarkeit". Bei dieser Beurteilung ist zwischen der Schwere des Eingriffs und dem Gewicht der ihn rechtfertigenden Gründe abzuwägen (BVerfGE 94, 372 [390]) – „Apothekenurteil II"; 95, 173 [183] – „Tabak-Kennzeichnungs VO"); teilweise wird noch zusätzlich auf die Dringlichkeit der mit der berufsregelnden Maßnahme verfolgten Ziele abgestellt (BVerfG, NJW 1993, 1575 – „Altersgrenze I"; BVerfG, NJW 1998, 1776 [1777] – „Altersgrenze II" m. w. N.). Im Rahmen dieses Prüfungspunktes ist letztendlich darauf abzustellen, ob die Förderung des anerkannten Gemeinschaftsgutes oder der anerkannten Gemeinwohlgründe in einem angemessenen Verhältnis zur grundrechtbeschränkenden Maßnahme steht.

Beispiel: Nach § 1 I RNPG (BGBl I 1992, 1386) werden Rechtsanwaltszulassungen widerrufen oder entzogen, wenn ein Rechtsanwalt, insb. wegen seiner Tätigkeit für das MfS, als berufsunwürdig erscheint. Durch diese Regelung werden die erfaßten Rechtsanwälte zwar besonders hart getroffen, da sie durch Zulassungswiderruf oder -entzug auch ihre berufliche Existenz verlieren, allerdings ist das mit § 1 I RNPG verfolgte Ziel der Erhaltung einer funktionstüchtigen Rechtspflege durch eine vertrauenswürdige Rechtsanwaltschaft so gewichtig, daß die Belange der betroffenen Rechtsanwälte dahinter zurückstehen müssen. Der Grundrechtseingriff ist also angemessen (BVerfGE 93, 213 [237] – „Rechtsanwaltszulassung II").

83   Die vorzunehmende Abwägung ist stets mit dem Blick auf die Gesamtheit der vom Eingriff Betroffenen vorzunehmen. Einzelne, aus dem Rahmen fallende Sonderfälle führen nicht zur Unverhältnismäßigkeit einer berufsregelnden Maßnahme. Allerdings kann der Gesetzgeber verpflichtet sein, einen Härteausgleich vorzusehen, wenn die berufsregelnde Maßnahme eine Teilmenge der Regelungsadressaten härter trifft als die anderen Normadressaten.

Beispiel: So betrifft die Einführung einer Höchstaltersgrenze für die Ausübung des Notarberufes nicht nur diejenigen Notare, die erst nach Inkrafttreten dieser Regelung zum Anwaltsnotar bestellt werden, sondern auch die bereits schon bestellten bzw. die sich im fortgeschrittenen Lebensalter befindlichen Anwaltsnotare, wobei sich vor allem für den letztgenannten Personenkreis die Höchstaltersgrenze besonders einschneidend auswirkt. Daher war für diesen Personenkreis eine Übergangsregelung zu schaffen, die deren berechtigten Interessen angemessen Rechnung trägt (BVerfG, NJW 1993, 1575 – „Altersgrenze I").

G. Objektiv-rechtliche Gehalte der Berufsfreiheit

I. Kein Leistungsrecht

84   Ein Leistungsrecht läßt sich aus Art. 12 I GG nicht ableiten. Die Berufsfreiheit gewährt demnach weder ein Recht auf Arbeit bzw. einen Anspruch auf Bereitstellung eines Arbeitsplatzes eigener Wahl noch eine Bestandsgarantie für den einmal gewählten Arbeitsplatz. Ebensowenig verleiht Art. 12 I GG einen unmittelbaren

Schutz gegen den Verlust des Arbeitsplatzes (BVerfG, NJW 1998, 1475 – *Klein-betriebsklausel*" m. w. N.). Auch ist die Gewährleistungsdimension des Art. 12 I GG unabhängig von der wirtschaftlichen und sozialen Situation zu sehen.

Beispiel: So gibt Art. 12 I GG auch in Zeiten hoher Arbeitslosigkeit keinen positiven, gegen den Staat gerichteten Leistungsanspruch auf Erhaltung, Schaffung, Förderung oder Zuweisung von Arbeitsplätzen in einem bestimmten Beruf oder Wirtschaftszweig (*Breuer*, HdbStR VI, § 147 Rn. 73 m. w. N.).

Auch ein Anspruch auf Schaffung von neuen Ausbildungsplätzen bzw. Ausbil-   85
dungseinrichtungen oder gar auf eine besondere Ausstattung vorhandener Einrichtungen und deren unentgeltliche Zurverfügungstellung steht dem einzelnen
Staatsbürger **nicht** zu (BVerwG, NJW 1997, 2465 [2467] m. w. N.). Dem steht
in erster Linie entgegen, daß der Gesetzgeber neben der Frage der Erweiterung
oder Schaffung neuer Ausbildungskapazitäten auch andere Gemeinschaftsbelan-
ge im Rahmen seiner Haushaltswirtschaft zu berücksichtigen hat und nach der
ausdrücklichen Vorschrift des Art. 109 II GG zum Haushaltsausgleich verpflichtet ist (BVerfGE 33, 303 [333] – *Numerus clausus*").

Beispiel: So hat etwa ein Student der Zahnmedizin keinen Anspruch auf einen umfassend
ausgestatteten Studienplatz. Die Universität ist demnach nicht verpflichtet, kostenlos all diejenigen Lehr- und Lernmittel zur Verfügung zu stellen, die zur Durchführung eines ordnungsgemäßen Studiums erforderlich sind (BVerwG, NJW 1997, 2465 [2466 f.]).

Verfassungsrechtliche Konsequenzen kämen allenfalls, wenn überhaupt, erst bei   86
evidenter Verletzung der Pflicht zur Ausbildungsgewährung in Betracht (BVerf-
GE 33, 301 [333] – *Numerus clausus*"; 43, 291 [325 f.]). Ein aus Art. 12 I GG
abgeleitetes Leistungsrecht könnte daher nur darauf gerichtet sein, daß der zur
Erhaltung der Ausbildungsfreiheit **notwendige Mindeststandard** an Hochschulen
und Studienplätzen sowie der für einen Abschluß erforderliche Mindestumfang
an Ausstattung vom Staat zur Verfügung gestellt wird (BVerwG, NJW 1997,
2465 [2466]; s. ferner *Tettinger*, in: Sachs, GG, Art. 12 Rn. 12; *Wieland*, in:
Dreier, GG, Art. 12 Rn. 167 m. w. N.).

II. Recht auf Teilhabe

Allerdings hat das BVerfG im *Numerus clausus-Urteil* anerkannt, daß Art. 12   87
I GG i. V. mit dem Gleichheitssatz (Art. 3 I GG) und dem Sozialstaatsprinzip ein
sog. Teilhaberecht vermittelt. Wenn der Staat gewisse Ausbildungseinrichtungen
geschaffen hat, so hat der einzelne auch einen Anspruch auf Zutritt zu diesen
Einrichtungen (BVerfGE 33, 303 [331 f.] – *Numerus-clausus*"; 43, 291 [313 f.];
s. auch § 19 Rn. 29). Dies gilt vor allem im Bereich des Hochschulwesens, aber
auch auf andere in staatlicher Verantwortung betriebene Ausbildungsstätten, wie
etwa Fachhochschulen, Akademien, Gymnasien, ist dieser Anspruch anwendbar.

Beachte: Eine schrankenlose Freiheit auf Zulassung besteht aber nicht. Die Zulassung zu den Ausbildungseinrichtungen kann unter bestimmten Voraussetzungen beschränkt werden (dazu o. Rn. 60).

III. Schutzpflichten

88   Art. 12 I GG bildet für die Wirtschafts- und Gesellschaftsordnung zugleich eine
materielle Wertentscheidung (BVerfGE 7, 377 [404] – *„Apothekenurteil I")*, die
für den Staat gewisse Schutzpflichten, auch im Bereich des Privatrechtsverkehrs,
entfaltet. Diese Schutzpflichtdimension des Art. 12 I GG ist vor allem in der
Handelsvertreter-Entscheidung des BVerfG vom 7.2.1990 deutlich geworden
(BVerfGE 81, 242 ff.). Ist mit den Mitteln des Vertragsrechts allein kein sachgerechter Ausgleich der Interessen zu gewährleisten, was meistens dann der Fall
ist, wenn einer der Vertragsteile ein so starkes Übergewicht hat, daß er vertragliche Regelungen faktisch einseitig setzen kann, müssen staatliche Regelungen
ausgleichend eingreifen, um den Grundrechtsschutz zu sichern (BVerfGE 81, 242
[254 f.]). Maßgebend für ein Eingreifen der Schutzpflicht ist demnach das Bestehen eines Kräfteungleichgewichts der Vertragsparteien. Eine Verletzung der staatlichen Schutzpflichten ist dann gegeben, „wenn eine Grundrechtsposition den
Interessen des anderen Vertragspartners in einer Weise untergeordnet wird, daß
in Anbetracht der Bedeutung und Tragweite des betroffenen Grundrechts von
einem angemessenen Ausgleich nicht mehr gesprochen werden kann" (BVerfGE,
NJW 1998, 1475 [1476] – *„Kleinbetriebsklausel"* m. w. N.).

Beispiel: Die Bestimmung des § 23 I 2 KSchG, daß sich Arbeitnehmer von einem Kleinbetrieb
nicht auf das Kündigungsschutzgesetz berufen können, verstößt nicht gegen die aus Art. 12
I GG resultierenden Schutzpflicht des Staates zugunsten von Arbeitnehmern, weil hierdurch die
Interessen von Kleinunternehmern und deren Angestellten in einen angemessenen Ausgleich
gebracht wurden. Denn gerade für Kleinbetriebe kommt es wesentlich auf wirtschaftliche
Flexibilität und Betriebsfrieden an, während die Arbeitnehmer durch die zivilrechtlichen Generalklauseln von einer sitten- oder treuwidrigen Ausübung des Kündigungsrechts des Arbeitge-
bers geschützt sind (BVerfG, NJW 1998, 1475 ff. – *„Kleinbetriebsklausel").*

IV. Ausstrahlungswirkung auf das Privatrecht

89   Darüber hinaus ist die Berufsfreiheit, wie die anderen Grundrechte auch, bei der
Auslegung und Anwendung vor allem zivilrechtlicher Generalklauseln zu beachten (BVerfGE 81, 242 [256]).

Beispiel: So ist etwa ein nach der Übernahme einer Rechtsanwaltspraxis zwischen den Vertrags-
partnern vereinbartes örtlich und zeitlich unbegrenztes Wettbewerbsverbot gemäß § 138 I BGB
i. V. mit Art. 12 I GG sittenwidrig und daher nichtig (BGH, NJW 1986, 2944; zur Bedeutung
von Art. 12 I GG bei weiteren Wettbewerbsverboten, s. BVerfGE 81, 242 [253 ff.]; BAGE 34,
220 ff.).

V. Rechte auf Verfahrens- und Organisationsgestaltung

90   Neben der Schutzpflichtdimension hat Art. 12 I GG auch im Bereich des Verfah-
rens- und Organisationsrechts Bedeutung erlangt, was sich vor allem in bezug
auf die Ausgestaltung von berufsrelevanten Staatsprüfungen ausgewirkt hat.
Vorschriften, die für die Aufnahme des Berufs eine bestimmte Vor- und Ausbil-

dung sowie den Nachweis erworbener Fähigkeiten in Form einer Prüfung verlangen, sind daher so zu gestalten, daß sie den Anforderungen des Art. 12 I GG genügen (BVerfGE 84, 34 [45] – „Prüfungskontrolle"; 84, 59 [72] – „Multiple choice"). In der Rspr. des BVerfG und des BVerwG haben sich dabei bestimmte Kriterien herauskristallisiert:

(1) Prüflinge müssen die Möglichkeit haben, in einem eigenständigen verwaltungsinternen Kontrollverfahren unter maßgeblicher Beteiligung der Prüfer (BVerwG, DÖV 1995, 114; BVerwGE 92, 132 [137]) substantiierte Einwände gegen die Bewertungen der Prüfungsleistungen bei der Prüfungsbehörde rechtzeitig und wirkungsvoll vorzubringen, um damit ein Überdenken anstehender oder bereits getroffener Entscheidungen zu erreichen (BVerfGE 84, 34 [48 f.] – „Prüfungskontrolle"; BVerwGE 92, 132 [136]). **91**

Beachte: Dieser Anspruch des Prüflings besteht zusätzlich zu seinem Anspruch auf gerichtlichen Rechtsschutz aus Art. 19 IV GG (vgl. dazu § 23 Rn. 19).

(2) Der Prüfling muß ferner die Möglichkeit haben, seine Prüfungsakten mit den Protokollen der mündlichen Prüfung und den Korrekturbemerkungen zu den schriftlichen Arbeiten einzusehen (BVerwGE 92, 132 [137]). **92**

(3) Das Bewertungsverfahren muß im Rahmen des Möglichen objektiv und neutral ausgestaltet sein (BVerfGE 84, 34 [46] – „Prüfungskontrolle"). Ferner darf die Bewertungstätigkeit des Prüfers nur aufgrund eigener, unmittelbarer und vollständiger Kenntnis der konkreten Prüfungsaufgabe wahrgenommen werden. Dies macht es für mündliche Prüfungen unumgänglich, daß alle für die Bewertung verantwortlichen Personen während der gesamten Prüfung im Prüfungsraum anwesend sind und das Prüfungsgeschehen verfolgen (BVerfG, NVwZ 1995, 469 [470]). **93**

(4) Hinsichtlich der Bewertung der Prüfungsleistungen muß der Prüfer die tragenden Erwägungen darlegen, d. h., aufgrund einer Bewertungsbegründung oder etwaiger Korrekturanmerkungen muß die Benotung der Prüfungsleistung nachvollziehbar sein (BVerwGE 91, 262 [266]). Auch hat der Prüfling einen Anspruch auf sachkundige Leistungsbewertung, was vor allem für wissenschaftliche Prüfungen, wie Dissertations- oder Habilitationsverfahren, von Bedeutung ist (BVerwGE 95, 237 [245]). **94**

(5) Auch darf eine mit vertretbaren und gewichtigen Argumenten folgerichtig begründete Lösung nicht als falsch bewertet werden; der Prüfer hat dem Prüfling einen angemessenen Antwortspielraum zugestehen (BVerfGE 83, 34 [55] – „Prüfungskontrolle"). **95**

H. Verhältnis zu anderen Grundrechten

96 Im Verhältnis zum Auffanggrundrecht der allgemeinen Handlungsfreiheit in **Art. 2 I GG** ist Art. 12 I GG für das Gebiet des Berufsrechts **lex specialis** (st. Rspr.; vgl. BVerfGE 77, 84 [118] m. w. N.). Dies gilt auch für den Bereich der steuer- und abgabenrechtlichen Regelungen, wenn diese eine berufsregelnde Tendenz aufweisen (s. dazu o. Rn. 35); fehlt ihnen diese Tendenz, ist die Maßnahme an Art. 2 I GG zu messen (BVerfGE 37, 1 [18]). Dagegen steht das **allgemeine Persönlichkeitsrecht** ebenso **selbständig** neben Art. 12 I GG (*Tettinger*, in: Sachs, GG, Art. 12 Rn. 163) wie die **Art. 4, 5 GG** sowie die Vereinigungs- und Koalitionsfreiheit nach **Art. 9 I GG** bzw. **Art. 9 III GG** (*Tettinger*, in: Sachs, GG, Art. 12 Rn. 167 m. w. N.; s. auch *Gubelt*, in: v.Münch/Kunig, GG I, Art. 12 Rn. 95). Was das Verhältnis zu **Art. 11 GG** anbelangt, s. bereits § 4 Rn. 31. Vom Schutzbereich des **Art. 14 I GG** wird Art. 12 I GG grundsätzlich danach abgegrenzt, daß das Grundrecht der Berufsfreiheit den Erwerb, d. h. die Betätigung selbst schützt, während Art. 14 I GG den Schutz des Erworbenen, also das Ergebnis geleisteter Arbeit, bezweckt (BVerfGE 85, 360 [383] m. w. N.). Allerdings sind beide Grundrechte dann nebeneinander zu prüfen, wenn durch die staatliche Maßnahme nicht nur in die Berufsfreiheit, sondern gleichzeitig auch in die Vermögenssphäre des einzelnen eingegriffen wird (s. dazu *Gubelt*, in: v.Münch/Kunig, GG I, Art. 12 Rn. 98 m. w. N.). Der allgemeine Gleichheitssatz des **Art. 3 I GG** ist neben dem Grundrecht aus Art. 12 I GG anwendbar. Vor allem für berufsrelevante Prüfungen zeigen sich die Auswirken des Art. 3 GG, wie das Gebot der Chancengleichheit dies verdeutlicht; teilweise werden staatliche Eingriffe am Maßstab des Art. 12 I GG i. V. m. Art. 3 I GG gemessen (BVerfGE 84, 34 [51] – *„Prüfungskontrolle"*; zum Recht auf Teilhabe, s. bereits o. Rn. 87).

J. Verbot von Arbeitszwang und Zwangsarbeit, Art. 12 II, III GG

I. Bedeutung

97 Die Art. 12 II, III GG werden als ein **einheitliches Grundrecht** verstanden (BVerfGE 74, 102 [115 ff.] – *„Hilfsdienst"*; *Jarass*, in: J/P, GG, Art. 12 Rn. 55 m. w. N., a. A.: *Wieland*, in: Dreier, GG, Art. 12 Rn. 62), das in enger Beziehung zur verfassungsrechtlichen Gewährleistung der Achtung der Menschenwürde steht (BVerfGE 74, 102 [120] – *„Hilfsdienst"*). Die Bedeutung dieses Grundrechts erschließt sich vor dem Hintergrund der Entstehungsgeschichte. Normzweck ist der Ausschluß der im nationalsozialistischen System üblich gewordenen Formen der Zwangsarbeit mit ihrer Herabwürdigung der menschlichen Persönlichkeit (BVerfGE 74, 102 [116] – *„Hilfsdienst"*; 83, 119 [126] – *„Gemeinnützige Leistungen"*). Neben seiner klassischen Abwehrfunktion weist das Grundrecht zugleich eine Wertentscheidung, einen objektiven Rechtssatz auf, der für die Gesetzgebung bindend und für die Rechtsauslegung bestimmend ist (*Scholz*, in: M/D, GG I, Art. 12 Rn. 480). Allerdings haben die Art. 12 II, III GG in der Praxis bisher kaum Bedeutung erlangt.

Auf internationaler Ebene finden sich entsprechende Garantien vor allem in Art. 4 EMRK. Das dort enthaltene Verbot steht aber einer nach Art. 12 III GG zulässigen Zwangsarbeit nicht entgegen, da nach Art. 4 III lit. a EMRK eine Ausnahme für die Fälle gerichtlich angeordneter Freiheitsstrafen besteht.   **98**

II. Schutzbereich

1. Persönlicher Schutzbereich

Art. 12 II, III GG wird als Menschenrecht verstanden. Träger des Grundrechts sind demnach nicht nur Deutsche, sondern auch Ausländer und Staatenlose; auch soll sich der Schutz auf juristische Personen sowie Personenvereinigungen des Privatrechts erstrecken (s. dazu *Gubelt*, in: v.Münch/Kunig, GG I, Art. 12 Rn. 77 m. w. N.).   **99**

2. Sachlicher Schutzbereich

In Rspr. und Literatur haben sich teilweise Kriterien herauskristallisiert, anhand dessen sich die Begriffe Arbeitszwang und Zwangsarbeit näher bestimmen lassen. Eine einheitliche Definition läßt sich allerdings nicht finden.   **100**

a) Arbeitszwang

Als Arbeitszwang wird jede hoheitliche Einwirkung auf eine Person unter Androhung von Strafen oder anderen Nachteilen verstanden, um diese zu einer bestimmten körperlichen oder geistigen Tätigkeit zu veranlassen, die einen gewissen Umfang hat und üblicherweise dazu geeignet ist, Erwerbszwecken zu dienen (*Scholz*, in: M/D, GG I, Art. 12 Rn. 481 ff.; OLG Hamburg, NJW 1969, 1780). Dazu muß die Arbeitspflicht durch eine persönliche Arbeitsleistung erbracht werden (BVerwGE 22, 26 [29]) sowie selbständig sein, so daß etwa bloße Nebenpflichten einer Tätigkeit keinen Arbeitszwang darstellen (*Gusy*, Jus 1989, 710 [712]).   **101**

Beispiele:
– Kein Arbeitszwang ist demnach die Verpflichtung von Straßenanliegern zur Reinigung der Gehwege oder die Pflicht des Grundstückeigentümers, seine Sache in ordnungsgemäßen Zustand zu versetzen, da der verlangte Arbeitserfolg durch Übertragung der Arbeit unter Kostenübernahme erreicht werden kann und somit nicht persönlich erbracht werden muß (BVerwGE 22, 26 [27 ff.]; s. auch VGH Kassel, DVBl 1979, 83).
– Auch die Erledigung ehrenamtlicher Tätigkeiten als Wahlhelfer, Schöffe und Volkszähler (VGH München, NJW 1987, 2538 [2539] m. w. N.) oder die Erfüllung der Melde- und Schulpflicht (*Jarass*, in: J/P, GG, Art. 12 Rn. 56 m. w. N.) sind nicht als Arbeitszwang i. S. des Art. 12 II GG anzusehen, weil sie als öffentliche Pflichten gelten, die nicht unter den Anwendungsbereich des Art. 12 GG fallen.
– Kein Arbeitszwang sind auch die Pflichten der Rechtsanwälte zur Übernahme von Pflicht-

verteidigungen, die Beurkundungspflicht der Notare (vgl. BVerfGE 47, 285 [319]) sowie der kassenärztliche Notdienst oder der Sonntagsdienst von Ärzten und Apothekern (vgl. BVerwGE 65, 362 [363]), da es sich hierbei lediglich um unselbstänige Nebenpflichten der Berufstätigkeit handelt (s. auch *Gusy*, Jus 1989, 710 [712]). Prüfungsmaßstab ist in diesen Fällen vielmehr Art. 12 I GG.

102 Von Art. 12 II GG erfaßt wird demnach jede erzwungene Arbeit, die in einer die Menschenwürde mißachtenden Weise unter gleichzeitigem Verstoß gegen bestimmte Grundrechte gefordert wird, etwa als Maßnahme der Arbeitsdisziplin, als Sanktion für die Teilnahme an Streiks oder als Maßnahme rassischer, sozialer, nationaler oder religiöser Diskriminierung; Entsprechendes gilt für Zwangs- oder Pflichtarbeiten als Methode der Rekrutierung und Verwendung von Arbeitskräften für Zwecke der wirtschaftlichen Entwicklung (BVerfGE 74, 102 [121] – „*Hilfsdienst*").

Beachte: Auch mittelbare Zwangsmaßnahmen, wie etwa die Auferlegung von finanziellen Nachteilen bei Nichtarbeit, sollen vom Schutzbereich erfaßt sein (str., s. dazu *Tettinger*, in: Sachs, GG, Art. 12 Rn. 152 m. w. N.); dagegen sind vom grundgesetzlichen Verbot des Arbeitszwangs gänzlich solche Arbeitsleistungen ausgenommen, die aufgrund freiwillig eingegangener besonderer Verwaltungsverhältnisse und besonderer Gewaltverhältnisse erbracht werden (*Scholz*, in: M/D, GG I, Art. 12 Rn. 491 m. w. N.).

b) Zwangsarbeit

103 Während die Rspr. zum Begriff der Zwangsarbeit i. S. des Art. 12 III GG bisher überhaupt noch nicht Stellung genommen hat, finden sich in der Literatur unterschiedliche Definitionsansätze (dazu eingehend *Tettinger*, in: Sachs, GG, Art. 12 Rn. 158 m. w. N.). Überwiegend wird eine Abgrenzung beider Begriffe dahingehend vorgenommen, daß die Zwangsarbeit als Inanspruchnahme zu grundsätzlich unbegrenzten Tätigkeiten, der Arbeitszwang dagegen als zwangsweise Einzelheranziehung zu einer bestimmten Arbeitsleistung verstanden wird (*Gubelt*, in: v.Münch/Kunig, GG I, Art. 12 Rn. 90 m. w. N.; *P/S*, StaatsR II, Rn. 931). An bestimmte örtliche Gegebenheiten ist die Ableistung von Zwangsarbeit nicht geknüpft. Die Zwangsarbeit braucht daher nicht unbedingt die in geschlossenen Einheiten, wie etwa Arbeits,- Erziehungs- und Konzentrationslagern, auszuführende Tätigkeit zu sein; vielmehr reicht die Tatsache aus, daß die Arbeitsleistung, die von einer Person verlangt wird, von dieser nicht freiwillig zur Verfügung gestellt wird (*Gubelt*, in: v.Münch/Kunig, GG I, Art. 12 Rn. 91).

Beachte: Mit der militärischen Dienstleistung ist keine Zwangsarbeit verbunden (BVerwGE 35, 145 [150]).

III. Verfassungsrechtliche Rechtfertigung

1. Öffentliche Dienstleistungspflicht

Grenze der Freiheit vom Arbeitszwang ist die herkömmliche, allgemeine, für alle 104
gleiche öffentliche Dienstleistungspflicht. Gemeint können damit nur Dienstleistungspflichten von geringerer Intensität sein. Dies ergibt sich aus der Entstehungsgeschichte des Art. 12 II GG, wonach „im wesentlichen nur die gemeindlichen Hand- und Spanndienste, die Pflicht zur Deichhilfe und die Feuerwehrpflicht als überkommene Pflichten, die der Erfüllung von Gemeinschaftsaufgaben durch zeitweilige Heranziehung zu Naturalleistungen dienen" (BVerfGE 22, 380 [383]; s. auch BVerfGE 92, 91 [109]), zugelassen werden sollten.

Beachte: Die Anordnung von Dienstleistungspflichten bedarf einer gesetzlichen Grundlage (*Scholz*, in: M/D, GG I, Art. 12 Rn. 490; *Gusy*, Jus 1989, 710 [713]).

2. Gerichtlich angeordnete Freiheitsentziehungen

Die Zwangsarbeit ist nur bei gerichtlich angeordneten Freiheitsentziehungen 105
ausnahmsweise zulässig. Gemeint sind damit Freiheitsstrafen, freiheitsentziehende Maßregeln der Besserung und Sicherung sowie Jugendarrest und -strafe (*Tettinger*, in: Sachs, GG, Art. 12 Rn. 159). Nicht vom Verbot der Zwangsarbeit und auch des Arbeitszwangs erfaßt sind dagegen die in § 10 I 3 Nr. 4 JGG als Erziehungsmaßregel vorgesehene Weisung, Arbeitsleistungen zu erbringen (BVerfGE 74, 102 [122] – „*Hilfsdienst*"), sowie gerichtliche Bewährungsauflagen, gemeinnützige Leistungen zu erbringen (BVerfGE 83, 119 [125 f.] – „*Gemeinnützige Leistungen*").

Beachte: Normen, die Zwangsarbeit zulassen und regeln, müssen stets die Menschenwürde des einzelnen i. S. des Art. 1 I GG wahren (*Gubelt*, in: v.Münch/Kunig, GG I, Art. 12 Rn. 92).

K. Wiederholung

I. Kontrollfragen

1. Was versteht man unter den Begriffen „Beruf" und „Ausbildungsstätte" i. S. von Art. 12 I GG?

2. Der algerische Staatsangehörige B beantragt bei der zuständigen Ordnungsbehörde eine Konzession für den Betrieb eines Restaurants. Kann sich B bei einer Ablehnung der Konzession auf Art. 12 I GG berufen?

3. Unterliegt die Freiheit der Berufswahl einem Gesetzesvorbehalt?

4. Gewährt Art. 12 I GG ein Recht auf Zugang zur Universität?

5. Die Landwirtschaftskammer des Bundeslandes R prüft im Rahmen einer Untersuchungs- und Forschungsreihe bestimmte Schweinemineralfuttermittel.

Die Testergebisse werden ohne vorherige Unterrichtung der Hersteller in einer speziellen Fachzeitschrift für landwirtschaftliche Produkte veröffentlicht. Dabei werden die Schweinemineralfuttermittel des Unternehmers A als besonders schlecht qualifiziert (Fall nach BVerwG, NJW 1996, 3161 ff.).
Kann A eine Verletzung des Art. 12 I GG rügen?

6. In welchem Verhältnis steht Art. 12 GG zu Art. 33 GG?

7. Unter welchen Voraussetzungen sind
    a) Berufsausübungsregelungen,
    b) subjektive Berufszulassungsvoraussetzungen,
    c) objektive Berufszulassungsvoraussetzungen
    verfassungsrechtlich zulässig?

8. Nach dem Sportwettgesetz des Landes B wird der Betrieb von Sportwettunternehmen verboten. Der deutsche Staatsangehörige A, der bereits in anderen Ländern Europas Sportwettbüros unterhält, möchte nun auch im Land B der Bundesrepublik D. ein Sportwettbüro eröffnen (Fall nach BVerwGE 96, 293 ff.).
    Er fühlt sich durch das landesrechtliche Sportwettgesetz in seinem Grundrecht aus Art. 12 I GG verletzt. Zu Recht?

II. Lösungen

1. Zum Berufsbegriff s. Rn. 12 ff.; zum Begriff der Ausbildungsstätte s. Rn. 28.

2. Nein, da Art. 12 I GG als ein sog. Deutschenrecht ausgestaltet ist. B ist aber hinsichtlich seiner beruflichen Betätigung durch Art. 2 I GG geschützt (s. Rn. 9).

3. Nach dem Wortlaut des Art. 12 I 2 GG kann nur die Berufsausübung durch Gesetz oder aufgrund eines Gesetzes geregelt werden. Dies legt die Annahme nahe, daß die Berufswahl der gesetzlichen Regelung schlechthin entzogen ist. Ausgehend von seinem Verständnis des Art. 12 I GG als einheitliches Grundrechts der Berufsfreiheit hat das BVerfG jedoch den Regelungsvorbehalt von Beginn an auch auf die Berufswahl erstreckt (s. Rn. 5 f.).

4. Das BVerfG hat den Schutz des Ausbildungsplatzes in Art. 12 I GG wegen der faktischen Monopolstellung des Staates in diesem Bereich als Teilhaberecht gewertet und somit ein Recht auf Zulassung zum Hochschulstudium seiner Wahl im Grundsatz anerkannt. Allerdings steht dieses Recht unter dem Vorbehalt der Kapazitätserschöpfung. Insoweit dient der sog. absolute Numerus clausus der Konkretisierung einer objektiven Zulassungsschranke, die nach der Rspr. des BVerfG zulässig ist, wenn sie sich in den Grenzen des Erforderlichen unter Ausschöpfung und sachgerechter Verteilung der vorhandenen Kapazitäten hält (s. Rn. 60, 71, 87).

5. A kann nur dann eine Verletzung des Art. 12 I GG rügen, wenn die Testver-

öffentlichung der Landwirtschaftskammer einen Eingriff in die Berufsfreiheit darstellt. Dies ist zu bejahen, da die staatliche Verlautbarung deutlich eine berufsregelnde Tendenz erkennen läßt. Der negative Ausgang eines solchen Tests hat nämlich für das betreffende Produkt eine gravierende rufschädigende Wirkung, die die Betätigungsfreiheit des A hinsichtlich des Absatzes dieses Produktes erheblich beeinflußt.

6. Nach der Rspr. des BVerfG gilt Art. 12 I GG für alle, also auch für staatliche und staatlich gebundene Berufe. Allerdings erfährt die Berufsfreiheit für diese Bereiche Einschränkungen aus Art. 33 GG, der die Garantie der Berufsfreiheit überlagert und modifiziert. Die Rechtswirkungen des Art. 33 GG sind daher als spezifische Grundrechtsschranken des Art. 12 I GG anzusehen (s. Rn. 23 ff., 46, 73).

7. a) Berufsausübungsregelungen sind nach der Rspr. des BVerfG grundsätzlich dann zulässig, wenn sie durch vernünftige Zwecke bzw. ausreichende Gründe des Gemeinwohls gerechtfertigt sind und die Grenze der Verhältnismäßigkeit gewahrt bleibt. Eine Ausnahme besteht allerdings für solche Berufsausübungsregelungen, die wegen ihrer Auswirkungen einem Eingriff in die Freiheit der Berufswahl nahekommen. In derartigen Fällen sind die Rechtfertigungsanforderungen für Eingriffe in die Berufswahl heranzuziehen (s. Rn. 76).
b) Eine subjektive Zulassungsvoraussetzung muß zum Schutze wichtiger Gemeinschaftsgüter notwendig und verhältnismäßig sein (s. Rn. 73 f.)
c) Objektive Zulassungsschranken als stärkster Eingriff in die Berufsfreiheit sind nur zulässig, wenn sie der Abwehr nachweisbarer oder höchstwahrscheinlicher schwerer Gefahren für ein überragend wichtiges Gemeinschaftsgut dienen. Auch der Verhältnismäßigkeitsgrundsatz muß gewahrt sein. Zu beachten ist bei den objektiven Zulassungsschranken, daß im Hinblick auf die Auswahl der eingriffslegitimierenden Gemeinwohlbelange dem Gesetzgeber kein Beurteilungsspielraum zukommt (s. Rn. 70).

8. Zunächst ist zu prüfen, ob der Betrieb eines Sportwettunternehmens ein Beruf i. S. d. Art. 12 I GG ist. Nach der hier vertretenen Definition ist Beruf jede erlaubte, in selbständiger oder unselbständiger Stellung ausgeübte Tätigkeit, die auf Dauer berechnet ist und der Schaffung und Erhaltung einer Lebensgrundlage dient (s. Rn. 13). Problematisch könnte auf den ersten Blick das Begriffsmerkmal der Erlaubtheit sein; denn durch das landesrechtliche Sportwettgesetz wird der Betrieb eines Sportwettunternehmens verboten. Allerdings ist hierbei zu berücksichtigen, daß nur ein rechtswirksames gesetzliches Verbot der Berufsfreiheit Grenzen setzen kann. Demnach ist ein solches Verbot auch an den Bestimmungen der Verfassung und folglich, soweit die Berufsfreiheit beeinträchtigt wird, auch an Art. 12 I GG zu messen. Das Sportwettgesetz beschränkt das Grundrecht der Berufsfreiheit in besonderem Maße, weil es den Zugang zu dem Beruf des Sportwettunternehmers gänzlich verbietet. Eine solche objektive Berufszulassungsschranke ist nur zulässig,

soweit der Schutz besonders wichtiger („überragender") Gemeinschaftsgüter sie zwingend erfordert. Geht man davon aus, daß der Schutz vor Ausnutzung der Spielleidenschaft ein derartiges Gemeinschaftsgut darstellt (so BVerwGE 96, 293 [299]), ist der Eingriff gerechtfertigt. Ferner wäre noch zu prüfen, ob das Verbotsgesetz den Anforderungen der Geeignetheit, Erforderlichkeit und Angemessenheit entspricht.

§ 12. Die Eigentumsgarantie, Art. 14, 15 GG

Literatur: Zur Einführung: *Eschenbach, J.,* Die Enteignung, Jura 1997, 519 ff.; *Ossenbühl, F.,* Inhaltsbestimmung des Eigentums und Enteignung – BVerfGE 83, 201 ff., Jus 1993, 200 ff.; *Papier, H.-J.,* Grundfälle zu Eigentum, Enteignung und enteignungsgleichem Eingriff, Jus 1989, 630 ff.; *Schoch, F.,* Die Eigentumsgarantie des Art. 14 GG, Jura 1989, 113 ff. **Zur Vertiefung:** *Böhmer, W.,* Grundfragen der verfassungsrechtlichen Gewährleistung des Eigentums in der Rechtsprechung des Bundesverfassungsgerichts, NJW 1988, 2561 ff.; *v. Brünneck, A.,* Eigentumsschutz der Renten – Eine Bilanz nach zehn Jahren, JZ 1990, 992 ff.; *Burgi, M.,* Die Enteignung durch „teilweisen" Rechtsentzug als Prüfstein für die Eigentumsdogmatik, NVwZ 1994, 527 ff; *Detterbeck, S.,* Salvatorische Entschädigungsklausel vor dem Hintergrund der Eigentumsdogmatik des BVerfG, DÖV 1994, 273 ff.; *Ehlers, D.,* Eigentumsschutz, Sozialbindung und Enteignung bei der Nutzung von Boden und Umwelt, VVDStRL 51 (1992), 211 ff.; *Kraft, I.,* System der Klassifizierung eigentumsrelevanter Regelungen, BayVBl 1994, 97 ff.; *Lege, J.,* Enteignung und „Enteignung", NJW 1990, 864 ff.; *ders.,* Der Rechtsweg bei Entschädigung für „enteignende" Wirkungen, NJW 1995, 2745 ff.; *Maurer, H.,* Enteignungsbegriff und Eigentumsgarantie, FS Dürig, 1990, 293 ff.; *ders.,* Der enteignende Eingriff und die ausgleichspflichtige Inhaltsbestimmung des Eigentums, DVBl 1991, 781 ff.; *Osterloh, L.,* Eigentumsschutz, Sozialbindung und Enteignung bei der Nutzung von Boden und Umwelt, DVBl 1991, 906 ff.; *Papier, H.-J.,* Entwicklung der Rechtsprechung zur Eigentumsgarantie des Art. 14, NWVBl 1990, 397 ff.; *Rinne, B.,* Die eigentumsmäßig geschützte Rechtsposition in der neueren Rechtsprechung des Bundesgerichtshofs, JA 1993, 193 ff.; *Schlette, V.,* Aktuelle Probleme der ausgleichspflichtigen Inhalts- und Schrankenbestimmung – BGHZ 126, 379, Jus 1996, 204 ff.; *Schmidt-Aßmann, E.,* Formen der Enteignung (Art. 14 III GG), Jus 1986, 833; *Schoch, F.,* die Haftung aus enteignungsgleichem und enteignenden Eingriff, Jura 1990, 140 ff.; *Schönfeld, T.,* Eigentumseingriff durch Nutzungseinschränkungen, BayVBl 1996, 673 ff., 721 ff.; *Sproll, H.-D.,* Staatshaftungsrecht, Jus 1995, 992 ff., 1080 ff.; *ders.,* Staatshaftungsrecht, Jus 1996, 125 ff., 219 ff., 313 ff.; *Windthorst, K.,* Staatshaftungsrecht, Jus 1996, 605 ff.; *Windthorst, K./Sproll, H.-D.,* Staatshaftungsrecht, 1994, §§ 13 ff.

Leitentscheidungen: BVerfGE 24, 367 ff. – *„Hamburgisches Deichordnungsgesetz";* 50, 290 ff. – *„Mitbestimmung";* 51, 150 ff. – *„Zwangsvollstreckung";* 52, 1 ff. – *„Kleingärten I";* 53, 257 ff. – *„Versorgungsausgleich";* 56, 249 ff. – *„Dürkheimer Gondelbahn";* 58, 137 ff. – *„Pflichtexemplar";* 58, 300 ff. – *„Naßauskiesung";* 61, 82 ff. – *„Sasbach";* 70, 191 ff. – *„Fischereirechte";* 74, 264 ff. – *„Boxberg";* 79, 174 ff. – *„Straßenverkehrslärm";* 79, 292 ff. – *„Eigenbedarf";* 83, 201 ff. – *„Bergbau";* 87, 114 ff. – *„Kleingärten II";* 89, 1 ff. – *„Besitzrecht des Mieters";* 91, 294 ff. – *„Mietpreisbindung";* BVerfG, NJW 1998, 367 ff. – *„Landschaftsschutz";* BVerfG, NJW 1998, 2662 ff. – *„Überschuldung".*

A. Bedeutung

Der Schutz privaten Eigentums vor ungerechtfertigten Eingriffen der Staatsgewalt 1
hat eine lange geschichtliche Tradition (s. dazu insb. *Wieland*, in: Dreier, GG I,
Art. 14 Rn. 1 ff). Bereits im römischen Recht stellte das Eigentum das umfassend-
ste Recht dar, das jemand an einer Sache haben konnte. Auf **deutschem Boden** fand
sich eine verfassunsgrechtliche Gewährleistung der Eigentumsgarantie bereits in
§ 164 I Paulskirchenverfassung. Darüber hinaus fanden sich verfassungsrechtliche Aussagen über die Eigentumsordnung in Art. 9 Preußische Verfassung vom
31. Januar 1850 und Art. 153 WRV. Diese Gewährleistungen sind allerdings nicht
mit der heutigen Eigentumsgarantie des Art. 14 GG zu vergleichen (*Böhmer*, NJW
1988, 2561 [2562 f.]). Dies hat auch das BVerfG in dem sog. *Deichurteil* anerkannt, wonach es der Eigentumsgarantie des Grundgesetzes „eine andere und
umfassendere Bedeutung" beigemessen hat, als der der WRV (BVerfGE 24, 367
[400] – „*Hamburgisches Deichordnungsgesetz*"). Art. 14 GG wird daher
nicht nur als ein „elementares Grundrecht", sondern auch als eine „Wertentscheidung ... von besonderer Bedeutung" bezeichnet (BVerfGE 14, 263 [277]), die in
einem engen Zusammenhang mit der persönlichen Freiheit, einschließlich der
wirtschaftlichen Betätigungsfreiheit steht (BVerfGE 24, 367 [389] – „*Hamburgisches Deichordnungsgesetz*"; BVerfG, NJW 1998, 2662 – „*Überschuldung*"
m. w. N.). Besondere Bedeutung ist der Eigentumsgarantie in Zusammenhang mit
der deutschen Wiedervereinigung zugekommen, wie dies insbesondere die Gemeinsame Erklärung der Regierungen der Bundesrepublik Deutschland und der
ehemaligen Deutschen Demokratischen Republik zur Regelung offener Vermö-
gensfragen vom 15. Juni 1990 verdeutlicht (s. dazu *Badura*, HdbVerfR, § 10
Rn. 44 ff.; *Wieland*, in: Dreier, GG, Art. 14 Rn. 29 m. w. N.).

Auch auf **internationaler Ebene** ist das Eigentum in zahlreichen Erklärungen und 2
Konventionen gewährleistet. So erklärt Art. 17 I AEMR, daß jedermann das
Recht hat, allein oder in Gemeinschaft mit anderen über Eigentum zu verfügen.
Im Rahmen der EMRK findet sich der Eigentumsschutz in Art. 1 des 1. Zusatzprotokolls (dazu EGMR, EuGRZ 1988, 350 ff. – *Lithgow/Vereinigtes Königreich* m. w. N.). Im **Europäischen Gemeinschaftsrecht** ist das Eigentumsrecht als
ein von den Gemeinschaftsorganen bei ihren Tätigkeiten zu beachtender allgemeiner Rechtsgrundsatz anerkannt und geschützt (EuGH, Rs. 4/74, Slg. 1974,
491 [507 f.] – *Nold*; EuGH, Rs. 44/79, Slg. 1979, 3727 [3745 f.] – *Hauer*). Die
Ausübung dieses Rechts kann aber Beschränkungen unterliegen, „sofern diese
dem Gemeinwohl dienenden Zielen der Gemeinschaft entsprechen und nicht
einen im Hinblick auf den verfolgten Zweck unverhältnismäßigen, nicht tragba-
ren Eingriff darstellen, der die so gewährleisteten Rechte in ihrem Wesensgehalt
antastet" (s. insb. EuGH, Rs. C- 280/93, Slg. 1994, I- 4973 [I- 5065 f.] – *Bana-
nenmarktverordnung* m. w. N.).

B. Grundrechtsfunktionen

I. Subjektives Abwehrrecht

3 Vorrangig begründet die Eigentumsgarantie in Art. 14 I 1 GG ein subjektiv –
öffentliches Abwehrrecht, das dem Grundrechtsträger einen Freiraum im vermögensrechtlichen Bereich erhalten und dem einzelnen damit die Entfaltung und
eigenverantwortliche Gestaltung seines Lebens ermöglichen soll (BVerfGE 68,
193 [222] m. w. N.; s. auch BVerfGE 83, 201 [208] – *„Bergbau"*; BVerfG, NJW
1998, 2662 – *„Überschuldung"*). Dem einzelnen wird damit vor allem die Befugnis gewährt, jede ungerechtfertigte Einwirkung auf den konkreten, insbesondere
den durch Arbeit und Leistung erworbenen Bestand der geschützten vermögenswerten Rechte abzuwehren (BVerfGE 24, 367 [400] – *„Hamburgisches
Deichordnungsgesetz"*; 31, 229 [339]). Insoweit ist die Eigentumsgarantie eine
Bestandsgarantie, welche die eigentumsrechtlichen Positionen in ihrer konkreten
Gestalt in der Hand des einzelnen Eigentümers sichern soll.

II. Objektiv-rechtliche Gehalte

1. Instituts- bzw. Einrichtungsgarantie

4 Den Staat treffen auch bestimmte Schutzpflichten (*Jarass*, in: J/P, GG, Art. 14
Rn. 24), die vor allem den Gesetzgeber verpflichten, durch Rechtsvorschriften
den eigentumsspezifischen Freiheitsraum im vermögensrechtlichen Bereich zu
schützen. In diesem Zusammenhang gewinnt die in Art. 14 GG verankerte Insti-
tuts- bzw. Einrichtungsgarantie des Privateigentums eine besondere Bedeutung.
Diese soll einen Kernbestand von Normen sichern, um die Existenz und Funktionstüchtigkeit privatnützigen Eigentums zu ermöglichen und zu ordnen (*Badura*,
HdbVerfR, § 10 Rn. 33). Allerdings ist dabei zu berücksichtigen, daß Sachbereiche, die zum elementaren Bestand grundrechtlich geschützter Betätigung im vermögensrechtlichen Bereich gehören, der Privatrechtsordnung nicht entzogen
werden dürfen (BVerfGE 24, 367 [355] – *„Hamburgisches Deichordnungsgesetz"*; 58, 300 [339] – *„Naßauskiesung"*); insoweit wird die Institutsgarantie als
Schranken – Schranke angesehen (s. auch u. Rn. 55)

2. Ausstrahlungswirkung

5 Darüber hinaus ist, wie bei jedem anderen Grundrecht auch, die Austrahlungswirkung des Art. 14 GG bei der Anwendung und Auslegung des einfachen
Rechts zu beachten. Dies gilt sowohl für die entsprechenden Normen des öffentlichen Rechts, etwa im Rahmen hoheitlicher Planungsentscheidungen (BVerwGE
61, 295 [302]), als auch für solche des Privatrechts (s. dazu BVerfGE 89, 1 [9 f.] –
„Besitzrecht des Mieters"; ferner BVerfG 79, 292 [302] – *„Eigenbedarf I"*;
BVerfG, NJW 1998, 2662 f. – *„Überschuldung"*).

3. Leistungsrecht

Dem Art. 14 I 1 GG wird in bestimmten Bereichen auch eine leistungsrechtliche 6
Komponente entnommen. Diese wirkt vor allem auf das Verfahrensrecht ein.
Aus Art. 14 I 1 GG folgt unmittelbar ein Anspruch auf Gewährung effektiven
Rechtsschutzes, d. h., dem Betroffenen muß die Möglichkeit gegeben werden,
von geeigneten Rechtsbehelfen zum Schutz seines Eigentums Gebrauch zu ma-
chen. Dieser Anspruch ist besonders in Fällen der Zwangsversteigerung von
Grundstücken entwickelt worden (vgl. BVerfGE 51, 150 [156] – „Zwangsvoll-
streckung" m. w. N.; s. auch BVerfG, NJW 1998, 2662 – „Überschuldung").
Ansonsten wird dem Art. 14 I 1 GG lediglich eine Leistungspflicht des Staates zu
einer gerechten Eigentumsverteilung in der Gesellschaft entnommen; insoweit
treffen den Staat bestimmte Förderpflichten, die allerdings nicht justiabel sind
(*Bryde*, in: v.Münch/Kunig, GG I, Art. 14 Rn. 42 m. w. N.).

C. Schutzbereich

I. Persönlicher Schutzbereich

Träger des Eigentumsgrundrechts sind **alle natürlichen Personen**, also auch der 7
Ausländer und der Minderjährige. Beim letzteren tritt das Problem der Grundrechtsmündigkeit auf, die wohl entsprechend den Vorschriften über die Geschäftsfähigkeit nach §§ 104 ff. BGB zu bestimmen ist (*Bryde*, in: v.Münch/Ku-
nig, GG I, Art. 14 Rn. 10). Gemäß Art. 19 III GG sind auch **alle inländischen
juristischen Personen des Privatrechts** geschützt (BVerfGE 66, 116 [130]). Gleiches
gilt auch für nichtrechtsfähige Personengesellschaften, soweit sie in ihrem ge-
samthänderisch gebundenen Eigentum betroffen sind (BVerfGE 4, 7 [17]). Vom
Schutz des Art. 14 GG ausgeschlossen sind dagegen ausländische juristische Personen (s. dazu *Bryde*, in: v.Münch/Kunig, GG I, Art. 14 Rn. 7 m. w. N.). Entschädigungsrechtliche Ansprüche aus enteignungsgleichem Eingriff sind davon
aber nicht betroffen; diese wirken auch zugunsten einer ausländischen juristischen Person (BGHZ 76, 375 [384 f.]); zudem genießen sie den Schutz internationaler und gemeinschaftsrechtlicher Normen (s. o. Rn. 2).

Zwar können **juristische Personen des öffentlichen Rechts** Eigentum besitzen, je- 8
doch fallen sie grundsätzlich nicht unter den Schutzbereich des Art. 14 GG. Dies
gilt nicht nur in Ansehung hoheitsrechtlicher Betätigungen oder sonstiger Wahrnehmung öffentlicher Aufgaben, sondern auch außerhalb des Bereichs der Erledigung öffentlicher Aufgaben (BGH, DÖV 1986, 796 [797] m. w. N.).

Beispiele:
– So kann sich etwa eine Gemeinde auch außerhalb des Bereichs der Wahrnehmung öffentlicher Aufgaben nicht auf Art. 14 GG berufen (BVerfGE 61, 82 [105] – „Sasbach"). Ob in
  ganz besonders gelagerten Ausnahmefällen einer Gemeinde doch der Schutz des Art. 14 GG

zuzubilligen ist, hat das BVerfG allerdings offengelassen (BVerfGE 61, 82 [109] – „*Sasbach*").
– Auch öffentlich-rechtliche Sparkassen (BVerfGE 75, 192 [197 ff.]) sowie öffentlich-rechtliche Rundfunkanstalten (BVerfGE 78, 101 [102]) können nicht Träger des Eigentumsrechts
sein.
– Dagegen hat das BVerfG im Fall einer Handwerksinnung die Grundrechtsfähigkeit bejaht
(s. dazu BVerfGE 70, 1 [20]).

9   Einen Sonderfall stellen die **öffentlich-rechtlichen Religionsgemeinschaften** dar, die
neben dem Schutz aus Art. 140 GG i. V. m. Art. 138 WRV auch den Eigentumsschutz des Art. 14 GG genießen (s. dazu *Wendt*, in: Sachs, GG, Art. 14 Rn. 19
m. w. N.)

II. Sachlicher Schutzbereich

10 Die Eigentumsgarantie des Art. 14 I 1 GG entfaltet nur dann ihre Schutzfunktion, wenn durch eine hoheitliche Maßnahme eine schutzfähige Eigentumsposition i. S. d. Art. 14 GG betroffen ist. Zu klären ist daher zunächst einmal, was als
schutzfähiges Eigentum i. S. d. Art. 14 GG zu verstehen ist.

1. Verfassungsrechtlicher Eigentumsbegriff

a) Grundlagen

11 Hervorzuheben ist zunächst, daß der Eigentumsbegriff in Art. 14 GG nicht mit
dem des BGB identisch ist. Es ist vielmehr von einem eigenständigen Eigentumsbegriff im verfassungsrechtlichen Sinne auszugehen, der grundsätzlich weit gefaßt
ist. Der Umfang des von der Verfassung gewährleisteten Eigentums muß also aus
der Verfassung **selbst,** insbesondere aus der Abwehrfunktion der Eigentumsgarantie, gewonnen werden (BVerfGE 58, 300 [335] – „*Naßauskiesung*"). Eine Definition des Begriffs Eigentum und damit eine Umschreibung seines Schutzbereichs
enthält Art. 14 GG nicht. Wie sich dem Art. 14 I 2 GG aber entnehmen läßt, ist es
Sache des Gesetzgebers, Inhalt und Schranken des Eigentums zu bestimmen. Der
Schutzbereich des Art. 14 GG wird damit durch einfach-gesetzliche Normen bestimmt, wobei den privatrechtlichen Eigentumsvorschriften kein Vorrang vor den
öffentlich-rechtlichen Vorschriften zukommt; zivilrechtliche und öffentlich-rechtliche Gesetze wirken gleichrangig zusammen (BVerfGE 58, 300 [335 f.] –
„*Naßauskiesung*"). Art. 14 GG ist also als ein sog. **normgeprägtes Grundrecht** zu
verstehen (s. auch *P/S*, StaatsR II, Rn. 967; vgl. auch § 10 Rn. 14; § 13 Rn. 2).

12 Bei der Ausgestaltung des Eigentums ist der Gesetzgeber aber nicht frei. Die
Defintionsmacht des Gesetzgebers findet ihre Grenzen vor allem in dem Verhältnismäßigkeitsgrundsatz und der Institutsgarantie. Der Inhalt des Eigentums ergibt sich also aus der **Gesamtheit der verfassungsmäßigen Gesetze** (BVerfGE 58,
300 [336] – „*Naßauskiesung*"), die sich wiederum an den jeweiligen wirtschaftlichen und gesellschaftlichen Verhältnissen zu orientieren haben. Dies bedeutet,
daß Veränderungen dieser Verhältnisse zu einer Verschiebung der Maßstäbe bei

der Gestaltung einer neuen eigentumsrechtlichen Ordnung in einem bestimmten Rechtsgebiet führen können (BVerfGE 70, 191 [201] – *„Fischereirechte"* m. w. N.; BVerfG, NJW 1997, 722 [723]). Einen starren inhaltlich fixierten Eigentumsbegriff kennt die Verfassung damit nicht. Der Eigentumsbegriff unterliegt vielmehr einer stetigen Wandelbarkeit (s. auch *Bryde*, in: v.Münch/Kunig, GG I, Art. 14 Rn. 11 m. w. N.).

Beachte: Art. 14 GG sichert nur solche eigentumsrechtliche Position ab, die der Gesetzgeber als Eigentum iS.d. Art. 14 GG definiert hat. Was danach nicht Eigentum ist, kann auch nicht von der Bestandsgarantie des Art. 14 I GG erfaßt werden (BVerfGE 58, 300 [336] – *„Naßauskiesung"*).

Definition: Unter dem Eigentumsbegriff i. S. d. Art. 14 GG fallen daher „grundsätzlich alle vermögenswerten Rechte, die dem Berechtigten von der Rechtsordnung in der Weise zugeordnet sind, daß er die damit verbundenen Befugnisse nach eigener Entscheidung zu seinem privaten Nutzen ausüben darf" (BVerfGE 95, 267 [300] m. w. N. – *„Altschuldenregelung"*).

---

b) Schutzfähige Positionen im einzelnen

Da Art. 14 GG nicht von einem vorgegebenen und absoluten Eigentumsbegriff ausgeht, ist auch eine Bestimmung der jeweiligen schutzfähigen Positionen nicht abschließend möglich. Im folgenden soll aber versucht werden, die von Art. 14 I GG erfaßten vermögenswerten Rechte nach bestimmten Bereichen zu gliedern: **13**

aa) Privatrechtliche Positionen. Der Schutzbereich des Art. 14 I GG umfaßt zunächst diejenigen vermögenswerten Rechtspositionen, die das **bürgerliche Recht** einem privaten Rechtsträger als Eigentum zuordnet (BVerfGE 70, 191 [199] – *„Fischereirechte"* m. w. N.). Dazu zählen nicht nur das Grund- und sonstige Sacheigentum i. S. d. Zivilrechts (vgl. §§ 903, 90 BGB), sondern auch alle anderen vermögenswerten privaten Rechte.   **14**

(1) Sacheigentum. Das Sacheigentum läßt sich dem Art. 14 I GG am klarsten zuordnen. Soweit es um das **Grundeigentum** geht, erfaßt dieses zunächst einmal den Raum über der Erdoberfläche und den Erdkörper darunter (BVerwGE 32, 173 [178]). Der Gesetzgeber kann allerdings bestimmte Nutzungsmöglichkeiten aus dem Grundeigentum ausklammern und somit der Eigentumsdefinition entziehen.   **15**

Beispielsfall *„Naßauskiesung"* (nach BVerfGE 58, 300 ff.): E betrieb auf seinem Grundstück seit 1936 eine Kiesbaggerei bis in den Grundwasserbereich hinein („Naßauskiesung"). Nach dem Preußischen Wassergesetz v. 1913 stand ihm die Befugnis zu, ohne weiteres in die Grundwasserbereiche einzudringen. Durch das Wasserhaushaltsgesetz (WHG) v. 1. März 1960 (Sat. I Nr. 845 i.d.F. der Bekanntmachung v. 23. September 1986) wurde diese Befugnis entzogen. Nach § 1 a III WHG berechtigt das Grundeigentum nun nicht mehr zum Eindringen in das Grundwasser. Vielmehr ist eine behördliche Erlaubnis erforderlich, die nach dem gewährenden Ermessen der zuständigen Behörde erteilt wird (vgl. §§ 2 I, 3 I Nr. 6 WHG). Sollte nun die Genehmigung zur Grundwassernutzung versagt werden, so ist dies eigentumsrechtlich **nicht** relevant, da die Nutzung des Grundwassers im Systembereich des Wasserhaushaltsrechts nicht mehr zum Eigentum zählt. Die Versagung der Genehmigung stellt somit keinen eigentumsrelevanten Eingriff dar (zu den Nutzungsmöglichkeiten von Bergwerkeigentum, vgl. BVerwGE 94, 23 [27]; zu den Fischereirechten, vgl. BVerfGE 70, 191 ff. – *„Fischereirechte"*).

16   Darüber hinaus wird das Grundeigentum auch geprägt durch die Situation, in die das Grundstück hineingestellt ist. Mit einer solchen **„Situationsgebundenheit"** sind aber nicht nur Beschränkungen des Grundeigentums verbunden, sondern auch Erweiterungen am Grundeigentum (BVerwGE 32, 173 [178]).

Beispiele:
– So wird von Art. 14 I GG auch das sog. **Anliegerrecht** erfaßt. Dieses reicht aber nur soweit, wie die angemessene Nutzung des Grundeigentums eine Benutzung der Straße erfordert (BVerwG, NJW 1988, 432 [433] m. w. N.). Einen Anspruch auf Parkmöglichkeiten auf öffentlichen Straßen in angemessener Nähe des Grundstücks gewährt das Anliegerrecht nicht (BVerwG, NJW 1989, 729 [730] m. w. N.).
– Ob mit dem Grundeigentum auch eine umfassende **Baufreiheit** geschützt ist, ist umstritten. Die h. M. verneint dies (s. *P/S*, StaatsR II, Rn. 969 m. w. N.), da Art. 14 I 1 GG nur das Recht schützt, „ein Grundstück im Rahmen der Gesetze zu bebauen" (BVerfGE 35, 263 [276]; zum baurechtlichen Nachbarschutz s.u. Rn. 39).

17   Was das Eigentum an **beweglichen Sachen** anbelangt, so ergibt sich sein Inhalt im wesentlichen aus den zivilrechtlichen Bestimmungen über das Fahrniseigentum.

18   **(2) Eigentum an privaten Vermögensrechten.** Neben dem Sacheigentum erstreckt sich der verfassungsrechtliche Eigentumsschutz grundsätzlich auch auf **alle anderen privaten Vermögensrechte.** Auf dieser Grundlage werden u. a. sämtliche dinglichen Rechte an einer Sache, der Besitz, schuldrechtliche Ansprüche, vermögenswerte Mitgliedschafts- und Gesellschaftsrechte, Immaterialgüterrechte (sog. geistiges Eigentum) vom Eigentumsbegriff des Art. 14 I GG erfaßt.

Beispiele:
– Erbbaurechte (BVerfGE 79, 174 [191] – *„Straßenverkehrslärm"*), Hypotheken, Grundschulden, Pfandrechte;

- Vorkaufsrechte, jedenfalls nach Eintritt des Vorkaufsfalles (BVerfGE 83, 201 [210 f.] – „*Bergbau*");
- Besitzrecht des Mieters (BVerfGE 89, 1 [5 f.]);
- Kaufpreisansprüche (BVerfGE 45, 142 [179]);
- Aktien (BVerfGE 14, 236 [276 f.]; das Anteilseigentum und das Eigentum der Unternehmensträger (BVerfGE 50, 290 [341] – „*Mitbestimmung*"); die Rechte als Mitglied einer Gesamthandsgemeinschaft, wie z. B. der Erbengemeinschaft (BVerfGE 24, 367 [384] – „*Hamburgisches Deichordnungsgesetz*");
- Urheber- (BVerfGE 79, 1 [25] m. w. N.), Patent- (BVerfGE 36, 281 [290]), Warenzeichen- (BVerfGE 51, 193 [217 f.], Ausstattungs- (BVerfGE 78, 58 [71]) und Leistungsschutzrechte (BVerfGE 81, 208 [219]).

Beachte: Diese Aufzählung kann **nicht** als abschließend betrachtet werden, da der verfassungsrechtliche Eigentumsschutz nicht auf bestimmte vermögenswerte Rechte beschränkt ist (BVerfGE 83, 201 [208 f.] – „*Bergbau*").

(3) **Sonderproblem: Recht am eingerichteten und ausgeübten Gewerbebetrieb**

Zum eigentumsrechtlichen Schutz des eingerichteten und ausgeübten **19** Gewerbebetriebs sind zwei Fragen auseinanderzuhalten. Zunächst ist zu klären, **ob** das Recht am eingerichteten und ausgeübten Gewerbebetrieb überhaupt „Eigentum" i. S. des Art. 14 I GG ist. Diese Frage ist bis heute noch nicht eindeutig geklärt. Während nach Auffassung des BGH (BGHZ 23, 157 [163]; s. ferner BGHZ 98, 341 [351]; 111, 349 [356]) und des BVerwG (BVerwGE 62, 224 [226]) auch das Recht am eingerichteten und ausgeübten Gewerbebetrieb vom Eigentumsbegriff des Art. 14 I GG erfaßt wird, und zwar nicht nur der gegenständliche Bestand des Betriebs, sondern der Betrieb als „Sach- und Rechtsgesamtheit", also alles, was zusammengenommen den wirklichen Wert des Betriebes ausmacht, hat das BVerfG bisher noch nicht ausdrücklich entschieden, „ob und inwieweit der eingerichtete und ausgeübte Gewerbebetrieb als tatsächliche Zusammenfassung der zum Vermögen eines Unternehmens gehörenden Sachen und Rechte von der Gewährleistung des Art. 14 I GG erfaßt wird" (BVerfG, DVBl 1991, 1253).

Würde man dem Art. 14 I GG einen derartigen Schutz unterstellen, **20** so wäre ferner zu klären, in welchem Umfang das Recht am eingerichteten und ausgeübten Gewerbebetrieb durch Art. 14 I GG geschützt wird. Nach dem BVerfG würde sich dieser Schutz nur auf den konkreten Bestand an Rechten und Gütern erstrecken. Geschützt wäre demnach nur das Erworbene, **nicht aber bloße (Umsatz- und Gewinn-) Chancen sowie Verdienstmöglichkeiten** (BVerfG, DVBl 1991, 1253 f. m. w. N.; BVerfG, NJW 1998, 891). Ausgenommen vom eigentumsrechtlichen Grundrechtsschutz sind auch tatsächliche

Gegebenheiten, wie etwa die bestehenden Geschäftsverbindungen, der erworbene Kundenstamm oder die Marktstellung eines Unternehmens (BVerfGE 77, 84 [118]; a. A.: *Schoch*, Jura 1990, 142 m. w. N.).

Beispielsfall *„Fährbetrieb"* (nach BGHZ 94, 373 ff.): F betreibt in dritter Generation eine Fähre über den Rhein. Durch die Inbetriebnahme einer dem überörtlichen Verkehr dienenden Flußbrücke kommt der in etwa 3 km entfernt liegende Fährbetrieb des F vollständig zum Erliegen, da der Verkehr nunmehr die leichtere, schnellere und kostengünstigere Möglichkeit der Rheinüberquerung über die Brücke nutzt. Der Schutzbereich des Art. 14 I GG ist damit aber **nicht** betroffen. Denn die frühere starke Nutzung des Fährbetriebs stellt lediglich einen bloßen Lagevorteil dar, der als eine günstige faktische Gegebenheit nicht von der Eigentumsgarantie des Art. 14 I GG (insbesondere des Rechts am eingerichteten und ausgeübten Gewerbebetrieb) erfaßt wird (BGHZ 94, 373 [377 ff.]). Somit stehen dem F auch keine entschädigungsrechtlichen Ansprüche zu.

21   **bb) Öffentlich-rechtliche Positionen.** Auch hier ist umstritten, ob und inwieweit vermögenswerte öffentlich-rechtliche Positionen Eigentum i. S. des Art. 14 I GG sein können. Während der BGH ursprünglich die Auffassung vertreten hat, vermögenswerte Rechte auf dem Gebiet des öffentlichen Rechts seien ausnahmslos in den Eigentumsschutz einzubeziehen (BGHZ 6, 271 [278]), hatte das BVerfG demgegenüber zunächst ausdrücklich festgestellt, daß derartige Rechte nicht zum verfassungsrechtlich geschützten Eigentum gehören (BVerfGE 1, 264 [277 f.]; 2, 380 [399 ff.]). Zwischenzeitlich erkennt das BVerfG vermögenswerten öffentlichen Rechten dann Eigentumsschutz nach Art. 14 I GG zu, wenn der „Sachverhalt dem einzelnen eine Rechtsposition verschafft, die derjenigen eines Eigentümers entspricht und die so stark ist, daß ihre ersatzlose Entziehung dem rechtsstaatlichen Gehalt des Grundgesetzes widersprechen würde" (BVerfGE 4, 219 [240]; s. ferner BVerfGE 40, 65 [83] m. w. N.). Für die Abgrenzung greift das BVerfG in zahlreichen Entscheidungen darauf zurück, ob der Bürger durch **eigene Arbeit oder Einsatz von Kapital** die öffentlich-rechtliche Rechtsposition erworben hat, die sich vor diesem Hintergrund gewissermaßen als Äquivalent eigener Leistung darstellt (BVerfGE 72, 175 [193] m. w. N.).

Beispiele: So unterfallen der Eigentumsgarantie etwa der Anspruch auf Erstattung zuviel gezahlter Steuern (BVerfGE 70, 278 [285]), berufs- und gewerberechtliche Genehmigungen (BSGE 5, 40; BGHZ 81, 21 [33 f.]; krit. *Jarass*, in: J/P, GG, Art. 14 Rn. 10), wobei es hier allerdings nicht um die Genehmigung als solche geht, sondern um die aufgrund der Genehmigung durch eigene Leistung und/oder Kapitaleinsatz geschaffene Vermögensposition; Besoldungs- und Versorgungsansprüche von Berufssoldaten (BVerfGE 83 ,182 [195] m. w. N.) sowie besondere Hochschullehrerbezüge (BVerfGE 35, 23 [31]).

Beachte: Ansonsten unterliegen die vermögensrechtlichen Ansprüche von Angehörigen des **öffentlichen Dienstes**, die sich aus einem öffentlich-rechtlichen Dienstverhältnis ergeben, dem Art. 33 V GG; insoweit wird Art. 14 GG verdrängt (BVerfGE 76, 256 [294] m. w. N.).

Dagegen ist der verfassungsrechtliche Eigentumsschutz solchen öffentlich-rechtlichen Positionen zu versagen, „bei denen zu der einseitigen Gewährung des Staates keine dem Eigentumsschutz rechtfertigende Leistungen eines einzelnen hinzutritt" (BVerfGE 72, 175 [193] m. w. N.).   22

Beispiele:
- Fürsorgeansprüche aus einem Haftentschädigungsgesetz (BVerfGE, 2, 380 [402 f.]);
- Ansprüche auf Ausgleichzahlungen nach dem Lastenausgleichsgesetz (BVerfGE 32, 11 [128]);
- Ansprüche auf künftige Gewährung einer Wohnungsbauprämie (BVerfGE 48, 403 [413]);
- Gewährung zins- und tilgungsbegünstigter Darlehen aus Mitteln der Wohnungsfürsorge (BVerfGE 72, 175 [194 f.]).

Sonderproblem: Sozialversicherungsrechtliche Positionen

Nach der Rspr. des BVerfG werden vom Eigentumsschutz des Art. 14 I GG auch **sozialversicherungsrechtliche Positionen** erfaßt (dazu eingehend BVerfGE 69, 272, [300 ff.]; s. auch *v. Brünneck*, JZ 1990, 992 ff.). Allerdings wird dieser Schutz nur unter bestimmten Voraussetzungen gewährt: 23

(1) die sozialversicherungsrechtlichen Positionen müssen dem Versicherten ausschließlich und privatnützig zugeordnet sein;

(2) sie müssen auf nicht unerheblichen Eigenleistungen des Versicherten beruhen und

(3) der Sicherung seiner Existenz dienen (BVerfGE 69, 272 [300]; s. ferner BVerfGE 72, 9 [18 f.]).

Beispiele:
- Geschützt werden daher
- Ansprüche auf Renten aus der Sozialversicherung (BVerfGE 76, 256 [293] m. w. N.), einschließlich der Anwartschaften (BVerfGE 75, 78 [96 f.] m. w. N.);
- Ansprüche und Anwartschaften auf Arbeitslosengeld (BVerfGE 72, 9 [18 ff.]; s. ferner BVerfGE 90, 226 [236 ff.]) sowie auch der Anspruch auf Kurzarbeitergeld (*Bryde*, in: v.Münch/Kunig, GG I, Art. 14 Rn. 27 m. w. N.);
- Ansprüche auf Unterhalts- und Übergangsgeld nach dem AFG (BVerfGE 76, 220 [235]);
- Kinderzuschüsse nach dem BSHG (BSGE 60, 18 [27]).

Nicht erfaßt werden dagegen   24
- ermessensabhängige Rehabilitationsleistungen (BVerfGE 63, 152 [174]; BSGE 50, 149 [150]);

– der Anspruch auf Kindergeld (BSG, NJW 1987, 463);

– die Aussicht auf beitragslose Krankenversicherung (BVerfGE 69, 272 [307 f.]).

25   cc) Art. 14 GG schützt nach h. M. **nicht das Vermögen als solches** (st. Rspr. seit BVerfGE 4, 7 [17]; s. auch BVerfGE 95, 267 [300] – *„Altlastenregelung"* m. w. N.; BVerfG, NJW 1998, 891). Demnach ist die Auferlegung von öffentlich-rechtlichen Geldleistungspflichten, wie etwa **Steuern, Gebühren, Beiträge, Sonderabgaben** oder die Verurteilung zu einer Geldzahlung, mit Art. 14 GG vereinbar (BVerfGE 75, 108 [154]; 84, 212, [232]; BVerfG, NJW 1998, 2129 [2131] – *„Kindergartengebühr"*). Allerdings nimmt das BVerfG bei der Auferlegung derartiger Pflichten dann einen Verstoß gegenüber Art. 14 GG an, wenn diese eine „erdrosselnde Wirkung" ausüben (BVerfGE 95, 267 [300] m. w. N. – *„Altschuldenregelung"*).

Beispiel: Der Gesetzgeber beabsichtigt eine einkommensteuerrechtliche Regelung, wonach es einem Großteil der Steuerpflichtigen nicht mehr möglich ist, den notwendigen Lebensunterhalt zu bestreiten, d. h. ein sog. **„existenznotwendiger Bedarf"** muß jedenfalls gesichert bleiben (BVerfGE 87, 153 [169 ff.]).

2. Umfang des Eigentumsschutzes

26   Eigentumspositionen sind nur in ihrem konkreten Bestand schutzfähig. Art. 14 I 1 GG schützt daher lediglich das Erworbene, das Ergebnis einer Betätigung; der Erwerb, die Betätigung selbst wird dagegen von Art. 12 GG geschützt (BVerfGE 88, 366 [377] m. w. N.). Von Art. 14 GG wird aber auch die **Nutzung** der Eigentumsposition sowie deren Veräußerung bzw. Verfügung über diese geschützt (BVerfGE 79, 292 [304] – *„Eigenbedarf";* BVerfG, NJW 1998, 2662 – *„Überschuldung"*).

Beispiel: Der Eigentümer einer Wohnung wäre daher in seiner Eigentümerposition beschränkt, wenn ihm eine Kündigungsmöglichkeit für den Fall der Eigennutzung nicht zustehen würde (BVerfGE 79, 292 [304 f.] – *„Eigenbedarf"*).

Beachte: Die Nutzungshandlung muß aber funktionell der Eigentums- und Vermögenssphäre zugeordnet werden. Steht bei der Nutzungshandlung die Ausübung eines anderen Freiheitsrechts im Vordergrund, kommt dieses zum Tragen und Art. 14 I GG tritt zurück (*Wieland,* in: Dreier, GG, Art. 14 Rn. 150).

3. Erbrecht

27   Während die WRV Eigentum und Erbrecht getrennt behandelte (vgl. Art. 153, 154), faßt das Grundgesetz nunmehr beide Garantien in einem Grundrechtsartikel zusammen. Die ebenfalls von Art. 14 GG erfaßte Erbrechtsgarantie hat die Funktion, das Privateigentum mit dem Tode des Eigentümers nicht untergehen zu lassen, „sondern seinen Fortbestand im Wege der Rechtsnachfolge zu sichern"; insoweit ergänzt die Erbrechtsgarantie die Eigentumsgarantie (BVerfGE 91, 346 [358]). Sie begründet, wie auch die Eigentumsgarantie, in erster Linie ein

subjektiv-öffentliches Recht des Bürgers gegen den Staat; insoweit wird das Erbrecht als **Individualrecht** geschützt. Art. 14 GG gewährleistet das Erbrecht aber auch als **Rechtsinstitut** (BVerfG, NJW 1998, 743 m. w. N.), wodurch die Grundzüge des einfachgesetzlichen Erbrechts gewährleistet sind (*Wendt*, in: Sachs, GG, Art. 14 Rn. 195 m. w. N.).

Vom Schutzbereich des Art. 14 GG wird als das bestimmende Element der Erbrechtsgarantie die **Testierfreiheit** erfaßt (BVerfGE 67, 329 [341]; BVerfG, NJW 1998, 743). Diese umfaßt nicht nur das Recht des Erblassers, den oder die Erben zu bestimmen, sondern auch sonstige testamentarische Verfügungen (BVerfGE 67, 329 [341]). So kann der Erblasser einen gesetzlichen Erben von der Nachlaßbeteiligung auch ausschließen und wertmäßig auf den gesetzlichen Pflichtteil beschränken (BVerfGE 58, 377 [398]). **28**

Beachte: Die Testierfreiheit kann sich aber nur auf die dem Erblasser zustehenden vermögensrechtlichen Positionen beziehen, die den Schutz des Art. 14 GG genießen (s. auch *Jarass*, in: J/P, GG, Art. 14 Rn. 68).

Die Erbrechtsgarantie schützt nicht nur den Erblasser in seiner Testierfreiheit, sondern auch den dadurch **begünstigten Erben**, so daß dieser das Recht hat, mit den ererbten Gegenständen als Eigentümer zu verfahren. Voraussetzung ist allerdings, daß der Erbfall eingetreten ist (BVerfG, NJW 1998, 743 m. w. N.). **29**

Wie beim Eigentum ist es dem Gesetzgeber überlassen, Inhalt und Schranken des Erbrechts zu bestimmen (BVerfGE 91, 346 [360]); insoweit gelten die Ausführungen zur Eigentumsgarantie (dazu u. Rn. 36 ff.) entsprechend. **30**

D. Eingriff

I. Überblick

Die Eigentumsgarantie kann durch jede hoheitliche Maßnahme beeinträchtigt werden, die eine schutzfähige Eigentumsposition entzieht oder deren Nutzung, Verfügung oder Verwertung einer **rechtlichen Beschränkung** unterwirft. Kurz gesagt: jede Verkürzung der Eigentümerbefugnisse stellt einen Eingriff dar. Derartige Eingriffe können unmittelbar durch Normen oder Einzelfallregelungen bewirkt werden. Im Kern lassen sich hierbei zwei Fallgruppen unterscheiden: **31**
- Fallgruppe (1): Eingriff durch eine Inhalts- und Schrankenbestimmung, Art. 14 I 2 GG;
- Fallgruppe (2): Eingriff durch Enteigung, Art. 14 III GG.

Darüber hinaus kann das Eigentumsrecht aber auch durch **faktische Eingriffe** betroffen sein. **32**

II. Qualifizierung der rechtlichen Eingriffe

33   Das BVerfG geht im Hinblick auf die Auslegung des Art. 14 GG davon aus, daß
es sich bei der Inhalts- und Schrankenbestimmung einerseits und der Enteignung
andererseits um jeweils **eigenständige Rechtsinstitute** handelt, die nach formalen
Gesichtspunkten voneinander abzugrenzen sind (grundlegend BVerfGE 52, 1
[27 f.] – *„Kleingärten I“*; 58, 300 [331] – *„Naßauskiesung“*; st. Rspr.). Für die
Eingriffsqualifizierung hat diese Aussage folgende Auswirkungen:

34   –   Eine verfassungswidrige Inhalts- und Schrankenbestimmung des Eigentums
kann wegen des unterschiedlichen Regelungsgehalts **nicht** in eine Enteignung
i. S. d. Art. 14 III GG umgedeutet werden; dies selbst dann nicht, „wenn eine
Inhaltsbestimmung wegen der Intensität der den Rechtsinhaber betreffenden
Belastung mit dem Grundgesetz nur in Einklang stehen könnte, wenn sie
durch die Einführung eines Ausgleichsanspruchs abgemildert würde" (BVerf-
GE 79, 174 [192] – *„Straßenverkehrslärm"* m. w. N.; BVerfG, NJW 1998,
367 f. – *„Landschaftsschutz"*). Ob eine inhaltsbestimmende Reglung aber
dann nach Art. 14 III GG zu beurteilen ist, wenn sie die Nutzung der geschützten Rechtsposition praktisch schlechthin unmöglich macht und das
Recht damit völlig entwerten würde, hat das BVerfG offengelassen (BVerfGE
79, 174 [192] – *„Straßenverkehrslärm"*).

35   –   Auch eine **Doppelzuordnung** einer Reformregelung als Inhaltsbestimmung für
die Zukunft und (Legal-) Enteignung im Hinblick auf bisher bestehende Eigentumspositionen ist auszuschließen. So betont das BVerfG in der *Bergbau-
Entscheidung*, daß die Abschaffung bestehender Rechte im Zuge einer generellen Neugestaltung des betreffenden Rechtsgebiets auch nicht als
Enteignung i. S. d. Art. 14 III GG zu qualifizieren ist, wenn es im neuen Recht
keine Entsprechung für die alte Rechtsposition gibt (BVerfGE 83, 201
[211 f.] – *„Bergbau"*; BVerfG, NJW 1998, 367 [368] – *„Landschaftsschutz"*;
BVerwGE 94, 1 [5 f.]; s. auch *Wieland*, in: Dreier, GG, Art. 14 Rn. 76
m. w. N.; anders zuletzt noch BVerfGE 58, 300 [331 f.] – *„Naßauskiesung"*).

Klausurhinweis: Wegen der unterschiedlichen Schrankenregelung (Art. 14 I 2,
II GG und Art. 14 III GG) ist es in der Fallbearbeitung ratsam, eine genaue
Qualifizierung des Eingriffs vorzunehmen.

1. Inhalts- und Schrankenbestimmung, Art. 14 I 2 GG

36   Nach Art. 14 I 2 GG werden Inhalt und Schranken des Eigentums durch die
Gesetze bestimmt, wobei es unbeachtlich ist, ob dies mittels privatrechtlicher
oder öffentlich-rechtlicher Vorschriften erfolgt (BVerfGE 58, 300 [330] –
„Naßauskiesung"). Nach der Rspr. des BVerfG geht es bei der Schranken- und
Inhaltsbestimmung um eine „generelle und abstrakte Festlegung von Rechten
und Pflichten durch den Gesetzgeber hinsichtlich solcher Rechtsgüter, die als
Eigentum im Sinne der Verfassung zu verstehen sind" (BVerfGE 52, 1 [27] –
„Kleingärten I"; 58, 300 [330] – *„Naßauskiesung"*; BVerfGE, NJW 1998, 367 –

„Landschaftsschutz" m. w. N.). Zielsetzung ist die Normierung objektiv-rechtlicher Vorschriften, „die den „Inhalt" des Eigentumsrechts vom Inkrafttreten des Gesetzes an für die Zukunft bestimmen" (BVerfGE 52, 1 [27] – *„Kleingärten I"*) und damit nach ihrem objektiven Sinn und Zweck auf eine (Um-) Gestaltung der Eigentumsordnung gerichtet sind (BVerwGE 94, 1 [5]).

Beispiele:

– Nach § 21 f II 3 BNatSchG können bestandsbedrohte Arten freilebender Tiere und Pflanzen unter gewissen Voraussetzungen von den Zollbehörden eingezogen werden. Hierbei handelt es sich lediglich um eine Inhalts- und Schrankenbestimmung i. S. d. Art. 14 I 2 GG, da nur diejenigen Tiere und Pflanzen eingezogen werden können, für die der Eigentümer nach der öffentlich-rechtlichen Vorschrift geforderte Genehmigungen und sonstigen Dokumente nicht vorweisen kann. Demnach wird keine Rechtsposition entzogen, um bestimmte öffentliche Aufgaben zu erfüllen, sondern die Einziehung stellt die Verwirklichung eines in diesen Tieren und Pflanzen bei der Einfuhr entstandenen Risikos dar (BVerfG, NJW 1990, 1229).

– Auch Nutzungs- und Verfügungsbeschränkungen im Bereich des Natur- und Landschaftsschutzes werden von der Rspr. grundsätzlich als Inhalts- und Schrankenbestimmungen i. S. d. Art. 14 I 2 GG angesehen. Dem liegt die Vorstellung zugrunde, daß jedes Grundstück durch seine Lage und Beschaffenheit sowie die Einbettung in seine Umwelt, also durch seine jeweilige Situation, geprägt wird. Die natur- und landschaftsschutzrechtlichen Regelungen zeichnen lediglich Beschränkungen der Eigentümerbefugnisse nach, die dem Grundstück gleichsam selbst anhaften (BVerwGE 94, 1 [3] m. w. N.; s. auch BVerfG, NJW 1998, 367 ff. – *„Landschaftsschutz"*).

Beachte: Verwaltungsakte sind Einzelfallregelungen. Sie fallen deshalb nicht direkt unter die Inhalts- und Schrankenbestimmung des Art. 14 I 2 GG; sie können vielmehr nur Administrativenteignungen nach Art. 14 III GG sein oder sie fallen unter die sonstigen Eingriffe.

2. Enteignung, Art. 14 III GG

Die Enteignung zielt auf die vollständige oder teilweise Entziehung konkreter subjektiver Rechtspositionen, die durch Art. 14 I 1 GG geschützt sind. Wesensmerkmal der Enteignung i. S. d. Art. 14 III GG ist der staatliche Zugriff (gezielter hoheitlicher Rechtsakt) auf das Eigentum des einzelnen (BVerfGE 79, 174 [191] m. w. N. – *„Straßenlärm"*; BVerfG, NJW 367 – *„Landschaftsschutz"*). Dabei kann es sich entweder um einen Zugriff durch Gesetz (**Legalenteignung**) oder – als Regelfall (BVerfGE 24, 367 [402 f.] – *„Hamburgisches Deichordnungsgesetz"*) – aufgrund Gesetzes durch administrative Maßnahmen (**Administrativenteignung**) handeln. Ausgeschlossen ist demnach eine Enteignung durch Realakt oder privaten Rechtsakt. Schließlich muß die Enteignung der Erfüllung bestimmter öffentlicher Aufgaben dienen (BVerfGE 70, 191 [199 f.] m. w. N. – *„Fischereirechte"*). Ob für den Begriff der Enteignung auch das Rechtmäßigkeitserfordernis maßgebend ist, ist in der Literatur umstritten (dazu *Jarass*, in: J/P, GG, Art. 14 Rn. 53 m. w. N.). Das BVerfG spricht jedenfalls auch dann noch von einer Enteignung, wenn die Maßnahme rechtswidrig ist (BVerfGE 56, 249 [261] – *„Dürkheimer Gondelbahn"*).

37

Beachte: Die Enteignung ist somit durch **drei Merkmale** von der Inhalts- und Schrankenbestimmung des Art. 14 I 2 GG zu unterscheiden: sie ist konkret, trifft individuell und ist auf (Teil-) Entziehung des Eigentums gerichtet.

3. Sonstige Eingriffe

38 Das Eigentum kann nicht nur durch Rechtsnormen und enteignende Verwaltungsakte beeinträchtigt werden, sondern auch durch Verwaltungsakte ohne Enteigungscharakter, Vollzugs- und Realakte, soweit sie unmittelbar in die Eigentumssubstanz eingreifen (BVerwGE 50, 282 [287]; *Jarass*, in: J/P, GG, Art. 14 Rn. 37). Wird das Eigentumsrecht aber nur mittelbar betroffen, so müssen die Auswirkungen der Beeinträchtigung für die eigentumsrechtliche Position des Betroffenen von nicht ganz unbeträchtlichen Umfang sein; insoweit wird auf die Intensität des Eingriffs abgestellt.

Sonderproblem: öffentlich-rechtlicher Nachbarschutz

39 Ein Sonderproblem stellt in diesem Zusammenhang der Bereich des öffentlich-rechtlichen Nachbarschutzes dar. Hierbei geht es vor allem um Sachverhalte, in denen sich der Nachbar eines Antragstellers einer Baugenehmigung gegen diese wehren will, obwohl er weder Adressat der Baugenehmigung ist noch sich auf eine zugunsten Dritter wirkende Schutznorm des einfachen Rechts berufen kann (Problem der Klagebefugnis des § 42 II VwGO, s. dazu *Schmitt Glaesner*, Verwaltungsprozeßrecht, 14. Aufl., 1997, S. 108 ff.). Für diese Fälle gewährt das BVerwG ausnahmsweise dem Nachbarn aus Art. 14 I GG einen **unmittelbaren Abwehranspruch**, wenn die Erteilung der Baugenehmigung und deren Ausnutzung die vorgegebene Grundstückssituation des Nachbarn nachhaltig verändert (z. B. Hochhaus verbaut die dem Nachbargrundstück charakteristische Fernsicht) und diesen dadurch schwer und unerträglich trifft (**sog. mittelbarer Eingriff**). Wird durch die Erteilung und Ausnutzung der behördlich erteilten Baugenehmigung in das durch Art. 14 I GG geschützte Eigentum des Nachbarn aber unmittelbar eingegriffen, weil etwa sein Grundstück für einen Notweg in Anspruch genommen wird, so kann sich der Nachbar auf seinen Abwehranspruch aus Art. 14 I 1 GG auch dann berufen, ohne daß es auf die Frage ankommt, wie schwer oder unerträglich er durch den Eingriff getroffen ist (so BVerwGE 50, 282 [287]; anders wohl nun BVerwG, DVBl 1997, 61 [62]; dazu *Finkelnburg/Ortloff*, Öffentliches Baurecht, Bd. II, 4. Aufl., 1998, S. 243 ff.).

Beachte: Soweit aber drittschützende Regelungen des einfachen Rechts vorhanden sind, kann ein weitergehender unmittelbar auf Art. 14 I 1 GG beruhender Anspruch nicht bestehen (BVerwGE 89, 69 [78]). In der Fallbearbeitung ist daher stets zu prüfen, ob nicht drittschützende Normen vorhanden sind.

III. Besondere entschädigungsrechtliche Folgen von eigentumsrelevanten Eingriffen

Die hoheitliche Beeinträchtigung privaten Eigentums kann eine staatliche Ent- **40** schädigungspflicht auslösen, und zwar unabhängig davon, ob sie in gerechtfertigter oder rechtswidriger Weise erfolgt ist. Hierzu wurden aus dem Gedanken der Aufopferungsentschädigung zwei Haftungsinstitute entwickelt: **der enteignende und der enteignungsgleiche Eingriff.** Beiden Eingriffen ist jedenfalls gemein, daß dem Eigentümer ein Sonderopfer auferlegt worden ist, das die Schwelle des enteignungsrechtlich Zumutbaren überschreitet. Ferner setzen beide Haftungsinstitute die Unmittelbarkeit des Eingriffs voraus, d. h., es müssen schädigende Auswirkungen der Beeinträchtigung vorliegen, die für die konkrete Betätigung der Hoheitsgewalt typisch sind und die aus der Eigenart der hoheitlichen Maßnahme folgen. Unterschieden werden beide Eingriffe danach, daß der enteignungsgleiche Eingriff bei einer rechtswidrigen hoheitlichen Maßnahme zum Tragen kommt, während der enteignende Eingriff rechtmäßige hoheitliche Maßnahmen erfaßt. Abgrenzungskriterium ist also das Tatbestandmerkmal der Rechtmäßigkeit der eingreifenden hoheitlichen Maßnahme (zu den einzelnen Tatbestandsvoraussetzungen ausführlich *Windthorst/Sproll*, Staatshaftungsrecht, § 16).

E. Verfassungsrechtliche Rechtfertigung

Im Rahmen der verfassungsrechtlichen Rechtfertigung ist zu unterscheiden zwi- **41** schen der Inhalts- und Schrankenbestimmung nach Art. 14 I 2 GG einerseits und der Enteignung i. S. d. Art. 14 III GG andererseits.

I. Inhalts- und Schrankenbestimmung, Art. 14 I 2 GG

1. Gesetzliche Grundlage

Inhalt- und Schrankenbestimmungen müssen durch Gesetz erfolgen, wobei Ge- **42** setz im **materiellen Sinne** zu verstehen ist, d. h. neben Parlamentsgesetzen kommen auch Rechtsverordnungen, Satzungen, wohl auch Gewohnheitsrecht in Betracht (*Wieland*, in: Dreier, GG, Art. 14 Rn. 78 m. w. N.).

2. Anforderungen an die gesetzlichen Regelung

Die Bestimmungen müssen dem **Grundsatz der Verhältnismäßigkeit** entsprechen, **43** d. h. „die Einschränkung der Eigentümerbefugnisse muß zur Erreichung des angestrebten Ziels geeignet und notwendig sein; sie darf den Betroffenen nicht übermäßig belasten und muß ihm zumutbar sein" (BVerfGE 74, 203 [214 f.] m. w. N.). Darüber hinaus hat der Grundsatz des Vertrauenschutzes für die vermögenswerten Güter in Art. 14 GG hinsichtlich der unechten Rückwirkung eine spezifische Ausprägung erfahren (BVerfGE 70, 101 [114]; *Jarass*, in: J/P, GG, Art. 14 Rn. 34).

44   Vor allem aber der Grundsatz der Verhältnismäßigkeit unterliegt im Rahmen des
      Art. 14 I 2 gewissen **Besonderheiten**. Hier ist zu berücksichtigen, daß Art. 14 GG
      einerseits die Privatnützigkeit und grundsätzliche Verfügungsbefugnis des Ei-
      gentums (Art. 14 I 1 GG) anerkennt, andererseits aber auch von der Sozial-
      pflichtigkeit des Eigentums (Art. 14 II GG) spricht. Beiden Elementen muß daher
      der Gesetzgeber bei Regelungen i. S. d. Art. 14 I 2 GG Rechnung tragen. Wie das
      BVerfG in st. Rspr. betont, müssen beide Elemente in einen gerechten Ausgleich
      und ein ausgewogenes Verhältnis gebracht werden (BVerfGE 52, 1 [29] – *„Klein-
      gärten I"* ; 87, 114 [138] – *„Kleingärten II"*; BVerfG, NJW 1998, 367 [368] –
      „Landschaftsschutz"). Da dieses Spannungsverhältnis in den jeweiligen Sozialbe-
      reichen, wie etwa dem Privat-, Urheber, Bauplanungs-, Naturschutzrecht, unter-
      schiedlich ist, sind hinsichtlich der Abwägungskriterien dementsprechend unter-
      schiedliche Maßstäbe zugrundezulegen. Als Abwägungskriterien sind folgende zu
      nennen:

a) Bedeutung der betroffenen Eigentumsposition für den Eigentümer

45   In diesem Zusammenhang kann von der personalen Funktion des Eigentums
      gesprochen werden. Gemeint ist damit folgendes: Stellt sich die schutzfähige
      Eigentumsposition als Element der Sicherung der persönlichen Freiheit des ein-
      zelnen dar, genießt es einen besonders ausgeprägten Schutz (BVerfGE 50, 290
      [340] – *„Mibestimmung"*). Maßgebend für diese Beurteilung, kann die Frage
      danach sein, inwieweit die schutzfähige Position auf eigene Leistungen zurück-
      geht (*Jarass*, in: J/P, GG, Art. 14 Rn. 32 b; krit. aber *Wendt*, in: Sachs, GG,
      Art. 14 Rn. 92 ff.). Das BVerfG hat in seiner *Versorgungsausgleichs-Entschei-
      dung* hierzu jedenfalls folgendes festgestellt: „Je höher der eigene der einem An-
      spruch zugrunde liegende Anteil eigener Leistung ist, desto stärker tritt der ver-
      fassungsrechtlich wesentliche personale Bezug und mit ihm ein tragender Grund
      des Eigentumsschutzes hervor" (BVerfGE 53, 249 [292] – *„Versorgungsaus-
      gleich"*).

      Beachte: Besonderen Schutz genießt dabei das Eigentum der sozial Schwachen
      (BVerfGE 49, 220 [226] m. w. N.).

b) Eigenart der schutzfähigen Eigentumsposition

46   Gemeint sind damit die funktionalen Besonderheiten der einzelnen schutzfähigen
      Eigentumspositionen. Die Eigentumsrechte sind demzufolge hinsichtlich ihrer
      Beschränkungen nach ihrer Substanz und Funktion, d. h. nach ihrer Nutzbarkeit,
      Ertragsfähigkeit und Verfügungsfähigkeit entsprechend ihrem spezifischen In-
      halt zu bestimmen (*Wendt*, in: Sachs, GG, Art. 14 Rn. 96).

      Beispiel: So kann etwa das Unternehmereigentum nicht pauschal mit anderen Eigentumska-
      tegorien, wie etwa dem Eigentum an Sachgütern oder den Urheberrechten, gleichgesetzt wer-
      den.

c) Soziale Funktion des Eigentums

Hier gilt folgender Grundsatz: Je mehr das Eigentumsobjekt in einem sozialen 47
Bezug und in einer sozialen Funktion steht, um so weiter ist die Befugnis des
Gesetzgebers zur Inhalts- und Schrankenbestimmung (BVerfGE 50, 250 [340] –
„*Mitbestimmung*"; 52, 1 [32] – „*Kleingärten I*").

Beispiele:
- Produktionsmittel (vgl. BVerfGE 50, 290 [340 f.] – „*Mitbestimmung*");
- Urheberrecht (vgl. BVerfGE 79, 29 [40 f.]);
- Grund und Boden (vgl. BVerfGE 87, 114 [146] – „*Kleingärten II*");
- vermietetes Wohnungseigentum (vgl. BVerfGE 91, 294 [310] m. w. N. – „*Mietpreisbindung*").

Beachte: Das Wohl der Allgemeinheit ist aber zugleich auch Grenze für die dem
Eigentum aufzuerlegenden Beschränkungen. Diese dürfen nicht weitergehen, als
es das Gemeinwohl gebietet (BVerfGE 87, 114 [138 f.] m. w. N. – „*Kleingärten
II*").

d) Intensität, Schwere und Tragweite der Eigentumsbeeinträchtigung

Bei intensiven Eingriffen in die geschützte Eigentumsposition kann sich die Frage 48
nach einem entsprechenden Ausgleich stellen. Zur Wahrung des Verhältnismäßigkeitsgrundsatzes muß der Gesetzgeber daher den Eingriff gegebenenfalls
abmildern. Hierbei kommt zunächst die Möglichkeit eines **finanziellen Ausgleichs**
in Betracht. Eine Inhalts- und Schrankenbestimmung kann also unzulässig sein,
weil kein derartiger Ausgleich gewährt wird.

Beispiel: Die Einführung einer Abgabepflicht für Belegexemplare bei Druckerzeugnissen, die
mit großem Aufwand und in kleiner Auflage hergestellt werden, ist unverhältnismäßig, weil
unzumutbar, wenn nicht für die Verleger derartiger Druckwerke eine Entschädigung
durch den Gesetzgeber geregelt wird (BVerfGE 58, 137 [150] – „*Pflichtexemplar*"). An die
inhaltliche Ausgestaltung der Ausgleichsklauseln werden keine besonderen Anforderungen
geknüpft. Diese können auch pauschale Bestimmungen über die Entschädigung enthalten
(BVerwGE 94, 1 [10 ff.]; BHGZ 126, 379 [383 ff.]; 128, 204 [205]. Im Rahmen der Inhalts- und
Schrankenbestimmung des Art. 14 I 2 GG sind also sog. **salvatorische Entschädigungsklauseln**
zulässig.

Bei der Abschaffung bzw. Verkürzung bestehender Eigentumspositionen, vor al- 49
lem im Zuge der Neugestaltung eines Rechtsgebiets, kann aus dem Verhältnismäßigkeitsgrundsatz die Notwendigkeit einer schonenden **Übergangsregelung**
folgen (BVerfGE 58, 300 [351] – „*Naßauskiesung*"; 70, 191 [201] – „*Fischereirechte*"; 83, 201 [213] – „*Bergbau*"; s. aber BVerfG, NJW 1998, 367 [368] –
„*Landschafttschutz*").

Beispiele:
- So kann etwa die Fortsetzung einer Grundstücksnutzung, zu deren Aufnahme umfangreiche
  Investitionen erforderlich waren, durch eine Neuordnung des Rechtsgebiets nicht abrupt
  unterbunden werden; es bedarf vielmehr einer Übergangsregelung (BVerfGE 58, 300
  [349 f.] – „*Naßauskiesung*").
- Andererseits folgender Fall (nach BVerfG, NJW 1998, 367 ff. – „*Landschaftsschutz*"): Ei-

nem Grundstückseigentümer, dessen Grundstück in einem Landschaftsschutzgebiet lag, wurde aufgrund landesrechtlicher Landschaftsschutzverordnung untersagt, dort den Kiesabbau zu betreiben. Das BVerfG hielt in diesem Fall weder eine Entschädigungs- noch eine Übergangsregelung für notwendig, weil mit dem Kiesabbau erst begonnen werden sollte und damit kein bereits ausgeübtes Recht entzogen wurde. Zudem verblieb dem Eigentümer die Möglichkeit der forstwirtschaftlichen Nutzung. Außerdem sei der Naturschutz von hohem Rang, wie dies auch aus dem in Art. 20 a GG niedergelegten Staatsziel zu entnehmen ist (BVerfG, NJW 1998, 367 [368] – *„Landschaftsschutz"*).

Klausurhinweis: In der Fallbearbeitung sollte die Abwägung zwischen den Allgemeinbelangen und den zu berücksichtigenden Individualinteressen im Rahmen der Verhältnismäßigkeit im engeren Sinne (Angemessenheit) geprüft werden (s. auch *Jarass*, in: J/P, GG, Art. 14 Rn. 31).

II. Enteigung, Art. 14 III GG

50   Eine Enteignung als Überwindung des individuellen Eigentumsrechts stellt eine besonders schwere Eigentumsbeeinträchtigung dar (zum Begriff o. Rn. 37). Sie ist nur unter den strengen Voraussetzungen des Art. 14 III GG verfassungsrechtlich zulässig. Eine Enteignung darf nur **durch** (Legalenteignung) oder **aufgrund eines förmlichen Gesetzes** (Administrativenteignung) erfolgen, wobei im Gesetz die Gemeinwohlgründe festgelegt sein müssen (BVerfGE 74, 264 [285] m. w. N. – *„Boxberg"*).

Klausurhinweis: In der Fallbearbeitung ist daher stets zu prüfen, ob der Gesetzgeber den unbestimmten Rechtsbegriff des Allgemeinwohls zutreffend und ausreichend definiert hat.

51   Allerdings reicht nicht jedes beliebige öffentliche Interesse aus, die Enteignung zu rechtfertigen; vielmehr bedarf es eines **besonders schwerwiegenden, dringenden öffentlichen Interesses** (BVerfGE 74, 264 [289] – *„Boxberg"*).

Beispiele:
– Hierzu gehören vor allem Aufgaben, die im Bereich der Daseinsvorsorge zu treffen sind (BVerfGE 74, 264 [286] – *„Boxberg"*), wie etwa die Sicherstellung der Energieversorgung (BVerfGE 66, 248 [258]).
– Enteignungen zugunsten Privater sind auch dann zulässig, wenn die Verwaltung ihre Zwecke in privatrechtlichen Organisationsformen wahrnimmt oder wenn einem Privaten öffentliche Aufgaben übertragen worden sind (*Bryde*, in: v.Münch/Kunig, GG I, Art. 14 Rn. 84 m. w. N.).
– Dagegen scheidet eine Enteignung aus rein fiskalischen Gründen aus; denn die Enteignung ist kein Instrument zur Vermehrung des Staatsvermögens (vgl. BVerfGE 38, 175 [180]); auch eine Enteignung allein zur Förderung privater Interessen ist von Art. 14 III GG nicht gedeckt (vgl. abw. M. BVerfGE 56, 266 [284 ff.] – *„Dürkheimer Gondelbahn"*).
– Zeigt sich zu einem späteren Zeitpunkt, daß das Vorhaben, zu dessen Zweck die Enteignung durchgeführt wurde, nicht mehr ausgeführt oder das Grundstück hierfür nicht mehr benötigt wird, so steht dem Enteigneten ein Anspruch auf Rückübereignung des Grundstücks zu (BVerfGE 38, 175 [181]).

Wie dem Art. 14 III 2 GG zu entnehmen ist, muß das formelle Gesetz, das die   52
Enteignung vorsieht oder die Grundlage dazu bildet, Art und Ausmaß der darauf
bezogenen Entschädigung regeln. Durch die **Junktimklausel** soll dem Gesetzgeber
die Tragweite des Eigentumseingriffs deutlich werden; insoweit kommt ihr eine
Warnfunktion zu. Sog. Salvatorische Entschädigungsklauseln (dazu o. Rn. 48)
genügen den Anforderungen nicht. Ein Enteignungsgesetz ohne konkrete Entschädigungsklausel ist daher nichtig (BVerfGE 58, 300 [319] – *„Naßauskiesung"*). Für die Höhe der Entschädigung bestimmt Art. 14 III 3 GG, daß sie unter
gerechter Abwägung der Interessen der Allgemeinheit und der Beteiligten zu bestimmen ist. Sie muß nicht notwendig dem Verkehrswert entsprechen, sondern
kann auch darunter liegen (*Jarass*, in: J/P, GG, Art. 14 Rn. 64 m. w. N.).

Beachte: Die Junktimklausel gilt ausschließlich für die Enteignung i. S. d. Art. 14
III GG, nicht aber für sonstige Eigentumsbeeinträchtigungen (BGHZ 99, 24 [29];
126, 379 [381]), also auch nicht für die Inhalts- und Schrankenbestimmung. Das
gleiche gilt für vorkonstitutionelle Gesetze (BVerfGE 46, 268 [288]).

Die Enteignung muß im übrigen auch dem **Grundsatz der Verhältnismäßigkeit**   53
entsprechen, d. h. sie muß geeignet, erforderlich und angemessen sein.

III. Sonstige Eingriffe

Auch faktische und mittelbare Eingriffe sowie Verwaltungsakte ohne Enteig-   54
nungscharakter sind an den Maßstäben der Art. 14 I 2, II GG zu messen. Sie
bedürfen daher einer gesetzlichen Regelung und sind am Verhältnismäßigkeitsgrundsatz zu messen (*Jarass*, in: J/P, GG, Art. 14 Rn. 37)

Beachte: Sonstige Eingriffe können ebenfalls entschädigungsrechtliche Ansprüche auslösen, und zwar unabhängig davon, ob sie rechtmäßig oder rechtswidrig
sind (s. o. Rn. 40).

IV. Institutsgarantie als Schranken-Schranke

Als äußerste, eher theoretische Schranken-Schranke wird die Institutsgarantie   55
angesehen. Sie setzt den ansonsten verfassungsrechtlich gerechtfertigten Inhalts-
und Schrankenbestimmungen sowie der Enteignung letzte Grenzen (*P/S*, StaatsR
II, Rn. 1022). In diesem Zusammenhang betont das BVerfG in der Entscheidung
zum *Hamburgischen Deichordnungsgesetz*, daß es dem Gesetzgeber verboten ist,
solche Sachbereiche der Privatrechtsordnung zu entziehen, „die zum elementaren
Bestand grundrechtlich geschützter Betätigung im vermögensrechtlichen Bereich
gehören" (BVerfGE 24, 367 [389] – *„Hamburgisches Deichordnungsgesetz"*).

F. Vergesellschaftung

56 Art. 15 GG ist im verfassungsrechtlichen System bisher und wird wohl auch zukünftig keine praktische Bedeutung zugekommen; dies umso mehr vor dem Hintergrund des Zusammenbruchs der ehemaligen DDR und anderer sozialistisch geprägter Staaten. Vielmehr zeigt die heutige Zeit eine entgegengesetzte Tendenz, wonach es zur Privatisierung und Übernahme ehemals staatlicher Einrichtungen (z.B Deutsche Bundespost, Deutsche Bundesbahn) durch die Privatwirtschaft kommt.

57 Art. 15 GG erlaubt die Überführung bestimmter Eigentumspositionen in Gemeinwirtschaft ausschließlich zum Zwecke der Vergesellschaftung. Damit sollen die Güter bzw. ihre Nutzung nicht mehr dem individuellen Nutzen des Eigentümers dienen, sondern vielmehr der gesellschaftlichen Bedarfsdeckung oder der Verfolgung sonstiger Gemeinwohlziele (*Wendt*, in: Sachs, GG, Art. 15 Rn. 5). Der Vorschrift wird aber **kein Grundrechtscharakter** beigemessen; sie bietet vielmehr eine weitere Rechtfertigung für Eingriffe in bestimmte Eigentumspositionen (*Jarass*, in: J/P, GG, Art. 15 Rn. 1 m. w. N.). Die in Art. 15 GG aufgeführten sozialisierungsfähigen Gegenstände, wie Grund und Boden, Naturschätze und Produktionsmittel, sind als abschließend zu betrachten (*Wendt*, in: Sachs, GG, Art. 15 Rn.7). Wegen ihrer Bedeutung darf die Sozialisierung nur durch förmliches Gesetz erfolgen, wobei die Anforderungen an die Junktimklausel eher noch stringenter einzuhalten sind als bei der Enteigung i. S. d. Art. 14 III GG (*Bryde*, in: v.Münch/Kunig, GG I, Art. 15 Rn. 20 ff.).

G. Verhältnis zu anderen Grundrechten

58 Im Verhältnis zur allgemeinen Handlungsfreiheit des **Art. 2 I GG**, gibt es vor allem im Hinblick auf die Nutzung eigentumsfähiger Positionen Überschneidungsprobleme. **Art. 4 GG** und **Art. 14 GG** sind nebeneinander anwendbar, wenn eine Beschränkung des Eigentumsgebrauchs gleichzeitig die Ausübung der Religionsfreiheit beeinträchtigt (*Bryde*, in: v.Münch/Kunig, GG I, Art. 14 Rn. 109 m. w. N.). Im Verhältnis zur Kunstfreiheit des **Art. 5 III 1 GG**, ist Art. 14 GG einschlägig, wenn es um die wirtschaftliche Verwertung des Urheberchts geht (s. § 7 Rn. 86). Dagegen wird die Pressefreiheit in **Art. 5 I 2 GG** als lex specialis angesehen (*Bryde*, in: v.Münch/Kunig, GG I, Art. 14 Rn. 109). Zum Verhältnis mit **Art. 12 GG** s. § 11 Rn. 96.

H. Wiederholung

I. Kontrollfragen

1. Welche Garantien lassen sich aus Art. 14 I 1 GG ableiten?

2. Wodurch unterscheidet sich der verfassungsrechtliche Eigentumsbegriff vom Eigentum des BGB?

3. Inwieweit ist der Schutz des eingerichteten und ausgeübten Gewerbebetriebs von Art. 14 GG erfaßt?

4. Nach welchem Maßstab beurteilt sich die Zulässigkeit eines Eingriffs i. S. v. Art. 14 I 2 GG?

5. Nennen Sie die Rechtmäßigkeitsvoraussetzungen für eine Enteignung?

II. Lösungen

1. Art. 14 GG stellt in erster Line ein subjektiv-öffentliches Abwehrrecht dar, welches das Eigentum des einzelnen vor staatlichen Zugriffen schützen soll. Darüber hinaus enthält diese Grundrechtsnorm eine Institutsgarantie für das Eigentum in der Hand Privater. Danach ist es dem Gesetzgeber verwehrt, das Privateigentum abzuschaffen oder in seinem Wesensgehalt auszuhöhlen; insoweit wird die Institutsgarantie als Schranken-Schranke angesehen (s. Rn. 4, 55).

2. Der verfassungsrechtliche Eigentumsbegriff ist weiter als der des BGB. Der letztere ist vielmehr nur ein Ausschnitt dessen, was als Eigentum i. S. d. Art. 14 GG zu verstehen ist. Nach der Rspr. des BVerfG unterfallen dem Eigentumsbegriff grundsätzlich alle vermögenswerten Rechte, die dem Berechtigten von der Rechtsordnung in der Weise zugeordnet sind, daß er die damit verbundenen Befugnisse nach eigener Entscheidung zu seinem privaten Nutzen ausüben darf (BVerfGE 95, 267 [300] – „Altschuldenregelung"; s. auch Rn. 11 ff.).

3. Nach der Rspr. des BGH und des BVerwG unterfällt das Recht am eingerichteten und ausgeübten Gewerbebetrieb dem eigentumsrechtlichen Schutz des Art. 14 GG. In welchem Umfang dieser Schutz allerdings gewährt wird, ist noch nicht abschließend geklärt (s. dazu Rn. 19 ff.).

4. Bei der Ausgestaltung des Eigentumsschutzes i. S. einer Inhalts- und Schrankenbestimmung hat der Gesetzgeber die beiden grundsätzlichen Wertentscheidungen des Art. 14 GG – (1) die durch Art. 14 I 1 GG gewährleistete Privatnützigkeit und Verfügungsbefugnis des Eigentums und (2) die Sozialpflichtigkeit des Eigentums – in einen gerechten Ausgleich und ein ausgewogenes Verhältnis zu bringen. Als Maßstab hierfür dient der Grundsatz der Verhältnismäßigkeit (s. Rn. 43 ff.).

5. Die Rechtmäßigkeitsvoraussetzungen der Enteignung sind speziell in Art. 14 III GG geregelt (s. Rn. 50 ff.). Der Gesetzgeber muß vor allem darauf achten, daß das Enteignungsgesetz eine konkrete Entschädigungsklausel enthält; sog. salvatorische Entschädigungsklauseln reichen nicht aus.

4. Abschnitt. Familie und Schule

§ 13. Der Schutz von Ehe, Familie und Elternrecht, Art. 6 I – IV GG

Literatur: zum Schutz von Ehe und Familie: *Kingreen, T.,* Das Grundrecht von Ehe und Familie, Jura 1997, 401 ff.; *Meissner, C.,* Familienschutz im Ausländerrecht, Jura 1993, 1 ff., 113 ff.; *Ott, S.,* Die Begriffe „Ehe und Familie" in Art. 6 I GG, NJW 1998, 117 ff.; *Pechstein, M.,* Familiengerechtigkeit als Gestaltungsgebot für die staatliche Ordnung, 1994; *Stintzing, H.,* Nichteheliche Lebensgemeinschaften und rechtliche Regelung – ein Widerspruch?, 1992; **zum Elternrecht:** *Jestaedt, M.,* Staatliche Rollen in der Eltern-Kind-Beziehung, DVBl 1997, 693 ff.

Leitentscheidungen: zum Schutz von Ehe und Familie: BVerfGE 6, 55 ff. – *„Zusammenveranlagung I"*; 18, 97 ff. – *„Zusammenveranlagung II"*; 31, 58 ff. – *„Spanier-Beschluß"*; 62, 323 ff. – *„hinkende Ehe"*; BVerfG, NJW 1993, 3316 f. – *„Sinti-Ehe"*; **zum Elternrecht:** BVerfGE 24, 119 ff. – *„Adoption"*; 92, 158 ff. – *„unehelicher Vater"*; BVerfG NJW 1998, 2515 ff. – *„Rechtschreibreform"*.

A. Überblick

Art. 6 GG enthält die Garantie von Ehe und Familie (Art. 6 I GG), das Recht der 1
Eltern zur Pflege und Erziehung ihrer Kinder (Art. 6 II, III GG), den Anspruch der
Mutter auf staatlichen Schutz (Art. 6 IV GG) sowie einen Gleichstellungsauftrag
zugunsten nichtehelicher Kinder (Art. 6 V GG). Während letzterer ein spezielles
Gleichheitsrecht ist (s. § 19 Rn. 53), verbürgen die übrigen Garantien des Art. 6
GG nicht wie die Freiheitsrechte üblicherweise „Unverletzlichkeit" oder „Freiheit" von Ehe und Familie, Elternrecht und Mutterschaft, sondern „besonderen
Schutz" und „Fürsorge" (Art. 6 I, IV GG) sowie ein Recht, das gleichzeitig verpflichtet (Art. 6 II GG). Die Garantien des Art. 6 GG lassen sich daher nicht ausschließlich mit der Konstruktion als Abwehrrecht erfassen und nach dem üblichen
Prüfungsaufbau in Schutzbereich, Eingriff und Rechtfertigung einteilen. Sie enthalten vielmehr sowohl freiheitsrechtliche Aspekte (s. u. Rn. 9) als auch Benachteiligungsverbote (s. u. Rn. 15) und gewisse staatliche Schutzpflichten (s. u.
Rn. 26); darüber hinaus wird die Verbürgung der Ehe als Institutsgarantie verstanden (BVerfGE 31, 58 [67] – *„Spanier-Beschluß"* m. w. N.). Art. 6 GG ist damit eine
der dogmatisch vielschichtigsten Bestimmungen im Grundrechtsteil des GG.

Hinzu kommt, daß es sich beim Begriff der Ehe, ähnlich wie beim Eigentum (s. 2
hierzu § 12 Rn. 11), um ein normgeprägtes Tatbestandsmerkmal handelt, d. h.
der Schutzbereich basiert auf einem Rechtsinstitut des einfachen Rechts. Ebenso

kommen die Begriffe Familie und Elternschaft nicht ohne Bezugnahme auf das Zivilrecht aus, denkt man nur etwa an Adoptiveltern. Bei normgeprägten Schutzbereichen wird die Normenhierarchie, die dem Verfassungsrecht gegenüber dem einfachen Recht Höherrangigkeit garantiert, durchbrochen, weil sich das Verfassungsrecht nicht ohne Rückgriff auf das einfache Recht mit Inhalt füllen läßt. Hierdurch kommt es zu Unschärfen zwischen der Bestimmung des Schutzbereichs einerseits und rechtfertigungsbedürftigen Eingriffen andererseits. Denn gesetzliche Regelungen, die den Schutzgegenstand des Art. 6 GG berühren, können entweder den Schutzbereich (neu-)definieren oder in die dort garantierten Rechte eingreifen. Ob es sich um eine Ausgestaltungsnorm oder um einen Eingriff handelt, ist nicht immer einfach zu entscheiden.

3 Nicht selten spielen gesellschaftliche Wertungen eine Rolle, die sich seit der Entstehung des BGB sehr gewandelt haben. Waren Ehe und Familie früher nahezu identisch und als streng patriarchalische Ordnung definiert, so hat sich inzwischen das Modell der partnerschaftlichen Ehe durchgesetzt, zu der nicht zwangsläufig die Geburt von Kindern gehört. Diese Entwicklung steht in engem Zusammenhang mit der fortschreitenden Gleichberechtigung der Frau. Inzwischen werden neue Herausforderungen an die Begriffe Ehe und Familie gestellt: eine erhebliche Scheidungsrate, die stete Zunahme nichtehelicher Lebensgemeinschaften auch mit Kindern sowie die immer lauter werdende Forderung nach der Zulassung einer rechtlich anerkannten gleichgeschlechtlichen Verbindung und schließlich die wachsende Erkenntnis, daß sehr viele Eltern nicht in der Lage sind, ihr Erziehungsrecht zum Wohle ihrer Kinder auszuüben. Die Vorstellung von der von staatlicher Einflußnahme abgeschirmten Familie als Keimzelle abendländischer Kultur (vgl. *Lecheler*, HdbStR VI, § 133 Rn. 61 f.) wird damit zunehmend fragwürdig. Ein eigenes Grundrecht des Kindes auf Schutz gegen Übergriffe Erwachsener sowie auf angemessene Fürsorge und Erziehung kennt das GG nicht; es hinkt in diesem Punkt der internationalen Entwicklung hinterher (s. etwa das Übereinkommen über die Rechte des Kindes vom 20.11.1989, BGBl. II, S. 990).

B. Schutz von Ehe und Familie, Art. 6 I GG

I. Schutzbereich

1. Der Begriff der Ehe

4 Art. 6 I GG liegt das Modell der bürgerlichen Ehe zugrunde, wie sie der herrschenden gesellschaftlichen Anschauung entspricht, die in ihren wesentlichen Zügen durch das BGB normiert wird (BVerfG, NJW 1993, 3316 [3317] – *„Sinti-Ehe“*; BVerfGE 31, 58 [82 f.] – *„Spanier-Beschluß“* m. w. N.). Sie ist grundsätzlich gekennzeichnet durch formelle staatliche Sanktionierung, also die standesamtliche Eheschließung, denn die „Ehe ist ein öffentlich-rechtliches Rechtsverhältnis in dem Sinne, daß die Tatsache der Eheschließung für die Allgemeinheit erkennbar

ist, die Eheschließung selbst unter amtlicher Mitwirkung erfolgt und der Bestand der Ehe amtlich registriert wird" (BVerfG, NJW 1993, 3316 [3317] – *„Sinti-Ehe"*). Ferner gilt als Ehe nur die auf Dauer angelegte Lebensgemeinschaft zwischen einem Mann und einer Frau. Damit fällt sowohl die Vielehe als auch die nichteheliche Lebensgemeinschaft aus dem Schutzbereich heraus; sie können jedoch unter Umständen in den Schutzbereich der Familie fallen (BVerwGE 71, 228 [231 f.]). Aus einer gleichgeschlechtlichen Verbindung erwächst kein Anspruch auf Eheschließung durch das Standesamt (BVerfG, NJW 1993, 3058 f.). Dies schließt nicht aus, daß der Gesetzgeber einen Ordnungsrahmen für gleichgeschlechtliche Verbindungen schafft (*Ott*, NJW 1998, 117 ff.; a. A. *Pauly*, NJW 1997, 1955). Rein formelle Fehler bei der Eheschließung, die zu einer sogenannten hinkenden Ehe führen, schließen den Schutz des Art. 6 I GG nicht aus, denn dem grundsätzlichen Erfordernis der Öffentlichkeit ist Genüge getan.

Beispiel: Werden eine Deutsche und ein Engländer in Deutschland von einem englischen Geistlichen getraut, so ist diese Ehe zwar nach englischem, nicht aber nach deutschem Recht gültig. Leben sie dennoch im Glauben an die Rechtswirksamkeit ihrer Eheschließung in Deutschland zusammen und erhalten sogar von einem deutschen Standesbeamten eine Geburtsurkunde für ihr Kind, die sie als Eheleute ausweist, so kann der Ehefrau nach dem Tode ihres Mannes nicht mit dem Hinweis auf die mangelnde Rechtswirksamkeit der Ehe die Rente verweigert werden (BVerfGE 62, 323 [329 ff.] – *„hinkende Ehe"*).

Eine Verbindung zwischen deutschen Staatsangehörigen, die nach speziellen ethnischen oder religiösen Gebräuchen geschlossen wird, ist dagegen keine Ehe (BVerfG, NJW 1993, 3316 f. – *„Sinti-Ehe"*). Ob die Scheinehe, die lediglich geschlossen wird, um einem Ehepartner den Namen des anderen oder einem Ausländer das Aufenthaltsrecht in Deutschland zu verschaffen, eine Ehe im Sinne des Art. 6 I GG darstellt, ist nicht abschließend geklärt (dagegen BVerwGE 65, 174 [180 f.], von Rechtsmißbrauch spricht BVerfGE 67, 245 [250]; dafür aber *Richter*, in: AK, GG I, Art. 6 Rn. 15). Der Schutzbereich erstreckt sich sowohl auf die Freiheit der Eheschließung einschließlich der Partnerwahl als auch auf die Gestaltung der Eheführung betreffend die Art des gemeinsamen Lebens, die Wahl des Ehenamens und die Rollenverteilung der Ehepartner (BVerfGE 68, 256 [268 f.]). **5**

2. Der Begriff der Familie

Familie ist „die umfassende Gemeinschaft zwischen Eltern und Kindern", und zwar unabhängig davon, ob diese ehelich oder unehelich sind. Kennzeichnend für die Familie ist daher die Lebensgemeinschaft zwischen Eltern und ihren Kindern, durch die den Kindern Erziehung und eine vertrauensvolle Umgebung zuteil wird, in der sie sich zu eigenständiger Persönlichkeit entwicklen können. Auch ein alleinerziehender Elternteil und das Kind bilden daher eine Familie (vgl. BVerfGE 80, 81 [90]; 79, 203 [211]), nicht aber eine nichteheliche Lebensgemeinschaft mit Kindern als Gesamtheit, weil Art. 6 I GG lediglich das Verhältnis der Eltern zu ihrem Kind, nicht aber das Verhältnis der Eltern untereinander schützt; genau genommen liegen also hier zwei Familien vor (*Pechstein*, Fami- **6** liengerechtigkeit als Gestaltungsgebot für die staatliche Ordnung, 1994, S. 107 ff.). Adoptiv- und Stiefkinder (BVerfGE 18, 97 [105 f.] – „*Zusammenveranlagung II*") gehören ebenso zur Familie wie Kinder, die aus einer Mehrehe hervorgegangen sind (BVerwGE 71, 228 [231 f.]). Der Familienbegriff erstreckt sich auch auf das Verhältnis zwischen Eltern und volljährigen Kindern und geht aus von einer „lebenslangen Verpflichtung von Eltern und Kindern, einander Beistand zu leisten" (BVerfGE 57, 170 [178]). Er soll aber nicht die Großfamilie erfassen (BVerfGE 48, 327 [339]).

Beachte: Die Rechte aus Art. 6 GG sind keine Deutschenrechte, sondern stehen auch Ausländern zu. Jedes einzelne Familienmitglied ist aus Art. 6 I GG berechtigt. Es kann sich daher ein Kind auf den Schutz der Familie berufen, um sich gegen die Abschiebung des Vaters ins Ausland zu wehren (vgl. BVerfGE 48, 327 [339]; zur Abschiebung eines erwachsenen Adoptivsohnes s. BVerfGE 80, 81 ff.).

II. Ausgestaltung des Schutzbereichs

7   Art. 6 I GG schützt nicht gegen jedes einfache Gesetz, das eine Regelung bezüglich der Voraussetzungen oder Wirkungen einer Ehe oder Familie enthält. Die Begriffe Ehe und Familie sind von vornherein normgeprägt und daher durch einfaches Recht ausfüllbar und ausfüllungsbedürftig. Denn die Ehe ist gerade dadurch definiert, daß das Zusammenleben von Mann und Frau bei Erfüllung bestimmter rechtlicher Erfordernisse bestimmte rechtliche Auswirkungen hat, so daß der Begriff Ehe einen gewissen Normbestand voraussetzt. Für den Begriff der Familie gilt Ähnliches, weil die natürliche Abstammung allein noch nicht zu einer Familie im Sinne des Art. 6 I GG führt und andererseits eine Familie auch ohne leibliche Elternschaft entstehen kann, z. B. durch Adoption. Änderungen oder Ergänzungen zu diesem vorhandenen Normbestand sind daher in der Regel **kein Eingriff**, sondern lediglich **Ausgestaltungen des Schutzbereichs** (hierzu ausführlich BVerfGE 31, 58 [68 ff.] – „*Spanierbeschluß*" m. w. N.).

Beispiel: Übergang vom Verschuldens- zum Zerrüttungsprinzip bei der Ehescheidung (BVerfGE 53, 224 [245 ff.]).

III. Beeinträchtigung

8   Die möglichen Beeinträchtigungen von Art. 6 I GG lassen sich nicht abschließend durch die Figur des Eingriffs erfassen, weil Art. 6 I GG kein Freiheitsrecht im üblichen Sinne gewährt. Während die sonstigen Freiheitsrechte ausdrücklich die Freiheit, etwas zu tun oder zu unterlassen, verbürgen, spricht Art. 6 I GG von „besonderem Schutz" von Ehe und Familie. Nachdem anfangs sogar bestritten worden war, daß Art. 6 I GG überhaupt ein subjektives Grundrecht gewähre (*F. Klein*, in: v. Mangoldt/Klein, GG, Bd. I, 2. Aufl., 1957, Art. 6, Anm. III.3.), bestätigte das BVerfG (E 6, 55 [71] – „*Zusammenveranlagung I*") die Dimension von Art. 6 I GG als „klassisches Abwehrrecht", das „dem Schutz der spezifischen Privatsphäre von

Ehe und Familie vor äußerem Zwang durch den Staat" diene. Im besonderen Schutz liegt gegenüber der klassischen Freiheitsverbürgung aber zugleich ein Weniger wie auch ein Mehr. Weniger insofern, als nicht jede Erschwerung des ehelichen oder familiären Zusammenlebens einen Eingriff darstellt. Mehr insofern, als Art. 6 I GG neben der Bedeutung als Abwehrrecht auch in besonderer Weise als wertentscheidende Grundsatznorm sowie als Benachteiligungsverbot wirkt (s.u. Rn. 13 und 15). Das BVerfG zieht überwiegend mehrere Wirkungsmöglichkeiten des Art. 6 I GG nebeneinander heran, indem er sie aufzählt, ohne sie gegeneinander abzugrenzen oder die Entscheidung auf einen bestimmten Aspekt zu stützen; die „wertentscheidende Grundsatznorm" dient häufig als Oberbegriff, aus dem sowohl die Pflicht des Staates abgeleitet wird, Störungen und Schädigungen der Familie durch den Staat wie auch durch andere Kräfte zu verhindern, als auch die Familie durch geeignete Maßnahmen zu fördern (BVerfGE 6, 55 [76] – *„Zusammenveranlagung I"*; ebenso 55, 114, [126 f.], 80, 81 [92 f.]). Hinter dieser Formulierung verbergen sich verschiedene Schutzdimensionen des Art. 6 I GG.

1. Eingriffe in Art. 6 I GG als klassisches Abwehrrecht

Ein Eingriff liegt dann vor, wenn an die Eheschließung als solche negative Rechts-   **9**
folgen geknüpft werden. Die Grenze zwischen Ausgestaltung und Eingriff verläuft zunächst dort, wo Bestimmungen gar keine Definition von Ehe und Familie intendieren, sondern anderen Zielen dienen.

Beispiele:
- Zölibatsklausel für Bereitschaftspolizisten (BVerwGE 14, 21 [27 ff.]),
- Wegfall der Waisenrente bei Heirat (BVerfGE 28, 324 [347 ff.]).
- Die steuerliche Zusammenveranlagung von Ehegatten, nach der bei Eheleuten das Einkommen beider Partner zusammengerechnet wird und sich die Steuer aufgrund der Progression erheblich erhöhte, war nicht nur eine mittelbare Benachteiligung der Ehefrau (s. dazu § 19 Rn. 45), sondern auch ein Eingriff in die freie Gestaltung der Rollenverteilung innerhalb einer Ehe (vgl. BVerfGE 6, 55 [81 f.] – *„Zusammenveranlagung I"*).

Ferner ist die Verweigerung der Eheschließung durch das Standesamt ein Ein-   **10**
griff, falls sie nicht auf zulässigen Ausgestaltungsregeln, wie etwa der Festsetzung eines Mindestalters, beruht.

Beispiel: Ein spanischer Staatsangehöriger, der eine geschiedene Deutsche heiraten wollte, erhielt von den spanischen Behörden, die die deutsche Scheidung nicht anerkannten, kein Ehefähigkeitszeugnis. Das Standesamt in Deutschland verweigerte daraufhin die Eheschließung. Das BVerfG hob die Entscheidung auf (BVerfGE 31, 58 [67 ff.] – *„Spanier-Beschluß"*).

2. Art. 6 I GG als Berücksichtigungsgebot

Auch Beeinträchtigungen, die sich nicht als Ausgestaltungen des Schutzbereichs   **11**
qualifizieren lassen, sind nicht ohne weiteres ein Eingriff. Abweichend vom bei den sonstigen Freiheitsrechten geltenden Begriff des Eingriffs ist **nicht jede faktische Erschwerung** des ehelichen oder familiären Zusammenlebens durch eine

staatliche Maßnahme ein Eingriff. Denn ein solcher wäre nur rechtfertigbar durch kollidierendes Verfassungsrecht, weil Art. 6 I GG keinen Gesetzesvorbehalt enthält.

Beispiel: Die staatlich angeordnete Bestimmung des Aufenthaltsortes eines Ehepartners bzw. Familienmitgliedes etwa durch Strafhaft oder Abschiebung ins Ausland ist unbestreitbar eine erhebliche Beeinträchtigung des familiären Zusammenlebens, weil dies automatisch Trennung bedeutet (BVerfG, NJW 1993, 3059 zur Strafhaft: „empfindliche Belastung"). Das Argument bei der Abschiebung, der andere Ehepartner sei frei, dem ausgewiesenen Partner ins Ausland zu folgen (so *P/S*, StaatsR II, Rn. 712 m. w. N.), kann nicht überzeugen, weil dies oftmals, insbesondere für einen deutschen Ehepartner, unzumutbar sein wird (so auch BVerfGE 35, 382 [407 f.]; 65, 174 [180]; im einzelnen *Schmitt-Kammler*, in: Sachs, GG, Art. 6 Rn. 22); vollends versagt diese Argumentation bei der Strafhaft. Eine konkrete verfassungsrechtliche Position, die eine solche Beeinträchtigung rechtfertigt, wird sich aber schwerlich finden lassen.

12   Ein solch weitgehender Freiheitsschutz eines vorstaatlich gedachten Lebensraumes, in dem sich das Familienleben ungehindert vollziehen kann, ist schon angesichts des normgeprägten Schutzbereichs offensichtlich nicht intendiert und eben deshalb auch in Art. 6 I GG nicht formuliert. Bei Maßnahmen, die kein Hindernis für die Eheschließung oder Familiengründung darstellen, sondern lediglich negative Folgen an eine solche knüpfen oder das eheliche oder familiäre Zusammenleben erschweren, ist die Wertentscheidung des Art. 6 I GG zwar zu berücksichtigen, ihre Überprüfung entzieht sich jedoch dem Eingriffs-Rechtfertigungs-Schema.

13   In sehr vielen Fällen wendet das BVerfG Art. 6 I GG als „wertentscheidende Grundsatznorm" an, ohne daß klar wird, welche dogmatischen Konsequenzen hieran zu knüpfen sind. Nicht gemeint sein kann jedenfalls, Art. 6 I GG enthalte insofern kein subjektives Recht, denn der einzelne kann sich in diesen Fällen sehr wohl auf Art. 6 I GG berufen und sein Recht im Wege der Verfassungsbeschwerde geltend machen (BVerfGE 6, 386 [388]). Die Formulierung deutet vielmehr auf den Inhalt der über die abwehrrechtliche Dimension hinausgehenden Bedeutung von Art. 6 I GG. Es geht um die Konkretisierung des Begriffs „besonderer Schutz" (vgl. BVerfGE 6, 55 [76] – *„Zusammenveranlagung I"*; 32, 260 [267]). In aller Regel lassen sich hieraus keine konkreten Schutzansprüche herleiten, weil dies den Gestaltungsspielraum des Gesetzgebers über Gebühr einschränken würde. Auch das vielfach formulierte Fördergebot aus Art. 6 I GG läßt sich im Einzelfall nur schwer zu einem bestimmten Anspruch verdichten (BVerfG, NJW 1998, 2128 [2131] – *„Kindergartengebühr"*; *Pechstein*, Familiengerechtigkeit als Gestaltungsgebot für die staatliche Ordnung, 1994, S. 140 ff.). Was Art. 6 I GG fordert, ist auch nicht die Garantie der Führbarkeit einer bestimmten Form der Ehe oder des Familienlebens oder deren finanzielle Existenzsicherung durch den Staat. Das Schutzgebot des Art. 6 I GG garantiert vielmehr die Anerkennung der gesellschaftlichen Funktion von Ehe und Familie (hierzu ausführlich *Pechstein*, a. a. O., S. 59 ff.) und deren **Berücksichtigung bei der Gestaltung der Rechtsordnung** (BVerfGE 76, 1 [49 f.]; 80, 81 [93]). Alle staatlichen Maßnahmen müs-

sen sich daran messen lassen, ob sie den Schutz von Ehe und Familie gebührend berücksichtigen oder im Vergleich zum Ziel der Maßnahme unangemessen beeinträchtigen. Dies läuft bei Beeinträchtigungen im Ergebnis auf eine Verhältnismäßigkeitsprüfung hinaus, die das BVerfG auch vornimmt (vgl. BVerfGE 35, 382 [407 f.]; 51, 386 [397 ff.]; 76, 1 [50 ff.]) und die einigen gesetzlichen Regelungen zugrunde liegt, z. B.. §§ 17 – 23, 29, 31 AuslG (hierzu *Meissner*, Jura 1993, 1 ff., 113 ff.).

Dies kann aber im Einzelfall auch zu mehr oder weniger konkreten Gesetzgebungsaufträgen führen, um die tatsächliche Lage von Familien zu verbessern.   **14**

Beispiel: Auch wenn Art. 6 I GG gebietet, daß Kindererziehungszeiten bei der Berechnung der Rente zu berücksichtigen sind, hat der Gesetzgeber einen erheblichen Gestaltungsspielraum bei der Entscheidung, wie er die Benachteiligung der Familie beseitigen will. Konkrete Folgerungen für die gesetzliche Rentenversicherung lassen sich aus Art. 6 I GG deshalb zwar nicht herleiten, wohl aber der Auftrag an den Gesetzgeber, die verfassungswidrige Lage zu beseitigen (BVerfGE 87, 1 [38 f.]).

3. Art. 6 I GG als Benachteiligungsverbot

Art. 6 I GG wirkt nicht nur als Abwehrrecht und Berücksichtigungsgebot, sondern   **15**
auch als besonderer Gleichheitssatz, denn Mindestanforderung an einen „besonderen Schutz" von Ehe und Familie ist, daß diese gegenüber unverheirateten bzw. kinderlosen Bürgern nicht benachteiligt werden. Art. 6 I GG verlangt indessen keine formale Gleichbehandlung (zu diesem Begriff s. § 19 Rn. 15), sondern im Gegenteil die Inrechnungstellung der besonderen wirtschaftlichen Belastungen durch die Fürsorge für Familienmitglieder (BVerfGE 87, 1 [37 f.]; 87, 234 [259]). Eine Benachteiligung kann auch darin liegen, daß Steuer- und Sozialgesetze von realitätsfernen gesellschaftlichen Verhältnissen ausgehen und so die Eheschließung, die Kindererziehung oder die Betreuung hilfsbedürftiger Kinder erheblich erschweren.

Beispiel: Das Existenzminimum einer Familie muß steuerfrei bleiben (BVerfGE 82, 60 [83 ff.]).

IV. Verfassungsrechtliche Rechtfertigung

Die Frage nach der verfassungsrechtlichen Rechtfertigung stellt sich nur in den   **16**
Fällen, in denen zuvor ein Eingriff in den Schutzbereich festgestellt wurde. Maßnahmen, die lediglich den Schutzbereich ausgestalten (s. o. Rn. 7), oder solche, die Art. 6 I GG nur mittelbar betreffen (s. o. Rn. 11 ff.), sind dagegen nicht im üblichen Sinne rechtfertigungsbedürftig. Da Art. 6 I GG nicht mit einem Gesetzesvorbehalt versehen ist, kommt als Rechtfertigungsgrundlage nur kollidierendes Verfassungsrecht in Frage. Als Schranken-Schranke wirkt die Institutsgarantie des Art. 6 I GG (*P/S*, StaatsR II, Rn. 727), die jedoch in der Rechtsprechung bislang praktisch keine Rolle gespielt hat (vgl. *Pechstein*, a. a. O., S. 114 ff.).

C. Das Elternrecht, Art. 6 II und III GG

I. Schutzbereich

17   Eltern im Sinne des Art. 6 II 1 GG sind zunächst die leiblichen Eltern, also die leibliche Mutter und der leibliche Vater. Hatte das BVerfG in E 84, 168 (179) noch offen gelassen, ob der mit der Mutter nicht verheiratete Vater den Schutz aus Art. 6 II 1 GG genießt, so hat das BVerfG (E 92, 158 [176 f.] – *„unehelicher Vater"*) nunmehr klargestellt, daß Art. 6 II 1 GG zwar vom Regelfall ausgehe, daß das Kind mit seinen durch Ehe verbundenen Eltern aufwachse, dennoch nach allgemeinem Sprachgebrauch auch der nichteheliche Vater Elternteil sei. Elternschaft ist aber nicht lediglich und auch nicht notwendig durch biologische Abstammung gekennzeichnet. Wie sich bereits aus dem Wortlaut des Art. 6 II 1 GG ergibt, ist Wesensmerkmal der Elternschaft die Pflege und Erziehung der Kinder. Das Elterngrundrecht ist insofern von besonderer Struktur, als es im wesentlichen ein „Recht im Interesse des Kindes" ist (BVerfGE 59, 360 [382]). In den Schutzbereich fallen daher auch die Adoptiveltern (BVerfGE 24, 119 [150] – *„Adoption"*). Nicht abschließend geklärt ist der grundrechtliche Schutz der Pflegeeltern (s. hierzu BVerfGE 68, 176 [187]; 79, 51 [60]; BVerfG, NJW 1994, 183), der insbesondere deshalb problematisch ist, weil er mit dem Elternrecht der leiblichen Eltern, die die Bindung an ihr Kind gerade nicht durch Freigabe zur Adoption gelöst haben, kollidiert. Entsprechend dem Schutzzweck von Art. 6 II 1 GG wird man der Pflegefamilie dann den grundrechtlichen Schutz zugestehen müssen, wenn die Pflegeeltern ein gewisses elterliches Vertrauensverhältnis zu dem Kind aufgebaut haben.

18   Trotz der ausdrücklichen Pflichtenbindung des Elternrechts bleibt es individuelles Grundrecht der Eltern (*Schmitt-Kammler*, in: Sachs, GG, Art. 6 Rn. 47). Es dient als Anerkennung der vorrangigen Zuständigkeit der Eltern zur Pflege und Erziehung der Kinder und als Abwehrrecht gegen kollektive Erziehungsformen (BVerfGE 24, 119 [149] – *„Adoption"*). Geschützt ist die reale Einwirkungsmöglichkeit auf das Kind sowie die Befugnis zur Wahrnehmung von Rechten für das Kind (*Schmitt-Kammler*, a. a. O., Rn. 53 f.).

II. Eingriff

19   Ähnlich wie bei Art. 6 I GG ist der Schutzbereich des Art. 6 II 1 GG normgeprägt. Denn auch wenn der Begriff Eltern sich ohne rechtliche Regelung dergestalt verstehen ließe, daß damit die leiblichen Eltern gemeint sind, entspräche dies nicht dem Schutzzweck von Art. 6 II 1 GG, der auf die Pflege und Erziehung der Kinder abhebt. Aus dem Aspekt des Kindeswohls ergibt sich von vornherein eine unterschiedliche Schutzintensität, d. h. nicht allen leiblichen Müttern und Vätern müssen im Verhältnis zu ihren Kindern dieselben Rechte eingeräumt werden (BVerfGE 92, 158 [176] – *„unehelicher Vater"*). Das Elternrecht bedarf daher

schon im Hinblick auf die Rechte der leiblichen Eltern der **Ausgestaltung**, umso mehr gilt dies für die Adoption (ausführlich *Jestaedt*, DVBl 1997, 693 [694 f.]). Regelungen, die den Schutzbereich lediglich ausgestalten, sind keine Eingriffe und bedürfen keiner besonderen Rechtfertigungsgrundlage. Allerdings ist der Gesetzgeber bei dieser Ausgestaltung nicht völlig frei, sondern hat die Belange der Eltern und das Kindeswohl zu berücksichtigen. Seine Gestaltungsbefugnis ist umso größer, je weniger von einer Übereinstimmung zwischen den leiblichen Eltern und von einer sozialen Beziehung zwischen dem einzelnen Elternteil und dem Kind ausgegangen werden kann (BVerfGE 92, 158 [179] – *„unehelicher Vater"*).

Beispiele:
– Der Gesetzgeber kann einem Elternteil die Hauptverantwortung für die Erziehung zuordnen, wenn die Voraussetzungen für eine gemeinsame Ausübung der Elternbefugnisse fehlen.
– Die Normen des Hager Übereinkommens über die zivilrechtlichen Aspekte internationaler Kindesentführung (BGBl 1990 II, 206) sollen bewirken, daß die Sorgerechtsentscheidung am Ort des gewöhnlichen Aufenthalts des Kindes sichergestellt wird. Sie dienen damit dem Kindeswohl. Die Verurteilung der deutschen Mutter, ihr aus den USA entführtes Kind an den Vater in den USA zu überstellen, verletzt nicht das Recht der Mutter aus Art. 6 II GG (BVerfG NJW, 1996, 3145 f.).

Die Grenze der Ausgestaltungsbefugnis ist aber überschritten, wenn einem leib-   20
lichen Elternteil jede Möglichkeit der Wahrnehmung seiner Erziehungsaufgaben von vornherein verschlossen wird.

Beispiel: Die Versagung klarer Mitwirkungsrechte nichtehelicher Väter im Adoptionsverfahren durch die Mutter oder deren Ehemann stellt einen Eingriff in das Elternrecht des Vaters dar, der im Ergebnis auch nicht gerechtfertigt ist. Denn durch die Adoption verliert der leibliche Vater jede Möglichkeit des Umgangs mit seinem Kind (BVerfGE 92, 158 [181] – *„unehelicher Vater"*; zu einem entsprechenden Fall in Irland und seiner Beurteilung gemäß Art. 8 EMRK s. *Rudolf*, EuGRZ 1995, 110 ff.).

III. Verfassungsrechtliche Rechtfertigung

Das Elternrecht ist keinem allgemeinen Gesetzesvorbehalt unterworfen. Eingriffe   21
können auf Grund von Art. 6 II 2 GG oder III gerechtfertigt sein. Im übrigen kommen als Rechtfertigungsgrundlage kollidierende Verfassungsbestimmungen in Betracht.

1. Das staatliche Wächteramt nach Art. 6 II 2 GG

Art. 6 II 2 GG statuiert kein originäres staatliches Erziehungsrecht, sondern er-   22
mächtigt zur Korrektur der elterlichen Erziehung, wann immer diese bestimmte Grenzen überschreitet. Maßnahmen sollten daher immer zuerst auf Herstellung verantwortungsgerechten Elternverhaltens gerichtet sein (BVerfGE 60, 79 [93]). Das staatliche Wächteramt wird aktuell, sobald durch elterliches Versagen die Gefahr einer Schädigung des Kindes eintritt. Dies kann geschehen entweder durch die mißbräuchliche Ausübung der elterlichen Sorge oder durch die Ver-

nachlässigung des Kindes (vgl. § 1666 I 1 BGB). Da Art. 6 II 2 GG keinerlei Bestrafungsfunktion gegenüber den Eltern entfaltet, sondern lediglich das Wohl des Kindes sichern soll, ist ein Verschulden der Eltern für die Gefährdung ihres Kindes nicht erforderlich. Art. 6 II 2 GG rechtfertigt indessen nicht ein Einschreiten staatlicher Stellen zur Sicherung einer wie auch immer gearteten optimalen Erziehung, weil die Pflichtenbindung aus Art. 6 II GG keine Erziehungsinhalte vorgibt, sondern gerade die freie elterliche Entscheidung schützt (*Schmitt-Kammler*, in: Sachs, GG, Art. 6 Rn. 67; diff. dagegen *Zacher*, HdbS VI, § 134 Rn. 51, 98).

Beispiel: Den Eltern steht grundsätzlich die Entscheidung über den Bildungsweg ihrer Kinder zu (BVerfGE 34, 165 [184 f.]).

2. Trennung des Kindes von den Eltern nach Art. 6 III GG

23   Art. 6 III GG normiert eine Schranke der Ausübung des staatlichen Wächteramtes beim Unterfall in besonders gravierender Form. Die Trennung des Kindes von seinen Eltern muß erforderlich sein, um der Gefahr der Verwahrlosung wegen Versagens der Erziehungsberechtigten zu begegnen. Nicht jede Nachlässigkeit der Eltern berechtigt den Staat, diese von der Erziehung ihres Kindes fernzuhalten; vielmehr muß bei einem Verbleiben bei den Eltern das Kind in seinem körperlichen, geistigen oder seelischen Wohl nachhaltig gefährdet sein (BVerfGE 60, 79 [91]). Trennung heißt zunächst räumliche Trennung unter Verlust des Erziehungsrechtes; das rechtliche Band zwischen Eltern und Kind bleibt jedoch bestehen (BVerfGE 24, 119 [139 ff.] – „*Adoption*").

Beachte: Die Ausweisung eines Elternteils aus Deutschland ist keine Trennung im Sinne des Art. 6 III GG (BVerfGE 76, 1 [48]), wohl aber eine Beeinträchtigung des Familienrechts aus Art. 6 I GG (s. o. Rn. 11).

3. Rechtfertigungsgrundlagen im übrigen

24   Als weitere Rechtfertigungsgrundlagen kommen zunächst kollidierende **Grundrechte des Kindes** in Betracht. Denn obwohl das GG keine besonderen Grundrechte für Kinder statuiert, stehen den Kindern selbstverständlich alle Grundrechte zu, die das GG gewährt.

Beispiel: Das allgemeine Persönlichkeitsrecht (Art. 2 I i. V. m. Art. 1 I GG) gebietet, daß ein volljähriges Kind in bestimmten Fällen seine leibliche Abstammung klären lassen kann, auch wenn nicht auszuschließen ist, daß dies Auswirkungen auf das Zusammenleben mit dem Stiefvater hat (BVerfGE 79, 265 [268 ff.]; zu unkörperlichen Strafen an Kindern vgl. § 2 Rn. 16, 20).

25   Unbestritten ist ferner, daß die allgemeine **Schulpflicht** gestützt auf Art. 7 I GG eine verfassungsrechtlich zulässige Grenze des Elternrechts bildet; unklar ist lediglich die dogmatische Begründung sowie der Umfang des Erziehungsauftrages der Schulen (s. *Lecheler*, in: Sachs, GG, Art. 7 Rn. 22 ff.; 35 ff. m. w. N.). Nach wohl h. M. handelt es sich um kollidierende Verfassungsgüter, die im Wege prak-

tischer Konkordanz zum Ausgleich zu bringen sind (*Jestaedt*, DVBl 1997, 693 [695]). Nach BVerfG, NJW 1998, 2515 (2518) – „*Rechtschreibreform*" haben die Eltern keinen ausschließlichen Erziehungsanspruch, sondern einen „vorbehaltlich des Bildungs- und Erziehungsauftrages nach Art. 7 I GG". Hinter dem verfassungsrechtlichen Konflikt von Elternrecht und Schulauftrag verbirgt sich das Spannungsverhältnis, in dem kollektive Bildungs- und Erziehungseinrichtungen stehen: auf der einen Seite eignen sie sich in besonderer Weise zum Mißbrauch in totalitären Systemen, auf der anderen Seite sind sie unverzichtbar, um ein Mindestmaß an Bildungsmöglichkeiten, die selbstverständlich auch positive Anregungen für die seelische Entwicklung und das Erlernen sozialer Fähigkeiten umfassen, und damit Chancengleichheit zu gewährleisten (vgl. hierzu auch BVerfG, NJW 1998, 2128 [2130] – „*Kindergartengebühr*").

D. Der Fürsorge- und Schutzanspruch der Mutter, Art. 6 IV GG

Art. 6 IV GG knüpft an den natürlichen Vorgang der Schwangerschaft an und schützt nur die leibliche Mutter, nicht die Adoptiv- oder Stiefmutter, weil diese durch Art. 6 I und II GG bereits ausreichend geschützt sind. Art. 6 IV GG anerkennt die Mutterschaft als Leistung, die auch im Interesse der Gemeinschaft liegt und nicht ausschließlich als Privatsache betrachtet werden darf (BVerfGE 88, 203 [259 f.]). Die Gewährleistung enthält ähnlich wie Art. 6 I GG das Gebot, die Belange von Müttern bei der Gestaltung und Anwendung der gesamten Rechtsordnung zu berücksichtigen, sowie ein Benachteiligungsverbot. Eine Schwangerschaft darf sich deshalb nicht nachteilig auf die Einstellung in den öffentlichen Dienst auswirken (BVerfGE 44, 211 [215]).   26

E. Verhältnis der Rechte des Art. 6 GG untereinander und zu anderen Grundrechten

Das Elternrecht des Art. 6 II GG mit seinen Beschränkungsmöglichkeiten aus Art. 6 III GG ist gegenüber dem Schutz der Familie gem. Art. 6 I GG lex specialis (BVerfGE 24, 119 [135] – „*Adoption*"). Speziell gegenüber dem Elternrecht aus Art. 6 II GG ist das aus Art. 7 II GG, während Art. 6 II GG mit Art. 7 I GG in Konflikt geraten kann (s. o. Rn. 25).   27

F. Wiederholung

I. Kontrollfragen

1. Welche subjektiven Rechte gewährt Art. 6 I GG?

2. Gebietet der Schutz der Ehe gemäß Art. 6 I GG die Einführung der gleichgeschlechtlichen Ehe?

3. Auf welches Grundrecht kann sich ein Kind berufen, dessen ausländischer Vater abgeschoben werden soll?

4. Kann sich der nichteheliche Vater auf sein Elternrecht aus Art. 6 II GG berufen?

5. Was bedeutet „staatliches Wächteramt"?

II. Lösungen

1. Ein Abwehrrecht gegen gezielte Eingriffe, die nicht Ausgestaltungen des Schutzbereichs sind; ein Berücksichtigungsgebot bei allen staatlichen Maßnahmen, die das Ehe- bzw. Familienleben faktisch beeinträchtigen; ein Benachteilgungsverbot.

2. Nein, denn Art. 6 I GG geht vom bürgerlichen Begriff der Ehe aus.

3. Auf den Schutz der Familie gemäß Art 6 I GG.

4. Ja (BVerfGE 92, 158 [176 f.] – *„unehelicher Vater"*).

5. Kein originäres staatliches Erziehungsrecht, sondern ein Eintreten des Staates in die Stellung der Erziehungsberechtigten, soweit diese versagen.

§ 14. Die schulischen Grundrechte, Art. 7 GG

Literatur: zum Religionsuntericht: *Huber, P. M.,* Erziehungsauftrag und Erziehungsmaßstab der Schule im freiheitlichen Verfassungsstaat, BayVBl 1994, 545 ff.; *Mückl, S.,* Staatskirchenrechtliche Regelungen zum Religionsunterricht, AöR 122 (1997), 513 ff.; *Pieroth, B.,* Erziehungsauftrag und Erziehungsmaßstab der Schule im freiheitlichen Verfassungsstaat, DVBl 1994, 949; *Oebbecke, J.,* Reichweite und Voraussetzungen der grundgesetzlichen Garantie des Religionsunterrichts, DVBl 1996, 336 ff.; *Schlink, B.,* Religionsunterricht in den neuen Ländern, NJW 1992, 1008 ff.; **zur Privatschulfreiheit:** *Müller, Friedrich,* Das Recht der Freien Schule nach dem Grundgesetz, 2. Aufl. 1992.

Leitentscheidungen: zum Religionsunterricht: BVerfGE 74, 244 ff. – *„Religionsunterricht"*; **zur Privatschulfreiheit:** BVerfGE 27, 195 ff.- *„staatliche Anerkennung"*; 75, 40 ff. – *„Privatschulförderung I"*; 88, 40 ff. – *„Freie Volksschule Kreuzberg"*; 90, 107 ff. – *„Privatschulförderung II"*.

A. Überblick

Art. 7 GG enthält Bestimmungen, die das Schulwesen regeln und die ganz unterschiedlicher Art sind. Grundrechte sind enthalten in Art. 7 II und III GG; dort wird die Rolle des Religionsunterrichts an öffentlichen Schulen festgelegt. Daneben enthält Art. 7 IV GG die grundrechtliche Gewährleistung der Privatschulfreiheit. Art. 7 I und VI GG haben rein organisationsrechtliche Wirkung und werden daher im folgenden nicht behandelt. Da die Regelung des Schulwesens in die Kulturhoheit der Länder fällt und ihnen hier die Gesetzgebungskompetenz zusteht, weisen einige Landesverfassungen weitergehende schulische Grundrechtsgewährleistungen auf (s. etwa Art. 30 III 2 BbgVerf, der Schulgeldfreiheit für öffentliche Schulen garantiert; Art. 11 LVerfBW, der ein Recht auf Ausbildung enthält; Art. 8 VerfM-V, der freien Zugang zu öffentlichen Bildungseinrichtungen gewährleistet).

B. Der Religionsunterricht in der Schule, Art. 7 II und III GG

I. Der Religionsunterricht als ordentliches Lehrfach gemäß Art. 7 III 1 und 2 GG

Art. 7 III 1 und 2 GG bildet neben Art. 140 GG Art. i. V. m. 137 VI WRV (Recht zur Steuererhebung) eine Ausnahme zur grundsätzlichen Trennung von Staat und Kirche, ist also gegenüber Art. 140 GG Art. i. V. m. 137 I WRV lex specialis. Den Religionsgemeinschaften wird garantiert, daß eine staatliche Einrichtung, nämlich die öffentliche Schule, Religionsunterricht erteilt, d. h. die organisatori-

schen und finanziellen Mittel bereitstellt sowie den Unterricht inhaltlich gestal-
tet. Während zur Steuererhebung nur diejenigen Religionsgemeinschaften berechtigt sind, die Körperschaften des öffentlichen Rechts sind, fallen unter Art. 7
III 1 und 2 GG **alle Religionsgemeinschaften** (s. § 8 Rn. 26 ff., 35). Dies allerdings
nur, soweit sie eine gewisse Dauerhaftigkeit und Organisationsstruktur aufweisen, denn praktisch unverzichtbar ist die Fähigkeit zur Artikulation von religiösen Grundsätzen gegenüber dem Staat (*Lecheler*, in: Sachs, GG, Art. 7 Rn. 41;
Oebbecke, DVBl 1996, 336 [339]). Diskutiert wird vor allem islamischer Religionsunterricht (hierzu *Mückl*, AöR 122 (1997), 513 [550 ff.]; *Cavdar*, RdJB
1993, 265 ff.; *Hollerbach*, HdbStR VI, § 140 Rn. 41).

3   Ob es sich um eine **öffentliche Schule** handelt, bestimmt sich nach Landesrecht.
In der Regel fallen darunter alle Schulen, die sich in der Trägerschaft der Kom-
munen und der Länder befinden. Ausgenommen von der Verpflichtung, Religionsunterricht zu veranstalten, sind die bekenntnisfreien Schulen. In der Praxis ist
bis heute der Regelfall die christliche Gemeinschaftsschule, und von dieser Situation ging auch der Verfassungsgesetzgeber aus. Ob den Ländern wegen Art. 7 III
1 GG verwehrt ist, als Regelschule die bekenntnisfreie Schule einzuführen, ist
umstritten (hierzu ausführlich *Schlink*, NJW 1992, 1008 [1009 f.]).

4   **Ordentliches Lehrfach** bedeutet, daß der Staat Veranstalter des Religionsunterrichts ist und für ihn die sachlichen und personellen Mittel bereitstellt. Der Religionsunterricht muß Pflichtfach sein (BVerfGE 74, 244 [251] – *„Religionsunterricht"*), mit einer angemessenen Stundenzahl berücksichtigt werden und darf in
der Gestaltung des Stundenplans nicht diskriminiert werden; die Note im Fach
Religion kann, muß aber nicht versetzungsrelevant sein. Die staatliche Schulaufsicht umfaßt auch den Religionsunterricht. Die entsprechenden Landesbehörden
stellen daher die Lehrpläne auf und lassen die Lehrbücher für den Unterricht zu
(*Oebecke*, DVBl 1996, 336 [338]). Im übrigen findet der Religionsunterricht in
Übereinstimmung mit den Grundsätzen der Religionsgemeinschaften statt, d. h.
er wird „in konfessioneller Positivität und Gebundenheit" erteilt; sein Gegenstand sind nicht bloße Religionskunde oder Bibellehre, sondern der jeweilige Be-
kenntnisinhalt, d. h. die Glaubenssätze der jeweiligen Religionsgemeinschaft
(BVerfGE 74, 244 [252] – *„Religionsunterricht"*). Die Religionsgemeinschaften
haben daher das Recht, die Lehrerlaubnis für den Religionsunterricht zu erteilen
und zu entziehen sowie den Religionsunterricht zu besuchen (*Hollerbach*,
HdbStR VI, § 140 Rn. 37 f.).

5   Für die Länder Berlin und Bremen gilt eine Ausnahme zu Art. 7 III 1 GG
(Art. 141 GG, sog. „Bremer Klausel"). Ob diese Ausnahme auch für die fünf
neuen Bundesländer Gültigkeit hat, ist nicht abschließend geklärt; die Ersetzung
des Religionsunterrichts durch das Fach **„Lebensgestaltung-Ethik-Religion"** im
Land Brandenburg ist daher umstritten (hierzu *Mückl*, AöR 122 (1997), 513
[537 ff.]; *Wrege*, LKV 1996, 191 ff.; *Schlink*, NJW 1992, 1008 [1010 ff.];
Schmitt-Kammler, in: Sachs, GG, Art. 141 Rn. 9 f.).

II. Das Recht der Erziehungsberechtigten, Art. 7 II GG

Art. 7 II GG enthält eine Konkretisierung des Elternrechts aus Art. 6 II GG im 6
Hinblick auf den Religionsunterricht an öffentlichen Schulen. Die Erziehungsbe-
rechtigung richtet sich nach den Regeln des Zivilrechts über das Sorgerecht für
minderjährige Kinder (zur Berücksichtigung des Elternrechts für die Regelung
des Sorgerechts s. § 13 Rn. 18 f.).

Das Recht aus Art. 7 II GG ist vorbehaltlos gewährleistet; es kann jedoch in Kon- 7
flikt geraten mit dem Recht des Kindes aus Art. 4 I und II GG (s. hierzu § 8 Rn. 15).
Da man davon ausgeht, daß Kleinkinder sich nicht selbst auf die Religionsfreiheit
berufen können, weil sie nicht die erforderliche Einsichtsfähigkeit besitzen, um
sich eigenständig für eine Religion oder Weltanschauung zu entscheiden, tritt das
Problem nur bei Jugendlichen auf. § 5 des Gesetzes über die religiöse Kindererziehung (RelKEG) löst den Konflikt durch Festsetzung einer Altersgrenze: ab dem
14. Lebensjahr sind Jugendliche berechtigt, eigenständig über ihre Teilnahme am
Religionsunterricht zu entscheiden (hierzu *Mückl*, AöR 122 (1997), 513 [531]).

III. Das Ablehnungsrecht der Lehrer gemäß Art. 7 III 3 GG

Das Recht der Lehrer, die Erteilung von Religionsunterricht zu verweigern, ist 8
eine spezielle Ausprägung der Religionsfreiheit der Lehrer aus Art. 4 I sowie
Art. 33 III GG. Seiner systematischen Stellung nach gilt das Ablehnungsrecht nur
für Lehrer an öffentlichen Schulen (*Gröschner*, in: Dreier, GG, Art. 7 Rn. 84).

C. Die Privatschulfreiheit, Art. 7 IV und V GG

Die Privatschulfreiheit garantiert jedermann, eine Privatschule zu errichten und 9
zu betreiben (BVerfGE 75, 40 [61] – *„Privatschulförderung I"*). Ferner gewährt
sie den Eltern das Recht, ihre Kinder auf eine Privatschule zu schicken (BVerfGE
34, 165 [198]). Insofern ist es klassisches Abwehrrecht. Daneben enthält die
Privatschulfreiheit eine institutionelle Garantie der Privatschule, die den Bestand
und die Eigenart der Privatschule sichert (BVerfGE 75, 40 [61 f.] – *Privatschulförderung I"*).

I. Art. 7 IV GG als Abwehrrecht

1. Schutzbereich

a) Privatschulen

Privatschulen sind Schulen in freier Trägerschaft, d. h. solche, die nicht vom Land 10
oder der Kommune getragen werden (*Gröschner*, in: Dreier, GG, Art. 7 Rn. 85).
Geschützt ist nicht nur die Einrichtung und das Betreiben einer Privatschule als
solche, sondern auch „daß in der Privatschule ein eigenverantwortlich geprägter

und gestalteter Unterricht erteilt wird, insbesondere soweit er die Erziehungsziele, die weltanschauliche Basis, die Lehrmethode und Lehrinhalte betrifft; Privatschulen dürfen nicht allein wegen ihrer andersartigen Erziehungsformen und -inhalte verhindert werden (BVerfGE 90, 107 [114] – *„Privatschulförderung II"*; 27, 195 [200 f.] – *„staatliche Anerkennung"*). Die Garantie umfaßt daher das Recht des Schulträgers, Schüler und Lehrer auszuwählen, die Organisation von Schulbetrieb und Unterricht eigenständig festzulegen sowie den Unterrichtsinhalt zu bestimmen.

b) Ersatzschulen

11   Bei Ersatzschulen gilt dies jedoch gem. Art. 7 IV 2–4 GG nicht uneingeschränkt. Ersatzschulen sind solche, die als Ersatz für eine im Land vorhandene und grundsätzlich vorgesehene öffentliche Schule dienen; solche Schulen, durch deren Besuch der öffentlichen Schulpflicht nicht genügt werden kann, heißen demgegenüber Ergänzungsschulen (BVerfGE 27, 195 [201 f.] – *„staatliche Anerkennung"*). Das Grundrecht, eine Ersatzschule zu betreiben, steht gemäß Art. 7 IV 2 GG unter einem verfassungsrechtlichen Genehmigungsvorbehalt, der in Art. 7 IV 3 und 4 GG konkretisiert wird: eine Genehmigung muß erteilt werden, wenn die Schulausbildung der Privatschule der der öffentlichen Schulen gleichwertig ist, eine Sonderung der Schüler nach den Besitzverhältnissen ihrer Eltern nicht gefördert wird und die wirtschaftliche und rechtliche Stellung der Lehrkäfte genügend gesichert ist. Die Genehmigungsentscheidung ist eine gebundene Entscheidung, d. h. der Genehmigungsbehörde steht kein Ermessen zu. Umstritten ist, ob den Ersatzschulen aus Art. 7 IV GG das Recht zusteht, Zeugnisse mit öffentlich-rechtlicher Wirkung, z. B. Hochschulreife, zu erteilen. Nach BVerfGE 27, 195 (203 ff.) – *„staatliche Anerkennung"* dürfen die Länder dieses Recht von einer staatlichen Anerkennung abhängig machen, die höheren Anforderungen als die von Art. 7 IV GG geforderte Genehmigung unterliegt, denn die Privatschule übe insofern hoheitliche Funktionen aus, die ihr aus dem privatrechtlichen Status nicht zukomme (ebenso *Gröscher*, in: Dreier, GG, Art. 7 Rn. 99; krit. *Lecheler*, in: Sachs, GG, Art. 7 Rn. 71; *P/S*, StaatsR II, Rn. 747). Vor dem Hintergrund zunehmender Durchnormierung beruflicher Tätigkeit dürfte dies praktisch dazu führen, daß die Einrichtung von Ersatzschulen von den höheren Anforderungen der Anerkennung abhängig ist, weil der Besuch einer nicht anerkannten Ersatzschule nicht berufsqualifizierend ist. Dies stellt eine Umgehung der Genehmigungspflicht aus Art. 7 IV GG dar und widerspricht insofern der Entscheidung des BVerfG (E 90, 107 [114 f.] – *„Privatschulförderung II"*). Denn nach dieser Entscheidung dürfen dem Privatschulträger nicht solche Bindungen auferlegt werden, daß das Grundrecht praktisch kaum noch wahrgenommen werden kann.

c) Volksschulen

Weiteren Beschränkungen unterliegt die Privatschulfreiheit gemäß Art. 7 V GG **12**
für Volksschulen, d.s. die Grundschulen (*Lecheler*, in: Sachs, GG, Art. 7 Rn. 72).
Diese sind nur dann zu genehmigen, wenn ein besonderes pädagogisches Interesse an ihrer Errichtung besteht oder wenn die entsprechende Gemeinde keine
öffentliche Regelschule hat. Das besondere pädagogische Interesse ist eine objektive Voraussetzung von Art. 7 V GG, d. h. die Behörde hat keinen eigenen Spielraum, ob sie ein solches anerkennen will oder nicht (BVerfGE 88, 40 [50]- *„Freie
Volksschule Kreuzberg"*). Ob es besteht, ist vor dem Hintergurnd zu beurteilen,
daß ein öffentliches Interesse an der Erprobung und Fortentwicklung neuer pädagogischer Konzepte besteht. Es dürfen daher nicht schlicht die Maßstäbe angesetzt werden, die für öffentliche Schulen bislang gelten. Ferner ist auf die gesamte
Bandbreite pädagogischer Lehrmeinungen Rücksicht zu nehmen (BVerfGE 88,
40 [51]- *„Freie Volksschule Kreuzberg"*).

2. Eingriff

Jede tatsächliche oder rechtliche Beeinträchtugung der Errichtung oder des Betreibens einer Privatschule stellt einen Eingriff dar. Auch die Versagung der Genehmigung einer Ersatzschule ist ein Eingriff, wenn die Ersatzschule die Voraussetzungen des Art. 7 IV bzw. V GG erfüllt. **13**

3. Verfassungsrechtliche Rechtfertigung

Die Privatschulfreiheit ist vorbehaltslos gewährleistet. Insbesondere enthält die **14**
Unterstellung der Ersatzschulen unter die Landesgesetze keinen Gesetzesvorbehalt, sondern stellt nur klar, daß der Landes- und nicht der Bundesgesetzgeber
für die Ausgestaltung des Genehmigungsverfahrens zuständig ist (*Gröschner*, in:
Dreier, GG, Art. 7 Rn. 94). Auch die Schulaufsicht gemäß Art. 7 I GG kann sich
bei Privatschulen nur auf eine generelle Gesetzmäßigkeitskontrolle sowie die Erfüllung der Voraussetzungen des Art. 7 IV 3 und 4 GG beziehen (*Gröschner*, in:
Dreier, GG, Art. 7 Rn. 91).

II. Die Privatschulfreiheit als institutionelle Garantie

Das BVerfG hat aus der Privatschulfreiheit über das Abwehrrecht von privaten **15**
Schulträgern und Eltern gegen staatliche Eingriffe hinaus eine staatliche Pflicht
abgeleitet, die Privatschule als Institution zu gewährleisten. Hieraus kann sich ein
Anspruch auf staatlichge Förderung ergeben (BVerfGE 75, 40 [62 f.] – *„Privatschulförderung I"*; 90, 107 [115] – *„Privatschulförderung II"*). Denn nicht zuletzt aufgrund der grundgesetzlichen Bindungen, insbesondere der Anforderungen an Ersatzschulen, eine Sonderung der Schüler nach dem Besitzstand ihrer
Eltern nicht zu fördern, sind Privatschulen faktisch nicht in der Lage, ihren Haushalt durch Schulgelder zu decken, so daß die grundrechtliche Garantie leer liefe,
wenn der Staat nicht durch finanzielle Förderung einen Ausgleich für diese Lage

schaffte, um dadurch den von Art. 7 IV GG bezweckten schulischen Pluralismus zu sichern (BVerfGE 90, 107 [115 f.] – *„Privatschulförderung II"*]). Allerdings gebietet das GG keine volle Kostenübernahme. Vielmehr steht die Förderpflicht, wie alle aus Freiheitsrechten abgeleiteten Leistungsrechte, unter dem Vorbehalt dessen, was vernünftiger Weise von der Gesellschaft erwartet werden kann. Aus Art. 7 IV GG folgt daher auch kein konkreter Anspruch auf Gewährung staatlicher Beihilfe, sondern dem Gesetzgeber steht ein weiter Gestaltungsspielraum bei der Ausgestaltung der finanziellen Hilfe zu (BVerfGE 90, 107 [116 f.] – *„Privatschulförderung II"*).

D. Wiederholung

I. Kontrollfragen

1. Hat eine islamische Gemeinde das Recht gemäß Art. 7 III 1 und 2 GG, am öffentlichen Schulen Religionsunterricht zu erteilen?

2. Was versteht man unter der „Bremer Klausel" und für welches Bundesland ist sie heute von besonderer Bedeutung?

3. Was sind Ersatzschulen und welche Besonderheit gegenüber sonstigen Privatschulen gilt für sie?

4. Gilt für Grundschulen eine weitere Besonderheit?

5. Unter welchem Vorbehalt steht der Anspruch der Privatschulen auf öffentliche Förderung?

II. Lösungen

1. „Es kommt darauf an …". Die Garantie bezieht sich nicht nur auf Körperschaften des öffentlichen Rechts, sprich die großen christlichen Kirchen, sondern grundsätzlich auf alle Religionsgemeinschaften, soweit sie eine gewisse Organisationsstruktur aufweisen (s. o. Rn. 2).

2. Art. 141 GG; Brandenburg (s. o. Rn. 5).

3. S.o. Rn. 11.

4. Ja. Grundschule ist das heute gängigere Wort für Volksschulen gemäß Art. 7 V GG (s. o. Rn. 12).

5. S.o. Rn. 15.

5. Abschnitt. Grundrechte mit speziellem Auslandsbezug

§ 15. Verlust der deutschen Staatsangehörigkeit und Auslieferungsverbot, Art. 16 GG

Literatur: zum Verlust der Staatsangehörigkeit: *Lübbe-Wolff, G.*, Entziehung und Verlust der deutschen Staatsangehörigkeit – Art. 16 I GG, Jura 1996, 57 ff.

Leitentscheidungen: zum Verlust der Staatsangehörigkeit: BVerfGE 77, 137 ff. – „*Teso*"; zum Auslieferungsverbot: BVerfGE 4, 299 ff. – „*Saarländer*"; 29, 183 ff. – „*Rücklieferung*".

A. Schutz gegen den Verlust der deutschen Staatsangehörigkeit, Art. 16 I GG

I. Bedeutung

Art. 16 I GG regelt die Voraussetzungen, unter denen ein Deutscher seine Staats-   **1** angehörigkeit verlieren kann. Der Erwerb der Staatsangehörigkeit ist im GG nicht geregelt, sondern bestimmt sich nach dem Reichs- und Staatsangehörigkeitsgesetz von 1913 (RuStAG). Das strikte Verbot der Entziehung der deutschen Staatsangehörigkeit gemäß Art. 16 I 1 GG ist eine Antwort auf die Ausbürgerung jüdischer Mitbürger während des Dritten Reiches. Bis heute ist die Ausbürgerung ein Mittel der Repression in vielen Staaten gegenüber ethnischen Minderheiten oder politisch mißliebigen Bürgern. Art. 15 II AEMR knüpft hieran an und verbietet die willkürliche Entziehung der Staatsangehörigkeit; Art. 16 I GG zielt in dieselbe Richtung (hierzu näher *Lübbe-Wolff*, Jura 1996, 57). Wie sich aus Art. 16 I 2 GG entnehmen läßt, schützt Art. 16 I GG aber nicht vor jeglichem Verlust der deutschen Staatsangehörigkeit; traditionelle Verlusttatbestände wie etwa der Erwerb einer fremden Staatsangehörigkeit sollen vom Entziehungsverbot nicht berührt werden. Die Abgrenzung zwischen Entziehung und sonstigem Verlust ist nicht immer einfach.

II. Schutzbereich

Nicht alle Deutschen im Sinne des Grundgesetzes besitzen die **deutsche Staatsan-**   **2** **gehörigkeit.** Nach Art. 116 I GG ist Deutscher, wer die deutsche Staatsangehörigkeit besitzt oder wer als Flüchtling oder Vertriebener deutscher Volkszugehörigkeit bzw. als dessen Abkomme oder Ehegatte innerhalb der Grenzen des Deutschen Reiches am 31.12.1937 Aufnahme gefunden hat; letztere bezeichnet man als Statusdeutsche. Während das Auslieferungsverbot des Art. 16 II GG auch Statusdeutsche schützt, bezieht sich Art. 16 I GG nur auf diejenigen, die die deutsche Staatsangehörigkeit besitzen. Das RuStAG folgt dem Abstammungsprinzip (ius sanguinis), Deutscher ist demnach jeder, der von einem deutschen Elternteil abstammt. Daneben kennt das RuStAG den Erwerbstatbestand der Einbürgerung. Nach der Rechtsprechung des BVerfG waren Bürger der ehemaligen DDR deutsche Staatsangehörige, und zwar auch dann, wenn sie die Staatsangehörigkeit durch Einbürgerung nach Tatbeständen des DDR-Rechts erworben hatten, welche das RuStAG nicht vorsah (BVerfGE 77, 137 [148 ff.] – „*Teso*"). Divergenzen in der Staatsangehörigkeit waren daher bei der Wiedervereinigung nicht zu bewältigen.

III. Eingriff

3   Ein Eingriff ist jeder Verlust der deutschen Staatsangehörigekeit, sei es durch Entziehung oder auf sonstige Weise.

IV. Verfassungsrechtliche Rechtfertigung

4   Strikt verboten ist nach Art. 16 I 1 GG die Entziehung der deutschen Staatsangehörigkeit, während der Verlust, der nicht die Qualität einer Entziehung annimmt, nach Art. 16 I 2 GG möglich bleibt. Die Abgrenzung ist zum Teil umstritten (zu den Abgrenzungstheorien ausführlich *Lübbe-Wolff*, Jura 1996, 57 [60 ff.]).

1. Entziehung

5   Der Wortlaut „Entziehung" deutet zunächst darauf hin, daß jeder Verlust gegen den Willen des Betroffenen unter das strikte Verbot des Art. 16 I 1 GG falle. Dies widerspricht jedoch dem Sinn des Art. 16 I 2 GG, der an traditionelle und in der Staatenpraxis übliche Verlusttatbestände, wie etwa den Erwerb einer fremden Staatsangehörigkeit, anknüpft, die nicht das Einverständnis des Betroffenen verlangen. Etwas enger ist daher die sogenannte Vermeidbarkeitstheorie, die als Entziehung solche Verlusttatbestände wertet, auf die der Betroffene keinen Einfluß nehmen kann (vgl. BVerfG, NVwZ 1990, 2193 f.). Nicht geschützt wären die Bürger dann aber etwa gegen Ausbürgerung aus politischen Gründen, die Art. 16 I 1 GG gerade verhindern will. Im Hinblick auf die Zielrichtung des Art. 16 I 1 GG, vor allem die willkürliche Entziehung zu verhindern (s. o. Rn. 1), wird ferner vertreten, eine solche Wegnahme der Staatsangehörigkeit unter Art. 16 I 1 GG zu fassen, die auf einer Einzelentscheidung durch eine Behörde, durch Richterspruch oder durch Maßnahmegesetz, das sich gegen eine bestimmte Personengruppe richtet, beruht (hierzu *Lübbe-Wolff*, Jura 1996, 57 [60 f.]). Auch hier bleibt die Abgrenzung jedoch unklar.

Beispiel: Die Behörde bürgert einen Ausländer aufgrund seiner Ehe mit einer Deutschen ein. Später stellt sich heraus, daß die Ehe zum Zeitpunkt der Einbürgerung bereits geschieden war, der Antragsteller die Scheidung jedoch verschwiegen hatte. Kann die Einbürgerung nach § 48 VwVfG zurückgenommen werden? (VGH BW, NVwZ 1990, 1198 f.)

Sinnvoll dürfte wohl die kumulative Anwendung aller vorgenannten Abgren-   6
zungskriterien sein (*Lübbe-Wolff*, Jura 1996, 57 [62]). Entziehung ist daher jeder
Verlust der Staatsangehörigkeit ohne den Willen des Betroffenen, der durch Einzelakt erfolgt oder den der Betroffene nicht beeinflussen kann oder der nicht auf
einem traditionellen in der Staatenpraxis üblichen Grund beruht (*Lübbe-Wolff*,
in: Dreier, GG, Art. 16 Rn. 40). Demzufolge kann eine einmal erfolgte Einbürgerung nicht nach § 48 VwVfG zurückgenommen werden, weil es sich um einen
Einzelakt einer Behörde handelt (ebenso *Lübbe-Wolff*, ebda.; *P/S*, StaatsR I,
Rn. 1035, a. A. VGH BW, NVwZ 1990, 1198 f.). Die Erschleichung einer Einbürgerung kann daher nur durch Gesetz verhindert werden, das die Nichtigkeit
einer solchen Einbürgerung vorsieht.

2. Verlust im übrigen

Der Verlust der Staatsangehörigkeit, der keine Entziehung darstellt, ist zulässig,   7
wenn er auf einem formellen Gesetz beruht und wenn er – soweit er gegen den
Willen des Betroffenen eintritt – nicht zu dessen Staatenlosigkeit führt. Staaten-
los wird der Betroffene bereits dann, wenn ihm de iure zwar eine andere Staatsangehörigkeit verbleibt, er diese jedoch nicht effektiv wahrnehmen kann, etwa
weil der betreffende Staat annektiert wurde (*Lübbe-Wolff*, Jura 1996, 57 [64]).

B. Das Auslieferungsverbot, Art. 16 II GG

I. Bedeutung

Art. 16 II GG schützt deutsche Staatsangehörige vor Auslieferung an das Aus-   8
land, insbesondere an ausländische Strafverfolgungsbehörden. Er beruht „seinem Grundgedanken nach auf dem Recht jedes Staatsbürgers, sich in seinem
Heimatland aufhalten zu dürfen, und auf der Verpflichtung dieses Staates, seine
im Staatsgebiet lebenden Bürger in jeder Weise zu schützen." (BVerfGE 29, 183
[192 f.] – „*Rücklieferung*"). Im Hinblick auf die zunehmende Internationalisierung von Straftaten und die ohnehin bestehenden Schwierigkeiten ihrer Verfolgung wird der Sinn dieser Regelung zunehmend zweifelhaft, zumal der angel-
sächsische Rechtskreis eine solche nicht kennt (vgl. BVerfGE 4, 299 [303 f.] –
„*Saarländer*"; *Lübbe-Wolff*, in: Dreier, GG, Art. 16 Rn. 60).

II. Begriff der Auslieferung

Auslieferung ist die amtliche Überstellung einer Person aus dem Hoheitsbereich   9
der Bundesrepublik Deutschland an die Organe einer ausländischen Hoheitsgewalt auf deren Ersuchen. Die schlichte Ausweisung, d.i. die Aufforderung, das
Bundesgebiet egal wohin zu verlassen, fällt dagegen nicht unter Art. 16 II GG.

Praktisch wird es sich meist um die Überstellung an ausländische Strafverfolgungsbehörden handeln, von Art. 16 II GG vorausgesetzt ist dies jedoch nicht. Ebenfalls unter den Begriff der Auslieferung fällt auch die sogenannte **Durchlieferung**, d.i. die Überstellung von einem ausländischen Staat in einen anderen durch das Territorium der Bundesrepublik Deutschland (BVerfGE 10, 136 [139]). Umstritten ist dagegen die Zulässigkeit der sogenannten **Rücklieferung**, d. i. die Zurücküberstellung an einen ausländischen Staat, der den Betreffenden zuvor unter der Bedingung späterer Zurücküberstellung an Deutschland ausgeliefert hatte. Das BVerfG (E 29, 183 [192 ff.] – *„Rücklieferung“*) und die ganz h. M. halten dies für zulässig, weil es sich insgesamt gesehen nur um die Wiederherstellung des ursprünglichen Zustands handelt. Die Unzulässigkeit einer Rücklieferung würde nicht den Betroffenen vor Auslieferung schützen, sondern lediglich die deutschen Strafverfolgungsbehörden behindern, weil dann die ausländischen Behörden erst gar nicht zur bedingten Auslieferung bereit sind (a. A. *Lübbe-Wolff*, in: Dreier, GG, Art. 16 Rn. 70 m. w. N.).

C. Wiederholung

I. Kontrollfragen

1. Ist der Begriff des „Deutschen“ in Art. 16 I und II GG derselbe?

2. Welche Bedeutung hat der Unterschied zwischen Entziehung und Verlust der deutschen Staatsangehörigkeit?

3. Darf ein Deutscher an die USA zwecks Strafverfolgung ausgeliefert werden, wenn er zuvor von den USA unter der Bedingung an Deutschland ausgeliefert worden war, daß er zurücküberstellt wird?

II. Lösungen

1. Nein (s. o. Rn. 2).

2. Die Entziehung ist absolut verboten, während der Verlust aufgrund von Art. 16 I 2 GG durch Gesetz möglich ist.

3. Nach h. M. ja (s. o. Rn. 9).

§ 16. Das Asylrecht, Art. 16 a GG

Literatur: Zur Einführung: *Schoch, F.,* Das neue Asylrecht gemäß Art. 16 a GG, DVBl 1993, 1161 ff. **Zur Vertiefung:** *Biermann, C.,* Der „Asylkompromiß" und das Bundesverfassungsgericht, Jura 1997, 522 ff.; *Böhmer, A.,* Die Entscheidungen des BVerfG zum geltenden Asylrecht – BVerfG, EuGRZ 1996, 237, JuS 1997, 23 ff.; *Frowein, J.A./Zimmermann, A.,* Die Asylrechtsreform des Jahres 1993 und das Bundesverfassungsgericht, JZ 1996, 753 ff.; *Gusy, C.,* Neuregelung des Asylrechts – Grundrecht oder Grundrechtsverhinderungsrecht? –, Jura 1993, 505 ff; *Huber, B.,* Das Asylrecht nach der Grundgesetzänderung, NVwZ 1993, 736 ff.; *Lübbe-Wolff, G.,* Das Asylgrundrecht nach den Entscheidungen des Bundesverfassungsgerichts vom 14.Mai 1996, DVBl 1996, 825 ff.; *Renner, G.,* Asylrecht in Deutschland nach der Grundgesetzänderung, NJ 1994, 241 ff.; *Tomuschat, C.,* Asylrecht in der Schieflage, EuGRZ 1996, 381 ff.; *Wolff, H.,* Die Asylrechtsänderung in der verfassungsgerichtlichen Prüfung, DÖV 1996, 819 ff.; *Wollenschläger, M./Becker, U.,* 40 Jahre Asylrecht – Rückblick und Ausblick, AöR 115 (1990), 369 ff.; *Wollenschläger, M./ Herler, G.* Das Asylrecht auf dem Prüfstand des Bundesverfassungsgerichts, JA 1997, 591 ff.; *Wollenschläger, M./Schraml, A.,* Art. 16 a GG, das neue „Grundrecht" auf Asyl?, JZ 1994, 61 ff.; *Zimmermann, A.,* Das neue Grundrecht auf Asyl, 1994.

Leitentscheidungen: BVerfGE 54, 341 ff. – „*Ahmadiyya I*"; 56, 216 ff. – „*Rechtsschutz*"; 74, 51 ff. – „*Nachfluchtgrund*"; 76, 143 ff. – „*Ahmadiyya II*"; 80, 315 ff. – „*Tamilen*"; 81, 58 ff. – „*Jezidi I*"; 81, 142 ff. – „*Kurden*"; 83, 216 ff. – „*Jezidi II*"; 94, 49 ff. – „*sichere Drittstaaten*"; 94, 115 ff. – „*sichere Herkunftsstaaten*"; 94, 166 ff. – „*Flughafenverfahren*".

A. Überblick und Bedeutung

I. Grundsätze

Das Asylrecht ist im Grundgesetz als Grundrecht garantiert. Als solches hat es **1** eine wechselvolle Geschichte. Als Art. 16 II 2 GG wurde es mit dem Wortlaut „Politisch Verfolgte genießen Asylrecht" in die Verfassung aufgenommen, um die historische Schuld des Dritten Reiches abzutragen (vgl. die Verhandlungen im Parlamentarischen Rat, JöR 1951, 165 f.; s. auch *Biermann*, Jura 1997, 522 m. w. N.). Es ist zugleich eine Antwort auf das Schicksal jüdischer und anderer Flüchtlinge in Europa, die zum Teil abenteuerliche Irrfahrten um die Welt machen mußten, ohne Aufnahme zu finden. Das Asylrecht unter dem GG ist neutral und knüpft allein an die ausweglose Lage eines Verfolgten an. Es „ist weder von der Herkunft und der politischen Gesinnung des Verfolgten abhängig noch von der politischen Richtung, die in dem Verfolgerstaat herrscht. Ebensowenig ist eine Beschränkung auf bestimmte ’asylwürdige’ Rechtsgüter gerechtfertigt." (BVerfGE 54, 341 [356 f.] – „*Ahmadiyya I*"). Gleichwohl gewährleistet das Asylrecht nicht Schutz gegen jegliche ernste Notlagen im Heimatstaat, sondern nur gegen solche, die auf staatlicher Verfolgung beruhen (näher u. Rn. 13); insofern ist das Asylrecht ein selektives Instrument des Menschenrechtsschutzes (*Lübbe-Wolff*, in: Dreier, GG, Art. 16 a Rn. 15).

2   Im Vergleich zu anderen demokratischen Verfassungen ist die grundrechtliche Asylgewährung in dieser Form eine Ausnahme (s. aber *Grewe/Weber*, EuGRZ 1993, 496 ff.; *Oellers-Frahm/Zimmermann*, GYIL 1995, 249 ff. zur neueren Rechtsprechung in Frankreich). Schon im Parlamentarischen Rat war man sich der Gefahr des Mißbrauchs der Asylgewährung als Tor für Migranten, die keiner Verfolgung unterliegen, wohl bewußt, entschied sich aber schließlich dazu, eine solche in Kauf zu nehmen: Die Asylrechtsgewährung sei immer eine Frage der Generosität, und wenn man generös sein wolle, müsse man riskieren, sich gegebenenfalls in der Person geirrt zu haben (so der Abgeordnete Carlo Schmid im Parlamentarischen Rat, JöR n. F. Bd. 1 [1951], S. 167).

II. Die Grundgesetzänderung von 1993

3   1993 wurde das Asylrecht als Art. 16 a GG neu gefaßt (zur Entstehungsgeschichte s. *Zimmermann*, Das neue Grundrecht auf Asyl, 1994, S. 23 ff. m. w. N.). Hierdurch sollte keineswegs das Asylrecht für „den wirklich politisch Verfolgten" beschnitten, sondern lediglich der Mißbrauchsgefahr engegengewirkt und das Verfahren beschleunigt werden (vgl. die Begründung des interfraktionellen Gesetzentwurfs, BT-Dr. 12/4152, S. 3). Die Neufassung enthält drei Änderungen:
–   wer über einen sicheren Drittstaat einreist, in dem er hätte Aufnahme finden können, genießt kein Asylrecht in Deutschland (Abs. II);
–   der Asylantrag eines Flüchtlings, der aus einem sicheren Herkunftsstaat stammt, wird als offensichtlich unbegründet behandelt, weil eine Vermutung gegen seine Verfolgung spricht, die jedoch widerlegbar ist (Abs. III);
–   offensichtlich unbegründete Asylanträge unterliegen einem gestrafften Verfahren im einstweiligen Rechtsschutz (Abs. IV).

4   Nahezu gleichzeitig mit dem neuen Art. 16 a GG wurde auch das Asylverfahrensgesetz geändert (27.7.1993, BGBl I, 1361). Besonders umstritten ist hier die sogenannte Flughafenregelung des § 18 a IV 6 i. V. m. § 36 IV 1–2 AsylVfG, die gestützt auf Art. 16 a IV GG verabschiedet wurde (näher u. Rn. 36). Die meisten „Erfolgschancen" im Hinblick auf die Zahl der Antragstellungen wird der Drittstaatenklausel eingeräumt (hierzu u. Rn. 19). Ob diese aber dem Ziel dient, nur dem „wirklich Verfolgten" Aufnahme zu gewähren, ist mehr als zweifelhaft, weil sie praktisch voraussetzt, daß jemand mit gültigem Paß und deutschem Visum über den Luftweg einreist. Dies dürfte gerade für denjenigen, der sich in seinem Heimatstaat in einer akuten Gefährdungssituation und in auswegloser Lage befindet, nur schwerlich möglich sein (ebenso *Gusy*, Jura 1993, 505 [511 f.]; sehr kritisch auch *Voßkuhle*, DÖV 1994, 53 [64 f.]; *Franßen*, DVBl 1993, 300 [301]).

5   Die Neuerungen des Art. 16 a GG haben die Frage nach der Möglichkeit „verfassungswidrigen Verfassungsrechts" aufgeworfen, denn es wurde vielfach die

Ansicht vertreten, daß mit ihr die Ewigkeitsgarantie des Art. 79 III GG berührt sei, die die Menschenwürde und das Rechtsstaatsprinzip umfaßt (so etwa *Pieroth/Schlink*, FS Mahrenholz, 1994, S. 669 ff.). Das BVerfG hat sich dieser Auffassung nicht angeschlossen, sondern vielmehr recht knapp ausgeführt, daß der Verfassungsgesetzgeber nicht gehindert sei, das Asylrecht als ganzes abzuschaffen (BVerfGE 94, 49 [103 f.] – „*sichere Drittstaaten*"; krit. *Frowein/Zimmermann*, JZ 1996, 753 [754 f.]; *Biermann*, Jura 1997, 522 [527 f.]). Der ganz überwiegende Teil der drei Grundsatzurteile zum neuen Art. 16 a GG (BVerfGE 94, 49 ff. – „*sichere Drittstaaten*"; 94, 115 ff. – „*sichere Herkunftstaaten*"; 94, 166 ff. – „*Flughafenverfahren*") beschäftigt sich dementsprechend mit der Konkretisierung der Bestimmung und nicht mit der Frage nach ihrer verfassungsrechtlichen Zulässigkeit.

Unklar geblieben ist vor allem das Verhältnis des Asylrechts zur Menschenwürde. Nicht nur hat es das BVerfG bisher als Verletzung der Menschenwürde angesehen, einen Menschen auszuliefern, dem im Heimatstaat unmenschliche Behandlung droht (BVerfGE 75, 1 [16]; BVerfG, NVwZ 1992, 660; ebenso BVerwGE 67, 184 [194]; BVerwG, NVwZ 1988, 260). Vielmehr hat es auch immer wieder betont, daß dem Grundrecht auf Asyl die von der Achtung der Unverletzlichkeit der Menschenwürde bestimmte Überzeugung zugrunde liege, daß kein Staat das Recht habe, Leib, Leben oder die persönliche Freiheit des einzelnen aus Gründen zu gefährden oder zu verletzen, die allein in seiner politischen Überzeugung oder religiösen Grundentscheidung oder in unverfügbaren, jedem Menschen von Geburt an anhaftenden Merkmalen liegen (BVerfGE 80, 315 [333] – „*Tamilen*"; 76, 143 [157 f.] – „*Ahmadiyya II*"; zur Bedeutung der Menschenwürde bei der Bestimmung asylerheblicher Verfolgung s. noch u. Rn. 10, 16). Dennoch stellt das BVerfG nunmehr fest, daß das Asylrecht nicht Teil des Gewährleistungsinhalts von Art. 1 I GG, letzterer vielmehr eigenständig zu bestimmen sei (BVerfGE 94, 49 [103 f.] – „*sichere Drittstaaten*"). Offen bleibt, ob und inwieweit sich Abschiebungsschutz direkt aus Art. 1 I GG ergeben kann und ob die Verkürzungen des Art. 16 a GG bezüglich der Verfahrensgestaltung auch für diese Fälle als Spezialregelung Geltung beanspruchen (hierzu *Pieroth/Schlink*, FS Mahrenholz, 1994, S. 669 [679 ff.] m. w. N.; vgl. BVerfG, EuGRZ 1997, 502 [503]).

III. Internationale Bezüge

Das Asylrecht ist in besonderer Weise in den Kontext völkerrechtlicher Bestimmungen eingebunden. Nach Art. 1 A Nr. 2 i. V. m. Art. 33 I der **Genfer Flüchtlingskonvention** von 1951 dürfen Personen, die aus der begründeten Furcht vor Verfolgung wegen ihrer Rasse, Religion, Nationalität, Zugehörigkeit zu einer bestimmten sozialen Gruppe oder wegen ihrer politischen Überzeugung sich außerhalb ihres Landes befinden, nicht in Gebiete ausgewiesen werden, in denen ihr Leben oder ihre Freiheit bedroht sind. Das Verhältnis dieser Bestimmung, die in Deutschland als einfaches Bundesgesetz gilt, war Jahrzehnte umstritten (Nachw. bei *Wollenschläger/Becker*, AöR 115 [1990], 369 [376 ff.]); nach h. M. geht die Regelung nicht über die Gewährleistung des Art. 16 a GG hinaus (BVerwGE 95, 42; a. A. *Henkel,* FS F. Franz und G. Müller, 1994, S. 563). Neben den unter die Genfer Flüchtlingskonvention und unter Art. 16 a GG fallenden Menschen gibt es aber auch noch die sogenannten „de-facto-Flüchtlinge", denen trotz fehlender politischer, rassischer oder religiöser Verfolgung aus humanitären Gründen nicht zugemutet werden kann, in ihre Heimat zurückzukehren, etwa weil dort Krieg oder Bürgerkrieg herrscht oder die Menschenrechte systematisch verletzt werden (zur Praxis und den Forderungen des UNHCR und des Europäischen Parlamentes für einen erweiterten Flüchtlingsbegriff s. *Hailbronner*, ZAR 1993, 3 [5 ff.]). Die Aufnahme solcher Flüchtlinge erfolgt zumeist per ad-hoc-Entscheidung ohne völkerrechtliche Bindung (sog. Kontingentflüchtlinge); der neu eingefügte § 32a AuslG regelt den rechtlichen Status solcher Flüchtlinge. In vielen Fällen bestehen jedoch auch völkerrechtliche Verpflichtungen, bestimmte Personen nicht in ihre Heimatstaaten auszuliefern bzw. auszuweisen, wenn ihnen dort unmenschliche Behandlung droht (Art. 3 I EMRK, hierzu EGMR v. 7.7.1989, Ser. A, Vol. 161 – „Soering"). Das AuslG trägt diesen Fällen in § 53 Rechnung, in dem es bestimmt, daß Menschen aus humanitären Gründen Duldung, sprich Abschiebeschutz zu gewähren ist, auch wenn ihnen kein Asylrecht zusteht (vgl. zum Zusammenhang zwischen Art. 3 EMRK und § 53 AuslG BVerwG, DVBl 1996, 612 ff.; BVerfG, BayVBl 1997, 177 f.; zu den Anforderungen der Abschiebung in Bürgerkriegsgebiete BVerwG, JZ 1997, 508 ff.). Die Mehrzahl der Asylbewerber darf daher, auch wenn ihr Asylantrag abgelehnt wurde, nicht in ihre Heimat abgeschoben werden; durch die Ablehnung des Asylantrages ändert sich lediglich ihr ausländerrechtlicher Status (*Wollenschläger/Becker*, AöR 115 [1990], 369 [391 f.]), der vor allem dadurch gekennzeichnet ist, daß eine Duldung nur befristet gewährt wird und jederzeit widerufen werden kann (§ 56 AuslG), die Lage des Betroffenen daher höchst unsicher bleibt.

8   Schließlich gibt es inzwischen Ansätze, das Asylrecht in der Europäischen Union zu vereinheitlichen (s. hierzu *O'Keeffe*, European Law Review 1995, 20 ff.). So wurden etwa das Schengener Durchführungsübereinkommen vom 19.6.1990 (BGBl II 1993, 1010) sowie das Dubliner Übereinkommen vom 15.6.1990 (BGBl II 1994, 791) abgeschlossen, die beide die Zuständigkeit für die Behandlung von Asylbegehren innerhalb des Gebiets der Mitgliedstaaten regeln. Insbesondere die sogenannte Drittstaatenregelung des neugefaßten Art. 16 a GG knüpft an diese Entwicklung an und soll sie begünstigen (BVerfGE 94, 49 [85] – „sichere Drittstaaten"). Bis zu einem einheitlichen europäischen Asylrecht ist es allerdings noch ein langer Weg. Im Augenblick werden daher nicht etwa die Lasten europaweit gleich verteilt, sondern das Problem durch die Drittstaatenregelung lediglich an andere Grenzen verschoben (*Wollenschläger/Schraml*, JZ 1994, 61 [67]).

B. Schutzbereich

I. Voraussetzungen

1. Politische Verfolgung

a) Der Begriff „politisch"

Das BVerfG hat mehrmals betont, daß sich der Sinngehalt des Begriffs der poli-   9
tischen Verfolgung nicht allein aus dem knappen Wortlaut erschließen läßt; vielmehr ist die Entstehungsgeschichte und der völkerrechtliche Zusammenhang
entscheidend (BVerfGE 54, 341 [346] – „*Ahmadiyya I*"; 74, 51 [57] – „*Nachfluchtgrund*"; 80, 315 [333] – „*Tamilen*"). Insbesondere meint das Adjektiv „politisch" nicht einen abgegrenzten Gegenstand von Politik, sondern eher eine Eigenschaft, die alle Sachbereiche unter bestimmten Umständen jederzeit
annehmen können (BVerfGE 76, 143 [157] – „*Ahmadiyya II*"), nämlich dann,
wenn sie vom Verfolgerstaat zum Anknüpfungspunkt staatlicher Ausgrenzung
gemacht werden (BVerfGE 80, 315 [334 f.] – „*Tamilen*"). Das BVerwG geht von
Art. 1 A Nr. 2 GFK aus (s. o. Rn. 7), fügt aber den dort genannten asylrelevanten
Merkmalen Rasse, Religion, Nationalität, Zugehörigkeit zu einer sozialen Gruppe und politische Überzeugung alle unabänderlichen persönlichen Merkmale,
wie etwa die homosexuelle Prägung, hinzu, soweit sie als Anknüpfungspunkt für
Verfolgungsmaßnahmen dienen (BVerwGE 79, 143 [146 f.]). Die asylrelevanten
Merkmale sind daher kein feststehender Katalog, sondern grundsätzlich offen.
„Politisch" kann etwa auch eine Verfolgung aufgrund des Geschlechts sein
(*Bonk*, in: Sachs, GG, Art. 16 a Rn. 18).

b) Verfolgungsmaßnahmen

Verfolgungsmaßnahmen sind die gezielte Beeinträchtigung von Rechtsgütern in   10
solchem Ausmaß, daß dem Verfolgten die Hinnahme nicht zugemutet werden
kann. Dazu zählen nicht nur solche Maßnahmen, die das Leben, die körperliche
Integrität oder die Freiheit einer Person betreffen, denn auch der Entzug der wirtschaftlichen Lebensgrundlage kann einen Menschen derart beeinträchtigen, daß
für ihn ein Leben in seinem Land unerträglich wird. Es genügt, daß jemand „in seinem eigenen Land nicht mehr leben kann, weil er durch das politische System seiner Freiheit, seines Lebens oder seiner Güter beraubt wird" (Abg. Wagner im Parlamentarischen Rat, zit. nach BVerfGE 76, 143 [157] – „*Ahmadiyya II*"). Kennzeichnend für Verfolgung ist, daß sich der Verfolgte in ausweglosen Lage befindet,
weil die gegen ihn gerichteten Maßnahmen in den elementaren Bereich der sittlichen Person eingreifen, in dem für ein menschenwürdiges Dasein die Selbstbestimmung möglich bleiben muß (BVerfGE 76, 143 [158] – „*Ahamdiyya II*").

Beispiele:
– Die Tatsache, daß der Glaubensübertritt vom Islam zum Christentum im Iran mit der Todesstrafe bedroht ist, ist asylerheblich. Zwar schützt Art. 16 a GG nicht die öffentliche

Religionsausübung, andererseits kann von niemandem verlangt werden, den Glaubensübertritt als solchen geheim zu halten. Die Religionsausübung im häuslich-privaten Bereich sowie das Glaubensbekenntnis im nachbarlich-kommunikativen Bereich gehören zum elementaren Bereich der sittlichen Person und werden daher von Art. 16 a GG geschützt (BVerfG, DVBl 1995, 559 [560]).

– Die Beeinträchtigung beruflicher Entfaltungsmöglichkeiten stellen noch keine asylerhebliche Verfolgung dar, solange nicht das wirtschaftliche Existenzminimum bedroht ist. Sie kann aber u. U. asylerheblich werden, wenn dem Betroffenen eine ihn besonders prägende Tätigkeit verboten wird oder der Zwang zur Aufnahme einer anderen Tätigkeit eine gezielte Herabwürdigung darstellt (BVerwG, NVwZ 1987, 701). Vgl. aber BVerwGE 96, 200 (207 f.), wonach selbst die massive Benachteiligung einer Bevölkerungsgruppe auf dem Arbeitsmarkt, im Staatsdienst und im Bildungswesen keine asylerhebliche Verfolgung darstellt.

11 In Anlehnung an die GFK, die bereits die begründete Furcht vor Verfolgung genügen läßt, ist auch im Rahmen des Art. 16 a GG eine **Verfolgungsgefahr** ausreichend. Der Maßstab hierfür ist ein objektiver; es kommt also darauf an, ob Beeinträchtigungen „mit beachtlicher, d. h. überwiegender Wahrscheinlichkeit" drohen (BVerfGE 76, 143 [167] – *Ahmadiyya II*"; BVerwGE 89, 169 f.; 89, 233 ff.; BVerwG, DVBl 1994, 524). Die Tatsache, daß jemand zu einer ethnischen, religiösen oder sozialen Gruppe gehört, die in einem bestimmten Staat regelmäßig Verfolgungsmaßnahmen ausgesetzt ist, begründet dann eine hinreichende Verfolgungsgefahr für den Asylsuchenden, wenn die Angehörigen der betreffenden Gruppe „wegen eines asylerheblichen Merkmals verfolgt werden, das er mit ihnen teilt, und wenn er sich mit ihnen in einer nach Ort, Zeit und Wiederholungsträchtigkeit vergleichbaren Lage befindet und deshalb seine eigene bisherige Verschonung von ausgrenzenden Rechtsbeeinträchtigungen als eher zufällig anzusehen ist (BVerfGE 83, 216 [231] – *Jezidi II*"). Dies setzt eine gewisse Verfolgungsdichte voraus. Die Gefahr einer politischen Verfolgung wächst in solchen Fällen, je weniger ein Staat bei seinen Verfolgungsmaßnahmen an ein bestimmtes individuelles Verhalten des Betroffenen anknüpft, sondern lediglich an kollektive, dem einzelnen unverfügbare Merkmale (BVerfGE ebda.).

Beispiel: Bei aus der Türkei stammenden Asylsuchenden kurdischer Herkunft liegt eine hinreichende Verfolgungsgefahr nicht bereits dann vor, wenn sie aus kurdischen Siedlungsgebieten stammen (BVerwG, NVwZ 1996, 1110 [1111 f.]). Ob die Verfolgungsdichte in den Notstandsprovinzen, in denen die Zerstörung ganzer Dörfer, Razzien, willkürliche Festnahmen etc. regelmäßig vorkommen, den Schluß zuläßt, daß alle dort lebenden Kurden der Gefahr politischer Verfolgung im Sinne des Art. 16 a GG unterliegen, hat das BVerwG offen gelassen und das OVG zu weiteren Tatsachenfeststellungen aufgefordert.

12 Auch Familienangehörige können hinreichender Verfolgungsgefahr allein wegen ihrer Eigenschaft als Verwandte eines politisch Verfolgten unterliegen, sofern der Verfolgerstaat Sippenhaft praktiziert (BVerwGE 85, 309 [315]; 88, 326 [230]).

c) Durch staatliche Gewalt

Art. 16 a GG verlangt grundsätzlich Verfolgung durch staatliche Gewalt. Denn   **13**
„Staaten stellen befriedete Einheiten dar, … . Die Macht zu schützen schließt
indes die Macht, zu verfolgen, mit ein. Daher hebt die Ratio der Asylgewährlei-
stung im Grundgesetz ganz auf die Gefahren ab, die aus einem bestimmt gearteten Einsatz verfolgender Staatsgewalt erwachsen" (BVerfGE 80, 315 [334] –
„*Tamilen*"). Aber auch Verfolgung durch Dritte kann erheblich sein, wenn sie
dem Staat zuzurechnen ist. Dies ist der Fall, wenn der Staat zur Schutzgewährung
trotz zur Verfügung stehender Mittel nicht bereit oder in der Lage ist, etwa weil
es sich um Verfolgungsmaßnahmen des staatstragenden Klerus oder der
staatstragenden Partei oder einer anderen Organisation mit staatsähnlicher
Herrschaftsmacht handelt (BVerfGE 80, 315 [336] – *Tamilen*"; BVerwG, DVBl
1997, 182 f.). Andererseits bietet Art. 16 a GG keinen Schutz vor der Auflösung
der Staatsgewalt oder vor den Folgen anarchischer Zustände (BVerfGE ebda.),
ebensowenig vor gewalttätigen Übergriffen im Bürgerkrieg. Staatliche Verfolgung setzt staatliche Gewalt als effektive Ordnungsmacht voraus (BVerfGE
ebda., 340). „Nachteile, die jemand aufgrund der allgemeinen Zustände in seinem Heimatstaat zu erleiden hat, wie Hunger, Naturkatastrophen, aber auch bei
den allgemeinen Auswirkungen von Unruhen, Revolutionen und Kriegen" genügen nicht (BVerfGE 54, 341 [357] – „*Ahmadiyya I*"; 80, 315 [335] – „*Tamilen*";
s. auch BVerwG, DVBl 1996, 612 ff. und DVBl 1997, 1385 ff. zur parallelen
Auslegung des Art. 3 EMRK).

d) Wegen der asylerheblichen Merkmale

Die Verfolgungsmaßnahmen müssen gerade wegen der asylerheblichen Merkma-   **14**
le ergriffen werden. Systematische Menschenrechtsverletzungen, die jedermann
in diesem Land treffen können, sind keine politische Verfolgung.

Beispiel: Die regelmäßige Anwendung von Folter zur Erpressung eines Geständnisses im Strafverfahren, die sich nicht gegen bestimmte Personen wegen ihrer religiösen oder politischen
Überzeugung oder ihrer ethnischen Zugehörigkeit richtet, stellt keine asylerhebliche Verfolgung dar.

Schwierig kann die Einordnung strafrechtlicher Verfolgung sein. Widerstand ge-   **15**
gen staatliche Unterdrückung vollzieht sich oftmals in Formen, die unter „neu-
trale" Straftatbestände wie Sachbeschädigung, Körperverletzung o. ä. fallen. Insbesondere Maßnahmen zur Terrorismusbekämpfung stellen trotz der politischen
Motivation der Täter keine politische Verfolgung im Sinne des Art. 16 a GG dar
(BVerfGE 80, 315 [338 ff.] – „*Tamilen*"). Politische Verfolgung liegt nur dann
vor, wenn die strafrechtliche Sanktion über den „normalen" Unrechtsgehalt der
Tat hinausgeht, weil sie an die politische Überzeugung, die ethnische oder religiöse Zugehörigkeit oder andere asylrelevante Merkmale des Täters anknüpft
und daher härter ausfällt. Es kommt also letztlich auch hier auf den gezielten
diskriminierenden Charakter der staatlichen Maßnahme an. Ähnliches gilt für
die Strafverfolgung wegen Wehrdienstverweigerung oder Desertation: sie ist nur

asylerheblich, sofern sie über die Sicherung der Wehrfähigkeit hinaus zielt und als Instrument der Einschüchterung oder Zwangsassimilation eingesetzt wird (*Lübbe-Wolff*, in: Dreier, GG, Art. 16 a Rn. 33 m. w. N.). Dagegen ist bei der Verfolgung von Taten, die aus politischer Überzeugung begangen werden und sich ausschließlich gegen „politische Rechtsgüter" richten und daher dem klassischen politischen Strafrecht zuzuordnen sind, regelmäßig eine asylrelevante Verfolgung anzunehmen; es sei denn, es handelt sich um Straftaten, die „in einer besonders kritischen, über die Bedrohung der staatlichen Einheit oder bestehenden politischen Ordnung hinausgehenden, die Sicherheit der Bevölkerung unmittelbar gefährdenden Spannungslage verfolgt werden, um – objektiv nachvollziehbar – die privaten Rechtsgüter der Bürger zu schützen, nicht aber, um die Äußerung oder Betätigung einer politischen Überzeugung zu bestrafen." (BVerfGE 80, 315 [337] – „*Tamilen*"; vgl. auch BVerfGE 81, 142 [149 f.] – „*Kurden*"; 94, 115 [136] – „*sichere Herkunftstaaten*").

2. Kausalität zwischen Verfolgung und Flucht

16 Das Asylrecht hat den Sinn, einen Verfolgten aus seiner ausweglosen Situation zu befreien. Zu verlangen ist daher grundsätzlich, daß das Asylbegehren auf politischer Verfolgung beruht, letztere also ursächlich für die Flucht aus der Heimat gewesen ist (*Bonk*, in: Sachs, GG, Art. 16 a Rn. 25 ff.). Eine solche Kausalität setzt zunächst voraus, daß die Verfolgung bzw. Verfolgungsgefahr bereits bestand, als der Asylsuchende sein Land verließ, denn nur diese sog. Vorverfolgung kann im vorgenannten Sinne ursächlich sein. Hat dagegen jemand seine Heimat bereits verlassen, wenn die Gefahr einer Verfolgung durch den Heimatstaat entsteht, so kann die Verfolgung allenfalls ursächlich für den Entschluß sein, nicht in die Heimat zurückzukehren. Auch solche sog. objektive **Nachfluchtgründe**, also etwa die Änderung der politischen Verhältnisse im Heimatstaat, sind jedoch asylerheblich, obwohl es am Kausalzusammenhang zwischen Verfolgung und Flucht fehlt. Denn es wäre gegen den humanitären Sinn und Zweck des Asylrechts und für den Asylsuchenden unzumutbar, ihn in das Verfolgerland zurückzuschicken, obwohl er ohne eigenes Zutun in diese Situation geraten ist (BVerfGE 74, 51 [65] – „*Nachfluchtgrund*"). Anders liegt es bei selbstgeschaffenen, sog. subjektiven Nachfluchtgründen wie z. B. der politischen Betätigung von Deutschland aus. Denn ansonsten könnte sich der Ausländer „durch eine risikolose Verfolgungsprovokation vom gesicherten Ort aus ein grundrechtlich verbürgtes Aufenthaltsrecht verschaffen" (BVerfGE 74, 51 [64] – „*Nachfluchtgrund*"). Allerdings läßt sich eine solche Verfolgungsprovokation nicht annehmen, „wenn die selbstgeschaffenen Nachfluchttatbestände sich als Ausdruck und Fortführung einer schon während des Aufenthalts im Heimatstaat vorhandenen und erkennbar betätigten festen Überzeugung darstellen, mithin als notwendige Konsequenz einer dauernden, die eigene Identität prägenden und nach außen kundgegebenen Lebenshaltung erscheinen" (BVerfGE 74, 51 [669] – „*Nachfluchtgrund*"). Gleiches gilt für Handlungen, deren Untersagung die Menschen-

würde verletzte, wie z. B. die Heirat mit einem Partner anderer Religionszugehörigkeit (BVerwGE 90, 127 [132 f.]).

Das Verlassen der Heimat muß der letzte Ausweg für den Verfolgten sein, d. h. **17**
er darf keine Möglichkeit haben, sich in anderer Weise aus seiner Lage zu befreien. Eine solche andere Möglichkeit besteht in aller Regel, wenn dem Verfolgten
eine **inländische Fluchtalternative** zur Verfügung steht (BVerfGE 80, 315
[342 ff.] – „*Tamilen*"; 81, 58 [65 f.] – „*Jezidi I*"; 83, 216 [232 f.] – „*Jezidi II*").
Auf Zuflucht in andere Landesteile kann allerdings nur verwiesen werden, wem
dort „keine anderen Nachteile und Gefahren drohen, die nach ihrer Intensität
und Schwere einer asylerheblichen Rechtsgutbeeinträchtigung aus politischen
Gründen gleichkommen" (BVerfGE 80, 315 [344] – „*Tamilen*"). Fehlt es etwa
am materiellen Existenzminimum am potentiellen Zufluchtsort, so stellt dieser
keine wirkliche Fluchtalternative dar, es sei denn die Verhältnisse unterscheiden
sich in dieser Hinsicht nicht von denen am Heimatort (BVerwG, NVwZ-RR
1996, 293 m. w. N.; BVerwGE 80, 315 [343] – „*Tamilen*"; andererseits aber
BVerwG, DVBl 1997, 182 [183 f.]).

Differenzierter ist die Situation bei Vorliegen einer **ausländischen Fluchtalternati-** **18**
ve. Schon vor der Änderung des Asylgrundrechts galt, daß das Asylrecht in
Deutschland nur in Anspruch nehmen konnte, wer noch nicht anderswo Schutz
gefunden hatte (*Gusy*, Jura 1993, 505 [509] m. w. N.). Jenseits des Geltungsbereichs der „Drittstaatenregelung" des Art. 16 a II GG, also für alle Drittstaaten,
die nicht unter Abs. II fallen, gilt dieser Grundsatz fort. Der Schutz muß allerdings tatsächlich bestehen, die bloße Möglichkeit eines Asylbegehrens genügt
nicht. Dementsprechend setzen §§ 29, 27 AuslG voraus, daß die Flucht in einem
anderen Staat ihr Ende gefunden hat (hierzu BVerwGE 84, 115 [117 f.];
BVerwG, JZ 1993, 90). Dies ist dann nicht der Fall, wenn der Flüchtende bereits
vor Verlassen seiner Heimat den Plan hatte, nach Deutschland zu reisen, um hier
Schutz zu suchen. Die bloße Durchreise durch einen Drittstaat schließt daher das
Asylrecht in Deutschland nicht aus (BVerfG, NVwZ 1992, 659).

Etwas anderes gilt im Anwendungsbereich des neu eingefügten Art. 16 a II 1 GG, **19**
also bei Einreise durch einen dort genannten „**sicheren Drittstaat**". Diese Regelung stellt eine Schutzbereichsbegrenzung dar, schließt also den über einen solchen Drittstaat eingereisten Flüchtling vom Asylgrundrecht aus (BVerfGE 94, 49
[87] – „*sichere Drittstaaten*"). Dies gilt nicht nur dann, wenn der Flüchtling im
sicheren Drittstaat tatsächlich Schutz gefunden hat, sondern bereits dann, wenn
er dort Schutz hätte finden können (BVerfGE 94, 49 [94] – „*sichere Drittstaaten*"), was bei Durchreise auf dem Landweg regelmäßig der Fall ist; eine Unterbrechung der Reise ist zumutbar. Zu den unter Abs. II fallenden sicheren
Drittstaaten gehören qua Verfassung zunächst alle Mitgliedstaaten der Europäischen Union, und zwar nicht nur die gegenwärtigen, sondern auch andere, sobald sie Aufnahme gefunden haben (BVerfGE 94, 49 [89] – „*sichere Drittstaaten*"). Weitere sichere Drittstaaten können vom Bundestag mit Zustimmung des

Bundesrates unter der Voraussetzung bestimmt werden, daß in diesen Staaten die Anwendung der GFK und der EMRK sichergestellt ist (s. hierzu u. Rn. 28). Nach BVerfGE 94, 49 (99 f.) – *„sichere Drittstaaten"* gibt es gewisse Tatbestände, die vom Konzept normativer Vergewisserung, das der Drittstaatenregelung zugrunde liegt, nicht erfaßt werden können und daher **Ausnahmen** zum Ausschluß vom Asylrecht darstellen:
- das Drohen der Todesstrafe im Drittstaat,
- das Drohen eines Verbrechens, das der Drittstaat nicht verhindern kann,
- die schlagartige Veränderung der Verhältnisse im Drittstaat,
- das Ergreifen von Verfolgungsmaßnahmen durch den Drittstaat selbst,
- das ausnahmsweise Drohen ungeprüfter Schutzverweigerung durch den Drittstaat aufgrund politischer Rücksichtnahme gegenüber dem Herkunftsstaat.

II. Materieller Gewährleistungsumfang

20   Nach überwiegender Auffassung ist das Asylrecht reines **Abwehrrecht gegen aufenthaltsverhindernde oder aufenthaltsbeendende Maßnahmen** (P/S, StaatsR II, Rn. 1056; *Lübbe-Wolff*, in: Dreier, GG, Art. 16 a, Rn. 53). Die Gegenauffassung (*Randelzhofer*, in: M/D, Art. 16 Abs. II S. 2, Rn. 111 f.), die dem Asylsuchenden darüber hinaus Ansprüche auf staatliche Leistungen zur Sicherung einer menschenwürdigen Existenz am Zufluchtsort gewähren will, muß das Asylrecht dem allen Leistungsrechten immanenten Vorbehalt des Möglichen unterstellen (vgl. *Rothkegel*, ZRP 1992, 222 [226]) und führt daher zu einer vom Wortlaut des Art. 16 a GG nicht gedeckten Einschränkung des Asylrechts.

21   Voraussetzung für die Inanspruchnahme ist, daß der Asylsuchende der Zugriffsmöglichkeit des Verfolgerstaates entzogen, also nicht dorthin zurückgeschickt wird, auch wenn über seinen Asylantrag noch nicht entschieden ist. Das Asylrecht garantiert damit jedem Asylbewerber ein **vorläufiges Bleiberecht** bis zur endgültigen Entscheidung über den Asylantrag sowie einen Anspruch darauf, an der Grenze nicht zurückgewiesen zu werden (BVerwGE 49, 202 [205]; 88, 236 [229]).

III. Verfahrensgarantien

22   Grundrechte bedürfen, „sollen sie ihre Funktion in der sozialen Wirklichkeit erfüllen, geeigneter Organisationsformen und Verfahrensregelungen" (BVerfGE 56, 216 [236] – *„Rechtsschutz"*). Dies gilt für das Asylrecht in besonderem Maße, weil es anders nicht wirksam in Anspruch genommen werden kann. Das Grundrecht auf Asyl garantiert daher, daß das Verfahren zur Anerkennung Gewähr dafür bietet, daß der Sachverhalt umfassend und sorgfältig ermittelt wird (*Lübbe-Wolff*, in: Dreier, GG, Art. 16 a Rn. 59). Die nähere Ausgestaltung des Verfahrens obliegt dem Gesetzgeber, dem eine gewisse Gestaltungsfreiheit zukommt. Diese findet jedoch ihre Grenzen in der effektiven Möglichkeit des Verfolgten, das Asylrecht wahrzunehmen (BVerfGE 56, 216 [236] – *„Rechtsschutz"*; 94, 166 [199 f.] –

„*Flughafenverfahren*"). Andererseits liegt es auch im Interesse des Asylsuchenden, möglichst schnell Klarheit über seinen Asylantrag zu erhalten (BVerfGE ebda.). Deshalb sind prozeßübliche Regelungen, die auf einen zügigen Verfahrensablauf zielen, wie etwa Rechtsbehelfsfristen, Zustellungsfiktionen u. ä. verfassungsrechtlich zulässig, auch wenn sie im Einzelfall die Wahrheitsfindung einschränken (*Lübbe-Wolff*, in: Dreier, GG, Art. 16 a Rn. 61). Ebenso ist es mit dem Asylgrundrecht vereinbar, wenn für bestimmte Fallgruppen eindeutig aussichtsloser Asylanträge durch Gesetz die Behörde ermächtigt wird, bei Ablehnung eines derartigen Asylbegehrens sogleich aufenthaltsbeendende Anordnungen zu erlassen (BVerfGE 56, 21 [236 f.]). Überschritten ist die verfassungsrechtliche Grenze jedoch, wenn in bestimmten Fällen das Vorbringen eines Asylsuchenden inhaltlich in keiner Weise geprüft wird (BVerfGE 56, 218 [240]).

Soweit der Flüchtling vom Schutz des Art. 16 a GG ausgeschlossen ist, weil er **23** über einen sicheren Drittstaat eingereist ist, kann er sich auch nicht auf die aus dem Asylgrundrecht folgenden Verfahrensgarantien berufen. Art. 16 a II 3 GG stellt dies klar und bestimmt darüber hinaus, daß eingelegte Rechtsmittel gegen aufenthaltsbeendende Maßnahmen keine aufschiebende Wirkung entfalten, eine solche also auch nicht durch einfaches Gesetz eingeführt werden kann. Fraglich bleibt, ob dies auch dann gelten kann, wenn der Flüchtling gerade bestreitet, aus einem sicheren Drittstaat eingereist zu sein (so *Kanein/Renner*, Ausländerrecht, 6. Aufl., 1993, Art. 16 a GG, Rn. 113). Nach BVerfGE 94, 49 (95) – „*sichere Drittstaaten*" ist für den Fall, daß der Flüchtling in den sicheren Drittstaat abgeschoben werden soll, auch eine Berufung auf die Abschiebungshindernisse aus § 53 AuslG ausgeschlossen; gleiches kann jedoch nicht gelten bei beabsichtigter Abschiebung in einen sonstigen Staat.

C. Eingriff

Eingriffe sind alle Maßnahmen, die den Aufenthalt eines Asylberechtigten in **24** Deutschland verhindern oder beenden, also die Ausweisung bzw. Abschiebung oder die Einreiseverweigerung an der Grenze (BVerwGE 88, 236 [229]; 49, 202 [205]). Ob das Asylrecht auch die faktische Einreiseverhinderung durch Maßnahmen verbietet, die ihre Wirkung entfalten, bevor der Verfolgte deutsches Territorium erreicht, ist nicht abschließend geklärt.

Beispiel: §§ 73 ff. AuslG verbieten es den Luftverkehrsunternehmen, Asylsuchende ohne Sichtvermerk nach Deutschland zu befördern bzw. machen sie für den Rücktransport haftbar (s. zum entsprechenden § 18 V 1 AuslG a. F. BVerwG NVwZ 1992, 682 [684 f.]; *Selk*, NVwZ 1993, 144).

Ein Anspruch auf Visumserteilung durch die deutsche Vertretung im Heimatstaat **25** des Verfolgten wird überwiegend abgelehnt (*Kunig*, Jura 1992, 219 [222] m. w. N.; a. A. *P/S*, StaatsR II, Rn. 59).

26   Ein Eingriff kann auch darin liegen, daß den Asylsuchenden durch Verwaltungsvorschriften der Zugang zum gesetzlich vorgesehenen Asylverfahren verwehrt
wird.

Beispiel: 1977 wurde in die Allgemeine Verwaltungsvorschrift zur Ausführung des Ausländer-
gesetzes eine Bestimmung über offensichtlich rechtsmißbräuchliche Asylanträge eingefügt. Danach waren die Ausländerbehörden befugt, Asylanträge, die sie als offensichtlich rechts-
mißbräuchlich einstuften, nicht an das für Asylanträge zuständige Bundesamt weiterzuleiten,
sondern direkt über aufenthaltsbeendende Maßnahmen zu entscheiden. Nach BVerfGE 56,
218 [241 f.] stellte diese Regelung einen rechtsstaatswidrigen Eingriff in das Asylgrundrecht
dar, weil sie die gesetzlichen Bestimmungen und die darin vorgegebene Kompetenzordnung
unterlief.

D. Verfassungsrechtliche Rechtfertigung

27   Während das Asylrecht in seiner alten Fassung vorbehaltlos gewährleistet war,
enthält Art. 16 a GG zwei qualifizierte Gesetzesvorbehalte, nämlich in Abs. II 2
eine Regelung über sichere Drittstaaten und in Abs. IV eine Regelung über Einschränkungen des Rechtsweges bei Herkunft aus einem sicheren Heimatstaat
oder bei offensichtlich unbegründetem Asylantrag.

I. Der Ausschluß des Asylrechts gemäß Art. 16 a II 2 GG

28   Während die Mitgliedstaaten der Europäischen Union bereits qua Verfassung
sichere Drittstaaten (s. hierzu o. Rn. 19) sind, gelten sonstige Staaten nur dann
als sicher im Sinne des Art. 16 a II 2 GG, wenn sie vom Bundestag mit Zustimmung des Bundesrates als solche erklärt werden. Dies darf nur geschehen, wenn
in dem jeweiligen Staat die Anwendung der EMRK und der GFK sichergestellt
ist. Hierfür genügt es nicht, daß der entsprechende Drittstaat beiden Konventionen beigetreten ist, sondern der deutsche Gesetzgeber hat sich zu vergewissern,
daß der Staat nach seiner generellen Praxis die Befolgung der Konventionen
gewährleistet; es steht ihm allerdings ein weiter Spielraum in der Wahl und Auslegung der Erkenntnismittel zu (BVerfGE 94, 49 [93] – *„sichere Drittstaaten"*;
krit. *Biermann*, Jura 1997, 522 [528 f.]; krit. zur Aufnahme Polens und Tsche-
chiens *Wollenschläger/Schraml*, JZ 1994, 61 [63]). Nicht ausdrücklich durch
Art. 16 a II GG geregelt ist das Problem der sog. **Kettenabschiebung:** erstreckt
sich das verfassungsrechtliche Gebot, daß die Anwendung der EMRK und der
GFK in den sicheren Drittstaaten sichergestellt sein muß auch auf eine mögliche
weitere Abschiebung in Staaten, die von dem betreffenden sicheren Drittstaat
seinerseits als sicher angesehen wird?

Beispiel: Österreich war bereits, bevor es Mitglied der Europäischen Union wurde, vom deutschen Gesetzgeber zum sicherern Drittstaat im Sinne des Art. 16 a II GG bestimmt worden.
Österreich wiederum betrachtet Ungarn als sicheren Drittstaat, obwohl Ungarn die GFK nur
eingeschränkt ratifiziert hat. Ein Asylsuchender, der zunächst über Ungarn und dann über

Österreich nach Deutschland eingereist ist, läuft also Gefahr, nicht nur von Deutschland nach Österreich, sondern dann von Österreich nach Ungarn abgeschoben zu werden, ohne daß sichergestellt ist, daß er im vollen Anwendungsbereich der GFK verbleibt und er letztlich nicht vor weiterer Abschiebung bis in den Verfolgerstaat geschützt ist.

Das BVerfG hat die Bestimmung Österreichs als sicheren Drittstaat für zulässig **29** gehalten, weil Ungarn eine informelle Vereinbarung mit dem UNHCR (Hochkommissar der UN für Flüchtlinge) getroffen und bislang eingehalten hat, nach der die Flüchtlingseigenschaft des Asylsuchenden nach der GFK überprüft und gegebenenfalls dem Flüchtling Aufenthalt gewährt wird (BVerfGE 94, 49 [110 ff.] – *sichere Drittstaaten*). Damit geht das BVerfG zwar grundsätzlich von der Pflicht des Gesetzgebers aus, eine Kettenabschiebung zu vermeiden, lockert jedoch die Anforderungen im Hinblick auf die Bestimmung „sicherer Viertstaaten" durch die nach Art. 16 a II GG bestimmten sicheren Drittstaaten. Da alle Staaten, die an Deutschland angrenzen entweder Mitglieder der Europäischen Union sind oder in die Liste der sicheren Drittstaaten aufgenommen wurden, ist jemand, der auf dem Landwege nach Deutschland einreist in jedem Fall vom Asylrecht in Deutschland ausgeschlossen. Es bedarf daher auch nicht der konkreten Nachvollziehung des Reiseweges, sondern es genügt, daß feststeht, daß der Asylsuchende auf dem Landwege eingereist ist (BVerfGE 94, 49 [98] – *sichere Drittstaaten*). Unklar sind bislang die praktischen Konsequenzen, die aus einem solchen Tatbestand zu ziehen sind. Denn abgesehen von der Tatsache, daß die sicheren Drittstaaten nicht ohne weiteres verpflichtet sind, aus Deutschland kommende Flüchtlinge aufzunehmen, kann ein Flüchtling für den Fall, daß nicht festgestellt werden kann, aus welchem Land der Asylsuchende eingereist ist – selbst wenn ein entsprechendes Rücknahmeübereinkommen besteht – nicht in eben dieses Land zurückgeschickt werden. Geht man mit der h. M. davon aus, daß dennoch jegliches Berufen auf das Asylrecht ausgeschlossen ist (vgl. BVerfGE 94, 49 [97 f.] – *sichere Drittstaaten*; hierzu *Lübbe-Wolff*, DVBl 1996, 825 [826] m. w. N.), so steht auch der Abschiebung in ein unsicheres Drittland bzw. den Verfolgerstaat jedenfalls aus Art. 16 a GG nichts mehr im Wege.

II. Einschränkungen des Rechtsweges gemäß Art. 16 a IV GG

Art. 16 a IV GG ordnet an, daß ein Flüchtling, der aus einem sicheren Her- **30** kunftsstaat stammt oder dessen Asylantrag aus anderen Gründen offensichtlich unbegründet ist, abgeschoben wird, ohne daß hiergegen eingelegte Rechtsbehelfe aufschiebende Wirkung haben, es sei denn es bestehen ernstliche Zweifel an der Rechtmäßigkeit der Abschiebung. Anders als die Drittstaatenregelung enthält Art. 16 a IV GG keine Begrenzung des Schutzbereichs, wohl aber eine Einschränkbarkeit des verfahrensbezogenen Gewährleistungsinhalts (vgl. BVerfGE 94, 115 [132] – *sichere Herkunftsstaaten*).

1. Herkunft aus einem sicheren Heimatstaat

31   Nach Art. 16 a III 1 GG kann der Gesetzgeber einzelne Staaten zu sicheren Herkunftsstaaten erklären mit der Folge, daß Flüchtlinge, die aus einem solchen Staat stammen, dem gestrafften Asylverfahren nach Art. 16 a IV GG (s.u. Rn. 35) unterliegen. Damit soll der Gesetzgeber einen Teil des Verfahrens vorwegnehmen, das vor Einführung dieser Regelung den Behörden und Gerichten oblag. Dem Gesetzgeber wird damit ein Ausschnitt aus der umfassenden Prüfung übertragen, die von Art. 16 a GG nach wie vor gefordert wird (BVerfGE 94, 115 [133] – „sichere Herkunftstaaten"). Die Prüfung durch den Gesetzgeber ist daher an den Anforderungen des Schutzzwecks von Art. 16 a GG zu messen. Da die Prüfung auf Feststellung genereller Sicherheit vor Verfolgung gerichtet ist, die für jeden aus diesem Land stammenden Menschen Geltung beansprucht, so darf der Gesetzgeber sie für ein Land schon dann nicht annehmen, wenn der betreffende Staat überhaupt zu politischer Verfolgung neigt, sei es auch in Einzelfällen oder begrenzt auf bestimmte Bevölkerungsgruppen und mag der einzelne Flüchtling auch nicht zu dieser Gruppe gehören (BVerfGE, ebda, 135 f.). Schließlich fordert Art. 16 a III 1 GG nicht nur Sicherheit vor politischer Verfolgung, sondern auch vor unmenschlicher oder erniedrigender Behandlung. Dieser Wortlaut knüpft an Art. 3 EMRK an und geht über den Begriff der politischen Verfolgung in Art. 16 a GG hinaus; ob er die Androhung der Todesstrafe als solche umfaßt, ist nicht abschließend geklärt (vgl. BVerfGE 94, 115 [138] – „sichere Herkunftstaaten").

32   Art. 16 a III 1 GG gibt dem Gesetzgeber bestimmte Prüfkriterien vor, nämlich die Rechtslage, die Rechtsanwendung sowie die politischen Verhältnisse in dem jeweiligen Staat. Diese bilden keinen starren Katalog, sondern sind nur Leitlinie bei der Bildung eines Gesamturteils aus einer Vielzahl von Einzelfaktoren (BVerfGE 94, 115 [139] – „sichere Herkunftstaaten"). Maßgebend kann aber in jedem Fall nicht allein die Rechtslage auf dem Papier oder die Dartellung eines Staates nach außen sein, sondern darüber hinaus die tatsächliche Beachtung etwaiger verfassungsrechtlicher Garantien oder völkerrrechtlicher Verpflichtungen. Das schwierigste Problem bleibt die Frage, auf welche Informationsquellen sich der Gesetzgeber bei Beurteilung der tatsächlichen Verhältnisse in einem Staat stützen kann. Das BVerfG gesteht dem Gesetzgeber hierbei einen Entscheidungsspielraum zu. Besondere Verantwortung soll hier den Berichten der deutschen Auslandsvertretungen zukommen (BVerfGE 94, 115 [143] – „sichere Herkunftstaaten"); nicht auseinandergesetzt hat sich das BVerfG allerdings mit der Frage, inwieweit gerade die diplomatischen Vertretungen bei der Einholung ihrer Informationen an gewisse Dienstwege und politische Rücksichtnahmen gebunden und insofern mit einer solchen Aufgabe von vornherein überfordert sind. Internationalen Organsiationen zum Schutz von Menschenrechten und Flüchtlingen, wie z. B. dem UNHCR oder amnesty international dürfte wohl im Zweifel die höhere Glaubwürdigkeit zukommen. Das BVerfG lehnt es jedoch grundsätzlich ab, eine

eigene Einschätzung der politischen Verhältnisse an die Stelle derjenigen des Gesetzgebers zu setzen, weil die Möglichkeit, sich über im Ausland angesiedelter komplexer Sachverhalte ein hinreichend sicheres Urteil zu bilden, auf erhebliche Schwiergkeiten stoße. Maßstab ist daher allein die Vertretbarkeit der Wertung des Gesetzgebers (BVerfGE 94, 115 [144] – *„sichere Herkunftstaaten"*; a. A. die abweichenden Meinungen, ebda., 157 ff.).

Die Herkunft aus einem sicheren Heimatstaat begründet die Vermutung man- **33** gelnder politischer Verfolgung; diese ist jedoch widerlegbar. Die Vermutung ist ausgeräumt, wenn der Flüchtling die Umstände seiner politischen Verfolgung schlüssig und substantiiert vorträgt und sein Vortrag vor dem Hintergrund der Erkenntnisse des Gesetzgebers sowie der Behörden und Gerichte glaubhaft ist (BVerfGE 94, 115 [147] – *„sichere Herkunftstaaten"*). Das Fehlen anderer Abschiebungshindernisse etwa gemäß § 53 AuslG wird von der Vermutung des Art. 16 a III GG nicht erfaßt, sondern ist unabhängig von der Frage einer Ausräumung der Vermutung zu prüfen (BVerfGE 94, 115 [148] – *„sichere Herkunftstaaten"*).

2. Im übrigen offensichtlich unbegründeter Asylantrag

Über die Voraussetzungen der Ablehnung eines Asylantrages als offensichtlich **34** unbegründet sagt Art. 16 a IV GG nichts, Art. 16 a IV 2 GG bestimmt vielmehr, daß das Nähere durch Gesetz zu regeln sei. Nach BVerfGE 94, 166 (191) – *„Flughafenverfahren"* läßt es die Verfassung nunmehr ausdrücklich zu, die Voraussetzungen einer eindeutigen Aussichtslosigkeit des Asylantrags abstrakt und typisierend zu umschreiben. Dies ist in § 30 AsylVfG geschehen. Der Gesetzgeber hat allerdings die Bedeutung des materiellen Asylrechts und des aus ihm abgeleiteten vorläufigen Bleiberechts zu berücksichtigen. Wird die behördliche Entscheidung vor dem Verwaltungsgericht angegriffen, so hat dieses umfassend zu prüfen, ob das Offensichtlichkeitsurteil rechtmäßig ist (so schon BVerfGE 67, 43 [61] zum entsprechenden § 11 AsylVfG a. F.; ferner BVerfGE 94, 166 [192 f.] – *„Flughafenverfahren"*).

3. Rechtswegverkürzungen

§ 36 AsylVfG konkretisiert die Anordnung des Art. 16 a IV GG: der Flüchtling **35** wird aufgefordert, innerhalb einer Woche auszureisen; gleichzeitig gibt das Bundesamt für die Anerkennung ausländischer Flüchtlinge die Akten an das Verwaltungsgericht ab. Über einen Antrag auf Suspendierung der Abschiebungsandrohung, der innerhalb einer Woche gestellt werden kann, entscheidet das Verwaltungsgericht im schriftlichen Verfahren. Die Abschiebung darf erfolgen, sobald das Gericht entschieden hat, daß keine ernstlichen Zweifel an der Rechtmäßigkeit der Aufenthaltsbeendigung vorliegen, d. h. sobald eine solche Entscheidungsformel der Geschäftsstelle der Kammer vorliegt; dem Flüchtling gegenüber braucht sie zu diesem Zeitpunkt weder begründet noch zugestellt worden zu sein.

36   § 18 a AsylVfG trifft spezielle Regelungen für die Einreise auf dem Luftwege
     („**Flughafenregelung**"). Der Abschiebungsandrohung entspricht hier die Einreise-
     verweigerung, weil der sich im Transitbereich des Flufhafens befindliche Flücht-
     ling noch nicht im Rechtssinne in die Bundesrepublik eingereist ist. Die Einreise
     wird vorläufig zurückgestellt, wenn der Flüchtling aus einem sicheren Herkunfts-
     land stammt oder wenn er ohne gültige Ausweispapiere ankommt. Für den Fall,
     daß der Asylantrag als offensichtlich unbegründet abgelehnt wird, wird die Ein-
     reise verweigert (zum weiteren Verfahren ausführlich BVerfGE 94, 166
     [195 ff.] – *Flughafenverfahren*"; zu den konkreten Folgen im Hinblick auf Ein-
     reiseverweigerung und Zurückschiebung nach dem AuslG s. *Wollenschlä-
     ger/Schraml*, JZ 1994, 61 [64 ff.]). Das BVerfG hat dieses sog. Flughafenverfah-
     ren grundsätzlich für vereinbar mit Art. 16 a GG gehalten (zur Problematik der
     Freiheitsentziehung durch Festhalten im Transitbereich s. dort, § 3 Rn.4), aller-
     dings besondere Anforderungen an die praktische Handhabung formuliert.
     Denn die Verhältnisse am Flughafen unterscheiden sich wesentlich von denen im
     regulären Verfahren. Daher ist auf die besondere physische und psychische Bela-
     stung des Flüchtlings Rücksicht zu nehmen und für geeignete Sprachmittlung
     Sorge zu tragen (BVerfGE 94, 166 [201 ff.] – *Flughafenverfahren*").

E. Wiederholung

I. Kontrollfragen

1. Welche wichtigen Änderungen wurden 1993 in das Asylgrundrecht aufgenommen?

2. Kann ein Asylbegehren auf jegliche lebensbedrohende Situation im Heimatstaat gestützt werden?

3. Wann ist eine Verfolgung politisch?

4. Kann ein Ausländer, der sich bereits in Deutschland aufhält, geltend machen,
   er würde im Heimatstaat der Verfolgung unterliegen, wenn er dorthin zurück
   müßte?

5. Kann sich ein Asylsuchender, der auf dem Landwege nach Deutschland einreist, in der Regel erfolgreich auf Art. 16 a GG berufen?

6. Warum steht dem Asylsuchenden ein vorläufiges Bleiberecht zu, solange über
   seinen Asylantrag noch nicht entschieden ist?

7. Warum wurde mit der letzten Änderung des Asylgrundrechts eine Beschränkung des Rechtsweges verfassungsmäßig vorgesehen?

8. Was bedeutet Kettenabschiebung?

9. Welche Folge hat es für den Asylsuchenden, wenn sein Heimatstaat vom
   Gesetzgeber zu einem sogenannten „sicheren Herkunftsstaat" erklärt wird?

10. Auf welche verfassungsrechtliche Grundlage ist die sogenannte Flughafenregelung des § 18 a AsylVfG gestützt?

II. Lösungen

1. Die sogenannte „Drittstaatenregelung", die Regelung über „sichere Herkunftsstaaten" und eine Beschränkung des Rechtsschutzes (s. o. Rn. 3).

2. Nein. Art. 16 a gewährt Asyl nur gegen politische Verfolgung, die eine Verfolgung durch staatliche Gewalt voraussetzt (s. o. Rn. 13). Der Asylsuchende kann sich aber u. U. auf die §§ 51, 53 AuslG berufen.

3. S. o. Rn. 9.

4. In der Regel nur, wenn er sogenannte objektive Nachfluchtgründe geltend macht (s. o. Rn. 16).

5. Nein, denn alle an Deutschland angrenzenden Staaten sind sogenannte sichere Drittstaaten im Sinne des Art. 16 a II 1 GG, weil sie entweder Mitglieder der EU sind oder in die Liste der sicheren Drittstaaten aufgenommen wurden. Wer durch einen solchen sicheren Drittstaat auch nur durchreist, ist – mit Ausnahmen – aus dem Schutzbereich des Art. 16 a I GG ausgeschlossen (s. o. Rn. 19, 28 f.).

6. Weil 16 a I GG ansonsten leer liefe (s. o. Rn. 21).

7. Weil aus dem Asylgrundrecht nicht nur materieller Schutz resultiert, sondern auch gewisse Verfahrensrechte, die vorher keinem Gesetzesvorbehalt unterlagen (s. o. Rn. 22).

8. S. o. Rn. 28 f.

9. Er ist zwar nicht vom Asylrecht ausgeschlossen, aber sein Antrag wird als offensichtlich unbegründet behandelt, so daß die Verfahrensbeschränkungen des Art. 16 a IV GG anwendbar sind.

10. Auf Art. 16 a IV GG (s. o. Rn. 35).

6. Abschnitt. Auffanggrundrecht und allgemeines Persönlichkeitsrecht

§ 17. Freie Entfaltung der Persönlichkeit, Art. 2 I GG

Literatur: Zur Einführung: *Degenhart, C.,* Die allgemeine Handlungsfreiheit des Art. 2 Abs. 1 GG, JuS 1990, 161 ff.; *ders.*, Das allgemeine Persönlichkeitsrecht, Art. 2 I i. V. m. Art. 1 I GG, JuS 1992, 361 ff.; *Erichsen, H.U.*, Das Grundrecht aus Art. 2 Abs. 1 GG, Jura 1987, 367 ff; *Merten, D.*, Das Recht auf freie Entfaltung der Persönlichkeit, JuS 1976, 345 ff. **Zur Vertiefung:** *Burgi, M.*, Das Grundrecht der freien Persönlichkeitsentfaltung durch einfaches Gesetz, ZG 9 (1994), 341 ff.; *Duttge,G.*, Freiheit für alle oder allgemeine Handlungsfreiheit, NJW 1997, 3353 ff.; *Geis, M.E.*, Der Kernbereich des Persönlichkeitsrechts, JZ 1991, 112 ff.; *Ehmann, H.*, Zur Struktur des Allgemeinen Persönlichkeitsrecht, JuS 1997, 194 ff.; *Jarass, H.D.*, Das allgemeine Persönlichkeitsrecht im Grundgesetz, NJW 1989, 857 ff.; *Kunig, P.*, Der Grundsatz informationeller Selbstbestimmung, Jura 1993, 595 ff.; *Pieroth, B.*, Der Wert der Auffangfunktion des Art. 2 Abs. 1 GG, AöR 115 (1990), 33 ff.; *Rosenbaum, C.*, Der grundrechtliche Schutz vor Informationseingriffen, Jura 1988, 178 ff.; *Schulz-Schaeffer, H.*, Der Freiheitssatz des Art. 2 Abs. 1 Grundgesetz, 1971; *Starck, C.*, Das „Sittengesetz" als Schranke der freien Entfaltung der Persönlichkeit, FS Geiger, 1974, 259 ff.; *Verrel, T*, Selbstbestimmungsrecht contra Lebensschutz, JZ 1996, 224 ff.

Leitentscheidungen: BVerfGE 6, 32 ff. – „*Elfes*"; 35, 202 ff. – „*Lebach*"; 54, 143 ff. – „*Taubenfüttern*"; 54, 148 ff. – „*Eppler*"; 65, 1 ff. – „*Volkszählung*"; 80, 137 ff. – „*Reiten im Walde*"; 80, 367 ff. – „*Tagebuch*"; 89, 69 ff. – „*Haschischkonsum*"; 90, 145 ff. – „*Cannabis*"; 90, 255 ff. – „*Briefkontrolle*"; 95, 267 ff. – „*Altschuldenregelung*"; BVerfG, NJW 1996, 771 – „*DNA-Analyse*"; BVerfG, JZ 1997, 777 ff. – „*Abstammung*" mit Anm. Starck; LG Berlin, NJW 1997, 1155 ff. – „*Pornodarsteller*".

A. Bedeutung

1 Art. 2 I GG schützt die freie Entfaltung der Persönlichkeit, die im Gefüge des Grundgesetzes einen hohen Rang einnimmt, der sich aus seiner engen Beziehung zum höchsten Wert der Verfassung, der Menschenwürde, ergibt (BVerfGE 35, 201 [221] – „*Lebach*"). Auf internationaler Ebene findet sich eine Pauschalgarantie freier Persönlichkeitsentfaltung eher selten. Lediglich Art. 22 AEMR bezieht sich mit eher sozialstaatlicher Tendenz auf den Anspruch des Menschen, „in den Genuß der für seine Würde und die freie Entwicklung seiner Persönlichkeit unentbehrlichen wirtschaftlichen, sozialen und kulturellen Rechte zu gelangen". Vielmehr sind speziellere Regelungen, wie etwa das Gebot der Achtung der Privatsphäre in Art. 8 EMRK, vorherrschend. Wie der Entscheidung des EuGH vom 21.5.1987 zu entnehmen ist, wird die allgemeine Handlungsfreiheit zu den

allgemeinen Grundsätzen des Gemeinschaftsrechts gezählt (EuGH, verb. Rs. 133 – 136/85, Slg. 1985, 2289 [2338] – *Rau*).

B. Grundrechtsstruktur

Der Inhalt des Art. 2 I GG ist von der Rechtswissenschaft und Rechtsprechung 2 zu zwei unterschiedlichen Rechten zusammengefaßt und ausgeformt worden: Das Recht der **allgemeinen Handlungsfreiheit** einerseits und das **allgemeine Persönlichkeitsrecht** andererseits (BVerfGE 95, 264 [303] m. w. N. – *„Altschuldenregelung"*). Beide Rechte sind nach ihrer systematischen Stellung und rechtlichen Wirkung verschieden.

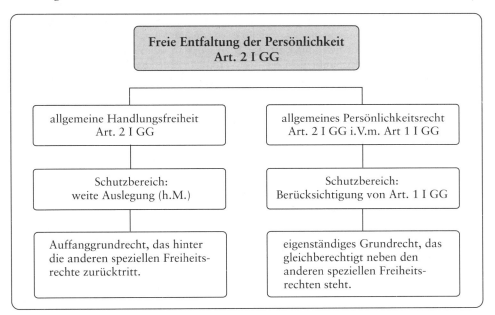

Die **allgemeine Handlungsfreiheit** ist umfassender Ausdruck der persönlichen 3 Freiheitssphäre und zugleich Ausgangspunkt aller subjektiven Abwehrrechte des Bürgers gegen den Staat (BVerfGE 49, 15 [23]). Sie bietet grundrechtlichen Schutz für alle Handlungen und Unterlassungen, die nicht von anderen – speziellen – Freiheitsgrundrechten erfaßt werden. Damit fungiert sie als **subsidiäre Generalklausel** und tritt in der Prüfungsreihenfolge gegenüber allen anderen Freiheitsrechten zurück (vgl. BVerfGE 6, 32 [37]; 23, 50 [55 f.]; 67, 157 [171]; 83, 182 [194]; *Jarass*, in: J/P, GG, Art. 2 Rn. 1). Als verfassungsrechtlicher Prüfungsmaßstab ist die allgemeine Handlungsfreiheit nur insoweit heranzuziehen, als nicht bestimmte Lebensbereiche durch die besonderen Freiheitsrechte geschützt sind (BVerfGE 30, 293 [336] m. w. N; 58, 358 [363]).

Beispiele: So werden etwa Eingriffe in die Glaubensfreiheit, Informationsfreiheit, Berufsfreiheit, Eigentumsfreiheit stets an Art. 4 GG (vgl. BVerfGE 17, 302 [306]); 32, 98 [107]; Art. 5 I GG (vgl. BVerfGE 11, 234 [238]); 27, 71 [88]; Art. 12 I GG (vgl. BVerfGE 33, 240 [247]), Art. 14 I GG (vgl. BVerfGE 1, 264 [273 f.]) gemessen.

Klausurhinweis: In der Fallbearbeitung sind daher zuerst alle anderen einschlägigen Freiheitsrechte zu prüfen.

4   Art. 2 I GG tritt jedoch nur dann als lex generalis zurück, soweit eine Verletzung dieses Grundrechts und eines speziellen Freiheitsrechts unter demselben sachlichen Gesichtspunkt in Betracht kommt (BVerfGE 19, 206 [225]); dies gilt auch dann, wenn der Eingriff gerechtfertigt ist und der Betreffende in dem speziellen Grundrecht nicht verletzt ist (*P/S*, StaatsR II, Rn. 403). Keine Subsidiarität besteht dagegen, wenn Art. 2 I GG unter einem Gesichtspunkt verletzt ist, der nicht in den Bereich der speziellen Freiheitsnorm fällt.

Beispiel: Ergibt sich, daß die Kirchenbausteuerpflicht juristischer Personen mit der durch das Grundgesetz festgelegten Ordnung des Verhältnisses von Staat und Kirche unvereinbar ist, so findet allein Art. 2 I GG Anwendung, da Art. 4 GG, der an sich gegenüber Art. 2 I GG lex specialis ist, diesen Gesichtspunkt nicht erfaßt (BVerfGE 19, 206 [225]).

5   Schutz bietet die allgemeine Handlungsfreiheit vor solchen Eingriffen, die nicht von einem speziellen grundrechtlichen Schutzbereich erfaßt werden und von den in Art. 2 I GG niedergelegten Schranken nicht mehr gedeckt sind (BVerfGE 78, 179 [197] – *„Heilpraktiker"*).

6   Demgegenüber ist das **allgemeine Persönlichkeitsrecht** von der Rechtsprechung aus Art. 2 I GG i. V. m. Art. 1 I GG abgeleitet und zu einem eigenen Regeln folgenden und insoweit ungeschriebenen Grundrecht verdichtet worden (*Kunig*, in: v.Münch/Kunig, GG I, Art. 2 Rn. 1). Das allgemeine Persönlichkeitsrecht ist daher **kein Auffanggrundrecht**. Es steht vielmehr gleichberechtigt neben den anderen speziellen Freiheitsrechten. Aufgrund dieser Umstände werden beide Rechte nachfolgend getrennt dargestellt.

C. Allgemeine Handlungsfreiheit

I. Schutzbereich

1. Persönlicher Schutzbereich

a) Natürliche Personen

7   **aa) Lebende Personen.** Art. 2 I GG schützt jede **lebende natürliche** Person. Geschützt sind daher neben Kindern und Minderjährigen, auch Geisteskranke (BVerfGE 53, 185 [203]; 59, 360 [382]). Die Grundrechtsfähigkeit knüpft an die Rechtsfähigkeit des einzelnen an. Fehlende oder beschränkte Geschäftsfähigkeit führt nicht zum Verlust der Grundrechtsfähigkeit, sondern der Grundrechtsmündigkeit (hierzu näher *Windthorst*, VerfR I, § 6 Rn. 6).

Beachte: Das Recht von Kindern und Minderjährigen aus Art. 2 I GG unterliegt allerdings den Eingrenzungen des Art. 6 II 1 GG. Mit abnehmender Pflege- und Erziehungsbedürftigkeit und zunehmender Selbstbestimmungsfähigkeit des Kindes werden die im Elternrecht wurzelnden Befugnisse aber zurückgedrängt (vgl. BVerfGE 59, 360 [382]).

Grundrechtsträger ist nicht der nasciturus (*Kunig*, in: v.Münch/ **8** Kunig, GG I, Art. 2 Rn. 5); auch Toten steht das Recht aus Art. 2 I GG nicht zu, da es „die Existenz einer wenigstens potentiellen oder zukünftigen Person als unabdingbar" voraussetzt (BVerfGE 30, 173 [194]; diff. BGHZ 50, 133 [136 f.]). Dieser Personenkreis wird durch die Ausgrenzung aber nicht schutzlos gestellt, weil er durch andere Grundrechte ausreichend geschützt ist, etwa durch Art. 1 I GG (s. Kap. 1 Rn. 21 ff.) oder durch das Grundrecht auf Leben und Gesundheit gemäß Art. 2 II 1 GG (dazu § 2 Rn. 4).

bb) Jedermann. Art. 2 I GG schützt als allgemeines Menschenrecht **jeder-** **9** **mann** ohne Ansehung der Staatsangehörigkeit. Geschützt sind daher auch Ausländer und Staatenlose (BVerfGE 35, 382 [399]; 49, 168 [180]). Dieser Schutz wird insbesondere bei Betätigungen und Beeinträchtigungen bedeutsam, die thematisch dem (sachlichen) Schutzbereich eines sog. Bürger- bzw. Deutschenrechts zuzuordnen sind (dazu *Windthorst*, VerfR I, § 3 Rn. 39). **Ausländer** können sich in diesem Fall zwar nicht auf die besonderen Schutzgewährleistungen der speziellen Grundrechte berufen; sie sind dadurch aber nicht schutzlos gestellt, sondern genießen Grundrechtsschutz durch Art. 2 I GG. Dieser geht aber nur soweit, als Art. 2 I GG im Rahmen der in ihm geregelten Schranken die Handlungsfreiheit gewährleistet (vgl. BVerfGE 78, 179 [196 f.] – „*Heilpraktiker*").

Beispiel: Ausländer M wird wegen Unzuverlässigkeit die Konzession für den Betrieb eines Restaurants versagt. Zwar betrifft die Ablehnung der Konzession die Berufsfreiheit, dennoch kann sich M nicht auf Art. 12 GG berufen, da dieses Grundrecht nur für Deutsche gilt („Alle Deutschen . . ."), wohl aber auf die allgemeine Handlungsfreiheit nach Art. 2 I GG.

cc) Besonderes Gewaltverhältnis. Art. 2 I GG steht auch Personen zu, die in **10** einem **besonderen Gewaltverhältnis** stehen, wie beispielsweise Beamte und Soldaten. Sie müssen aber im Rahmen des Verhältnismäßigkeitsgrundsatzes stärkere Beeinträchtigungen hinnehmen, weil sie aufgrund ihrer Rechtsstellung erhöhten Beschränkungen unterliegen (vgl. BVerfGE 39, 334 [367]; BVerwGE 73, 296 [303]); vgl. auch *Kunig*, in: v.Münch/Kunig, GG I, Art. 2 Rn. 4 m. w. N.).

b) Juristische Personen

Trotz seines sprachlichen Zuschnitts auf natürliche Personen steht Art. 2 I GG **11** gemäß Art. 19 III GG grds. auch inländischen juristischen Personen **des Privat-**

rechts und Personengemeinschaften, wie etwa der KG oder der OHG zu. Diese weite Auslegung rechtfertigt sich aus der Funktion der allgemeinen Handlungsfreiheit. Art. 2 I GG bezweckt den Schutz vor jeder rechtswidrigen hoheitlichen Belastung und differenziert dabei nicht nach der Art der geschützten Tätigkeit. Daher kann dieses Grundrecht i. d. R. auch juristischen Personen zustehen, weil sie rechtsfähig und damit Träger von schutzbedürftigen Rechten sind (vgl. *Kunig*, in: v.Münch/Kunig, GG I, Art. 2 Rn. 7 m. w. N.; insgesamt zur Grundrechtsfähigkeit juristischer Personen, vgl. *Windthorst*, VerfR I, § 6 Rn. 14 ff.).

12 Dagegen können sich juristische Personen **des öffentlichen Rechts** trotz ihrer Rechtsfähigkeit grundsätzlich nicht auf die allgemeine Handlungsfreiheit berufen, weil dieses Grundrecht ihnen seinem Wesen nach nicht zustehen kann (Art. 19 III GG). Eine Ausnahme besteht nur bei Rundfunkanstalten, Universitäten und Kirchen. Soweit sie hinsichtlich der ihren Tätigkeitsbereich unmittelbar betreffenden Grundrechte grundrechtsfähig sind, steht ihnen auch das Grundrecht aus Art. 2 I GG zu (*Kunig*, in: v.Münch/Kunig, GG I, Art. 2 Rn. 7 m. w. N.). Die Annahme einer Grundrechtsfähigkeit im Hinblick auf Art. 2 I GG erweitert allerdings im Ergebnis nicht den Umfang des Grundrechtsschutzes, weil die allgemeine Handlungsfreiheit in diesen Fällen i. d. R. durch das spezielle Freiheitsgrundrecht verdrängt wird.

Beachte: Ausländische juristische Personen können sich aufgrund der ausdrücklichen Regelung in Art. 19 III GG nicht auf Art. 2 I GG berufen (BVerfGE 21, 207 [208 f.]).

2. Sachlicher Schutzbereich

a) Allgemein

13 Schutzbereich und Schranken der allgemeinen Handlungsfreiheit sind umstritten. Dabei treten **zwei Rechtsauffassungen** in den Vordergrund, die auf unterschiedlichen Wegen zu unterschiedlichen Ergebnissen führen. Dies zeigt sich anhand folgendem Fall:

Beispielsfall „*Reiten im Walde*" (nach BVerfGE 80, 164 ff.): Das nordrhein-westfälische Landschaftsgesetz (NRW LG) wird geändert. Aufgrund des neugefaßten § 50 II 1 NRW LG 1980 ist das Reiten im Walde nicht mehr wie bisher auf allen Waldstraßen im Grundsatz erlaubt, sondern nur noch auf den nach den Vorschriften der Straßenverkehrsordnung als Reitwege gekennzeichneten Straßen und Wegen gestattet. Wird dadurch das Grundrecht der Reiter auf freie Entfaltung der Persönlichkeit (Art. 2 I GG) verletzt? Die Entscheidung hängt maßgeblich von der Auslegung des Schutzbereichs des Art. 2 I GG ab.

14 **aa) Enge Auslegung.** Eine Minderansicht verlangt eine positive Festlegung des Schutzbereichs, der dadurch zugleich eingeschränkt wird (abw. M. BVerfGE 80, 164 ff. – „*Reiten im Walde*"; *Hesse*, VerfR, Rn. 428 und zur sog. Persönlichkeitskerntheorie *Pieroth*, AöR 115 (1990), 33 ff.). Art. 2

I GG schützt danach nur einen bestimmten begrenzten, auf die Persönlichkeit bezogenen Ausschnitt. Dieser Bereich wird mit dem Begriff „engere persönliche Lebenssphäre" umschrieben (*Hesse*, VerfR, Rn. 428). Nicht jede freie Entfaltung durch freies Handeln ist geschützt, sondern nur solche Betätigungen, die eine gesteigerte, dem Schutzgut der übrigen Grundrechte vergleichbaren Relevanz für die Persönlichkeitsentfaltung besitzen. Parallel und systematisch folgerichtig zum engen Verständnis des Schutzbereichs werden auch die in Art. 2 I GG angelegten (benannten) **Schranken eng** ausgelegt. Verfassungsmäßige Ordnung i. S. dieser Vorschrift ist danach gleichbedeutend mit freiheitlich-demokratischer Grundordnung i. S. von Art. 9 II GG. Die eingeschränkte Auslegung von Art. 2 I GG soll die unbegrenzte Einbeziehung jeder menschlichen Betätigungsform in den Schutzbereich dieses Grundrechts verhindern. Dies würde nämlich sonst einerseits zu einem im Vergleich zu den sonstigen grundrechtlich geschützten Bereichen „wertsystematisch überhöhten" Schutz der allgemeinen Handlungsfreiheit führen, andererseits aber auch durch die mit der Ausweitung des Schutzbereichs verbundene weite Einschränkungsmöglichkeit den Grundrechtsschutz leerlaufen lassen.

Soweit man dieser Auffassung folgt, ist der Schutzbereich von Art. 2 **15** I GG im vorliegenden Fall nicht berührt. Die Persönlichkeitsentfaltung des einzelnen hängt nicht von der Möglichkeit ab, im Walde zu reiten (vgl. abw. M. BVerfGE 80, 164 [170]).

bb) **Weite Auslegung.** Nach der in Rechtsprechung und Rechtswissenschaft **16** herrschenden Meinung, die den nachfolgenden Ausführungen zugrunde gelegt wird, gewährleistet Art. 2 I GG die allgemeine Handlungsfreiheit im **umfassenden Sinn** (st. Rspr. seit BVerfGE 6, 32 [36] – „*Elfes*"; vgl. ferner BVerfGE 80, 137 [152 f.] – „*Reiten im Walde*"; BVerfG, NJW 1998, 2128 [2129] – „*Kindergartengebühr*"; *Degenhart*, JuS 1990, 161 [162 ff.]; *Burgi*, ZG 9 (1994), 341 [358 f.]). Geschützt ist nicht nur ein begrenzter Bereich der Persönlichkeitsentfaltung, sondern „**jede Form menschlichen Handelns** ohne Rücksicht darauf, welches Gewicht der Betätigung für die Persönlichkeitsentfaltung zukommt" (BVerfGE 80, 137 [152] – „*Reiten im Walde*"; 90, 145 [171] – „*Cannabis*"; BVerfG, NJW 1996, 983). Art. 2 I GG schützt dabei wie alle Freiheitsgrundrechte nicht nur die positive Freiheit zum Handeln, sondern auch die negative Freiheit, etwas zu unterlassen bzw. untätig zu bleiben. Parallel dazu wird auch die Schrankentrias in Art. 2 I GG, insb. die Schranke „verfassungsmäßige Ordnung" weit ausgelegt (dazu u. Rn. 26 ff.). Dies räumt der rechtsetzenden Gewalt die Möglichkeit ein, den weiten Schutzbereich der allgemeinen Handlungsfreiheit durch verfassungsmäßige Normen auf ein angemessenes Maß zurückzuführen.

Reiten im Walde fällt danach als Betätigungsform menschlichen Handelns in den   **17**
Schutzbereich des Art. 2 I GG.

Klausurhinweis: In der Fallbearbeitung ist der weiten Auslegung von Art. 2 I GG
zu folgen, weil dies der ständigen Rechtsprechung des BVerfG entspricht. Zudem
führt die enge Auslegung zu schwierigen, in der Praxis kaum befriedigend lösba-
ren Abgrenzungsproblemen (BVerfGE 80, 137 [154] – *„Reiten im Walde"*; krit.
aber *Duttge*, NJW 1997, 3353 ff.). Im übrigen ist die Auseinandersetzung mit
der Auslegungsproblematik nur angezeigt in Fällen, in denen der Schwerpunkt
der Fallbearbeitung offensichtlich auf der Prüfung von Art. 2 I GG liegt, weil
kein anderes Grundrecht in Betracht kommt.

> **Merksatz:** Die allgemeine Handlungsfreiheit schützt jedes menschliche Tun
> und Unterlassen, sofern es nicht vom Schutzbereich eines anderen speziellen
> Freiheitsrechts erfaßt wird (BVerfGE 95, 267 [303] – *„Altschuldenrege-*
> *lung"*; *Jarass*, in: J/P, GG, Art. 2 Rn. 3).

b) Ausprägungen

18   Die weite Auslegung des Rechts auf allgemeine Handlungsfreiheit führt zur Unbestimmtheit seines Schutzbereichs. Die damit verbundenen Unsicherheiten können dadurch vermieden werden, daß der Inhalt dieses Grundrechts nach bestimmten Bereichen konkretisiert und damit greifbar gemacht wird. Als solche
typischen Lebensbereiche kommen in Betracht:

(1) Schutz der Privatautonomie als „Selbstbestimmung des einzelnen im Rechtsleben" (BVerGE 89, 214 [231]);

(2) Schutz vor der Auferlegung von Zahlungspflichten und Abgaben, wie etwa
durch Kindergartengebühren (BVerfG, NJW 1998, 2128 [2129] – *„Kindergar-*
tengebühr") oder durch Steuergesetze bzw. -bescheide (BVerfGE 87, 153 [169];
BVerfG, NVwZ 1996, 57 [58]);

(3) Schutzrechte im strafrechtlichen Bereich, die teilweise i. V. m. dem Rechtsstaatprinzip (Art. 20 III GG) abgeleitet werden und als Recht auf ein faires gerichtliches Verfahren bezeichnet werden. Dazu zählt insbesondere das Recht des
Angeklagten, im Strafprozeß einen Verteidiger seiner Wahl beizuziehen (BVerfGE
39, 156 [163]; 45, 272 [295]). Auch das Recht eines Inhaftierten zum Empfang
von Besuchern (BVerfGE 34, 284 [395 f.]), auch eines Journalisten für ein Inter-
view (BVerfG, NJW 1996, 983) sowie das Recht zur Benutzung einer eigenen
Schreibmaschine (BVerfGE 35, 5 [9 f.]) werden geschützt.

(4) Recht auf Gewährung wirkungsvollen Rechtsschutzes für zivilrechtliche
Streitigkeiten (BVerfGE 88, 118 [123]);

(5) Recht auf Ausreise aus dem Bundesgebiet (vgl. BVerfGE 6, 32 [41 f.] – *„El-*
fes"); 72, 200 [245]; s. auch § 4 Rn. 22);

(6) Recht von Ausländern auf Freizügigkeit in der Bundesrepublik Deutschland (vgl. BVerfGE 35, 382 [399]; s. auch § 4 Rn. 8);

Beachte: Art. 2 I GG gewährt aber keinen Anspruch auf Einreise und Aufenthalt in der Bundesrepublik D. (vgl. BVerfGE 76, 1 [71]; 80, 81 [95 f.]). Allerdings kann sich für Ausländer ein weitgehender Schutz aus dem Asylrecht (dazu § 16 Rn. 20 f.), aus dem Schutz der Ehe (dazu § 13 Rn. 11) sowie aus EG-rechtlichen Vorschriften (dazu § 4 Rn. 6) ergeben.

(7) Anspruch auf ungestörte Teilhabe am bestehenden Gemeingebrauch, insbesondere an öffentlichen Straßen (vgl. BVerwG, NJW 1969, 284 [286]; BVerwG, NJW 1988, 432 f.);

(8) Recht zur Bestimmung über das eigene äußere Erscheinungsbild, beispielsweise der Haartracht oder der Kleidung (vgl. VGH Kassel, NJW 1996, 1164 ff.; BVerwGE 46, 1 [2]), überhaupt die Gestaltung seines Äußeren nach eigenem Gutdünken (vgl. BVerfGE 47, 239 [248 f.]);

(9) Recht zur Führung ordnungsgemäß erworbener akademischer Titel (vgl. BVerwGE 5, 291 [292];

(10) Recht auf Entfaltung des Kindes in der Schule (BVerfGE 58, 257 [272]). Dies bedeutet aber nicht, daß jede Art der Aus- und Weiterbildung von Art. 2 I GG erfaßt ist. Geht es nämlich um die berufliche Ausbildung, ist Art. 12 I GG einschlägig (zur Frage, welche Art der Ausbildungsstätte dem Art. 12 I GG unterfällt, vgl. § 11 Rn. 28).

Beispiele:
– So ist etwa die zwangsweise Entlassung eines Schülers aus einem Gymnasium als Beeinflussung des weiteren Bildungs- und Lebensweges des Betroffenen zu werten, so daß Art. 12 I GG einschlägig ist (BVerfGE 58, 257 [273]).
– Dagegen ist in der bloßen Nichtversetzung eines Schülers in die nächste Klasse/Jahrgangsstufe keine Beeinträchtigung der freien Wahl der Ausbildungsstätte zu sehen; maßgebend ist hierfür vielmehr Art. 2 I GG (BVerfGE 58, 257 [273 f.]).

(11) Recht auf Ausübung selbstgefährdender Tätigkeiten (dazu *Lorenz*, HdbStR VI, § 128 Rn. 63 m. w. N.), wie beispielsweise Bergsteigen, Drachenfliegen, Fallschirmspringen, Autorennen; nicht aber auch ein Recht auf Selbsttötung (str.; s. dazu § 2 Rn. 8);

Merke: Mit den vorgenannten Lebensbereichen wird der Inhalt der allgemeinen Handlungsfreiheit aber nicht abschließend umschrieben. Sie dienen lediglich als Anhaltspunkte, ein bestimmtes Verhalten dem Art. 2 I GG zuzuordnen. Wegen des umfassenden Charakters des Art. 2 I GG ist eine abschließende Umschreibung des Schutzbereichs auch nicht möglich.

II. Eingriff

1. Unmittelbare rechtliche Beeinträchtigungen

19   Bei **unmittelbaren rechtlichen** hoheitlichen Beeinträchtigungen des (sachlichen)
Schutzbereichs der allgemeinen Handlungsfreiheit ist stets ein Eingriff in Art. 2
I GG gegeben. Die Beeinträchtigung kann in der Auferlegung von Pflichten oder
in der Errichtung von Genehmigungsvorbehalten liegen; aber auch schlichtho-
heitliches Verwaltungshandeln kann in die allgemeine Handlungsfreiheit eingreifen, wie z. B. Überwachungsmaßnahmen (*Kunig*, in: v.Münch/Kunig, GG I,
Art. 2 Rn. 18).

Beispiel: Die in § 21 a I 1 StVO angeordnete Anschnallpflicht in Kraftfahrzeugen greift in den
Schutzbereich der allgemeinen Handlungsfreiheit ein (vgl. BVerfG, NJW 1987, 180; ferner
BVerfGE 59, 275 [277 ff.] zur Schutzhelmpflicht).

Beachte: Auch durch privatrechtliche Vorschriften kann in die allgemeine Handlungsfreiheit eingegriffen werden (vgl. BVerfGE 63, 88 [108 f.]; 80, 286 [292f.];
eingehend zur Auswirkung von Art. 2 I GG auf privatrechtliche Rechtsbeziehun-
gen *Kunig*, in: v.Münch/Kunig, GG I, Art. 2 Rn. 18).

2. Mittelbare Beeinträchtigungen

20   Demgegenüber erfüllen **mittelbare** Beeinträchtigungen der allgemeinen Handlungsfreiheit grds. nicht die Voraussetzungen für einen Eingriff. Andernfalls
könnte sich praktisch jeder gegen alles unter Berufung auf Art. 2 I GG zur Wehr
setzen. Dies würde einem Mißbrauch dieses Grundrechts Tür und Tor öffnen und
zu einer Überflutung des BVerfG mit Verfassungsbeschwerden führen.

Beispiel: Die Zulassung von weiteren Kraftfahrzeugen belastet zwar aufgrund der damit verbundenen Zunahmen des Verkehrs die anderen Verkehrsteilnehmer, greift aber als mittelbare,
faktische Maßnahme nicht in den Schutzbereich der allgemeinen Handlungsfreiheit ein.

21   Ein Eingriff in Art. 2 I GG ist in diesen Fällen aber ausnahmsweise dann zu
bejahen, wenn die mittelbare Beeinträchtigung von erheblichem Gewicht ist und
damit im Ergebnis ähnlich intensiv wie eine unmittelbare rechtliche Beeinträchtigung wirkt (BVerwGE 65, 167 [174]). Derartige mittelbare Beeinträchtigungen
sind häufig im Rahmen des wirtschaftlichen Wettbewerbs zu finden.

Beispiele: So wird etwa durch die Erteilung von Ausnahmegenehmigungen an einen Konkurrenten (BVerwGE 65, 167 [174]) oder durch die Erstattung höherer Entgelte an einen Konkurrenten (BVerwGE 60, 154 [159]) in das Recht des Mitkonkurrenten auf allgemeine Handlungsfreiheit eingegriffen (zur Frage eines Eingriffs in Art. 12 GG bei Wettbewerbsbeeinträchtigungen,
vgl. § 11 Rn. 36)

3. Verweigerung von Teilhabe

22   Besondere **Schwierigkeiten** wirft die Beurteilung der Eingriffsqualität solcher Hoheitsakte auf, die eine bisher freiwillig gewährte hoheitliche Leistung für die

Zukunft aufheben oder nur in beschränktem Maße gewähren. Dies wird anhand folgendem Fall deutlich:

Beispielsfall „Halteverbot": Auf einer öffentlichen Straße durfte bisher ohne Einschränkung geparkt werden. Aus Gründen der öffentlichen Sicherheit und Ordnung stellt die zuständige Straßenverkehrsbehörde ein Verkehrsschild auf, das ein eingeschränktes Halteverbot anordnet (§ 45 I StVO i. V. mit Zeichen 286). Greift diese straßenverkehrsrechtliche Anordnung in die allgemeine Handlungsfreiheit der bisher dort parkenden Anwohner ein mit der Folge, daß sie dagegen prozessual vorgehen können? Diese Frage ist zu verneinen. Die Betroffen können mangels Klagebefugnis (§ 42 I 1. Alt. VwGO) nicht (verwaltungs-) prozessual gegen das Halteverbot vorgehen. Ihnen steht weder aus § 45 I StVO noch aufgrund von Art. 2 I GG ein Abwehrrecht gegen die hoheitliche Anordnung zu. Der an dieser Stelle allein zu behandelnde Abwehranspruch aus Art. 2 I GG scheitert daran, daß die hoheitliche Anordnung nicht in die allgemeine Handlungsfreiheit eingreift. Dieses Grundrecht gibt dem einzelnen nur ein **Recht auf Teilhabe** am bestehenden Gemeingebrauch. Er kann sich aber nicht gegen den Entzug oder eine Beschränkung des bisher gewährten Gemeingebrauchs wehren, sofern dieser nicht ausnahmsweise als sog. Anliegergebrauch von Art. 14 GG geschützt ist.

Die allgemeine Handlungsfreiheit schützt nur die Teilhabe am Gemeingebrauch 23 in dem Umfang, in dem er jeweils gewährt wird (VGH Mannheim, NVwZ – RR 1993, 282).

III. Verfassungsrechtliche Rechtfertigung

Art. 2 I GG unterwirft die allgemeine Handlungsfreiheit drei unmittelbaren, be- 24 nannten Grundrechtsschranken. Die sog. **Schrankentrias** setzt sich zusammen aus den Rechten anderer,
der verfassungsmäßigen Ordnung,
den Sittengesetzen.

1. Struktur der Schrankentrias

Die drei (benannten) Schranken des Art. 2 I GG stehen nach ihrem Wortlaut 25 gleichberechtigt nebeneinander. In der Praxis spielt aber die verfassungsmäßige Ordnung die entscheidende Rolle. Sie schließt die sich aus den beiden anderen Schranken ergebenden Beschränkungsmöglichkeiten mit ein und macht sie weitgehend funktionslos (*Kunig*, in: v.Münch/Kunig, GG I, Art. 2 Rn. 19 ff.).

Klausurhinweis: In der Fallbearbeitung ist wegen der überragenden Bedeutung der verfassungsmäßigen Ordnung stets zuerst zu prüfen, ob der Eingriff von dieser Schranke gedeckt ist. Auf die Rechte anderer und die Sittengesetze ist nur dann (subsidiär) einzugehen, wenn der Sachverhalt insoweit Anhaltspunkte enthält.

2. Verfassungsmäßige Ordnung

26 Unter der verfassungsmäßigen Ordnung versteht man die gesamte Rechtsordnung, soweit sie mit der Verfassung in Einklang steht (vgl. grundlegend BVerfGE
6, 32 [37 ff.] – *„Elfes“*; ferner BVerfGE 80, 137 [153] – *„Reiten im Walde“*). Dazu
gehören alle formell und materiell verfassungsmäßigen bundes- und landesrechtlichen Normen jeder Rangstufe, also Gesetze, Rechtsverordnungen, Satzungen sowie die darauf gestützten Einzelmaßnahmen (vgl. BVerfGE 54, 143 [144] – *„Taubenfüttern“*; s. auch BVerfGE 90, 145 [172] – *„Cannabis“*), nicht jedoch Verwaltungsvorschriften (BVerfGE 78, 214 [227]; *Jarass*, in: J/P, GG, Art. 2 Rn. 17).

Beachte: Zur verfassungsmäßigen Ordnung gehören auch die im Wege richterlicher Rechtsfortbildung getroffenen Entscheidungen (vgl. BVerfGE 74, 129 [152];
zum Gewohnheitsrecht, vgl. *Kunig*, in: v.Münch/Kunig, GG I, Art. 2 Rn. 23).

27 Der Begriff wird in einem anderen, weiteren Sinn verstanden als in Art. 9 II GG
(„freiheitlich-demokratische Grundordnung“; s. dazu § 10 Rn. 20) und in
Art. 20 III GG („gesamte Verfassung“). Diese Ausweitung der Möglichkeiten zur
Beschränkung der allgemeinen Handlungsfreiheit ist das notwendige Äquivalent
zum weitgefaßten Schutzbereich dieses Grundrechts.

28 Eine Norm beschränkt als Teil der verfassungsmäßigen Ordnung die allgemeine
Handlungsfreiheit in zulässiger Weise ein, wenn sie folgende Voraussetzungen
erfüllt:

a) Formelle Verfassungsmäßigkeit

29 Die Norm muß den Kompetenzvorschriften der Verfassung entsprechen
(Art. 70 ff. GG). Bei landesrechtlichen Regelungen ist im Hinblick auf
Art. 31 GG („Bundesrecht bricht Landesrecht“) zusätzlich zu prüfen, ob die
Bestimmung inhaltlich mit (seinerseits kompetenzgemäß erlassenen) Bundesrecht vereinbar ist (BVerfGE 51, 77 [89 f., 95 f.]). Im übrigen muß die Vorschrift in dem von der Verfassung vorgegebenen Verfahren zustandegekom-
men sein.

30 In Fortführung des **Beispielfalls** *„Reiten im Walde“* (s. o. Rn. 13) ist § 50 II 1
NRW LG formell verfassungsgemäß. Das Land besitzt gemäß Art. 70 I GG
die Zuständigkeit zur Gesetzgebung. Die Vorschrift steht (inhaltlich) nicht im
Widerspruch zu den bundesrechtlichen Vorschriften des § 14 BWaldG (Bun-
desrahmenrecht) und des § 27 BNatschG (vgl. BVerfGE 80, 137 [155 ff.] –
„Reiten im Walde“). Anhaltspunkte für ein verfassungswidriges Gesetzgebungsverfahren bestehen nicht.

b) Materielle Verfassungsmäßigkeit

31 Hierbei sind folgende Kriterien zu prüfen (s. dazu § 1 Rn. 10 ff.):

32   **aa)** Die einschränkende Norm muß ein **verfassungslegitimes Ziel** verfolgen.
       § 50 II 1 NRW – LG bezweckt eine Trennung des „Erholungsverkehrs“
       im Walde. Dadurch soll eine Gefährdung der Wanderer – die sich ihrer-

seits auf Art. 2 I GG berufen können – sowie eine aus der mit dem Reiten verbundenen Auflockerung des Waldbodens vermieden werden.

bb) Die Vorschrift muß ferner **verhältnismäßig** sein, d. h. geeignet, erforder- 33 lich und angemessen (zum Begriff der Verhältnismäßigkeit, vgl. *Windthorst*, VerfR I, § 10 Rn. 8 ff.).

Klausurhinweis: In der Fallbearbeitung ist an dieser Stelle eine Abwägung der einander entgegenstehenden Interessen vorzunehmen (vgl. BVerfGE 90, 145 [173] – *„Cannabis"*).

Unter Berücksichtigung des verfassungslegitimen Ziels ist die Verweisung 34 von Reitern auf besondere dafür vorgesehene Waldwege ein geeignetes Mittel und auch erforderlich. Daß bei dieser Trennung nicht etwa umgekehrt eine Ausgrenzung besonderer Wanderwege vorgenommen wurde, ist auch sachgerecht, zumal die Zahl der Wanderer die der Reiter übersteigt und somit zu einer schwererwiegenden Belastung führen würde (BVerfGE 80, 137 [159 ff.] – *„Reiten im Walde"*).

cc) Die einschränkende Rechtsnorm darf insb. nicht gegen das Verbot des 35 Einzelfallgesetzes (Art. 19 I 1 GG), die Wesensgehaltsgarantie (Art. 19 II GG), das Bestimmtheitsgebot oder das Rechtsstaatsprinzip verstoßen (vgl. BVerfGE 80, 137 [153] – *Reiten im Walde"*; *Jarass*, in: J/P, GG, Art. 2 Rn. 20).

Beachte: Das Zitiergebot des Art. 19 I 2 GG gilt im Rahmen des Art. 2 I GG nicht (vgl. BVerfGE 10, 89 [99]; 28, 36 [46]).

Klausurhinweis: In der Fallbearbeitung ist auf diese Prüfungspunkte nur dann einzugehen, wenn der Sachverhalt auch tatsächlich Anhaltspunkte enthält, die zu einer Prüfung berechtigen.

3. Rechte anderer

Zu den Rechten anderer zählen **alle subjektiven Rechte.** Hierzu gehören ebenso 36 die Grundrechte wie etwa Individualrechte des Zivilrechts, nicht jedoch bloße Interessen (*Kunig,* in: v.Münch/Kunig, GG I, Art. 2 Rn. 20; *P/S*, StaatsR II, Rn. 422) oder „Rechte der Allgemeinheit"; der Schutz des Gemeinwohls wird bereits durch die Schranke der verfassungsmäßigen Ordnung gewährleistet (*Kunig,* in: v.Münch/Kunig, GG I, Art. 2 Rn. 21).

4. Sittengesetz

Als letzte Schranke der allgemeinen Handlungsfreiheit nennt Art. 2 I GG das Sit- 37 tengesetz, dessen Inhalt sich aber nur schwer konkretisieren läßt. Was zu dieser Summe gesetzlich nicht fixierter ethischer Verhaltensnormen zu rechnen ist, wird durch die im Zeitpunkt der Rechtsanwendung **feststellbaren gemeinsamen Grundüberzeugungen** aller bzw. prägender Teile der Gesellschaft bestimmt (vgl. BAG, NJW 1976, 1958; *Kunig*, in: v.Münch/Kunig, GG I, Art. 2 Rn. 27). Dies bedeutet, daß etwa das persönliche sittliche Gefühl eines Richters oder die Auffassung einzelner Volksteile für die Inhaltsbestimmung nicht maßgeblich sein können (vgl. BVerfGE 6, 389 [434]). Als Anknüpfungspunkt wird teilweise auf die historisch überlieferten Moralauffassungen abgestellt (so *Starck*, FS Geiger, 1974, 259 [276]), wobei den Lehren der christlichen Konfessionen besondere Bedeutung zukommen soll (vgl. BVerfGE 6, 389 [434 f.]); andere schlagen vor, das Sittengesetz i. S. d. „altbewährten und praktikablen Rechtsbegriffe gute Sitten, Treu und Glauben (z. B. §§ 138, 242, 826 BGB) zu verstehen" (*P/S*, StaatsR II, Rn. 425 m. w. N.).

Beachte: Der Inhalt des Sittengesetzes ist nicht statisch, sondern dem Wandel des sittlichen Bewußtseins der Rechtsgemeinschaft unterworfen (vgl. BGHZ 92, 213 [219]; *Kunig*, in: v.Münch/Kunig, GG I, Art. 2 Rn. 28).

Beispiele: So läßt sich etwa eine allgemein gültige Auffassung, wonach das Zusammenleben von Personen gleichen oder verschiedenen Geschlechts in einer nicht-ehelichen Lebensgemeinschaft, sittlich anstößig sei, in der heutigen Zeit nicht mehr feststellen. Auch Bereiche wie die freiwillige Sterilisation oder die Geschlechtsumwandlung dürften heute anders zu beurteilen sein.

38   Bei dem heutigen Grad der Durchnormierung aller Lebensbereiche kann allerdings verlangt werden, daß die Wertvorstellungen in einer Rechtsnorm verankert werden; damit geht das Sittengesetz in der verfassungsmäßigen Ordnung auf (*Jarass*, in: J/P, GG, Art. 2 Rn. 16 m. w. N.).

D. Allgemeines Persönlichkeitsrecht

I. Bedeutung

39   Bei der Rechtsfigur des allgemeinen Persönlichkeitsrechts handelt es sich um eine Lückenausfüllung im Persönlichkeitsschutz; es ergänzt als **„unbenanntes"** Freiheitsrechte die Spezialfreiheitsrechte (BVerfGE 34, 269 [281]; 54, 148 [153] – *„Eppler"*; 72, 155 [170]). Die Grundlage des allgemeinen Persönlichkeitsrechts findet sich primär in Art. 2 I GG, beeinflußt allerdings durch die Menschenwürdegarantie des Art. 1 I GG, das einen uneinschränkbaren Kern des Rechts fixiert (BVerfGE 75, 369 [380]; *Kunig*, in: v.Münch/Kunig, GG I, Art. 2 Rn. 30 m. w. N.).

Klausurhinweis: In der Fallbearbeitung ist daher das allgemeine Persönlichkeitsrecht stets unter Bezugnahme auf Art. 2 I GG i. V. m. Art. 1 I GG zu prüfen. Im Gegensatz zur allgemeinen Handlungsfreiheit des Art. 2 I GG steht das allgemeine Persönlichkeitsrecht **selbständig** neben den anderen speziellen Freiheitsrechten (BVerfGE 65, 1 [41] – *„Volkszählung"*; 79, 256 [268]).

Beachte: Das allgemeine Persönlichkeitsrecht des Grundgesetzes ist, trotz seiner vielen Parallelen, **nicht** mit dem privatrechtlichen Persönlichkeitsrecht – etwa als absolutes Recht i. S. d. § 823 I BGB –, das nur einfachgesetzlichen Rang hat, zu verwechseln (dazu *Jarass*, NJW 1989, 857 [858]; *Ehmann*, JuS 1997, 193 [197]).

II. Schutzbereich

1. Persönlicher Schutzbereich

Das allgemeine Persönlichkeitsrecht schützt wie schon die allgemeine Hand- 40
lungsfreiheit und Art. 1 I GG **jede lebende natürliche Person** ohne Ansehung der
Staatsangehörigkeit. Geschützt sind daher neben Minderjährigen (BVerfGE 47,
46 [73]; 83, 130 [140]), auch Ausländer. Tote werden dagegen nicht geschützt,
deren Schutz richtet sich allein nach Art. 1 GG (s. Kap. 1 Rn. 22 f.); das gleiche
gilt auch für den sog. nasciturus, der allerdings noch über Art. 2 II 1 GG geschützt ist (str.; dazu § 2 Rn. 4).

Im Unterschied zur allgemeinen Handlungsfreiheit kommt das allgemeine Per- 41
sönlichkeitsrecht **juristischen Personen** grundsätzlich nicht zugute (*Jarass*, in: J/P,
GG, Art. 2 Rn. 31 m. w. N.). Allerdings können sich juristische Personen dann
auf dieses Recht berufen, wenn und soweit ihr sozialer Geltungsanspruch in
ihrem Aufgabenbereich betroffen ist (BVerwGE 82, 76 [78]; s. auch BVerfG,
NJW 1989, 3269; OVG Lüneburg, NJW 1992, 192).

Beispiel: So können ehrverletzende und herabwürdigende Äußerungen das Ansehen einer juristischen Person als Wirtschaftsunternehmen oder als Arbeitgeber in ihrem Auftreten im Wirt-
schaftsverkehr beeinträchtigen (vgl. auch BGHZ 81, 75 [78 f.]; 98, 94 [97]).

2. Sachlicher Schutzbereich

a) Allgemein

Das allgemeine Persönlichkeitsrecht schützt „i. S. des obersten Konstituti- 42
onsprinzips der Würde des Menschen (Art. 1 I GG) die engere persönliche Lebenssphäre und die Erhaltung ihrer Grundbedingungen" (BVerfGE 54, 148
[153] – „*Eppler*"; BVerfG, JZ 1997, 777 [778] – „*Abstammung*"); es sichert
„jedem einzelnen einen autonomen Bereich privater Lebensgestaltung, in dem er
seine Individualität entwickeln und wahren kann" (BVerfGE 35, 202 [220] –
„*Lebach*"; s. ferner LG Berlin, NJW 1997, 1155 – „*Pornodarsteller*"). Bei der
Bestimmung von Inhalt und Reichweite dieses Rechts ist **Art. 1 I GG** zu berücksichtigen. Das allgemeine Persönlichkeitsrecht erfaßt also Verhaltensweisen, die
einen „besonderen Konnex" mit der in Art. 1 I GG geschützten Menschenwürdegarantie aufweisen und somit eines stärkeren Schutzes bedürfen als alle anderen Verhaltensweisen, die im übrigen von der allgemeinen Handlungsfreiheit des
Art. 2 I GG erfaßt werden (BVerfGE 54, 148 [153] – „*Eppler*"; *Jarass*, NJW
1989, 857). Geschützt wird also zunächst ein **abgeschirmter Bereich persönlicher
Entfaltung**, ein sog. Privat- und Intimbereich, wonach „der einzelne einen Raum
besitzt, in dem er unbeobachtet sich selbst überlassen ist oder mit Personen seines
besonderen Vertrauens ohne Rücksicht auf gesellschaftliche Verhaltenserwartun-
gen und ohne Furcht vor staatlichen Sanktionen verkehren kann" (BVerfGE 90,
255 [260] – „*Briefkontolle*"; s. auch BVerfG, JZ 1997, 777 [778] – „*Abstammung*").

Beachte: Für Teilbereiche dieser Abschirmung existieren allerdings spezielle Grundrechte, wie etwa Art. 10 GG und Art. 13 GG, die dem allgemeinen Persönlichkeitsrecht vorgehen und daher in der Fallbearbeitung an erster Stelle zu prüfen sind, wenn sich Anhaltspunkte für ihre Einschlägigkeit ergeben (s. auch u. Rn. 59).

43   Ferner schützt Art. 2 I GG i. V. m. Art. 1 I GG auch die menschliche Persönlichkeit in ihrem **sozialen Geltungsanspruch,** d. h. das allgemeine Persönlichkeitsrecht soll die zentralen Voraussetzungen für das Tätigwerden der Person in den Beziehungen mit Dritten und für das Tätigwerden in der Öffentlichkeit sichern (*Jarass*, NJW 1989, 859).

b) Konkretisierungen

44   Die Rechtsprechung hat den Inhalt des allgemeinen Persönlichkeitsrechts nicht abschließend umschrieben, sondern jeweils anhand des zu entscheidenden Falles herausgearbeitet. Im Gegensatz zur allgemeinen Handlungsfreiheit sind die tatbestandlichen Voraussetzungen der dem allgemeinen Persönlichkeitsrecht zuzuordnenden Einzelverbürgungen enger umrissen (BVerfGE 54, 148 [153 f.] – „*Eppler*"). Im Laufe der Zeit haben sich mehrere Fallgruppen herausgebildet, die sich im Kern in fünf Hauptgruppen zusammenfassen lassen:

45   Fallgruppe (1): Schutz eines abgeschirmten Bereichs persönlicher Entfaltung

Beispiele:
– Verwertung privater Tagebuchaufzeichnungen im Strafprozeß (BVerfGE 80, 367 [373 ff.] – „*Tagebuch*";
– Schutz der Vertraulichkeit von Äußerungen im Strafprozeß (BVerfGE 90, 255 [260 f.] – „*Briefkontrolle*") sowie der Schutz für die briefliche Kommunikation von Untersuchungsgefangenen mit Vertrauenspersonen (BVerfG, NJW 1997, 185 ff.);
– Schutz vor einer Schuldenbeitreibung durch sog. „Schwarze Schatten", die in der Öffentlichkeit dem Schuldner folgen (AG Leipzig, NJW 1995, 3190 [3191]);
– Gestaltung des Geschlechtslebens, worunter auch die Geschlechtsumwandlung fällt, einschließlich der personenstandsrechtlichen Folgen (BVerfGE 47, 46 [73]; 49, 286 [298]; 60, 123 [134]);
– das Recht auf Kenntnis der eigenen Abstammung (BVerfG, JZ 1997, 777 [778] m. w. N. – „*Abstammung*");
– Zustellung unerwünschter Briefkastenwerbung (BVerfG, NJW 1991, 910 [911] m. w. N.; s. aber BVerwGE 82 29 ff.; BGHZ 60, 296 [299 f.]; BGH, NJW 1996, 934 f.);

46   Fallgruppe (2): Darstellung der Person in der Öffentlichkeit

Der einzelne hat das Recht, darüber zu entscheiden, wie er sich gegenüber der Öffentlichkeit bzw. Dritten darstellen will, „was seinen sozialen Geltungsanspruch ausmachen soll und ob oder inwieweit Dritte über seine Persönlichkeit verfügen können, indem sie diese zum Gegenstand öffentlicher Erörterung machen" (BVerfGE 63, 131 [142]; ferner BVerfGE 35, 202 [220] – „*Lebach*"; 54, 148 [155 f.] – „*Eppler*").

Beispiele:

– das Recht am eigenen Bild einschließlich des Rechts, über öffentliche Darstellungen der Person zu verfügen (BVerfGE 35, 202 [220] – „*Lebach*"; BGH NJW 1996, 1128 [1129] m. w. N.);

– das Recht am eigenen Wort (BVerfGE 54, 148 [154] – „*Eppler*"); dazu zählt auch der Schutz vor heimlichen Tonbandaufnahmen sowie der des Abhörens von Dienstgesprächen durch den Arbeitgeber, beispielsweise durch das Mithören einer Unterredung unter vier Augen hinter geschlossener Tür über eine Bürosprechanlage (vgl. BVerfGE 34, 238 [245 f.]; BVerfG, NJW 1992, 815; BAG, NJW 1983, 1691 ff.);

– das Recht, von der Unterschiebung nicht getaner Äußerungen verschont zu bleiben (BVerf-GE 54, 148 [154 ff.] – „*Eppler*"; BGH, NJW 1982, 635);

– das Recht auf Gegendarstellung des von einer Darstellung in den Medien Betroffenen (BVerfG, NJW 1998, 1381 ff. – „*Titelseite*"; vgl. ferner BGHZ 66, 182 [195] m. w. N.);

– Schutz vor Zeitungsveröffentlichungen, die etwa über eine frühere Tätigkeit des Betroffenen als Darsteller in pornographischen Filmen berichten (LG Berlin, NJW 1997, 1155 ff. – „*Pornodarsteller*") oder das Gehalt von Sportlern offenbaren (AG Berlin Mitte, NJW 1995, 2639 ff.);

– Schutz der Intimssphäre durch Bekanntgabe über eine frühere Liebesbeziehung (OLG Hamm, NJW 1995, 2859);

– Schutz der persönlichen Ehre (BVerfGE 54, 208 [154]; BVerwGE 82, 76 [78]; s. dazu *Murswiek*, in: Sachs, GG, Art. 2 Rn. 123 ff.);

– Schutz des Geburtsnamens (BVerfGE 78, 38 [49]);

– das Recht, in Straf- oder ähnlichen Verfahren nicht zur Selbstbezichtigung gezwungen zu werden (BVerfGE 38, 105 [114 f.]).

> **Fallgruppe (3): das Recht auf informationelle Selbstbestimmung**   47

Hiernach steht dem einzelnen die Befugnis zu, „grundsätzlich selbst zu entscheiden, wann und innerhalb welcher Grenzen persönliche Lebenssachverhalte offenbart werden". Personenbezogene Daten können daher grundsätzlich nur erhoben, gespeichert, verwendet und weitergegeben werden, wenn der Betroffene dem zustimmt (s. insb. BVerfGE 65, 1 [42 f.] – „*Volkszählung*"; 80, 367 [373] – „*Tagebuch*"; BVerfG, NJW 1996, 771 [772] – „*DNA-Analyse*"; BVerfG, JZ 1997, 777 [778] – „*Abstammung*").

Beispiele:

– statistische Erhebungen (BVerfGE 27, 1 [6]);

– Verwertung von Akten in einem Ehescheidungsverfahren (BVerfGE 27, 344 [351 f.]); Verwertung von Krankenakten eines Arztes (BVerfGE 32, 373 [379]; BGH, NJW 1992, 737) sowie Daten über den Gesundheitszustand, die seelische Verfassung und den Charakter (BVerfGE 89, 69 [82] – „*Haschischkonsum*");

– Verwertung von Unterlagen über eine Entmündigung (BVerfGE 78, 77 [84]);

– Verwertung von Akten und Informationen einer Suchtberatungsstelle (BVerfGE 44, 353 [372 f.]);

– Verwertung von Daten über persönliche wirtschaftliche Verhältnisse (BVerfGE 77, 121 [123]);

– Schutz vor der Preisgabe von Steuerdaten (BVerfGE 67, 100 [142]);

– systematische Personenbeobachtung, die es ermöglicht, eine Vielzahl von Informationen über den Observierten zu erlangen (BVerwG, NJW 1986, 2331 [2332]).

48 ⎛ **Fallgruppe (4): das Recht auf Resozialisierung** ⎞

Dem einzelnen soll die Möglichkeit gegeben werden, in angemessener Zeit nach Begehung von Fehlern wieder neu anzufangen (*Jarass*, in: J/P, GG, Art. 2 Rn. 30).

Beispiel: das Recht eines Strafgefangenen, sich nach Verbüßung seiner Strafe wieder in die Gemeinschaft einzuordnen (vgl. BVerfGE 35, 202 [235 f.] – *„Lebach“*; 45, 187 [239]; zum Recht auf zeitweilige Beurlaubung eines lebenslänglich Verurteilten, vgl. BVerfGE 64, 261 [276]; BVerfG, NJW 1998, 1133).

49 ⎛ **Fallgruppe (5): Rechte von Kindern und Jugendlichen** ⎞
⎝ **auf ungestörte Persönlichkeitsentfaltung** ⎠

Beispiele: Schutz der Kinder und Jugendlichen insbesondere des Kindeswohls bei Entscheidungen darüber, in welcher Familie das Kind aufwachsen soll (vgl. BVerfGE 75, 201 [218]; 79, 51 [64]; 83, 130 [140]); das Recht von Minderjährigen auf einen schuldenfreien Eintritt in die Volljährigkeit (vgl. BVerfGE 72, 155 [170 f.]).

⎛ **Merke:** Diese Aufzählung kann **nicht** als abschließend betrachtet werden. Das allgemeine Persönlichkeitsrecht ist immer im Blick auf moderne Entwicklungen und die mit ihnen verbundenen neuen Gefährdungen der menschlichen Persönlichkeit zu sehen (BVerfGE 65, 1 [41] – *„Volkszählung“*; 79, 256 [268]). ⎞

III. Eingriff

1. Allgemeines Persönlichkeitsrecht als Abwehrrecht

50 Das allgemeine Persönlichkeitsrecht hat wie jedes Freiheitsrecht die Funktion als Abwehrrecht (*Kunig*, in: v.Münch/Kunig, Art. 2 Rn. 40). Hierin ist es durch **jede beliebige Maßnahme** der öffentlichen Gewalt beeinträchtigt, die den Schutzbereich dieses Grundrechts trifft; dazu zählen auch faktische Beeinträchtigungen (*Jarass*, NJW 1989, 857 [860]).

Beispiele: So greift die Verpflichtung zur Auskunferteilung bei Volkszählungen ebenso in das allgemeine Persönlichkeitsrecht ein wie die tatsächliche Erhebung, Speicherung, Verwendung und Weitergabe von personenbezogenen Daten oder das heimliche Mitschneiden von Gesprächen und die Observation von Personen.

Darüber hinaus ist das allgemeine Persönlichkeitsrecht bei der Auslegung und   51
Anwendung privatrechtlicher Vorschriften zu beachten (BVerfGE 34, 269
[280 f.] – „*Soraya*"; 84, 192 [194 f.]). Demnach kommt seine Ausstrahlungswirkung auch **Dritten** gegenüber zum Tragen, die in das allgemeine Persönlichkeitsrecht eines anderen eingreifen (*Kunig*, in: v.Münch/Kunig, GG I, Art. 2 Rn. 40;
zum Problem der mittelbaren Drittwirkung der Grundrechte im Privatrechtsverhältnis, s. *Erichsen*, Jura 1996, 527 [528 ff.]). Als Eingriff kommen daher auch
solche in Betracht, die aus vertraglichen Regelungen resultieren, zumindest soweit sie durch staatliche Gerichte sanktioniert werden (vgl. BGHZ 98, 32,
[33 f.]).

Beispiele: Eine Kommerzialisierung persönlicher Rechte durch die unbefugte Verwendung von
Bildern, Fotografien und Namen (vgl. BGH, NJW 1996, 1128 [1130] m. w. N.) greift ebenso
in das allgemeine Persönlichkeitsrecht ein, wie etwa die vertragliche Pflicht zur Offenbarung
einer Entmündigung (BVerfGE 84, 192 [195]).

Beachte: Eine Einwilligung bzw. Zustimmung des Betroffenen schließt eine Beeinträchtigung grundsätzlich aus (dazu *Jarass*, NJW 1989, 862; ferner BGH,
NJW 1996, 1128 [1129]; BGHZ 98, 32 [34]).

2. Allgemeines Persönlichkeitsrecht als objektive Schutznorm

Das Persönlichkeitsrecht ist von seiten aller staatlichen Gewalt zu schützen   52
(BVerfG, JZ 1997, 777 [778] m. w. N. – „*Abstammung*"). Es kann daher auch
durch Vorenthalten bestimmter Informationen beeinträchtigt sein. In diesem Sinne kann das allgemeine Persönlichkeitsrecht **Anspruchsgrundlage** für bestimmte
Auskünfte sein (*Kunig*, in: v.Münch/Kunig, GG I, Art. 2 Rn. 40).

Beispiele:
- Anspruch auf Einsicht in die eigenen Patientenakten (BVerwGE 82 45 [46 ff.]; BGHZ 85,
  327 [332]);
- Anspruch auf Einsicht in Unterlagen über die eigene Abstammung (BVerfG, JZ 1997, 777,
  [778] – „*Abstammung*");
- Anspruch auf Nennung des Halters eines PKW, mit dessen Hilfe jemand observiert worden
  ist (BVerwGE 74, 115 [117 f.]).
- Kein Anspruch besteht dagegen
- auf Benennung eines Behördeninformanten (BVerwG, NJW 1992, 451 ff.);
- auf Auskunftserteilung über von der Polizei gesammelten personenbezogenen Daten
  (BVerwG, NJW 1990, 2765ff.);
- auf Einsicht in Unterlagen des Verfassungsschutzes (BVerwGE 84, 375 [378 ff.]).

Klausurhinweis: In der Fallbearbeitung ist die Frage, ob etwa der Anspruch auf
Auskunftserteilung gerechtfertigt ist, erst im Rahmen der dem allgemeinen Persönlichkeitsrecht innewohnenden Schranken zu prüfen.

IV. Verfassungsrechtliche Rechtfertigung

1. Rechtfertigungsgrundlage

53 Auch der verfassungsrechtliche Schutz des allgemeinen Persönlichkeitsrechts ist
nicht absolut; vielmehr ist auch dieses Recht Grundrechtsschranken unterworfen. Unklar ist aber, auf welche Schranke im Rahmen des allgemeinen Persönlichkeitsrechts zurückgegriffen werden soll. Teilweise wird die Schranke des Art. 2
II 3 GG herangezogen (vgl. BVerfGE 32, 373 [379]; 34, 238 [246]; *Kunig*, in:
v.Münch/Kunig, GG I, Art. 2 Rn. 42), nach wohl h. M. wird auf die **Schrankentrias** des Art. 2 I GG, insbesondere auf die „verfassungsmäßige Ordnung", Bezug
genommen (vgl. BVerfGE 65, 1 [45] – „*Volkszählung*"; 78, 77 [85]; 79, 256
[269]; BVerwG, NJW 1990, 2768 [2770]; *Murswiek*, in: Sachs, GG, Art. 2
Rn. 103; *Jarass*, in: J/P, GG, Art. 2 Rn. 36). Einigkeit besteht jedenfalls darüber,
daß es für eine Beschränkung des allgemeinen Persönlichkeitsrechts einer **gesetzlichen Grundlage** bedarf, die hinreichend bestimmt gefaßt sein muß (vgl. BVerfGE
65, 1 [46, 54 ff.]- „*Volkszählung*"; 89, 69 [84] – „*Haschischkonsum*"; BVerfG,
NJW 1996, 771 [772] – „*DNA-Analyse*").

Beachte: Für eine gewisse Übergangszeit bietet auch die polizeiliche Generalklausel eine ausreichende Grundlage für einen Eingriff (vgl. BVerwG, NJW 1990,
2768 [2770]; ferner BVerwGE 84, 375 [384]).

Klausurhinweis: In der Fallbearbeitung ist eine Überprüfung der gesetzlichen
Grundlage auf ihre Verfassungsgemäßheit nur dann zwingend geboten, wenn der
Sachverhalt hierfür Anhaltspunkte enthält. Dies ist beispielsweise bei § 823 BGB
oder § 185 StGB in der Regel nicht der Fall.

2. Verhältnismäßigkeitsprüfung

54 Wie bei jeder Einschränkung von Freiheitsrechten muß auch der Eingriff in das
allgemeine Persönlichkeitsrecht verhältnismäßig sein (s. dazu § 1 Rn. 10 ff.).

Beispiele:
– So verstößt etwa die Beibringung eines medizinisch-psychologischen Gutachtens im Rah-
men der Eignungsprüfung nach § 15 b II StVZO bei einem einmaligen Haschischkonsum
gegen den Verhältnismäßigkeitsgrundsatz (BVerfGE 89, 69 [85 ff.] – „*Haschischkonsum*").
– Auch die öffentliche Bekanntmachung einer Entmündigung verstößt nach Vornahme der
Gesamtabwägung gegen das allgemeine Persönlichkeitsrecht. Denn hier überwiegt die
Schwere des Eingriffs, da durch die öffentliche Bekanntmachung die Gefahr einer sozialen
Abstempelung besteht und somit die am Sozialstaatsprinzip orientierten Hilfsmaßnahmen
zur sozialen Wiedereingliederung erschwert werden (BVerfGE 78, 77 [87]; 84, 192
[195 f.]).
– Dagegen entsprechen die bisher im Steuerrecht verankerten Auskunfts- und Anzeigepflich-
ten dem Grundsatz der Verhältnismäßigkeit (vgl. BVerfGE 84, 239 [279 ff.]).

55 Darüber hinaus hat das BVerfG die sog. **Sphärentheorie** entwickelt, um zwischen
der unterschiedlichen Schutzbedürftigkeit der verschiedenen Lebenssachverhalte
und Gefährdungslagen zu unterscheiden (BVerfGE 27, 1 [6]; 32, 373 [378 f.]; 33,

367 [376 f.]; krit. dazu *Kunig*, in: v.Münch/Kunig, GG I, Art. 2 Rn. 41; *Murs-wiek*, in: Sachs, GG, Art. 2 Rn. 104 ff. m. w. N.; *P/S*, StaatsR II, Rn. 414 ff.). Danach werden verschiedene Sphären der Persönlichkeitsentfaltung mit unter-schiedlicher Schutzbedürftigkeit und Eingriffsresistenz gebildet, wobei Eingriffe in die Sozialsphäre geringeren Voraussetzungen unterliegen als jene in die Intim-, Privat- oder Geheimsphäre. Mit dem *Volkszählungsurteil* hat das BVerfG je-denfalls für den Bereich personenbezogener Daten diese Einteilung aufgegeben, da der Schutz u. a. vor Verarbeitung und Weitergabe der Daten nicht von der Sphäre abhängen könne, aus der sie stammen (BVerfGE 65, 1 [45] – „*Volkszäh-lung*").

Ein Eingriff in das allgemeine Persönlichkeitsrecht ist jedenfalls dann **nicht** ge-   56
rechtfertigt, wenn von vornherein schon der Kernbereich des Betroffenen, der letzte unantastbare Bereich menschlicher Freiheit, beeinträchtigt wird (BVerfGE 6, 32 [41] – „*Elfes*"; 80, 367 [373] – „*Tagebuch*"; ferner BVerfGE 27, 1 [6]; 34, 238 [245]). Welche Anforderungen allerdings an diesen Bereich gestellt werden, ist nicht eindeutig geklärt.

Beispiel: So ist selbst ein privates Tagebuch nicht uneingeschränkt der Intimssphäre zugerech-net und seine Verwertung im Strafprozeß zugelassen worden (BVerfGE 80, 367 [374 ff.] – „*Tagebuch*").

Da bei der Bestimmung von Inhalt und Reichweite des allgemeinen Persönlich-   57
keitsrechts Art. 1 I GG zu beachten ist, dürfte der absolut geschützte Wesensge-halt, also der Kernbereich des allgemeinen Persönlichkeitsrechts, jedenfalls dann berührt sein, wenn in die **Menschenwürdegarantie** eingegriffen wird (vgl. BVerf-GE 75, 369 [380], das in diesem Zusammenhang von einer absoluten Schranke spricht; ferner *Geis*, JZ 1991, 112, [115 ff.]; *Murswiek*, in: Sachs, GG, Art. 2 Rn. 105).

Beachte: Ist dieser Bereich betroffen, findet eine Abwägung nach Maßgabe des Verhältnismäßigkeitsgrundsatzes nicht mehr statt. Staatliche Einwirkungen sind hier generell verboten (BVerfGE 80, 367 [373] – „*Tagebuch*"; BVerfG, NJW 1996, 771 [772] – „*DNA-Analyse*").

Klausurhinweis: In der Fallbearbeitung ist daher stets zu prüfen, ob der sog. Kernbereich des allgemeinen Persönlichkeitsrechts des einzelnen betroffen ist.

3. Begrenzung aufgrund verfassungsimmanenter Schranken

Soweit man die Schrankentrias für anwendbar auf das allgemeine Persönlich-   58
keitsrecht hält, bedarf es keines Rückgriffs auf verfassungsimmante Schranken als Rechtfertigungsgrundlage. Gleichwohl sind die Grundrechte anderer auch dann im Rahmen der Verhältnismäßigkeitsprüfung zu berücksichtigen. Praktisch treten am häufigsten Kollisionen mit den Kommunikationsfreiheiten des Art. 5 I GG auf, wie z. B. mit der Pressefreiheit (vgl. BVerfGE 34, 269 [282] – „*Soraya*"; LG Berlin, NJW 1997, 1155 ff. – „*Pornodarsteller*"; BGH, NJW 1996, 1128 [1129]) oder der Rundfunkfreiheit (vgl. BVerfGE 35, 202 [224 ff.] – „*Lebach*")

und der Kunstfreiheit des Art. 5 III GG (vgl. BVerfGE 67 213 [228 f.] – *„ana-chronistischer Zug"*; 75, 869 [380]); aber auch das Persönlichkeitsrecht eines anderen kann zu einer Grundrechtsbeschränkung führen (vgl. BVerwGE 74, 115 [118]). Eine derartige Kollission ist durch eine Abwägung aller Umstände des Einzelfalles aufzulösen (vgl. BVerfGE 30, 173 [195]). Unter Berücksichtigung der falltypischen Gestaltung und der besonderen Umstände des Einzelfalles ist dann zu entscheiden, welches Interesse zurückzutreten hat (vgl. BVerfGE 35, 202 [225] – *„Lebach"*). So müssen beispielsweise bekannte Persönlichkeiten des öffentlichen Lebens, wie etwa Politiker, Staatsoberhäupter, Schauspieler, Künstler, stärkere Eingriffe in ihr Persönlichkeitsrecht hinnehmen als andere (einschränkend BGH, NJW 1996, 1128 [1129 ff.]).

V. Verhältnis zu anderen Grundrechten

59 Die Grundrechte aus **Art. 10 GG** (Brief-, Post- und Fernmeldegeheimnis) und aus **Art. 13 GG** (Unverletzlichkeit der Wohnung) gehen dem allgemeinen Persönlichkeitsrecht als **lex specialis** vor (BVerfGE 51, 97 [105]; *Jarass*, in: J/P, GG, Art. 10 Rn. 2 m. w. N.), soweit jedenfalls der Privatsphärenschutz, das Recht also auf private Lebensgestaltung, in Betracht steht. Was das Recht auf Selbstdarstellung und insbesondere den Datenschutz anbelangt, dürfte hauptsächlich Art. 2 I i. V. m. Art.1 I GG maßgebend sein; die Grundrechte aus **Art. 5 I GG, Art. 8 GG** und **Art. 9 I GG** können nicht als entsprechende Spezialgewährleistungen qualifiziert werden (vgl. *Schmitt-Glaeser*, HdbStR VI, § 129 Rn. 84 ff.).

E. Wiederholung

I. Kontrollfragen

1. Welche Bedeutung kommt Art. 2 I GG im Gefüge der Freiheitsgrundrechte zu und welche Konsequenzen hat dies für eine Grundrechtsprüfung?

2. Kommt Art. 2 I GG in den folgenden Fällen eine eigenständige Bedeutung zu: bei einer Beeinträchtigung

    a) der Ausreisefreiheit deutscher Staatsbürger,

    b) einer Versammlung von Ausländern,

    c) der Berufsfreiheit, die sich jedoch aufgrund der in Art. 12 GG enthaltenen Schranken als gerechtfertigt erwiesen hat?

3. Welchen Inhalt hat die Schranke der „verfassungsmäßigen Ordnung"?

4. Nennen Sie die Fallgruppen, die sich im Laufe der Zeit herausgebildet haben und den Inhalt des allgemeinen Persönlichkeitsrechts enger umreißen?

5. Im Rahmen eines Zeitungsartikels wird über die frühere Tätigkeit des bei dem Fernsehsender S arbeitenden Moderator B als Darsteller pornographi-

scher Filme berichtet (Fall nach LG Berlin, NJW 1997, 1155 ff. – *„Pornodar-steller"*).

Liegt eine Verletzung des allgemeinen Persönlichkeitsrechts des B vor?

II. Lösungen

1. Das Grundrecht des Art. 2 I GG wird als „allgemeine Handlungsfreiheit" und als „allgemeines Freiheitsrecht" bezeichnet (BVerfGE 6, 32 [37] – *„Elfes"*; 63, 45 [60]), das als Auffanggrundrecht alle Lücken ausfüllt, die von den speziellen Freiheitsrechten gelassen werden. Es tritt daher als lex generalis hinter die speziellen Freiheitsverbürgungen zurück (s. dazu Rn. 3 ff.).

2. a) Ja, da zur Freizügigkeit des Art. 11 GG die Einreise-, nicht aber die Ausreisefreiheit gehört (s. § 4 Rn. 22).
   b) Ja. Die von Art. 8 GG gewährte Versammlungsfreiheit gilt nur für Deutsche.
   c) Nein. Ein Rückgriff auf Art. 2 I GG ist nur zulässig, wenn schon der Schutzbereich eines speziellen Freiheitsrechts nicht einschlägig ist (s. Rn. 4 f.).

3. S. dazu Rn. 26 ff.

4. Im Kern lassen sich in fünf großen Fallgruppen folgende Bereiche zusammenfassen (s. Rn. 44 ff.):
   – Schutz eines abgeschirmten Bereichs persönlicher Entfaltung;
   – Darstellung der Person in der Öffentlichkeit;
   – das Recht auf informationelle Selbstbestimmung;
   – das Recht auf Resozialisierung;
   – Rechte von Kindern und Jugendlichen auf ungestörte Persönlichkeitsentfaltung.

5. Die Berichterstattung berührt den Schutzbereich des Grundrechts des B aus Art. 2 I GG i. V. m. Art. 1 I GG. Nach dem allgemeinen Persönlichkeitsrecht hat jedermann das Recht, grundsätzlich selbst und allein zu bestimmen, ob und inwieweit andere im ganzen oder bestimmte Vorgänge aus dem Leben öffentlich darstellen dürfen (s. Rn. 46). Allerdings ist nicht der Kernbereich des allgemeinen Persönlichkeitsrechts des B betroffen, der jedweder Beeinträchtigung entzogen ist. Zwar ist die Tätigkeit als Pornodarsteller als dem sexuellen Bereich zugehörig dem Schutzkreis der Intimssphäre zuzuordnen, der absolute Schutz der Intimssphäre versagt jedoch, wenn der Betroffene sein Sexualleben öffentlich ausbreitet. Dies war vorliegend durch die Mitwirkung des B an der Produktion von für die Öffentlichkeit bestimmten Pornofilmen der Fall. Im Rahmen der Abwägung mit dem in Kollision stehenden Grundrecht der Pressefreiheit ist nun zu prüfen, welches Interesse zurückzutreten hat. Dabei ist einerseits nach der Schutzbedürftigkeit der Persönlichkeitsentfaltung des B zu fragen, wobei folgender Grundsatz gilt: Je weiter sich

eine Angelegenheit vom engeren Schutzkreis der individuellen Selbsbestimmung entfernt, umso schwächer ist sein Schutz ausgeprägt. Andererseits ist
aber auch der Frage nachzugehen, ob ein anerkennenswertes Bedürfnis der
Allgemeinheit an einer informierten Berichterstattung besteht.

Kapitel 3. Die Gleichheitsrechte

§ 18. Überblick und Prüfungsstruktur

Gleichheitsrechte sind enthalten in Art. 3 I GG bis III GG, Art. 6 V GG, Art. 1 Art. 33 I bis III GG und 38 I 1 GG. Das Gleichheitsgebot des Art. 3 I GG bezeichnet man als allgemeinen Gleichheitssatz. Ihm gehen die übrigen Gleichheitssätze, die gegenüber dem allgemeinen Gleichheitssatz spezielle Regelungen enthalten, in der Prüfungsreihenfolge vor (BVerfGE 59, 128 [156] m. w. N.; näher *Osterloh*, in: Sachs, GG, Art. 3 Rn. 77 ff.). In diesem Kapitel sind alle Gleichheitsrechte behandelt bis auf Art. 38 I 1 GG und die Chancengleichheit der Parteien; diesen ist ein eigenes Kapitel (Kap. 4) gewidmet.

Beachte: Gleichheitsrechte sind neben (üblicherweise nach) den Freiheitsrechten zu prüfen, d. h. ein spezielles Freiheitsrecht verdrängt nicht den allgemeinen Gleichheitssatz.

Gleichheitsrechte unterschieden sich strukturell von den Freiheitsrechten. Zwar 2 sind sie, zumindest zum Teil, ebenfalls Abwehrrechte gegen ein bestimmtes staatliches Handeln. Sie sollen jedoch nicht Eingriffe in die individuelle Freiheitssphäre abwehren, sondern ungerechtfertigte Ungleichbehandlungen gegenüber anderen Menschen (*Heun*, in: Dreier, GG, Art. 3 Rn. 15). Eine Ungleichbehandlung läßt sich auch nicht ausschließlich durch die Abwehr einer staatlichen Handlung beheben, sondern oftmals wird es dem Betroffenen vielmehr darauf ankommen, eine einem anderen gewährte Begünstigung ebenfalls zu erhalten. Die Gleichheitsrechte beziehen sich damit immer auf mindestens drei Beteiligte, nämlich den Staat und mindestens zwei Grundrechtsträger, während die Freiheitsrechte eine zweipolige Beziehung kennzeichnen, nämlich die zwischen dem Staat und einem Grundrechtsträger. Ein dem staatlichen Handeln vorgelagerter Bereich persönlicher Freiheit, der bei den Freiheitsrechten den Schutzbereich ausmacht, läßt sich bei den Gleichheitsrechten damit nicht definieren. Denn eine Ungleichbehandlung läßt sich nur im Verhältnis zu einer bereits erfolgten oder unterlassenen staatlichen Handlung gegenüber anderen feststellen.

Aus dem Gesagten ergibt sich eine von dem Prüfungsaufbau für Freiheitsrechte 3 (s. o. § 1) abweichende Prüfungsstruktur: die Gleichheitsrechte folgen einem **zweistufigen Prüfungsaufbau:**

– Feststellung einer Ungleichbehandlung eines Menschen gegenüber einem anderen

– Rechtfertigung.

4   Dieses Grundmuster gilt für alle Gleichheitsrechte; diese unterscheiden sich jedoch in den Einzelheiten.

§ 19. Die einzelnen Gleichheitsrechte

Literatur: zu Art. 3 I GG: zur Einführung: *Sachs, M.*, Die Maßstäbe des allgemeinen Gleichheitssatzes – Willkürverbot und sogenannte neue Formel, JuS 1997, 124 ff.; **zur Vertiefung:**
Gusy, C., Der Gleichheitssatz, NJW 1988, 2505 ff.; *Hesse, K.*, Der allgemeine Gleichheitssatz
in der neueren Rechtsprechung des BVerfG, FS Lerche, 1993, S. 121 ff.; *Jarass, H.D.*, Folgerungen aus der neueren Rechtsprechung des BVerfG für die Prüfung von Verstößen gegen Art. 3 I
GG, NJW 1997, 2545 ff.; *Koenig, C.*, Die gesetzgeberische Bindung an den allgemeinen Gleichheitssatz – Eine Darstellung des Prüfungsaufbaus zur Rechtssetzungsgleichheit, JuS 1995,
313 ff.; *Huster, S.*, Gleichheit und Verhältnismäßigkeit, JZ 1994, 541 ff.; *Stern, K.*, Das Gebot
zur Ungleichbehandlung, FS Dürig, 1990, S. 207 ff.; **zu Art. 3 II und III GG: zur Einführung:**
Holznagel/Schlünder, Zulässigkeit leistungsabhängiger Frauenquoten, Jura 1996, 519 ff.; **zur
Vertiefung:** *Classen, C.D.*, Wie viele Wege führen zur Gleichberechtigung von Männern und
Frauen?, JZ 1996, 921 ff.; *Ebsen, I.*, Leistungsbezogene Quotierung für den öffentlichen
Dienst, Jura 1990, 515 ff.; *Laubinger, H.-W.*, Die „Frauenquote“ im öffentlichen Dienst, Verw-
Arch 87 (1996), 305 ff., 474 ff.; *Sachs, M.*, Das Grundrecht der Behinderten aus Art. 3 Abs. 3
Satz 2 GG, RdJB 1996, 154 ff.; **zu Art. 33 II GG:** *Ladeur, K.-H.*, Öffentliche Stellenausschrei-
bung als Gewährleistung des Rechts auf gleichen Zugang zum öffentlichen Dienst, Jura 1992,
77 ff.

Leitentscheidungen: zu Art. 3 I GG: BVerfGE 55, 72 ff. – „*neue Formel*“; 84, 239 ff. – „*Zinsbesteuerung*“; 88, 87 ff. – „*Transsexuelle*“; 93, 165 ff. – „*Erbschaftssteuer*“; 94, 241 ff. – „*Erziehungszeiten*“; BVerfG, NJW 1998, 2128 ff. – „*Kindergartengebühr*“ ; **zu Art. 3 II, III GG:**
BVerfGE 74, 163 ff. – „*Rentenalter*“; 85, 191 ff. – „*Nachtarbeitsverbot*“; 92, 91 ff. – „*Feuerwehrdienstpflicht*“; BVerfG, NJW 1998, 131 ff. – „*Sonderschule*“.

A. Der allgemeine Gleichheitssatz, Art. 3 I GG

I. Bedeutung

1   Art. 3 I GG hat für die Gestaltung der wirtschaftlichen und sozialen Ordnung in
der Bundesrepublik eine überragende Bedeutung erlangt. Namentlich im Steuerrecht und im Sozialrecht sind viele politisch umstrittene Fragen letztlich vor das
BVerfG gebracht und von diesem an Art. 3 I GG gemessen worden. Dies ist im
Grunde nicht erstaunlich, denn die Forderung nach Gleichheit aller Menschen
drängt die Frage nach einer gerechten Verteilung der materiellen Güter innerhalb
einer Gesellschaft geradezu auf. Vielfach wird deshalb betont, Art. 3 I GG verlange eine im Vergleich zu anderen Menschen **gerechte Behandlung** eines jeden.
Vom Gebot „steter Orientierung am Gerechtigkeitsgedanken“ durch Art. 3 I GG
geht auch das BVerfG aus (BVerfGE 3, 58 [135]; vgl. auch BVerfGE 86, 81 [87];

zusammenfassend *Robbers*, Gerechtigkeit als Rechtsprinzip, 1980, S. 163; krit. *Rüfner*, in: BK, GG I, Art. 3 I Rn. 2 ff.). Ob sich allerdings ein Maßstab für Gerechtigkeit aus Art. 3 I GG selbst ergibt, ist umstritten. Während überwiegend davon ausgegangen wird, daß der Gleichheitssatz semantisch leer sei und gerechte Vergleichsmaßstäbe sich nur mit Hilfe von Wertungen außerhalb des Gleichheitssatzes gewinnen ließen, die von Zeit, Ort und gesellschaftlichen Verhältnissen bedingt sind (*Osterloh*, in: Sachs, GG, Art. 3 Rn. 5; *Kirchhof*, HdbStR V, § 124 Rn. 87 ff.), sind immer wieder Versuche unternommen worden, das Gleichheitsgebot als Gebot derselben Achtung und Rücksichtnahme, der Gleichheit der Menschenwürde und des Personenstatus als solchem mit Inhalt zu füllen (*Huster*, Rechte und Ziele. Zur Dogmatik des allgemeinen Gleichheitssatzes, 1993, S. 41 ff. m. w. N.). Jedenfalls ist zuerst der Gesetzgeber berufen, Maßstäbe zu setzen, und ihm steht hierbei ein Gestaltungsspielraum zu (*Zippelius*, VVDStRL 47 [1989], 7 [26]). Der allgemeine Gleichheitssatz ist also insofern offen, als er nicht bestimmt, ob der Gesetzgeber im Sinne einer verteilenden Gleichheit jedem das Gleiche zuweist oder im Sinne einer bewahrenden Gleichheit jedem das Seine beläßt (*Kirchhof*, HdbStR V, § 124 Rn. 20 f.; zu den unterschiedlichen Gerechtigkeitsbegriffen s. auch *Dreier*, JuS 1996, 580 ff.).

II. Grundrechtsverpflichtete

1. Gesetzgeber

Obwohl Art. 3 I GG seinem Wortlaut nach nur die Gleichheit vor dem Gesetz erfaßt, besteht heute Einigkeit darüber, daß der allgemeine Gleichheitssatz nicht nur die Rechtsanwendungsgleichheit, sondern auch die **Rechtsetzungsgleichheit** garantiert, weil Art. 1 III GG auch den Gesetzgeber an die Grundrechte und damit an Art. 3 GG bindet (*Koenig*, JuS 1995, 313). Gerade für die Rechtssetzungsgleichheit hat der allgemeine Gleichheitssatz seine größte Bedeutung erlangt.   **2**

2. Exekutive

Die Verwaltung hat die **Rechtsanwendungsgleichheit** zu gewährleisten. Dies bedeutet zunächst, daß sie den Vorrang des Gesetzes zu beachten hat. Spielraum hat sie nur insofern, als das Gesetz ihn in Form von Ermessens- oder Beurteilungsspielraum vorsieht bzw. die Bestimmung auslegungsbedürftig ist. Innerhalb dieses Spielraums muß der Gleichheitssatz beachtet werden, d. h. alle Fälle sind gleich zu behandeln, sofern nicht ein sachlicher Grund für die Ungleichbehandlung vorliegt. Aus Gleichbehandlungsgründen ist die einmal begonnene Verwaltungspraxis beizubehalten (s. näher *Kirchhof*, HdbStR V, § 125 Rn. 16 ff.; *Gusy*, NJW 1988, 2505 [2509 ff.]).   **3**

3. Judikative

Für die Rechtsprechung ist vor allem das Verbot **prozessualer Willkür** von Bedeutung geworden (vgl. etwa BVerfGE 81, 347 [357 f.]; 91, 118 [123]; s. hierzu auch   **4**

Höfling, JZ 1991, 955 [957 ff.]). Im übrigen dient Art. 3 I GG dem BVerfG als ultima ratio bei der Korrektur von fachgerichtlichen Entscheidungen, die nicht mehr nachvollziehbar sind, weil eine offensichtlich einschlägige Norm nicht berücksichtigt oder in krasser Weise mißdeutet wurde (*Osterloh*, in: Sachs,GG, Art. 3 Rn. 125 m. w. N.; *Rüfner,* in: BK, GG I, Art. 3 I Rn. 21 ff.).

Beachte: Jeder Träger öffentlicher Gewalt hat den Gleichheitssatz nur innerhalb seines eigenen Zuständigkeitsbereichs zu beachten (BVerfGE 79, 127 [158]; s. auch 21, 54 [68] m. w. N.; *Osterloh*, in: Sachs, GG, Art. 3 Rn. 81). Deshalb können unterschiedliche Bundesländer unterschiedliche Regelungen jeweils für ihre eigenen Bürger treffen. Dasselbe gilt für Selbstverwaltungsträger wie Gemeinden und Universitäten.

III. Prüfungsstruktur

1. Grundsätzliches

5 Nicht abschließend geklärt ist, ob ein Schutzbereich von Art. 3 I GG definierbar ist, der sich von der Beeinträchtigung durch die öffentliche Gewalt dogmatisch trennen läßt (vgl. *Osterloh*, in: Sachs, GG, Art. 3 Rn. 39 f.). Es ist üblich, der Fallösung eine **zweistufige Prüfung** des allgemeinen Gleichheitssatzes zugrunde zu legen (s. o. § 18 Rn. 3), weil sich Schutzbereich und Beeinträchtigung auch dann sinnvoller in einem Schritt prüfen lassen, wenn man theoretisch von einer getrennten Definierbarkeit des Schutzbereichs ausgeht. Der erste Prüfungsschritt erfolgt, indem eine Ungleichbehandlung festgestellt wird, der zweite Prüfungsschritt fragt nach der Rechtfertigung einer Ungleichbehandlung.

2. Feststellung einer Ungleichbehandlung

6 Der allgemeine Gleichheitssatz hat einen umfassenden Anwendungsbereich und bezieht sich nicht auf bestimmte Lebenssituationen, sondern erfaßt potentiell jeden in jeder Lage, soweit nur ein Vergleich zu anderen in gleicher Lage möglich ist. Daraus ergibt sich gerade für die Rechtssetzungsgleichheit ein Bedürfnis nach stärkerer Konturierung des Tatbestandes von Art. 3 I GG. Denn letztlich ist jede Norm immer zugleich Ungleich- und Gleichbehandlung (s. auch *Osterloh*, in: Sachs, GG, Art. 3 Rn. 2 ff.): Ungleich behandelt werden die vom Gesetzestatbestand erfaßten Fälle gegenüber denen, auf die die Norm nicht anwendbar ist; gleich behandelt werden alle vom Tatbestand erfaßten Fälle untereinander, auch wenn sie abgesehen von den Tatbestandsmerkmalen unterschiedlich sein mögen. Das Gleichbehandlungsgebot kann also nicht bedeuten, daß alle Menschen strikt oder schematisch gleich zu behandeln wären, weil Menschen nunmal unterschiedlich sind und verschiedene Situationen verschiedene Regelungen erfordern. Ansonsten wäre es nicht möglich, Diebe anders zu behandeln als Bestohlene, Verkäufer anders als Käufer (*Gusy*, NJW 1988, 2505 [2507]). Der Sinn der Rechtsordnung besteht gerade darin, trotz vorhandener Unterschiede zu abstra-

hieren und allgemeingültige Regeln aufzustellen (*Rüfner*, in: BK, GG I, Art. 3 I Rn. 6; *Zippelius*, VVDSt RL 47 [1989], 7 [20 f.]). Das BVerfG folgert daraus:

> Art. 3 I GG verbietet, wesentlich Gleiches ungleich, und gebietet, wesentlich Ungleiches seiner Eigenart entsprechend ungleich zu behandeln (st. Rspr., s. etwa BVerfGE 90, 145 [195 f.]).

Gleiche Behandlung ist also zunächst nur gefordert bei Sachverhalten, die in einem wesentlichen Punkt vergleichbar sind; ungleiche Behandlung dort, wo Vergleichbarkeit im wesentlichen Punkt nicht besteht. Mindestvoraussetzung für das Eingreifen des Art. 3 I GG ist damit: nur wenn Menschen sich in vergleichbarer Lage befinden, sind sie auch grundsätzlich gleich zu behandeln. Die Vergleichbarkeit in einem wesentlichen Punkt gehört damit zum Tatbestand des allgemeinen Gleichheitssatzes (s. näher Rn. 11 ff.).   7

3. Rechtfertigung

Auch bei vergleichbaren Sachverhalten verlangt Art. 3 I GG keine „blinde" Gleichbehandlung. Gefordert wird von Art. 3 I GG vielmehr ein tragender Grund für die Differenzierung. Nicht jede Ungleichbehandlung von Menschen, auch wenn diese sich in vergleichbarer Lage befinden, ist daher ein Verstoß gegen Art. 3 I GG.   8

Eine Ungleichbehandlung ist vielmehr rechtfertigbar. Dies ist allgemein anerkannt, auch wenn Art. 3 I GG keine ausdrückliche Rechtfertigungsgrundlage etwa in Form eines Gesetzesvorbehaltes enthält. Im einzelnen umstritten ist lediglich, welche Anforderungen an den rechtfertigenden Grund zu stellen sind (s. u. Rn. 22 ff.).

IV. Die Prüfung im einzelnen

1. Feststellung einer Ungleichbehandlung

a) Die Ungleichbehandlung von wesentlich Gleichem

Art. 3 I GG erfaßt nicht jede unterschiedliche Behandlung von Personen oder Personengruppen, sondern nur verfassungsrechtlich relevante Ungleichbehandlungen. Denn ansonsten müßte man ausnahmslos jede Regelung daraufhin überprüfen, warum der Tatbestand genau so und nicht anders gefaßt ist (s. o. Rn. 6). Eine relevante Ungleichbehandlung liegt vor, wenn die Personengruppen, die ungleich behandelt werden, in einem wesentlichen Punkt vergleichbar sind.   9

aa) Zunächst müssen also **mindestens zwei Personengruppen** ausgemacht werden, von denen eine durch die zu prüfende Regelung anders behandelt wird als die andere. Hierbei muß es sich jedoch nicht zwangsläufig bei beiden Vergleichsgruppen um Normadressaten handeln, auch wenn dies   10

manche Formulierungen des BVerfG nahe zu legen scheinen (vgl. BVerf-
GE 55, 72 [88] – *„neue Formel"*). Denn eine relevante Ungleichbehandlung kann gerade darin liegen, daß eine Personengruppe von einer Regelung nicht erfaßt wird, obwohl sie mit derjenigen, die den Tatbestand
erfüllt, in einem wesentlichen Punkt vergleichbar ist. Ferner müssen diese
Personengruppen nicht unbedingt aufgrund dauernder Eigenschaften ungleich behandelt werden, sondern es genügt eine Differenzierung anhand
bestimmter Lebenssituationen; das BVerfG spricht hier auch von der Ungleichbehandlung von Sachverhalten (BVerfE 78, 249 [287]; 79, 223
[236]). Es kann sich daher im Einzelfall auch um verschiedenes Verhalten
ein und derselben Person handeln, das unterschiedlich behandelt wird.

Beispiel: Gemäß § 528 III ZPO einerseits und § 528 I und II ZPO andererseits wird das
Verhalten einer säumigen Prozeßpartei im Zivilprozeß unterschiedlich behandelt, je
nach dem wann sie ihre verspätet geltend gemachten Angriffs- und Verteidigungsmit-
tel vorbringt (BVerfGE 55, 72 [89] – *„neue Formel"*).

11   bb) **Vergleichbar** sind Personengruppen, wenn sie unter einen **gemeinsamen
Oberbegriff** (genus proximum) gefaßt werden können, der gleichzeitig
den Bezugspunkt des Vergleichs (tertium comparationis) definiert. Es
kommen regelmäßig mehrere mögliche Oberbegriffe in Betracht.

Beispiele:
– Der französische Restaurantbetreiber und der italienische Inhaber eines Pizza-
  Schnellimbisses sind beide sowohl Gastronome als auch Ausländer ebenso wie
  Angehörige von EU-Mitgliedstaaten.
– Der Bäckerladen und das Kaufhaus sind beide Unternehmen, Einzelhändler sowie
  unter Umständen Anlieger derselben Einkaufsstraße. Ferner sind sie beide, wie
  etwa auch der selbständige Rechtsanwalt, Arbeitgeber.

12   Personengruppen und Situationen lassen sich unter den unterschiedlich-
sten Aspekten in Bezug setzen (zu unterschiedlichen Vergleichsperspekti-
ven auch *Kirchhof*, HdbStR V, § 124 Rn. 3, 6 ff.). Die Auswahl eines
sachgerechten Bezugspunktes ist daher für die Fallösung entscheidend.
Es empfiehlt sich zunächst, den Oberbegriff möglichst eng zu wählen.
Die Feststellung etwa, es handele sich bei beiden Vergleichspersonen um
Menschen, wird wenig weiterhelfen. Ferner mag es im Einzelfall gute
Gründe geben, Franzosen anders als Amerikaner zu behandeln – z. B. aufgrund unterschiedlicher gegenseitiger völkerrechtlicher Verträge mit
Deutschland –, während EU-Ausländer gleich zu behandeln sind. Dasselbe gilt für einen Bäckerladen gegenüber einem Kaufhaus als Unternehmen, etwa weil ein Kaufhaus seiner Größe wegen wirtschaftlich
leistungsfähiger und anders organisiert ist, während sie als Einzelhändler vielleicht dasselbe Interesse an der Regelung von Ladenschlußzeiten haben.

13   cc) Mit dem letzten Beispiel ist ein weiteres Kriterium zur Auswahl des sachgerechten Oberbegriffs angesprochen. Die Vergleichbarkeit besteht nur

dann in einem wesentlichen Punkt, wenn das **Vergleichskriterium einen Bezug zur unterscheidenden Regelung** aufweist.

Beispiel: Die Tatsache, daß sowohl der Bäckerladen als auch das Kaufhaus Einzelhändler sind, ist nur dann als Bezugspunkt relevant, wenn eine Regelung zur Überprüfung steht, die beide Unternehmensgruppen gerade in ihrer Tätigkeit als Einzelhändler betrifft, wie dies etwa beim Ladenschlußgesetz der Fall ist; eine Regelung, die den Verkauf von Backwaren an Sonntagen erlaubt, ist somit eine relevante Ungleichbehandlung in Bezug auf den Oberbegriff Einzelhändler. Eine Ausgleichsabgabe für fehlende Ausbildungsplätze beträfe dagegen beide Unternehmensgruppen als Arbeitgeber, unabhängig davon ob sie Einzelhändler sind oder nicht; eine solche müßte daher auch den selbständigen Rechtsanwalt in den Vergleich einbeziehen.

Das Vergleichskriterium ergibt sich somit aus dem Ziel der Regelung, das der Gesetzgeber gesetzt hat (*Kirchhof*, HdbStR V, § 124 Rn. 34 ff. mit weiteren Beispielen; *Stern*, FS Dürig, 1990, S. 207 [213] m. w. N.). Bei der Setzung des Regelungsziels kommt dem Gesetzgeber ein weiter Gestaltungsspielraum zu. Denn ihm obliegt die Gestaltung der Rechtsordnung, die auch die Neuordnung und Veränderung bisher vorgegebener Strukturen einschließt (*Kirchhof*, HdbStR V, § 124 Rn. 26). Irreführend ist insofern die Formulierung, es sei Sache des Gesetzgebers, die Sachverhalte auszuwählen, die er „im Rechtssinn als gleich ansehen will" (BVerfGE 90, 145 [196]). Diese Aussage spielt auf den Gestaltungsspielraum des Gesetzgebers an, erfaßt diesen aber nicht exakt. Denn relativ frei ist der Gesetzgeber in der Auswahl des Regelungsziels, die unterscheidende Regelung muß sich dann aber aus diesem Ziel begründen lassen, so daß die Gestaltungsfreiheit im Hinblick auf die Differenzierung wesentlich geringer ist (*Gusy*, NJW 1988, 2505 [2508]; zur Rechtfertigungsebene s.u. Rn. 22 ff.). **14**

dd) Ob eine Ungleichbehandlung im Hinblick auf das Vergleichkriterium vorliegt, ist eine Frage der tatsächlichen Auswirkungen einer Regelung. Denn Art. 3 I GG fordert keine „blinde", formale Gleichbehandlung (s. o. Rn. 8) aller Menschen, sondern eine **reale (auch materiale, tatsächliche oder faktische) Gleichbehandlung** (vgl. *Huster*, JZ 1994, 541 [547]; *Kirchhof*, HdbStR V, § 124 Rn. 32, 37, 215; zum Konflikt zwischen formaler und materialer Gleichheit s. auch *Alexy*, Theorie der Grundrechte, 1986, S. 377 ff.; *Osterloh*, in: Sachs, GG, Art. 3 Rn. 44 f.). Diese Feststellung klingt zunächst einfacher als sie ist. Bereits die Terminologie zu diesem Punkt ist uneinheitlich (s. etwa *Schoch*, DVBl 1988, 863 ff., der zwischen rechtlicher und faktischer Gleichheit einerseits [S. 866] und egalitär formaler und materialer Gleichheit andererseits [S. 871] unterscheidet; von formaler als egalisierender und materialer als abgestufter Gleichheit spricht auch *Stettner*, BayVBl 1988, 545 [547], während *Zippelius*, VVDStRL 47 [1989], 7 [13 ff.] mit formaler Gleichheit die bloße Rechtsgleichheit meint und mit realer Gleichheit auf die Angleichung der **15** tatsächlichen Verhältnisse zielt; in diesem Sinne auch *Müller*, VVDStRL 47 [1989], 37 [53]). Die Unterscheidung zwischen formaler und realer oder materialer Gleichheit beleuchtet zumindest drei Aspekte:

16   (1) Zum einen soll der Bürger nicht nur auf dem Papier gleichberechtigt sein, sondern sich gleiches Recht auch verschaffen können. Ein Gesetz, das von vornherein nicht gleichmäßig durchführbar ist, behandelt daher diejenigen, auf die es nicht angewendet wird, obwohl es seinem Tatbestand nach anwendbar ist, ungleich.

Beispiel: Die Einkommenssteuerpflicht für Zinserträge aus festverzinslichen Wertpapieren behandelt formal alle Steuerpflichtigen gleich. Wird ihre Durchsetzung aber allein von der Auskunftsbereitschaft der Steuerpflichtigen abhängig gemacht, dann wird der ehrliche Steuerschuldner gegenüber demjenigen, der seine Erträge nicht beim Finanzamt angibt, ohne einer Kontrolle zu unterliegen, faktisch benachteiligt. Das in der Steuernorm angelegte strukturelle Erhebungsdefizit führt zur Gleichheitswidrigkeit der Steuernorm (BVerfGE 84, 239 ff. – *„Zinsbesteuerung"*).

17   (2) Zum zweiten kommt es nicht darauf an, ob ein Regelungssystem theoretisch in sich schlüssig ist, sondern ob durch die Anwendung in der Realität für die Betroffenen gleiche Wirkung erzielt wird (zum Realitätsbezug des Gleichheitssatzes in diesem Sinne *Kirchhof*, HdbSR V, § 124 Rn. 211 f.).

Beispiel: Eine Steuerregelung, die krankheitsbedingte Belastungen einmal von den Einkünften abzieht, bei anderen Steuerpflichtigen aber als (abzugfähige) Werbungskosten definiert, behandelt beide Gruppen von Steuerpflichtigen formal ungleich. Da aber das finanzielle Ergebnis (Minderung des Steuermaßstabes) in beiden Fällen dasselbe ist, fehlt es an einer faktischen Ungleichheit. Die Norm ist daher verfassungsgemäß (BVerfGE 83, 395 [401 f.]).

18   (3) Schließlich erfaßt der Unterschied zwischen formaler und materialer Gleichheit das Spannungsfeld zwischen Egalitarismus, also der Herstellung größtmöglicher Gleichheit zwischen allen Menschen, einerseits und der Freiheit des einzelnen, sich von anderen zu unterscheiden, andererseits (*Rüfner*, in: BK, GG I, Art. 3 I, Rn. 55; *Zippelius*, VVDStRL 47 [1989], 7 [17 ff.]). Hiermit ist eine schon seit Entstehung der Forderung nach Gleichheit aller Bürger entbrannte und bis heute geführte Diskussion umrissen (hierzu *Zippelius*, ebda., 13 ff.). Ob eine Regelung, die formal ungleich behandelt, realiter eine Gleichbehandlung darstellt, läßt sich daher kaum objektiv bestimmen, sondern ist wiederum geprägt von gewissen Gerechtigkeitsvorstellungen, die von Ort und Zeit abhängen (s. o. Rn. 1).

Beispiele:
– Eine formal gleich hohe Steuer für jeden Staatsbürger wäre nach heutigem Verständnis eines allgemeinwohlverpflichteten Staates ein ungleicher Beitrag in der Realität, weil die persönliche Belastbarkeit eines jeden sich nach seiner

wirtschaftlichen Leistungsfähigkeit richtet (dazu *Kirchhof*, HdbStR V, § 124 Rn. 37). Ob und in welchem Umfang dagegen soziale Leistungen, zumal wenn sie freiwillig erfolgen, zu Steuererleichterungen führen müssen, um reale Belastungsgleichheit herzustellen, ist schon deshalb umstritten, weil nicht von vornherein feststeht, ob eine Leistung wie etwa die Kindererziehung oder die volkswirtschaftlich sinnvolle Investition als gemeinnützig oder „Privatvergnügen" zu qualifizieren ist. (vgl. etwa *Huster*, JZ 541 [543 ff.], der die Besteuerung nach der Leistungsfähigkeit als reale Gleichbehandlung, weil dem „internen" Ziel der Gerechtigkeit dienend, auffaßt, die steuerliche Absetzbarkeit der Baukosten eines Eigenheims jedoch als rechtfertigungsbedürftige Ungleichbehandlung, weil „externer" Zweck die Ankurbelung der Bauwirtschaft sei. Zur Begründung kann hier lediglich auf „intuitive Plausibilität" verwiesen werden. Krit. auch *Rüfner*, in: BK, GG I, Art. 3 I Rn. 98; *Heun*, in: Dreier, GG, Art. 3 Rn. 27).

– Während auf der einen Seite Einigkeit darüber besteht, daß der grundlegende Status eines jeden als Mensch formale Gleichbehandlung verdient, ist es uns heute ebenso selbstverständlich, daß Gleichheit in der Menschenwürde oftmals nur durch reale Angleichung der existenziellen Voraussetzungen zu erreichen ist (vgl. *Kirchhof*, HdbStR V, § 124 Rn. 196 ff.; zur Gleichstellung von Mittellosen im Prozeß s. BVerfGE 81, 347 [357] m. w. N.).

Im einzelnen ist hier noch vieles ungeklärt (zu den Abgrenzungsschwierigkeiten *Rüfner*, in: BK, GG I, Art. 3 I Rn. 98 ff.). Für die Klausurlösung ist es empfehlenswert, mit Gerechtigkeitserwägungen an dieser Stelle sparsam umzugehen und in Zweifelsfällen eine Ungleichbehandlung anzunehmen. Die weitere Diskussion kann strukturierter auf Rechtfertigungsebene geführt werden. Denn es läßt sich etwa aus dem Grundatz der Lastengleichheit im Steuerrecht, auch wenn man diesen als Gebot der Gerechtigkeit auffaßt, kein Maßstab dafür gewinnen, wie hoch die Steuerprogression zu sein hat und wo sie ihre Grenzen findet. Zur Beantwortung dieser Fragen bedarf es vielmehr einer Inbezugsetzung von Regelungsziel einer Steuernorm und Ausmaß der Differenzierung (gegen einen vorschnellen Rückgriff auf Wertungen und für eine vorrangige Berücksichtigung formaler Gesichtspunkte auch *Rüfner*, in: BK, GG I, Art. 3 I Rn. 12; vgl. auch BVerfG, NWJ 1998, 2128 [2129 f.] – „*Kindergartengebühr*", das von der Rechtfertigungsbedürftigkeit nach elterlichem Einkommen gestaffelter Gebühren für Kindergartenplätze ausgeht). Manche Maßstäbe lassen sich jedoch auch aus der Verfassung selbst gewinnen.

Beispiel: Die Wahlrechtsgleichheit gemäß Art. 38 I GG verlangt aufgrund des Demokratieprinzips eine streng formale Gleichbehandlung aller Staatsbürger (s. näher § 20 Rn. 17).

b) Die Gleichbehandlung von wesentlich Ungleichem

Nach BVerfG ist auch die Gleichbehandlung von wesentlich Ungleichem an Art. 3 I GG zu messen (BVerfGE 86, 81 [87]; 90, 226 [239]). Hiergegen wird angeführt, die Probleme der Gleichbehandlung ließen sich stets auch als Probleme der Ungleichbehandlung fassen, es müsse nur die richtige Vergleichsgruppe gewählt werden (so *P/S*, StaatsR II, Rn. 479 f. im Anschluß an *Podlech*, Gehalt und Funktionen des allgemeinen verfassungsrechtlichen Gleichheitssatzes, 1971, S. 53 ff.). Dies mag in manchen Fällen zutreffend sein. Grundsätzlich ist die Auswahl der Vergleichsgruppe aber nicht beliebig, sondern orientiert sich am Regelungszweck (s. o. 13 f.).

Beispiel: Eine generelle Strafbarkeit des Verkaufs von Alkohol entsprechend der von sonstigen Drogen im Sinne des BTMG ist eine rechtfertigungsbedürftige Gleichbehandlung von Drogen unterschiedlicher Art und unterschiedlicher gesellschaftlicher Akzeptanz. Man könnte zwar hier auch die Ungleichbehandlung im Hinblick auf die Straffreiheit des Verkaufs von Zigaretten (neue Vergleichsgruppe) rügen. Dies würde jedoch voraussetzen, daß Alkohol und Zigaretten in einem wesentlichen Punkt vergleichbar sind. Geht man davon aus, daß der Gesetzgeber Suchtmittel (gemeinsamer Oberbegriff) verbieten wollte, dann wäre die Vergleichbarkeit hergestellt und die Ungleichbehandlung wäre rechtfertigungsbdürftig. Unterstellt man indessen, daß der Zweck des Strafgesetzes das Verbot von Drogen mit bestimmten Wirkungen (gerade nicht gemeinsamer Oberbegriff für Alkohol und Zigaretten) ist, dann sind Alkohol und Zigaretten nicht vergleichbar. Eine relevante Ungleichbehandlung läge dann nicht vor (vgl. hierzu BVerfGE 90, 145 [196 f.] – *„Cannabis"*).

21   Hin und wieder mag es sogar sinnvoll sein, eine Regelung sowohl unter dem Gesichtspunkt der Ungleich- als auch der Gleichbehandlung zu prüfen, um allen erheblichen Gesichtspunkten Rechnung zu tragen. Auch wenn die Gleichbehandlung von wesentlich Ungleichem bislang nur wenig analysiert und dogmatisch aufgearbeitet wurde, so ist sie dennoch nicht im Ansatz verfehlt (*Huster*, Rechte und Ziele, 1993, S. 230 ff.; *Stern*, FS Dürig, 1990, S. 207 ff.; *Rüpke*, FS Ermacora, 1988, S. 475 ff.; *Alexy*, Theorie der Grundrechte, 1986, S. 371 f.; kritisch *Rüfner*, in: BK, GG I, Art. 3 I Rn. 7 ff.; *Sachs*, NWVBl 1988, 295 [300]). Allerdings bereitet die Rechtfertigung von Gleichbehandlungen erhebliche dogmatische Probleme (s.u. Rn. 27).

2. Verfassungsrechtliche Rechtfertigung

a) Ungleichbehandlungen

22   Zunächst vertrat das BVerfG seit BVerfGE 1, 14 (52) in ständiger Rechtsprechung die sogenannte **Willkürformel**: der Gleichheitssatz sei verletzt, „wenn sich ein vernünftiger, sich aus der Natur der Sache ergebender oder sonstwie sachlich einleuchtender Grund für die gesetzliche Differenzierung oder Gleichbehandlung nicht finden läßt, kurzum, wenn die Bestimmung als willkürlich bezeichnet werden muß". Nach dieser Formel kann eine Regelung nur dann einen Verstoß gegen Art. 3 I GG darstellen, wenn sie evident unsachlich oder ungerecht ist. Dies soll verhindern, daß der Gesetzgeber nicht auf eine bestimmte Regelung als „gerechteste" festgelegt wird, sondern Wahlfreiheit zwischen mehreren sachgerechten Entscheidungsmöglichkeiten behält (*Osterloh*, in: Sachs, GG, Art. 3 Rn. 8 ff.; *Kirchhof*, HdbStR V, § 124 Rn. 238). Die Willkürformel ist jedoch wegen ihrer geringen Kontrolldichte auf Kritik gestoßen (s. die Sondervoten von *Rupp-v.Brünneck*, BVerfGE 36, 237 [247 ff.]; *Katzenstein*, BVerfGE 62, 249 [289 f.]; ferner *Wendt*, NVwZ 1988, 778 [779]; *Sachs*, JuS 1997, 124 f.). Vor allem die

Fälle sogenannter Typisierung geben Anlaß, die Willkürformel zu überdenken. Typisierungen sind verallgemeinernde Regelungen, durch die der Gesetzgeber Massenerscheinungen entsprechend typischer Fallgestaltungen generalisiert und dabei in Kauf nimmt, daß eine kleine Gruppe im Vergleich zur Masse geringfügig benachteiligt wird (hierzu *Osterloh*, in: Sachs, GG, Art. 3 Rn. 104 ff.; *Rüfner*, in: BK, GG I, Art. 3 I Rn. 111 ff. m. w. N.).

Beispiel: Die Finanzverwaltungen dürfen sich für die Höhe von Unterhaltsleistungen an Familienangehörige im Ausland, die vom steuerpflichtigen Einkommen abgesetzt werden können, Verwaltungsrichtlinien bedienen, die für jedes Land pauschal die Lebenshaltungskosten bestimmen. Denn es wäre angesichts der weiten Entfernungen und der höchst unterschiedlichen Verhältnisse in den einzelnen Ländern schlechterdings unmöglich, an den Besonderheiten des Einzelfalles ausgerichtete Ermittlungen durchzuführen (BVerfGE 78, 214 [227 f.]; s. auch BVerfG, NJW 1998, 1478 [1479] m. w. N.).

Obwohl sich hier die Handhabbarkeit des Verwaltungsaufwandes und die Verfahrensvereinfachung als sachliche Gründe anführen lassen, stehen sich die Ungerechtigkeit im Einzelfall und das öffentliche Interesse an einer funktionierenden und kostengünstigen Verwaltung gegenüber, die eine Abwägung von der Intensität der Benachteiligung einerseits und dem Ausmaß der Praktikabilität andererseits erforderlich macht. Die Willkürformel liefert hierfür keine Maßstäbe, wohl aber der aus den Freiheitsrechten bekannte Verhältnismäßigkeitsgrundsatz. Dieser erlaubt es, zunächst nach dem Regelungsziel zu fragen und dann die Geeignetheit, die Erforderlichkeit und die Angemessenheit der Differenzierung im Hinblick auf dieses Regelungsziel zu überprüfen. Die Willkürformel behält aber nach wie vor dort ihren Sinn, wo sich von vornherein ein vernünftiger Regelungszweck schlechterdings nicht finden läßt. **23**

Beispiele:
– Kürzere Kündigungsfristen für Arbeiter als für Angestellte (BVerfGE 82, 126 [146 ff.]).
– Unterschiedliche Gewährung von Kinderfreibeträgen bei Lohn- und Einkommenssteuerpflichtigen (BVerfGE 33, 106 [113 f.]).

Seit BVerfGE 55, 72 (88) – *„neue Formel"* wendet das BVerfG die sogenannte **neue Formel** an, nach der eine Ungleichbehandlung dann gerechtfertigt ist, wenn „Unterschiede von solcher Art und solchem Gewicht bestehen, daß sie die Ungleichbehandlung rechtfertigen könnten" (BVerfGE 94, 241[260] – *„Erziehungszeiten"*). Nach überwiegender Auffassung ist das BVerfG damit ausdrücklich von der Evidenzprüfung zur Abwägung übergegangen und hat so den Weg für eine **Verhältnismäßigkeitsprüfung** eröffnet, wie sie auch bei den Freiheitsrechten vorgenommen wird (*Robbers*, DÖV 1988, 749 [751 f.]; *Wendt*, NVwZ 1988, 778 [784 ff.]; *Schoch*, DVBl 1988, 863 [874 ff.]; zu den Parallelen der neuen Formel zur Rspr. des US-Supreme Court s. *Maaß*, NVwZ 1988, 14 [17 ff.]; *Sachs*, JuS 1997, 124 [127]; s. auch *P/S*, StaatsR II, Rn. 484). Tatsächlich läßt sich in den Fällen, in denen nicht bereits die materiale Ungleichbehandlung trotz formaler Ungleichheit verneint wurde (s. o. Rn. 15 ff.) oder in denen sich ein vernünftiger Regelungszweck für die Differenzierung nicht finden läßt (s. o. Rn. 23), zunächst **24**

nach der Geeignetheit und Erforderlichkeit der Unterscheidung im Hinblick auf
das Regelungsziel fragen und dann zwischen Regelungszweck und Unterscheidung abwägen.

Beispiele:

– Die Altersgrenze von 25 Jahren für die Vornamensänderung von Transsexuellen ist ungeeig-
  net, jüngere Menschen gegen einen Irrtum zu schützen, weil es ihnen gerade erschwert wird,
  die neue Rolle zu erproben, bevor sie irreversible medizinische Eingriffe vornehmen lassen
  (BVerfGE 88, 87 [100 f.] – *„Transsexuelle"*).

– Ein Gesetz, das Versicherungsleistungen kürzt für Versicherungsfälle, die nach einem bestimmten Stichtag eintreten, ist kein Verstoß gegen Art. 3 I GG, weil eine solche Stichtags-
  regelung im Hinblick auf das Gesetzesziel, die Umstellung handhabbar zu machen, notwendig und sachlich vertretbar, sprich geeignet und angemessen ist (BVerfGE 75, 78 [106]).

– Die Erstreckung des Zeugnisverweigerungsrechts nach § 53 I StPO auf Sozialarbeiter, also
  die Gleichbehandlung mit den in § 53 I StPO genannten Personen, kollidiert mit dem öffentlichen Interesse an einer möglichst vollständigen Wahrheitsermittlung im Strafprozeß
  und ist gegen dieses abzuwägen (BVerfGE 33, 367 [383]).

25 Das BVerfG hat insbesondere zwei **Abwägungsgrundsätze** entwickelt. So soll ein
strenger Maßstab gelten, wenn nach **personenbezogenen Merkmalen** differenziert
wird, bei einer Unterscheidung von Sachverhalten soll dagegen der Gesetzgeber einen weiten Gestaltungsspielraum haben, weil sich der Betroffene auf die Regelung
einstellen und so die Verwirklichung der Merkmale beeinflussen kann (BVerfGE
88, 87 [96 f.] – *„Transsexuelle"*; 91, 346 [362 f.]; ähnlich schon BVerfGE 55, 72
[89] – *„neue Formel"*). Bei näherer Betrachtung fällt eine solche Abgrenzung allerdings schwer, und das BVerfG gesteht selbst zu, daß es sachverhaltsbezogene
Merkmale gibt, auf die der einzelne gleichwohl nur schwer Einfluß nehmen kann
und die mittelbar eine personenbezogene Differenzierung bewirken (BVerfGE 88,
87 [96] – *„Transsexuelle"*; s. hierzu auch *Sachs*, JuS 1997, 124 [128 f.]). Sinnvoller
erscheint es daher, nicht nach personen- und sachverhaltsbezogenen Kriterien abzugrenzen, sondern direkt auf die Möglichkeit der Einflußnahme des einzelnen auf
die Differenzierungsmerkmale abzustellen. Ein strengerer Maßstab gilt also dort,
wo jemand aufgrund eines Merkmals ungleich behandelt wird, das er nicht zu ändern vermag, z. B. aufgrund seines Lebensalters (a. A. aber wohl BVerfG, NJW
1998, 1776 [1778]; zu beruflichen Altersgrenzen s. auch § 11 Rn. 43, 83).

26 Das BVerfG fordert in ständiger Rechtsprechung, daß eine Regelung in einem Lebensbereich, den der Gesetzgeber bereits nach bestimmten sachlichen Grundsätzen geordnet hat, diesen Grundsätzen zu entsprechen hat, also **sach- und systemge-
recht** sein muß, um vor Art. 3 I GG Bestand zu haben (ausführlich *Kirchhof*,
HdbStR V, § 124 Rn. 205 ff.). Dies bedeutet zwar nicht, daß jede Regelung, die
Ausnahmen statuiert oder das Ordnungssystem durchbricht, per se ein Gleichheitsverstoß wäre. Eine solche Durchbrechung soll aber den Gleichheitsverstoß in-
dizieren (BVerfGE 68, 237 [253]; 34, 103 [115] m. w. N.) oder zumindest plausi-
ble oder hinreichende Gründe für die Systemwidrigkeit erfordern (BVerfGE 81,
156 [207]; 85, 238 [247]). Sach- und Systemgerechtigkeit heißt damit nichts ande-

res, als daß eine Differenzierung zur Erreichung des Gesetzeszwecks geeignet sein muß mit der Maßgabe, daß die Eignung sich nicht nur auf eine einzelne Regelung bezieht, sondern der Gesetzgeber das Programm eines größeren Normkomplexes im Auge zu behalten und dessen Auswirkungen in der Realität präzise wahrzunehmen hat (in diesem Sinne auch *Osterloh*, in: Sachs, GG, Art. 3 Rn. 18 ff., 103). Ob der Sach- und Systemgerechtigkeit eine eigenständige Bedeutung zukommt, bleibt zweifelhaft (ablehnend BVerfGE 75, 382 [395 f.]; 76, 130 [139 f.]; kritisch auch *Rüfner*, in: BK, GG I, Art. 3 I Rn. 30 ff.; *Gusy*, NJW 1988, 2505 [2508]; für eine Erhöhung der Argumentationslast für den Gesetzgeber dagegen *Robbers*, DÖV 1988, 749 [755]; ähnlich *Schoch*, DVBl 1988, 863 [878 f.]; für eine Verengung des Differenzierungsspielraums *Wendt*, NVwZ 1988, 778 [783]).

b) Gleichbehandlungen

Nach der Rechtsprechung des BVerfG ist eine Ungleichbehandlung dann geboten, **27** wenn die „Ungleichheit in dem jeweils in Betracht kommenden Zusammenhang so bedeutsam ist, daß ihre Beachtung nach einer am Gerechtigkeitsgedanken orientierten Betrachtungsweise geboten erscheint" (BVerfGE 67, 70 [85 f.]). Diese Aussage knüpft an die Willkürformel an, ist jedoch insofern anders gewendet, als daß nicht nach einem sachlichen Grund für die Gleichbehandlung gefragt wird. Denn da das Gleichbehandlungsgebot der Normalfall ist, ist die erste Frage immer die nach dem Warum einer Ungleichbehandlung. Für das Gebot der Ungleichbehandlung, das demgegenüber die Ausnahme darstellt (*Stern*, FS Dürig, 1990, S. 207 [212]; *Rüfner*, in: BK, GG I, Art. 3 I Rn. 7, 15), streitet jedoch bereits die Wesensverschiedenheit der Personengruppen bzw. Sachverhalte als tragender Grund, der definitionsgemäß so gewichtig sein muß, daß eine differenzierende Regelung verfassungsrechtlich geboten ist (BVerfGE 86, 81 [87]; unklar demgegenüber BVerfGE 90, 226 [239]; *Alexy*, Theorie der Grundrechte, 1986, S. 372 spricht von einem „zureichenden" Grund). In Tatbestands- und Rechtfertigungsebene wurde die Prüfung einer Gleichbehandlung von wesentlich Ungleichem daher bislang nicht unterteilt. Art. 3 I GG ist jedenfalls nicht schon dann verletzt, wenn der Gesetzgeber Differenzierungen, die er vornehmen darf, nicht vornimmt (BVerfGE 90, 226 [239] m. w. N.).

3. Zusammenfassendes Schema zur Prüfung von Ungleichbehandlungen durch Normen anhand Art. 3 I GG
28

a) Feststellung einer relevanten Ungleichbehandlung

(1) Auffinden von mindestens einer Personengruppe, die durch die beanstandete Maßnahme anders behandelt wird als derjenige, der sich auf Art. 3 I GG beruft (s. o. Rn. 10)

(2) Auffinden eines/mehrerer Oberbegriffe, unter den/die sowohl die Personengruppe fällt, der derjenige, der sich auf Art. 3 I GG beruft, angehört, als auch eine andere Personengruppe (s. o. Rn. 11 f.)

(3) Auswählen der Vergleichsgruppen, deren Oberbegriff bzw. Vergleichskriterium einen Bezug zur in Streit stehenden Regelung aufweist (s. o. Rn. 13)

(4) Feststellung, ob eine reale Ungleichbehandlung vorliegt (s. o. Rn. 15 ff.)

b) **Rechtfertigung**

(1) Formelle Verfassungsmäßigkeit (wie bei den Freiheitsrechten, s. o. § 1 Rn. 10)

(2) Materielle Verfassungsmäßigkeit:
Sind die Unterschiede so erheblich, daß sie die Ungleichbehandlung zu rechtfertigen vermögen (sog. „neue Formel" des BVerfG, s. o. Rn. 24)? Das bedeutet: ist die Regelung im Hinblick auf die Erreichung des Regelungszwecks geeignet, erforderlich und angemessen?

4. Art. 3 I GG als Teilhaberecht

29   Art. 3 I GG begründet zwar wie die meisten anderen Grundrechte keine originären Leistungsrechte, wohl aber in Verbindung mit anderen Grundrechten – etwa Art. 12 GG – sogenannte derivative Teilhaberechte (*Kirchhof*, HdbStR V, § 124 Rn. 280). Das bedeutet, daß der Staat, soweit er Leistungen gewährt, sei es in Form der Bereitstellung von Ausbildungsstätten, sonstigen Einrichtungen oder Geldleistungen, den Bürgern gleichberechtigten Zugang zu diesen Leistungen zu garantieren hat. Inwieweit der einzelne einen konkreten Zugangsanspruch hat, hängt dagegen in der Regel von Kapazitätsgrenzen ab (*Osterloh*, in: Sachs, GG, Art. 3 Rn. 53 f.; s. dazu auch § 11 Rn. 85 ff.). Teilhaberechte sind zwar nicht von vornherein auf das jeweils Vorhandene beschränkt, sie stehen jedoch „unter dem Vorbehalt des Möglichen im Sinne dessen, was der Einzelne vernünftigerweise von der Gesellschaft beanspruchen kann" (BVerfGE 33, 303 [333] – *„numerus clausus"*; BVerfG, NWJ 1998, 2128 [2131] – *„Kindergartengebühr"*). Der Gesetzgeber hat einen Gestaltungsspielraum, wie er knappe öffentliche Mittel verteilen will. Er ist aber gehalten, einzelne Gruppen nicht unsachlich zu bevorzugen.

V. Verhältnis zu anderen Grundrechten

30   Die **speziellen Gleichheitsrechte** (s. u. Rn. 32 ff.) gehen dem allgemeinen Gleichheitssatz in der Prüfungsreihenfolge vor. Der allgemeine Gleichheitssatz ist aber dann anwendbar, wenn die Prüfung anhand eines speziellen Gleichheitssatzes keinen Verstoß gegen diesen erkennen läßt (BVerfGE 59, 128 [156]; s. auch *P/S*, StaatsR II, Rn. 489).

31   Art. 3 I GG ist neben den **Freiheitsrechten** anwendbar (*Schoch*, DVBl 1988, 863 [872] mit Hinweisen zu Ausnahmen und w.N.) und wird üblicherweise im Anschluß an die einschlägigen Freiheitsrechte geprüft. Während die Freiheitsrechte vor übermäßiger Beschränkung der Freiheit schützen, das eigene Leben und die Relationen zu anderen autonom zu gestalten, schützt Art. 3 I GG gegen die unan-

gemessene staatliche Gestaltung dieser Relationen (*Osterloh*, in: Sachs, GG, Art. 3 Rn. 16). In der sachlichen Argumentation gibt es dabei viele Überschneidungen, so daß oftmals im Rahmen der Verhältnismäßigkeitsprüfung von Art. 3 I GG auf die Argumentation bei einem bereits geprüften Freiheitsrecht verwiesen werden kann.

B. Spezielle Gleichheitssätze

I. Die Gleichberechtigung von Mann und Frau, Art. 3 II und III 1, 1. Alt. GG

1. Bedeutung

Die Zielrichtung der Gleichberechtigung der Geschlechter hat sich in der politi- **32** schen und demzufolge auch in der verfassungsrechtlichen Diskussion seit der Entstehung des GG gewandelt. Anfangs ging es ausschließlich darum, die noch immer bestehende ausdrückliche Benachteiligung von Frauen durch rechtliche Regelungen zu beseitigen bzw. deren Fortbestehen zu rechtfertigen. Dementsprechend war es ganz h. M., daß sich die Gleichberechtigungsforderung im Verbot formaler Diskriminierung erschöpfe, Art. 3 II und Art. 3 III GG, soweit letzterer die Geschlechterdiskriminierung betrifft, daher identischen Inhaltes seien (hierzu *Rüfner*, in: BK, GG I, Art. 3 Abs. 2 und 3 Rn. 547). Uneinigkeit bestand lediglich darüber, wie streng das Diskriminierungsverbot zu handhaben sei. Während das BVerfG in seinen frühen Entscheidungen nicht nur solche Ungleichbehandlungen als gerechtfertigt ansah, die aufgrund der biologischen Unterschiede zwischen Mann und Frau eine Differenzierung erzwingen, sondern auch solche, die auf die funktionale Rollenverteilung, sprich die traditionelle Festlegung der Frau auf die Rolle als Hausfrau und Mutter, zurückgehen, kann diese Rechtsprechung heute als überwunden gelten (*Osterloh*, in: Sachs, GG, Art. 3 Rn. 272 f. mit Beispielen). Insofern stellte es einen Fortschritt dar, Art. 3 III GG und damit auch Art. 3 II GG als absolutes Anknüpfungsverbot aufzufassen, von dem Abweichungen nur in sehr engen Grenzen zulässig sind (s. u. Rn. 37).

Inzwischen hat sich jedoch die Erkenntnis durchgesetzt, daß allein die Beseiti- **33** gung rechtlicher Diskriminierung nicht dazu führt, daß Frauen dieselben Möglichkeiten außerhalb ihrer traditionellen Rolle, also bei der politischen Willensbildung und vor allem im Erwerbsleben, haben wie Männer. Es werden daher immer massiver Maßnahmen zur Förderung von Frauen verlangt und vom Gesetzgeber auch verabschiedet (Überblick zu sog. Quotenregelungen bei *Laubinger*, VerwArch 87 [1996], 305 [315 ff.]; zu entsprechenden Regelungen in den neuen Bundesländern s. *Gurlit*, LKV 1997, 145 ff.). Dementsprechend liegt heute der Schwerpunkt der verfassungsrechtlichen Diskussion auf der Frage, inwieweit Maßnahmen zur Förderung von Frauen im Berufsleben etwa durch besondere Bildungsangebote und bevorzugende Einstellung oder Beförderung als Benachteiligung von Männern gegen das Gleichberechtigungsgebot verstoßen.

34 In der Dogmatik des Art. 3 II und III GG schlägt sich die Verschiebung der Fragestellung nieder. Nach heute ganz überwiegender Auffassung hat Art. 3 II GG einen über Art. 3 III GG hinausgehenden Inhalt. Umstritten ist allerdings, worin dieser besteht. Die Unterscheidung zwischen „rein rechtlicher", formaler Gleichheit einerseits und faktischer oder tatsächlicher Gleichheit andererseits, die bereits im Rahmen des Art. 3 I GG eine Rolle spielte (s. o. Rn. 15 ff.), hat hier besondere Bedeutung erlangt (s. u. Rn. 38 ff.); Abs. II wurde als Garant tatsächlicher Gleichberechtigung wiederentdeckt, hierüber ist jedoch heftiger Streit entbrannt, der noch nicht abschließend entschieden ist. Ungeklärt ist ferner, in welchem Verhältnis Art. 3 II und III GG zueinander stehen. Einigkeit dürfte jedoch darüber bestehen, daß Ausgangspunkt jeder Fallprüfung das Diskriminierungsverbot des Art. 3 III GG ist (*Ebsen*, HdbVerfR, § 8 Rn. 16) und Art. 3 II GG, soweit man ihm eine besondere Bedeutung beimißt, sowohl als Rechtfertigungsmöglichkeit für Frauenfördermaßnahmen in Betracht kommt als auch als eigenständiges Abwehrrecht für die Fälle tatsächlicher und mittelbarer Benachteiligung, die von Art. 3 III GG nicht erfaßt werden (s.u. Rn. 45).

35 Da im Rahmen der Diskussion um die Gleichberechtigung von Männern und Frauen häufiger als bei anderen Bestimmungen mit begriffslogischen Hinweisen argumentiert wird, die Allgemeingültigkeit beanspruchen, sei an dieser Stelle besonders auf den europa- und völkerrechtlichen Zusammenhang hingewiesen (s. hierzu *Ebsen*, HdbVerfR, § 8 Rn. 7 f., *ders.*, Jura 1990, 515 [519]). Unter den internationalen Pakten, denen Deutschland beigetreten ist, finden sich viele Bestimmungen, die die Gleichberechtigung der Frau garantieren: Sie alle machen keinen Unterschied zwischen „rein rechtlicher" und tatsächlicher Gleichberechtigung, sondern beziehen mehr oder weniger selbstverständlich die tatsächlichen Auswirkungen eines Regelungssystems im Hinblick auf die vorgefundene ungleiche Startposition von Frauen in die Garantie mit ein.

2. Das Diskriminierungsverbot des Art. 3 III 1, 1. Alt. GG

36 Nach früher h. M. setzte Art. 3 III GG voraus, daß eine Regelung gerade die Benachteiligung oder Bevorzugung einer Gruppe bezweckt (in diesem Sinne etwa *Gusy*, NJW 1988, 2505 [2508]; weitere Nachw. bei *Sachs*, Grenzen des Diskriminierungsverbots, 1987, S. 390 ff.). Diese Auffassung wurde kritisiert mit der Begründung, sie sei nach dem Wortlaut des Art. 3 III GG nicht geboten und verfehle den Schutzzweck der Diskriminierungsverbote (grundlegend *Sachs*, Grenzen des Diskriminierungsverbots, 1987, S. 428 ff.; *ders.*, HdbStR V, § 126 Rn. 65 ff.). Das BVerfG hat nunmehr klargestellt: „Das Geschlecht darf grundsätzlich – ebenso wie die anderen in Absatz 3 genannten Merkmale – nicht als Anknüpfungspunkt für eine rechtliche Ungleichbehandlung herangezogen werden. Dies gilt auch dann, wenn eine Regelung nicht auf eine nach Art. 3 Abs. 3 GG verbotene Ungleichbehandlung angelegt ist, sondern in erster Linie andere Ziele verfolgt" (BVerfGE 85, 191 [206] – „*Nachtarbeitsverbot*"; zustimmend *Ebsen*, HdbVerfR,

§ 8 Rn. 19). Nach heute h. M. genügt es daher, wenn das Geschlecht als **Anknüpfungsmerkmal** dient. Eine Diskriminierung im Sinne des Art. 3 III GG liegt demnach vor, wenn das Merkmal des Geschlechts Tatbestandsvoraussetzung ist, sei es ausdrücklich oder durch die Verwendung von Synonymen oder notwendig mit einem Geschlecht verbundenen Begleitumständen (*Sachs*, HdbStR V, § 126 Rn. 29 ff.; *Heun*, in: Dreier, GG, Art. 3 Rn. 95, 98). Nicht ausreichend ist dagegen die Anknüpfung an Umstände, die nur typischerweise, aber nicht notwendig nur bei Frauen oder nur bei Männern vorliegen; die sogenannte mittelbare Diskriminierung kommt daher lediglich als Fall des Art. 3 II GG in Betracht (s.u. Rn. 45).

Beispiele:

– Das Nachtarbeitsverbot für Frauen knüpfte ausdrücklich an das Merkmal „Frau" an und war daher ein klarer Verstoß gegen Art. 3 III GG (BVerfGE 85, 191 [206] – „*Nachtarbeitsverbot*"). Dasselbe gilt für die Regelung, nach der der Name des Mannes automatisch Ehename wurde, wenn sich die Eheleute nicht einigen konnten (BVerfGE 84, 9 [18 f.], s. zur Feuerwehrdienstpflicht nur für Männer BVerfGE 92, 91 [109] – „*Feuerwehrdienstpflicht*").
– Eine Regelung, die Erziehungsurlaub nur für Mütter, nicht für Väter gewährt, knüpft an den Begleitumstand „Mutter" an, der nur bei Frauen vorliegen kann, und verstößt somit ebenfalls gegen Art. 3 III GG (a.A. *Rüfner*, in: BK, GG I, Art.3 Abs. 2 und 3 Rn. 562).

Nach h. M. unterfällt die unterschiedliche Behandlung von Frauen und Männern 37 aufgrund **biologischer Unterschiede** – also etwa solche des Mutterschutzes, der lediglich die Schwangerschaft, nicht aber die nachfolgende Kindererziehung betrifft – dem Diskriminierungsverbot von vornherein nicht (*Ebsen*, HdbVerfR, § 8 Rn. 19; *Sachs*, HdbStR V, § 126 Rn. 35 f.; krit. *Osterloh*, in: Sachs, GG, Art. 3 Rn. 275). Zu berücksichtigen ist jedoch immer, daß Schutzvorschriften die Tendenz in sich tragen, die Wettbewerbssituation von Frauen im Erwerbsleben zu verschlechtern und insofern nicht nur Vorteile, sondern auch Nachteile bringen. Es ist daher dem BVerfG zu folgen, das für differenzierende Regeln verlangt, daß diese zwingend erforderlich sind (BVerfGE 85, 191 [207] – „*Nachtarbeitsverbot*"; 92, 91 [109] – „*Feuerwehrdienstpflicht*").

3. Die Garantie tatsächlicher Gleichberechtigung aus Art. 3 II GG

a) Art. 3 II 1 GG 38

Nach heute überwiegender Auffassung besagt Art. 3 II 1 GG nicht dasselbe wie Art. 3 III GG, sondern hat einen darüber hinausgehenden Inhalt. Dies ergibt sich zum einen aus dem Argument, daß von zwei möglichen Auslegungen einer Norm immer diejenige vorzuziehen ist, die vermeidet, daß die Norm überflüssig wird (*Ebsen*, HdbVerfR, § 8 Rn. 17). Darüber hinaus gibt die Entstehungsgeschichte des Art. 3 II 1 GG Aufschluß über seinen spezifischen Inhalt. Dieser besteht zunächst darin zu verhindern, daß diskriminierende Regelungen damit gerechtfertigt werden, sie seien keine Benachteiligungen, sondern dienten dem Schutz von Frauen (*Ebsen*, HdbVerfR, § 8 Rn. 17 m. w. N.). Ferner zeigen die Diskussionen im Parlamentarischen Rat, daß mit Art. 3 II 1 GG nicht nur die Beseitigung rechtlicher Diskriminierung erreicht werden sollte, sondern

Gleichberechtigung als darüber hinausgehend verstanden wurde (*Sacksofsky*, Das Grundrecht auf Gleichberechtigung, 1991, S. 323 ff. m. w. N.). Dieser Auffassung hat sich nunmehr auch das BVerfG angeschlossen, indem es ausführt: „Der über das Diskriminierungsverbot des Art. 3 Abs. 3 GG hinausreichende Regelungsgehalt von Art. 3 Abs. 2 GG besteht darin, daß er ein Gleichberechtigungsgebot aufstellt und dieses auch auf die gesellschaftliche Wirklichkeit erstreckt. Der Satz 'Männer und Frauen sind gleichberechtigt' will nicht nur Rechtsnormen beseitigen, die Vor- und Nachteile an Geschlechtsmerkmale anknüpfen, sondern für die Zukunft die Gleichberechtigung der Geschlechter durchsetzen" (BVerfGE 85, 191 [206 f.] – „*Nachtarbeitsverbot*"; ähnlich schon BVerfGE 74, 163 [180] – „*Rentenalter*"; bestätigt durch BVerfGE 87, 1 [42]; 92, 91 [109] – „*Feuerwehrdienstpflicht*"); zustimmend die Gemeinsame Verfassungskommission, BT-Dr. 12/6000, S. 50; ferner *Osterloh*, in: Sachs, GG, Art. 3 Rn. 261 ff.; *Ebsen*, Jura 1990, 515 [518]; *Battis/Schulte-Trux/Weber*, DVBl 1991, 1165 [1168 ff.]; *Holznagel/Schlünder*, Jura 1996, 519 [520 ff.] m. w. N.). Mit dieser Formulierung wird die bereits bei Art. 3 I GG (s. o. Rn. 15 ff.) angesprochene Unterscheidung zwischen formaler und faktischer Gleichheit thematisiert.

39   Die Rechtsprechung des BVerfG wird von großen Teilen der Literatur mit unterschiedlichen Argumenten angegriffen. Die überwiegende Kritik hebt darauf ab, das Grundgesetz garantiere nur die rechtliche Gleichheit, nicht aber die tatsächliche Durchsetzung von Gleichheit im Sinne von schematischer Egalisierung (*Huster*, AöR 118 [1993], 109 [115]; *Sachs*, HdbStR V, § 126 Rn. 126; *ders.*, ZBR 1994, 133 [140]; *Starck*, in: v. Mangoldt/Klein, GG I, Art. 3 Abs. 2 Rn. 209 ff. m. w. N.). Denn so werde aus einem Individualrecht auf Gleichberechtigung ein Gruppenrecht, das verlange, daß der einzelne Mensch benachteiligt werde, um Gruppenparität zu erreichen; die Söhne würden somit für das Unrecht ihrer Väter bestraft. Dieses Argument trifft aber jedenfalls insofern nicht zu, als daß Egalisierung mit faktischer Gleichheit gleichgesetzt und beides pauschal abgelehnt wird. Wie bereits bei Art. 3 I GG ausgeführt (s. o. Rn. 15 ff.) ist der Begriff faktische Gleichheit (auch tatsächliche, reale oder materiale Gleichheit bzw. Gleichberechtigung genannt) keineswegs präzise, sondern wird mit höchst unterschiedlichen Inhalten gefüllt. Auch hinter den Befürwortungen faktischer Gleichheit verbergen sich unterschiedliche Forderungen, schematische Egalisierung oder Parität wird nur ausnahmsweise verlangt (s. etwa *Slupik*, Die Entscheidung des Grundgesetzes für Parität im Geschlechterverhältnis, 1988, S. 134 ff.). Die Formulierung des BVerfG zielt demgegenüber auf Gleichberechtigung, die nicht nur auf dem Papier besteht, sondern sich in der sozialen Realität auch verwirklichen läßt. Dies bedeutet zweierlei: die Anerkennung sozialer Gleichwertigkeit frauenspezifischer Tätigkeit, also die Abschaffung sogenannter mittelbarer Diskriminierung (dazu u. Rn. 45), einerseits und die tatsächliche Möglichkeit gleichberechtigter Teilnahme an der politischen Willensbildung und am Erwerbsleben andererseits.

Wegen der Nachwirkungen der traditionellen Rollenverteilung haben Frauen 40
in aller Regel nicht dieselben Startbedingungen im Erwerbsleben wie Männer;
nach wie vor sind sowohl Erziehung und Ausbildung als auch die Erfolgschancen in konkreten Bewerbungssituationen durch entsprechende Rollenerwartungen geprägt (zur sogenannten „strukturellen Diskriminierung" *Benda*,
Notwendigkeit und Möglichkeit positiver Aktionen zugunsten von Frauen im
öffentlichen Dienst, 1986, S. 7 f.), ohne daß man subjektive Diskrimi-
nierungsabsichten unterstellen müßte. Die Ausgangschancen anzugleichen bzw.
fortbestehende Defizite auszugleichen ist Sinn sogenannter faktischer Gleichberechtigung. Nicht Egalisierung ist somit das Ziel, sondern **tatsächliche
Chancengleichheit**. Chancengleichheit, die die schwächere gesellschaftliche
Ausgangsposition einzelner oder ganzer Bevölkerungsteile in Rechnung stellt,
fügt sich auch bruchlos in die Rechtsprechung des BVerfG zu Art. 3 I GG und
zur Chancengleichheit der Parteien (s. § 21 Rn. 2; ebenso *Osterloh*, in: Sachs,
GG, Art. 3 Rn. 283; zum Begriff der Chancengleichheit *Rüfner*, in: BK, GG
I, Art. 3 I Rn. 58; *Schoch*, DVBl 1988, 863 [880]).

Beispiele:
– Zuschuß für die Ausbildung weiblicher Fachkräfte in sogenannten Männerberufen.
– Spezielle Fortbildungsangebote für Frauen, um rollenbedingte Ausbildungsdefizite aus-
zugleichen, z. B. spezielle Computerkurse.

Auch soweit hierüber Einigkeit erzielt werden kann, ist damit noch nicht 41
beantwortet, ob man sogenannte **Quotenregelungen**, die derzeit im Brenn-
punkt der Diskussion über Art. 3 II GG stehen, für zulässig hält. Bei solchen
in vielen Landesgesetzen vorgesehenen Bestimmungen handelt es sich um Vorschriften, die die regelmäßige Einstellung und Beförderung einer Frau im öffentlichen Dienst vorsehen, sofern sich in einer Bewerbungssituation gleich
gut qualifizierte Frauen und Männer gegenüberstehen und Frauen in dem
entsprechenden Arbeitsbereich unterrepräsentiert sind (hierzu ausführlich
Laubinger, VerwArch 87 [1996], 305 [315 ff.]). Der EuGH hat in Argumen-
tationslinien, die der deutschen verfassungsrechtlichen Diskussion entsprechen, ausgeführt, Quotenregelungen zielten auf Ergebnisgleichheit, also Egalisierung, nicht auf Chancengleichheit (EuGH Rs. C-450/93, „Kalanke/Freie
Hansestadt Bremen", EuGRZ 1995, 546 ff.; zustimmend *Sachs*, JuS 1996,
350). Diese Schlußfolgerung ist aber keineswegs zwingend, sondern hängt
maßgeblich davon ab, wie man Voraussetzungen und Wirkungen von Quotierungen einschätzt. Geht man davon aus, daß sich gleiche Ausgangschancen
erreichen lassen durch gleichen Zugang zu staatlich gewährter Ausbildung
und der Zurverfügungstellung von Kinderbetreuungsplätzen (vgl. Generalan-
walt Tesauro im Fall *Kalanke*, EuGRZ 1995, 546 [550]), so kann man Quotierung nicht anders einordnen als als Mittel zur Herstellung schematischer
Parität. Die Landesgesetzgeber sind jedoch davon ausgegangen, daß Frauen,
auch wenn sie nicht durch offene rechtliche Diskriminierungen oder familiäre
Pflichten in ihrem beruflichen Fortkommen gehandicapt sind, nicht dieselben

Aufstiegschancen und Mitspracherechte besitzen wie ihre männlichen Kollegen, weil aufgrund unbewußter Rollenerwartungen Frauen von vornherein nicht dieselbe Leistungsbereitschaft und -fähigkeit zugetraut wird (so jetzt auch der EuGH Rs. C-409/95 – „*Marschall*", NJW 1997, 3429 [3430]). Dazu, diesen Minuspunkt in einer konkreten Bewerbungssituation auszugleichen und damit tatsächliche Chancengleichheit herzustellen, sollen Quotenregelungen dienen. Ferner helfen sie, für die Zukunft solche Rollenerwartungen abzubauen. Die Einschätzung sozialer Verhältnisse durch den Gesetzgeber fällt in seine Einschätzungsprärogative und darf vom BVerfG nicht durch eigene Bewertungen ersetzt werden, sofern deren Unrichtigkeit nicht evident ist. Die Frage der Zulässigkeit von Quotenregelungen nach dem GG muß sich daher auf die Frage konzentrieren, ob Quotierungen ein verhältnismäßiges Mittel zur Bekämpfung struktureller Diskriminierung sind (*Rüfner*, in: BK, GG I, Art. 3 Abs. 2 und 3 Rn. 715). Die dogmatische Einordnung des Art. 3 II GG ist indessen noch nicht geklärt.

42   **aa)** Dem BVerfG dient die Bestimmung als Rechtfertigungsgrundlage für Maßnahmen, die gegen Art. 3 III GG verstoßen. Für die Prüfung der Zulässigkeit von Frauenquoten muß daher eine Abwägung der kollidierenden Grundrechte des männlichen Bewerbers aus Art. 3 III GG einerseits und der bevorzugten Frau aus Art. 3 II 1 GG andererseits vorgenommen werden. Diese Wirkung wird häufig dem objektiv-rechtlichen Gehalt von Art. 3 II 1 GG zugeschrieben (*Sachs*, ZBR 1994, 133 [140]; *Bumke*, Der Staat 32 [1993], 117 [130]).

43   **bb)** Ob dem Gleichberechtigungsgebot ein eigenständiger Gehalt als Abwehrrecht zukommt, ist noch nicht entschieden, kann aber in manchen Fallkonstellationen erheblich werden.

      Beispiel: Eine Frau wird aufgrund einer landesgesetzlichen Quotenregelung befördert; das OVG gibt der Klage des männlichen Konkurrenten statt, weil es die Quotierung für einen Verstoß gegen Art. 3 III GG hält. Kann die weibliche Bewerberin das BVerfG anrufen mit der Begründung, das OVG habe in seinem Urteil die Tragweite eines ihr zustehenden Grundrechte, nämlich Art. 3 II verkannt? (zusammenfassend zur diesbezüglichen Rechtsprechung der OVGe *Laubinger*, VerwArch 87 [1996], 474 [476]).

44   Es gibt keine überzeugenden Gründe dafür, das Gleichberechtigungsgebot „nur" als objektives Förderungsgebot im Sinne eines Staatsziels einzustufen. Es enthält vielmehr wie Art. 3 III GG ein **subjektives Abwehrrecht** gegen tatsächliche Benachteiligungen (ebenso *Ebsen*, HdbVerfR, § 8 Rn. 36; ähnlich *Sacksofsky*, Das Grundrecht auf Gleichberechtigung, 1991, S. 349 ff.; a. A. *Rüfner*, in: BK, GG I, Art. 3 Abs. 2 und 3 Rn. 687).

45   **cc)** Als Abwehrrecht gegen tatsächliche Benachteiligungen ist Art. 3 II 1 GG auch Garantie gegen die sogenannte **mittelbare Diskriminierung** (*Osterloh*, in: Sachs, GG, Art. 3 Rn. 260; *Jarass*, in: J/P, GG, Art. 3 Rn. 53; a. A. *Rüfner*, in: BK, GG I, Art. 3 Abs. 2 und 3 Rn. 563 ff.; *Sachs*, HdbStR V,

§ 126 Rn. 88 ff.; *ders.*, ZBR 1994, 133 [138], der nur die „verdeckte" Diskriminerung unter Art. 3 II, III GG fassen will; ebenso *Heun*, in: Dreier, GG Art. 3 Rn. 96). Eine mittelbare Diskriminierung liegt vor, wenn eine Regelung zwar nicht ausdrücklich an das Merkmal des Geschlechts anknüpft, aber Sachverhalte unterschiedlich regelt, die ganz überwiegend oder typischerweise nur bei Frauen vorliegen (vgl. auch BVerfG, NJW 1998, 1478 [1479] zur Teilzeitbeschäftigung, allerdings unter unklarer Anknüpfung an Art. 3 III GG).

Beispiele:
– Die obligatorische Zusammenveranlagung von Ehegatten im Steuerrecht behandelte formal betrachtet beide Ehegatten gleich. In der Praxis wirkte sie sich jedoch so aus – sie sollte laut Entstehungsgeschichte bewirken, „die Ehefrau ins Haus zurückzuführen" –, daß eine Berufstätigkeit speziell der Ehefrau als nicht mehr lohnend erschien, weil die Frau in der Regel weniger verdiente als der Ehemann (BVerfGE 6, 55 [79 ff.] mit diffuser Bezugnahme auf Art. 3 II, III GG; vgl. zur „Doppelverdienerehe" auch BVerfGE 87, 234 [258]).
– Bei der Anrechnung von Erziehungszeiten auf die Beitragszeit zur Rentenversicherung ist zu berücksichtigen, daß Frauen deutlich häufiger betroffen sind als Männer (BVerfGE 87, 1 [42]; offen gelassen BVerfGE 94, 241 [259] – *„Erziehungszeiten"*).

dd) Darüber hinaus hat das BVerfG eine staatliche **Schutzpflicht** aus Art. 3 II 46 1 GG abgeleitet (BVerfGE 89, 276 [286]; dazu *Osterloh*, in: Sachs, GG, Art. 3 Rn. 261), deren Tragweite jedoch noch unklar ist.

b) **Art. 3 II 2 GG** 47

Der zweite Satz des Art. 3 II GG wurde 1994 in das GG eingefügt. Er ist als Staatsziel konzipiert, gewährt also keine subjektive Grundrechtsposition (vgl. den Bericht der Gemeinsamen Verfassungskommission, BT-Dr. 12/6000, S. 50). Vor dem Hintergrund des neueren Verständnisses des Art. 3 II 1 GG hat diese Ergänzung keine eigenständige Bedeutung erlangt. Insbesondere hat sie den Streit um die Zulässigkeit von Quotenregelungen (s. o. Rn. 41) nicht entschieden (*Holznagel/Schlünder*, Jura 1996, 519 [522 f.] m. w. N.).

4. Verfassungsrechtliche Rechtfertigung im übrigen

Da Art. 3 III GG nicht mit einem Gesetzesvorbehalt versehen ist, kommt als 48 Rechtfertigungsgrundlage für Regelungen, die an das Geschlecht anknüpfen, nur kollidierendes Verfassungsrecht in Betracht (ausführlich hierzu *Rüfner*, in: BK, GG I, Art. 3 Abs. 2 und 3 Rn. 577 ff.). Neben Art. 3 II GG (s. o. Rn. 38 ff.) spielt Art. 12 a GG eine Rolle. Dem Versuch, die Feuerwehrdienstpflicht als Pflicht im Sinne des Art. 12 II GG zu qualifizieren, die herkömmlicherweise nur für Männer gelte (VGH BW, VBlBW 1983, 41), ist das BVerfG entgegengetreten (BVerfGE 92, 91 [111 f.] – *„Feuerwehrdienstpflicht"*). Art. 6 IV GG scheidet nach heute einhelliger Ansicht als Grundlage für die Fixierung der Rolle der Frau als Hausfrau und Mutter aus.

**49 5. Zusammenfassendes Schema zur Prüfung von Verstößen gegen die Gleich-
       berechtigung der Geschlechter**

a) **Beeinträchtigung des Diskriminierungsverbotes des Art. 3 III GG**

   (1) Werden Männer und Frauen durch die in Streit stehende Regelung unter-
       schiedlich behandelt?

   (2) Knüpft die Regelung im Tatbestand an das Merkmal „Mann" oder
       „Frau" an (s. o. Rn. 36)?

   (3) Falls nicht: Liegt eine mittelbare Diskriminierung vor (s. o. Rn. 45)?

b) **Rechtfertigung aufgrund kollidierenden Verfassungsrechts**

   (1) Liegen zwingende Gründe für diese Ungleichbehandlung vor (s. o.
       Rn. 37)?

   (2) Falls nicht: Ist die Regelung zur Herstellung tatsächlicher Gleichberech-
       tigung gemäß Art. 3 II GG gerechtfertigt, d. h. geeignet, erforderlich und
       angemessen (s. o. Rn. 38 ff.)?

   (2) Falls nicht: Kommen andere verfassungsrechtliche Rechtfertigungs-
       grundlagen in Betracht, etwa Art 12 a GG (s. o. Rn. 48)?

II. Die übrigen Diskriminierungsverbote des Art. 3 III GG

50 Art. 3 III GG statuiert nicht nur für das Merkmal Geschlecht (dazu o. Rn. 36 ff.),
sondern auch für die übrigen Merkmale ein absolutes Anknüpfungsverbot (nicht
überzeugend insofern BVerfGE 55, 128 [157]). Der Katalog dieser Merkmale ist
abschließend (*Sachs*, HdbStR V, § 126 Rn. 40); dort nicht genannte personenbezogene Merkmale sind anhand Art. 3 I GG zu prüfen und stellen dort erhöhte
Anforderungen an die Rechtfertigung für differenzierende Regelungen (s. o.
Rn. 25).

1. Art. 3 III 1 GG

51 **Abstammung** meint „die natürliche biologische Beziehung eines Menschen zu
seinen Vorfahren" (BVerfGE 9, 124 [128]). Das Kriterium der **Rasse** bezeichnet
die Zugehörigkeit zu einer Gruppe, die tatsächlich oder angeblich gemeinsame
vererbliche Merkmale aufweist (*Sachs*, HdbStR V, § 126 Rn. 44 m. w. N.). Mit
Sprache ist in erster Linie die Muttersprache gemeint, weil diese erfahrungsgemäß
Anlaß für Diskriminierungen ist. Mit **Heimat** ist die „örtliche Herkunft nach
Geburt oder Ansässigkeit" bezeichnet (BVerfGE 23, 258 [262], nicht jedoch der
ständige Wohnsitz (vgl. BVerfGE 53, 164 [178]). Das Merkmal **Herkunft** meint
die „ständisch-soziale Abstammung und Verwurzelung" (BVerfGE 48, 281
[288]) und zielt heute auf die soziale Stellung der Eltern (*Jarass*, in: J/P, GG,
Art. 3 Rn. 71). Ob und inwieweit den Merkmalen **Glauben, religiöse oder politische Anschauung** eine eigenständige Bedeutung zukommt, ist ungeklärt (*Jarass*,
in: J/P, GG, Art. 3 Rn. 72).

Beachte: Die Staatsangehörigkeit ist kein Merkmal des Art. 3 III GG, unterfällt insbesondere nicht den Kriterien Heimat oder Herkunft. Die unterschiedliche Behandlung von Ausländern insgesamt oder von Angehörigen bestimmter Staaten ist daher nicht an Art. 3 III GG zu messen (*Sachs*, HdbStR V, § 126, Rn. 51 m. w. N.).

2. Art. 3 III 2 GG

Art. 3 III 2 GG wurde 1994 in das Grundgesetz aufgenommen, um verbesserte 52 Lebensbedingungen für **Behinderte** durchzusetzen und Diskriminierungen durch Privatpersonen entgegenzuwirken. Diesem Ziel entspricht die Formulierung und die systematische Stellung des Benachteiligungsverbots für Behinderte allerdings nicht. Denn es handelt sich bei dieser Bestimmung um ein abwehrrechtliches Diskriminierungsverbot, das lediglich gegen Benachteiligungen durch die öffentliche Gewalt schützt (BVerfG, NJW 1998, 131 [132] – *„Sonderschule"*). Inwieweit die Rechtsprechung dieses zu einer Schutzpflicht für Behinderte ausbaut, bleibt abzuwarten (zum Ganzen ausführlich *Sachs*, RdJB 1996, 154 ff.).

III. Art. 6 V GG

Obwohl Art. 6 V GG seiner Formulierung nach darauf schließen läßt, es handele 53 sich lediglich um einen Auftrag an die Gesetzgebung, wendet das BVerfG die Bestimmung als Grundrecht an (BVerfGE 25, 167 [178 ff.]; 74, 33 [38 ff.]; 85, 80 [87 f.]). Art. 6 V GG statuiert damit ein Anknüpfungsverbot für das Merkmal uneheliche Geburt. Darüber hinaus enthält er einen ausdrücklichen Gleichstellungsauftrag und wirkt als „Schutznorm zugunsten der nichtehelichen Kinder" (BVerfGE 84, 168 [184 f.]; 85, 80 [87]), die den vorzeitigen Erbausgleich des nichtehelichen Kindes gegenüber dem leiblichen Vater zu rechtfertigen vermag (BVerfG, NJW 1996, 1884), aber nicht gebietet.

IV. Art. 33 GG

1. Die Inländergleichheit gemäß Art. 33 I GG

Der Sinn des Art. 33 I GG besteht darin, die staatsbürgerliche Gleichheit aller 54 Deutschen trotz bundesstaatlicher Verfassung und unterschiedlicher Landeszugehörigkeit sicherzustellen. Mit dem Begriff staatsbürgerliche Rechte sind nicht nur die politischen Rechte gemeint, sondern das gesamte Verhältnis der Staatsbürger zum Staat, also das öffentliche Recht insgesamt (*Sachs*, HdbStR V, § 126, Rn. 109 ff.). Dagegen erfaßt Art. 33 I GG nur Differenzierungen aufgrund der personalen Bindung an ein Land, nicht jedoch solche nach dem Wohnsitz; er hat daher kaum praktische Bedeutung (*Sachs*, ebda., Rn. 113).

2. Die Gleichheit des Ämterzugangs gemäß Art. 33 II GG

Der Zugang zu öffentlichen Ämtern darf gemäß Art. 33 II GG ausschließlich von 55 den dort genannten Kriterien abhängig gemacht werden. Der Begriff **öffentliches**

Amt ist weit auszulegen; darunter fallen alle beruflichen und ehrenamtlichen Funktionen bei Bund, Ländern und Gemeinden sowie bei Körperschaften und Anstalten des öffentlichen Rechts einschließlich der Arbeiter und Angestellten im öffentlichen Dienst (*Pieroth*, in: J/P, GG, Art. 33 Rn. 5).

a) Eignung

56 Die Eignung bezieht sich auf die körperlichen, seelischen und charakterlichen Eigenschaften eines Bewerbers. Der Verwaltung steht bei der Auslegung dieses Begriffs ein gewisser Beurteilungsspielraum zu (BVerwGE 86, 244 [246]). Die Eignungskriterien müssen jedoch sachgerecht sein und den sonstigen verfassungsrechtlichen Bindungen entsprechen, namentlich Art. 3 III und 33 III GG.

Beispiele:
– Das Lebensalter bzw. die Restdienstzeit eines Soldaten ist kein sachgerechtes Kriterium bei der Beförderung (BVerwGE 86, 169 [174 ff.]).
– Das religiöse Bekenntnis gehört nicht zu den Eignungsanforderungen an einen Lehrer an einer öffentlichen Gemeinschaftsschule, und zwar auch dann nicht, wenn die überwiegende Zahl der Schüler einer bestimmten Konfession angehört (BVerwGE 81, 22 [24 f.]; s. aber BVerwGE 89, 260 [265 ff.] zur Bereitschaft zu Schwangerschaftsabbrüchen als Eignungsanforderungen an einen Chefarzt).

57 Ferner ist das Parteienprivileg nach Art. 21 II 2 GG zu beachten. Das BVerfG erkennt eine gewisse Gewähr für die Treuepflicht als Eignungsmerkmal an und fordert vom Beamten die innere Bereitschaft, „seine dienstlichen Aufgaben nach den Grundsätzen der Verfassung wahrzunehmen" (BVerfGE 92, 140 [151] – „*Kündigung*"; BVerfG, NJW 1997, 2305). Dennoch darf allein die Mitgliedschaft und Tätigkeit in einer Partei, die nicht vom BVerfG verboten wurde, bei der Feststellung der Eignung nach Art. 33 II GG nicht berücksichtigt werden (a. A. BVerfGE 39, 334 [348 ff.]; vgl. jetzt aber EGMR, EuGRZ 1995, 590 ff.). Auch die Berücksichtigung von Gesinnungen ist unzulässig (*Pieroth*, NJ 1992, 89 [91]). Problematisch ist daher die Zulassung politischer Beamter gemäß § 31 I BRRG, deren Eignung die Zugehörigkeit zu einer bestimmten Partei einschließt (krit. *Sachs*, HdbStR V, § 126 Rn. 143).

b) Befähigung

58 Befähigung meint Begabung, Allgemeinwissen und Lebenserfahrung; **fachliche Leistung** bedeutet Fachwissen, Fachkönnen und fachliche Bewährung (*Pieroth*, in: J/P, GG, Art. 33 Rn. 4). Sind mehrere Bewerber nach Eignung, Befähigung und fachlicher Leistung gleich gut qualifiziert, so ist die Auswahl frei. In der Praxis wird dann nach sogenannten Hilfskriterien ausgewählt. Diese dürfen aber wiederum nicht gegen andere Verfassungsnormen verstoßen (zur Unzulässigkeit der Verwendung von Hilfskriterien, die eine mittelbare Diskriminierung von Frauen bewirken *Holznagel/Schlünder*, Jura 1996, 519 [526]). Eine Ausnahme zu Art. 33 II GG statuiert Art. 36 GG. Ob sich aus dem Sozialstaatsprinzip Durchbrechungen zugunsten von Schwerbehinderten, Spätheimkehrern, Wehr-

und Ersatzdienstpflichtigen (BGHZ 102, 6 [9 f.]) entnehmen lassen, ist fraglich (krit. *P/S*, StaatsR II, Rn. 521; *Sachs*, HdbStR V, § 126 Rn. 145). Soziale Kriterien dürfen aber bei der Entscheidung zwischen gleich qualifizierten Bewerbern eine Rolle spielen, also im Rahmen der Hilfskriterien berücksichtigt werden. Nicht abschließend geklärt ist, inwieweit sich aus dem objektiv-rechtlichen Gebot der Bestenauslese aus Art. 33 II GG Anforderungen an das Auswahlverfahren ergeben, etwa durch die Festlegung objektivierter Kriterien, die Transparenz von Entscheidungsabläufen oder die Pflicht zu öffentlicher Ausschreibung (*Sachs*, HdbStR V, § 126 Rn. 124, 144; *Ladeur*, Jura 1992, 77 [83]).

3. Die Religionsgleichheit gemäß Art. 33 III GG

Diese Bestimmung wiederholt Anknüpfungsverbote, die bereits in Art. 3 III und 33 II GG sowie zum Teil in Art. 140 GG i. V. m. Art. 136 II WRV enthalten sind, wobei Art. 33 II GG die speziellere Norm ist. An Art. 33 II GG wurden die Eidespflicht bei Übernahme eines Mandats gemessen (BVerfGE 75, 69 [75]) sowie die Berücksichtigung der Religionszugehörigkeit bei der Einstellung von Lehrern (BVerwGE 81, 22 [24]; dazu o. Rn. 56). **59**

C. Die Wirkung von Gleichheitsverstößen

Grundsätzlich ist eine verfassungswidrige Norm für nichtig zu erklären (§§ 78 S. 1, 82 I, 95 III BVerfGG). Etwas anderes muß aber nach BVerfG mit Rücksicht auf die Gestaltungsfreiheit des Gesetzgebers gelten, wenn ein Gleichheitsverstoß auf verschiedene Weise behoben werden kann. Eine Nichtigerklärung hat in einem solchen Fall nur dann zu erfolgen, wenn mit Sicherheit anzunehmen ist, daß der Gesetzgeber bei Beachtung des Gleichheitsrechts die nach der Nichtigerklärung verbleibende Regelung wählen würde (BVerfGE 88, 87 [101] – „*Transsexuelle*"; *Osterloh*, in: Sachs, GG, Art. 3 Rn. 130 ff.). Das BVerfG stellt dann lediglich die Unvereinbarkeit der Regelung mit dem Gleichheitssatz fest. Dieses besondere Vorgehen im Rahmen der Gleichheitssätze hat seinen Grund darin, daß dem Bürger in vielen Fällen mit der Kassation der angegriffenen Regelung nicht gedient ist. Während bei den Freiheitsrechten das Ziel des Betroffenen ist, den Eingriff abzuwehren, erstrebt er bei Berufung auf den Gleichheitssatz die gleiche Behandlung wie eine bestimmte Vergleichsgruppe. Diese gleiche Behandlung kann aber auf unterschiedliche Art und Weise erreicht werden (s. auch *Heun*, in: Dreier, GG, Art. 3 Rn. 45 f.). **60**

Bei einer **ungleichen Begünstigung** erstrebt der von der begünstigenden Regelung nicht Erfaßte die Erstreckung derselben auf ihn. Das BVerfG besitzt jedoch grundsätzlich nicht die Kompetenz, Regelungen zu erlassen oder deren Anwendungsbereich zu erweitern; dies obliegt vielmehr allein dem Gesetzgeber. Im übrigen ist es Aufgabe des Gesetzgebers, entweder die Regelung auszudehnen, sie **61** abzuschaffen oder insgesamt eine neue Regelung für beide Vergleichsgruppen zu finden (BVerfGE 22, 349 [361]; 28, 227 [242 f.]; *Seer*, NJW 1996, 285 ff.).

Beispiel: Die Berechnung der Erbschaftssteuer bei Grundstücken nach dem Einheitswert begünstigt die Vererbung von Immobilien gegenüber der anderer Vermögenswerte gleichheitswidrig. Die Berechnung nach dem Verkehrswert ist jedoch nicht nur nicht die einzige Möglichkeit, sondern im Hinblick auf Art. 12 und 14 GG ebenfalls nicht sachgerecht. Vielmehr bedarf es einer differenzierten Neuregelung, die es erlaubt, existenz- und erwerbssichernde Vermögen unabhängig von der Vermögensform zu verschonen (BVerfGE 93, 165 [178] – *„Erbschaftssteuer"*; zur Berücksichtigung von Erziehungszeiten bei der Rentenversicherung s. BVerfGE 94, 241 [265 ff.] – *„Erziehungszeiten"*).

62   Bei einer **ungleichen Belastung** kann dagegen grundsätzlich der Wegfall der Belastung und damit die Gleichbehandlung durch Kassation erreicht werden. Dennoch scheut sich das BVerfG, die Nichtigkeit auszusprechen, wenn die belastende Bestimmung zu einem Gesamtregelungskomplex gehört und Zweifel darüber bestehen, ob der Gesetzgeber die Gesamtregelung ohne die gleichheitswidrige Belastung aufrecht erhalten würde (BVerfGE 4, 219 [250]). Ferner sieht das BVerfG dann von einer Kassation ab, wenn die Nichtigerklärung einer Teilregelung aus einem Gesamtregelungskomplex die Ungleichheit noch verschärfen würde.

Beispiel: Das Existenzminimum muß steuerfrei bleiben, ein zu niedrig bemessener Grundfreibetrag verstößt daher gegen die Lastengleichheit im Steuerrecht. Kassieren kann man aber nur entweder die Regelung zum Grundfreibetrag, so daß sich die Ungleichheit noch verschärfen würde, oder die Einkommenssteuerpflicht insgesamt, was zum Zusammenbruch des Staatshaushaltes führen würde. Auch hier ist deshalb die bloße Feststellung der Gleichheitswidrigkeit angebracht (BVerfGE 87, 153 [177 ff.]).

63   Wie dieses Beispiel zeigt, liegt in der Nichtigkeitserklärung noch ein weiteres Problem: die Nichtigkeit wirkt ex tunc, also bis auf den Zeitpunkt der Entstehung der Regelung bzw. dem Eintritt der Verfassungswidrigkeit durch Änderung der Umstände zurück. Dies hätte im Beispielsfall bewirkt, daß unzählige Steuerfälle auf Jahre zurück neu hätten aufgerollt werden müssen. Dies hätte nicht nur den gegenwärtigen Haushalt gefährdet, sondern wäre mit dem Grundsatz der periodischen Haushaltsplanung gemäß Art. 110 II GG in Konflikt geraten (krit. hierzu *Seer*, NJW 1996, 285 [288 f.]).

D. Verhältnis der Gleichheitsrechte untereinander

64   Art. 3 I GG ist das „Auffanggrundrecht" der Gleichheitsrechte, d. h. er ist jeweils nach den übrigen Gleichheitsrechten zu prüfen, und zwar nur dann, wenn nicht bereits ein Verstoß gegen ein spezielles Gleichheitsrecht vorliegt. Innerhalb der speziellen Gleichheitsrechte läßt sich kein weiteres generelles Spezialitätsverhältnis ausmachen. Sie ergänzen und überschneiden sich teilweise. Die Auswahl desjenigen Gleichheitsrechts, mit dem eine Arbeit begonnen wird, sollte sich daher an der Sachnähe und der Übersichtlichkeit orientieren.

Beispiel: Die Prüfung der Frauenquote im öffentlichen Dienst (s. o. Rn. 41) beginnt man sinnvollerweise mit Art. 33 II GG, der jedoch nach h. M. nicht verletzt ist (s. o. Rn. 58). Der eigentliche Schwerpunkt der Prüfung sollte dann auf Art. 3 III, II GG liegen. Man könnte diese Prüfung in die von Art. 33 II GG integrieren mit der Begründung, daß auch bei gleicher Qualifikation der Bewerber jedenfalls nicht auf die Merkmale zurückgegriffen werden darf, die einem Anknüpfungsverbot nach Art. 3 III GG unterliegen. Übersichtlicher dürfte es jedoch sein, Art. 3 III, II GG getrennt zu prüfen. Verneint man auch einen Verstoß gegen Art. 3 III GG, dann käme theoretisch noch eine Prüfung von Art. 3 I GG in Betracht. Da sich jedoch dem Fall andere Aspekte als der der Geschlechterdiskriminierung nicht abgewinnen lassen, ist die Erörterung aller relevanten Fragen mit der Prüfung von Art. 3 III GG erschöpft, so daß sich Art. 3 I GG erübrigt. Etwas anderes kann aber gelten, wenn es sich um einen Fall mittelbarer Diskriminierung von Frauen handelt (s. o. Rn. 45), weil hier das Gesetz auf andere Gründe als die der Ungleichbehandlung der Geschlechter gestützt sein kann, die ihrerseits daraufhin überprüft werden können, ob sie den Rechtfertigungsanforderungen des Art. 3 I GG genügen.

E. Wiederholung

I. Kontrollfragen

1. Für welche der drei Staatsgewalten hat Art. 3 I GG die größte Bedeutung erlangt?

2. Nach welchem Prüfungsaufbau wird Art. 3 I GG geprüft?

3. Wann sind Personengruppen vergleichbar?

4. Wann sind Personengruppen in einem wesentlichen Punkt vergleichbar?

5. Wann liegt eine Ungleichbehandlung der im wesentlichen vergleichbaren Personengruppen vor?

6. Nach welchem Prüfungsmuster erfolgt die Prüfung der Rechtfertigung einer Ungleichbehandlung?

7. In welchen Absätzen des Art. 3 GG ist die Gleichberechtigung der Geschlechter geregelt?

8. Sind beide Absätze, soweit sie das Verhältnis von Mann und Frau betreffen, identischen Inhalts?

9. In welchem Verhältnis stehen beide Absätze zueinander?

10. Inwiefern nimmt Art. 6 V GG eine Sonderstellung innerhalb der Gleichheitsrechte ein?

11. Bei welchem Merkmal des Art. 33 II GG spielt die Verfassungstreue eine Rolle?

12. Erklärt das BVerfG ein gleichheitswidriges Gesetz regelmäßig für nichtig?

II. Lösungen

1. Für den Gesetzgeber (s. o. Rn. 2).

2. Nach dem zweistufigen Prüfungsaufbau: a) Feststellung einer Ungleichbehandlung und b) Frage nach einer Rechtfertigung (s. o. Rn. 6 f., 8).

3. Wenn sie unter einen gemeinsamen Oberbegriff gefaßt werden können, z. B.
   sind sowohl Bäcker als auch Schreiner Handwerker (s. o. Rn. 11 f.).

4. Wenn der Oberbegriff einen Bezug zum Zweck der Regelung aufweist. Zielt
   die Regelung z. B. auf Lebensmittelreinhaltung, so sind Bäcker und Metzger
   in einem wesentlichen Punkt vergleichbar, weil beide Lebensmittel herstellen;
   nicht in einem wesentlichen Punkt vergleichbar dagegen Bäcker und Schreiner (s. o. Rn. 13 f.).

5. Wenn sie nicht nur formal, sondern real, d. h. gemessen an den tatsächlichen
   Auswirkungen der Regelung, ungleich behandelt werden (s. o. Rn. 15 ff.).

6. Nach dem Verhältnismäßigkeitsgrundsatz; gefragt wird also nach Geeignetheit, Erforderlichkeit und Angemessenheit der Ungleichbehandlung im Hinblick auf das Regelungsziel (s. o. Rn. 22 ff.).

7. In Art. 3 II und III GG.

8. Nein. Art. 3 III GG enthält ein Anknüpfungsverbot, garantiert also formale
   Gleichbehandlung, während Art. 3 II 1 GG gegen faktische Beeinträchtigungen schützt (s. o. Rn. 34).

9. Art. 3 II 1 GG kann Rechtfertigungsgrundlage für eine nach Art. 3 III GG
   verpönte Ungleichbehandlung der Geschlechter sein (s. o. Rn. 42).

10. Er enthält einen ausdrücklichen Gleichstellungsauftrag an den Gesetzgeber.

11. Bei der „Eignung".

12. Nein. Häufig wird das Gesetz lediglich für „unvereinbar" mit dem GG er-
    klärt, damit der Gesetzgeber die Regelung durch eine andere ersetzt (s. o.
    Rn. 60 ff.).

Kapitel 4. Wahlrecht und Chancengleichheit der Parteien

§ 20. Die Wahlrechtsgrundsätze, Art. 38 I 1 GG

Literatur: **zur Einführung:** *Kunig, P.*, Fragen zu den Wahlrechtsgrundsätzen, Jura 1994, 554 ff.; **Zur Vertiefung:** *Backhaus, R.*, Neue Wege beim Verständnis der Wahlgleichheit, DVBl 1997, 737 ff.; *Ehlers, D./Lechleitner, M.*, Die Verfassungsmäßigkeit von Überhangmandaten, JZ 1997, 761 ff.; *Lenz, C.*, Die Wahlrechtsgleichheit und das Bundesverfassungsgericht, AöR 121 (1996), 337 ff.; *Mager, U./Uerpmann, R.*, Überhangmandate und Gleichheit der Wahl, DVBl 1995, 273 ff.; *Roth, G.*, Zur Durchsetzung der Wahlrechtsgrundsätze vor dem Bundesverfassungsgericht, DVBl 1998, 214 ff.; *Schreiber, W.*, Handbuch des Wahlrechts zum Deutschen Bundestag, 5. Aufl. 1994; *ders.*, Die Neueinteilung der Wahlkreise für die Wahl zum 14. Deutschen Bundestag – verfassungswidrig?, ZRP 1997, 105 ff.

Leitentscheidungen: BVerfGE 7, 63 ff. – „*starre Liste*"; 34, 81 ff. – „*Wahlschlüsselverfahren*"; 47, 253 ff. – „*Gemeindewahl*"; 51, 222 ff. – „*5%-Sperrklausel*"; 95, 335 ff. – „*Überhangmandate*"; 95, 408 ff. – „*Grundmandat*".

A. Überblick und Bedeutung

Art. 38 I 1 GG garantiert das aktive wie auch das passive Wahlrecht und enthält die Wahlrechtsgrundsätze. Er bezieht sich nur auf die Wahlen zum Bundestag, nicht aber auf Wahlen zum Landtag oder zu Gemeindevertretungen. Allerdings stellen die in Art. 38 I 1 GG genannten Wahlrechtsgrundsätze demokratische Mindestanforderungen auf, so daß sie nach ganz h. M. ihrem Sinn nach auch unterhalb der Bundesebene gelten (BVerfGE 47, 253 [276 f.] – „*Gemeindewahl*" m. w. N.). Für Kreis-, Gemeinde- und Landtagswahlen legt dies Art. 28 I 2 GG ausdrücklich fest, ohne jedoch damit die unmittelbare Anwendbarkeit von Art. 38 I 1 GG als verfassungsbeschwerdefähiges Grundrecht anzuordnen (*Kunig*, Jura 1994, 554 [555]). Allerdings sind die Wahlgrundsätze nicht unbesehen auf Wahlen innerhalb von Selbstverwaltungseinrichtungen anzuwenden, soweit es sich um eine Einrichtung mit bestimmten Sachaufgaben handelt, die gewisse Fachkompetenzen erfordern, wie etwa auf Wahlen zu Hochschulgremien (BVerfGE 39, 247 [254 ff.]; weitere Beispiele bei *Magiera*, in: Sachs, GG, Art. 38 Rn. 77; zu den Anforderungen an die innerparteiliche Demokratie s. OVG Hamburg, DVBl 1993, 1070 f.). 1

Jeder Bürger hat aus Art. 38 I 1 GG ein subjektives Recht auf Wahl der Abgeordneten und auf eine Ausgestaltung des Wahlsystems, das den dort genannten Grundsätzen entspricht. Darüber hinaus hat das BVerfG in seiner *Maastricht-* 2

Entscheidung aus Art. 38 I 1 GG ein Recht des Bürgers darauf hergeleitet, daß dem durch ihn gewählten Bundestag die Zuständigkeit für Entscheidungen substantiellen Gewichts erhalten bleibt (BVerfGE 89, 155 [182]). Auch soweit man das Wahlrecht aus Art. 38 I 1 GG überwiegend nicht als Grundrecht, sondern als grundrechtsgleiches Recht bezeichnet (s. hierzu *Windthorst,* VerfR I, § 3 Rn. 7), bedeutet dies keinen Unterschied in der Wirkungsweise; der einzelne kann sein Recht gemäß Art. 93 I Nr. 4 a GG im Wege der Verfassungsbeschwerde durchsetzen. Verfassungsbeschwerden gegen Wahlbestimmungen, die die Wahlgleichheit bei Wahlen unterhalb der Bundesebene verletzen, können auf Art. 3 I GG gestützt werden, weil die Wahlgleichheit ein „Anwendungsfall" des allgemeinen Gleichheitssatzes ist (BVerfGE 47, 253 [269] – *„Gemeindewahl"*). Art. 38 I 1 GG enthält keine Freiheitsrechte, das Wahlrecht ist vielmehr ein Anspruch auf politische Teilhabe in einer bestimmten Form.

3   Die Wahlrechtsgrundätze dienen außerdem dazu, die demokratische Legitimation des Bundestages als Volksvertretung und durch diesen vermittelt auch der gesamten Staatsgewalt zu garantieren (*Badura,* in: BK, GG V, Anh. z. Art. 38: BWahlG Rn. 2). Die Staatsgewalt geht nur dann tatsächlich vom Volk aus, wenn die Besetzung der Volksvertretung dem Wählervotum entspricht und nicht durch Einflußnahme „von oben" manipuliert wird. Das Wahlrecht ist das wichtigste politische Teilhaberecht des Bürgers, insbesondere weil die vom GG vorgesehene repräsentative Demokratie dem einzelnen wenig politische Mitwirkungsbefugnisse außerhalb der Wahlen zu den Volksvertretungen einräumt. Wegen seiner grundlegenden Bedeutung für die demokratische Legitimation der Staatsgewalt ist nicht nur das Wahlrecht selbst unverzichtbar (*Magiera,* in: Sachs, GG, Art. 38 Rn. 100), sondern auch seine Ausübung nach den in Art. 38 I 1 GG genannten Grundsätzen.

B. Wahlberechtigte

4   Das Recht zur Wahl der Abgeordneten des Bundestages steht nur **Deutschen** zu. Art. 38 I GG ordnet dies zwar nicht ausdrücklich an, es handelt sich jedoch um ein staatsbürgerliches Recht, das nach Art. 20 II GG vom Volk, d. h. vom deutschen Staatsvolk, ausgeübt wird (*Magiera,* in: Sachs, Art. 38 Rn. 100). Ob damit die einfachgesetzliche Einführung des Ausländerwahlrechts für Kommunalwahlen ausgeschlossen ist, ist umstritten (s. etwa BVerfGE 83, 37 [50 ff.]; 83, 60 [71 ff.]; *Bryde,* JZ 1989, 257 ff.). Nunmehr sieht Art. 28 I 3 GG die Einführung des Kommunalwahlrechts für EU-Ausländer vor.

C. Die Wahlrechtsgrundsätze, Art. 38 I 1 GG

Art. 38 I 1 GG erstreckt sich auf den gesamten Vorgang, der zur Besetzung des Bundestages führt: von der Aufstellung der Kandidaten bis zur Verteilung der Parlamentssitze. Das BVerfG hat daher auch die Kandidatenaufstellung an den Grundsätzen des Art. 38 I 1 GG gemessen (BVerfGE 41, 399 [417]). Dieser erfaßt sowohl das aktive Wahlrecht, d.i. das Recht zu wählen, als auch das passive Wahlrecht, d.i. das Recht, sich wählen zu lassen.

Art. 38 III GG enthält keinen Gesetzesvorbehalt im Sinne einer Rechtfertigungsgrundlage für Eingriffe, sondern den Auftrag an den Gesetzgeber, das Wahlsystem nach den in Art. 38 I 1 GG festgelegten Grundsätzen auszugestalten. Insbesondere kann der Gesetzgeber das Wahlsystem bestimmen und ein reines Mehrheitswahlrecht oder ein reines Verhältniswahlrecht einführen, er kann aber auch – wie geschehen – beide Wahlsysteme miteinander verbinden. „Die dem Bundesgesetzgeber anvertraute Aufgabe zur Gestaltung des Wahlrechts erschöpft sich nicht in der Regelung technischer Einzelheiten, sondern erfordert schon im Hinblick auf die Auswahl des Wahlsystems und dessen Durchführung im einzelnen vielfältige Entscheidungen von großer Tragweite. Dem Bundesgesetzgeber ist hier ein weiter Gestaltungsspielraum eingeräumt (…). Der Verfassungsgeber hat bewußt darauf verzichtet, ein Wahlsystem und dessen Durchführung verfassungsrechtlich vorzuschreiben (…). Er hat damit ein Stück materiellen Verfassungsrechts offengelassen, das vom Wahlgesetzgeber auszufüllen ist" (BVerfGE 95, 335 [349] – „*Überhangmandate*").

I. Unmittelbarkeit

Die Unmittelbarkeit der Wahl enthält eine Absage an das sogenannte Wahlmännersystem, in dem die Bürger nicht die Abgeordneten selbst, sondern Wahlmänner wählen, die ihrerseits die Abgeordneten bestimmen. Unmittelbare Wahl bedeutet direkte Wahl der Abgeordneten durch den wählenden Bürger. Ausgeschlossen ist daher ein Wahlverfahren, „bei dem sich zwischen Wähler und Wahlbewerber nach der Wahlhandlung eine Instanz einschiebt, die nach ihrem Ermessen die Abgeordneten auswählt" (BVerfGE 7, 63 [68] – „*starre Liste*"). Der Wähler muß vor dem Wahlakt erkennen können, welche Personen sich um ein Abgeordnetenmandat bewerben und wie sich die eigene Stimmabgabe auf Erfolg oder Mißerfolg der Wahlbewerber auswirken kann. Nur so ist eine selbstbestimmte und rationale Entscheidung des Wählers möglich (BVerfGE 95, 335 [350] – „*Überhangmandate*").

Nicht gegen den Grundsatz der Unmittelbarkeit verstößt die sogenannte starre Liste, d. h. die Wahl von ganzen Parteilisten ohne die Möglichkeit der Streichung oder der Auswahl einzelner auf der Liste befindlicher Kandidaten. Denn die Wahl eines Listenkandidaten ist zwar von der Mitwahl aller anderen abhängig, der

Wähler hat jedoch auch hier das letzte Wort. Allerdings muß die Liste vor der Wahl endgültig feststehen und darf danach nicht mehr verändert werden. Auch bei Ausscheiden eines Abgeordneten aus dem Bundestag während der laufenden Legislaturperiode darf nicht irgendein Kandidat von der Partei des Ausscheidenden als Nachfolger benannt werden, sondern es rückt der nächste von der Parteiliste, wie sie bei der Wahl aufgestellt wurde, in den Bundestag nach (BVerfGE 7, 63 [72] – „*starre Liste*"). Umstritten ist allerdings die Verfassungsmäßigkeit von § 48 I 2 BWahlG, nach dem ein Listenkandidat vom Nachrücken ausgeschlossen ist, wenn er zwischenzeitlich aus der Partei ausgeschieden ist (Nachw. bei *Badura*, in: BK, GG V, Anh.z.Art.38:BWahlG Rn. 28 mit Fn. 97). Nach h. M. ist die Bestimmung insoweit mit Art. 38 I 1 GG vereinbar, als der potentielle Nachrücker freiwillig die Partei verlassen hat, denn auch die Nichtannahme der Wahl durch einen Kandidaten oder die Mandatsniederlegung, die auf freier Willensentscheidung des Gewählten selbst beruhen, sind zulässige Ausnahmen zur Unmittelbarkeit der Wahl. Der unfreiwillige Parteiausschluß kann dagegen die Liste nicht verändern, weil ansonsten die Partei die Macht hätte, unabhängig vom Wählerwillen einen mit der Liste gewählten Kandidaten vom Mandat auszuschließen (*Kunig*, Jura 1994, 554 [556 f.]).

9 Das Rotationsprinzip, nach dem sich Abgeordnete einer Partei verpflichten, vor Ablauf der Mandatszeit ihr Mandat niederzulegen, um einem nächsten Kandidaten Platz zu machen, beeinträchtigt die Unmittelbarkeit der Wahl nicht, weil die Liste damit nicht verändert wird (StGH Niedersachsen, NJW 1985, 2319 [2320]).

II. Freiheit

10 Die Wahlfreiheit gewährleistet zunächst, daß die Wahlhandlung frei von Zwang oder unzulässigem Druck erfolgt (*Badura*, in: BK, GG V, Anh.z.Art.38:BWahlG Rn. 29). Der Wähler soll seine Wahlentscheidung nach seinem höchstpersönlichen Urteil fällen und nicht durch die Angst vor Sanktionierung einer bestimmten Entscheidung beeinflußt werden. Die Einführung einer Wahlpflicht, trotz deren der Wähler sich enthalten oder eine ungültige Stimme abgeben kann, ist daher kein Verstoß gegen die Freiheit der Wahl (a. A. die h. M., s. etwa *Magiera*, in: Sachs, GG, Art. 38 Rn. 85). Denn selbst wenn ein Wahlboykott eine politische Stellungnahme enthalten kann, so kann derselbe Zweck auch durch das Abgeben einer ungültigen Stimme erreicht werden; die Zahl der ungültig abgegeben Stimme wird auch veröffentlicht.

11 Über die Gewährleistung einer freien Wahlhandlung hinaus hat das BVerfG aus Art. 38 I 1 3. Alt. GG auch die Garantie abgeleitet, „daß der Wähler in einem freien, offenen Prozeß der Willensbildung zu seiner Wahlentscheidung finden kann" (BVerfGE 66, 369 [380]; 79, 161 [165 f.]). Allerdings ist die Abgrenzung zwischen politischer Meinungskundgabe oder Wahlkampf auf der einen Seite und unzulässiger Beeinflussung auf der anderen Seite nicht immer leicht zu ziehen.

Beispiele:

– Ein Siegburger Unternehmer schickte vor der Bundestagswahl an alle Angestellten einen Brief, in dem es u. a. hieß: „Eine Zahl von 2,5 Millionen Arbeitslosen erscheint mir unter der Voraussetzung, daß die Sozialisten weiter regieren werden, als noch bei weitem zu tief gegriffen. Ich selbst sehe dann für unsere Betriebe keine Möglichkeit die Beschäftigungszahl zu halten, wenn … die Bauwirtschaft noch weiter konjunkturmäßig zurückgeht. Ich bitte sie daher mit Ihrer Familie und Ihren Freunden darüber zu diskutieren und im Interesse unseres Staates und zur Erhaltung von Arbeitsplätzen der bisherigen Arbeitsplatzvernichtungspolitik der S.P.D. eine deutliche Abfuhr durch Stimmabgabe für die C.D.U. zu erteilen." Das BVerfG sah hierin keine Wählernötigung im Sinne des § 108 StGB, weil der Unternehmer nicht angedroht habe, seine Mitarbeiter bei einem Wahlsieg der SPD ohne weiteres zu entlassen, sondern dies von einer Konjunkturverschlechterung abhängig gemacht habe (BVerfGE 66, 369 [380]).

– Demgegenüber hat der VGH Kassel die Wahlpropaganda einer Partei unmittelbar vor dem Wahllokal beanstandet (VGH Kassel, NVwZ 1991, 702 f.).

Umstritten ist, ob der Wahlfreiheit unmittelbare Drittwirkung zukommt, Privat-   **12** personen also aus Art. 38 I 1 3. Alt. GG direkt verpflichtet sind, die Ausübung unzulässigen Drucks zu unterlassen (*P/S*, StaatsR II, Rn. 1124 f. m. w. N.).

Das BVerfG hat die Frage, ob die Regelung zulässig ist, nach der Wahlvorschläge   **13** nur von Parteien, nicht aber von unabhängigen Wählern eingereicht werden können, an dem Grundsatz der Wahlfreiheit gemessen (BVerfGE 41, 399 [417]). Systematisch dürfte es sich jedoch um eine Frage von Allgemeinheit und Gleichheit der Wahl handeln (s.u. Rn. 30 ff.).

III. Geheimheit

Die geheime Wahl sichert die Freiheit der Wahl, indem sie dem Wähler ermög-   **14** licht, sein Abstimmungsverhalten für sich zu behalten und so eine eventuelle Sanktionierung zu verhindern. Geheim ist die Wahl, wenn der Wähler seinen Stimmzettel unbeobachtet kennzeichnet und in den Wahlumschlag legt. Ferner darf weder der Stimmzettel noch der Wahlumschlag irgendwelche Kennzeichnungen enthalten, die Rückschlüsse auf den Wähler zulassen. Ausnahmen sind nur zulässig, soweit sie zur Durchführung einer ordnungsgemäßen Wahl unerläßlich sind, z. B. Vermerk über die erfolgte Stimmabgabe im Wählerverzeichnis, Überprüfung von Wahlvorschlägen hinsichtlich der Echtheit der Unterschriften (*Magiera*, in: Sachs, GG, Art. 38 Rn. 98).

Auf die geheime Stimmabgabe kann der einzelne Wähler nicht verzichten, denn   **15** es läßt sich ansonsten nicht sicherstellen, daß der Wähler freiwillig auf die Geheimheit verzichtet hat. Bei der Briefwahl nach § 36 BWahlG kann die geheime, d. h. die unbeobachtete Stimmangabe nicht durch staatliche Vorkehrungen im Wahllokal garantiert werden, so daß eine gewisse Gefahr einer offenen und eventuell nicht freien Wahl nicht völlig ausgeschlossen werden kann. Dennoch ist die Briefwahl zulässig, weil sie dem Grundsatz der Allgemeinheit der Wahl Rechnung trägt (s.u. Rn. 32). Denn Bürger, die nicht in der Lage sind, ein Wahllokal aufzusuchen, wären ansonsten von der Teilnahme an der Wahl ausgeschlossen (BVerfGE 59, 119 [127 f.]).

IV. Gleichheit

16 Die **Gleichheit der Wahl** betrifft wie Art. 38 I 1 GG im übrigen sowohl das aktive wie auch das passive Wahlrecht.

1. Aktives Wahlrecht

17 Art. 38 I 1 4. Alt. GG ist Ausdruck der dem GG zugrunde liegenden Prinzip egalitärer Demokratie. Für den einzelnen Wähler garantiert die Wahlgleichheit, daß er als Staatsbürger strikt und formal gleich behandelt wird wie seine Mitbürger (BVerfGE 95, 335 [368] – *„Überhangmandate"*, abw.M., m. w. N.; 95, 408 [417] – *„Grundmandat"*).

a) Gleicher Zählwert

18 Das Grundprinzip egalitärer Demokratie fordert in Abkehr von den historischen Modellen des Stände- oder Klassenwahlrechts, nach denen die Stimmberechtigung nach Herkunft oder Steuerzahlkraft jeweils unterschiedlich gezählt wurde, zunächst den **gleichen Zählwert** jeder abgegebenen Stimme, also das Prinzip „pro Kopf eine Stimme".

b) Gleiche Erfolgschance

19 Darüber hinaus verbürgt die Wahlgleichheit jedoch auch die gleiche Stimmgewichtung und damit die **gleiche Erfolgschance**, d. h. jede Stimme muß potentiell den gleichen Einfluß auf die Zusammensetzung des Parlamentes haben. Damit ist aber noch nicht festgelegt, nach welchem System die Kandidaten gewählt werden, ob nach Verhältnis- oder nach Mehrheitswahlrecht (BVerfGE 95, 335 [353] – *„Überhangmandate"*; 95, 408 [417] – *„Grundmandat"*; 34, 81 [100] – *„Wahlschlüsselverfahren"*). Beim **Mehrheitswahlrecht** werden nicht Parteilisten, sondern einzelne Kandidaten gewählt; einen Sitz erringt, wer in seinem Wahlkreis die meisten Stimmen auf sich vereinigt. Dadurch wirken sich die Stimmen, die auf einen in einem Wahlkreis unterlegenen Kandidaten entfallen, auf die endgültige Zusammensetzung des Parlamentes nicht aus und die auf die Parteien entfallenden Prozentzahlen der Stimmen spiegeln sich in der Sitzverteilung nicht wider (krit. zum Mehrheitswahlrecht daher *Meyer*, HdbStR II, 1987, § 37 Rn. 264 ff.; *Bakker*, ZRP 1994, 457 ff.). Aber alle Wähler haben ex ante betrachtet dieselbe Chance auf das Wahlergebnis Einfluß zu nehmen, sofern in jedem Wahlkreis gleich viele Wahlberechtigte zusammengefaßt sind. Denn ansonsten könnte im Extremfall eine Bevölkerungsminderheit die Mehrheit der Abgeordneten wählen. Beim reinen **Verhältniswahlsystem** werden dagegen nicht einzelne Kandidaten, sondern Parteien gewählt. Danach werden die Parlamentssitze je nach der erreichten Prozentzahl der Stimmen auf die Parteilisten verteilt. Dies gewährleistet, daß jede abgegebene Stimme sich in der Sitzverteilung im

Parlament widerspiegelt. Allerdings gewinnen so die Parteien erheblichen Einfluß auf die Auswahl der Kandidaten.

Ein einmal gewähltes Wahlsystem muß konsequent durchgehalten und darf nicht   20
an einzelnen Stellen durchbrochen werden. Beim reinen Verhältniswahlsystem
muß die Methode der Sitzverteilung daher gewährleisten, daß für jeden Sitz im
Bundestag genauso viele Stimmen benötigt werden, d. h. es genügt nicht, daß jede
Stimme die gleiche Erfolgschance hat, sondern sie muß tatsächlich den **gleichen
Erfolgswert** haben (BVerfGE 95, 335 [353 f.] – „*Überhangmandate*"; 95, 408
[417] – „*Grundmandat*"; 34, 81 [100] – „*Wahlschlüsselverfahren*"). Lediglich
geringe Unschärfen, die dadurch entstehen, daß es keine Bruchteile von Sitzen
gibt, sind hinzunehmen. Darüber hinausgehende Ungleichgewichtungen können
nicht damit gerechtfertigt werden, daß das reine Mehrheitswahlrecht eine viel
größere Verzerrung der Parteienproportionalität im Bundestag herbeiführen
würde; denn das Verhältniswahlrecht eröffnet von seiner Zielsetzung her jedem
Wähler die Möglichkeit, auf den Anteil der Sitze der von ihm gewählten Partei
Einfluß zu nehmen (BVerfGE 95, 335 [371 f.] – „*Überhangmandate*", abw.M.).
Beim Mehrheitswahlsystem liegt dagegen der Schwerpunkt der Manipulations-
möglichkeit auf der Wahlkreiseinteilung. In Staaten mit Mehrheitswahlsystem
gibt es daher durchweg eine verfassungsrechtliche Garantie, daß die Größe der
einzelnen Wahlkreise nicht mehr als eine gewisse Marge – in Frankreich z. B.
20%, in Kanada 25%, voneinander abweichen darf (BVerfGE 95, 335 [363 f.] –
„*Überhangmandate*").

Das BWahlG sieht ein **gemischtes Wahlsystem** vor, das sowohl Elemente des   21
Mehrheitswahlsystems als auch solche des Verhältniswahlsystems enthält und
daher **personalisiertes Verhältniswahlrecht** genannt wird; auch dies ist zulässig. Es
dient dem Zweck, die Vorteile beider Systeme miteinander zu verbinden: alle
abgegebenen Stimmen sollen auf die Sitzverteilung im Bundestag Einfluß haben,
der Wähler soll aber auch einzelne Kandidaten wählen können und so einen
Anreiz dafür setzen, daß sich die Wahlbewerber in ihrem Wahlkreis um den
persönlichen Kontakt mit den Wählern bemühen. Gemäß § 1 BWahlG werden
die Hälfte der 656 Abgeordneten in 328 Wahlkreisen im Wege des Mehrheits-
wahlrechts gewählt, wobei die relative Mehrheit zu Erringung eines Sitzes ausreichend ist. Die übrigen 328 Abgeordneten werden nach landesweiten Parteilisten im Wege der Verhältniswahl gewählt. Dementsprechend hat jeder Wähler
zwei Stimmen: die erste für den Direktkandidaten im jeweiligen Wahlkreis und
die zweite Stimme für die jeweilige Landesliste einer Partei (§ 4 BWahlG). Es
handelt sich allerdings nicht um ein sogenanntes Grabensystem, nach dem die
Hälfte aller Sitze im Bundestag mit den Wahlkreissiegern besetzt und die andere
Hälfte sodann auf die Parteilisten verteilt wird, sondern die Direktmandate werden auf die Parteilisten angerechnet, so daß im Ergebnis der Bundestag grundsätzlich nach dem Verhältniswahlsystem besetzt wird – bis auf die sogenannten
Überhangmandate gemäß § 6 V BWahlG. Die pro Land errungenen Überhang-

mandate verbleiben einer Partei auch dann, wenn sie bundesweit zur Wahl antritt und ihre Landeslisten durch Listenverbindung gemäß § 7 I BWahlG daher bei der Sitzverteilung aufgrund der Zweitstimmen zunächst als Bundesliste behandelt wird. Denn § 7 III 2 BWahlG hebt die Listenverbindung für diesen Fall wieder auf (BVerfGE 95, 335 [347]; a. A. *Nicolaus*, NJW 1995, 1001 [1002 f.]).

22 Aufgrund des gemischten Wahlsystems sind die konkreten Anforderungen aus Art. 38 I 1 4. Alt. GG nicht unumstritten. Denn die Forderung, jedes Wahlsystem müsse in sich konsequent sein, hilft bei der Prüfung einer Regelung, die sich gerade aus der Verknüpfung beider Wahlsysteme ergibt, nicht weiter. Eine solche Regelung ist die Möglichkeit der Entstehung von Überhangmandaten nach § 6 V BWahlG, denn Überhangmandate entstehen weder im reinen Mehrheits- noch im reinen Verhältniswahlsystem, sondern gerade durch deren Kombination. Die Schwierigkeit der Maßstabsgewinnung für solche Fälle hat sich kürzlich in der Entscheidung des BVerfG zur Verfassungsmäßigkeit von Überhangmandaten gezeigt, die mit Stimmengleichheit getroffen wurde, d. h. nur vier Stimmen haben die Entscheidung getragen (BVerfGE 95, 335 [349 ff.] – „*Überhangmandate*"), die anderen vier Richter haben ihre abweichende Auffassung zum Ausdruck gebracht (BVerfGE 95, 335 [367 ff.] – „*Überhangmandate*").

23 **Beispielsfall (BVerfGE 95, 335 ff.):** Bei der Bundestagswahl 1994 sind insgesamt 16 **Überhangmandate** angefallen (instruktiv zu dieser Wahl *Mager/Uerpmann*, DVBl 1995, 273 ff.). Überhangmandate entstehen dadurch, daß in einem Wahlkreis die Zahl der direkt gewählten Abgeordneten mangels ausreichender Listenplätze für dieselbe Partei in dem entsprechenden Land nicht alle verrechnet werden können. In Baden-Württemberg beispielsweise errang die CDU alle 37 Direktmandate, aber nur 35 Listenmandate, so daß 2 Überhangmandate anfielen. Die Entstehung von Überhangmandaten kann zusammenhängen mit dem relativen Mehrheitswahlsytem, in dem derjenige gewählt ist, der die meisten Stimmen gewinnt, auch wenn dies nicht 50% aller abgegebenen Stimmen sind. So kann eine Partei theoretisch alle Wahlkreise eines Landes mit einem Stimmenanteil von 30% gewinnen, sofern keine andere Partei in einem Wahlkreis mehr Stimmen erreicht, aber nur 30% der Listenmandate. Dies setzt allerdings voraus, daß viele Parteien zur Wahl antreten, was in Deutschland bislang nicht der Fall ist. In Baden-Württemberg, das als traditionelle FDP-Hochburg gilt, war die Entstehung der Überhangmandate jedoch zurückzuführen auf das sogenannte Stimmensplitting, d. h. auf das typische Wahlverhalten von vielen FDP-Wählern, die ihre Erststimme, um sie nicht an einen aussichtslosen Kandidaten zu „verschwenden", einem CDU-Kandidaten gegeben haben und ihre Zweitstimme der FDP. In Bremen kam es zu einem Überhangmandat für die SPD aufgrund der sogenannten Reststimmenverteilung, die notwendig wird, um Bruchteile von Sitzanteilen zu ganzen Mandaten zusammenzulegen. Überhangmandate können jedoch noch auf andere Weise entstehen, und zwar bedingt durch ein Mißverhältnis der Zahl der Wahlkreise pro Land gegenüber der Zahl der abgegebenen Stimmen. In Sachsen

beispielsweise gab es 21 Wahlkreise, die alle von CDU-Kandidaten gewonnen wurden. Aufgrund des Verhältnisausgleichs, der anhand der abgegebenen Stimmen berechnet wird, gab es jedoch nur 36 Listenplätze in Sachsen zu verteilen, von denen die CDU mit 50% 18 erhielt. Somit konnten nur diese 18 Listenmandate mit den 21 Direktmandaten verrechnet werden, so daß 3 Überhangmandate anfielen. In Sachsen lebten zur Zeit der Wahl 5,94% der deutschen Gesamtbevölkerung, dem hätte ein Anteil von 19,49 Wahlkreisen an den 328 im Bundesgebiet zu vergebenden entsprochen, also von 19 oder 20, nicht aber 21. Noch weiter verschärft hatte sich dieses Mißverhältnis durch die geringe Wahlbeteiligung von 72% in Sachsen im Vergleich zu 79% bundesweit, was dazu führte, daß nicht – wie nach der Zahl der in Sachsen ansässigen Wahlberechtigten zu erwarten war – 39, sondern nur 36 Sitze auf Sachsen entfielen. Ähnliches gilt für die übrigen 10 Überhangmandate, die in den neuen Bundesländern anfielen. Das Entstehen von Überhangmandaten in den neuen Bundesländern rührte also daher, daß beim Mehrheitswahlrecht die Wahlkreise vor der Wahl aufgrund von Bevölkerungsprognosen eingeteilt werden müssen, die im Zeitpunkt der Wahl aufgrund von Bevölkerungsabwanderung oder niedriger Wahlbeteiligung nicht mehr mit der Zahl der abgegebenen Stimmen übereinstimmen müssen. Die Sitzverteilung nach dem Verhältniswahlrecht erfolgt dagegen immer aufgrund der tatsächlich abgegebenen Stimmen, so daß durch die Kombination beider Systeme eine Diskrepanz entstehen kann. Die Zahl der Wahlkreise bzw. eine geringe Wahlbeteiligung wirkt sich allerdings nur dann zugunsten von Überhangmandaten aus, wenn eine Partei nahezu alle Direktmandate gewinnt, sie begünstigt damit große Parteien, die gute Chancen auf viele Direktmandate haben; dementsprechend sind 12 der 16 Überhangmandate der CDU zugefallen, davon 10 in den neuen Bundesländern aufgrund des Mißverhältnisses zwischen Wahlkreiszahl und Zahl der abgegebenen Stimmen; für die SPD gilt dasselbe in Brandenburg, wo sie 3 Überhangmandate erringen konnte. Im Endergebnis führen Überhangmandate dazu, daß eine Partei, der Überhangmandate zugefallen sind, für jeden einzelnen Sitz weniger Wählerstimmen benötigt als andere. Die CDU etwa benötigte pro Mandat 65 942 Stimmen, Bündnis 90/Die Grünen demgegenüber 69 884 (Zahlen nach *Mager/Uerpmann*, DVBl 1995, 273 f.).

Die die Entscheidung tragenden vier Richter am Bundesverfassungsgericht hielten **24** das Bundeswahlgesetz, das in §§ 6 V, 7 III 2 BWahlG anordnet, daß Überhangmandate, die in einem Land entstehen, der Partei verbleiben, also auch nicht auf andere Landeslisten derselben Partei verrechnet werden, sondern die Gesamtzahl der Abgeordneten erhöhen, für verfassungsgemäß. Denn mit der Entscheidung des Gesetzgebers für ein gemischtes Wahlsystem komme der nach dem Verhältniswahlrecht geforderten Erfolgswertgleichheit nur eine von vornherein begrenzte Tragweite zu (BVerfGE 95, 335 [358] – „*Überhangmandate*"; zur Widersprüchlichkeit der Argumentation im einzelnen *Ehlers/Lechleitner*, JZ 1997, 761 f.]). Demgegenüber halten die anderen vier Richter an der Rechtsprechung des BVerfG insofern fest, als dieses in st. Rspr. davon ausgegangen ist, daß das vom Gesetzgeber gewählte Wahlsystem als personalisierte Verhältniswahl den Grundcharakter der Verhältniswahl trägt (BVerfGE 335 [379] – „*Überhangmandate*", abw.M., m. w. N.). Dem ist zuzustimmen, weil die Sitzverteilung – bis auf die Überhangmandate – dem Parteienproporz, der durch die Zweitstimmen ermittelt wird, entspricht. Die Überhangmandate selbst sind aber keine Direktmandate, denn deren Zahl von 328 erhöht sich durch die Nichtverrechenbarkeit mit der Landesliste nicht. Überhangmandate resultieren vielmehr aus der Methode der Verteilung der Listenmandate (BVerfGE 95, 335 [379 f.] – „*Überhangmandate*", abw. M.). Für das geltende gemischte Wahlsystem ist daher im Ergebnis nicht nur Erfolgschancengleichheit, sondern Erfolgswertgleichheit erforderlich. Durchbrechungen von diesem Grundsatz sind rechtfertigungsbedürftig.

25 **Durchbrechungen der Wahlgleichheit** sind nur in engen Grenzen und nur **aus zwingendem Grund** zulässig, nämlich dann, wenn „die Abweichungen zur Sicherung der mit einer demokratischen Wahl verfolgten staatspolitischen Ziele geboten sind" (BVerfGE 95, 335 [369] – „*Überhangmandate*", abw.M., m. w. N.) oder wenn sie der effektiven Integration des Staatsvolkes dient (BVerfGE 95, 408 [420 f.] – „*Grundmandat*"). Diese Anforderung entspricht einer Verhältnismäßigkeitsprüfung, wie sie im Rahmen der Rechtfertigung von Eingriffen in Freiheitsrechte und auch im Rahmen von Art. 3 I GG vorgenommen wird (s. § 1 Rn. 11 ff.), allerdings mit verschärften Anforderungen auf der Stufe der Angemessenheit. Dies bedeutet, daß die Durchbrechung im Hinblick auf das verfolgte Ziel geeignet und erforderlich sein muß (BVerfGE 95, 408 [418] – „*Grundmandat*") und dieses Ziel höher zu bewerten ist als das Interesse an einer strikten Erfolgswertgleichheit (*Mager/Uerpmann*, DVBl 1995, 273 [276]; abgeschwächt im Hinblick auf die Angemessenheitsprüfung BVerfGE 95, 408 [418] – „*Grundmandat*"; *Ehlers/Lechleitner*, JZ 1997, 761 [762]).

Beispiele:

– Die 5%-Klausel nach § 6 VI BWahlG führt dazu, daß die Stimmen der Wähler, die sich für eine Partei entschieden haben, die nicht die 5%-Marke erreicht, keinen Einfluß auf das Wahlergebnis haben. Sie ist nur zulässig, weil sie die Arbeitsfähigkeit des Parlamentes sichert (BVerfGE 51, 222 [235 ff.]; a. A. *Kunig*, Jura 1994, 554 [558]). Eine höhere Hürde wäre dagegen unverhältnismäßig (BVerfGE 95, 408 [419] – „*Grundmandat*"). Die Anwendung der 5%-Klausel bei der Wahl zum Europäischen Parlament kann dagegen nicht mit demselben Argument gerechtfertigt werden, weil die Wahlgesetze der anderen Mitgliedstaaten eine solche Beschränkung nicht kennen (ebenso *P/S*, StaatsR II, Rn. 509; a. A. BVerfGE 51, 222 ff.).

– Die Grundmandateklausel nach § 6 VI 1 2. Hs. BWahlG bewirkt, daß Parteien, die mindestens drei Direktmandate gewonnen haben, von der 5%-Sperrklausel ausgenommen sind, d. h. ihnen fallen über die drei Direktmandate hinaus alle durch die Zweitstimmen gewonnen Listenmandate zu. Dies läßt sich zwar nicht dadurch rechtfertigen, daß sie im Vergleich zu einer uneingeschränkt angeordneten Sperrklausel eine Vergünstigung darstellt, sie dient jedoch dem legitimen Zweck der effektiven Integration des Staatsvolkes (BVerfGE 95, 408 [419 ff.] – „*Grundmandat*"). „Gelingt es in seltenen Ausnahmefällen einer Partei, mit ihren Kandidaten mehrere Wahlkreismandate zu erringen, ohne aber in ihrem Gesamtergebnis die Sperrklausel zu überwinden, so kann der Gesetzgeber in diesem sich bereits in Parlamentssitzen niederschlagenden Erfolg ein Indiz dafür sehen, daß diese Partei besondere Anliegen aufgegriffen hat, die eine Repräsentanz im Parlament rechtfertigen (BVerfGE 95, 408 [422 f.] – *„Grundmandat“*).

Überhangmandate (s. Beispiel o. Rn. 23) lassen sich nur rechtfertigen, wenn sich   **26** ihr Entstehen aus dem gemischten Wahlsystem, dessen Ziele im Hinblick auf den Sinn einer demokratischen Wahl an sich legitim sind, zwingend ergibt, d. h. wenn keine Möglichkeit zu Gebote steht, Überhangmandate bei grundsätzlicher Beibehaltung des Wahlsystems zu vermeiden. Hier sind mehrere Möglichkeiten denkbar: Die Streichung der Direktmandate mit den wenigsten Stimmen, die Zuteilung von Ausgleichsmandaten für die nichtbegünstigten Parteien oder die bundesweite Verrechnung der Direktmandate, was im Ergebnis dazu führt, daß andere Landeslisten derselben Partei entsprechend viele Listenmandate weniger erhalten, weil diese mit den Überhangmandaten des Landes, wo sie anfallen würden, verrechnet werden müßten. Alle diese Möglichkeiten haben wiederum gewisse Nachteile: die Streichung von Direktmandaten würde gerade den Sinn des gemischten Wahlsystems verfehlen, die Zuteilung von Ausgleichsmandaten die Zahl der Sitze u. U. bis zur Grenze der Arbeitsfähigkeit des Parlaments erhöhen, und die Verrechnung mit anderen Landeslisten würde die Repräsentation der einzelnen Bundesländer im Bundestag erheblich verzerren (*Mager/Uerpmann*, DVBl 1995, 273 [278 f.]; a. A. BVerfGE 95, 335 [400 ff.] – *„Überhangmandate“*, abw. M.). Solange jede andere Verteilungsmethode ihrerseits Verfassungsziele beeinträchtigt, hat der Gesetzgeber einen Gestaltungsspielraum, welcher Methode er den Vorrang einräumt.

In jedem Fall weitgehend vermeidbar sind jedoch Überhangmandate, soweit sie   **27** aus unterschiedlichen Wahlkreisgrößen entstehen. Denn man braucht lediglich die Wahlkreise der Veränderung der Bevölkerungsdichte anzupassen. Das BVerfG handhabt die Wahlkreisgröße jedoch recht großzügig mit der Begründung, daß „jeder Wahlkreis nach dem Gedanken einer territorialen Verankerung des im Wahlkreis gewählten Abgeordneten zugleich ein zusammengehörendes und abgerundetes Ganzes bilden soll, und die historisch verwurzelten Verwaltungsgrenzen sich nach Möglichkeit mit den Wahlkreisgrenzen decken sollen. …Es liefe den Prinzipien der demokratischen Repräsentation zuwider, wenn ständig Wahlkreise einer Änderung unterzogen würden“ (BVerfGE 95, 335 [364] – *„Überhangmnandate“*; sehr kritisch im Hinblick auf die Bundestagswahl 1998 *Schreiber*, ZRP 1997, 105 ff.).

2. Passives Wahlrecht

Im Rahmen der passiven Wahlrechts garantiert die Wahlgleichheit die Chancen-   **28** gleichheit aller Wahlbewerber (BVerfGE 41, 399 [413]).

Beispiel: Soweit § 18 PartG eine Wahlkampfkostenerstattung nur für Parteien, nicht aber für unabhängige Wahlkreisbewerber vorsah, verstieß er gegen Art. 38 I 1 GG (BVerfGE 41, 399 [412 ff.].

29   Oftmals betrifft eine Regelung sowohl die Chancen von Wahlbewerbern bzw. Parteien, Mandate zu erringen, als auch die Erfolgschancengleichheit der Wähler wie etwa die 5%-Sperrklausel (s. o. Rn. 25).

V. Allgemeinheit

30   Die **Allgemeinheit der Wahl** ist ein Sonderfall der Wahlrechtsgleichheit, denn sie bedeutet Gleichheit beim Zugang zur Wahl und verbietet, daß einzelne Bürger oder Bevölkerungsgruppen aus politischen, wirtschaftlichen oder sozialen Gründen von der Wahlberechtigung ausgeschlossen werden (BVerfGE 15, 165 [166 f.]). Die Allgemeinheit der Wahl bezieht sich wie alle in Art. 38 I 1 GG genannten Grundsätze sowohl auf das aktive als auch auf das passive Wahlrecht.

31   Ausnahmen zur Allgemeinheit der Wahl sieht das GG vor in Art. 38 II GG, der das Mindestwahlalter auf 18 Jahre festlegt (zur Diskussion um die Einführung eines Wahlrechts für Minderjährige s. etwa *Peschel-Gutzeit*, NJW 1997, 2861 f.; *Hattenhauer*, JZ 1996, 9 ff.; *v. Münch*, NJW 1995, 3165 f.); ferner sind in Art. 55 I, 94 I, 137 I GG bestimmte Inkompatibilitäten verfassungsrechtlich normiert. Daneben sind Einschränkungen nur aus zwingendem Grund rechtfertigbar, denn die Wahlrechtsgleichheit und damit auch die Allgemeinheit der Wahl hat einen streng formalen Charakter (BVerfGE 28, 220 [225]; 36, 139 [141]). Das BVerfG knüpft zur Feststellung eines zwingenden Grundes an die Tradition an und läßt es genügen, daß die Allgemeinheit der Wahl „von je her" nicht gelte bei Pflegschaft wegen geistigen Gebrechens, richterlicher Aberkennung des Wahlrechts oder mangelnder Seßhaftigkeit im Wahlgebiet (BVerfGE 36, 139 [141 f.]; 58, 202 [205 f.]). Vor allem letzteres ist jedoch umstritten (*Meyer*, HdbStR II, § 38 Rn. 3; *v. Münch*, in: v.Münch/Kunig, GG II, Art. 38 Rn. 12).

32   Zur Allgemeinheit der Wahl gehört auch, daß Wahlen nicht in einer Weise oder zu Terminen abgehalten werden, daß bestimmte Wählergruppen faktisch nicht in der Lage sind, daran teilzunehmen. Die Einführung der Briefwahl dient diesem Ziel, das BVerfG hat sie gleichwohl nicht für zwingend erachtet (BVerfGE 15, 165 [167]; a. A. *Kunig*, Jura 1994, 554 [556]).

E. Wiederholung

I. Kontrollfragen

1. Welche Rechte gewährt Art. 38 I 1 GG?

2. Woraus ergibt sich, daß die Wahlberechtigung nur Deutschen zusteht?

3. Kann allein aufgrund von Art. 38 GG eine Wahl zum Bundestag stattfinden?

4. Kann das BWahlG in der Weise geändert werden, daß mit der Zweitstimme nicht Kandidatenlisten, sondern lediglich Parteien als solche gewählt werden?

5. Welche Wahlgrundsätze sind bei der Briefwahl in welcher Weise bedeutsam?

6. Welches sind die zwei Aspekte der Wahlgleichheit?

7. Was ist der Unterschied zwischen Erfolgschancengleichheit und Erfolgswertgleichheit?

8. Welches Wahlsystem sieht das BWahlG vor?

9. Verstößt die 5%-Sperrklausel gegen den Grundsatz der Wahlgleichheit?

10. Ist es zulässig, Wohnsitzlose von der Wahl zum Bundestag auszuschließen?

II. Lösungen

1. Das Wahlrecht als solches, einen Anspruch auf Ausgestaltung des Wahlsystems nach den genannten Wahlgrundsätzen und einen Anspruch darauf, daß die durch die Wahl legitimierte Staatsgewalt nicht kompetenzentleert wird (s. o. Rn. 2).

2. Aus Art. 20 II GG.

3. Nein, denn Art. 38 GG legt kein bestimmtes Wahlsystem fest. Art. 38 III GG enthält daher einen Gesetzgebungsauftrag an den Gesetzgeber. Die Art und Durchführung der Wahl richtet sich somit nach dem Bundeswahlgesetz, das allerdings den Grundsätzen des Art. 38 I 1 GG entsprechen muß (s. o. Rn. 6).

4. Nein, dies verstieße gegen den Grundsatz der Unmittelbarkeit der Wahl (s. o. Rn. 7).

5. Die Briefwahl sichert die Allgemeinheit der Wahl, beeinträchtigt dafür aber die Geheimheit der Wahl (s. o. Rn. 15, 32).

6. Die Wahlgleichheit garantiert sowohl den gleichen Zählwert als auch die gleiche Erfolgschance jeder abgegebenen Stimme (s. o. Rn. 18 f.).

7. Erfolgschancengleichheit ist der Oberbegriff zu Erfolgswertgleichheit; letztere gilt nur im Verhältniswahlsystem (s. o. Rn. 19 f.).

8. Ein gemischtes Wahlsystem, das aus Elementen des Mehrheits- wie auch des Verhältniswahlsystems besteht. Es trägt jedoch den Grundcharakter einer Verhältniswahl und wird daher als personalisierte Verhältniswahl bezeichnet.

9. Sie stellt eine Durchbrechung der Wahlgleichheit dar, ist aber gerechtfertigt (s. o. Rn. 25 f.).

10. Es ist jedenfalls im Hinblick auf die Allgemeinheit der Wahl nicht bedenkenfrei (s. o. Rn. 31).

§ 21. Die Chancengleichheit der Parteien

Literatur: *Benda, E.*, Rechtliche Perspektiven der Wahlwerbung im Rundfunk, NVwZ 1994, 521 ff.; *Dörr, D.*, Beachtung des Grundsatzes der Chancengleichheit der Parteien durch Rundfunkanstalten, JuS 1994, 976 ff; *Drysch, T.*, Staatliche Parteienfinanzierung und kein Ende – das neue Parteienfinanzierungsgesetz, NVwZ 1994, 218 ff; *Sendler, H.*, Verfassungsgemäße Parteienfinanzierung?, NJW 1994, 365 ff.

Leitentscheidungen: BVerfGE 24, 300 ff. – „*Parteienfinanzierung I*"; 73, 40 ff. – „*Parteienfinanzierung II*"; 82, 332 ff. – „*gesamtdeutsche Wahl*"; 85, 264 ff. – „*Parteienfinanzierung III*".

A. Rechtsgrundlage

1 Die Chancengleichheit der Parteien ist im GG nicht ausdrücklich normiert, sondern wird aus mehreren Bestimmungen abgeleitet. Sie ist als Grundrecht der Parteien allgemein anerkannt. Das BVerfG leitet sie aus den Art. 3 I, 38 I und 21 GG ab, wobei Art. 3 I GG lediglich verfassungsprozessuale Bedeutung hat: da Art. 38 I GG nur auf die Wahlen zum Bundestag anwendbar ist und auf Art. 21 GG keine Verfassungsbeschwerde gestützt werden kann, können Benachteiligungen bei Wahlen zu Volksvertretungen unterhalb der Bundesebene nur über Art. 3 I GG vom BVerfG überprüft werden (krit. *Roth*, DVBl 1998, 214 [216 f.]). Sachlicher Anknüpfungspunkt für die Bestimmung des Inhalts der Chancengleichheit der Parteien ist aber die passive Wahlgleichheit aus Art. 38 I GG, die durch Aspekte der besonderen verfassungsrechtlichen Stellung und Aufgaben aus Art. 21 GG ergänzt wird (vgl. BVerfGE 44, 125 [145 f.]). Sie ähnelt in ihrem Zweck und in ihren Anforderungen der Wahlgleichheit (vgl. BVerfGE 95, 335 [354] – „*Überhangmandate*"), hat jedoch in zweierlei Hinsicht einen weiteren Anwendungsbereich und ergänzt daher Art. 38 I 1 GG. Zum einen setzt die Chancengleichheit der Parteien nicht nur Maßstäbe für das konkrete Wahlverfahren und dessen Vorbereitung, sondern auch für die Parteiarbeit zwischen den Wahlen. Zum anderen erstreckt sie sich nicht nur auf die Bundesebene, sondern auch auf Landes- und Gemeindewahlen.

B. Inhalt

2 Die Chancengleichheit der Parteien gewährt jeder Partei ein Recht auf gleiche Wettbewerbschancen im Hinblick auf die Teilnahme an der politischen Willensbildung, und zwar nicht nur durch Erringung von Parlamentsmandaten (BVerfGE 73, 40 [71] – „*Parteienfinanzierung II*"). Aus dem Zusammenhang mit Art. 38 I GG ergibt sich nach BVerfGE 85, 264 (297) – „*Parteienfinanzierung*

III" eine strikte Handhabung der Chancengleichheit, die dem Ermessen des Gesetzgebers enge Grenzen setzt, wenn die öffentliche Gewalt in den Wettbewerb der Parteien eingreift. Der Grundsatz der Chancengleichheit verlange zwar nicht, vorgegebene Unterschiede auszugleichen mit dem Ziel, Wettbewerbsgleichheit herzustellen; er verwehre es dem Gesetzgeber jedoch, durch finanzielle Zuwendungen bestehende faktische Ungleichheiten der Wettbewerbschancen zu verschärfen. Das BVerfG erachtet es demnach als zulässig, wenn nicht gar von der Chancengleichheit gefordert, daß die Parteien entsprechend ihrer Bedeutung, also ihrem Stimmenanteil bei den Wählern, unterschiedlich behandelt werden, weil ansonsten die tatsächliche Wettbewerbslage verfälscht werde (BVerfGE 24, 300 [344 f.] – „*Parteienfinanzierung I*"). Daher werden Sendezeiten im Rundfunk so zugeteilt, daß den größeren Parteien mehr zusteht als kleineren, allerdings darf keine Partei völlig ausgeschlossen werden. Ebenso richtet sich die Erstattung der Wahlkampfkosten nach der erreichten Stimmenzahl (insgesamt kritisch hierzu *Lipphardt*, Die Gleichheit der politischen Parteien vor der öffentlichen Gewalt, 1975). Die Chancengleichheit der Parteien erstreckt sich von der Teilnahme an einer Wahl als solcher auch auf den Wahlkampf sowie die kontinuierliche Parteiarbeit zwischen den Wahlen.

Beispiele:

– Die Teilnahme an den Wahlen wird berührt durch die sogenannte 5%-Klausel (s. § 20 Rn. 25); von einer Benachteiligung bestimmter kleinerer Parteien durch die Anwendung der 5%-Klausel bei der ersten gesamtdeutschen Wahl nach der Wiedervereinigung Deutschlands ging das BVerfG in BVerfGE 82, 332 (339 ff.) aus.

– Ein Unterschriftenquorum in Höhe von 500 Unterschriften zur Teilnahme an der Bundestagswahl ist unverhältnismäßig hoch (BVerfGE 3, 19 [23 ff.]).

– Sendezeiten im öffentlich-rechtlichen Rundfunk zur Wahlwerbung im Wahlkampf können je nach der Bedeutung der Parteien unterschiedlich bemessen werden; allerdings ist jeder Partei eine angemessene Sendezeit zu gewähren, und neue Parteien dürfen nicht ausgeschlossen werden (BVerfGE 7, 99 [107 f.]; 14, 121 [131 ff.]).

– Sofern gewisse öffentliche Einrichtungen wie z. B. Stadthallen für Parteiveranstaltungen grundsätzlich zur Verfügung gestellt werden, darf jeder einzelne Nutzungsantrag nur aus zwingendem Grund abgelehnt werden (zusammenfassend *Gassner*, VerwArch 85 [1994], 533 ff.).

– Die Einkommensgrenze für die steuerliche Geltendmachung von Parteispenden darf nicht so hoch bemessen sein, daß praktisch diejenigen Parteien begünstigt werden, deren Wählerschaft überwiegend aus Gutverdienenden besteht (BVerfGE 73, 40 [73] – „*Parteienfinanzierung II*"; 85, 264 [312 ff.] – „*Parteienfinanzierung III*").

– Die Öffentlichkeitsarbeit von Regierungen darf keine Werbung für die Regierungspartei enthalten (BVerfGE 44, 125 [142 ff.]; LVerfG Sachsen-Anhalt, JZ 1996, 723 [724 ff.]).

– Parteinahe Stiftungen, die durch öffentliche Mittel als Bildungseinrichtungen gefördert werden, dürfen nicht in den Wettbewerb der Parteien eingreifen, indem sie diese finanziell unterstützen oder Wahlkampfhilfe leisten (BVerfGE 73, 1 [32]).

C. Wiederholung

I. Kontrollfragen

1. Aus welchen Artikeln des Grundgesetzes wird die Chancengleichheit der Parteien abgeleitet?

2. Inwiefern unterscheidet sie sich von der Wahlgleichheit des Art. 38 I 1 GG?

3. Kann die FDP genausoviel Sendezeit im Rundfunk für Wahlkampfsendungen beanspruchen wie die SPD?

II. Lösungen

1. S.o. Rn. 1

2. S.o. Rn. 1

3. Da die SPD wesentlich mehr Mitglieder und auch Wähler hat als die FDP steht ihr nach dem Grundsatz der vom BVerfG vertretenen abgestuften Chancengleichheit mehr Sendezeit zu (s. o. Rn. 2).

Kapitel 5. Die Justizgrundrechte

§ 22. Einleitung

A. Überblick

Unter dem Begriff Justizgrundrechte werden neben der Rechtsweggarantie des 1
Art. 19 IV GG diejenigen Rechte zusammengefaßt, die im GG unter der Überschrift „Rechtsprechung" aufgeführt sind. Darunter fallen: die Prozeßgrundrechte des Art. 101 GG (Recht auf den gesetzlichen Richter) und des Art. 103 I GG
(Anspruch auf rechtliches Gehör) sowie die Rechte des Angeklagten aus Art. 103
II GG (keine Strafe ohne Gesetz) und aus Art. 103 III GG (Verbot der Doppelbestrafung).

Die Terminologie zu den Rechten, die sich außerhalb des Kataloges der Art. 1 bis 2
19 GG befinden, ist uneinheitlich. Überwiegend werden sie nicht als Grundrechte, sondern als grundrechtsgleiche Rechte bezeichnet (s. *Windthorst*, VerfR I,
§ 3 Rn. 7 m. w. N.). Einen Unterschied in der Wirkungsweise bedeutet dies jedoch nicht, denn Art. 93 I Nr. 4 a GG zählt sie ebenso wie die „echten" Grundrechte zu den Bestimmungen, die der einzelne Bürger mit der Verfassungsbeschwerde vor dem BVerfG geltend machen kann. Vereinfachend wird daher
häufig von Justiz- oder Verfahrensgrundrechten gesprochen.

B. Prüfungsstruktur

I. Rechtsweggarantie und Prozeßgrundrechte

Art. 19 IV GG sowie die Prozeßgrundrechte des Art. 101 GG und des Art. 103 3
I GG enthalten weder Freiheits- noch Gleichheitsrechte, sondern sogenannte
Verfahrensgrundrechte, die den Charakter eines **Leistungsrechtes** besitzen (*Schulze-Fielitz*, in: Dreier, GG, Art. 19 IV Rn. 65). Während Art. 19 IV GG ein Recht
auf ein Gerichtsverfahren gewährt, garantieren die Prozeßgrundrechte dem einzelnen bestimmte Rechte im Gerichtsverfahren. Diese Gewährleistungen lassen
sich zwar theoretisch auch abwehrrechtlich formulieren etwa im Falle des
Art. 19 IV GG als Anspruch auf Unterlassung, den gerichtlichen Schutz unzumutbar zu verkürzen (*Schulze-Fielitz*, in: Dreier, GG, Art. 19 IV Rn. 65
m. w. N.). Auch hierbei wird jedoch staatliches Handeln, nämlich das Zurverfü-
gungstellen eines Rechtswegs, bereits vorausgesetzt. Es handelt sich damit bei
Art. 19 IV GG nicht um einen normgeprägten Schutzbereich wie etwa bei Art. 9

I GG oder 14 I GG, sondern es läßt sich überhaupt kein dem staatlichen Handeln vorausgehender Bereich menschlicher Freiheit definieren, der sich als Schutzbereich begreifen ließe. Der bei den Freiheitsrechten übliche dreistufige Prüfungsaufbau ist daher nicht angezeigt, weil ein Anspruch auf eine staatliche Leistung sich nicht sinnvoll anhand eines auf Abwehrrechte zugeschnitttenen Maßstabs prüfen läßt. Geeignet ist vielmehr der **Anspruchsaufbau**, der sich in die Abschnitte tatbestandliche Voraussetzungen und Rechtsfolge gliedert (a. A. *P/S*, StaatsR II, Rn. 1081 ff.; wie hier *Schmalz*, Grundrechte, Rn. 853).

Beispiel: Wird jemand aufgrund eines Autounfalls auf die Zahlung von DM 10.000,-- verklagt, so hat er Anspruch darauf, vor dem Erlaß eines entsprechenden Urteils des Zivilgerichts über das Vorbringen des Klägers informiert zu werden und sich hierzu vor Gericht äußern zu dürfen. Werden diese Ansprüche nicht erfüllt, so liegt ein Verstoß gegen Art. 103 I GG vor, der nicht rechtfertigbar ist. Dies bedeutet jedoch nicht automatisch, daß das zivilgerichtliche Urteil aufgehoben wird. Dies geschieht vielmehr nur, wenn die Entscheidung in der Sache auf dem Grundrechtsverstoß beruht.

II. Rechte des Angeklagten

4　Die Rechte des Angeklagten aus Art. 103 II und III GG sind zwar Abwehrrechte, denn sie statuieren **Verbote** an die öffentliche Gewalt. Andererseits sind sie keine Freiheitsrechte in dem Sinne, daß sie einen bestimmten vorstaatlich gedachten Lebensbereich gegen den staatlichen Zugriff gleich welcher Art abschirmen, sondern sie untersagen der öffentlichen Gewalt ganz bestimmte Handlungen. Es läßt sich daher nur schwerlich von einem Eingriff in einen grundrechtlich geschützten Lebensbereich sprechen, denn der Schutzbereich läßt sich nicht definieren, weil er grundsätzlich unbegrenzt ist. Außerdem ist die Mißachtung eines Verbotes aus Art. 103 II und III GG nicht rechtfertigbar, eine Beeinträchtigung führt daher immer zu einer Verletzung des Grundrechts. Der für die Freiheitsrechte in Kapitel 2 erläuterte Prüfungsaufbau ist daher auch für die Prüfung der Rechte des Angeklagten nicht angezeigt. Vielmehr ist die Prüfung ausreichend, ob die öffentliche Gewalt gegen das grundrechtliche Verbot verstoßen hat.

Beispiel: Verurteilt ein Gericht einen Bürger zu einer Haftstrafe wegen Ehebruchs, so stellt dies einen Verstoß gegen Art. 103 II GG dar, weil das Gesetz einen solchen Straftatbestand nicht kennt. Eine verfassungsrechtliche Rechtfertigung für die Verurteilung ist nicht denkbar. Zu prüfen ist daher lediglich, ob die Verurteilung den Verbotstatbestand des Art. 103 II GG erfüllt, d. h. ob es sich um eine Bestrafung im Sinne des Art. 103 II GG handelt und ob der Bestrafung ein entsprechendes Gesetz zugrunde gelegen hat, das zur Tatzeit galt.

§ 23. Die Rechtsweggarantie, Art. 19 IV GG

Literatur: zur Einführung: *Schenke, W.-R.,* Die Bedeutung der verfassungsrechtlichen Rechtsschutzgarantie des Art. 19 Abs. 4 GG, JZ 1988, 317 ff.; *Schmidt-Aßmann, E.,* Art. 19 IV GG als Teil des Rechtsstaatsprinzips, NVwZ 1983, 1 ff.; **Zur Vertiefung:** *Kürschner, S.,* Rechtsschutz im Fraktionsrecht, JuS 1996, 306 ff.; *Redeker, K.,* Verfassungsrechtliche Vorgaben zur Kontrolldichte verwaltungsgerichtlicher Rechtsprechung, NVwZ 1992, 305 ff.; *Schulze-Fielitz, H.,* Neue Kriterien für die verwaltungsgerichtliche Kontrolldichte bei der Anwendung unbestimmter Rechtsbegriffe, JZ 1993, 772 ff.; *Voßkuhle, A.,* Rechtsschutz gegen den Richter, 1993.

Leitentscheidungen: BVerfGE 10, 264 ff. – *„Gerichtskostenvorschuß“*; 24, 33 ff. – *„AKU“*; 30, 108 ff. – *„Gnadenerweis“*; 35, 382 ff. – *„vorläufiger Rechtsschutz“*; 60, 253 ff. – *„Ausschlußfrist“*; 61, 82 ff. – *„Sasbach“*; 83, 182 ff. – *„Pensionistenprivileg“*; 84, 34 ff. – *„Prüfungskontrolle“*; 84, 59 ff. – *„Multiple-Choice-Verfahren“*; 88, 40 ff. – *„Privatschule“*; 94, 166 ff. – *„Flughafenverfahren“*; BVerfGE 95, 1 ff. – *„Stendal“*; BVerfG, JR 1997, 382 ff. – *„Durchsuchung“*.

A. Überblick und Bedeutung

Art. 19 IV GG wird fundamentaler Charakter für die Gesamtkonzeption des **1** Grundgesetzes beigemessen, weil er das Verhältnis von Bürger und Staat definiert: Dem Gewaltmonopol des Staates korrespondiert die Möglichkeit des Bürgers, gegen jede staatliche Maßnahme Rechtsschutz zu erlangen (*Schulze-Fielitz,* in: Dreier, GG, Art. 19 IV Rn. 26). Nach BVerfG liegt die Bedeutung des Art. 19 IV GG darin, die „Selbstherrlichkeit“ der vollziehenden Gewalt zu beseitigen (BVerfGE 10, 264 [267] – *„Gerichtskostenvorschuß“*). Die Rechtsweggarantie des Art. 19 IV GG ist somit eine Ausprägung, wenn nicht gar die „Krönung“ des Rechtsstaatsprinzips, aus dem neben Art. 19 IV GG ein allgemeiner Justizgewährleistungsanspruch folgt (*Schulze-Fielitz,* ebda.; *Szczekalla,* JuS 1996, 625 [630 f.]).

Rechtsschutz muß nach Art. 19 IV GG gegen Akte der öffentlichen Gewalt, vor **2** allem der Exekutive, möglich sein; die Rechtsweggarantie bezieht sich damit – im Unterschied zu Art. 101 und 103 I GG – lediglich auf das Gebiet des **öffentlichen Rechts** (dazu näher u. Rn. 5 ff.). Art. 6 EMRK trifft insofern eine ergänzende Regelung, weil dort Rechtsschutz durch die Straf- und die Zivilgerichtsbarkeit garantiert ist.

Da die Bundesrepublik Deutschland ein sehr ausgefeiltes Gerichtssystem besitzt, **3** stellt sich heute nur noch in Randbereichen die Frage, ob überhaupt ein Rechtsweg offen steht. Auch die zunehmende Verflechtung des deutschen mit dem europäischen Gemeinschaftsrecht hat nicht zu Lücken in der gerichtlichen Zustän-

digkeit geführt (zum Rechtsschutz im Gemeinschaftsrecht s. etwa *Sedemund/
Heinemann*, DB 1995, 713 ff.; zum Zusammenhang mit Art. 19 IV GG *Schulze-
Fielitz*, in: Dreier, GG, Art. 19 IV Rn. 12 ff.). Art. 19 IV GG enthält aber nicht
nur ein formelles Recht, gegen einen Akt der öffentlichen Gewalt ein Gericht
anzurufen, vielmehr muß die Anrufung eines Gerichts auch wirksamen Rechtsschutz zur Folge haben. Dieser sogenannte Grundsatz des **effektiven Rechtsschutzes** steht im Mittelpunkt der Rspr. und Literatur zu Art. 19 IV GG (Dazu u.
Rn. 13 ff.).

4   Da Art. 19 IV ein Leistungsgrundrecht enthält, ist die Fallprüfung nach dem
Anspruchsaufbau, d. h. in die Abschnitte tatbestandliche Voraussetzungen und
Rechtsfolge zu gliedern (s. § 22 Rn. 3).

B. Tatbestandliche Voraussetzungen

I. Akt der öffentlichen Gewalt

5   Mit dem Begriff „öffentliche Gewalt" werden in Art. 93 I Nr. 4a GG ebenso wie
mit dem Begriff „Staatsgewalt" in Art. 1 III und 20 II GG alle drei Gewalten, die
Gesetzgebung, die vollziehende Gewalt und die Rechtsprechung bezeichnet. In
Art. 19 IV GG ist dagegen der Begriff nach h. M. enger auszulegen.

1. Rechtsprechung

6   **Nicht erfaßt** ist nach überwiegender Auffassung zunächst die Rechtsprechung,
d. h. Art. 19 IV GG garantiert keinen weiteren gerichtlichen Schutz gegen bereits
ergangene gerichtliche Entscheidungen, denn ansonsten würde Art. 19 IV GG zu
einem „Rechtsschutz ad infinitum" führen und die Rechtskraft von Urteilen und
die damit verbundene Rechtssicherheit beseitigt. Art. 19 IV GG garantiert
Rechtsschutz durch den Richter, nicht Rechtsschutz gegen den Richter (*Schenke*,
JZ 1988, 317 [319]; *Schmidt-Aßmann*, in: M/D, GG II Art. 19 IV Rn. 96 ff.
auch zu Ausnahmen; a. A. *Voßkuhle*, Rechtsschutz gegen den Richter, 1993).
Aus diesem Grunde kann aus Art. 19 IV GG keine Garantie eines Instanzenzuges
abgeleitet werden (BVerfGE 83, 24 [31] ; 87, 48 [61]; 92, 365 [410]). Eine
Ausnahme macht das BVerfG allerdings, soweit das Gesetz einen bestimmten
Instanzenzug vorsieht; hier soll aus Art. 19 IV GG die Garantie folgen, daß der
einzelne effektiven Zugang zur nächst höheren Instanz hat (BVerfG, JR 1997,
382 [383] – „*Durchsuchung*"; BVerfGE 40, 272 ff.; dazu noch u. Rn. 14).

2. Gesetzgebung

7   **Nicht** vom Begriff der öffentlichen Gewalt in Art. 19 IV GG erfaßt ist nach
BVerfG auch die Legislative, zumindest soweit es sich um **formelle Gesetze** handelt: „Es kann nicht angenommen werden, daß neben der verfassungsgerichtlichen Überprüfung, die an bestimmte Voraussetzungen gebunden ist und im Fall

der abstrakten Normenkontrolle nur von bestimmten Antragstellern eingeleitet werden kann, jeder Bürger die ordentlichen Gerichte gegen ein Gesetz mit der Behauptung soll anrufen können, das Gesetz verletze ihn in seinen Rechten, wobei vornehmlich Verletzungen der Grundrechte in Frage stehen werden" (BVerfGE 24, 33 [50] – „AKU"; ferner 45, 297 [334]). Diese Rspr. wird jedoch zunehmend kritisiert. Zunächst bedeutet die Anerkennung einer Rechtsweggarantie nicht, wie das BVerfG anzunehmen scheint, daß damit die Fachgerichte über die Verfassungsmäßigkeit von formellen Gesetzen sollen entscheiden können oder daß gar eine entsprechende Verfahrensart geschaffen werden müßte (Schenke, JZ 1988, 317 [319]). Denn darüber, daß dem BVerfG bezüglich formeller Gesetze das Verwerfungsmonopol zukommt, besteht Einigkeit; Art. 100 I GG stellt dies klar. Gerade durch die Möglichkeit der konkreten Normenkontrolle nach Art. 100 I GG sowie des Verfassungsbeschwerdeverfahrens wird nach geltendem Recht Rechtsschutz gegen Gesetze gewährt (Schmidt-Aßmann, in: M/D, GG II, Art. 19 IV Rn. 95). Im Hinblick auf die Bedeutung des Grundrechtsschutzes unter dem GG erscheint dies auch geboten (Krebs, in: v. Münch/Kunig, GG I, Art. 19 IV Rn. 56).

3. Exekutivakte

Die Rechtsweggarantie bezieht sich in erster Linie auf Akte der vollziehenden Gewalt, und zwar grundsätzlich in all ihren Erscheinungsformen. Sie kann daher ausgeübt werden durch Behörden, juristische Personen des öffentlichen Rechts wie Körperschaften und Anstalten, durch Beliehene und auch durch die privatrechtlich organisierte Verwaltung (Schulze-Fielitz, in: Dreier, GG, Art. 19 IV Rn. 37). Auch sogenannte staatsleitende Regierungsakte unterliegen der Rechtsweggarantie, wenngleich der Anwendungsbereich wegen des Erfordernisses einer Verletzung subjektiven Rechts gering sein dürfte (Schenke, JZ 1988, 317 [320]; Schulze-Fielitz, in: Dreier, GG, Art. 19 IV Rn. 39). Schließlich ist es unerheblich, in welcher Form die Exekutive handelt. Verwaltungsakte sind ebenso erfaßt wie reales Verwaltungshandeln und administrative Rechtssetzung durch Rechtsverordnung oder Satzung (Schulze-Fielitz, in: Dreier, GG, Art. 19 IV Rn. 39; Schmidt-Aßmann, in: M/D, GG II, Art. 19 IV Rn. 70). Abgelehnt hat das BVerfG allerdings die Anwendbarkeit der Rechtsweggarantie auf **Gnadenakte**, weil der Grundgesetzgeber das Begnadigungsrecht in dem geschichtlich überkommenen Sinn übernommen habe; aus dem Gesamtgefüge des Grundgesetzes ergebe sich, daß die Ablehnung eines Gnadenerweises einer gerichtlichen Nachprüfung nicht unterliegen könne. Etwas anderes gelte lediglich für den Widerruf einer einmal gewährten Gnadenentscheidung (BVerfGE 30, 108 [110 f.] – „Gnadenerweis"; 25, 352 [357] mit abw. Meinung S. 364 ff.; HansOLG Hamburg, JR 1997, 255 f. m. w. N.). Nach ganz überwiegender Auffassung in der Literatur handelt es sich jedoch bei Gnadenakten nicht um einen justizfreien Raum, sondern um Hoheitsakte, die gerichtlich überprüfbar sein müssen, wenn auch anhand eingeschränktem Kontrollmaßstab (Streng, JR 1997, 257 ff.; Schenke, JZ 1988, 317 [320];

8

Schulze-Fielitz, in: Dreier, GG, Art. 19 IV Rn. 39; *Schmidt-Aßmann*, in: M/D, GG II, Art. 19 IV Rn. 80 m. w. N.). Umstritten ist schließlich, ob das **Wahlprüfungsverfahren** nach Art. 41 GG für Maßnahmen im Zuge des Wahlverfahrens eine spezielle Regelung ist, die die Anwendung von Art. 19 IV GG auf solche Maßnahmen ausschließt. Auch hier legt das BVerfG die Rechtsweggarantie restriktiv, Art. 41 GG dagegegen weit aus (BVerfGE 66, 232 [233 f.]), während die h.L. das Wahlverfahren der Rechtsweggarantie unterstellen will (*Schenke*, JZ 1988, 317 [320 f.]; *Schulze-Fielitz*, in: Dreier, GG, Art. 19 IV Rn.).

II. Rechtsverletzung

1. Subjektives Recht

9 Rechte im Sinne des Art. 19 IV GG sind alle subjektiven Rechte, die dem einzelnen nach Maßgabe der Rechtsordnung im übrigen zustehen; aus Art. 19 IV GG selbst folgen keine materiellen Rechte, sondern nur der Anspruch, diese, soweit sie bestehen, gerichtlich durchzusetzen. Es kann sich um Rechte aus der Zivilrechtsordnung handeln, etwa Kaufpreisansprüche, Übereignungsansprüche oder Ansprüche aus Eigentum, Gesellschafterrechte o. ä., oder um öffentliche Rechte, etwa das Recht auf eine Baugenehmigung, auf Sozialhilfe oder um Grundrechte. Letzteres wird häufiger der Fall sein, weil es sich um eine Rechtsverletzung durch die öffentliche Gewalt handeln muß; denkbar ist jedoch auch die Einwirkung der Verwaltung auf zivilrechtliche Ansprüche, etwa durch Genehmigungsvorbehalte für bestimmte Vertragsarten. Nicht zu den subjektiven Rechten zählen reine wirtschaftliche Interessen oder Rechtssätze, in denen der einzelne nur aus Gründen des Interesses der Allgemeinheit begünstigt wird, die also reine Reflexwirkung haben (BVerfGE 83, 182 [194] – „*Pensionistenprivileg*"; näher zum subjektiven Recht *Schulze-Fielitz*, in: Dreier, GG, Art. 19 IV Rn. 43 ff.; zum Organrecht etwa als Fraktionsmitglied s. *Kürschner*, JuS 1996, 306 [309]). Art. 19 IV GG setzt das voraus, was im deutschen Recht in vielen gerichtlichen Verfahrensarten zu den Zulässigkeitsvoraussetzungen gehört (vgl. § 42 II VwGO): die Verletzung in „seinem", d. h. in einem **eigenen Recht**. Hierdurch soll die sogenannte Popularklage – d.i. die Möglichkeit eines jeden Bürgers, wegen jedweder objektiver Rechtsverletzung das Gericht anzurufen, ohne selbst betroffen sein zu müssen – sowie die Verbandsklage – d.i. die Möglichkeit eines Verbandes, die Rechte seiner Mitglieder oder auch die Verletzung objektiven Rechts gerichtlich geltend zu machen – ausgeschlossen sein; Art. 19 IV GG enthält damit eine „Systementscheidung für den Individualrechtsschutz" (*Krebs*, in: v.Münch/Kunig, GG I, Art. 19 R. 58). Dies bedeutet natürlich nicht, daß Art. 19 IV GG den Ausschluß von Popular- oder Verbandsklagen gebiete, aber aus der Rechtsweggarantie läßt sich auch kein Anspruch auf Einführung von eben diesen herleiten.

2. Verletzung

Art. 19 IV GG setzt nicht voraus, daß ein Recht des Bürgers tatsächlich verletzt   **10**
ist, denn dies zu prüfen, ist gerade Aufgabe der Gerichte. Es muß aber die Möglichkeit der Rechtsverletzung bestehen, d. h. der Antragsteller muß eine solche
schlüssig vortragen (*Schulze-Fielitz*, in: Dreier, GG, Art. 19 IV Rn. 56).

3. Ausschluß der Rechtsweggarantie durch Art. 19 IV 3 GG
   ## i. V. m. Art. 10 II 2 GG

Art. 19 IV 3 GG stellt klar, daß die in Art. 10 II 2 GG vorgenommene verfas-   **11**
sungsrechtliche Einschränkung der Rechtsweggarantie nicht durch Art. 19
IV GG verdrängt wird. Soweit Art. 10 II 2 GG reicht, kann Rechtsschutz auch
nicht aus Art. 19 IV GG verlangt werden (s. dazu näher § 6 Rn. 25 f.).

C. Rechtsfolge

I. Offenstehen des Rechtsweges

Offenstehen des Rechtsweges bedeutet zunächst, daß überhaupt ein Gericht an-   **12**
gerufen werden kann, d. h. der Gesetzgeber muß eine gerichtliche Zuständigkeit
für Klagen gegen die öffentliche Gewalt vorsehen. Dies ist im Wesentlichen durch
die Schaffung der Verwaltungsgerichtsbarkeit geschehen. Wo die Verwaltungsgerichte nicht zuständig sind, bleibt es bei der Zuständigkeit der ordentlichen,
sprich der Zivilgerichtsbarkeit, etwa in Amtshaftungs- und Enteignungssachen
(vgl. Art. 34 S. 3 GG; Art. 14 III 4 GG) oder der Verfassungsgerichtsbarkeit.
Offenstehen des Rechtsweges bedeutet indessen nicht, daß die Gerichte unter
jeder Bedingung verpflichtet sind, dem Antragsteller sein behauptetes Recht zu
verschaffen; vielmehr sind die Gerichte lediglich verpflichtet, das Anliegen des
Antragstellers in dem in der Prozeßordnung vorgesehenen Verfahren zu prüfen.
Denn gerichtliche Tätigkeit ist gerade durch die Anwendung eines bestimmten
Verfahrens zur Rechtsfindung definiert. Das BVerfG hat dazu grundsätzlich ausgeführt: „Wenn Art. 19 Abs. 4 dem Bürger umfassenden Rechtsschutz gegenüber
der öffentlichen Gewalt gewährt, so ist damit nicht gemeint, daß alle herkömmlichen Grundsätze des Prozeßrechts, die rechtlich oder tatsächlich eine Erschwerung des Zugangs zu den Gerichten bewirken, außer Kraft gesetzt würden;
die meisten dieser Grundsätze sollen Rechtssicherheit und geordneten Gang der
Rechtspflege verbürgen und dienen damit in weiterem Sinne ebenfalls dem
Rechtsschutz des Bürgers. Deshalb ist nie bezweifelt worden, daß Art. 19 Abs.
4 GG den Rechtsweg nur im Rahmen der jeweils geltenden Prozeßordnungen
gewährleistet, daß mithin die Anrufung der Gerichte von der Erfüllung der hier
bestimmten formalen Voraussetzungen abhängig gemacht werden darf, wie etwa
die Einhaltung bestimmter Fristen, der ordnungsgemäßen Vertretung usw. ...
Erst wenn durch solche Normen der Weg zu den Gerichten in unzumutbarer, aus

Sachgründen nicht mehr zu rechtfertigender Weise erschwert würde, wären sie mit Art. 19 Abs. 4 Satz 1 unvereinbar" (BVerfGE 10, 264 [267 f.] – *„Gerichtskostenvorschuß"*).

Beispiel: Die Regelung, daß auf die Anforderung des Verwaltungsgerichts, innerhalb einer bestimmten Frist den Gerichtskostenvorschuß einzuzahlen, bei Versäumen der Frist der Antrag als zurückgenommen gilt, stellt keinen Verstoß gegen Art. 19 IV GG dar. Denn auch wenn es sich hierbei um einen fühlbaren Rechtsnachteil handelt, kam die im Zivilprozeß übliche Anordnung des Ruhens des Verfahrens nicht in Frage, weil die Klage im Verwaltungsprozeß aufschiebende Wirkung entfaltet und dem Antragsteller damit durch die Nichtzahlung ein ungebührender Vorteil entstehen würde (BVerfGE 10, 264 [267 f.] – *„Gerichtskostenvorschuß"*).

II. Effektiver Rechtsschutz

13   Der Gesetzgeber ist also frei, die Prozeßordnung auch durch Regelungen auszugestalten, die sich bei Nichteinhaltung zum Nachteil des Bürgers auswirken können. Allerdings muß „die umfassende Nachprüfung des Verfahrensgegenstandes in tatsächlicher und rechtlicher Hinsicht sowie eine dem Rechtsschutzbegehren angemessene Entscheidungsart und Entscheidungswirkung durch ein unabhängiges und unparteiisches Rechtssprechungsorgan" gewährleistet sein (BVerfGE 94, 166 [213] – *„Flughafenverfahren"*). Mit anderen Worten: der gesetzlich vorgesehene Rechtsweg muß dem Rechtsuchenden die Verfolgung seiner Rechte effektiv ermöglichen. Prozeßregelungen dürfen daher **nicht** so ausgestaltet oder ausgelegt werden, daß die Erlangung gerichtlichen Schutzes **in sachlich nicht zu rechtfertigender Weise unzumutbar erschwert** wird (st. Rspr., s. etwa BVerfGE 10, 264 [268] – *„Gerichtskostenvorschuß"*; 40, 237 [256]; 88, 118 [124]). Dieser Grundsatz erfaßt auch das dem gerichtlichen Verfahren vorausgehende Verwaltungsverfahren (BVerfGE 40, 237 [257]; 60, 82 [110] – *„Sasbach"*).

Beispiele:

14   – Soweit ein Instanzenzug vorgesehen ist, muß dem Bürger die **nächst höhere Instanz** effektiv offenstehen. Deshalb darf die Beschwerde gegen eine richterliche Durchsuchungsanordnung nicht allein deshalb als unzulässig verworfen werden, weil die Durchsuchung der Wohnung bereits ergebnislos durchgeführt wurde und sich damit erledigt hat. Denn Rechtsschutz dient nicht nur dazu, eine gegenwärtige Beschwer auszuräumen, einer Wiederholungsgefahr zu begegnen oder eine fortwirkende Beeinträchtigung durch einen an sich beendeten Eingriff zu beseitigen, sondern auch dazu, eine schwerwiegende Grundrechtsverletzung feststellen zu lassen in Fällen, in denen sich die angegriffene Maßnahme typischerweise auf eine Zeitspanne beschränkt, in welcher der Betroffene die gerichtliche Entscheidung in der von der Prozeßordnung vorgesehenen Instanz nicht erlangen kann (BVerfG, JR 1997, 382 [383] – *„Durchsuchung"*; s. auch BVerfGE 40, 272 [274] zur Zurückweisung einer Revision beim BFH).

15   – Art. 19 IV GG verbietet eine **überlange Verfahrensdauer,** denn wirksamer Rechtsschutz ist Rechtsschutz in angemessener Zeit (BVerfGE 55, 349 [369]). Auch die Dauer von mehr als eineinhalb Jahren von der Einlegung der Revision bis zur Anberaumung eines mündlichen Termins kann noch angemessen sein, wenn das Gericht überlastet ist und die Anberaumung nicht sachwidrig unterlassen hat (BVerfG ebda.). Nicht mehr angemessen ist allerdings die

Zeitspanne von mehr als sechs Jahren, in denen das Vormundschaftsgericht praktisch untätig geblieben ist (BVerfG, NJW 1997, 2811 f.). Auch das verwaltungsrechtliche Vorverfahren muß dem Grundsatz des zügigen Verfahrens Rechnung tragen und darf die Anrufung der Gerichte nicht zeitlich unzumutbar lange hinauszögern. Die Möglichkeit, nach drei Monaten Untätigkeit der Beschwerdeinstanz das Gericht anzurufen, genügt den Anforderungen des Art. 19 IV GG (BVerfGE 40, 237 [257]).

– **Prozeßrechtliche Ausschlußfristen** wie Klage – oder Rechtsbehelfsfristen haben den Sinn, für eine angemessene Verfahrensdauer zu sorgen und klare Regeln über die Bestandskraft von Hoheitsakten bereitzustellen und damit der Rechtssicherheit zu dienen (BVerfGE 60, 253 [269] – *„Ausschlußfrist"*; vgl. auch BVerfGE 88, 118 [125 f.]). Sie erschweren daher den Zugang zu Gericht nicht in unzumutbarer Weise, wenn sie ausreichend bemessen sind. Auch die Zurechnung des Verschuldens des Prozeßbevollmächtigten bei Fristversäumung dient diesen Zielen, und selbst im Asylverfahren ist dies keine unangemessene Regelung (BVerfGE 60, 253 [272 ff.] – *„Ausschlußfrist"*). **16**

– **Präklusionsvorschriften des materiellen Rechts**, die bewirken, daß ein Anspruch untergeht, wenn bestimmte Einwendungen nicht innerhalb einer bestimmten Frist vorgebracht werden (z. B. § 3 I AtomAnlagenG), stellen dann keine Erschwerung des Zugangs zu Gericht dar, wenn dem Gericht die Zuständigkeit darüber verbleibt zu prüfen, ob und welche Rechte des Antragstellers nach Maßgabe der entsprechenden Präklusionsvorschrift erloschen sind (BVerfGE 61, 82 [110] – *„Sasbach"*; a. A. *Schmalz*, Grundrechte Rn. 864; *Schulze-Fielitz*, in: Dreier, GG, Art. 19 IV Rn. 76; s. ferner *Krebs*, in: v.Münch/Kunig, GG I, Art. 19 Rn. 66 m. w. N.). **17**

– **Verwaltungsbehörden dürfen keine irreparablen Maßnahmen durchführen, bevor der Betroffene nicht Gelegenheit hatte, diese von einem Gericht überprüfen zu lassen.** Der **vorläufige Rechtsschutz**, der durch die im Regelfall vorgeschriebene aufschiebende Wirkung von Widerspruch und Anfechtungsklage (§ 80 I VwGO) verwirklicht wird, ist daher ein von Art. 19 IV GG gebotener „fundamentaler Grundsatz des öffentlich-rechtlichen Prozesses" (BVerfGE 35, 382 [402] – *„vorläufiger Rechtsschutz"*). Zwar können im Einzelfall überwiegende öffentliche Belange es rechtfertigen, den Rechtsschutzanspruch des Bürgers einstweilen zurückzustellen, um unaufschiebbare Maßnahmen im Interesse des Gemeinwohls rechtzeitig in die Wege zu leiten. Dies muß jedoch die Ausnahme bleiben. Die regelmäßige Anordnung der sofortigen Vollziehung bei der Ausweisung eines Ausländers wird daher Art. 19 IV GG nicht gerecht (BVerfG, ebda.; vgl. auch BVerfGE 69, 220 [227 ff.]), während der gesetzliche Ausschluß der aufschiebenden Wirkung von Rechtsbehelfen gegen die Aufforderung zur Erteilung von Auskünften im Rahmen einer Volkszählung im Interesse der Allgemeinheit an der zügigen statistischen Auswertung des Datenmaterials liegt und daher mit Art. 19 IV GG vereinbar ist (BVerfGE 65, 1 [70 f.] – *„Volkszählung"*). Zum vorläufigen Rechtsschutz im Strafverfahren s. BVerfGE 37, 150 [153 f.]). **18**

– Wirksamer Rechtsschutz durch die Gerichte setzt voraus, daß der Richter nicht an die im Verwaltungsverfahren getroffenen Feststellungen und Wertungen gebunden ist. **Beurteilungsspielräume** der Verwaltung, die nur eingeschränkt vom Gericht überprüfbar sind, sind zwar begrenzt zulässig, die Auslegung unbestimmter Rechtsbegriffe obliegen aber grundsätzlich den Gerichten (BVerfGE 84, 34 [49 f.] – *„Prüfungskontrolle"*). Bei Prüfungsentscheidungen in Berufszugangsprüfungen, z. B. juristische Staatsexamen, ergibt sich ein auf prüfungsspezifische Wertungen eng begrenzter Bewertungsspielraum der Verwaltung, der sich aber nicht auf alle fachlichen Fragen erstreckt, die den Prüfungsgegenstand bilden. Brauchbare und vertretbare Lösungen dürfen nicht als falsch bewertet werden, es dürfen **19** keine unlösbaren, unverständlichen oder mehrdeutigen Aufgaben gestellt werden; ob dies der Fall ist, hat das Gericht notfalls mit Sachverständigenhilfe in vollem Umfange nachzuprüfen (BVerfGE 84, 34 [54 f.] – *„Prüfungskontrolle"*; 84, 59 [77 f.] – *„Multiple Choice"*, s. dazu auch § 11 Rn. 90 ff.). Auch außerhalb von Prüfungsentscheidungen läßt sich eine pauschale Zurücknahme der gerichtlichen Kontrolle mit dem Hinweis auf die Komplexität bestimmter fachlicher Bewertungen nicht begründen, denn das Gericht kann sich durch Sachverständige beraten lassen; auch Prognoseentscheidungen schließen eine gerichtliche Überprüfbarkeit nicht von vornherein aus (BVerfGE 88, 40 [58 ff.] – *„Privatschule"*; zum Ganzen ausführlich *Schulze-Fielitz*, JZ 1993, 772 ff.).

20   – Der Bürger hat aus Art. 19 IV GG keinen Anspruch darauf, daß die öffentliche Gewalt in der Form handelt, die ihm den besten gerichtlichen Schutz garantiert. Daher dürfen Enteignungen und Planungsentscheidungen, die üblicherweise von der Verwaltung vorgenommen werden und durch die Verwaltungsgerichte überprüfbar sind, im Einzelfall auch durch Gesetz erfolgen (**Legalplanung**), auch wenn dies die Rechtsschutzmöglichkeiten des Bürgers schmälert. Stehen erhebliche Gemeinwohlbelange auf dem Spiel und ist von einer behördlichen Planfeststellung eine unabsehbare Verfahrensverzögerung zu erwarten, so kann die Planung per Gesetz vorgenommen werden (BVerfGE 95, 1 [22 ff.] – *„Stendal"*).

D. Wiederholung

I. Kontrollfragen

1. Nach welchem Aufbaumuster wird Art. 19 IV GG geprüft?

2. Wogegen ist der Rechtsweg eröffnet?

3. Welche Voraussetzung neben dem Vorliegen eines Aktes der öffentlichen Gewalt hat der Anspruch auf einen Rechtsweg außerdem?

4. Was kann der einzelne unter den genannten Voraussetzungen verlangen?

5. Nennen sie mindestens drei konkrete Anforderungen an die Ausgestaltung des gerichtlichen Prozesses.

II. Lösungen

1. Nach dem Anspruchsaufbau (s. § 22 Rn. 3).

2. Gegen Akte der öffentlichen Gewalt, insbesondere der Exekutive (s. o. Rn. 5 ff., 8).

3. Die Verletzuung eines subjektiven Rechts (s. o. Rn. 9 f.).

4. Daß ihm überhaupt ein Rechtsweg offen steht und daß dieser ihm effektiven Rechtsschutz gewährt (s. o. Rn. 12, 13).

5. S. die Aufzählung unter Rn. 14 ff.

§ 24. Prozeßgrundrechte, Art. 101 und 103 I GG

Literatur: **zu Art 101 GG:** *Eser, A.,* Der „gesetzliche Richter" und seine Bestimmung für den Einzelfall, FS Salger 1994, S. 247 ff.; *Gloria, C.,* Verfassungsrechtliche Anforderungen an die gerichtlichen Geschäftsverteilungspläne, DÖV 1988, 849 ff.; *Höfling/Roth,* Ungesetzliche Bundesverfassungsrichter?, DÖV 1997, 67 ff.; *Schäfer, H.,* Willkürliche oder objektiv willkürliche Entziehung des gesetzlichen Richters bei Verkennung der sachlichen Zuständigkeit in Strafsachen?, DRiZ 1997, 168 ff.

zu Art. 103 I GG: *Mauder, J.,* Der Anspruch auf rechtliches Gehör, seine Stellung im System der Grundrechte und seine Auswirkungen auf die Abgrenzungsprobleme zwischen Verfassungs- und Fachgerichtsbarkeit, 1986; *Schmidt-Aßmann, E.,* Verfahrensfehler als Verletzungen des Art. 103 Abs. 1 GG, DÖV 1987, 1029 ff.; *Gusy, C.,* Rechtliches Gehör durch abwesende Richter? – BVerwG, NJW 1986, 3154, JuS 1990, 712 ff.

Leitentscheidungen: zu Art. 101 GG: BVerfGE 9, 223 ff. – *„bewegliche Zuständigkeit"*; 17, 294 ff. – *„Geschäftsverteilung"*; 19, 38 ff. – *„Großer Senat"*; 22, 49 ff. – *„Strafbescheid"*; 23, 288 ff. – *„BVerfG-Vorlage"*; 30, 165 ff. – *„ausgeschlossener Richter"*; 31, 181 ff. – *„Schöffenwahl"*; 73, 339 ff. – *„EuGH-Vorlage"*; 95, 322 ff. – *„Überbesetzung"*.

zu Art. 103 I GG: BVerfGE 9, 89 ff. – *„Untersuchungshaft"*; 54, 117 ff. – *„Aufrechnung"*; 63, 80 ff. – *„Hoferbe"*; 75, 302 ff. – *„verspätetes Vorbringen"*; 86, 133 ff. – *„Überraschung"*; 89, 28 ff. – *„Ablehnungsgründe"*; 89, 381 ff. – *„Adoption"*.

A. Begriff

Prozeßgrundrechte verbürgen grundrechtliche Mindeststandards **im** gerichtli- **1** chen Verfahren, während Art. 19 IV GG (s. § 23) das Recht auf ein Gerichtsverfahren gewährt. Sie stellen also gewisse Anforderungen an die Organisation und den Ablauf von Gerichtsverfahren. Hierzu gehört das Recht auf den gesetzlichen Richter unter Ausschluß von Ausnahmegerichten (Art. 101 GG) sowie der Anspruch auf rechtliches Gehör (Art. 103 I GG). Die Grundrechte des Art. 103 II und III GG (s. dazu § 25) schützen demgegenüber vor Bestrafung in bestimmten Fällen, beziehen sich also allein auf die Strafgerichtsbarkeit und setzen hier sowohl dem Strafprozeßrecht als auch dem materiellen Strafrecht Grenzen.

Auch die Prozeßgrundrechte sind wie Art. 19 IV GG keine Abwehrrechte und **2** folgen daher nicht dem für Abwehrrechte üblichen Prüfungsaufbau, der sich in Abschnitte Schutzbereichsbestimmung, Eingriff und verfassungsrechtliche Rechtfertigung gliedert. Aus der Nichterfüllung des Anspruchs auf den gesetzlichen Richter bzw. auf rechtliches Gehör folgt vielmehr immer auch der Verfassungsverstoß, der nicht rechtfertigungsfähig ist.

B. Anspruch auf den gesetzlichen Richter, Art. 101 I 2 GG

I. Überblick und Bedeutung

3 Das zentrale Recht des Art. 101 GG enthält Abs. I S. 2 mit dem Anspruch auf den gesetzlichen Richter. Das Verbot von Ausnahmegerichten nach Abs. I S. 1 stellt demgegenüber eine spezielle Ausprägung dar und hat wenig eigene Bedeutung erlangt. Dasselbe gilt für Abs. II (*Degenhart*, in: Sachs, GG, Art. 101 Rn. 1).

4 Art. 101 I 2 GG ist eine Säule der Rechtsstaatlichkeit und Grundnorm für die Gerichtsorganisation (*Degenhart*, in: Sachs, GG, Art. 101 Rn. 1). Er dient dazu, die Neutralität der rechtsprechenden Gewalt zu sichern. Insbesondere soll die Exekutive nicht die Möglichkeit haben, richterliche Entscheidungen durch die Einsetzung ganz bestimmter, nach politischer Zuverlässigkeit ausgesuchter Richter zu beeinflussen. Der Anspruch auf den gesetzlichen Richter ist somit auch ein Ausdruck der Gewaltenteilung. „Art. 101 Abs. 1 Satz 2 GG soll der Gefahr vorbeugen, daß die Justiz durch eine Manipulierung der rechtsprechenden Organe sachfremden Einflüssen ausgesetzt wird, insbesondere daß im Einzelfall durch die Auswahl der zur Entscheidung berufenen Richter ad hoc das Ergebnis der Entscheidung beeinflußt wird, gleichgültig, von welcher Seite die Manipulierung ausgeht" (BVerfGE 17, 294 [299] – „*Geschäftsverteilung*"; BVerfGE 95, 322 [327] – „*Überbesetzung*"). Diese Neutralität der Rechtsprechung soll dadurch erreicht werden, daß nicht erst nach Anhängigkeit eines Verfahrens der zuständige Richter bestimmt wird, sondern das Gesetz einen bestimmten Verteilungsschlüssel festlegt, nach dem sich für jeden Fall im vorhinein die Zuständigkeit eines bestimmten Richters ergibt. Der einzelne an dem Verfahren Beteiligte hat dann Anspruch auf genau diesen vom Gesetz festgelegten Richter. Andererseits ist eine vollkommen exakt vorherbestimmte Richterzuständigkeit für jeden Einzelfall praktisch nicht zu erreichen, so daß eine gewisse Ungenauigkeit in der Vorherbestimmbarkeit angesichts des Funktionierens der Rechtspflege hinzunehmen ist. Es „wirkt sich die Spannung zwischen Rechtssicherheit und materieller Gerechtigkeit aus: Verlangt jene die Voraussehbarkeit des 'gesetzlichen Richters' durch eine allgemeine Regelung, so gebietet diese, in der Ordnung der Zuständigkeit und des Verfahrens der Eigenart des Rechtsgebiets und dem Einzelfall gerecht zu werden" (BVerfGE 9, 223 [226 f.] – „*bewegliche Zuständigkeit*"; hierzu krit. *Kunig,* in: v.Münch/Kunig, GG III, Art. 101 Rn. 25 f.).

II. Begriff des Richters

5 Richter im Sinne des Art. 101 I 2 GG ist zunächst jeder Richter an einem staatlichen Gericht, dann aber auch jedes Gericht, das nach dem Gesetz zur Entscheidung über bestimmte Sachen berufen ist. Dazu gehören auch das BVerfG selbst sowie der EuGH (BVerfGE 23, 288 [315 ff.] – „*BVerfG-Vorlage*"; BVerfGE 73, 339 [370 f.] – „*EuGH-Vorlage*"). Zu den staatlichen Gerichten zählen nicht die

Schiedsgerichte (§§ 1025 ff. ZPO). Dagegen ist jeder Richter an einem staatlichen Gericht unabhängig von seiner persönlichen Dienststellung Richter im Sinne des Art. 101 I 2 GG, also auch ehrenamtliche Richter und die Schöffen (BVerfGE 31, 181 [183 f.] – „Schöffenwahl“).

III. Anforderungen an die gesetzliche Zuständigkeitsregelung

Art. 101 I 2 GG enthält einen Auftrag an den Gesetzgeber, die gerichtlichen Zuständigkeiten zu regeln. Ohne solche gesetzliche Grundlagen ist eine funktionierende Gerichtsorganisation nicht denkbar. Die Gesetze bestimmen zunächst die zuständige Gerichtsbarkeit, z. B. ordentliches Gericht, Verwaltungsgericht, Arbeitsgericht, Sozialgericht, dann die sachliche und örtliche Zuständigkeit, z. B. Amtsgericht oder Landgericht in Berlin oder Potsdam, und schließlich die Zuständigkeit bestimmter Spruchkörper oder Richter innerhalb des Gerichts. Die Gerichtsverfassungsgesetze und Prozeßordnungen müssen den Anforderungen des Art. 101 GG entsprechen, d. h. sie müssen die Zuständigkeit bestimmter Gerichte und Richter so regeln, daß sie nicht manipulierbar ist. „Aus dem Zweck des Art. 101 Abs. 1 Satz 2 GG folgt, daß die Regelungen, die der Bestimmung des gesetzlichen Richters dienen, von vornherein so eindeutig wie möglich bestimmen müssen, welches Gericht, welcher Spruchkörper und welche Richter zur Entscheidung des Einzelfalls berufen sind“ (BVerfGE 17, 294 [299] – „Geschäftsverteilung“). 6

Grundsätzlich muß die Zuständigkeit durch Gesetz geregelt sein. Allerdings kann der Gesetzgeber angesichts des Umfangs der Richterzahl und der Geschäftslast und deren ständigem Wechsel nicht alle Regelungen selbst treffen; das Gesetz bedarf vielmehr der Ergänzung durch den Geschäftsverteilungsplan der Gerichte (BVerfGE 17, 294 [299] – „Geschäftsverteilung“; BVerfGE 95, 322 [328] – „Überbesetzung“). Das Gesetz muß also nicht selbst die Vorherbestimmbarkeit des einzelnen Richters oder Spruchkörpers gewährleisten, sondern es kann auf den Geschäftsverteilungsplan der Gerichte verweisen. Aus dem Zusammenhang von Gesetz und Geschäftsverteilungsplan muß sich dann allerdings die ausreichende Bestimmbarkeit ergeben. Es muß sich in jedem Fall bei der das Gesetz ergänzenden Regelung um eine Norm mit bestimmten formalen Anforderungen handeln. Während in der Literatur überwiegend ein Außenrechtssatz, also eine Rechtsverordnung oder eine Satzung im Gegensatz zur Verwaltungsvorschrift verlangt wird (*Degenhart*, in: Sachs, GG, Art. 101 Rn. 6 f. m. w. N.), genügt dem BVerfG die Erfüllung folgender Merkmale: die das Gesetz ergänzende Regelung muß schriftlich ergehen und sie muß die Zuständigkeit abstrakt-generell festlegen (BVerfGE 95, 322 [328 f.] – „Überbesetzung“). 7

Die Verwendung **unbestimmter Rechtsbegriffe** im Gesetz ist zulässig, sofern durch sie nicht vorhersehbaren Ereignissen wie Überlastung oder Verhinderung eines Richters oder auch der Effektivität der Rechtsprechung Rechnung getragen wird; allerdings muß die Regelung so beschaffen sein, daß sachfremden Einflüssen 8 generell vorgebeugt wird (BVerfGE 95, 322 [332] – *„Überbesetzung"*; einschränkend zur Verwendung unbestimmter Rechtsbegriffe *Kunig*, in: v.Münch/Kunig, GG III, Art. 101 Rn. 26). Das BVerfG hält sogenannte **bewegliche Zuständigkeiten**, nach denen zwischen mehreren örtlichen oder sachlichen Zuständigkeiten ausgewählt werden kann, für unbedenklich.

Beispiel: Nach § 24 I Nr. 3 GVG kann die Staatsanwaltschaft nach der besonderen Bedeutung einer Straftat entweder vor dem Amts- oder dem Landgericht anklagen; die Auslegung des Begriffs „besondere Bedeutung" obliegt der Staatsanwaltschaft. Nach BVerfG ist durch den Aufbau und die Aufgabe der Staatsanwaltschaft ausreichend gesichert, daß auf die Entschließung des Staatsanwaltes nur „justizgemäße" Einflüsse einwirken, die Regelung ist daher kein Verstoß gegen Art. 101 I 2 GG (BVerfGE 9, 223 [228 f.] – *bewegliche Zuständigkeit"*; krit. *P/S*, StaatsR I Rn. 1146; ausführlich *Kunig*, in: v.Münch/Kunig, GG III, Art. 101 Rn. 28).

9   Art. 101 I 2 GG gewährleistet schließlich, daß der Gesetzgeber nicht Zuständigkeiten, die die Verfassung den Richtern vorbehält, den Verwaltungsbehörden zuweist. Da die Verurteilung zu Kriminalstrafen nach Art. 92 GG ausschließlich den Richtern obliegt, dürfen die Finanzämter nicht mit einer entsprechenden Befugnis ausgestattet werden (BVerfGE 22, 49 [73 ff.] – *„Strafbescheid"*).

IV. Entziehung

1. Durch die Legislative

10 In der Nichtbeachtung der vorgenannten Anforderungen an die Gesetzgebung bei der Ausgestaltung der Gerichtsorganisation und der Zuständigkeitsregelungen liegt immer zugleich eine Entziehung des gesetzlichen Richters. Demnach sind die ausdrücklich von Art. 101 I 1 GG verbotenen **Ausnahmegerichte** bereits nach den allgemeinen Anforderungen unzulässig, Art. 101 I 1 GG dient damit lediglich der Hervorhebung. Ausnahmegerichte sind Gerichte, „die in Abweichung von der gesetzlichen Zuständigkeit besonders gebildet und zur Entscheidung einzelner konkreter oder individuell bestimmter Fälle berufen sind" (BVerfGE 3, 212 [223]). Kennzeichnendes Merkmal ist daher die Bildung ad hoc und ad personam, d. h. für die betroffenen Fälle gilt nicht die abstrakte Vorherbestimmbarkeit des Richters, sondern es werden Richter extra zur Entscheidung dieser konkreten Fälle eingesetzt. Zulässig sind demgegenüber **Sondergerichte** für bestimmte Sachgebiete, z. B. Arbeits- und Sozialgerichte, Berufsgerichte o. ä. (*Degenhart*, in: Sachs, GG, Art. 101 Rn. 24).

2. Durch die Exekutive

11 Die Entziehung des gesetzlichen Richters durch die vollziehende Gewalt zu verhindern, war die ursprüngliche Zielrichtung des Art. 101 GG. Hier liegt jedoch heute nicht der Schwerpunkt. Zwar ernennt die Justizverwaltung die Richter, aber dadurch wird die Garantie des Art 101 GG nicht berührt, weil durch die Ernennung als solche kein Einfluß darauf genommen werden kann, welcher Fall von welchem Richter entschieden wird. Lediglich eine Ernennung für einen be-

stimmten Fall, also „ad hoc und ad personam", wäre ein Verstoß gegen Art. 101 GG (BVerfGE 82, 159 [194]).

3. Durch die Judikative

Die rechtsprechende Gewalt selbst ist heute das Hauptanwendungsgebiet des **12** Art. 101 I 2 GG. Denn zum einen obliegt den Gerichten letztlich die Aufgabe, in Ergänzung der gesetzlichen Regelungen die Vorherbestimmbarkeit des zuständigen Richters sicherzustellen, und zwar durch die Aufstellung der Geschäftsverteilungspläne. Zum anderen sind es wiederum die Gerichte, die die gesetzlichen Zuständigkeitsbestimmungen auslegen und anwenden.

a) Geschäftsverteilung

Die Gerichte haben in richterlicher Unabhängigkeit jährlich im voraus einen **13** Geschäftsverteilungsplan aufzustellen, der die zuständigen Richter für die zur Entscheidung anstehenden Verfahren so genau wie möglich bestimmen muß (BVerfGE 17, 294 [299] – „*Geschäftsverteilung*"). Nur für die Fälle, daß sich die Geschäftslast im Laufe des Jahres ändert oder daß Richter wegen Krankheit, Urlaub oder Stellenwechsels ausscheiden, darf der Geschäftsverteilungsplan in engem Umfang unbestimmt bleiben; in diesen Fällen muß der Richter im Einzelfall nach sachgerechten Gesichtspunkten bestimmt werden (BVerfGE 17, 294 [300] – „*Geschäftsverteilung*"). Nach den entsprechenden Vorschriften des GVG stellt das jeweilige Gerichtspräsidium den Geschäftsverteilungsplan auf, in dem die Besetzung der Spruchkörper und eventuelle Vertretungen festgelegt und die Aufgaben z. B. nach Sachgebieten, Anfangsbuchstaben, Reihenfolge des Eingangs o. ä. verteilt werden; der Geschäftsverteilungsplan ist öffentlich, d. h. er liegt zur Einsichtnahme aus (zum Ganzen näher *Kunig*, in: v.Münch/Kunig, GG III, Art. 101 Rn. 37 f.).

Besondere Aktualität hat in den letzten Jahren die **Überbesetzung von Spruchkör- 14 pern** erlangt, die dem Zweck dient, eine erwartete Erhöhung des Geschäftsanfalls oder mögliche Verhinderungsgründe von Richtern aufzufangen (hierzu *Kunig*, in: v.Münch/Kunig, GG III, Art. 101 Rn. 39). Zwar ist seit BVerfGE 18, 344 (349 f.) geklärt, daß die Überbesetzung eines Spruchkörpers mit ein oder zwei Richtern dann unbedenklich ist, wenn das Gerichtspräsidium die Überbesetzung für unvermeidbar hält, um eine geordnete Rechtsprechung zu gewährleisten (auch BVerfGE 22, 282 [286]). Unzulässig ist allerdings eine Überbesetzung in einem Ausmaß, daß zwei unterschiedliche Spruchkörper mit jeweils zwei verschiedenen Beisitzern gebildet werden können (BVerfGE 22, 282 [285]). Es muß aber auch bei zulässiger Übersetzung gewährleistet bleiben, daß eine „blinde" Zuständigkeitsverteilung erfolgt.

Beispiel: Dem 2. Senat des Bundesfinanzhofes, der in der Besetzung von fünf Richtern entscheidet, waren für das Geschäftsjahr 1994 durch das Präsidium des BFH sechs Richter zugeteilt worden. Er war mithin mit einem Richter überbesetzt. Der nach § 21 g GVG hierfür zuständige Vorsitzende bestimmte vor Beginn des Geschäftsjahres die Verteilung der Verfahren auf die

sechs Richter in der Weise, daß vorhersehbar war, bei welchen Terminen welcher Richter nicht
mitwirkte. Nicht bestimmt war jedoch, welche Verfahren zu den jeweiligen Terminen verhan-
delt wurden. Dies richtete sich vielmehr nach dem Eingang der Voten der jeweiligen Berichter-
statter, d. h. je nach dem, wann derjenige der Richter, der die Sache zur Entscheidung vorzube-
reiten hatte, seine Darlegung eingereicht hatte (s. zur Praxis der Gerichte *Berkemann*, JR 1997,
281 f. m. w. N.). Das BVerfG entschied im Plenum unter ausdrücklicher Abweichung von
BVerfGE 18, 344 und 69, 112, daß eine solche letztlich im Ermessen der Richter stehende
Geschäftsverteilung innerhalb des Spruchkörpers nicht mit Art. 101 I 2 GG vereinbar sei
(BVerfGE 95, 322 [327 ff.] – *„Überbesetzung“*; vgl. auch BVerfG, NJW 1995, 2703 ff.). Denn
es sei grundsätzlich bei überbesetzten Spruchkörpern geboten, daß im voraus nach abstrakten
Merkmalen bestimmt wird, welche Richter an dem jeweiligen Verfahren teilnehmen, und diese
nicht von Fall zu Fall berufen werden. Durch die Vorherbestimmbarkeit solle das Vertrauen der
Rechtssuchenden in die Unparteilichkeit und Sachlichkeit der Gerichte gewahrt werden. Deshalb dürften die Geschäftsverteilungs- und Mitwirkungspläne eines Gerichts keinen unver-
meidbaren Spielraum bei der Heranziehung der einzelnen Richter zur Entscheidung einer Sache
und damit keine unnötige Unbestimmtheit lassen (vertiefend *Berkemann*, JR 1997, 281 ff.;
Katholnigg, JR 1997, 284 ff.).

15   In die Kritik geraten ist jüngst die Rolle des BVerfG selbst bei der **Wahl von
     Verfassungsrichtern.** Das Hinausschieben der Wahl, damit ein laufendes Verfah-
     ren noch in alter Besetzung zu Ende geführt werden kann, bedeutet in der Tat
     eine Amtszeitverlängerung ad hoc und ad personam, die von der Vorsitzenden
     mit Gründen der Funktionsfähigkeit des BVerfG gerechtfertigt wurde (s. aus-
     führlich *Höfling/Roth*, DÖV 1997, 67 ff.; zur Praxis der Geschäftsverteilung
     beim EuGH *Mößlang*, EuZW 69 ff; *Wichard*, EuZW 305 ff.).

b) Auslegung und Anwendung der gesetzlichen Zuständigkeitsbestimmungen

16   Den Gerichten obliegt es, die gesetzlichen Bestimmungen über die Zuständig-
     keitsverteilung anzuwenden. Dazu bedarf es der Auslegung unbestimmter
     Rechtsbegriffe (zur Zulässigkeit solcher s. o. Rn. 8). Hierbei sind Rechtsirrtümer
     natürlich nicht ausgeschlossen. Das BVerfG weist jedoch die Aufgabe zurück,
     jeden „error in procedendo“, also jeden Irrtum über die Zuständigkeit, als Ver-
     stoß gegen Art. 101 I 2 GG zu werten, weil es ansonsten in der Art einer Super-
     revisionsinstanz die Auslegung einfachen Prozeßrechts umfassend überprüfen
     müßte. Es beschränkt daher die verfassungsrechtliche Kontrolldichte auf **willkür-
     liche** gerichtliche Entscheidungen (BVerfGE 19, 38 [42 f.] – *„Großer Senat“*; aus-
     führlich nochmals BVerfGE 82, 286 [298]; *Kunig*, in: v.Münch/Kunig, GG III,
     Art. 101 Rn. 33 f.; *Degenhart*, in: Sachs, GG, Art. 101 Rn. 18 ff.). Willkürlich
     sind solche Entscheidungen, die schlechthin unvertretbar sind und daher außer-
     halb der Gesetzlichkeit stehen (BVerfG, EuGRZ 1997, 436 [437]).

Beispiel: Gemäß § 541 I 1 ZPO muß das Landgericht vom OLG in Mietstreitigkeiten einen
sogenannten Rechtsentscheid einholen, wenn es von einer Entscheidung des OLG oder des
BGH abweichen will. Das LG hatte die Einholung eines solchen Rechtsentscheides unterlassen,
weil es die Entscheidungen des OLG, von denen es abwich, nicht kannte. Das BVerfG wertete
daher das Unterlassen der Einholung eines Rechtsentscheides als Rechtsirrtum und nicht als
Willkür und verneinte daher einen Verstoß gegen Art. 101 I 2 GG (BVerfGE 87, 282 [284 f.]).

In ähnlicher Weise ist die Mißachtung der Pflicht zur Vorlage an andere Gerichte zu   **17**
beurteilen. Gerichte, an die in bestimmten Fällen vorzulegen ist, sind gesetzliche Richter im Sinne des Art. 101 I 2 GG; dazu gehören auch das BVerfG (vgl. BVerfGE 23, 288
[315] – *„BVerfG-Vorlage"*) und der EuGH (BVerfGE 73, 339 [366 ff.] – *„EuGH-Vor-*
lage"). Die Mißachtung einer solchen Vorlagepflicht führt aber erst dann zu einem
Verstoß gegen Art. 101 I 2 GG, wenn die Nichtvorlage willkürlich erfolgte (für einen
strengeren Kontrollmaßstab etwa *Heitsch*, EuGRZ 1997, 461 ff.).

Beispiele:

– Nach Art. 100 II GG hat ein Gericht die Entscheidung des BVerfG einzuholen, wenn in
  einem Rechtsstreit zweifelhaft ist, ob eine Regel des Völkerrechts Bestandteil des Bundes-
  rechts ist und ob sie unmittelbar Rechte für den einzelnen erzeugt. Der BFH nahm an, daß
  eine Vorlagepflicht nur für den Fall bestehe, daß er selbst Zweifel habe. Das BVerfG entschied demgegenüber, daß es genüge, wenn objektiv ernstliche Zweifel bestünden. Dennoch
  verneinte das BVerfG eine Verletzung des Art. 101 I 2 GG, weil die Nichtvorlage zwar
  rechtsirrtümlich, aber nicht willkürlich unterblieben war, denn die Frage, wann die Vorlagepflicht besteht, war bis zu dieser Entscheidung noch ungeklärt (BVerfGE 23, 288 [315 ff.] –
  „BVerfG-Vorlage"; vgl. auch BVerfGE 64, 1 [21]).
– Gemäß Art. 177 III EGV ist jedes letztinstanzliche deutsche Gericht verpflichtet, dem
  EuGH alle Rechtsfragen vorzulegen, die die Auslegung von Europarecht betrifft. Das Unterlassen der Einholung einer solchen Vorabentscheidung stellt jedoch nur dann einen Verstoß gegen Art. 101 I 2 GG dar, wenn sie auf Willkür beruhte (BVerfGE 73, 339 [370 f.] –
  „EuGH-Vorlage"; zur Vorlageberechtigung eines unterinstanzlichen Gerichts s. BVerfGE
  82, 159 [192 ff.]). Dies ist nicht der Fall, wenn der EuGH die entsprechende Frage bereits
  entschieden hat oder Zweifel im Hinblick auf die Auslegung nicht ersichtlich sind bzw.
  wenn das nichtvorlegende Gericht rechtsirrtümlich annimmt, daß dem so sei. Willkür war
  demgegenüber gegeben im Falle des BFH, der trotz bereits erfolgter Vorlage des Finanzgerichts in demselben Fall die daraufhin ergangene Vorabentscheidung des EuGH ignorierte
  (BVerfGE 75, 223 [233 ff.]).

In den Fällen, in denen eine Vorlage an den EuGH willkürlich unterblieben ist,   **18**
hebt das BVerfG die entsprechende gerichtliche Entscheidung auf und verweist
zurück, damit die Vorlage nunmehr erfolgen kann. Ist jedoch eine Vorlage an das
BVerfG unter Verstoß gegen Art. 101 I 2 GG unterblieben, so ist eine Zurückverweisung nur sinnvoll, wenn das Ergebnis der Entscheidung auf der Nichtvorlage beruht, d. h. wenn das Gericht die vorzulegende Frage anders beantwortet,
als es das BVerfG im Falle der Vorlage getan hätte (BVerfG, EuGRZ 1997, 436
[441]). Das BVerfG prüft somit in einem auf Art. 101 I 2 GG gestützten Verfas-
sungsbeschwerdeverfahren die Frage, die hätte vorgelegt werden müssen. Eine
Aufhebung und Zurückverweisung würde danach zu nichts anderem führen als
einer weiteren Prozeßverlängerung mit absehbar demselben Ergebnis.

Der Willkürmaßstab ist nicht anwendbar, wenn an einem Prozeß gesetzlich vom   **19**
Verfahren ausgeschlossene Richter mitgewirkt haben (BVerfGE 30, 165 [167 ff.];
40, 268 [270 ff.]).

Beispiel: Gemäß § 23 II StPO ist der Richter, der an einer strafgerichtlichen Entscheidung
mitgewirkt hat, im Wiederaufnahmeverfahren ausgeschlossen. Da das BVerfG die Auffassung

des OLG Braunschweig nicht teilte, daß die Richter, die über die Revision einer Verurteilung entscheiden, an der Verurteilung nicht „mitgewirkt" hätten, stellte es eine Verletzung des Art. 101 I 2 GG fest, d. h. der error in procedendo führte hier zu einer Verletzung des Anspruchs auf den gesetzlichen Richter (BVerfGE 30, 165 [167 ff.]).

20 Die Möglichkeit der Prozeßparteien, einen Richter wegen Befangenheit abzulehnen und dadurch vom Verfahren auszuschließen, spielt im Rahmen des Art. 101 I 2 GG in zweierlei Hinsicht eine Rolle. Zum einen kann die großzügige Bejahung der Befangenheit eines Richters etwa wegen seiner politischen Überzeugung dazu führen, daß der anderen Partei der für sie „günstige" gesetzlich zunächst vorgesehene Richter entzogen wird.

Beispiel: Richter R, Angehöriger einer Strafvollstreckungskammer, äußert sich in wissenschaftlichen Abhandlungen über das Strafvollstreckungsrecht wiederholt in sehr deutlicher Weise negativ über die Praxis des Strafvollzuges in einer bestimmten Strafvollzugsanstalt. In einem Verfahren über eine Verfügung des Anstaltsleiters dieser Anstalt lehnt dieser den betreffenden Richter wegen Befangenheit ab und dringt damit in der zweiten Instanz durch. Der betroffene Gefangene rügt Verletzung seines Anspruchs auf den gesetzlichen Richter, weil die allgemeine Haltung eines Richters gegenüber dem Strafvollzug nicht dazu führen könne, diesen wegen Befangenheit von Verfahren auszuschließen. Hiermit werde versucht, einen unliebsamen Richter in willkürlicher Weise seines Amtes zu entheben. Das BVerfG nahm die Verfassungsbeschwerde nicht zur Entscheidung an, weil die Äußerungen des betreffenden Richters in der Tat Anlaß zu der Annahme seien, daß er eine innere Haltung gegenüber der betroffenen Anstalt einnehme, die seine Unparteilichkeit und Unvoreingenommenheit störend beeinflussen könnten (BVerfG NJW 1996, 3333 f.).

21 Das BVerfG hat aber auch umgekehrt aus Art. 101 I 2 GG ein Recht auf Befangenheitsablehnung hergeleitet. Denn wesentlich für die richterliche Tätigkeit sei, daß sie von einem nichtbeteiligten Dritten ausgeübt werde, so daß Neutralität und Distanz des Richters gegenüber den Verfahrensbeteiligten unabdingbar seien. Deshalb müsse im System der normativen Vorausbestimmbarkeit des gesetzlichen Richters Vorsorge dafür getroffen werden, daß im Einzelfall ein Richter, der nicht die Gewähr der Unparteilichkeit biete, von der Ausübung seines Amtes ausgeschlossen werden könne (BVerfGE 21, 139 [145 f.]; BVerfG, NJW 1998, 369 [370] m. w. N.). Daraus ergibt sich jedoch kein Anspruch der Prozeßparteien, vor einer Sachentscheidung über die Besetzung des Gerichts informiert zu werden; vielmehr ist es den Parteien zumutbar, sich anhand des Geschäftsverteilungsplans selbst zu informierend (BVerfG, NJW 1998, 369 [370]). Auch in anderen Fällen hat das BVerfG Art. 101 I 2 GG nicht nur das Recht auf den gesetzlich vorgesehenen Richter, sondern auch einen Anspruch auf einen entsprechend Art. 97 GG unabhängigen Richter abgeleitet (s. ausführlich *Kunig*, in: v. Münch/Kunig, GG III, Art. 101 Rn. 17 ff.).

C. Anspruch auf rechtliches Gehör, Art. 103 I GG

I. Überblick und Bedeutung

Der Anspruch auf rechtliches Gehör ist nicht nur ein Element des Rechts- 22
staatsprinzips, sondern schützt auch die Menschenwürde im Prozeß. Art. 103
I GG erhebt den alten Grundsatz: man höre immer beide Seiten, bevor man sich
ein Urteil bildet, zur grundrechtlichen Gewährleistung der Beteiligten im gerichtlichen Verfahren. „Die Aufgabe der Gerichte, über einen konkreten Lebenssach-
verhalt ein abschließendes rechtliches Urteil zu fällen, ist in aller Regel ohne
Anhörung der Beteiligten nicht zu lösen. Diese Anhörung ist daher zunächst
Voraussetzung einer richtigen Entscheidung. Darüber hinaus fordert die Würde
der Person, daß über ihr Recht nicht kurzerhand von Obrigkeits wegen verfügt
wird; der einzelne soll nicht nur Objekt der richterlichen Entscheidung sein,
sondern er soll vor einer Entscheidung, die seine Rechte betrifft, zu Wort kommen, um Einfluß auf das Verfahren und sein Ergebnis nehmen zu können"
(BVerfGE 9, 89 [95] – „*Untersuchungshaft*"). Die Gewährung rechtlichen Gehörs ist eine Grundvoraussetzung für ein faires Verfahren, das die „Waffengleichheit" aller Prozeßparteien einschließt (*Kunig*, in: v.Münch/Kunig, GG III,
Art. 103 Rn. 3). Der grundrechtliche Anspruch auf rechtliches Gehör hat eine
überragende praktische Bedeutung erlangt: Die meisten Verfassungsbeschwerden vor dem BVerfG sind auf Art. 103 I GG gestützt, und diese gehören zu den
Verfassungsbeschwerden, die am häufigsten erfolgreich sind (*Kunig*, in:
v.Münch/Kunig, GG III, Art. 103 Rn.1).

II. Vor Gericht

1. Gericht

Gericht i. S. d. Art. 103 I GG ist jedes **staatliche Gericht**, nicht darunter fallen 23
private Gerichte wie Vereins- oder Schiedsgerichte. Anders als der Zusammenhang mit Art. 103 II und III GG nahe zu legen scheint, gilt Art. 103 I GG nicht
nur im Strafverfahren, sondern in allen Gerichtsbarkeiten, also auch vor dem
Zivil-, Verwaltungs-, Arbeits- und Sozialgericht sowie vor Berufs- oder Truppen-
dienstgerichten. Er gilt allerdings nur vor Gericht, nicht etwa im vorgelagerten
Verwaltungsverfahren (zum Ganzen *Degenhart*, in: Sachs, GG, Art. 103 Rn. 4 f.;
Kunig, in: v.Münch/Kunig, GG III, Art. 103 Rn. 4 ff.).

2. Stellung als Beteiligter

Dem Wortlaut des Art. 103 I GG nach hat jedermann Anspruch auf rechtliches 24
Gehör, der vor Gericht steht. Anspruchsberechtigt ist damit zunächst jeder, der
an einem Gerichtsverfahren **förmlich beteiligt** ist etwa als Angeklagter oder als
Kläger oder Beklagter. Zu den förmlich Beteiligten gehören im Strafverfahren

auch Nebenkläger und im Zivilverfahren sogenannte Nebenintervenienten, nicht aber Zeugen und Sachverständige (*Degenhart*, in: Sachs, GG, Art. 103 Rn. 6).

25 Der Anspruch auf rechtliches Gehörs soll aber auch gerade dagegen schützen, daß jemand durch ein Gerichtsverfahren in seinen Rechten beeinträchtigt wird, ohne von diesem Verfahren auch nur Kenntnis zu erhalten. Anspruchsberechtigter ist daher neben dem förmlich Beteiligten auch derjenige, der durch den Verfahrensausgang **„unmittelbar betroffen wird"** (BVerfGE 89, 381 [390 f.] – *„Adoption"*; näher *Kunig*, in: v.Münch/Kunig, GG III, Art. 103 Rn. 7).

Beispiel: Zu den unmittelbar Betroffenen im Verfahren zur Adoption eines Volljährigen gehören alle Personen, deren Interessen nach § 1769 BGB zu berücksichtigen sind, also etwa auch die Kinder des Annehmenden, deren Erbrecht durch die Adoption beeinträchtigt werden kann. Diese müssen daher im Adoptionsverfahren angehört werden (BVerfGE 89, 381 [390 ff.] – *„Adoption"*).

III. Rechtliches Gehör

1. Drei Formen der Verwirklichung

26 Das Gericht muß den Verfahrensbeteiligten Gehör in einer Weise gewähren, daß sie in der Lage sind, auf das Entscheidungsergebnis Einfluß zu nehmen. Es genügt also nicht, daß die Parteien während des Verfahrens irgendwann und irgendwie zu Wort kommen, sondern sie müssen die Möglichkeit haben, zu dem gesamten Verfahrensstoff Stellung zu nehmen, und zwar vor der Entscheidung des Gerichts, damit dieses das Vorbringen bei der Entscheidungsfindung berücksichtigen kann. Daraus ergeben sich drei Formen der Verwirklichung des rechtlichen Gehörs:

a) Anspruch auf Mitteilung

27 Das Gericht ist verpflichtet, allen Verfahrensbeteiligten den Prozeßstoff mitzuteilen. Dazu gehört die Information über das Vorbringen des Gegners, also die Weiterleitung der Schriftsätze des Gegners samt Anlagen (BVerfGE 19, 148 [149]). Mitgeteilt werden muß aber nicht nur das Vorbringen des Prozeßgegners, sondern auch gerichtsinterne Vorgänge, soweit sie die Verfahrensstellung der Parteien betreffen können.

Beispiel: Teilt ein am Verfahren beteiligter Richter dem Gericht Gründe mit, die eine Selbstablehnung rechtfertigen, so hat das Gericht diese den Parteien mitzuteilen, bevor es eine Entscheidung über die Selbstablehnung trifft, weil das Recht der Parteien auf den gesetzlichen Richter nach Art. 101 I 2 GG berührt ist und die Parteien die Möglichkeit haben müssen, sich zu den Ablehnungsgründen zu äußern (BVerfGE 89, 28 [36 ff.]).

28 Darüber hinaus hat das Gericht offenzulegen, wenn es seine Entscheidung auf rechtliche Grundlagen zu stützen gedenkt, mit denen die Beteiligten nicht zu rechnen brauchten, damit die Parteien ihr eigenes Vorbringen – sowohl was den Tatsachenvortrag als auch was die rechtlichen Argumente betrifft – darauf einrichten können. Insofern ergeben sich aus Art. 103 I GG auch im Zivilprozeß,

wo der sogenannte Beibringungsgrundsatz gilt, gewisse **Hinweispflichten des Gerichts**, die verhindern sollen, daß die Parteien vom Inhalt der Urteilsgründe überrascht werden und so erst im nachhinein feststellen, daß sie an der Sache vorbeigeredet haben (*Kunig*, in: v.Münch/Kunig, GG III, Art. 103 Rn. 13; *Degenhart*, in: Sachs, GG, Art. 103 Rn. 16; zu richterlichen Hinweispflichten allgemein s. *Frohn*, JuS 1996, 243 ff.). Eine Hinweispflicht besteht vor allem dann, wenn das Gericht „auf einen rechtlichen Gesichtspunkt abstellt, mit dem auch ein gewissenhafter und kundiger Prozeßbeteiligter selbst unter Berücksichtigung der Vielfalt vertretbarer Rechtsauffassungen nicht zu rechnen brauchte" (BVerfGE 86, 133 [144 f.] – „*Überraschung*"). Die Urteilsgründe sind aber nicht allein deshalb überraschend, weil sie rechtsfehlerhaft sind.

Beispiel: Mit der Verfassungsbeschwerde griff der Beschwerdeführer einen Beschluß des Bezirksgerichts Dresden an. Dieses hatte seinen Antrag auf Erlaß einer einstweiligen Verfügung abgelehnt, das den Antragsgegnern untersagen sollte, auf einem Grundstück, auf das der Beschwerdeführer einen Rückerstattungsantrag wegen Enteignung durch DDR-Behörden gestellt hatte, ein Fertighaus zu errichten. Zur Begründung führte das Gericht an, daß der Beschwerdeführer nicht ausreichend dargetan habe, daß ein Rückerstattungsanspruch nach dem Vermögensgesetz tatsächlich bestehe. Dies war rechtsfehlerhaft, weil dem Beschwerdeführer nach § 3 III 1 VermG der begehrte Unterlassungsanspruch schon aufgrund seiner ordnungsgemäßen Anmeldung seines Rückerstattungsanspruchs zustand, ohne daß es auf die Erfolgsaussichten im dafür vorgesehenen Verwaltungsverfahren ankam. Obwohl das Gericht den Beschwerdeführer nicht auf seine nicht naheliegende Rechtsauffassung hingewiesen hatte, verneinte das BVerfG gleichwohl einen Verstoß gegen Art. 103 I GG wegen überraschender Entscheidungsgründe, weil der Beschwerdeführer aufgrund des gegnerischen Vortrages mit einer solchen Entscheidung rechnen mußte und sich hiergegen auch tatsächlich verteidigt hatte. Im Ergebnis lag jedoch ein Verstoß gegen Art. 103 I GG vor, weil das Gericht die Verteidigung des Beschwerdeführers unberücksichtigt gelassen hatte (BVerfGE 86, 133 [144 ff.] – „*Überraschung*").

b) Anspruch auf Äußerung

Die Beteiligten haben ferner einen Anspruch darauf, sich vor Erlaß einer Entscheidung in tatsächlicher und in rechtlicher Hinsicht zum Streitstoff zu äußern (BVerfGE 60, 305 [310]). **29**

Beispiel: Das Finanzgericht Baden-Württemberg übermittelte dem Kläger den Schriftsatz des beklagten Finanzamtes, das bei diesem am 13.2.1976 einging. Am 19.2.1976 nahm der Kläger zu diesem Schriftsatz des Finanzamtes Stellung, das Finanzgericht hatte jedoch bereits am 11.2.1976 aufgrund des Schriftsatzes des Finanzamtes gegen den Kläger entschieden. Der Vortrag des Klägers wurde daher nicht mehr berücksichtigt. Das BVerfG hob den Beschluß des Finanzgerichts wegen Verstoßes gegen Art. 103 I GG auf (BVerfGE 49, 325 [328 f.]).

Nach BVerfG folgt aus Art. 103 I GG kein Anspruch darauf, sich in bestimmter fachkundiger Weise zu Gehör bringen zu können, d. h. der Anspruch auf rechtliches Gehör gewährt kein Recht auf Hinzuziehung eines Rechtsanwalts (BVerfGE 9, 124 [132]; 39, 156 [168]). Zwar sind die Grundsätze des fairen Verfahrens und der Waffengleichheit vor Gericht durch das Rechtsstaatsprinzip verfassungsrechtlich abgesichert, sie genießen jedoch keinen grundrechtlichen und damit mit **30** der Verfassungsbeschwerde durchsetzbaren Schutz über Art. 103 I GG (krit. *P/S*, StaatsR II, Rn. 1159; zu sonstigen rechtsstaatlichen Verfahrensanforderungen *Degenhart*, in: Sachs, GG, Art. 103 Rn. 44 ff.).

c) Anspruch auf Erwägung

31 Die Beteiligten müssen schließlich bei Gericht auch tatsächlich Gehör finden, denn das Äußerungsrecht alleine bliebe wirkungslos, wenn der Vortrag nicht auch vom Gericht zur Kenntnis genommen würde. Das Gericht muß daher das Vorbringen der Parteien bei der Entscheidungsfindung erwägen (BVerfGE 36, 92 [97]; 54, 117 [123] – *„Aufrechnung"*; 63, 80 [85] – *„Hoferbe"*). Dies bedeutet keinesfalls, daß es dem Vortrag inhaltlich Folge zu leisten hat, es muß aber die vorgetragenen Argumente bedenken. Dies setzt z. B. voraus, daß die Richter während der mündlichen Verhandlung nicht schlafen und daß sie den Akteninhalt kennen (*Kunig*, in: v.Münch/Kunig, GG III, Art. 103 Rn. 10 m. w. N.). Allerdings muß das Gericht nicht jedes vorgetragene Argument in den Entscheidungsgründen wiedergeben. Es spricht vielmehr eine Vermutung dafür, daß jedes Vorbringen zur Kenntnis genommen und erwogen wurde (BVerfGE 86, 133 [145 f.] – *„Überraschung"*). Erst wenn ein Vorbringen ersichtlich nicht erwogen wurde, liegt ein Verstoß gegen Art. 103 I GG vor. „Geht das Gericht auf den wesentlichen Kern des Tatsachenvortrages einer Partei zu einer Frage, die für das Verfahren von zentraler Bedeutung ist, nicht ein, so läßt dies auf die Nichtberücksichtigung schließen, sofern er nicht nach dem Rechtsstandpunkt des Gerichts unerheblich oder aber offensichtlich unsubstantiiert war" (BVerfGE 86, 133 [146] – *„Überraschung"*).

Beispiele:
– Das Landgericht als Berufungsgericht begründete seine für den Beschwerdeführer negative Entscheidung damit, der Beschwerdeführer habe keinen Antrag auf Einholung eines Sachverständigengutachtens gestellt. Der Beschwerdeführer hatte jedoch einen solchen Antrag in der unteren Instanz gestellt und seinen dortigen Vortrag zum Gegenstand seiner Berufung gemacht. Der Antrag war daher unter Verstoß gegen Art. 103 I GG unberücksichtigt geblieben (BVerfGE 60, 305 [309 ff.]).
– Im Verfahren um die Feststellung eines Hoferben gab das OLG als zweite Instanz einem nunmehr gestellten Hilfsantrag nicht statt. Das OLG wies diesen Antrag aber auch nicht aus formellen oder materiellen Gründen ab, sondern ließ ihn schlicht unerwähnt. Das BVerfG wertete dies als Verstoß gegen Art. 103 I GG (BVerfGE 63, 80 [85 ff.] – *„Hoferbe"*).
– Ein algerischer Asylsuchender, dessen Antrag auf Einreise wegen der Gefahr unmenschlicher Behandlung im Heimatstaat im sogenannten Flughafenverfahren (s. hierzu § 16 Rn. 36) wegen mangelnder Glaubwürdigkeit seines Vortrages, er sei in Algerien von den Militärs gefoltert worden, abgelehnt wurde, legte im Verfahren zur Erlangung einstweiligen Rechtsschutzes gegen die Einreiseverweigerung ein ärztliches Gutachten sowie ein psychologisches Gesprächsprotokoll der Universitätsklinik Frankfurt am Main vor, die bestätigten, daß der Antragsteller aufgrund vorangegangener Folterungen nicht in der Lage gewesen war, sein Verfolgungsschicksal widerspruchsfrei darzulegen. Das Verwaltungsgericht ließ das Gesprächsprotokoll unerwähnt und das ärztliche Gutachten unberücksichtigt, weil nicht erkennbar sei, „inwiefern das ärztliche Gutachten die Kausalität zwischen der Traumatisierung des Beschwerdeführers und den algerischen Sicherheitskräften herstellen" kön-

ne. Das BVerfG sah hierin einen Verstoß gegen den Anspruch auf rechtliches Gehör, weil die Richtigkeit des Vortrags über die erlittene Folter hätte erwogen werden müssen, um die Frage nach der konkreten Gefahr unmenschlicher Behandlung nach Abschiebung in den Heimatstaat zu beantworten (BVerfG, EuGRZ 1997, 502 [504]).

2. Gesetzliche Ausgestaltung

Ebenso wie Art. 19 IV GG dient Art. 103 I GG nicht dazu, das gesamte Prozeßrecht zu überlagern. Der einzelne Verfahrensbeteiligte hat keinen Anspruch darauf, zu jedem Zeitpunkt mit jeglichem Vortrag angehört werden. Vorschriften, die dazu dienen, ein gerichtliches Verfahren in geordneter Form und in angemessener Zeit zu ermöglichen, stellen auch dann keinen Verstoß gegen den Anspruch auf rechtliches Gehör dar, wenn im Einzelfall eine Partei nicht mit ihrem gesamten Vortrag zu Wort kommt (BVerfGE 36, 92 [97]). Insbesondere **prozeßrechtliche Fristen**, die dazu führen, daß ein Vorbringen als verspätet zurückgewiesen wird und daher bei der Urteilsfindung unberücksichtigt bleibt, wenn es nicht innerhalb der gesetzten Frist vorgetragen wird, sind zulässig, sofern sie „strengen Ausnahmecharakter haben" (BVerfGE 69, 145 [149]). „Die Anwendung solcher Vorschriften setzt allerdings voraus, daß die betroffene Partei ausreichend Gelegenheit zu ihrem Sachvortrag hatte, diese Gelegenheit aber schuldhaft ungenutzt verstreichen ließ." (BVerfGE 54, 117 [124] – *„Aufrechnung"*). So ist nach § 296 I ZPO im Zivilprozeß ein Parteivorbringen als verspätet zurückzuweisen, wenn es nicht innerhalb der vom Gericht gesetzten Frist vorgetragen wurde und ein späteres Vorbringen den Prozeß verzögern würde, ohne daß die verspätete Partei entschuldigt ist.

32

Die Effektivität des gerichtlichen Schutzes kann in manchen Fällen sogar verlangen, daß eine betroffene Partei vor Erlaß einer **vorläufigen Entscheidung** überhaupt nicht gehört wird. Den Gerichten sind „herkömmlicherweise auch Aufgaben übertragen, bei denen es sich nicht um die abschließende rechtliche Beurteilung eines Sachverhalts handelt, sondern um vorläufige Maßnahmen zur Regelung eines einstweiligen Zustandes oder zur einstweiligen Sicherung privater oder öffentlicher Rechte; solche vorläufigen Maßnahmen kennt z. B. die Zivilprozeßordnung in Form des Arrests und der einstweiligen Verfügung, das Verfahren der Verfassungs- und Verwaltungsgerichte in Form der einstweiligen Anordnungen …, im Bereich des Strafverfahrens kommen vor allem Haftbefehl, Beschlagnahme und Durchsuchung in Betracht" (BVerfGE 9, 89 [96 f.] – *„Untersuchungshaft"*). Die Strafprozeßordnung erlaubt den Erlaß eines Haftbefehls auch ohne vorherige Anhörung des Beschuldigten; die Interessen des Verhafteten werden dadurch geschützt, daß er nach seiner Ergreifung unverzüglich dem Richter vorzuführen ist, vor dem er sich verteidigen kann. „Das Grundgesetz fand diese Regelung vor; die Entstehungsgeschichte des Art. 103 Abs. 1 GG gibt keine Anhaltspunkte dafür, daß unter dem Gesichtspunkt des rechtlichen Gehörs an diesem Zustand etwas geändert werden sollte" (BVerfGE ebda., S. 99). Allerdings ist die Anhörung umgehend nachzuholen.

33

Beispiel: Zwar ist die vorläufige Festnahme wegen Verdunklungsgefahr auch ohne vorherige Anhörung des zu Verhaftenden zulässig, nach erfolgter Verhaftung ist jedoch der Inhaftierte unverzüglich auf sein Recht zur Gegenvorstellung hinzuweisen BVerfGE 9, 89 [108] – *„Untersuchungshaft"*).

3. Gesetzesanwendung durch die Gerichte

34   Wie bereits bei Art. 101 I 2 GG führt nicht jede fehlerhafte Auslegung einfachen Prozeßrechts zu einem Verstoß gegen Art.103 I GG (*Kunig*, in: v.Münch/Kunig, GG III, Art. 103 Rn. 3 a); vielmehr muß der Fehler gerade in der Nichtbeachtung von Grundrechten liegen (BVerfGE 75, 302 [309] – *„verspätetes Vorbringen"*). Anders als bei Art. 101 I 2 GG verwendet das BVerfG hier nicht vornehmlich den Begriff der Willkür, wenngleich es gerichtliche Entscheidungen auch dann als Verstoß gegen Art. 103 I GG wertet, wenn diese gemessen am einfachen Recht „offenkundig unrichtig" sind (BVerfGE 69, 145 [149]). Vor allem bei der Anwendung von Präklusionsvorschriften, die Zurückweisung eines Vorbringens wegen Verspätung vorsehen, legt das BVerfG einen strengeren Kontrollmaßstab an, weil diese Vorschriften wegen ihrer einschneidenden Folgen für die säumige Partei strengen Ausnahmecharakter haben müßten (BVerfGE 75, 302 [312] – *„verspätetes Vorbringen"*). Ein Vorbringen darf nur dann als verspätet zurückgewiesen werden, wenn die Frist ausreichend bemessen war und der Betroffene sie schuldhaft versäumt hat.

Beispiel: In einem Zivilrechtsstreit überschritt die anwaltlich vertretene Klägerin die vom Gericht gesetzte vierwöchige Frist, um auf den Schriftsatz der Gegenseite zu erwidern, um eine Woche, ohne sich hierfür ausreichend zu entschuldigen. Das Gericht ließ das verspätete Vorbringen unberücksichtigt, weil es § 275 IV ZPO, der die Zurückweisung eines Vorbringens als verspätet zwingend vorschreibt, für einschlägig hielt, und wies die Klage ab. Das BVerfG hielt dieses Vorgehen zwar für „nicht frei von Rechtsfehlern", aber dennoch nicht für eine Verletzung von Art. 103 I GG. Zwar sei die richtige Vorschrift § 283 Satz 2 ZPO, der dem Gericht ein Ermessen bei der Zurückweisung verspäteten Vorbringens einräumt. Dieser Fehler sei jedoch weder offenkundig noch eine Verletzung rechtsstaatlicher Verfahrenserfordernisse, denn die Klägerin hatte eine ausreichende Frist zur Äußerung und versäumte diese schuldhaft; die Verwechslung der Präklusionsvorschriften allein stellt keinen Verstoß gegen Art. 103 I GG dar (BVerfGE 75, 302 [309 ff.] – *„verspätetes Vorbringen"*).

IV. Wirkung des Verstoßes

35   Nicht jeder Verstoß gegen Art. 103 I GG führt zur Aufhebung der gerichtlichen Entscheidung und zur Zurückverweisung an das entsprechende Gericht. Eine Zurückverweisung erfolgt vielmehr nur, wenn die Entscheidung auf dem Verfahrensfehler beruht, d. h. „wenn nicht ausgeschlossen werden kann, daß die Anhörung des Beteiligten zu einer anderen, ihm günstigeren Entscheidung" geführt hätte (BVerfGE 7, 239 [41]; ebenso BVerfGE 86, 133 [147] – *„Überraschung"*; 89, 381 [392 f.] – *„Adoption"*; *Kunig*, in: v.Münch/Kunig, GG III, Art. 103 Rn. 14).

D. Wiederholung

I. Kontrollfragen

1. In welchem Verhältnis stehen Art. 101 I S. 1 und 2 GG?

2. Was setzt die Wahrnehmung des Rechts aus Art. 101 I 2 GG voraus?

3. Kann der gesetzliche Richter auch durch die Legislative selbst entzogen werden?

4. Die Akte welcher der drei Staatsgewalten sind praktisch am meisten relevant?

5. Was sind gerichtliche Geschäftsverteilungspläne?

6. Was müssen diese gewährleisten?

7. Ist jede falsche gerichtliche Auslegung von gesetzlichen Zuständigkeitsregelungen ein Verstoß gegen Art. 101 I 2 GG?

8. Welche drei Formen der Verwirklichung kennen Sie beim Anspruch auf rechtliches Gehör?

9. Wann muß eine Prozeßpartei im Prozeß nach Art. 103 I GG nicht mehr gehört werden?

10. Wann führt eine Verletzung des rechtlichen Gehörs zur Aufhebung der entsprechenden gerichtlichen Entscheidung?

II. Lösungen

1. Satz 1 enthält eine spezielle Ausprägung des Satz 2 (s. o. Rn. 10).

2. Daß es überhaupt eine gesetzliche Gerichtsorganisation gibt (s. o. Rn. 6).

3. Ja, durch die Einrichtung von Ausnahmegerichten.

4. Die der Judikative (s. o. Rn. 12).

5. S. o. Rn. 13.

6. Daß eine „blinde" Zuständigkeitsverteilung erfolgt, die möglichst keine Möglichkeiten der Manipulierung beläßt.

7. Nein, sondern nur die willkürliche (s. o. Rn. 16 ff.).

8. Anspruch auf Mitteilung (s. o. Rn. 27 f.), Anspruch auf Äußerung (s. o. Rn. 29); Anspruch auf Erwägung (s. o. Rn. 31).

9. Wenn sie eine vom Gericht gesetzte angemessene Frist schuldhaft verstreichen ließ (s. o. Rn. 34).

10. Nur wenn die Entscheidung auf dem Verfahrensfehler beruhen kann (s. o. Rn. 35).

§ 25. Die Grundrechte des Angeklagten (nulla poena sine lege; ne bis in idem), Art. 103 II und III GG

Literatur: zu Art. 103 II GG: *Dreier, H.,* Gustav Radbruch und die Mauerschützen, JZ 1997, 421 ff.; *Schlink, B.,* Rechtsstaat und revolutionäre Gerechtigkeit, NJ, 1994, 433 ff.; **zu Art. 103 III:** *Schroeder, F.-C.,* Die Rechtsnatur des Grundsatzes „ne bis in idem", JuS 1997, 227 ff.

Leitentscheidungen: zu Art. 103 II: BVerfGE 25, 269 ff. – *„Verjährung";* 26, 186 ff. – *„Ehrengerichtshof";* 92, 1 ff. – *„Sitzblockade II";* 92, 277 ff. – *„DDR-Spionage";* BVerfGE 95, 96 ff. – *„Mauerschützen";* **zu Art. 103 III:** BVerfGE 23, 191 ff. – *„Totalverweigerung";* 56, 22 ff. – *„Tateinheit";* 65, 377 ff. – *„Strafbefehl".*

A. Überblick

1   Die Absätze II und III des Art. 103 GG enthalten Grundrechte, die vor Strafverfolgung in gewissen Fällen schützen. Man rechnet sie häufig zu den Prozeßgrundrechten; dies ist jedoch insofern ungenau, als die Grundrechte in Art. 103 II und III GG in den entsprechenden Fällen nicht nur die Verfolgbarkeit, sondern bereits die Anordnung der materiellen Strafbarkeit verhindern (*Schroeder,* JuS 1997, 227 ff. zu Art. 103 III GG; vgl. auch BVerfGE 25, 269 [285] – *„Verjährung"* zu Art. 103 II GG). Die Grundsätze nulla poena sine lege und ne bis in idem tragen insofern einen Doppelcharakter. Sie haben ihren Ursprung daher nicht nur im Rechtsstaatsprinzip, sondern auch in der Menschenwürde und im Willkürverbot (*Kunig,* in: v.Münch/Kunig, GG III, Art. 103 Rn. 17; vgl. auch BVerfGE 25, 269 [285]).

B. Keine Strafe ohne Gesetz, Art. 103 II GG

I. Bedeutung

2   Der Grundsatz nulla poena sine lege ist ein „Verbot der analogen, gewohnheitsrechtlichen und rückwirkenden Strafbegründung", d. h. der einzelne soll im vorhinein wissen können, was strafrechtlich verboten ist und welche Strafe ihm für den Fall eines Verstoßes gegen jenes Verbot droht (BVerfGE 25, 269 [285] – *„Verjährung").* Dies bedeutet zunächst ein an den Gesetzgeber und an die Rechtsprechung gerichtetes **Rückwirkungsverbot**, also das Verbot der Bestrafung für Taten, die zur Tatzeit nicht mit Strafe bedroht waren; darüber hinaus das **Gebot ausreichender gesetzlicher Bestimmtheit** für den Gesetzgeber und das damit korrespondierende **Analogieverbot** für die Rechtsprechung (BVerfGE 75, 329 [340]). Das Rückwirkungsverbot hat gemessen an der Zahl der Fälle, die das Bundesverfassungsgericht zu entscheiden hatte, bisher nur wenig Bedeutung erlangt. Es

wird vor allem relevant bei der mehr oder weniger vollständigen Ersetzung eines Rechtssystems durch ein anderes, das dann bei der Bewältigung „staatlichen Unrechts" und dessen strafrechtlicher Ahndung Anlaß zur Auseinandersetzung mit grundsätzlichen Fragen nach dem Verhältnis von Recht und Gerechtigkeit gibt. Dies hat sich bereits bei der Ahndung von NS-Verbrechen (hierzu BVerfGE 25, 269 ff.) und jüngst beim Streit um den strafrechtlichen Umgang mit „DDR-Unrecht" erwiesen. Insbesondere in seiner Entscheidung zur Strafbarkeit von Mauerschützen hat sich das BVerfG veranlaßt gesehen, sich im Rahmen der Prüfung von Art. 103 II GG eingehend mit dem Verhältnis von Rechtsstaatlichkeit und Gerechtigkeit zu beschäftigen, weil eine den Maßstäben des GG entsprechende Strafbarkeitsandrohung für gewisse Unrechtstaten, die – wie die Erschießung von Flüchtlingen an der Grenze – gleichwohl strafwürdig erscheinen, nicht vorlag (s.u. Rn. 13 ff.). Diese Fälle des Rückwirkungsverbotes bleiben jedoch im Vergleich zur praktischen Bedeutung des Art. 103 II GG im „normalen Rechtsleben" unter dem GG Ausnahmen, wenn auch bedeutsame. Hier nämlich liegt der Schwerpunkt auf dem Bestimmtheitsgebot und dem Analogieverbot (s.u. Rn. 8 ff., 17 f.).

Der Grundsatz „keine Strafe ohne Gesetz" gehört zu den Errungenschaften der   3 ersten modernen Menschenrechtserklärungen und war in § 1 StGB bereits vor Entstehung des GG enthalten. Er findet sich ferner in mehreren internationalen Menschenrechtskatalogen (Art. 7 I EMRK, Art. 11 II AEMR, Art. 15 I IPbürgR, s. hierzu etwa *Ambos*, StV 1997, 39 [40 f.]).

II. Begriff der Bestrafung

Bestrafung im Sinne des Art. 103 II GG ist jede Maßnahme, die „eine mißbilli-   4 gende hoheitliche Reaktion auf ein schuldhaftes Verhalten" darstellt (BVerfGE 26, 186 [204] – „*Ehrengerichtshof*"). Darunter fallen also nicht nur Kriminalstrafen, sondern auch Ordnungswidrigkeiten, darüber hinaus Disziplinar- und standesrechtliche Maßnahmen, die der Ahndung beruflicher Verfehlungen dienen. Keine Bestrafung sind nach h. M. Maßnahmen der Sicherung und Besserung nach §§ 61 StGB ff. (*Kunig*, in: v.Münch/Kunig, GG III, Art. 103 Rn. 20; a. A. *P/S*, StaatsR II, Rn. 1167).

Nicht nur die Strafbegründung muß den Anforderungen des Art. 103 II GG   5 genügen, sondern auch die **Strafverschärfung** (BVerfGE 25, 269 [286] – „*Verjährung*"). Eine rückwirkende Erhöhung des Strafrahmens wäre daher nicht zulässig.

Strafverfolgungsvoraussetzungen einer Straftat gehören nicht zur Strafbarkeit   6 und können daher auch nach der Tat geändert werden. Denn der Täter, der zur Tatzeit mit der Strafbarkeit seiner Handlung rechnen mußte, wird von Art. 103 II GG nicht davor geschützt, daß er aus rechtlichen oder tatsächlichen Gründen nicht verfolgt werden kann. Auch eine nicht verfolgbare Tat bleibt eine strafbare Tat (BVerfGE 25, 269 [287] – „*Verjährung*").

Beispiele:

– In den sechziger und siebziger Jahren wurde die Verjährungsfrist für NS-Verbrechen, die zunächst zwanzig Jahre betragen hatte, erst verlängert und dann ganz aufgehoben. Das BVerfG sah hierin keinen Verstoß gegen Art. 103 II GG (BVerfGE 25, 269 [284 ff.] – *„Verjährung"*).

– Abgelehnt hat das BVerfG auch eine Verletzung des Art. 103 II GG im Falle der Bestrafung der Spionage für die DDR, die erst durch die Wiedervereinigung möglich wurde. Art. 103 II GG sei nicht verletzt, weil die Strafbarkeit geheimdienstlicher Tätigkeit gegen die Bundesrepublik Deutschland bereits zur Zeit der Taten in der Bundesrepublik bestanden habe. Daß diese Vorschriften nunmehr auch von Gerichten, die im Gebiet der früheren DDR liegen, anzuwenden sei und die Strafverfolgung der in diesem Gebiet lebenden Täter erst nach dem Wirksamwerden des Beitritts möglich wurde, sei nicht eine Folge rückwirkenden Inkrafttretens des materiellen Strafrechts der Bundesrepublik im Gebiet der DDR, sondern lediglich der Erstreckung der Jurisdiktion der Bundesrepublik auf das Gebiet der früheren DDR (BVerfGE 92, 277 [324 f.] – *„DDR-Spionage"*). Agenten der DDR mußten damit rechnen, nach bundesdeutschem Recht bestraft zu werden, sobald sie auf dem Gebiet der Bundesrepublik gefaßt wurden oder von einem Drittstaat an diese ausgeliefert wurden. Die Existenz der DDR war somit für diejenigen Agenten, die sich dort aufhielten, ein Verfolgungs-, aber kein Strafbarkeitshindernis (s. zu dieser Entscheidung etwa *Huber*, Jura 1996, 301 ff.; *Classen*, NStZ 1995, 371 ff.).

III. Anforderungen an den Gesetzgeber

1. Rückwirkungsverbot

7   Art. 103 II GG verbietet es dem Gesetzgeber, die Strafbarkeit eines Verhaltens rückwirkend, d. h. für eine bereits in der Vergangenheit liegende Tat, anzuordnen.

2. Bestimmtheitsgebot

8   Aus dem Ziel des Art. 103 II GG, daß der einzelne voraussehen kann, inwieweit sein Verhalten strafbar ist, folgt aber darüber hinaus, daß es nicht nur einer gesetzlichen Grundlage der Strafbarkeit zur Tatzeit bedarf, sondern daß das entsprechende Gesetz ausreichend bestimmt sein muß. Art. 103 GG fordert vom Gesetzgeber, „die Voraussetzungen der Strafbarkeit so konkret zu umschreiben, daß Anwendungsbereich und Tragweite der Straftatbestände sich aus dem Wortlaut ergeben oder sich jedenfalls durch Auslegung ermitteln lassen" (BVerfGE 92, 1 [12] – *„Sitzblockade II"*; ferner 71, 108 [114] m. w. N.). Allerdings ist es wegen der Allgemeinheit und Abstraktheit von Normen nie auszuschließen, daß es Grenzfälle gibt, in denen die Anwendbarkeit eines Gesetzes zweifelhaft bleibt. Auch in diesen Fällen muß aber wenigstens das Risiko einer Bestrafung erkennbar sein. Denn der Wortlaut einer Strafbestimmung muß so gefaßt sein, daß die davon Betroffenen die Rechtslage erkennen und ihr Verhalten danach einrichten können (näher *Kunig*, in: v.Münch/Kunig, GG III, Art. 103 Rn. 29).

9   Dies schließt allerdings nicht aus, daß der Straftatbestand durch Rechtsverordnung oder Satzung konkretisiert wird. Es genügt in diesen Fällen auch ein Blan-

kettstrafgesetz, das der Ausfüllung durch Verweisung auf eine Rechtsverordnung oder Satzung bedarf; wichtig ist allerdings, daß das Gesetz eine Ermächtigung zum Erlaß von Strafvorschriften enthält.

Beispiel: Nach § 21 StVG sind Zuwiderhandlungen gegen Rechtsverordnungen strafbar, die über den Straßenverkehr zur Erhaltung der Ordnung und Sicherheit auf öffentlichen Wegen und Plätzen gemäß §§ 6, 27 StVG erlassen worden sind. Das BVerfG hielt diese Ermächtigung für ausreichend bestimmt, weil für jedermann erkennbar sei, welche Regelungen zum Schutz der Verkehrssicherheit erforderlich seien (BVerfGE 14, 245 [253]; vgl. zur Satzung BVerfGE 32, 346 [362 ff.]; strengerer Maßstab in BVerfGE 75, 329 [342]).

Sehr großzügige Maßstäbe setzt das BVerfG allerdings im Bereich des Disziplinar- und Standesrechts mit der Begründung, das GG habe keine Änderung der bereits bestehenden Struktur des Disziplinarrechts herbeiführen wollen. Es läßt daher gesetzliche Generalklauseln genügen, die nicht durch Rechtsverordnungen, sondern allenfalls durch Standesrichtlinien und die Rechtsprechung der Berufsgerichte konkretisiert werden. „In den Disziplinargesetzen finden sich seit jeher nicht wie im allgemeinen Strafrecht einzelne Straftatbestände mit entsprechenden Strafandrohungen, sondern Generalklauseln, wonach die schuldhafte Verletzung von Berufspflichten mit einer der gesetzlich vorgesehenen Disziplinarstrafen geahndet wird. Diese Generalklauseln sind deshalb gerechtfertigt, weil eine vollständige Aufzählung der mit einem Beruf verbundenen Pflichten nicht möglich ist. Eine Einzelnormierung ist hier – anders als im allgemeinen Strafrecht – in der Regel auch nicht nötig; denn es handelt sich um Normen, die nur den Kreis der Berufsangehörigen betreffen, sich aus der ihnen gestellten Aufgabe ergeben und daher für sie im allgemeinen leicht erkennbar sind" (BVerfGE 26, 186 [204] – „*Ehrengerichtshof*"; 94, 372 [394] – „*Apothekenurteil II*"; noch weitergehend BVerfGE 45, 346 [351 ff.]; krit. *Kunig*, in: v.Münch/Kunig, GG III, Art. 103 Rn. 34). **10**

IV. Anfordungen an die Judikative

1. Verbot der Bestrafung ohne gesetzliche Grundlage

Eine strafrechtliche Ahndung darf nur erfolgen, wenn die Strafbarkeit **durch Gesetz** bestimmt ist, d. h. es bedarf zunächst eines förmlichen Gesetzes, das die Voraussetzungen der Strafbarkeit und die Art der Strafe festlegt (BVerfGE 75, 329 [342]; zu den einzelnen Anforderungen an die Bestimmtheit s. o. Rn. 8 ff.). **11**

2. Rückwirkungsverbot

Die Gerichte dürfen Strafen nur verhängen, wenn die Tat **zur Tatzeit** mit Strafe bedroht war. Zu den Voraussetzungen der Strafbarkeit gehört nicht nur die tatbestandliche Umschreibung der verbotenen Handlung, sondern auch, daß keine Rechtfertigungs- und Schuldausschließungsgründe die durch die Tatbestandserfüllung indizierte Strafbarkeit ausschließen; die nachträgliche Nichtanwendung von entsprechenden gesetzlichen Bestimmungen wäre daher ebenfalls ein Ver- **12** stoß gegen Art. 103 II GG. Das BVerfG hat auch gewohnheitsrechtliche Rechtfertigungsgründe als strafbarkeitsausschließend anerkannt.

13 **Beispielsfall (BVerfGE 95, 96 ff.- „*Mauerschützen*"):** In der DDR war zwar gesetzlich geregelt, daß bei der Anwendung von Schußwaffen das Leben der Personen nach Möglichkeit zu schützen und erste Hilfe zu leisten sei. Bereits 1962
beschloß jedoch der Nationale Verteidigungsrat, den Angehörigen der Grenztruppe zu verdeutlichen, daß sie „auf ihren Posten in vollem Umfang für die
Gewährleistung der Unantastbarkeit der Staatsgrenze in ihrem Abschnitt verantwortlich sind und Grenzverletzer in jedem Fall als Gegner gestellt, wenn notwendig, vernichtet werden müssen." Ausbau und Verbesserung der Grenzsicherung
einschließlich der Verminung der Anlagen waren regelmäßig Beratungsgegenstand in den Sitzungen des Nationalen Verteidigungsrates. Am 14.5.1974 etwa
legte der Staatsratsvorsitzende Erich Honecker dar, daß jeder Grenzdurchbruch
wegen seines politischen Schadens zu verhindern sei. Es müsse überall ein einwandfreies Schußfeld gewährleistet sein und es müsse nach wie vor bei
Grenzdurchbruchsversuchen von der Schußwaffe rücksichtslos Gebrauch gemacht werden. Die Genossen, die dies getan hätten, seien zu belobigen. Dieser
Darlegung stimmte der nationale Verteidungungsrat in vollem Umfang zu. Auf
Grund der Beschlüsse ergingen im Jahresturnus bis 1975 entsprechende Befehle
des Ministers für Nationale Verteidigung, die jeweils vom Chef der Grenztruppen, von den Chefs der drei Grenzkommandos Nord, Mitte und Süd und den
Kommandeuren der einzelnen Grenzregimenter weitergegeben wurden. Auf dieser Befehlskette beruhten sämtliche Handlungen der Grenztruppen, also insbesondere auch die Verminung der Grenzanlagen und die Anwendung der
Schußwaffe gegen Flüchtlinge. Den Soldaten wurde regelmäßig eingeschärft, daß
Grenzdurchbrüche in jedem Fall zu verhindern seien, und sie wußten, daß sie bei
gelungenen Grenzdurchbrüchen mit Ermittlungen des Militärstaatsanwalts zu
rechnen hatten. Ein Grenzsoldat war 1972 Postenführer einer Grenzstreife, die
als Bootskompanie einen Grenzabschnitt in Berlin zu bewachen hatte. Als ein
Flüchtling die Spree nach West-Berlin durchschwimmen wollte, schoß er nach
Zuruf zusammen mit seinem Kollegen mit Dauerfeuer auf den Flüchtling, der
durch einen Kopfschuß verstarb. Beide Soldaten wurden ausgezeichnet und erhielten eine Prämie von 150,-- Mark (BVerfGE 95, 96 [100 ff.] – „*Mauerschützen*").

14 Das BVerfG hat sich mit den Voraussetzungen von rechtfertigendem Gewohnheitsrecht nicht näher auseinandergesetzt; es ging vielmehr stillschweigend davon aus, daß es sich bei den Schießbefehlen um ungeschriebene Rechtfertigungsgründe handelte (BVerfGE 95, 96 [132]) – „*Mauerschützen*"). Die Abgrenzung
zwischen fortgesetztem geduldeten Unrecht und Gewohnheitsrecht kann aber
durchaus schwierig sein.

15 Allerdings ist das Vertrauen in das Fortbestehen eines solchen Rechtfertigungsgrundes nach Auffassung des BVerfG nicht in gleicher strikter und formaler Weise

geschützt, wie Art. 103 II GG dies ansonsten vorsehe. Denn Art. 103 II GG habe als Regelfall im Blick, daß die Tat im Anwendungsbereich des vom Grundgesetz geprägten materiellen Strafrechts der Bundesrepublik Deutschland begangen und abgeurteilt werde. Die besondere Vertrauensgrundlage entfalle, wenn ein anderer Staat für den Bereich schwersten kriminellen Unrechts zwar Straftatbestände normiere, aber die Strafbarkeit gleichwohl durch Rechtfertigungsgründe für Teilbereiche ausgeschlossen habe, indem er über die geschriebenen Normen hinaus zu solchem Unrecht auffordere, es begünstige und so die in der Völkerrechtsgemeinschaft allgemein anerkannten Menschenrechte in schwerwiegender Weise mißachte. Hierdurch setze der Träger der Staatsmacht extremes staatliches Unrecht, das sich nur solange behaupten könne, wie die dafür verantwortliche Staatsmacht bestehe. In dieser ganz besonderen Situation untersage das Gebot materieller Gerechtigkeit die Anwendung eines solchen Rechtfertigungsgrundes. Der strikte Vertrauensschutz müsse dann zurücktreten. Andernfalls würde die Strafrechtspflege der Bundesrepublik zu ihren rechtsstaatlichen Prämissen in Widerspruch geraten. Denn das Rechtsstaatsprinzip umfasse auch die Forderung nach materieller Gerechtigkeit (BVerfGE 95, 96 [130 ff.] – *„Mauerschützen"*).

Die Ausführungen des Bundesverfassungsgerichts sind zu Recht kritisiert worden, weil sie im Ergebnis die materielle Gerechtigkeit über die geschriebene Verfassung stellen. Denn die Entscheidung ist mit Art. 103 II GG nach seinem Wortlaut und anderen anerkannten Auslegungsmethoden nicht vereinbar. Richtig stellt das Gericht zunächst fest, daß das Gebot des Art. 103 II GG formal und strikt sei, also gerade keine Aufweichungen durch allgemeine Gerechtigkeitserwägungen zuläßt. Der Grund hierfür ergibt sich aus dem Sinn und Zweck der Bestimmung: der Bürger soll davor geschützt werden, daß seine Taten, die einmal durch die Staatsordnung, in der er lebt, als Recht oder zumindest nicht ungerecht qualifiziert wurden, im nachhinein strafwürdig werden. Denn die historische Erfahrung lehrt, daß es durchaus der Fall sein kann, daß sich die Vorstellung von dem, was gerecht sei, im Laufe der Zeit ändert. Man braucht den Streit um den Begriff des Rechts, ob es ein Instrument der Politik oder aber eine die Politik begrenzende naturrechtliche Vorgabe sei, nicht zu entscheiden, um doch zuzugeben, daß es für die Bestimmung materieller Gerechtigkeit keine sicheren, über die Zeit allgemeingültigen Maßstäbe gibt (strikt gegen die rein naturrechtliche Argumentation wegen mangelnder Praktikabilität und nicht auszuräumendem Ideologieverdacht auch *Pieroth*, VVDStRL 51 [1992], 91 [103] m. w. N.; ebenso *Jakobs*, GA 1994, 1 [12 f.]). Vielmehr läßt sich eine Vorstellung vom richtigen Recht ohne die geistigen Standards einer bestimmten Gesellschaft nicht begründen (*Jakobs*, GA 1994, 1 [17]). Aus diesem Grunde geht Art. 103 II GG als spezielle Regelung dem allgemeinen Rechtsstaatsprinzip und den daraus folgenden materiellen Gerechtigkeitserwägungen vor(zur Spannungslage zwischen Gerechtigkeit und Rechtssicherheit als Teile des Rechtsstaatsprinzips s. etwa BVerfGE 19, 150 [166]; 60, 253 [268 f.]; *Berg*, VVDStRL 51 [1992], 46 [47 f.] m. w. N.). Das Rückwirkungsverbot nimmt bewußt in Kauf, daß Taten, die uns heute als

Verbrechen erscheinen, ungesühnt bleiben, weil es Rechtssicherheit im Einzelfall zum Wohle der Gesamtrechtsordnung, die ohne das Vertrauen der Bürger nicht funktionsfähig wäre, über die Verwirklichung materieller Gerechtigkeit setzt. Art. 103 II GG löst daher den Konflikt zwischen Rechtsstaatlichekit und materieller Gerechtigkeit in eindeutiger Weise (*Dreier*, JZ 1997, 421 [432]). Der Grundsatz „keine Strafe ohne Gesetz" schützt auch und gerade gegen das mit guten Gründen daherkommende Strafbedürfnis (*Schlink*, NJ 1994, 433 [436]), und rechtsstaatliche Verfahrensgrundsätze schützen zweifelsohne auch den Rechtsbrecher. Dies mag von Fall zu Fall für die Bevölkerung und vor allem für die Opfer nur schwer nachvollziehbar sein. Aber gerade deshalb ist strikte Beachtung umso mehr geboten, weil ansonsten der Eindruck unterschiedlicher Maßstabsanlegung nicht mehr auszuräumen wäre.

3. Analogieverbot

17   Verbotene Analogie beginnt dort, wo die Anwendung einer Norm über deren Inhalt hinausgeht. „Der mögliche Wortsinn des Gesetzes markiert die äußerste Grenze zulässiger richterlicher Interpretation. Da Art. 103 Abs. 2 GG die Vorhersehbarkeit der Strafandrohung für den Normadressaten garantieren will, ist die Grenze aus dessen Sicht zu bestimmen" (BVerfGE 92, 1 [12] – „*Sitzblockade II*"; ferner BVerfGE 71, 108 [115]). Maßgebend ist also der Gesetzeswortlaut, und zwar so wie er vom Durchschnittsadressaten verstanden wird. Auch wenn ein Verhalten in ähnlicher Weise strafwürdig erscheint wie das tatbestandlich umschriebene, muß das Gericht freisprechen. „Mißglückte" Strafbestimmungen gehen zu Lasten des Gesetzgebers, für richterliche Rechtsfortbildung bleibt daher kein Raum (*Kunig*, in: v.Münch/Kunig, GG III, Art 103 Rn. 26).

Beispiele:
– Sieht ein Gesetz eine Bußgeldbewehrung nur für den Fall vor, daß sich jemand der Ausübung seines Wahlamtes entzieht, so kann das Gericht nicht auch deshalb zu einem Bußgeld verurteilen, weil der Gewählte sich bei Ausübung seines Amtes einer Verfehlung schuldig gemacht hat, die seine Abberufung aus dem Amt notwendig macht (BVerfGE 71, 108 [116 ff.]).
– Enthält ein Tatbestand das Merkmal „in einer die Menschenwürde verletzenden Weise" (§ 131 StGB), so knüpft er unmißverständlich an den biologischen Begriff des Menschen an; der Phantasie entsprungene, menschenähnliche Wesen können darunter nicht verstanden werden (BVerfGE 87, 209 [225]).

18   Aber auch wenn sich der Sprachgebrauch fortentwickelt hat, darf eine daran angelehnte tatbestandsausweitende Interpretation nicht zu einer völligen Entgrenzung des Straftatbestandes führen.

Beispiel: Zwar wird heute im allgemeinen Sprachgebrauch unter „Gewalt" nicht immer nur die körperliche Einwirkung auf Menschen verstanden, sondern zum Teil auch die psychische Zwangswirkung. Eine entsprechende erweiternde Auslegung des Gewaltbegriffs im Tatbestand der Nötigung gemäß § 240 StGB kann damit jedoch nicht einhergehen, weil ansonsten die strafbare Druckausübung auf andere nicht mehr von der sozial unvermeidlichen oder zumindest nicht als strafwürdig erachteten abgrenzbar wäre. Allein die körperliche Anwesenheit an einer Stelle, die ein anderer einnehmen oder passieren möchte, darf daher nicht als Gewalt im Sinne des § 240 StGB qualifiziert werden (BVerfGE 92, 1 [16 ff.] – „*Sitzblockade II*"; krit. *Schroeder*, JuS 1995, 875 [876 f.]).

C. Verbot der Doppelbestrafung, Art. 103 III GG

I. Bedeutung

Der Grundsatz ne bis in idem ist wie der Grundsatz nulla poena sine lege seiner Entstehungsgeschichte nach älter als das Grundgesetz (hierzu *Schroeder*, JuS 1997, 227 [228]) und in verschiedenen internationalen Menschenrechtskatalogen enthalten (s. etwa Art. 4 des 7. Zusatzprotokolls zur EMRK, Art. 14 VII IPbürgR, dazu BVerfGE 75, 1 [18 ff.]). **19**

Seine Bedeutung hat zwei Seiten: während der Grundsatz ne bis in idem früher auf den Gedanken gestützt wurde, daß Schuld durch Strafe getilgt und der staatliche Strafanspruch daher durch die Bestrafung verbraucht werde (RGSt 35, 367 [369 f.]; 43, 60 [62]; BVerfGE 3, 248 [251]; *Kunig*, in: v.Münch/Kunig, GG III, Art. 103 Rn. 35), wird heute überwiegend der Aspekt der Rechtssicherheit betont (BVerfGE 56, 22 [31] – „*Tateinheit*"; *P/S*, StaatsR II, Rn. 1182). Beides trifft zu: der Angeklagte soll sich nach einer rechtskräftigen Entscheidung nicht erneut verantworten müssen und er soll nicht durch die Addition mehrerer Strafurteile insgesamt einer schuldunangemessenen Bestrafung unterzogen werden. Insofern besteht eine Verschränkung von Rechtssicherheit und materieller Gerechtigkeit in Art. 103 III GG (*Schmidt-Aßmann*, in: M/D, GG IV, Art. 103 Rn. 260 f.). Art. 103 III GG gewährleistet demnach zweierlei: Das Verbot erneuter Bestrafung nach Ausschöpfung des Unrechts- und Schuldgehalts und das Verbot erneuter Strafverfolgung nach rechtskräftiger strafgerichtlicher Entscheidung (vgl. *Schroeder*, JuS 1997, 227 ff.). Sowohl der historische Kontext als auch der Wortlaut des Art. 103 III GG zeigen aber, daß der Grundsatz ne bis in idem die Rechtssicherheit nicht in gleicher strikter Weise schützt wie etwa Art. 103 II GG. Denn nach der Formulierung des Art. 103 III GG stünde z. B. einer erneuten Strafverfolgung nach dem rechtskräftigen Freispruch nichts entgegen. Außerdem sieht das Strafprozeßrecht traditionell gewisse Durchbrechungen der Rechtssicherheit zuungunsten des Angeklagten vor, und es spricht nichts dafür, daß Art. 103 III GG daran etwas habe ändern sollen (vgl. BVerfGE 23, 191 [202] – „*Totalverweigerung*"; 56, 22 [27] – „*Tateinheit*"). Art. 103 III GG schützt vor „uferlosen Durchberechungen der Rechtskraft zum Zwecke härterer Bestrafung", er soll aber nicht zu „unauflösbaren Wertungswidersprüchen" im Hinblick auf die materielle Gerechtigkeit führen (BVerfGE 56, 22 [32] – „*Tateinheit*"; 65, 377 [380] – „*Strafbefehl*"). Der Wortlaut des Art. 103 III GG ist insofern nicht eben glücklich gewählt (vgl. *Schroeder*, JuS 1997, 227 [228]). **20**

II. Dieselbe Tat

21 Für die Frage, ob dieselbe Tat im Sinne des Art. 103 III GG vorliegt, ist entscheidend „der geschichtliche Vorgang, auf welchen Anklage und Eröffnungsbeschluß hinweisen und innerhalb dessen der Angeklagte als Täter oder Teilnehmer einen Straftatbestand verwirklicht haben soll" (BVerfGE 23, 191 [202] – *„Totalverweigerung"*). Maßgebend für Art. 103 III GG ist also der **prozessuale Tatbegriff**, der sich vom Begriff der Tat nach materiellem Strafrecht unterscheidet. Es kann sowohl eine Tat im Sinne des Prozeßrechts vorliegen, obwohl nach § 53 StGB Tatmehrheit gegeben ist; und es kann sich um verschiedene prozeßrechtliche Taten handeln, auch wenn Tateinheit nach § 52 StGB besteht (BVerfGE 56, 22 [29] – *„Tateinheit"*). Die Regelungen des materiellen Strafrechts zu Tateinheit und Tatmehrheit sind von dem Gedanken getragen, daß beim Zusammentreffen mehrerer Gesetzesverletzungen die Addition aller in Betracht kommenden Freiheitsstrafen das Maß der Schuld des Täters regelmäßig überstiege; der Begriff der prozeßrechtlichen Tatidentität bezweckt demgegenüber, die Grenzen der materiellen Rechtskraft abzustecken (BVerfG, ebda., S. 30 f.; für einen eigenständigen verfassungsrechtlichen Tatbegriff *Kunig*, in: v.Münch/Kunig, GG III, Art. 103 Rn. 39 m. w. N.).

Beispiele:
– Ein Wehrdienstverweigerer, der auch den Dienstantritt zum Ersatzdienst verweigert (sog. Totalverweigerer), darf, wenn er einmal deswegen strafrechtlich verurteilt wurde, nicht nach erneuter Einberufung nochmals bestraft werden, wenn er aus denselben Gewissensgründen dem Dienst abermals fernbleibt (BVerfGE 23, 191 [202 ff.] – *„Totalverweigerer"*)
– Ein Mord und die Mitgliedschaft in einer kriminellen Vereinigung können zwar in Tateinheit nach § 52 StGB stehen, beide Handlungen stellen jedoch nicht dieselbe Tat im Sinne des Art. 103 III GG dar (BVerfGE 56, 22 [29 ff.] – *„Tateinheit"*).

22 Auch wenn sich die Folgen einer Tat nach der strafrechtlichen Ahndung verschlimmern, bleibt die abgeurteilte Handlung des Täters dieselbe, so daß die später eingetretene Folge die Tat nicht zu einer anderen macht.

Beispiel: Wird ein Autofahrer, der fahrlässig einen Unfall mit einem Motorradfahrer verursacht hat, wegen fahrlässiger Körperverletzung bestraft, so kann er nicht erneut wegen fahrlässiger Tötung belangt werden, wenn das Unfallopfer nach Abschluß des Strafverfahrens stirbt (BVerfGE 65, 377 [381] – *„Strafbefehl"*).

III. Beschränkung auf Kriminalstrafen

23 Art. 103 III GG verbietet nur die mehrmalige Bestrafung auf Grund der allgemeinen Strafgesetze. Der Begriff der Bestrafung ist daher hier enger als in Art. 103 II GG. Allgemeine Strafgesetze sind solche, nach denen **Kriminalstrafen** verhängt werden. Dies geschieht nicht nur nach den Bestimmungen des StGB, sondern auch nach den Bestimmungen des sogenannten Nebenstrafrechts. Aus systematischen Gründen wird überwiegend auch das Ordnungswidrigkeitenrecht dazu gezählt (*Kunig*, in: v.Münch/Kunig, GG III, Art. 103 Rn. 41; a. A. *Degenhart*, in:

Sachs, GG, Art. 103 Rn. 84; *Schmidt-Aßmann*, in: M/D, GG IV, Art. 103 Abs. III Rn. 289).

Nicht zu den allgemeinen Strafgesetzen gehört demgegenüber vor allem das **Disziplinarrecht**. „Straf- und Disziplinarrecht unterscheiden sich nach Rechtsgrund- und Zweckbestimmung. Das strafrechtliche Delikt ist seinem Wesen nach die schuldhafte Verletzung eines für alle gewährleisteten Rechtsgutes, es erscheint als Störung des allgemeinen Rechtsfriedens. ... Die Kriminalstrafe dient neben der Abschreckung und Besserung der Vergeltung; sie bemißt sich nach dem normativ festgelegten Wert des verletzten Rechtsgutes und dem Maß der Schuld. Sie trifft den Täter in seinem allgemeinen Staatsbürgerstatus. Demgegenüber bezieht sich die Disziplinarmaßnahme auf den besonderen Rechts- und Pflichtenstatus der Angehörigen eines bestimmten Berufsstandes. Sie dient nicht der Vergeltung eines Verstoßes gegen eine allgemeine Rechtsnorm, sondern bezweckt die Aufrechterhaltung eines geordneten Dienstbetriebes und bestimmt sich nach dessen Erfordernissen" (BVerfGE 32, 40 [48 f.]). 24

Keine Kriminalstrafe ist ferner die der strafrechtlichen Verurteilung sich anschließende Maßregel der Sicherung und Besserung (§ 61 Nr. 5 StGB). Die Anordung der Führungsaufsicht nach § 68 ff. StGB ist daher keine erneute Bestrafung (BVerfGE 55, 28 [29 f.]). Ebensowenig ist die Erzwingungshaft gemäß § 96 OWiG als reines Beugemittel eine Kriminalstrafe (BVerfGE 43, 101 [105]). 25

Schließlich stellt die **Verwaltungssanktion** keine Kriminalstrafe dar. 26

Beispiel: Wurde ein Führerschein nach § 69 StGB entzogen, so kann die Verwaltungsbehörde auch nach Ablauf der strafrechtlich verhängten Sperrfrist die erneute Erteilung der Fahrerlaubnis wegen fehlender Eignung ablehnen (BVerfGE 20, 365 [372]).

IV. Verbot nochmaliger Bestrafung

1. Rechtskraftgarantie

Art. 103 III GG verbietet es, jemanden erneut strafrechtlich zu belangen, wenn bereits ein strafgerichtliches Urteil für dieselbe Tat vorliegt, das rechtskräftig geworden ist. Über den Wortlaut der Bestimmung hinaus gilt dies auch im Falle eines rechtskräftigen Freispruchs. Man bezeichnet diese Wirkung auch als **Strafklageverbrauch** (*Degenhart*, in: Sachs, GG, Art. 103 Rn. 83). Art. 103 III GG statuiert in den Fällen des rechtskräftigen Abschlusses eines Strafverfahrens nicht nur ein Verbot erneuter Bestrafung, sondern ein Verbot erneuter Strafverfolgung. Er enthält also ein **Verfolgungshindernis**, das bereits der Einleitung eines neuen Strafverfahrens entgegensteht (*Schroeder*, JuS 1997, 227 [228]). 27

In Rechtskraft erwachsen allerdings nur **deutsche** Strafurteile, so daß ein erneutes Strafverfahren nach ganz h. M. zulässig bleibt, wenn der Angeklagte bereits im Ausland wegen derselben Tat verurteilt wurde (*Kunig*, in: v.Münch/Kunig, GG III, Rn. 44). 28

29   Art. 103 III GG garantiert die Rechtskraft strafgerichtlicher Entscheidungen
      nicht absolut, sondern läßt zugunsten der materiellen Gerechtigkeit (s. o. Rn. 20)
      gewisse **Durchbrechungen** zu.

      Beispiele:
      – Die **Wiederaufnahme** eines Strafverfahrens nach rechtskräftigem Abschluß zuungunsten des
        Angeklagten (§§ 362 ff. StPO) verstößt nicht in jedem Fall gegen Art. 103 III GG. Denn ein
        solches Wiederaufnahmeverfahren war in der StPO bereits vorgesehen, bevor das GG in
        Kraft trat und sollte durch Art. 103 III GG nicht beseitigt werden. Eine gesetzliche Erweite-
        rung der Wiederaufnahmegründe wäre aber nicht ohne weiteres zulässig (*Kunig*, in:
        v.Münch/Kunig, GG III, Art. 103 Rn. 47).
      – Ein **Strafbefehl** erlangt nach § 410 StPO die Wirkung eines rechtskräftigen Urteils. Den-
        noch wurde eine härtere Bestrafung trotz Vorliegen eines rechtskräftigen Strafbefehls für
        dieselbe Tat früher vom BVerfG für zulässig gehalten, wenn sich später herausstellte, daß
        „die Bestrafung unter einem nicht schon im Strafbefehl gewürdigten rechtlichen Gesichts-
        punkt erfolgt, der eine erhöhte Strafbarkeit begründet" (BVerfGE 3, 248 [251]). Diese
        Rechtsprechung ist jedoch seit BVerfGE 65, 377 (382 ff.) – *Strafbefehl*" (zum Sachverhalt
        s. o. Rn. 22) überholt. Heute wird ganz überwiegend die Regelung des § 373 a StPO, nach
        dem eine Wiederaufnahme nur zulässig ist, wenn neue Beweismittel die Verurteilung wegen
        eines Verbrechens begründen, für verfassungskonform gehalten (*Kunig*, in: v.Münch/Ku-
        nig, GG III, Art. 103 Rn. 46; *Degenhart*, in: Sachs, GG, Art. 103 Rn. 85 m. w. N.)

2. Schuldangemessenheitsgarantie

30   Obwohl eine erneute Strafverfolgung nur dann ausgeschlossen ist, wenn der
      Täter bereits wegen einer Kriminalstrafe durch ein deutsches Gericht verurteilt
      bzw. freigesprochen wurde, kann dennoch eine anderweitige Strafverbüßung we-
      gen derselben Tat in einem nunmehr angestrengten Strafverfahren nicht völlig
      unberücksichtigt bleiben (*Kunig*, in: v.Münch/Kunig, GG III, Art. 103 Rn. 42;
      Schmidt-Aßmann, in: M/D, GG IV, Art. 103 Abs. III Rn. 275 ff.; *P/S*, StaatsR II,
      Rn. 1189). Vielmehr sind durch ausländische Gerichte oder Disziplinargerichte
      bereits verhängte Strafen auf die erneute Strafzumessung durch das deutsche
      Strafgericht anzurechnen.

      Beispiel: Hat ein Wehrpflichtiger wegen tätlichen Angriffs eines Bataillonskommandeurs be-
      reits eine Disziplinarstrafe von sieben Tagen Arrest verbüßt, so ist diese auf eine eventuelle
      Freiheitstrafe, die im Strafverfahren verhängt wird, anzurechnen (BVerfGE 21, 378 [388 f.]).

31   Der Grund für die Anrechnungspflicht wird zum überwiegenden Teil allein im
      Rechtsstaatsprinzip bzw. dem Verhältnismäßigkeitsprinzip gesehen (s. etwa
      Schmidt-Aßmann, in: M/D, GG IV, Art. 103 Abs. III Rn. 275 ff.). Dem Sinn des
      Art. 103 III GG (s. o. Rn. 20) entspricht es jedoch, diese Verpflichtung aus dem
      Grundsatz ne bis in idem abzuleiten (ebenso *Schroeder*, JuS 1997, 227 [229]).

D. Wiederholung

I. Kontrollfragen

1. Was bedeutet „nulla poena sine lege" zu deutsch?

2. Welche drei Schlagwörter fallen Ihnen in Bezug auf den Schutzbereich von Art. 103 II GG ein?

3. Warum können Verjährungsvorschriften für eine Straftat nach der Tat geändert werden?

4. Wen verpflichtet das Bestimmtheitsgebot und wen das Analogieverbot?

5. Welche neuere bedeutende Entscheidung zum Rückwirkungsverbot kennen sie?

6. Wogegen schützt Art. 103 III GG?

7. Welcher Tatbegriff ist für Art. 103 III GG maßgebend?

8. Warum hindert die Verhängung einer Disziplinarstrafe nicht die erneute Strafverfolgung durch ein Strafgericht?

9. Hindert ein rechtskräftiger Freispruch die erneute Strafverfolgung?

10. Schützt Art. 103 III GG die Rechtskraft einer strafgerichtlichen Entscheidung absolut?

II. Lösungen

1. „Keine Strafe ohne Gesetz".

2. Rückwirkungsverbot, Bestimmtheitsgebot, Analogieverbot (s. o. Rn. 2).

3. Weil sie eine Strafverfolgungsvoraussetzung festlegen und solche nicht zur Strafbarkeit zählen (s. o. Rn. 6).

4. Den Gesetzgeber (s. o. Rn. 8 ff.), die Rechtsprechung (s. o. Rn. 17 f.).

5. Die „Mauerschützen-Entscheidung" des BVerfG (s. dazu Rn. 13).

6. Gegen erneute Strafverfolgung nach rechtkräftiger strafgerichtlicher Entscheidung und gegen erneute Bestrafung nach Ausschöpfung des Unrechts- und Schuldgehaltes (s. o. Rn. 20).

7. Der prozeßrechtliche Tatbegriff (s. o. Rn. 21).

8. Weil Art. 103 III GG nur vor Doppelbestrafung „auf Grund der allgemeinen Strafgesetze" spricht (s. o. Rn. 23).

9. Ja (s. o.27).

10. Nein, eine Wiederaufnahme des Strafverfahrens zuungunsten des Angeklagten ist in gewissen Grenzen zulässig (s. o. Rn. 29).

Kapitel 6. Petitions- und Widerstandsrecht

§ 26. Das Petitionsrecht, Art. 17 GG

Literatur: Zur Einführung: *Graf Vitzthum, W./März, W.,* Das Grundrecht der Petitionsfreiheit, JZ 1985, 809 ff.; *Neumeyer D.,* Rechtsschutzprobleme bei Petitionsbescheiden, Jus 1979, 31 ff. **Zur Vertiefung:** *Friesenhahn, E.,* Zur neueren Entwicklung des Petitionsrechts in der Bundesreplubik Deutschland, FS Huber, 1981, 353 ff.; *Hempfer, W.,* Das Petitionsrecht in der parlamentarischen Praxis, FS v. Simon, 1983, 69 ff.; *Liebscher O.,* Das Petitionsrecht im öffentlichen Dienst, DVBl 1972, 9 ff.; *v. Mutius, A.,* Zum personalen Geltungsbereich des Petitionsrechts, VerwArch 1970, 16 ff.; *Rühl, U.F.H.,* Der Umfang der Begründungspflicht von Petitionsbescheiden, DVBl 1993, 14 ff.; *Siegfried, M.,* Begründungspflicht bei Petitionsbescheiden, DÖV 1990, 279 ff.

Leitentscheidungen: BVerfGE 2, 255 ff. – *„Petitionsbescheid"*; 49, 24 ff. – *„Kontaktsperre"*; BVerfG, DVBl 1993, 32 ff. – *„Begründungspflicht"*; BVerwG, NJW 1977, 118 f. – *„Rechtsnatur"*; OVG Berlin, DVBl 1976, 261 ff. – *„Dienstunfähigkeit"*; OVG Münster, NJW 1979, 281 ff – *„Ausländer"*.

A. Entwicklung

Das Petitionsrecht weist in der Geschichte eine lange Tradition auf. Bereits im **1** Römischen Reich, später dann im Mittelalter, waren Bittschriften und Wünsche vor allem an die päpstliche Kurie und an den Regenten bekannt. Verfassungsrechtlich wurde es zuerst in der englischen Bill of Rights von 1689 verankert. In Deutschland fand das Petitionswesen zunächst als Ständerecht in einzelnen Länderverfassungen seinen Eingang (hierzu. *Rühl,* DVBl 1993, 16 ff.). Als individuelles Grundrecht wurde das Petitionsrecht erst durch § 159 der Paulskirchenverfassung und später dann durch Art. 126 2 WRV gewährleistet. Danach hatte aber nur „Jeder Deutsche" ein Recht auf Einbringung von Petitionen. Mit Art. 17 GG hat das Petitionswesen nunmehr seine endgültige Fassung gefunden.

B. Bedeutung

Mit dem Petitionsrecht, das häufig auch als Bitt- und Beschwerderecht bezeich- **2** net wird (*Bauer,* in: Dreier, GG I, Art. 17 Rn. 12), ist für den einzelnen die Möglichkeit geschaffen worden, seine Sorgen und Nöte auch außerhalb förmlicher Verwaltungs-, Rechtsbehelfs- und Gerichtsverfahren zur Kenntnis staatlicher Stellen zu bringen (OVG Berlin, DVBl 1976, 261 [262] – *„Dienstunfähigkeit"*;

OVG Münster, NJW 1979, 281 – „*Ausländer*"). Art. 17 stellt in diesem Zusammenhang nicht nur ein **Abwehrrecht** dar, sondern ihm kommt auch die Funktion eines **Leistungsgrundrechts** zu (dazu u. Rn. 13).

Beachte: Petitionsbescheide sind keine Verwaltungsakte. Für die Fallbearbeitung bedeutet dies, daß für Klagen vor dem Verwaltungsgericht hinsichtlich ablehnender Petitionsbescheide lediglich die **allgemeine Leistungsklage** statthaft ist (BVerwG, NJW 1977, 118 m. w. N. – „*Rechtsnatur*"; s. dazu *Neumeyer*, Jus 1979, 31 ff.).

3 Dem Petitionsrecht kommt auch eine erhebliche **praktische Bedeutung** zu. Dies liegt insbesondere daran, daß es ein unverzichtbares Mittel zur Wahrnehmung und Förderung individueller und gemeinschaftlicher Interessen bildet. Vor allem der Deutsche Bundestag und sein Petitionsausschuß (vgl. Art. 45 c GG) werden in steigendem Maße mit Einzelpetitionen angerufen, wie dies die folgenden Zahlen verdeutlichen: Während im Jahr 1971 bereits 8176 Einzelpetitionen beim Bundestag ihren Eingang gefunden hatten, waren es 1990 16497. Insbesondere nach der Wiedervereinigung haben sich zahlreiche Bürger aus den neuen Bundesländern mit Eingaben unterschiedlichster Art an den Bundestag gewandt (s. Nachw. bei *Rauball*, in: v.Münch/Kunig, GG I, Art. 17, S. 954 f.; s. auch *Graf Vitzthum/März*, JZ 1985, 809, [810]).

4 Auf **internationaler Ebene** kommt dem Petitionsrecht lediglich im Europäischen Gemeinschaftsrecht Bedeutung zu. Durch den EU-Vertrag ist dieses Recht weiter verstärkt worden. Während das Petitionsrecht zunächst nur in der Geschäftsordnung des Europäischen Parlaments geregelt war, ist es nunmehr in doppelter Weise im EG-Vertrag verankert, und zwar im Rahmen der Unionsbürgerschaft (vgl. Art. 8 d EGV [Art. 21 EGV n. F.]) und im Rahmen der Bestimmungen über das Parlament (vgl. Art. 138 d EGV [Art. 194 EGV n. F.]; §§ 156 ff. GO EP). Insoweit hat das Petitionsrecht auch im EG-Recht eine individualrechtliche Absicherung erfahren.

Beachte: Während von Art. 17 GG als Adressaten sämtliche Organe des Bundes und der Länder erfaßt werden (dazu u. Rn. 11), ist der Adressatenkreis nach dem EG-Recht auf das Europäische Parlament beschränkt.

C. Schutzbereich

I. Persönlicher Schutzbereich

5 Während nach der WRV nur Deutschen das Petitionsrecht zustand (s. o. Rn. 1), kommt nach Art. 17 GG „**Jedermann**" dieses Recht zu. Inhaber des Petitionsrechts sind also alle natürlichen Personen. Damit können sich auch Ausländer und Staatenlose auf Art. 17 GG berufen, wobei es auf den Aufenthaltsort der jeweiligen Person nicht ankommt.

Beispiel: So ist auch ein in das Ausland abgeschobener und damit im Ausland lebender Ausländer petitionsberechtigt, wenn sich seine Petition gegen eine ihn betreffende Maßnahme einer Behörde der Bundesrepublik Deutschland richtet (OVG Münster, NJW 1979, 281 – *„Ausländer"*; BVerwG, NJW 1981, 700).

Auch **Minderjährige** und sonstige Geschäfts- und Prozeßunfähige sind Träger des   6
Grundrechts aus Art. 17 GG. Bei ihnen wird aber eine gewisse Grundrechtsmündigkeit verlangt, wobei es ausreicht, daß der Petent in der Lage ist, seine Gedanken in Form einer Petition zum Ausdruck zu bringen. Die so verstandene Grundrechtsmündigkeit erstreckt sich nicht nur auf das eigentliche Petitionsverfahren, d. h. die Geltendmachung vor dem Petitionsadressaten, sondern auch auf die Durchsetzung des Petitionsrechts im verwaltungsgerichtlichen Rechtsschutzverfahren (OVG Berlin, DVBl 1976, 262).

Das Petitionsrecht gilt gemäß Art. 19 III GG auch für **private inländische juristi-**   7
sche Personen. Umstritten ist dagegen, inwieweit Art. 17 GG auf ausländische juristische Personen Anwendung findet. Die wohl h. M. bejaht dies (s. dazu *Rauball*, in: v.Münch/Kunig, GG I, Art. 17 Rn. 6 m. w. N.). Dagegen sind die juristischen Personen des öffentliches Rechts nicht Träger des Petitionsrechts. Als Inhaber der Hoheitsgewalt sind sie vielmehr Adressaten und Verletzer des Petitionsrechts (zum Begriff des Petitionsadressaten u. Rn. 11); Gemeinde und Gemeindeverbände besitzen daher kein Petitionsrecht.

II. Sachlicher Schutzbereich

1. Petitionsbegriff

Das Wort „Petition" ist in Art. 17 GG nicht enthalten (s. aber Art. 17a I GG) und   8
auch nicht definiert. Art. 17 GG spricht vielmehr von „Bitten und Beschwerden". Auch für diese beiden Begriffe läßt sich eine exakte Definition nicht finden. Während sich Bitten auf ein künftiges Verhalten richten, sollen sich die Beschwerden auf ein vergangenes Verhalten beziehen (P/S, StaatsR II, Rn. 1069). Als wesentliches Begriffsmerkmal wird darauf abzustellen sein, daß der Petent ein **bestimmtes Begehren** (Petitium) fordert (BVerwG, NJW 1976, 638), wobei die Bezeichnung der Eingabe unbeachtlich sein dürfte.

Beispiele:
– So fallen unter Art. 17 GG alle Bitten um Stellungnahme, Forderungen, Anträge, Anregungen, Vorschläge für Gesetzesinitiativen, aber auch Aufsichts- und Dienstaufsichtsbeschwerden (*Rauball*, in: v.Münch/Kunig, GG I, Art. 17 Rn. 10) sowie Eingaben an den Wehrbeauftragten, öffentlich-rechtliche Programmbeschwerden und Beschwerden gegen bestandsoder rechtskräftige Entscheidungen (*Bauer*, in: Dreier, GG I, Art. 17 Rn. 23 m. w. N.).
– Von Art. 17 GG **nicht** erfaßt werden neben den bloßen Meinungsäußerungen, wie etwa bloßen Mitteilungen, Belehrungen, Vorwürfen, Hinweisen oder Anerkennungen, auch alle Anträge auf Auskunft und Einsicht.
– Aus dem Wirkungsbereich des Art. 17 GG fallen auch sämtliche Klagen, Rechtsmittel und sonstige Anträge im gerichtlichen Verfahren (BVerfGE 13, 132 [150]), alle förmlichen Ver-

waltungsbehelfe, wie Einspruch, Widerspruch, Beschwerde sowie Stimmabgaben im Rahmen einer Volksbefragung (BVerfGE 8, 104 [115]).

2. Weitere Anforderungen

a) Formalia

9 Nur die schriftliche Petition ist von Art. 17 GG geschützt (s. aber Art. 16 HV i. V. m. Art. 142 GG), wobei es unerheblich ist, ob sie in deutscher oder in einer ausländischen Sprache abgefaßt ist (*Krüger*, in: Sachs, GG, Art. 17 Rn. 17 m. w. N.). Erforderlich ist aber die eigenhändige Unterzeichnung durch Namensunterschrift oder mittels notariell beglaubigten Handzeichens (*Rauball*, in: v. Münch/ Kunig, GG I, Art. 17 Rn. 11). Dieses einzige Formerfordernis soll die Kontrolle der Echtheit der Eingaben ermöglichen und dadurch dem Mißbrauch vorbeugen. Anonyme Petitionen sind daher unbeachtlich und werden von Art. 17 GG nicht gedeckt (s. auch § 86 WBeauftrG). So wäre etwa eine Petitionsübermittlung über Bildschirmtext unzulässig (vgl. BT-Dr. 9/2389, S. 6). Sammelpetitionen können aber unter einem gemeinsamen Gesamtnamen eingebracht werden.

Beachte: Eine Einhaltung bestimmter Fristen ist bei der Eingabe von Petitionen nicht erforderlich.

b) Inhaltliche Voraussetzungen

10 Für die Eingabe einer Petition ist eine eigene Beschwer des Petenten **nicht** erforderlich. Es reicht vielmehr aus, wenn der Petent für einen anderen oder das allgemeine Wohl eintreten will (OLG Düsseldorf, NJW 1972, 651); dies soll auch bei Parlamentseingaben gelten (*Graf Vitzthum/März*, JZ 1985, 809 [814]). Dagegen ist von einer unzulässigen Petition auszugehen, wenn sie etwas gesetzlich Verbotenes fordert oder wenn sie einen beleidigenden, herausfordernden oder erpresserischen Inhalt hat (BVerfGE 2, 255 [229] – „*Petitionsbescheid*"; BayVerfGH 20, 138 [189]); **kurz gesagt:** Art. 17 GG soll keine Petitionen schützen, die gegen Strafgesetze verstoßen. Allerdings kann eine objektive Darstellung von einem Petenten nicht erwartet werden, so daß bei der inhaltlichen Überprüfung der Eingaben großzügig zu verfahren ist (s. auch OLG Düsseldorf, NVwZ 1983, 502 f.).

c) Adressaten der Petition

11 Der Kreis der Petitionsadressaten ist nach Art. 17 GG **weit** gefaßt (anders im EG-Recht, dazu o. Rn. 4), was sich bereits aus seinem Wortlaut ergibt. Danach ist die Petition nämlich an die „zuständige Stelle" oder an die „Volksvertretung" zu richten. Von Art. 17 GG werden also sämtliche Organe des Bundes und der Länder erfaßt.

Beispiele:
– Dazu zählen neben dem Bundestag als wichtigster Petitionsadressat, der einen Petitionsausschuß eingerichtet hat (vgl. Art. 45 c GG), auch die Länderparlamente.
– Petitionsadressaten sind aber auch die Gemeinde- und Kreisparlamente (OVG Münster, NJW 1979, 281 – „*Ausländer*"; OLG Düsseldorf, NVwZ 1983, 502) sowie alle anderen

Stellen und Behörden öffentlich-rechtlicher Einrichtungen, gleichgültig, ob sie der gesetzgebenden, vollziehenden oder rechtsprechenden Gewalt angehören.

– Ob auch Fraktionen und der einzelne Abgeordnete zum Kreis der Petitionsadressaten gehören, ist umstritten; die wohl h. M. bejaht dies (*Krüger*, in: Sachs, GG, Art. 17 Rn. 10 m. w. N.).

Beachte: Die jeweiligen Adressatengruppen können aber nur in ihrem sachlich zuständigen Bereich entscheiden; sie sind also **nicht** allzuständig, was auch für die Volksvertretungen gilt (BVerfG, NJW 1992, 3033; *Graf Vitzthum/März*, JZ 1985, 809 [812]). Wird eine unzuständige Stelle angegangen, so ist die eingereichte Petition nicht etwa unzulässig; diese ist vielmehr verpflichtet, die Eingabe an das zuständige Organ weiterzuleiten (BVerwG, DÖV 1976, 315; BayVGH, BayVBl 1981, 211).

D. Eingriff

I. Eingriffe in das Petitionsrecht als Abwehrrecht

Als Eingriff ist jede Handlung staatlicher Stellen zu werten, die den Petenten bei der Ausübung seines Petitionsrechts behindert (*Krüger*, in: Sachs, GG, Art. 17 Rn. 14 m. w. N.); insoweit gewährt Art. 17 GG dem Petenten einen Abwehranspruch (s. auch o. Rn. 2). **12**

Beispiel: So stellt etwa der Erlaß eines Kostenbescheides für die Bearbeitung einer Petition einen Eingriff dar und wäre mit Art. 17 GG unvereinbar.

II. Ansprüche aus dem Petitionsrecht als Leistungsrecht

Der Petent hat einen Anspruch auf Prüfung und Bescheidung seiner Eingabe (BVerfGE 2, 225 [230] – „*Petitionsbescheid*"; s. ferner BVerfG, DVBl 1993, 32, [33] – „*Begründungspflicht*"; *Graf Vitzthum/März*, JZ 1985, 809 [810]). Das Petitionsrecht ist somit verletzt, wenn eine Petition nicht angenommen oder fehlerhaft bzw. überhaupt nicht erledigt wird. Ob und inwieweit der Petitionsbescheid eine **Begründung** enthalten muß, ist **umstritten**. Nach der Rspr. des BVerfG und des BVerwG ist eine besondere Begründungspflicht des Bescheides i. S. einer Darlegung der maßgeblichen Entscheidungsgründe nicht erforderlich (BVerfGE 2, 225 [230] – „*Petitionsbescheid*"; BVerfG, DVBl 1993, 32 [33] – „*Begründungspflicht*"; BVerwG, BayVBl 1991, 152; a. A.: *Rauball*, in: v.Münch/Kunig, GG I, Art. 17 Rn. 14 m. w. N.; OVG Bremen, JZ 1990, 965 [966], das wenigstens eine begrenzte Begründungspflicht aus rechtsstaatlichen Gründen bejaht.). **13**

Beachte: Aus dem Petitionsbescheid müssen sich aber zumindest Angaben über die zuständige Stelle, die sachlich entschieden hat sowie über die Art der Erledigung erkennen lassen (BVerfG, DVBl 1993, 32 [33] – „*Begründungspflicht*").

E. Verfassungsrechtliche Rechtfertigung

14 Das Grundrecht aus Art. 17 GG unterliegt keinem Gesetzesvorbehalt. Eine Übertragung der Schrankensystematik des Art. 2 I GG und Art. 5 II GG auf Art. 17 GG wird nach h. M. abgelehnt (s. dazu *Jarass*, in: J/P, GG, Art. 17 Rn. 7 m. w. N.). Dies bedeutet aber nicht, daß dieses Grundrecht schrankenlos gewährleistet wird. Das Petitionsrecht unterliegt vielmehr den sog. **verfassungsimmanenten Schranken** (BVerfG, NJW 1991, 1475 [1476]). Zum Schutz von Grundrechten Dritter und anderer Verfassungsgüter sind Beschränkungen möglich, wobei allerdings der Kerngehalt von Art. 17 GG zu wahren ist (BVerfGE 49, 24 [57] – *„Kontaktsperre"*).

Klausurhinweis: Für die Fallbearbeitung hat dies zur Folge, daß im Wege einer alle Umstände des Einzelfalles berücksichtigenden Abwägung festzustellen ist, welche der beiden widerstreitenden Grundrechtspositionen den Vorrang genießt (s. hierzu BVerfG, NJW 1991, 1475 [1476]).

Beispiele:
– So stellt die für den Bereich des Haft- und Strafvollzugs bestehende Kontaktsperre für Gefangene (vgl. §§ 31 ff. EGGVG) einen Eingriff u. a. auch in Art. 17 GG dar, der aber im Interesse überragender Gemeinschaftswerte, nämlich dem Schutz des Lebens vor terroristischen Gewalttätern, gerechtfertigt ist (BVerfG 49, 24 [64 f.] – *„Kontaktsperre"*).
– Für Beamte können sich im Hinblick auf den dienstlichen Bereich Beschränkungen des Petitionsausübungsrechts aus Art. 33 V GG ergeben. Gesetzgeberische Konkretisierungen finden sich u. a. in §§ 35 ff. BRRG, §§ 52 ff. BBG.

15 Für Angehörige der Streitkräfte und des Ersatzdienstes sieht **Art. 17 a I GG** im Hinblick auf Sammelpetitionen eine Einschränkungsmöglichkeit vor. Der Gesetzgeber hat davon bisher durch §§ 41 III, 80 ZDG (Zivildienstgesetz), § 1 IV WBO (Wehrbeschwerdeordnung) Gebrauch gemacht.

F. Verhältnis zu anderen Grundrechten

16 Was das Verhältnis zu anderen Grundrechten anbelangt, bestehen für Art. 17 GG keine Besonderheiten. Geht es um Fragen der justizförmigen Durchsetzung der Rechte von Art. 17 GG ist ausschließlich **Art. 19 IV GG** einschlägig (dazu § 23). Die von der Rechtsschutzgarantie erfaßten Rechtsbehelfe und Rechtsmittel sind daher nicht Gegenstand von Art. 17 GG; es ist jedoch möglich, ein Anliegen nach Erschöpfung von Rechtsmitteln oder parallel dazu mit einer Petition zu verfolgen (*Jarass*, in: J/P, GG, Art. 17 Rn. 2). Bloße Meinungsäußerungen (dazu § 7 Rn. 6 ff.) werden von **Art. 5 I 1 GG** erfaßt.

G. Wiederholung

I. Kontrollfragen

1. Der rumänische Staatsangehörige A ist wegen des Verdachts illegaler Einreise und Arbeitsaufnahme von der Ausländerbehörde der Stadt B ausgewiesen und nach Rumänien abgeschoben worden. In verschiedenen Eingaben hat sich der A vom Ausland aus gegen die Maßnahmen der Ausländerbehörde gewandt. Ist der A hierzu berechtigt?

2. Muß ein Petitionsbescheid die für die Entscheidung inhaltlich maßgeblichen Entscheidungsgründe enthalten?

3. Kann gegen einen ablehnenden Petitionsbescheid mit der Anfechtungsklage vorgegangen werden?

II. Lösungen

1. Ja, im Gegensatz zur WRV steht das Petitionsrecht nach Art. 17 GG „Jedermann" zu, somit auch dem Ausländer. Die verschiedenen Eingaben des A richten sich auch gegen ihn betreffende Maßnahmen einer Behörde der Bundesrepublik Deutschland (s. Rn. 5).

2. Nein. Eine besondere Begründungspflicht besteht nach der Rspr. des BVerfG und des BVerwG für Petitionsbescheide nicht. Die Petitionsbescheide müssen lediglich Angaben über die zuständige Stelle, die sachlich entschieden hat sowie über die Art der Erledigung enthalten (s. Rn. 13).

3. Nein, da Petitionsbescheide keine Verwaltungsakte sind; lediglich die allgemeine Leistungsklage bietet Rechtsschutz gegen ablehnende Petitionsbescheide (s. Rn. 2).

§ 27. Das Widerstandsrecht, Art. 20 IV GG

Literatur: *Böckenförde, C.,* Die Kodifizierung des Widerstandsrechts im Grundgesetz, JZ 1970, 168 ff.; *Doehring, K.,* Das Widerstandsrecht des Grundgesetzes und das überpositive Recht, Staat 8 (1969), 429 ff.; *Dreier, R.,* Widerstandsrecht im Rechtsstaat? Bemerkungen zum zivilen Ungehorsam, FS Scupin, 1983, 573 ff.; *Frankenberg, G.,* Ziviler Ungehorsam und Rechtsstaatliche Demokratie, JZ 1984, 266 ff.; *Isensee, J.,* Das legalisierte Widerstandsrecht, 1969; *Kröger, K.,* Widerstandsrecht und demokratische Verfassung, 1971; *Karpen, U.,* „Ziviler Ungehorsam" im demokratischen Rechtsstaat, JZ 1984, 249 ff.

Leitentscheidung: BVerfGE 5, 85 ff. – *„KPD-Urteil".*

A. Bedeutung

1 Bereits vor Erlaß des Grundgesetzes war das Widerstandsrecht als ein unge-schriebener Rechtssatz anerkannt; es wurde als eine Art **Notrecht** zur Bewahrung bzw. Wiederherstellung der Rechtsordnung verstanden (vgl. BVerfGE 5, 85 [377] – *„KPD-Urteil").* Die verfassungsrechtliche Statuierung des Widerstands-rechts in Art. 20 IV GG erfolgte erst im Zuge der Notstandsgesetzgebung von 1968 (zur Entstehungsgeschichte, vgl. *Böckenförde,* JZ 1970, 168 ff.). Mit dieser Regelung sollte dem einzelnen Staatsbürger die Möglichkeit gegeben werden, im Falle eines Staatsstreiches Gegenwehr zu leisten (*Herzog,* in: M/D, GG II, Art. 20 IX Rn. 2). Vor allem aufgrund seiner unklaren Tatbestandsvoraussetzungen wird Art. 20 IV GG in der Staatsrechtslehre als nicht unbedenklich angesehen (dazu eingehend *Schnapp,* in: v.Münch/Kunig, GG I, Art. 20 Rn. 48 m. w. N.). Prakti-sche Bedeutung hat Art. 20 IV GG bisher nicht erlangt; er ist vielmehr als ein Stück **„symbolischer Verfassungsgebung"** zu verstehen (so *Sachs,* in: Sachs, GG, Art. 20 Rn. 115 m. w. N.). Außerhalb des Art. 20 IV GG gibt es aber kein ande-res politisches Widerstandsrecht.

2 Trotz der systematischen Einordnung des Widerstandsrechts in die staatsrechtli-che Fundamentalnorm des Art. 20 GG ist das Recht aus Art. 20 IV GG ein Grundrecht i. S. eines **grundrechtsgleichen Rechts** (vgl. Art. 93 I Nr. 4 a GG; *Jarass,* in: J/P, GG, Art. 20 Rn. 86 m. w. N.). Beim Widerstandsrecht besteht aber die Besonderheit, daß es anders als bei den herkömmlichen Grundrechten keiner „normalen" Ausübung zugänglich ist. Denn seine Ausübung gilt nur in Extrem-fällen, d. h. in Zeiten einer nicht mehr funktionierenden Staats- und Verfassungs-ordnung. Wegen dieser Begrenzung wird das Widerstandsrecht auch als **Ausnah-megrundrecht** bezeichnet (*Herzog,* in: M/D, GG II, Art. 10 IX Rn. 5).

Beachte: Das Widerstandsrecht in Art. 20 IV GG ist trotz des Wortlauts des Art. 79 III GG einer Verfassungsänderung zugänglich, da sich die sog. Ewigkeits-klausel nur auf die ersten drei Absätze des Art. 20 GG bezieht, mit denen sie

ursprünglich vorlag (*P/S*, StaatsR II, Rn. 1102; *Herzog*, in: M/D, GG II, Art. 20
IX Rn. 10 m. w. N.).

B. Schutzbereich

I. Persönlicher Schutzbereich

Das Recht des Widerstands steht **allen Deutschen** i. S. von Art. 116 I GG zu, nicht   3
dagegen Ausländern; es handelt sich hierbei um ein sog. Deutschenrecht. Dabei
ist es unbeachtlich, ob der Widerstand individuell oder kollektiv, d. h. in Gemeinschaft mit anderen, ausgeübt wird (*Schnapp*, in: v. Münch/Kunig, GG, Art. 20
Rn. 49). Inhabern öffentlicher Ämter soll es dagegen **nicht** zustehen (so *Herzog*,
in: M/D, GG II, Art. 20 IX Rn. 49).

II. Sachlicher Schutzbereich

Das Recht aus Art. 20 IV GG kann nur beim Vorliegen einer **sog. Widerstandssi-**   4
tuation ausgeübt werden, wobei es jemand unternimmt, die Verfassungsordnung
der Bundesrepublik D. zu beseitigen. Folgende Voraussetzungen müssen demnach erfüllt sein:

1. Beseitigung der Verfassungsordnung

a) Verfassungsordnung

Schutzobjekt des Widerstandsrechts ist die **in Art. 20 I – III GG normierte Verfas-**   5
sungsordnung, allerdings nur, soweit sie nach Art. 79 III GG einer Änderung
durch den verfassungsändernden Gesetzgeber entzogen ist (*Schnapp*, in:
v. Münch/Kunig, GG I, Art. 20 Rn. 50 m. w. N.), wie etwa das in Art. 20 II 1 GG
verankerte Prinzip der repräsentativen Demokratie. Hiervon **zu unterscheiden** ist
der Begriff der freiheitlich – demokratischen Grundordnung, wie er vom BVerfG
entwickelt worden ist. Zu den grundlegenden Prinzipien dieser Ordnung gehören
die Achtung vor den im Grundgesetz konkretisierenden Menschenrechten, die
Volkssouveränität, die Gewaltenteilung, die Verantwortlichkeit der Regierung,
die Gesetzmäßigkeit der Verwaltung, die Unabhängigkeit der Gerichte, das
Mehrparteienprinzip und die Chancengleichheit für alle politischen Parteien mit
dem Recht auf verfassungsmäßige Bildung und Ausübung einer Opposition
(BVerfGE 2, 1 [12 ff.]). Unter diesen Begriff fallen also auch solche Verfassungsprinzipien, die nicht von dem Begriff der Verfassungsordnung i. S. von Art. 20
IV GG erfaßt werden.

Beispiel: So ist die vom BVerfG als **parlamentarische Verantwortlichkeit** gemeinte Verantwortlichkeit der Regierung einer Verfassungsänderung zugänglich. Die Einführung eines präsidenti-
ellen Regierungssystems nach amerikanischen Muster wäre mit Art. 79 III GG ohne weiteres
vereinbar und könnte daher, solange sie sich in den Formen des Art. 79 I und II GG vollzieht,

auch nicht durch das Widerstandsrecht des Art. 20 IV GG gewaltsam verhindert werden (vgl. *Herzog*, in: M/D, GG II, Art. 20 IX Rn. 13).

6   Der Begriff der Verfassungsordnung i. S. von Art. 20 IV GG ist somit **enger** zu verstehen als der Begriff der freiheitlich – demokratischen Grundordnung (s. auch *P/S*, StaatsR II, Rn. 1103).

7   Dagegen kann die Beseitigung des **Art. 1 GG** oder **einzelner in ihm enthaltenen Grundprinzipien** die Sanktionen des Widerstandsrechts auslösen (vgl. *Herzog*, in: M/D, GG II, Art. 20 IX Rn. 18). Somit dürften auch die Grundrechte, obwohl sie in Art. 20 I – III GG nicht angesprochen werden, jedenfalls in ihrem Menschenwürdegehalt unter die Verfassungsordnung des Art. 20 IV GG fallen (so auch *P/S*, StaatsR II, Rn. 1103).

b) Beseitigung

8   In die Verfassungsordnung muß **recht erheblich** eingegriffen werden, d. h. der Kern dieser Ordnung muß betroffen sein; vereinzelte Beeinträchtigungen oder Störungen reichen nicht aus (*P/S*, StaatsR II, Rn. 1104). Dabei ist es gleichgültig, ob die Beseitigung vollendet oder lediglich versucht wird; denn der Begriff des Unternehmens in Art. 20 IV GG ist i. S. d. § 11 I Nr. 6 StGB auszulegen. Allerdings dürfte eine gewisse Offenkundigkeit der Angriffshandlungen zu fordern sein (so *Herzog*, in: M/D, GG II, Art. 20 IX Rn. 27).

Beachte: Bloße Vorbereitungshandlungen reichen jedoch nicht aus.

2. Angreifer

9   Der Angriff auf die Verfassungsordnung kann von **jedem** ausgehen. Der ursprünglichen Zielrichtung des Art. 20 IV GG entspricht es, daß sich die Widerstandshandlungen zunächst gegen jeden Versuch eines **Staatsstreichs von oben** richten. Gemeint ist damit ein Staatsstreich, der von Seiten der Staatsorgane ausgeht.

Beispiele: Dazu zählt etwa eine nach Macht strebende Regierung bzw. Partei oder etwa ein staatsstreichlüsterner militärischer Befehlshaber, der militärische Einheiten als Machmittel mißbraucht.

10   Darüber hinaus erfaßt Art. 20 IV GG auch den **Staatsstreich von unten**. Gemeint ist damit die Möglichkeit des Widerstandes gegen revolutionäre Kräfte, die aus dem nicht – staatlichen Bereich kommen (*Herzog*, in: M/D, GG II, Art. 20 IX Rn. 32).

Beispiel: So können sich verfassungstreue Bürger mit Widerstandshandlungen gegen gesellschaftliche Gruppen oder einzelne Bürger zur Wehr setzen, selbst wenn sich diese auf einen Mehrheitswillen des Volkes stützen können (*Herzog*, in: M/D, GG II, Art. 20 IX Rn. 32 f.).

Beachte: Kommt der Angreifer von außen, so handelt es sich um eine kriegerische Auseinandersetzung. Schutz kann es in diesem Fall nur im Rahmen der Art. 115 a ff. GG geben, d. h. durch die Streitkräfte und anderen zuständigen

Behörden (*Herzog*, in: M/D, GG II, Art. 20 IX Rn. 21); ein Berufen auf Art. 20 IV GG ist dann **nicht** möglich.

3. Widerstandshandlungen

11 Die Widerstandshandlungen, die unterschiedlichster Natur sein können, müssen sich gegen die Beseitigung der Verfassungsordnung richten. Art. 20 IV GG deckt **alle Formen** des aktiven und passiven, gewaltsamen und gewaltlosen Widerstandes.

Beispiele: Dazu zählen etwa jeglicher Waffeneinsatz, die Sperrung von Straßen und Brücken, die Lahmlegung öffentlicher Versorgungsleitungen, die Unterbrechung oder auch Inanspruchnahme des Nachrichtendienstes, Streikaktionen und Blockaden. Hiervon zu unterscheiden sind Protestaktionen, die sich gegen bestimmte politische Entscheidungen richten, wie etwa Proteste gegen den Bau von Atomkraftwerken oder gegen die Stationierung von Atomwaffen (zu dem sog. zivilen Ungehorsam, der nicht von Art. 20 IV GG erfaßt wird, vgl. *Dreier*, FS Scupin, 1983, 573 ff.; *Karpen*, JZ 1984, 249 ff.; *Frankenburg*, JZ 1984, 266 ff.); dies ist vielmehr eine Frage strafrechtlicher Bestimmungen.

12 Bei alledem ist der **Verhältnismäßigkeitsgrundsatz** zu wahren, d. h. die konkrete Maßnahme muß geeignet, erforderlich und im Verhältnis zwischen dem angestrebten Nutzen und dem verursachten Schaden angemessen sein. Darüber hinaus müssen die Widerstandshandlungen eine gewisse Aussicht auf Erfolg bieten, die Verfassungsordnung zu schützen bzw. wiederherzustellen (*Herzog*, in: M/D, GG II, Art. 20 IX Rn. 60).

4. Subsidiaritätsklausel

13 Aber selbst wenn die Widerstandssituation eingetreten ist, bleibt das Widerstandsrecht **subsidiär**, d. h. es greift erst ein, wenn eine andere Abhilfe nicht möglich ist. Es müssen also „alle von der Rechtsordnung zur Verfügung stehenden Rechtsbehelfe so wenig Aussicht auf wirksame Abhilfe bieten, daß die Ausübung des Widerstandes das letzte verbleibende Mittel zur Erhaltung oder Wiederstellung des Rechts ist" (BVerfGE 5, 85 [377] – „*KPD-Urteil*"). Widerstandshandlungen sind demnach stets die **ultima ratio** des verfassungstreuen Bürgers.

Beispiele: Die Ausübung des Widerstandsrechts ist daher zulässig, wenn etwa die Abwahl der Regierung, die Lahmlegung eins staatsstreichlüsternen Bundestages durch den Bundesrat, die Ausübung des materiellen Prüfungsrechts des Bundespräsidenten, die Anrufung des Bundesverfassungsgerichts nicht mehr möglich ist.

C. Wiederholung

I. Kontrollfragen

1. Was ist Schutzobjekt des Widerstandsrechts nach Art. 20 IV GG?

2. Wegen der Stationierung atomarer Sprengköpfe auf dem Gebiet der Bundesrepublik D., kommt es in einigen Teilen des Landes zu gewalttätigen Protestaktionen. Die an diesen Aktionen beteiligten Gruppierungen sind der Ansicht, daß ihr Verhalten durch Art. 20 IV GG gedeckt sei. Zu Recht?

II. Lösungen

1. S. dazu Rn. 5 ff.

2. Zwar mag die Stationierung der atomaren Sprengköpfe auf deutschem Boden in die Grundrechte eingreifen oder sie sogar verletzen, mit der Beseitigung der Verfassungsordnung haben sie aber noch nichts gemein (s. dazu auch Rn. 11). Die Gewaltaktionen sind also nicht durch Art. 20 IV GG gedeckt.

Sachverzeichnis

Die mageren Zahlen verweisen auf die Randnummern.
Kursiv gesetzte Stichwörter weisen auf gerichtliche Entscheidungen hin.